陕西师范大学人文科学高等研究院资助出版

近代中国的个人、社会与国家

◎ 张瑞德 著

商务印书馆
The Commercial Press

图书在版编目（CIP）数据

近代中国的个人、社会与国家 / 张瑞德著. -- 北京：商务印书馆，2025. -- ISBN 978-7-100-25024-5

Ⅰ. K250.7

中国国家版本馆 CIP 数据核字第 202547850J 号

权利保留，侵权必究。

近代中国的个人、社会与国家
张瑞德　著

商　务　印　书　馆　出　版
（北京王府井大街36号　邮政编码100710）
商　务　印　书　馆　发　行
三河市尚艺印装有限公司印刷
ISBN 978-7-100-25024-5

2025年8月第1版　　　开本 710×1000　1/16
2025年8月第1次印刷　　印张 32

定价：168.00 元

作者简介

张瑞德，台湾师范大学历史研究所博士。曾任台北"中研院"近代史研究所助理研究员、副研究员、研究员兼副所长，中国文化大学史学系教授，美国斯坦福大学东亚研究所、哈佛大学费正清中心、英国伦敦大学亚非学院访问学者，日本东京大学外国人客员研究员，北京大学高级访问学者，陕西师范大学人文科学高等研究院客座特聘研究员。现任台北"中研院"近代史研究所兼任研究员。主要著作包括专著：《平汉铁路与华北的经济发展（1905—1937）》、《中国近代铁路事业管理的研究——政治层面的分析（1876—1937）》、《抗战时期的国军人事》、《无声的要角：蒋介石的侍从室与战时中国》、《战时国民政府军政人才培养》（与冯启宏合著）、《抗日战争与战时体制》（合著），论文集《山河动：抗战时期国民政府的军队战力》。

目 录

自序　史无定法　固本求新——一个史学工作者的跨领域学思历程 1

生命史与集体心态

自传与历史 23
心理学理论应用于中国传统传记研究的一些问题 34
蒋梦麟早年心理上的价值冲突与平衡 40
严复对斯宾塞社会有机论的介绍与曲解 49
想象中国
　　——伦敦所见古董明信片的图像分析 54
北洋时期的礼俗与宗教 73
在轰炸的阴影下
　　——抗战时期重庆民众对空袭的心理反应 134
当红灯笼球挂起
　　——阶层、性别、族群与战时重庆民众的防空经验 149

社会阶层与流动

测量传统中国社会流动问题方法的检讨 171
民国时期的社会阶层与流动 179

抗战时期大后方工商业者的心态与行动..................................272
战争与工人文化
　　——抗战时期大后方工人的认同问题..................................297

国家的形塑

中国近代政府与农业发展..................................319
中国历史上的交通运输与经济发展..................................341
近代中国的技术转移——以铁路事业为例..................................367
穿越界线——中国铁路史研究的现状与展望..................................374
抗战前十年的国民政府体制及其运作..................................392
国民革命军的制度与战力..................................435

附录　张瑞德先生访问记录..................................475

自序

史无定法 固本求新
—— 一个史学工作者的跨领域学思历程

张瑞德

2019年，笔者在西安陕西师范大学人文科学高等研究院客座期间，承蒙李继凯院长邀请，在大陆出版一本论文自选集。笔者结束西安客座返台后，继续在"中研院"服务（担任兼任研究员），由于个人忙于修改另一本书稿，直至今日终于看到这本小书即将付梓，就教于大陆读者，感到十分欣慰。本书为笔者从历年所写论文中择选未曾收录于已出版专书者，编选而成。

笔者自1971年9月考入成功大学历史系，进入历史学这一行，转眼已超过五十年。由于治学过程中好读各种杂书，因此所做研究常会流露一些非传统历史学的痕迹，选题、分析架构和角度，偶尔也会与众略有不同。五十年来累积了一些经验和心得，谨借此文和大家分享。

一、个人生命史与集体心态研究

本书在编选的过程中，一如整理抽屉中的老旧照片，不断勾起各种酸甜苦辣的回忆。例如《测量传统中国社会流动方法的检讨》一文，是笔者于大学时代发表的一篇学术论文，刊登于著名的《食货杂志》（创刊于1934年，为陶希圣所创办，现已停刊），曾让我备受鼓舞。政治、社会精英的社会流动为当时的热门议题。1960年代初期，由何炳棣、许倬云等学者开启风气，台湾学者受到他们的影响开始跟进，台北"中研院"近代史研究所所推动的中国区域现代化大型研究，也采用此种分析方法研究政治、社会精英，其中尤以李国祁用力最深，[①] 著有

[①] 本文为行文方便，提及学者一律直呼其名，并无不敬之意。

《中国地方志研究：清代基层地方官人事嬗递现象之量化分析》（1975年）① 共三册。当时史学界尚未流行使用电脑，李氏利用内地十八行省府州县的地方志（各采三分之一以上的抽样）进行量化分析，全靠人工计算，工程之大，可以想见。笔者在大学时代受到学界前辈的影响，有此习作，乃是其来有自。台师大的历史所向与"中研院"近史所关系密切，许多课程均由近史所研究人员开设，长达近十年，院、所主管（李国祁、张朋园、林明德）均出身于近史所。② 研究生论文选题受到"中研院"学风的影响甚大，笔者就读期间有一些同学的论文以领导阶层或社会精英群体为题，也就不足为奇了。近年社会流动的研究，在李中清、陈志武等学者的推动下，再度成为热门议题，学者陆续建置了许多大型数据库，利用量化史学、数字史学（digital history）和网络分析（network analysis）的方法和技术进行研究，颇有一些令人刮目相看的研究成果。③

本书所收录的《蒋梦麟早年心理上的价值冲突与平衡》和《心理学理论应用于中国传统传记研究的一些问题》两篇论文，均为笔者在台师大就读期间所发表，写作期间曾向念心理学的高中同学丁兴祥请教。丁兴祥后来赴美专攻历史心理学和质化研究，返台后在辅仁大学长期推动心理传记的研究，并与大陆学者合作，于2012年创办《生命叙事与心理传记学》（集刊），发刊迄今，被称为"辅仁学派"。笔者对于人类心理层面历史的兴趣后来则转向集体心态史（history of collective mentality），不再作心理传记的研究。最近看到一篇大陆学者所写介绍心理传记研究史的文章，根据该文作者的考证，中文世界的第一篇心理传记研究论文，为1987年香港学者邹秉洛所写《中国青年导师鲁迅之性格及其发展》一文。④ 事实上，台湾学者利用心理传记学的方法研究中国历史人物，自1970年代初期即已开始，笔者上述1981年发表的《心理学理论应用于中国传统传记研究的一些问题》一文即为研究综述性质文章，读者可以参看。

1990年代，心态史继心理历史学之后进入台湾。心理历史学和心态史学，均为20世纪初期欧美史学界先后出现的两种思潮或运动。两者均试图运用心理

---

① 台北"行政院国家科学委员会"，1975年。
② 台湾师范大学历史系、历史研究所编：《台湾师范大学历史系所概况》，台北：编者印行，1995年，第1—2页。
③ 梁晨：《从理论倡导到研究实践：数字史学未来走向刍议》，《史学理论研究》2024年第5期。
④ 舒跃育、李惠芳、汪李玲：《中国心理传记学研究现况与发展趋势——基于Cite Space的知识图谱分析》，《华中师范大学学报（人文社会科学版）》，第58卷第4期（2019年7月），第186页。

学的理论与方法研究历史。心理历史学为心理学家弗洛伊德（Sigmund Freud）所开创，后经艾瑞克森（Milton H. Erikson）发扬光大。此派学者有些将心理学理论应用于传记研究，被称为心理传记学。心态史学则起源于20世纪初期的法国，在年鉴学派史家的协助下成立，并拥有自己一套独特的方法论，1930年代至1970年代流行于欧美，后来式微，转型为通俗文化史、私生活史与集体记忆史继续流行。[1] 两者来自不同的学术传统，拥有各自的专业刊物和专业社团。心态史一开始专门研究小人物和社会底层（而非拥有权势的大人物）的生活、情感和行为，不过后来已无此区分。例如德国学者韩切尔（Klaus Hentschel）所著《心理创伤：德国物理学者的心态（1945—1949）》（*The Mental Aftermath: The Mentality of German Physicists, 1945-1949*）（Oxford University Press，2007）研究物理学者的集体心理创伤，即为一例。

笔者的研究兴趣从早期的社会阶层与流动和个别人物的心理传记开始，进而研究包括路政官员、国民党军官阶层的集体传记及集体心态史，似乎也是顺理成章的事。不过早期研究人物传记的经验，让我后来的研究，不论是制度史的研究或是探讨一些结构性的问题，均能重视个人史料（如日记及回忆录性质史料）的运用，致使研究能够避免一般类似研究常流于枯燥无味的弊病。我更曾和业师张玉法合作编选《现代中国自传丛书》40余册出版，[2] 推广自传的运用。

最后，笔者对于由心态史演变而来的情感史，尤其是战争与情感，也略有涉猎，尝试作过一些研究。

相较于大陆学界，台湾历史学界的情感史研究起步较早，不过研究大多集中于文学史和思想文化史，时段则大多集中于明清。[3] 笔者的兴趣在集体情感史（history of collective emotions），本书所收的《在轰炸的阴影下——抗战时期重庆民众对空袭的心理反应》和《当红灯笼挂起——阶层、性别、族群与战时重庆民众的防空经验》两篇文章即为初期的研究成果。近年笔者试图撰写专

---

[1] Patrick Hutton, "The Concept of Mentality in Historiographical Context", blog article posted online to the website of the Interdisciplinary Conference on Mentality, Sponsored by the European Academy of Sciences of Ukraine (January 2022).

[2] 张玉法、张瑞德主编：《现代中国自传丛书》，台北龙文出版社，1989—1994年。

[3] 黄克武：《情感史研究的一些想法》，《史学月刊》2018年第4期，第10—14页。

书,从心理学角度探讨国民革命军的精神战力。目前完成《为何而战:国民革命军的士气与作战能力(1924—1949)》一文,观察国民革命军如何透过情感动员的方式激励士气。① 在写作过程中,曾阅读一些大陆学者从情感史角度研究革命史的论文,获益良多。大陆学界对于情感史的研究,虽然起步较台湾为晚,但和革命史的研究结合,② 充分展现情感推动历史进程的重大作用,允为近年大陆中国现代史研究的亮点之一。

其实情感动员的应用广泛,无论是各种社会运动或是大众消费社会的形成,均为近代史上的重要问题,值得学者关注。

二、铁路史研究

笔者的铁路史研究,想要解决的是两个问题:第一,铁路是科技的产物,近代中国如何接受这个科技的产物?第二,铁路进入中国后,对中国的社会经济产生了什么影响?为了解答这两个问题,我先后出版了《平汉铁路与华北的经济发展(1905—1937)》③、《中国近代铁路事业管理的研究——政治层面的分析(1876—1937)》④ 两本专书以及一篇英文论文"Technology Transfer in Modern China: The Case of Railway Enterprise, 1876-1937"⑤。以上著作出版至今均已超过了30年,不过或许尚具参考价值,两本中文专书,2020年获邀于北京中华书局以简体字版重印,英文论文直至2024年仍被美国宾州大学历史系教授John Kanbayashi列为其所开设"近代东亚科学与技术"课程必读论文之一。本书所收录《近代中国的技术转移——以铁路事业为例》一文,即为此文的中文摘要。

早在1960及1970年代的台湾,由于"中研院"藏有清代总理衙门的档案,洋务运动又是当年的热门议题,研究铁路史的中外学者自然极多,而笔者的研究之所以至今尚能占有一席之地,或许是由于在写作《平汉铁路与华北的经济发展(1905—1937)》一书时,曾读了一些发展经济学,所以研究角度和

---

① 张瑞德:《为何而战:国民革命军的士气与作战能力(1924—1949)》,"中日战争与近代东亚世界的形塑"国际学术研讨会论文,台北,2025年。
② 李志毓:《情感史视野与二十世纪中国革命史研究》,《史学月刊》2018年第3期,第14—17页。
③ 台北"中研院"近代史研究所,1987年;中华书局2020年版(简体字版)。
④ 台北"中研院"近代史研究所,1991年;中华书局2020年版(简体字版)。
⑤ *Modern Asian Studies* 27:2 (May 1993), pp.281-296.

其他前辈学者不同；在写《中国近代铁路事业管理的研究——政治层面的分析（1876—1937）》一书时，则参考了一些官僚组织专业化的理论，对于近代中国路政技术官僚群体的研究，略具开创意义。①

亚洲"四小龙"崛起后，美国学者柯伟林（William C. Kirby）于1980年代后期提出国民政府并不是在战后台湾才扮演发展型政府（developmental state）的角色，其实在战前十年即已是如此。②此种说法出现后，激起了大量学者研究国民政府的各种专业机构和政策，影响极大。③不过也有一些学者提出了一些质疑，例如朱莉（Julia C. Strauss）即认为专业技术机构（technocracy）（发展型政府的基础）的雏形应上溯至1910年代的袁世凯及北洋政府。④

其实早在1973年，美国学者墨子刻（Thomas A. Metzger）即曾在其所著《清代官僚机构的内部组织：法律、规范与沟通》（*The Internal Organization of Ch'ing Bureaucracy: Legal, Normative, and Communication Aspects*）一书中指出清代官僚组织已相当专业化：第一，《漕运全书》和《两淮盐法志》等书编纂官员的学养和资历，显示清代官僚已有相当程度的专业化，至少要求具有相关的经验；第二，六部额外司员的分发实习制度，也显示出有专业化的倾向；第三，以盐缺为例，清政府对某些职官要求需要有专业的资格；第四，六部京官重视久任，借以累积经验。⑤墨子刻此书的立论基础，主要是以其对陶澍任两江总督时期的盐政所做研究，具有多大的代表性，颇有问题；所讨论的时段，也仅限于鸦片战争以前的清代，不过他所提出的论点，甚具开创性，引发了后来许多学者的研究。

---

① 以下内容主要取材自本书所收《穿越界线——中国铁路史研究的现状与展望》一文。

② William C. Kirby, "Engineering China: Birth of the Developmental State, 1928-1937," in Wen-hsin Yeh, ed., *Becoming Chinese: Passage to Modernity and Beyond*, Berkeley: University of California Press, 2000, pp.137-160.

③ 最具代表性的著作包括：Julia C. Strauss, *Strong Institutions in Weak Politics: State Building in Republican China, 1927-1940*, Oxford: Clarendon Press, 1998; David Allen Pietz, *Engineering the State: The Huai River and Reconstruction in Nationalist China, 1927-1937*, New York: Routledge, 2002; J. Megan Greene, *The Origins of the Developmental State in Taiwan: Science Policy and the Quest for Modernization*, Cambridge, Mass.: Harvard University Press, 2008; Idem, *Building a Nation at War: Transnational Knowledge Networks and the Development of China during and after World War II*, Cambridge, Mass.: Harvard University Asia Center, 2022.

④ Julia C. Strauss, "The Evolution of Chinese Government," in Frederic Wakeman, Jr. and Richard Louis Edmunds, eds., *Reappraising Republican China*, Oxford: Oxford University Press, 2000, pp. 81-82.

⑤ Thomas A. Metzger, *The Internal Organization of Ch'ing Bureaucracy: Legal, Normative and Communication Aspects*, Cambridge, Mass.: Harvard University Press, 1973, chapter II.

法国学者魏丕信（Pierre-Etienne Will）研究清代政府在灾荒救济、兴办并维持大规模的水利工程、仓储制度以及促进经济发展上所做的努力，发现清代出现了一批行政精英（an "administrative elite"）。这批人不仅包括官员，也包括幕友和其他对行政有兴趣的人，他们积极进取，具有为民服务的责任感，并且自我期许甚高。在刑部，有许多官员甚至是律学名家。①徐忠明、杜金研究清代刑部官员任职，办案和法学素养，也认为此时的刑部已是一法律专业化程度颇高的机构，整个清代司法出现专门化的现象。②郑小悠的研究则指出清中叶以后，清廷对刑部的人事制度进行了一系列成功的改革，重视久任，刑部司官仕途前程之光明在六部司官中首屈一指，激励刑部官员勤勉读律，是以乾隆以后，官员的法律专业化水平开始突飞猛进，晚清甚至出现以司法实践带动律学研究的风气。秋审处官员尤其精于律例，而与河务、边材并号"专家学"，有明显的技术官僚倾向，在京官中独树一帜，甚至刑部堂官也多由本部司官外放后升转而来，终身不迁。这些特殊的制度和人事安排，均促使刑部官员自我的专业认同增强。③和农业相提并论的是河工、水利。自康熙将治河列为三大政之一，两江三省的督抚便开始了对河工的参与，在执掌上被赋予河工的职责，随着地方督抚兼任河道总督的体制在雍正朝形成，乾隆又在官制上予以完善，导致两江总督大多为治河专家的现象，其中具有代表性的人物有那苏图、尹继善、高晋等，均有以两江总督或巡抚身份兼任河督的经历，均可谓技术官僚。④最近高彦颐和陈恺俊更用技术官僚文化（technocratic culture）一词，形容清代内务府包衣群体有别于一般文官的专业文化。⑤

不过笔者认为传统中国官僚机构固然已有专业化的倾向，清末政府由于因应新兴情势的需求，开始重视专业人才，给予外务、邮传、度支等部官员特别

---

① 魏丕信著，李伯重译：《明清时期的官箴书与中国行政文化》，《清史研究》1999年第1期；魏丕信著，张世明译：《在表格形式中的行政法规和刑法典》，《清史研究》2008年第4期。

② 徐忠明、杜金：《清代司法官员知识结构的考察》，《华东政法学院学报》2006年第5期；杜金、徐忠明：《读律生涯：清代刑部官员的职业素养》，《法制与社会发展》2012年第3期。

③ 郑小悠：《清代刑部官员的选任、补缺与差委》，《清史研究》2015年第4期；郑小悠：《清代刑部官员的形象：自我期许与外部评价》，《北京师范大学学报（社会科学版）》2015年第1期。

④ 刘凤云：《两江总督与江南河务：兼论18世纪行政官僚向技术官僚的转变》，《清史研究》2010年第4期；刘凤云：《十八世纪的"技术官僚"》，《清史研究》2010年第2期。

⑤ Dorothy Ko, *The Social Life of Inkstones: Artisans and Scholars in Early Qing China*, Seattle and London: University of Washington Press, 2017; Kai Jun Chen, *Porcelain for the Emperor: Manufacture and Technocracy in Qing China*, Seattle: University of Washington Press, 2023.

优厚的待遇，北洋政府又为技术官建立特殊的升迁及薪俸制度，对于官僚系统之专业化所作的努力，实为中国历史上前所未见。清末詹天佑以自力完成京张铁路，工程师在中国社会中的地位顿时得以提升，对于社会价值观念的转变具有极大的影响。① 1920 年代一项针对清华学校 154 名 1924—1926 级（高三到大一）学生所作问卷调查显示，受访者对于各种职业的兴趣依序为：公司经理、社会改革者、工程师、农家、教员、教育行政者、学术研究者、著作家、银行家、军官、美术家、官吏、内科医生、外科医生、律师、秘书、青年会服务者。② 充分显示清末民初政府政策对民众价值观的影响。

三、军事史研究

笔者之所以会研究军事史，纯属偶然。1986 年，我博士论文口试刚结束，即奉召入伍服役。服役期间被分派至一所史政机构担任少尉史政官。由于业务所需，经常查阅相关的档案文献，于是逐渐对军事史研究产生兴趣。

欧美的军事史学界，自 1970 年代开始流行新军事史（new military history），研究的课题由传统的战略、战术、战史及名将传记，转为战争与社会，方法论上也吸收当时盛行的社会、文化，甚至性别转向风潮，我感到十分新鲜有趣，于是决定改行研究军事史。偶尔读到一本以色列学者所写的《作战力：二次大战期间德国与美国陆军表现比较》（*Fighting Power: German and U. S. Army Performance, 1939-1945*）一书，③ 对于作者治学的开阔格局深感佩服，觉得中国史学界尚缺乏类似的作品，于是决定写一本讨论国军作战能力的专书。"军以战为先"，作战能力为军事史研究的重大课题，殆无疑问。

退伍后，返回南港"中研院"近史所工作，申请"国科会"的专题计划，正式展开此一课题的研究。其间曾赴美进行一年的短期研究。在收集资料方面，耗时最多的工作莫过于查阅《军事杂志》（月刊，1929 年创刊）。我花了几个月的时间，逐期阅览斯坦福大学胡佛图书馆及密歇根大学亚洲图书馆两机构的收藏，

---

① 张瑞德：《中国近代铁路事业管理的研究——政治层面的分析（1876—1937）》，台北"中研院"近代史研究所 1991 年版，第 222 页。

② 庄泽宣、侯厚培：《清华学生对于各学科与各职业兴趣的统计》，《清华大学学报》，第 1 卷第 2 期（1924 年 1 月），第 287—304 页。

③ Martin van Creveld, *Fighting Power: German and U. S. Army Performance, 1939-1945*, Westport: Greenwood Press, 1982.

让我对国军部队基层存在的各种问题均能有所了解。加上此时两岸逐渐开始学术交流，我躬逢其盛，曾多次赴南京中国第二历史档案馆等机构，收集了大量档案及军方出版物。原本计划写一本书，从人事、情报、作战、教育训练、后勤补给等方面探讨国军的作战能力，不料收集的档案史料过多，只得缩小题目，先撰成《抗战时期的国军人事》一书，由"中研院"近代史研究所于1993年出版。

除了研究工作，笔者自1990年开始在东海、台师大等校研究所开设"现代中国的战争与社会"（自21世纪初期起，因应"新新军事史"的出现改名为"现代中国的战争、社会与文化"）、"社会科学理论与中国史研究"、"中国现代化问题"等课程，也曾应邀为美国一本教科书《中国军事史》（*A Military History of China*）撰写《从黄埔至1949年的国军》一章，[①] 1990年代并在"中研院"近史所创立战争与社会研究群，推动新军事史研究。[②]

1993年出版的《抗战时期的国军人事》一书，由于在学术机构出版，因此销路不佳，和近史所出版的其他专书一样，只能获得图书馆的青睐，第一版1000本居然卖了13年才卖完。本世纪初，笔者在王奇生和金以林两位教授的热心推介下，有机会将此书和另一本军事史论文集书稿，交由北京社会科学文献出版社出版。最后，接受该出版社建议，将二书合并为一册《山河动：抗战时期国民政府的军队战力》出版。[③] 笔者原计划将各单篇论文列为《抗战时期的国军人事》一书书末，以附录形式出版，后来接受出版社建议，将各篇论文插入原书适当章节，使得全书更具可读性。不过在《山河动》出版后，发现全书在形式上居然已找不到"结论"一章，心中十分不舍，因此也不宜再以《抗战时期的国军人事》的增订本视之，而只能称为论文集了。此书在大陆出版后，至今售出逾万册，也算是"咸鱼翻身"了。我想一本论文集能够有此不差的成绩，或许是过去学者研究军事史，习惯上分为"内史"（军史）研究和"外史"（战史）两类，两者互不相干，而《山河动》一书能够跳脱此种二元对立的局限，尚具新意所致。军队的作战能力为军事史研究的重要问题，可以开拓的空间甚大。近年大陆学者陈默、王奇生等学者合著的《中国抗日战争史》第4卷《战时军队》[④]，肖如平、

---

① Chang Jui-te, "The National Army from Whampoa to 1949," in David A. Graff and Robin Higham eds., *A Military History of China,* Boulder, Colorado: Westview Press, 2002, pp.193-210.
② 苏圣雄：《台湾的近代军事史研究》，收于皮国立编：《另一种"中央"："中央"大学历史所与台湾的史学研究》，台湾"中央"大学出版中心，2025年，第231—269页。
③ 社会科学文献出版社2015年版。
④ 社会科学文献出版社2020年版。

潘建华合著的《抗战时期国民党军事将领研究》①，均为具有代表性的著作。

四、蒋介石研究

苏联解体后，苏联时期机密档案开放供国内外学者利用。由于开放档案规模的庞大与影响之深远，均为前所未见，因此被称为是一场"档案革命"（archival revolution）。②1990年代起，海峡两岸的民国档案也先后逐渐开放，甚至数字化，供海内外各界利用，加上各种名人日记的开放及出版，对于中国史研究的影响深远，也堪称一场革命。

本世纪初，笔者开始追随前辈及同行的脚步，展开蒋介石的研究。由于起步稍晚，如何选题成为首要面对的问题。我发现当时有一些著作不过是将旧问题重做一遍，增加了新出土档案及日记的史料，但是并无创见或新意，便引以为鉴。当时台湾的近现代史学界，流行研究国家与社会的关系，市民社会、公共领域，一时甚至成为社会大众的流行词汇。我则发现此类研究不但将国家与社会对立起来，而且普遍将"国家"视为一整体，而忽略其内部的复杂性；"国家"的内容尚未弄清楚即侈言与社会的关系，也似乎为时过早。我也观察到过去民国政治史的研究，如与欧美政治史的研究相较，最弱的环节之一即为领导人的决策过程，原因在于相关档案与史料的缺乏。如今档案既已大量开放，此一重要课题应可有所突破。

于是我决定开始研究蒋介石如何治理中国，先后出版了两本专书：《无声的要角：蒋介石的侍从室与战时中国》（2017年）③和《战时国民政府军政人才培养》（与冯启宏合著）（2024年）。④《无声的要角》所研究的侍从室，除了为蒋介石草拟书告及党政军各部门文件的承转与审拟外，主要功能有二：第一，整理各方送呈的大量情报资料，使其成为有价值的情报，供蒋介石与相关机构参考运用，并协助蒋做出决策。第二，强化对党政军机构及外界的联系，有助于

---

① 江苏人民出版社2023年版。
② Cristina Vatulescu, *Reading the Archival Revolution: Declassified Stories and Their Challenges,* Stanford: Stanford University Press, 2024.
③ 台湾商务印书馆2017年版。
④ 江苏人民出版社2024年版。

党国体制运转。其负面功能也有两项：第一，破坏正常体制的运作；第二，造成下属的疏离感。《战时国民政府军政人才培养》一书，则探讨蒋介石所直接掌控的几个智囊机构（包括国防设计委员会、南昌行营调查设计委员会、侍从室与参事室）以及如何考察、选拔、储备及运用人才。两本书可以称为姊妹篇。

晚近中外学术界对于国民政府的评价，呈现出两极化的趋势。传统一派的看法，认为是贪污腐化，全无是处，因无法因应中共的挑战，最后导致政权的崩溃。另一派则视国民政府为一专家政治（technocracy），已有发展型政府（developmental state）的雏形，曾制定一些中、长程发展计划，也培养出许多技术官僚，为战后两岸发展奠下基础。笔者以为前人有关国民政府的研究，不论是持批判或肯定立场，均倾向将国民政府视为一个整体，而忽略了内部的歧异性。事实上，每个机构的领导阶层、组成分子及组织文化，均不尽相同，其组织效能自然也会有所差异。《战时国民政府军政人才培养》一书，研究蒋介石所直接掌控的一些智囊机构，发现这些机构所培养的人才，一般说来，在文教、外交或是与其所学相关的领域，较易有突出表现；如果在其他领域，则表现得未必优于一般的官僚，主要原因在于历练和政治手腕均有所不足；至于对付中共，则远非这些学者所能胜任。更有进者，这些智囊机构由于为蒋介石直接掌控，才得以拥有较高的效率与效能，因此其经验并无法复制一般的行政机构，反而破坏了正常体制的运作，造成党政机关的效率低落和疏离感，更助长了学而优则仕和过分迷信"科学管理"的风气，其流弊至为深远，使民众未见其利，先受其害。

最近，德国学者李雷雷（Thorben Pelzer）收集了民国时期活跃于中国 17,000 名工程师的数据，建置"中国工程师关系数据库"（Chinese Engineers Relational Database, CERD）。他利用其中任职于国民政府各技术机构（建设委员会、全国经济委员会、资源委员会等）的工程师数据进行网络分析，结果发现这些机构虽系依专业机构范式（technocratic paradigm）运作，不过所谓的"专家治理"（expert rule）仅限于少数几种专业，而且影响并不如过去所想象的大；技术官僚和政治领袖间的关系也十分紧张。①笔者与冯启宏合著的《战时国民政府军政人才培养》

---

① Thorben Pelzer, "Technocracy and Technostructure in Nationalist China: Expert Rule or Rule over Exports?" in Christian Henriot ed., *Modern China in Flux: Networks, Mobility, and Transformation*, Boston: De Gruyter, 2025, pp.99-134.

一书与李雷雷的论文均挑战了过去中外学界对于国民政府所受专家政治影响的简单论点，或许会激发更多有关技术官僚及政策史（policy history）的研究。

此外，派系政治与人际关系网络一直是民国政治史研究的重要课题，代表作如金以林的《国民党高层的派系政治》和陈红民《函电里的人际关系与政治》，均为网络分析方法可以充分发挥其功能之处，未来将成为一个研究热点，殆无疑问。

五、记忆与认同研究

《想象中国——伦敦所见古董明信片的图像分析》是一篇意外写出的论文。1999年，笔者在伦敦大学亚非学院进行短期研究。某个周末，我因为某种原因需至图书馆工作，在路上刚好遇到一个出售古董明信片的市集，共有十多个摊位。为了犒赏自己假日仍需工作的辛劳，我停下脚步浏览了一下。出售的明信片多按主题的英文字母顺序分类，我研究的是中国史，自然想要看和中国相关的明信片。一看之下，发现有一些缠足、吸食鸦片、囚犯斩首图像的明信片，引发了我的研究兴趣。笔者自1990年代初期开始，接触到记忆与认同理论，其间"中研院"同仁王明珂自1993年起撰写的有关民族史的系列论文及专书，黄克武主编的《思与言》杂志专号《文化想象与族国建构》（1996），以及沈松侨有关记忆与认同的系统论文，① 虽然讨论的主题各有不同，但是都让我获益匪浅。② 曾接连指导了几篇探讨历史记忆的硕士论文，③ 1997年，自己也曾写过一篇《纪念与政治：台海两岸抗战胜利五十周年纪念活动的比较》论文，④ 加上当

---

① 沈松侨的部分论文，近年编选为《纷纭万端：近代中国的思想与社会》，由上海人民出版社于2024年出版。
② 温桢文访问，简金生记录：《张瑞德先生访问记录》，收于台北"中研院"近代史研究所编：《近史所一甲子：同仁忆往录》，台北：编者印行，2014年，下册，第277—278页。
③ 柴维珍：《战后台湾"外省人"的塑造与变迁（1945—1987）》，1996年；钟荣峰：《文化民族主义与中国现代的历史书写》，1999年；许淑真：《政治与传记书写：谢雪红形象的变迁》，1999年。以上三篇均为东海大学历史研究所硕士论文。
④ 此篇论文先后宣读于台北一场纪念抗战的国际研讨会及加拿大UBC一场名为"战争的伤痕（The Scars of War）"的研讨会。加拿大的这场研讨会，可能是首场将战争记忆列入议程的中国史研讨会。参阅：《纪念与政治：台海两岸抗战胜利五十周年纪念活动的比较》，收于纪念七七抗战六十周年学术研讨会筹备委员会编：《纪念七七抗战六十周年学术研讨会论文集》，台北"国史馆"，1998年；英译本：Chang Jui-te, "The Politics of Commemoration: A Comparative Analysis of the Fiftieth-Anniversary Commemoration in Mainland China and Taiwan," in Diana Lary and Stephen Mcc Kinnon eds., *Scars of War: The Impact of Warfare on Modern China*, Vancouver: UBC Press, 2001.

时视觉文化的研究方兴未艾,于是一时冲动,暂时放下其他的研究,研究起明信片了。由于有些明信片是教会所发行,在亚非学院的档案室找到一些档案,加上该校人类学系开有旅游人类学的课,于是我根据上课的书单恶补了一些相关的理论作为分析工具,最后花了大约一年的时间总算把文章写成。

根据晚近学者的研究,19世纪末至20世纪初,西方一般社会大众对非西方社会的印象,主要透过博览会、照片和明信片三种媒介。博览会虽然为近代展示非西方文明的大型公共活动,但是由于受到地理及社会阶层的限制,参与相对不易,因此影响相对较小。照片虽然自1830年代起逐渐普及,但是由于生产过程较费人工,无法大量印制,影响虽较博览会为大,但是仍无法和明信片相比。明信片由于价格低廉且易于取得,使得一般西方民众"观看"非西方文明的过程,变得更加民主化。除了通讯,也常被用作纪念品,因此传阅甚广,包括中产阶级、劳工、妇女及儿童。在20世纪初期的英国,任何人要邀约友人于下午拜访喝茶,仅需于上午邮局收信时间截止前,寄出一张明信片即可。当时电话尚未普遍使用,因此明信片为大众广泛利用。"寄给我一张明信片"("Drop me a postcard")成为日常生活用语,一如后来的"给我挂一个电话"("Give me a ring")。外出旅行时,明信片由于是图文并茂,成为旅行时甚受欢迎的纪念品,甚至成为旅行的目的,证明某人确曾到此一游。明信片的内容(包括图像数据及寄件人书写的文字数据),经常传递了西方人对非西方社会与民众的刻板印象(stereotypes)或是浪漫印象。明信片在西方由于流通量极大(据统计,1900年德国平均每人邮寄15张),因而强化了西方人对非西方社会的神秘印象。

有趣的是,在中、英文学界,或许是由于档案的大量开放,有关博览会的研究均十分兴盛。例如大陆学界在华中师大教授马敏的倡导下,博览会史的研究成果丰硕,而且研究风气迄今未衰。有关照片与形象塑造的研究也十分流行,或许是由于照片常刊登于报刊,检索方便的关系。至于明信片的研究,近年虽然编选出版了大量明信片图像的史料集,① 自从笔者的论文发表后的第八年,才陆续有法国学者克莱门斯·安德里斯(Clémence Andreys)发表《从明信片中

---

① 笔者与吴文星教授二人也曾接受台北"中央图书馆"的委托,编选该馆明信片收藏,出版两册史料集。参阅张瑞德、吴文星合编:《寄给时间的漂流记:华人世界明信片图像写真选辑(1920—1940年代)》,台北优秀视觉设计有限公司2015年版。

看青岛和中德关系》论文，①美国学者巴克莱（Paul D. Barclay）有关日本透过明信片形塑台湾形象的论文发表。②至2017年，才首次有大陆学者路懿菡发表《殖民地的野心：日本明信片中的大连形象》一文。③我自觉对于解读明信片的相关理论掌握不易，加上同道过少，形影孤单，于是浅尝辄止，不再触碰此一课题。几年以后研究蒋介石，曾接触到大量蒋介石的手令，觉得是对象史（history of objects）的好题目，于是写成《遥制：蒋介石的手令研究》一文。④因此也算是《想象中国》一文的姐妹作。

近年日本学者贵志俊彦热心推动明信片的研究，由京都大学和美国拉斐特学院和哈佛燕京图书馆三机构合作进行 Linked Archive of Asian Postcards 计划，建立亚洲明信片数据库，供各界免费使用。⑤加上近年英国出版的两本专书分别将19世纪以来明信片的发展定位为"全球第一个社群网络"（social network）和"一场传播革命"⑥，开拓了许多新的研究议题，更有学者结合方法论上的"计算转向"（computational turn），利用大语言模型（large language model）、手写文本辨识系统（handwritten text recognition）等工具，解读从欧洲五个国家寄出的10余万张历史明信片，从寄件人地址、收件人地址及明信片图像中的地点，描绘出近代明信片流通的空间网络。⑦明信片的研究是否能"咸鱼翻身"，继博览会研究和照片研究之后受到应有的重视，值得大家关注。

---

① 〔法〕克莱门斯·安德里斯（Clémence Andreys）著，陈琳琳、孙梦茵译：《从明信片中看青岛和中德关系》，《中国海洋大学学报（社会科学版）》2009年第2期，第21—30页。

② Paul D. Barclay, "Peddling Postcards and Selling Empire: Image-Making in Taiwan under Japanese Colonial Rule," in Adam Clulow ed., *Statecraft and Spectacle in East Asia: Studies in Taiwan-Japan Relations,* London: Routledge, 2011, pp.78-107.

③ 《大连城市历史文化研究》2017年第12期，第371—394页。

④ 张瑞德：《遥制：蒋介石的手令》，《近代史研究》2005年第5期，第27—49页。此文后来成为《无声的要角：蒋介石的侍从室与战时中国》（台北商务印书馆2017年版）一书中的一章。

⑤ 计划官方网址：http://asian-postcards.mydatabase.jp.

⑥ Lydia Pyne, *Postcards: The Rise and Fall of the World's First Social Network,* London: Reaktion Books, 2021; Julia Gillen, *The Edwardian Picture Postcard as a Communications Revolution: A Literacy Studies Perspective,* London: Routledge, 2023.

⑦ Thomas Smits, Wouter Haverals, Loren Verreyen, Mona Allaert and Mike Kestemont, "Greetings from ! Extracting Address Information From 100,000 Historical Picture Postcards," paper presented at the Computational Humanities Research Conference, December 6-8, 2023, Paris.

六、几点心得

笔者从事历史这门行业，转眼已是五十年，回想五十年前的台湾史学界，一般大学教师多半承袭上一代学者"述而不作"的风气，撰写专题论文者不多（学界少数专书多为上课所用讲义、大学毕业论文或是政府单位委托研究案的成果），[①] 学术单位主管每多需要靠请老师吃饭，为单位出版的学术刊物拉稿，以凑满篇幅，而各种刊物因为稿件不足而脱期甚至停刊的现象也时有耳闻。"中研院"的情况稍好，近史所研究人员升等，多需要有专书；史语所不重专书，研究人员于该所《集刊》（1928年创刊）发表论文，常需排队一二年之久。不过当时听说史语所老一辈的研究员多希望新进的研究人员进所后多读二三年书，不准立即发表论文。最近听说有些大学的历史系取消了博士生在毕业前须发表论文若干篇的规定，应该也是基于此种考虑。

不过就在过去的五十年之间，全世界的历史学界（也是整个人文社会科学界）均经历了天翻地覆的变化，各种论文、专书及论文集的数量均呈爆炸式成长，原因在于高等教育高度商业化，大量招收学生，采用企业管理方式治理，对教师厉行各种评鉴，甚至"非升即走"。档案史料大量出现，而且经过数字化的加工及数据库的建立，利用便利，史料搜集的时间得以大幅缩减。另一方面，学术资本主义（academic capitalism）高度发展，以出版人文社会书籍闻名的 Routledge 出版公司为例，1980年代后期时出版人文社会科学期刊数量仅有10余种，至2020年代已有约600种；1980年代每年出版人文社会科学专书及论文集约2,000种，至今每年出版约5,000种，每本书价约190美元，研究指南与研究手册类书籍更是高达每册300美元。[②]

由于"史学江湖"资源竞争激烈，出版压力巨大，使得学者心态趋于保守，倾向在熟悉的课题中不断"内卷"，而不愿开发新的议题，加上出版机会较过去增多，史学研究的"碎片化"遂成为日益严重的问题，如何在汗牛充栋的现有二手研究中找出值得研究的题目，也成为年轻学生的一大烦恼。除了将研究

[①] 关于1949年以前国民政府与各大学人文社会科学单位的合作研究，可参阅张瑞德：《战时国民政府军政人才培养》第2章。

[②] 以上各项数字，主要来自该公司官方网站。

时段向下延伸、开发新的档案史料、利用数字史学等新技术外，开发新兴专史，采用跨领域、跨学科研究，以及交叉研究，似乎也已成为不可避免的趋势。

即便如此，学者仍然面临以下的问题：

第一，各种专史研究，常有"划地自限"的现象，题目越做越小，例如地方开发史、家族史，所谓的个案研究大量出现，彼此之间互不相关，也不与大的问题对话，使得碎片化的问题并无法获得改善。

第二，有些专史本身即有其局限性。例如，心理传记的研究，传主本身所遗留内省性（introspective）史料，可供心理分析者即不多。妇女史研究也有女性自身史料不足的问题。图像史研究主要面临的问题，则为图像本身解读不易，所作解读也常被指为主观，如果图像之外的相关史料不足（如图像作者不明），史家可以发挥的空间十分有限。量化史学、数字史学或是其他利用科技工具（GIS）所做研究，有时史料数量虽然庞大，但是内含信息有限，常令人感到"英雄无用武之地"，或是研究成果"性价比"不高。

我们可以发现，发展良好的专史，多为方法论上能不断与其他专史或学科交流创新者，例如美国的军事史研究，由于传统的战史著作写作方式陈旧，虽然在社会大众仍有广大市场，但是在学界的声望甚低。自1980年代起流行新军事史研究，即使是传统的战史研究，也加入了新军事史的元素。经过如此转型，研究课题日趋多元，军事史学者的职业声望也有所提升。相对地，美国的心理史学于1960、1970年代曾流行过一时，不过由于常用的心理分析理论本身即具争议性，加上史料相对稀少，心理史家又划地自限，较少和其他专史或学科交流对话，方法论上创新相对有限，以致自1970年代后期开始没落，仅赖研究心理传记和强调精神分析和马克思主义结合的研究维持局面，[①] 在美国的历史学界，心理史学家的职业声望尚较军事史家为低。

不过各种专史的职业声望高低，所牵涉的因素较多，各国的情况也不一致。例如科技史和经济史在有些国家的大学设有专门的科系，获有制度上的支持，职业声望自然名列前茅。宗教史和军事史的研究，由于经费有时和宗教团体与军方有关，自然也会影响其声望。

---

① Brian Connolly, "Introduction: Psychoanalysis and History," *History of the Present* 12:1 (April 2022), pp.1-3; Idem, "The Disavowal of Psychohistory and the Teaching of History," *Psyche on Campus*, August 22, 2024. 以上两篇文章的作者为历史学者，和心理学者的观点或有不同。

对年轻学者，笔者谨提出以下几点经验分享：

第一，历史学的辅助学科十分重要。研究经济史的学者需要懂一点经济学，研究政治史的学者需要懂一点政治学。1920年朱希祖担任北京大学史学系主任，即主张研究历史应以社会科学为"基本科学"，对史学系的课程进行改革，本科一、二年级先学政治学、经济学、法律学、社会学、社会心理学等社会科学，再辅以生物学、人类学、人种学及古物学等，试图打破当时中国史学界的陈腐风气。历史研究法课程（由何炳松担任），以"新史学"旗手鲁滨孙（James Harvey Robinson, 1863—1936）所著《新史学》(*The New History*)一书为课本，颇受学生欢迎。① 不过历史学研究的问题，一如现实社会中的各种问题，不是单一学科的知识即可应付，往往需要采用跨领域甚至跨学科的研究方法。自然科学界一些晚近的研究显示，科学研究的重大突破每多发生于不同领域、不同学科间的交错地带。从其中发掘过去为人所忽略的重大议题进行研究，即使得不了诺贝尔奖，至少也可以避免选题"碎片化"的流弊。②

第二，研究中国史，对于欧美汉学家的著作可以留意，但是不要过分追随。如果觉得他们的作品有值得参考借鉴之处，不如直接去读欧洲史、美国史的佳作或是相关的理论（读理论其实也是读欧美历史）。汉学家的著作在整个全球知识生产供应链中，毕竟位居下流。只透过读他们的作品来掌握学术的潮流，难免会有"瞎子摸象"、"知其然而不知其所以然"的缺点。常有学生问我："读外国史或是理论时，常会觉得和中国的经验不符呀！"其实这不符之处，正可以引发我们进一步的思考，帮助我们发现值得深入研究的课题，甚至是理论需要修正之处。其实这才是我们读这些书的目的。

第三，年轻学者面对日新月异、五光十色各种方法论上的"转向"(turns)，难免被弄得昏头转向，产生错失恐惧症(fear of missing out, 简称 FOMO)或是不知如何选择。笔者以为解决之道在于：

（1）坚持历史学者的主体性。历史学者不是社会科学家的跟班，更不是他们的助手，而是像一个主厨，依自身研究课题的不同，而寻求不同理论、概念和方法的协助，主从关系不可弄反。

（2）选择研究课题，不仅要考虑自己的兴趣，也要考虑自己的能力。不同

---

① 桑兵：《近代中国的新史学及其流变》，《史学月刊》2007年第11期，第9页。
② 参阅白若云、陈利编：《学术之路：跨学科国际学者对谈集》，商务印书馆2023年版。

领域中视理论的情形不一，例如科技史、经济史、图像史、新文化史、妇女史、心理史学，相对强调理论，不懂理论的学者要做这方面的研究，不免会较为辛苦。如果对理论不感兴趣的学生，最好选择政治史、军事史、思想史和微观史的课题。尤其切忌贪多，笔者年轻时兴趣广泛，随波逐流，备多力分，许多课题浅尝辄止，以致成果无法累积，值得年轻学者引以为戒。

第四，历史学者虽然可以依据自身研究课题的需要，汲取其他学科的长处，借用其概念与方法，但是传统史学的基本功，如重视档案史料运用、任何论点均需言之有据，以及擅于说故事的看家本领，仍然不可轻言放弃，即所谓的"固本求新"。例如著名的左派历史学者霍布斯邦（Eric John Ernst Hobsbawm, 1917—2012），研究格局宽广，涵盖英国的工业革命、法国大革命、资本主义、社会主义与民族主义的兴起等，著作被译为中文者即有17种之多。霍氏的治史风格为擅长利用社会学、经济学及人类学理论作为分析工具，而且拥有作家级的飞扬文采，因此他不仅是英国学术院、美国文理学院的院士，甚至还是英国皇家文学会（Royal Society of Literature）的院士。又如著名的新文化史家娜塔莉·戴维斯（Natalie Zemon Davis, 1928—2023）虽然提倡跨学科的历史研究，她自己的研究也擅于结合历史和其他学科（包括人类学和文学理论等），并因此曾获得人文社会科学领域的霍尔堡国际纪念奖（Holberg International Memorial Prize）大奖（奖金约合70万美元）。[①] 她2012年获美国总统奥巴马（Barack Obama）颁发国家人文奖章（National Humanities Medal）时，评审委员会则力赞其文字流畅优美。其名著《马丁·盖尔归来》（The Return of Martin Guerre）曾被译为22种文字，影响极大。与霍布斯邦相同，堪称历史学者"固本求新"的最佳案例。

至于中文世界，则有黄仁宇（1918—2000）。黄氏提倡"大历史观"，重视长时段社会、经济发展的宏观趋势、社会结构与各种制度性架构，而非个别的人物、事件和道德评价，颇有法国年鉴学派之风，但是和美国主流实证主义史学家的谨小慎微格格不入。他能够打通上下五千年历史，通古今之变，并将中西历史加以比较，提出一些模式与因果关系，尤擅于透过一些看似琐碎的细节，以小见大；融合宏观与微观方法，引人入胜。黄仁宇60岁时遭任教的大学解

---

① 在娜塔莉·戴维斯之前获奖的学者包括哈贝马斯（Jürgen Habermas）、艾森施塔德（Shmuel N. Eisenstadt）、詹明信（Fredric R. Jameson）等人，均为极具跨学科影响力的学者，详阅该奖项官方网站。

聘，不料竟以《万历十五年》一书成为畅销书作者。该书中文本 1982 年出版后至 2022 年，累积销量近 600 万册，影响力及于社会大众，① 堪称当代传奇。

七、一些期许

最后，笔者谨提出一点对于两岸史学界的期许。史学界内部，固然存在着许多由于所持认识论和方法论的不同而产生的分歧和对立，有时为了争夺资源，各持己见相互攻击，沟通困难，甚至影响学术社群内部的凝聚力。常见到的对立包括传统领域（如政治史、外交史）的学者指责新兴领域（如新文化史、性别史）学者使用过多理论，与历史真实不符；后者则批评前者目光过于狭隘，忽略影响历史人物、事件后面的社会结构和文化因素；思想史学者的研究被批评为过于空疏，缺乏史料基础；实证主义史家批评后现代主义史学企图推翻传统史学重视科学性和客观性的特征，后现代主义史家则批评传统史家过于天真，忽视了语言、权力在文本生成及历史书写过程中的重要性。

虽然如此，我们仍然不可否认历史学相较于其他的人文社会学科，仍是较为开明与包容的学科。大家都接受"史无定法"的说法。对于其他学科的理论和方法会依据自身研究课题的需求而选择性地接受，在概念上更是大量采用社会科学的概念，例如清末民初，历史学者陆续接受了革命、政党、内阁、权力、舆论、民族、神话等社会科学的名词；1930、1940 年代，历史学者的文章中经常出现意识形态、现代化、资本主义、通货膨胀、大众传播等社会科学的术语。过去五十年，历史学者不仅在用词上受到社会科学的影响（例如使用政治社会精英、技术官僚、威权体制、大众文化、公共领域、政治认同、政治文化、历史记忆、民粹主义、全球化等名词），即使是对史料及史学的方法也产生了细微但是重大的变化。根据笔者五十年自身经验的观察与体会，至少可以举出以下四点：第一，许多男性学者对于女性主义思想与妇女史研究，虽然视为洪水猛兽，采取抵制心态，但是当自己在写人物传记时，仍然不免会用较上代学者更多篇幅（甚至以专章），叙述传主的情感、婚姻与家庭生活；第二，许多学者研究重要人物或历史事件时，虽然不直接引用有关历史记忆的理论，但是写

---

① 《〈万历十五年〉40 年发行 600 万册》，www.cnpubg.com/publish/2022/0428/57980.shtml。

作时也会顺便讨论一下这些人物和事件的历史记忆；第三，又如历史学者看到后殖民史学，虽然多半不以为然，但是看到历代正史中对于少数民族的叙述时，已多会有所警惕，将其视为一种刻板印象，而不会直接像上一代史家将其视为原始材料来用；第四，今天一般的历史学家，在面对许多过去被视为历史悠久的"传统"，大多也会有点戒心，会检查一下是否其实只是近代才出现甚至被发明出来的"传统"，一如花呢格纹裙长期被视为苏格兰的传统服饰，其实只是 19 世纪才被创造出来的"传统"。

许多学者认为各种理论与方法论上的创新有如流行服饰，日新月异，没过多久即销声匿迹。笔者大致上同意此种论点，不过上面所列举的四个方面显示，确实有少数理论虽然已不再流行，但是整个史学界，甚至整个人文社会科学界均曾受其潜移默化式的洗礼，并且产生深远的影响。

不可否认，五十年前的历史学者或许不学新理论也会具有上述的一两点认识，不过一定是仅限于极少数的学者，而今天的学者则是普遍具有对上述各点的认识。我们历史学者今天对史料及史学的看法，已和五十年前有所不同。笔者由于学识有限，仅能抛砖引玉指出以上四点，盼能激起同行的智者以及日后研究当代史学史的学者，对此作更深入的讨论。

历史学者的"固本求新"性格，除了表现在对于其他学科的理论和方法，会依自身研究的需求，而作选择性的接受外，同时在招聘新进教研人员时，对其他学科的包容程度，一般也较其他学科为高。根据一项统计，美国大学历史系教师中，非历史学博士出身者约占 7%（许多系区域研究或宗教研究的博士），曾受过一门社会科学实质训练者约占三分之一。[①] 在中文学界似乎也有类似的比率，显示历史学科较许多其他学科，更具有包容性。

以笔者个人的经验为例，无论是早年的铁路史研究、中年的军事史研究，还是晚年的蒋介石研究，均为跟随者，而非开创者，不过选题、分析架构与角度和前人略有不同而已。早期研究平汉铁路时，即认为铁路发展和其他交通运输的改进，只是经济成长的条件之一，清末官绅由于高估了铁路的连锁影响（linkage effects），而认为铁路将毫无疑问地会带动整个经济的成长，由平汉铁路的例子，即可证明此种想法实过于乐观，当代发展中国家经济发展策略的制

---

① Davis S. Landes and Charles Tilly eds., *History as Social Science*, Englewood Cliffs, NJ: Prentice-Hall, 1971.

定者，也可由这个例子提高警惕。① 当时在台湾倡导现代化理论最力的历史学者张朋园，在我毕业论文口试时，即以上述观点与其拳拳服膺的理论不符，而略有微词；后来研究军事史，当时在台湾相关著述最多的前辈学者刘凤翰，也对笔者《抗战时期的国军人事》一书中曾论及军中逃兵、吃空等积弊不以为然，认为军事史值得研究的题目那么多，为什么要研究这种题目，似乎认为这不算是军事史的范围；经济史专家王树槐则认为我低估了军中的贪腐程度。

虽然如此，我的这些师长同事对我还是十分包容，让我不论是历次的毕业论文口试和升等，都尚能高分过关，从未遭受过打击。业师张玉法有次还对笔者表示："我看你的文章虽然用理论，但是每次都还看得懂，不像×××的文章，所用的理论，经常看不懂。"这句话似乎显示我在运用理论时，尚称谨小慎微吧！

著名的史学史学者王晴佳2002年曾出版《台湾史学五十年（1950—2000）》一书，② 当时承其厚爱，赐赠乙部。笔者拜读之后曾对其表示，此书具有开创之功，贡献甚大，不过书名似乎少了两个字，应该为"台湾史学活动五十年"才对，他则笑称只有史学活动的材料比较多。当代的史学史通论性著作，每多强调新史学的思潮与活动，学者许冠三的《新史学九十年》（1986）即为一例。事实上战后台湾的史学界，半新半旧，新中有旧，旧中有新，笔者常戏称具有"半殖民半封建"性质。其实史学研究只有好坏之别，而不需要有新旧之分。民国初年，朱希祖在北大提倡以社会科学治史，固然是开风气之先，但是他抨击当时中国史学界"陈腐极了"，对传统史学的鄙视溢于言表，实有违"思想自由，兼容并包"的北大精神。笔者每读旧学出身的钱宾四著作，例如《中国历代政治得失》，即经常会惊叹其眼光及论点，好像是受过社会科学理论的洗礼一般。钱氏的反满立场固然有其时代的限制，对西方文化的理解也十分有限，但是他对国史的论断，无疑是一代宗师。

大陆自从改革开放以来，史学界由于对外开放，实事求是，有突飞猛进的发展。欧美、日本的华裔学者也每多以中文写作。相对于欧美、日本汉学界的狭小圈子，一个全球中文学界的学术社群已然形成，如何从全球史角度书写一部中文学界的史学史，值得大家思考与期待。

---

① 张瑞德：《平汉铁路与华北经济发展（1905—1937）》，中华书局2020年版，第145页。
② 台北麦田出版社2002年版。

生命史与集体心态

自传与历史

在西方,对于研究文学理论的学者来说,近年来最重要的一个研究领域或许就是自传了。① 在台湾,自从军事戒严解除后,各种不同政治立场的自传和回忆录,都可在市面流通,形成了传记类书籍市场前所未有的蓬勃气象。《李宗仁回忆录》的畅销、雷震回忆录手稿的被焚、孙立人口述回忆录的陆续发表,也都成为社会上的热门话题。

在此,笔者打算利用这个机会,谈一谈自传这种作品的类型、形式,以及在历史研究上的重要性。希望能够借此澄清一些为社会大众所误解的观念,并且建立起对于历史研究的正确认识。

一

"自传"一词,《辞海》定义为"自述生平之著作",在中国过去被称为"自叙"、"叙传"、"自纪"、"自述"等。在英文里面,autobiography 一词从语源来看,指的是"自己"(auto-)对于"个人生平"(bios)的"叙述"(graphia),也就是叙述自己生平的著作。② 这些定义都简单明了,大家也都知道自传是什么东西,但是它到底包括哪些形式的作品呢?屈原的《离骚》、陶渊明的《五柳先生传》、刘鹗的《老残游记》算不算是自传?奥古斯丁(St. Augustine)的《忏悔录》(The Confessions)和狄更斯(Charles Dickens)的《块肉余生录》(David Copperfield)呢?③ 对于这些问题,却是众说纷纭,迄无定论。近年来,有些学者甚至对自传的几个基本要素"自己"、"个人生平"、"叙述",都加以质疑。因此,在过去的二十年当中,已有大量讨论自传定义问题的

---

① "Editorial Note", *The Southern Review*, 22:2, April 1986, p.221.

② Georg Misch, *A History of Autobiography in Antiquity*, Translated by E. W. Dicks, Cambridge, Mass.: Harvard University Press, 1951, p.5.

③ 《块肉余生录》即《大卫·科波菲尔》。

文章出版，有些人由于不满 autobiography 一词，干脆另造新字，如 autoportrait, autosociography, autoautography, autopsychography, autophylography, autoobituography, autosoteriography……① 一般说来，研究历史的人所关心的是自传中所提供的史料，所以较倾向于宽广的解释，笔者也不例外。

促使一个人写自传的动机有很多种，很少是只有一种的，但是我们仍然可以根据主要的动机，把自传分为以下几种类型：

第一种是"告解型"的自传，作者用写自传来消除心理上的罪恶感。最典型的例子，莫过于法国大思想家卢梭（Jean-Jacques Rousseau）所写的《忏悔录》(*Confessions*)了。在中国过去也有类似的作品，通常称为"自讼"、"自责"、"自诅"等。② 近代的例子，如民国初年热心推动戏剧运动的欧阳予倩，在他所写的《自我演戏以来》（1933年）一书里，开宗明义就说："这篇文字是我前半生的自传，也就是我的忏悔。空在戏剧界混了许多年，毫无贡献，只剩下些断纨零绮的记忆，何等惭愧，追思既往，悲从中来，极目修途，心热如火！今后的记录当不至这样空虚罢！"③

第二种是"自我辩护型"的自传，作者用写自传的方式来替自己的一生或是一生中的某一特殊行动辩护。民国初年，因参与对日交涉，被指为卖国贼的曹汝霖，写《一生之回忆》的目的，即在"将五四风潮经过，作一具体的记述，以明真相"④。陈公博在《苦笑录》一书的自序中，也把他写回忆录的动机交代得很清楚：

> 什么是写这本书的动机呢？那是我完全为着打不平。我知道将来国民革命正史出版时，一定有许多事实被抹煞的，一定有许多朋友受冤枉的，我为着打不平，所以要写这本书，我固然唤它是《苦笑录》，但读者喜欢时也未尝不可以唤它是《洗冤录》。⑤

---

① 关于这方面最近的讨论，可参阅 H. Porter Abbott, "Autobiography, Autography, Fiction: Groundwork for a Taxonomy of Textual Categories", *New Literary History*, 19: 3, Spring, 1988, pp.598-599。

② Pei-yi Wu, "Self-Examination and Confession of Sin in Traditional China", *Harvard Journal of Asiatic Studies*, 39:1, 1979, pp.5-38。

③ 欧阳予倩：《自我演戏以来》，神州国光社1939年版，第2页。

④ 曹汝霖：《一生之回忆》，香港春秋杂志社1966年版，第1页。

⑤ 李锷、汪瑞炯、赵令扬编注：《苦笑录：陈公博回忆（1925—1936）》，香港大学亚洲研究中心1979年版，第6页。

毫无疑问的，这本书所想洗的，并不仅仅是他朋友的冤而已。

至于西方最著名的"自我辩护型"自传，则要首推12世纪初的法国神学家阿培拉（Peter Abelard）为了解释他和女弟子海罗伊兹（Heloise）的著名绯闻所写的自传《我的不幸故事》（*Story of My Misfortunes*）。①

第三种是"自剖型"自传，作者用写自传来剖析自己的行为模式。例如明末学者张岱，就曾经在他自己预先撰就的墓志铭中，对他个人的性格和生活方式，作了以下客观的剖析：

> 少为纨绔子弟，极爱繁华，好精舍，好美婢，好娈童，好鲜衣，好美食，好骏马，好华灯，好烟火，好梨园，好鼓吹，好古董，好花鸟。兼以茶淫橘虐，书蠹诗魔，劳碌半生，皆成梦幻。年至五十，国破家亡，避迹山居，所存者破床碎几，折鼎病琴，与残书数帙缺砚一方而已。布衣蔬食，常至断炊。回首二十年前，真如隔世。常自评之，有七不可解。向以韦布而上拟公侯，今以世家而下同乞丐，如此则贵贱紊矣。不可解一。产不及中人，而欲齐驱金谷，世颇多捷径，而独株守于陵，如此则贫富舛矣。不可解二。以书生而践戎马之场，以将军而翻文章之府，如此则文武错矣。不可解三。上陪玉皇大帝而不谄，下陪卑田院乞儿而不骄，如此则尊卑溷矣。不可解四。弱则唾面而肯自干，强则单骑而能赴敌，如此则宽猛背矣。不可解五。夺利争名，甘居人后，观场游戏，肯让人先，如此则缓急谬矣。不可解六。博弈摴蒱，则不知胜负，啜茶尝水，则能辨渑淄，如此则智愚杂矣。不可解七。有此七不可解，自且不解，安望人解。故称之以富贵人可，称之以贫贱人亦可。称之以智慧人可，称之以愚蠢人亦可。称之以强项人可，称之以柔弱人亦可。称之以卞急人可，称之以懒散人亦可。学书不成，学剑不成，学节义不成，学文章不成，学仙学佛，学农学圃俱不成。任世人呼之为败子，为废物，为顽民，为钝秀才，为瞌睡汉，为死老魅也已矣。②

---

① Karl Joachim Weintraub, *The Value of the Individual: Self and Circumstance in Autobiography*, Chicago: The University of Chicago Press, 1978, chap. 4.

② 张岱：《自为墓志铭》，载杜联喆辑：《明人自传文钞》，台北艺文印书馆1977年版，第217页。

19世纪末，英国作家戈斯（Edmund Gosse）所写的《父与子》(*Father and Son*)，也是一本著名的"自剖型"自传。作者出身于一个清教徒家庭，青少年时代曾饱受家庭的束缚。在这本书中，他对自己和父亲之间的关系，有深刻真实的描绘。

最后一种是"好为人师型"的自传。事实上，抱着这种动机写自传的人最多。作者自认为他的一生颇有值得他人学习之处。大多数的人当然不会用"学习"这个词，谦虚一点的人会用"参考"、"借镜"，洋派一点的人则会用"分享"，但是意思都是一样的。如李璜在写完他的《学钝室回忆录》后，"尚觉对此半世纪中，我国家之空前变局，从我所经历各方面事况，前一事影响后一事，历历可见其变之所由来，似乎能为治中国近代史学人之一助"[①]。顾祝同认为他的《墨三九十自述》"有不少可以供后世子孙认识与体会的地方"[②]。邓文仪则认为他的回忆录《老兵与教授》，"或可作为努力复兴民族，重建中国，多难兴邦的青年们参考"[③]。这类自传，有时确实也能达到预期的目的，例如英国作家毛姆（William S. Maugham）的《总结》(*Summing Up*)，用朴素的笔调，介绍他自己的人生哲学和文学经验，至今已成为有志从事写作工作者所乐用的一本入门书籍；一些大企业家自述白手起家或是"反败为胜"经过的回忆录，也是那些想要"追求卓越"的商界人士以及未来的商界人士所不会错过的书籍。

有一些和自传形式相关的文体，是写自传的好材料，也可称之为"非正式自传"或是"准自传"，重要的有以下几种：

（一）日记：是逐日记述个人日常生活的作品，凡是起居、饮食、言谈、交际之类的琐事，都有详细的记载，所以可表现出作者个人的感情、思想、性情、行为、学问、文章等，像胡适的修业日记、吴稚晖的社交日记、鲁迅的感想日记、周作人的琐事日记、郁达夫的文艺日记等，都是最好的例子。[④] 有些日记是有意要给后人读的，像胡适记日记，就特别采用美国最名贵的一种高级精装日记本，以便保存。[⑤] 也有的日记并没有想到有一天会被出版，因此直言不讳，

---

① 李璜：《学钝室回忆录》，台北传记文学出版社 1973 年版，自序。
② 顾祝同：《墨三九十自述》，台北史政编译局 1981 年版，第 1 页。
③ 邓文仪：《老兵与教授》，台北龙文出版社 1994 年版。
④ 王元：《传记学》（重排本），台北牧童出版社 1977 年版，第 35 页。
⑤ 唐德刚：《胡适杂忆》，台北传记文学出版社 1979 年版。

像宋教仁就曾经在日记里披露了他的同性恋经验。①

（二）信函：像司马迁的《报任少卿书》，就是一篇重要的自传文字。经过整编的个人书信集，往往具有极高的史料价值，路易斯（W. S. Lewis）为18世纪英国作家华尔波尔（Horace Walpole）所编选的书信集即为一例。这部书从1937年开始陆续出版，一共出了34册，到1965年才完全出齐，堪称巨构。又如许广平所编的《鲁迅书简》（1952年），虽然只有2册，其中也有不少很好的传记材料。信件作为史料，自然是多多益善，但是古人并不这样想。汪士铎编胡林翼集，征求曾国藩的意见。曾回信表示寄来所抄批牍二册是稀世之宝，尺牍奏稿也美不胜收："吾辈爱人以德，要贵精选，不贵多取，尝一勺而江水可知，睹片毛而凤德具，似毋庸求益而取盈也。"很明显地，他是主张以文学价值的高低作为选录的标准。由于曾国藩主张精选，所以后来他的门生故吏在替他编全集的时候，也有不少重要史料遭到摈弃，实在是一大损失。②

在过去没有电话的时代，个人信件的数量自然要比现在多得多，要想收集完备，自非易事。不过，好在至少从宋代开始，官场中就已经有退还书信的风气，减少了收集的困难。根据清人平步青《霞外攟屑》一书的记载："今官场书牍往还，或非僚属而禀从谦抑者，辄以原信名版璧还。"作者并且举宋代宰相赵普为例。赵普始为节度使，贻书台阁，得者必封还，如有不还的，就会被视为怠慢，而被大骂。③时至今日，好像只有情侣分手时，才会出现退还信件的场面。

（三）回忆录：回忆录所记载的通常是作者认为重要的人和事。有专门回忆人物的，例如萧红的《回忆鲁迅》（1949年）、何香凝的《回忆孙中山和廖仲恺》（1957年）、蒋经国的《我的父亲》（1956年）、钱穆的《八十忆双亲》（1983年）和卢国纪的《我的父亲卢作孚》（1984年）；有专门回忆事件的，如孙文的《伦敦被难记》（*Kidnapped in London: Being the Story of My Capture by, Detention at, and Release from the Chinese Legation, London*）（1897年）、梁启超的《戊戌政变记》（1898年）、周善培的《辛亥四川争路亲历记》（1957年）、张发奎的《抗日战争回忆记》（1981年）；也有专门回忆地方的，如曹之冠的《我住长江头》（1979年）、何辑五的《贵州政坛忆往》（1982年），以及李梦九

---

① 朱浤源：《宋教仁的革命人格》，台湾大学政治研究所1977年未刊硕士论文。
② 陈恭禄：《中国近代史资料概述》，中华书局1982年版，第158—159页。
③ 平步青：《霞外攟屑》，载《笔记小说大观》第一卷，江苏广陵古籍刻印社1983年版，第6页。

的《我的故乡——忆山东省平度县旧事》（1982年）。回忆录和自传不同之处，在于前者较重视作者所身处的社会和历史背景，而较不重视作者个人的私生活，有时作者甚至很少提到自己，像何辑五的《贵州政坛忆往》即是一例；和回忆录完全相反的是专门记载个人宗教经验的精神自传（spiritual autobiography），这种自传所强调的是精神生活，社交活动反而居于次要地位。不过一般说来，自传和回忆录在中国的分别并不太大，通常用"自传"这个名称的较少，而用"回忆录"的较多。

二

作为一种史料而言，自传最常被人提起的缺点，大概有以下两种：

第一，自传中的材料极为主观，且不尽真实。自传既然是由一己的经验出发，偏见自然是无法避免的，而且隐己之短、称己所长，也是人之常情。文字学家马叙伦曾在他的回忆录《我在六十岁以前》（1947年）中自称，1916年汤尔和向教育总长范源廉推荐蔡元培担任北大校长、陈独秀担任文学院长，乃是出自他的建议。① 但是曾亲眼看过汤尔和日记的胡适却不相信这种说法，马叙伦显然有自我膨胀的嫌疑。② 国人写自传，在提到别人的时候，又必须遵守"为尊者讳，为亲者讳，为贤者讳"的规范。汉代的王充在《论衡》一书的《自纪》篇中，说他的"父祖不肖，为州间所鄙"，结果被后人指为名教罪人。③ 在这种社会压力下，要说老实话可还真不容易呢。

又有的自传作者，或许是天生风雅多趣，或许是为了怕读者念了他的自传会打瞌睡，喜欢在自传中加入一些虚构的情节。像《罗素自传》（*The Autobiography of Bertrand Russell*）里提到有一次罗素拿了一篇文章给赵元任看，并且把题目念给他听"今日动乱的起因"（Causes of the Present Chaos），赵听了之后答道："我想今天动乱的起因，都是由于过去姓赵的缘故。"（Well, I suppose, the causes of the present Chaos are the previous Chaos.）赵元任晚年看了

---

① 马叙伦：《我在六十岁以前》，生活书店1947年版，第62—63页。
② Chow Tse-tsung（周策纵），*The May Fourth Movement: Intellectual Revolution in Modern China,* Cambridge, Mass: Harvard University Press, 1960, p.139.
③ 浦起龙：《史通通释》，《国学基本丛书》上册，台北商务印书馆1967年版，第71页。

《罗素自传》，却否认有此事。① 罗素虽是个理性主义者，但是却常做一些不合理性的事。这个故事想必也是他一时兴起的杰作。像这种无伤大雅的虚构情节，读者看了虽然津津有味，却给史家造成不少困扰。更有的自传文字，根本就是有意造假。例如在大陆，曾有人写了一篇回忆录，送给《近代史资料》杂志刊登。作者自称参加过1927年的"八一南昌起义"，文章一开始就描写八月一日当天月亮是如何明亮美丽。经过编辑的检查，发现八月一日那天阴历是七月初四，月亮不会是明亮美丽的，只好退他的稿子。②

第二，自传大多数是根据事后多年的记忆写成的，而记忆常会遗漏、错误，因此不尽可靠。相对地，日记和信件，由于通常是在事件发生当时，或是发生后较短的时间内所写的，故较为可靠。事实上，记忆力可靠的程度确实比我们所想象的为低。例如著名的画家齐白石请他的朋友替他编写年谱，当时他已快九十岁了，"回忆往事，每不能记为何年，有时先后差上十几年，他也不在乎"③。人上了年纪以后，记忆力减退是自然的现象。但是我们有时候居然连一些极为重要的事，也会忘记。曾经有人把二次大战期间所发生的事件，和大战结束后所出版的一些回忆录加以比较，结果发现大多数的人甚至连最不可能忘记的事都会忘记。例如有位作家费特（Richard Fitter）就不记得他曾经到过英格兰的科芬特里（Coventry）。当别人把他本人亲笔所写的记录（包括与当地要人的一些重要谈话）拿给他看的时候，他仍然不敢相信。

记忆除了会遗漏外，也会修正。一般人总认为能够记得住的东西应该是正确可靠的，但是事实上并非如此。我们在回想的时候，常会夸大某些事件，并且依照后来的经验和现在的需要重新加以解释。例如人们在回想战时的经验时，就常不自觉地加以修改，以符合社会所认可的行为规范。像1939年二次大战爆发，当时有个住在伦敦附近的小女孩，由于当时正在家弹钢琴，因此没有听到英国首相张伯伦（Neville Chamberlain）的对德宣战广播，并且还被警报声吓坏了。这些事后的说辞，和她当年所留下的原始文件完全不符。④

---

① 汪荣祖：《史传通说》，台北联经出版事业公司1988年版，第107页。罗素和赵元任的对话，系经笔者重译。

② 荣孟源：《关于史料的鉴别》，载高默、江溶编：《怎样学习和研究历史》，中国青年出版社1985年版，第107页。

③ 黎锦熙编：《齐白石年谱》，商务印书馆1949年版，序。

④ David Lowenthal, *The Past is a Foreign Country*, Cambridge: Cambridge University Press, 1985, pp. 206-207.

自传史料虽然有如此多的缺陷，但是史家仍能加以补救，因为天下没有一种史料是完美无缺的，如果能够广泛搜集各种不同形式、来源及立场的史料，加以鉴别、考证，求得尽量客观的史实，并非不可能的事，这也是史家的看家本领。一些重要的自传，在出版前如能由史家加以编注，如罗尔纲之于《忠王李秀成自传原稿笺证》（初版 1951 年，增订版 1958 年），唐德刚之于《胡适口述自传》（1981 年），李锷、汪瑞炯、赵令扬之于《苦笑录——陈公博回忆（1925—1936）》（1979 年）；或是在出版后，由史家加以考释，如吴相湘之于《西潮》（1959 年）、[1] 陈存恭之于《李宗仁回忆录》（1980 年），[2] 将有助于他人利用这项材料，一般读者看了也比较不会"误入歧途"。

至于说我们在回想的时候，常会依照后来的经验和现在的需要重新加以解释，这个问题需要较为详细的讨论。我们所作的这类重新解释，看起来似乎是不对的，但是事实上却是很正常的现象。一般人和史家一样，每个人都不断地重写他自己的历史，因为在某一特殊事件发生当时，很难预测这个事件对未来有怎样的影响，或是有多大的影响。例如一个人在宗教信仰改变后，对于他整个过去的看法，或许就会有很大的不同之处。早期基督教会领袖奥古斯丁（Saint Augustine）在信奉基督教以后所写的回忆录中，对他自己一生所作的分期和解释，很明显的就和他在信基督前大不相同。[3]

一个人在写自传时所容易犯的错误，其实和一个史家在写历史时所面对的问题并没有太大的不同。一个世纪以前，许多史家相信兰克（Leopold von Ranke）的名言"叙述事情事实上是如何"（"Wie es eigentlich ist"）是可以实现的，但是现在却没有史家会相信这句话可以做得到。史家汤普森（William Thompson）就曾说过："我们是在自己的磁场内吸引史实。"由此可见，写自传和写历史的区别已经日渐缩小，两者都很容易犯从现在看过去（presentism）的毛病。史家所写的历史，难道不也是史家所作的一种解释？历史著作不也和自传一样，都是过去和现在的一种互动？不过，即使如此，自传作者和史家还是有不同之处。自传作者由于本身就是利害关系人，所以较难客观，而史家虽然

---

[1] 吴相湘：《蒋梦麟〈西潮〉考释举例》，《传记文学》第 17 卷第 6 期，1970 年 12 月，第 57—63 页。

[2] 陈存恭：《评〈李宗仁回忆录〉——兼论新桂系与中央的关系》，台北《"国史馆"馆刊》复刊第一期，1987 年 1 月，第 173—218 页。

[3] David Lowenthal, *The Past is a Foreign Country*, p. 207.

也会受到他所处时代的影响,但是由于和他的研究对象距离较远,所以可以较为公正。这是史家的长处,不过同时也是短处。因为和研究对象的距离较远,往往就容易丧失脉络感(a sense of context)。①

三

最后,在此将自传对历史研究各个不同领域所可能有的贡献,举例说明如下:

(一)政治史。大家都知道,自传的最大特色在于它是局内人的回忆,因此常能提供特别珍贵的材料。由于世界各国对于最近的档案大多不予公开,所以自传常常也是唯一能够找得到的第一手史料,例如前几年史家要想研究1956年的苏伊士运河危机,那么除了英国首相艾登(Anthony Eden)的回忆录外,就没有其他的直接史料可以利用。②

(二)经济史。我们从一些实业家的自传,像是陈嘉庚的《南侨回忆录》(1946年)、穆湘玥的《五十自述》(1926年),可以看出当时中国工商业发展的情形、经营管理的方法、中外商业的竞争,以及官商之间的关系。即使是一般人的自传,我们也可以从其中发掘出有关各地物产、赋税、物价、租佃、交通、贸易、货币、金融等方面的资料。

(三)日常生活史。除了衣食住行外,自传还能给我们提供有关各地方言、宗教、礼俗、节庆、教育、娱乐、乡谊宗族组织、争讼、治安、灾祸等数据,学者赖芮(Diana Lary)即曾以回忆录的数据为主,重建二次大战前中国士兵的生活。③

(四)心理传记。从自传中可以看出作者的心理状况、态度、价值观念及行为模式,笔者即曾利用蒋梦麟所著自传《西潮》一书,对其早年心理上的价值冲突与平衡作过初步探讨。④

---

① Kenneth D. Barkin, "Autobiography and History", *Societas: A Review of Social History*, 6: 2, Spring, 1976, pp. 89-92.
② John Tosh, *The Pursuit of History: Aims, Methods and New Direction in the Study of Modern History*, London and New York: Longman Group Ltd., 1984, p. 32.
③ Diana Lary, *Warlord Soldiers: Chinese Common Soldiers, 1911-1937*, Cambridge: University Press, 1985.
④ 张瑞德:《蒋梦麟早年心理上的价值冲突与平衡》,台北《食货月刊》复刊第7卷第8期,1977年11月。

（五）儿童史。对于儿童史感兴趣的人，也是不会放过自传这项材料的。几乎所有的自传或多或少都会描述早年的生活，少数的自传甚至对童年时期有相当详细的记载。像明代德清和尚的自传，其中有关童年部分所占的比例就可以和文艺复兴时期欧洲最好的自传相比而毫不逊色。① 近代以来，有些回忆录甚至完全只写童年，例如郭沫若著《我的幼年》（1929 年）、落华生（许地山）著《我底童年》（1941 年）、萧军著《我的童年》（1982 年）、陈白尘著《寂寞的童年》（1985 年）、蒋彝著《儿时琐忆》（*A Chinese Childhood*）（第三版，1953 年）、高尔基（Maxim Gorki）著《我的童年》（*My Childhood*）（1965 年）等都是。所以史料并不虞匮乏。一般说来，自传中最为生动可信的部分，大概就是童年时代了。胡适曾说过："一切自传，最特殊的部分必定是幼年与少年时代。写到入世做事成名的时期，就不能不有所顾忌，不能不含蓄委婉了。"② 最近，美国一位文学史家也表示："大致说来，从浪漫时代直至今天，自传最生动的部分，都是有关童年时期的经验的。"③ 因此，自传中的儿童史料值得我们重视。

（六）妇女史。女子所写自传文字的数量，通常要比男子少，中国也不例外，李又宁曾搜集近代中国妇女的自叙文字，编选为《近代中华妇女自叙诗文选》（第一辑，1980 年）。如果要研究近代中国妇女的生活内容，以及她们所面临新旧价值观念的冲击、婚姻选择的苦闷、家庭事业间的彷徨，这本书是重要的史料集。

（七）心态史。过去史家在解释某个时代的心态时，所列举的证据大多是一些哲学家和思想家的言论，认为他们的意见可以代表整个社会。事实上，这些意见在当时或许只是少数人的意见。④ 近代以来，自传作者不再像过去一样只

---

① 根据一项统计，16 世纪意大利雕刻家柴里尼（Benvenuto Cellini）的自传英译本共有 381 页，但是其中有关他 15 岁以前所发生的事，只占了 4 页的篇幅。参阅 Peiyi Wu, "The Spiritual Autobiography of Te-ching", in Wm. Theodore de Bary, ed., *The Unfolding of Neo-Confucianism*, New York: Columbia University Press, 1970, pp. 70-72。

② 沈宗瀚：《沈宗瀚自述》，台北正中书局 1975 年版，胡适序。

③ Jerome Hamilton Buckley, *The Turning Key: Autobiography and the Subjective Impulse since 1800*, Cambridge, Ma.: Harvard University Press, 1984, p. 46.

④ Jan Szczepanski, "The Use of Autobiographies in Historical Social Psychology", in Daniel Bertaux ed., *Biography and Society: The Life History Approach in the Social Science*, London: Sage Publication, Ltd., 1981, pp. 232-233.

限于少数人，而是来自社会各个阶层，[①]因此我们直到现在才可以比较全面地了解某一时期的舆论，甚至可以观察出长时期社会心理的趋向。

四

写到这里，有两点感想：

第一，把一些极度主观、片面的史料放在一起，结果反而可以组成一个客观的历史实体，历史就是这么奇妙的一门学问。

第二，有人说"史料永远不会比历史差"，就自传而言，确实是如此。

（本文原载张玉法、张瑞德主编：《中国现代自传丛书》，台湾龙文书局1989年版。）

[①] 蒋永敬教授曾就1962年至1982年之间台北《传记文学》杂志作者的职业，加以统计分析，结果显示：学术、教育工作者约占23%，职业作家及文艺工作者占11%，外交工作者占14%，军事工作者占7%，司法工作者占5%，医学工作者占3%，工商业者占8%，工业及其他专业者占11%，民意代表占16%，其他占2%。参阅蒋永敬：《〈传记文学〉二十年来的作者》，《传记文学》第41卷第1期，1982年7月，第50页。《传记文学》杂志所刊登的文章，大部分都是自传性质的作品，因此这项统计应能显示自传作者职业多元化的趋势。

心理学理论应用于中国传统传记研究的一些问题

一、前言

心理传记（psychobiography）的起源，我们虽然可以一直向上追溯至普鲁塔克（Plutarch）和其他古希腊的剧作家，但是大多数的学者均承认近代的心理传记始于弗洛伊德（Sigmund Freud）1910年所出版关于达文西（Leonardo Da Vinci）的传记。① 近半世纪以后，由于心理分析学家艾瑞克森（Erik Erikson）等人著作的出现，心理历史学逐渐蔚为显学。就在艾瑞克森的名著《马丁路德的青年时代》（*Young Man Luther: A Study in Psychoanalysis History*）出版后的第二年，阿瑟·莱特（Arthur F. Wright）发表了《隋炀帝》一文，② 是为将心理学应用于中国传记研究的第一篇作品。三十余年来，已有不少历史人物的心理传记出版，如武则天、明太祖、郑成功、清世宗、清高宗、洪秀全、孙中山、章炳麟、宋教仁、鲁迅、蒋介石、蒋梦麟、毛泽东、梁漱溟等人，学者对这些历史人物均有所研究。③ 现有的研究成果虽已不少，但是成功的作品却不多见，

---

① George M. Kren and Leon H. Rappoport, "Introduction: Values, Methods, and the Utility of Psychohistory", in George M. Kren and Leon H. Rappoport, eds., *Varieties of Psychohistory*, N.Y.: Springer, 1976, pp.7-8. 关于心理历史学在弗洛伊德以前的发展，可参阅 Frank E. Manuel, "The Use and Abuse of Psychology in History", in Felix Gilbert and Stephen R. Graubard, eds., *Historical Studies Today*, N.Y.: Norton, 1971, pp.211-237。

② Arthur F. Wright, "Sui Yang-Ti: Personality and Stereotype", in Arthur F. Wright, ed., *The Confucian Persuasion*, Stanford: Stanford University Press, 1960, pp.47-76.

③ 雷家骥：《狐媚偏能惑主——武则天的精神与心理分析》，台北联鸣文化公司1981年版；黄小平：《朱元璋：一个历史和人格的研究》，台北《师大学报》第24期，1979年6月，第139—161页；Ralph C. Croizier, *Koxinga and Chinese Nationalism History, Myth and the Hero*, Cambridge, Mass.: Harvard University Press, 1977; Pei Huang, *Autocracy at Work: A Study of the Yung-cheng Period, 1723-1735*, Bloomington: Indiana University Press, 1974; Harold L. Kahn, *Monarchy in the Emperor's Eyes: Image and Reality in the Ch'ien-lung Reign*, Cambridge, Mass.: Harvard University Press, 1971; Pow-ming Yap, "The Mental Illness of Hung Hsui-ch'uan, Leader of the Taiping Rebellion", *Far Eastern Quarterly*, 13: 3, May 1954, pp.287-304. 聂崇章：《孙中山先生革命人格的形成》，台湾大学政治学研究所1974年未刊硕士论文；黄克武：《章太炎的早年生涯——一个心理的分析》，台北《食货月刊》复刊第9卷第10期，1980年1月；朱浤源：《宋教仁的革命人格》，台湾大学政治学研究所1977年未刊硕士学位论文；李欧梵：《〈鲁迅内传〉的商榷与探讨》，香港《明报月刊》第5卷

本文试图检讨其中的原因，并希望能经由中西传记传统的比较，找出中国传记的特质，以作为从事心理传记研究时的参考。

二、现有成果的检讨

关于中国历史人物的心理传记之所以大多不甚理想，原因可能有以下几项：

第一，传记未能和历史相连。心理传记应试着将传主个人心理上所面临的问题和他的时代联结起来。一篇成功的心理传记，即如艾瑞克森所指出的，应该致力于探讨传主是如何的能够"反映了他的时代"（prototypical for his time），并且"满足那些追随者生命中的特殊需要"[①]。有位研究宋教仁的学者，从宋氏日记中发现他曾有过同性恋的经验，但是如果无法找出同性恋的经验对他的行为（甚至历史）产生了何种影响，则这篇作品只能为读者增添一些谈天的资料，对于历史知识实无多大贡献。

第二，未能将传主和同时代的其他人作比较。一位成功的心理传记作家应着力于探究何以在面临同一挑战（刺激）下，传主产生了某种反应，而他人却作了另一种反应，否则极易流于自说自话。

第三，传记资料的缺陷。大多数的人格理论（尤其是人格分析理论）在解释动机时，不是将其归因于潜意识，即是将其追溯至童年时期的经验。虽然艾瑞克森将弗洛伊德的人格形成过程延长至青年时期，但是学者仍然苦于资料的不足。事实上，这也是研究西方历史人物时常遭遇到的问题，但是较严重的是中国传统的传记资料似乎较难以进行心理学的解释。因此，以下先将中、西传记的传统作一比较，以找出中国传记材料的特质。

（接上页）第 12 期—第 6 卷第 3 期，1970 年 12 月—1971 年 3 月；Pichon P. Y., *The Early Chiang Kai-shek: A Study of His Personality and Politics, 1887-1924*, N.Y.: Columbia University Press, 1971；张瑞德：《蒋梦麟早年心理上的价值冲突与平衡》，台北《食货月刊》复刊第 7 卷第 8 期，1977 年 11 月，第 446—452 页；Lucian Pye, *Mao Tse-Tung: The Man in the Leader*, New York: Basic Books, 1976; Guy S. Alitto, *The Last Confucian: Liang Shu-ming & Chinese Dilemma of Modernity*, Berkeley: University of California Press, 1979.

① Erik H. Erikson, *Dimensions of a New Identity: The 1973 Jefferson Lectures in the Humanities*, New York: Norton, 1974, p. 14.

（一）中西传记相似之处

中西方撰写传记的最初动机在本质上都是相同的，目的都是在赞扬死者和垂训后世。东西方传记的形式也极为相似，显示出传记是一种普遍的文学表现方式。在篇幅方面，胡适以为西方多长传，而东方多短传。[①]事实上，直至19世纪，西方传记作家由于重视史料，喜欢在传记中大量引录书信、档案等史料的原文，大部头的传记才普遍出现；[②]而中国的传记史上也曾出现过一些长传，例如唐代慧立、彦悰合撰的《大慈恩寺三藏法师传》有十卷八万字，宋代朱熹的《魏公行状》也有 43000 多字。[③] 不过，大体来说，中国的传记大多仍为千言左右的短篇。

（二）中西传记相异之处

中西传记最基本的不同在于西方传记的写作有逐渐强调个性（individuality）、强调描绘个人差异和特质（peculiarities）的趋势，在中国则无。在古代，西方人除了像普鲁塔克（Plutarch）之类的天才外，对于个人的人格大多不感兴趣。中古时代，除了像艾因哈德（Einhard）所撰《查理曼大帝传》(*Life of Charlemagne*)之类的突变外，没有一篇传记能对一个人有生动活泼的描写。一般的圣徒传记（hagiography），所描绘的只是一个固定的形象（stereotype）而不是一个人。但是文艺复兴后，情况开始有了改变。传记不再只是帝王将相和圣贤的专利品，而将视野扩大至描写艺术家、作家，甚至鸡鸣狗盗之辈；传记的篇幅和风格也变得多样化；在约翰生（Samuel Johnson）的时代（18世纪），求真至少已成为一些传记作者所追求的最高目标。[④]与西方相较之下，中国传记的特点立即显出。中国自周代以降，人文精神即一直高度发展，而为中国文化的重要特征。反映于传记者，即为种类的繁多与数量的庞大，[⑤] 传记写作的对象自《史记》起即包罗了社会各阶层的人物。这些都远较西方为先进。但是，传

---

① 胡适：《藏晖室札记》卷七"传记文学"条，亚东书馆1939年版。原文成于1914年9月23日。
② A. O. J. Cockshut, *Truth to Life: The Art of Biography in the Nineteen Century*, New York & London: Harcourt Brace Jovanovich, 1974, p.18.
③ 朱东润：《中国传叙文学的过去与将来》，《学林》第八辑，1941年6月，第21—24页。
④ John A. Garraty, "Chinese and Western Biography: A Comparison", *Journal of Asian Studies*, 21: 2, February 1962, p.488.
⑤ 即以正史而论，即有62%的篇幅属于列传。参阅 Yu-shan Han, *Elements of Chinese Historiography*, Hollywood: W. M. Hawley, 1955, p.202。

统中国的传记大多不重个性的描写，而注重他所扮演的社会角色；传记作者所真正关心的并非是个人，而是个人对历史（家族、乡里或国家的历史）的贡献。由于个人主义的不发达，传记作品自然易于忽略人类性格的复杂性，只有在少数儒家势力衰弱之际，传记才有短暂的发展。例如东汉灭亡后，儒家思想失去独尊的地位，个人有机会挣脱传统的束缚。这种个人意识觉醒的结果，不仅使传记作品在质和量上都大为兴盛，就是个人的性格也开始受到注意。但是这种进展只是昙花一现，至唐朝政权成立，儒学的正统地位重新建立后，即告中止。至于东汉末年输入中国的佛教，透过翻译的经典，对于传记也产生了一点影响。佛教的理想之一是要使人摆脱家庭、宗族的羁绊，甚至摆脱对于君主应尽的义务，因此传记内容有重视个人的倾向；印度佛教的史诗传统也丰富了中国传记的形式。但是，佛教对于中国传记的贡献仍极有限，因为印度的佛教文学传统虽重视个人，然只是注重描述那些特殊人物是如何征服了他们自我，如印度王子的成佛经过，对于俗人的传记则未见影响。相反地，这个时代大族势盛，重视谱牒、世系，导致家传、行状、墓表、庙碑的流行，因此虽有重视个人的倾向，但却因世家大族的势盛而无法伸展。①

传统中国传记不注重个性的描写，除了上述个人主义不发达的原因之外，中国没有像西方一样可以促进传记发展的文学背景，以及中国传记的长期附属于史学均值得作深入的探讨。

传记如要成为独立的文学作品，一项先决条件是这个社会必须能将一个人的性格及性格与环境之间的互动作为足以吸引读者注意力的事物。这种对于个人本身的兴趣，在西洋古代，乃是表现于英雄史诗，至于人的力量与其环境力量冲突，则是表现于希腊悲剧。英雄史诗和悲剧传统对于西方传记都有重大的影响，并且使西方读者的兴趣集中于个人本身。但是由于史诗和悲剧在中国都是从未有过深厚基础的文学形式，以致传记未能自此汲取养分。②

此外，中国传记与史学的关系过于密切，或许也使得传记不注重个人人格和个性的描写。

---

① Wang Gungwu, "The Rebel-Reformer and Modern Chinese Biography", in Wang Gungwu, ed., *Self and Biography: Essays on the Individual and Society in Asia*, Sydney: Sydney University Press, 1975, p.198.

② D. C. Twitchett, "Chinese Biographical Writing", in W. E. Beasley and E. G. Pulleyblank eds., *Historians of China and Japan*, London: Oxford University Press, 1961, p. 110.

我国最伟大的传记作家司马迁即为历史学家,他在传记上的成就绝不逊于古希腊的普鲁塔克(Plutarch),但是《史记》的体裁一直为后代所遵循,而少有变动,注定了传记附属于历史学的命运。虽然司马迁为传记文学开了路,但是也将传记置于历史著述的框架之下。直至20世纪初期,由于梁启超、胡适等人的努力,才使传记逐渐获得独立的地位。在西洋的图书分类法传入中国以前,传记一直被列于史部。虽然传记在西方也常被视为是史学的一支,直至19世纪才开始成为一种独立的文体,[1]但是中国传统传记所受史学的影响实远较传统西方传记为大。传统中国将撰史视为极严肃之事,所谓"盖棺论定",对于史文的要求也较行状、碑志及其他文学作品为高。史家懔于责任的重大,因此用字也务求慎重,一字一句都要有来历,即如章学诚所说:"文士撰文,惟恐不自出;史学之文,惟恐出之于己。……史体述而不造,史文而出于己,是为言之无征,无征且不信于后也。"[2]在这种心理压力之下,实难想象史家能写出生动活泼的文字,遑论探究传主的人格和个性了。因此,传记之无法成为一种独立的文学形式也可作为部分理由说明何以司马迁以降,中国能有伟大的文学作品(如诗词歌赋),但是却少有伟大的传记作品。

三、展望

如前所述,以心理学的概念、技术和发展应用于中国历史人物研究的现有成果,由于写作方法的不当或是受到资料的限制,加上理论本身的限制,[3]以致成绩并不理想,展望前途实不甚乐观。但是,至少仍有两大理由支持这项工作的继续进行:

第一,心理学和其他社会科学一样,可以协助我们解释人类的行为。有些人反对使用心理学的术语,事实上,正如艾瑞克森所指出的,即使是反对心理学的传记家也不自觉地在用心理学。[4]人类一些在以前无法解释的行为,或许

---

[1] Richard D. Altic, *Lives and Letters: A History of Literary Biography in England and America*, New York: Knopf, 1969, pp. 78-80.
[2] (清)章学诚:《与陈观民工部论史学》,吴兴嘉业堂刊《章氏遗书》1922年版,第14章,第23页下。
[3] Hans-Ulrich Wehler, "Psychoanalysis and History", *Social Research*, 473: Autumn 1980, pp. 26-29.
[4] Pual Roazen, *Erik H. Erikson: The Power and Limits of a Vision*, New York: The Free Press, 1976, p.73.

经由心理学的知识即可解决。此外，一些在以前被视为无用的资料，可能都可增加我们对于过去的了解，如札记本、草稿纸，这些"废物"或许都可被我们拯救而再生。①

第二，传记资料可用来检验心理学和心理分析的理论。因为这些概念常受到时间和空间的限制，而不是具有普遍性的概念，不同时空下的生活史资料都将有益于理论的修正。②

在资料方面，经由中西传记传统的比较，我们发现中国的传记较不注重个人的个性和性格，因此颇不利于心理学的应用。但是，这并不表示中国完全缺乏内省的（introspective）史料。事实上，显露出个人情感的材料不在正史中，而在他处，例如文人的笔记，理学家的语录、困学记，清代帝王亲自批示过的奏折等，尚有赖学者的努力发掘，至于近代人物的日记、自传、回忆录等就更多了。

（本文原载《台湾师范大学历史学报》第 9 期，1981 年 5 月。）

---

① Geoffrey Barraclough, *Main Trends in History*, New York & London: Holmes & Meier, 1979, p. 71. 反对将心理学应用于史学研究的学者，对于一些滥用这种"观察力"的传记作者则大加责难："如果传主的烟斗落在地上，（作者就会说）他有不小心的个性；如果他又将它拾了起来，则他就有小心的个性。"参阅 Jacques Barzun, *Clio and the Doctors: Psycho-History, Quanto-History & History*, Chicago & London: The University of Chicago Press, 1974, p. 54. 这当然是不当的批评。

② Erik H. Erikson, *Life History and the Historical Movement*, New York: W. W. Norton, 1975, p. 257.

蒋梦麟早年心理上的价值冲突与平衡

一、前言

19世纪的中国，由于受到西潮的冲击，政治、经济、社会各方面发生了前所未有的巨变，居社会上重要地位的知识分子所面临的冲击自然也是巨大的，他们在心理上如何适应这种冲击？其适应过程如何？这是笔者所感兴趣的问题。

蒋梦麟早年接受私塾、教会学校、新式学堂和留学教育，返国后曾担任北大校长、教育部长、农复会主任委员等职，① 自能代表在他的那个时代某一类型的知识分子。本文即试图以蒋梦麟为一个案，探讨其价值体系在西潮冲击下所产生的冲突，以及如何适应以达到心理上的平衡，作为了解该时代知识分子性格的基础。

本文所用材料主要是蒋氏的回忆录《西潮》一书，② 材料虽少，却是他个人以内省（introspect）方式写成的报告，在无其他日记、书信、谈话记录等材料可供使用的情况之下，已是推测其意识历程的重要资料。

本文研究断限是从蒋氏出生至留学归国一段期间，一方面是受到材料的限制，一方面也是因为他自从回国以后，一直在学术界和政界担任重要的职务，③

---

① 关于蒋氏生平事迹的简略记载，可参见刘葆：《现代中国人物志》，博文书店1941年版，第302—303页；日本外务省亚细亚局：《现代中国人名辞典》，东京江南书院1957年版，第269—270页；Howard L. Boorman and Richard C. Howard, eds., *Biographical Dictionary of Republican China*, New York and London: Columbia University Press, 1967, pp.347-350；吴相湘：《民国百人传》，台北传记文学出版社1971年版，第51—100页。

② Chiang Monlin, *Tide from the West: A Chinese Autobiography*, New Haven: Yale University Press，1947. 十二年后才出现中文本。蒋梦麟：《西潮》，台北中华日报社1959年版。世界书局版书末附劳干先生评介，文中指出中文本是"再由蒋先生亲自用中文写一次"。据吴相湘先生的考证，中文本是戴潮声据英文本译述，可能经蒋氏阅过，再加补充，而增补部分许多反为不正确。见吴相湘：《〈西潮〉考释举例》，载《民国百人传》，台北传记文学出版社1971年版，第100—111页。本文所用以中文本为主，如遇有文句不通顺或疑有笔误之处，则再参对英文本。

③ 蒋氏留美归国以后的事迹可参阅吴相湘：《蒋梦麟振兴北大与复兴农村》，载《民国百人传》，台北传记文学出版社1971年版，第57—100页；Albert Ira Berowitz, "Chiang Monlin: Theory and Practice of Chinese Education, 1917-1930", *Papers on China*, February 1954, pp.107-135.

在心理上已不再有过类似早年生活中那样巨大的心理冲突。

二、童年生活

蒋梦麟的家乡蒋村是在钱塘江沿岸冲积平原上的一个小村庄，和杭州、苏州、上海等大城市之间有很便利的水陆交通，受西方文明的冲击较早，① 因此较易接受创新的观念。②

蒋梦麟的祖父生前在上海经营钱庄，留给蒋氏父亲的遗产相当可观，加上其祖父生活俭朴，投资得当，调度谨慎，因此财富逐渐增加。他的父亲生平为人忠厚而慷慨，认为前生注定的命运可以因善行而改变，③ 喜好自己设计发明，曾自己设计过房子，也实验过养蚕、植桑、造楼，甚至曾将木船改良成轮船。④ 造船的尝试虽然未能成功，但从这时候开始，"他就一心一意要让他的儿子受现代教育，希望他们将来能有一天学会洋人制造神奇东西的秘诀"⑤。

蒋氏的父亲认为在人伦道德上，并不觉外国人有何可取之处，但是他"却也不反对他的孩子们学习外国人的生活方式和习惯"⑥。这些态度在当时的环境里还是许多人所不能接受的。⑦

蒋氏自称受其父亲道德人品的影响很大，⑧ 我们从以上的记载可以看出他父亲倾向西方文明的态度和对新式教育的重视，对他的一生实有重大的影响。

蒋梦麟六岁进入私塾，接受传统的教育方式和内容，他认为传统教育的范

---

① 蒋姓先世迁至绍兴与蒋村的经过可参阅绍兴县修志委员会编：《绍兴县志资料》第一辑第七册，1938年，第43页下。关于蒋村的地理环境见蒋梦麟：《西潮》，台北中华日报社1959年版，第7—9、72页；受西方文明渗透的情形见蒋梦麟：《西潮》，台北中华日报社1959年版，第28页。

② 用柯保安（Paul A. Cohen）所创的术语来说的话就是沿海社会（littoral society）。和腹地的区别可见 Cohen, *Between Tradition and Modernization: Wang Tao and Reform in Late Ch'ing China*, Cambridge, Mass.: Harvard University Press, 1974, pp. 241-242。

③ 蒋梦麟：《西潮》，台北中华日报社1959年版，第22—23页。

④ 蒋梦麟：《西潮》，台北中华日报社1959年版，第23—24页。

⑤ 蒋梦麟：《西潮》，台北中华日报社1959年版，第24页。

⑥ 蒋梦麟：《西潮》，台北中华日报社1959年版，第24页。

⑦ 蒋梦麟的私塾教师即反对他父亲的看法，而认为奇技淫巧会伤风败俗，见蒋梦麟：《西潮》，台北中华日报社1959年版，第24页。另一个例子是蒋氏在考取秀才后拜见老师，按惯例须缴一百元赞敬，他的父亲竟和人讨价还价，并说孔庙里应该拜财神才是，见蒋梦麟：《西潮》，台北中华日报社1959年版，第41页。

⑧ 蒋梦麟：《西潮》，台北中华日报社1959年版，第22页。

围广泛,①幼时在私塾里念的古书一方面使他从其中找到立身处世的指南针,一方面也成为后来研究现代社会科学的基础。②

蒋梦麟的性格好动,不喜死记,而好观察、触摸、理解,在当时被视为异端。③他痛恨家塾里的生活,但是传统的士大夫观念"万般皆下品,惟有读书高"、"吃得苦中苦,方为人上人"的格言仍然驱策着他向着学问之途迈进。④他自称童年教育在他的思想里"模模糊糊地留下学问重于一切的印象"⑤。

三、仕或商

蒋梦麟在家塾求学时,他父亲即开明地询问他将来的志向。蒋氏一方面接受了传统的观念,认为做官可以光宗耀祖;一方面,当时新近发财的商人可以享受新颖奇巧的外国货,这些人的生活也是一种强烈的引诱。⑥蒋氏选择了继续求学问的路,理由是:"如果我去经商,那么将来不就与功名无缘了吗?……我当时对学问的意义并不十分了解,我只觉得那是向上层社会爬的梯阶。"⑦他从小目睹士大夫享有的社会地位和特权,⑧希望读书做官是很自然的事。

仕或商的选择在蒋梦麟的心理上产生了双趋冲突(approach-approach conflict),⑨由于他对读书的动机较高,选择了读书而放弃经商,这样较强动机的满足,自然会抵消较弱动机的挫折,他说:"我的前程多么光明呀!只要我能用心熟读经书就行了。"⑩

蒋氏进的是绍兴的中西学堂,这所学堂不但教授传统的旧学,还有外国语和西洋学科,这在当时还是很新的尝试,师资在当时的绍兴为一时之选,教员

---

① 蒋梦麟:《西潮》,台北中华日报社 1959 年版,第 55—56 页。
② 蒋梦麟:《西潮》,台北中华日报社 1959 年版,第 18、21 页。
③ 蒋梦麟:《西潮》,台北中华日报社 1959 年版,第 21 页。
④ 蒋梦麟:《西潮》,台北中华日报社 1959 年版,第 18 页。
⑤ 蒋梦麟:《西潮》,台北中华日报社 1959 年版,第 29 页。
⑥ 当时上海人家生了儿子已开始有恭维他将来做刚白度(买办)的吉利话,由此可见当时买办商人获利而为人羡慕的一斑,参阅陈独秀:《实庵自传》,《传记文学》第 5 卷第 3 期,1964 年 9 月,第 55—58 页。
⑦ 蒋梦麟:《西潮》,台北中华日报社 1959 年版,第 28 页。
⑧ 蒋梦麟:《西潮》,台北中华日报社 1959 年版,第 20 页。
⑨ 本文所用心理冲突理论系取自李温(Kurt Lewin),参阅 A. Marrow, *The Practical Theorist:The Life and Work of Kurt Lewin*, New York: Basic Books, 1969。
⑩ 蒋梦麟:《西潮》,台北中华日报社 1959 年版,第 29 页。

中且有笃信进化论者。①虽然课程大部分还是传统的文学、经书和历史，但是蒋氏对西洋的接触总算由洋货进入知识了。他开始知道了地球是圆的而不是平的；闪电是阴阳电撞击的结果，而不是电神的镜子里发出来的闪光；雷的成因也不是由于雷神击鼓所产生；了解燃烧的原理以后，更放弃了火神的观念。过去信仰的神佛，一个接一个地幻灭。蒋氏自称这是他了解一点科学的开始，也是他思想中怪力乱神信仰的结束。②

近代国人受科学冲击而对旧有信仰发生怀疑，常有冲突的情绪和冲突的结果，甚至对旧有信仰加以蔑视或破坏③，而蒋氏则言："知识方面虽然起了这么大的变化，而行为方面，仍然照旧拜圣公；早晨见了（教他迷信观念的）先生，仍然照旧恭恭敬敬行礼，问先生好！"④

蒋氏长于乡村，小时曾养成研究自然的习惯，喜欢观察、说理，这种习惯在中西学堂里得到继续发展的机会，成为他以后以科学态度办事的基础。

四、神或魔鬼

蒋氏于绍兴的两年学校生活结束后，随全家迁到上海。光绪二十五年（1899）前后的上海还是个小城，居住的外国人不过三四千，市政管理良好，街道宽大清洁，又有电灯、煤气灯的设备，使得蒋氏非常羡慕，但是洋人的趾高气扬和"犬与华人不得入内"的牌子又使他非常害怕，他曾回忆当时的矛盾心理："我觉得洋人真了不起，他们居然懂得电的秘密，他们发明了蒸汽机，又能建造轮船。他们在我的心目中已经成为新的神，原先心目中的神佛在我接受科学知识之后已经烟消云散了，但是有时候他们又像是魔鬼，因为他们不可一世的神气以及巡捕手中的木棒使我害怕。"⑤

---

① 蒋梦麟：《西潮》，台北中华日报社1959年版，第29页；《浙江省会学校一览表》，《浙江潮》第八期，光绪二十九年（1903）八月，第165—166页；蔡元培：《我在教育界的经验》，载孙常炜编：《蔡元培先生全集》，台北商务印书馆1968年版，第676—683页。

② 蒋梦麟：《西潮》，台北中华日报社1959年版，第29页。

③ Wing-tsit Chan, *Religious Trends in Modern China*, New York: Columbia University Press, 1953, p.153. 民国以后，这种反教情绪更演变为大规模的破坏行动，见 C.K.Yang, *Religion in Chinese Society: A Study of Contemporary Social Functions of Religion and Some of Their Historical Factors,* Berkley & Los Angels: University of California Press, 1967, pp. 366-367.

④ 何瑞瑶：《风云人物小志》（重印本），台北文海出版社1973年版，第96页。

⑤ 蒋梦麟：《西潮》，台北中华日报社1959年版，第31页。

蒋氏此时所遭遇的冲突情境是一种趋避冲突（approach-avoidance conflict），由于这种心理冲突，外国人在他的心目中成了"半神半鬼的怪物，很像三头六臂的千手观音，三只手分别拿着电灯、轮船、洋娃娃，另三只手分别拿着巡棍、手枪、鸦片。从某一边看，他是天使；从另一边看，他却是魔鬼"①。蒋氏无可奈何地接受了西方文明，并以"我们要不就不接受西方文明，要接受就得好坏一齐收下"②作为合理化（rationalization）的理由。但是，后来他进入教会学校，却一直坚持不信西洋的基督教，他说："我的心灵似紧闭双扉的河蚌，严拒一切精神上的舶来品，我既然已经摆脱了神仙鬼怪这一套，自然不愿再接受类似的东西。而且从那时起，我在宗教一方面一直是个'不可知'论者，我认为与其求死后灵魂的永恒，不如在今生今世奠立不朽的根基，这与儒家的基本观念刚好符合。"③

从这里我们可以发现在蒋氏的性格中，文化主义（culturalism）的倾向似乎大于民族主义（nationalism）。④

五、科举、立宪或革命？

光绪二十八年（1902）蒋氏进入浙江高等学堂（求是书院的前身）就读。杭州的士绅自甲午战后日受外来思潮冲击，即渐知以办学堂设报纸为务，言新学者也多倾向革命，光绪二十八、二十九年（1903）之间，风气尤盛。⑤浙江高等学堂既然设于省城，同时又由清政府担负经费，自然便成为全省文化运动和激进思想的主要中心。⑥学堂内到处都有宣传革命的小册子、杂志和书籍，

---

① 蒋梦麟：《西潮》，台北中华日报社 1959 年版，第 31 页。
② 蒋梦麟：《西潮》，台北中华日报社 1959 年版，第 32 页。
③ 蒋梦麟：《西潮》，台北中华日报社 1959 年版，第 33 页。
④ 李文生（Joseph R. Levenson）曾夸张地区别文化主义和民族主义："文化主义反对外来的观念，但是在实际上可能引进（至少不积极反对）外国的物质。民族主义恰巧相反，它可能容纳外来的观念，但却反对外来的物质侵入。"见 Levenson, *Liang Ch'i-ch'ao and the Mind of Modern China*, Cambridge, Mass.: Harvard University Press, 1965, p. 110。
⑤ 冯自由：《浙江之文字狱》，《革命逸史》第五册，商务印书馆 1946 年版，第 43 页。
⑥ 蒋梦麟：《西潮》，台北中华日报社1959年版，第35页；Mary Backus Rankin, *Early Chinese Revolutionaries: Radical Intellectuals in Shanghai and Chekiang, 1902-1911*, Cambridge, Mass.: Harvard University Press, 1971, p.141。当时新式学堂成为革命温床的原因有三：第一，大多数学生都住宿学校，同学接触密切，并能尽情地讨论政治；第二，有一些激进的教师热衷于传播新观念给学生；第三，学堂大多设于较大的城市，容易感受到时势的变化。参阅 Y. C. Wang, *Chinese Intellectuals and The West, 1872-1949*, Chapel Hill: The University of North Carolina Press, 1966, p.236。

学生们如饥似渴地阅读这些书刊，①蒋氏虽然也受到影响，但是却不积极参与：

> 我也喜欢搜求消息，喜欢就所获得的资料加以思考分析，同时也喜欢使自己感情奔放，参加行动，但是我常常适可而止。为求万全，我仍准备参加科举考试。②

蒋氏受当时革命情绪的感染而参加活动，但是又认为革命似乎遥遥无期，而且困难重重，所以仍不愿放弃做官的机会。他的行动有时候非常大胆而莽撞，有时候又非常胆小而怕羞，他对自己的性格始终没有自信。③

光绪二十九年（1903）蒋氏中秀才，他的家里自然是张灯结彩，热闹非凡，有好几百的亲戚朋友齐来道贺，一连吃了两天的喜酒，至于他自己，反而有些迷茫："两个互相矛盾的势力正在拉着，一个把我往旧世界拖，一个把我往新世界拖，我不知道该怎么办。"④

蒋氏中秀才后，又回到原来的浙江高等学堂接受新式教育，课余之暇又如饥似渴地阅读革命书刊，并与同学讨论当时的政治问题。各种价值的冲突——新与旧的冲突、立宪与革命的冲突，使他无法适应。⑤

蒋氏的心理冲突是如此大且复杂，以致他的价值体系面临了前所未有的严重失调（dissonance），他也怀疑自己是否得了神经病："常常闹得头脑天旋地转，有时觉得坐立不安，有时又默坐出神，出神时会觉得自己忽然上冲云霄，忽然又骤然落地，结果在地上跌得粉碎，立刻为旋风吹散无踪了。"⑥

蒋氏解决这种冲突的方法是"找个更理想、更西化的学校"⑦，于是他于光

---

① 蒋梦麟：《西潮》，台北中华日报社1959年版，第37页。据光绪二十九年（1903）所作的一项调查，有250份的《译书丛编》、200份的《新民丛报》、50份的《苏报》等革命书刊在杭州出售，且主要销售对象为学生，见《浙江潮》第三期，光绪二十九年（1903）三月，第395页。关于当时蒋梦麟所可能接触到的革命报刊，可参阅冯自由：《记上海志士与革命运动》，《革命逸史》第二册，商务印书馆1946年版，第74—100页。
② 蒋梦麟：《西潮》，台北中华日报社1959年版，第37—38页。
③ 蒋梦麟：《西潮》，台北中华日报社1959年版，第38页。
④ 蒋梦麟：《西潮》，台北中华日报社1959年版，第42页。
⑤ 蒋梦麟：《西潮》，台北中华日报社1959年版，第42页。这种价值的冲突似为当时许多知识分子所共有，如梁任公的"徘徊于孙、康之间"。甚至有人认为孙中山先生也曾面临过这种冲突，参阅聂崇章：《孙中山先生革命人格的形成》，台湾大学政治学研究所1974年未刊硕士论文，第76、80页。
⑥ 蒋梦麟：《西潮》，台北中华日报社1959年版，第42页。
⑦ 蒋梦麟：《西潮》，台北中华日报社1959年版，第43页。

绪三十年（1904）日俄战争正在进行时，转入上海的南洋公学，希望能打好基础，以便到美国留学。① 当时"革命正迅速地在全国青年学生群中生根发展，投身革命运动的青年学生愈来愈多，孙中山先生的影响也愈来愈广，清室覆亡已经近在旦夕了。"② 虽然蒋氏自称他不时地想着如何拯救祖国，以免受列强的瓜分，③ 但是我们仍有理由相信他的行动是一种退出（withdrawal），"不论立宪维新或者革命，西化的潮流已经无法抗拒"④，只是一种合理化的借口。他赴美的意志坚决，以致他对当时上海热烈进行的抵制美货运动和反对英人投资建筑苏杭甬铁路运动无动于衷，⑤ 对当时革命党的宣传活动也抱着隔岸观火的态度。⑥

六、心理的平衡

随着心智的成长，蒋氏进入南洋公学后，吸收新知时已渐能开始发展以理解为基础的判断能力，不再依赖传统的信仰，蒋氏自称这是他思想上的一次大解放。⑦ 他常尝试将中西思想加以比较，以作为他行事的标准，从此对于如何立身处世也渐渐有了比较自信的见解："每当发现对某些问题的中西见解非常相似，甚至完全相同时，我总有难以形容的喜悦。如果中西贤哲都持同一见解，那么照着做自然就不会错了。"⑧

蒋氏赞成陆象山的名言："东海有圣人出焉，此心同，此理同；西海有圣人

---

① 蒋梦麟：《西潮》，台北中华日报社 1959 年版，第 44 页。根据浙江地区的调查，求是中西学堂于光绪二十五年（1899）有五名学生赴日留学，光绪二十八年（1902）有十八名学生赴日留学。参阅丁致聘：《中国近七十年来教育记事》，商务印书馆 1935 年版，第 8 页。这些学生的出国可能对蒋氏的决定有相当影响。
② 蒋梦麟：《西潮》，台北中华日报社 1959 年版，第 43 页。
③ 蒋梦麟：《西潮》，台北中华日报社 1959 年版，第 43 页。
④ 蒋梦麟：《西潮》，台北中华日报社 1959 年版，第 43 页。
⑤ 蒋梦麟：《西潮》，台北中华日报社 1959 年版，第 46 页。参阅张存武：《光绪三十一年中美工约风潮》，台北中国学术著作奖助委员会 1965 年版；En-han Lee, "The Chekiang Gentry-Merchants vs. the Peking Court Officials: China's Struggle for Recovery of the British Soochow-Hangchow-Ningpo Railway Concessions, 1905-1911", *Bulletin of the Institute of Modem History, Academia Sinica*, July 1972, pp.223-268。
⑥ 蒋梦麟：《西潮》，台北中华日报社 1959 年版，第 46—47 页。当时革命党人已起事两次，同盟会在上海散布的革命报刊不下百余种，参阅蒋慎吾：《同盟会时代上海革命人的活动》，《逸经文史半月刊》第 26 期，1937 年 3 月，第 3—9 页。
⑦ 蒋梦麟：《西潮》，台北中华日报社 1959 年版，第 45 页。
⑧ 蒋梦麟：《西潮》，台北中华日报社 1959 年版，第 45 页。

出焉，此心同，此理同。"① 也就是这个观念使他的心理冲突得以减小。②

蒋氏于光绪三十四年（1908）赴美留学，最初读的是农科。其学农的理由，一方面是本身的兴趣，一方面是因为他认为中国既然以农立国，只有改进农业，才能使最大多数的中国人得到幸福和温饱。③ 后来他又转选教育为主科，虽然他的朋友对他有相当的影响，但是传统中国社会尊重作育英才的教师可能也是一个因素，他曾考虑过："我在这里研究如何培育动物和植物，为什么不研究研究如何作育人才呢？"④

蒋氏由于语言能力的限制，上课时通常不敢参加讨论，另一个原因是"由于自卑感而来的怕羞心理，因为1909年前后是中国近代史上最黑暗的时期，而且我对中国的前途也很少自信"⑤。念伦理学时，一方面，这门研究道德的学问是他所陌生的；另一方面，也因为他的自卑感，他的道德标准发生了动摇："在中国，人们的生活是受公认的行为规律所规范的。追究这些行为规律背后的道德原则时，我的脑海里马上起了汹涌的波澜。一向被认为是最终真理的道德基础，就像遭遇地震一样开始摇摇欲坠。"⑥

蒋氏这时所能凭借的，只剩下过去所学习的中国传统思想作为了解西方新知识的基础，并借以减少外来的压力："我觉得自己在国内求学时，常常为读经史子集而深夜不眠，这些苦功总算没有白费，我现在之所以能够吸收、消化西洋思想，完全是这些苦功的结果。我想，我今后的工作就是找出中国究竟缺少些什么，然后向西方吸收所需要的东西。心里有了这些观念以后，我渐渐增加了自信，减少了羞怯，同时前途也显得更为光明。"⑦

---

① 蒋梦麟：《西潮》，台北中华日报社1959年版，第45页。这种会通思想在晚清即已成为许多改革者的理论和心理依据，参阅王尔敏：《晚清政治思潮之动向》，台北《"中研院"近代史研究所集刊》上册第三期，1972年7月，第82页；Young-tsn Wong, "The Ideal of University in Late Ching Reformism", in Paul A. Cohen and John E. Schrecker, eds., *Reform in Nineteenth Century China*, Cambridge, Mass.: Harvard University Press, 1976, pp. 150-159.

② Young-tsn Wong, "The Ideal of University in Late Ching Reformism", in Paul A. Cohen and John E. Schrecker, eds., *Reform in Nineteenth Century China*, Cambridge, Mass.: Harvard University Press, 1976, p. 153.

③ 蒋梦麟：《西潮》，台北中华日报社1959年版，第51页。

④ 蒋梦麟：《西潮》，台北中华日报社1959年版，第53页。

⑤ 蒋梦麟：《西潮》，台北中华日报社1959年版，第54页。令人奇怪的是，蒋氏于此年担任革命报刊《大同日报》主笔，见《西潮》，台北中华日报社1959年版，第59页。

⑥ 蒋梦麟：《西潮》，台北中华日报社1959年版，第54页。

⑦ 蒋梦麟：《西潮》，台北中华日报社1959年版，第55页。

蒋氏于民国六年（1917）自美返国，除了刚回国时曾有过短暂的不能适应外，① 在价值体系上从此不再有过重大的冲突。② 他常自称是一个中西文化的复合体——以儒立身，以道处世，以鬼子（西洋学科）办事。③

七、结论

政治学者白鲁恂（Lucian W. Pye）认为中国人在现代化的冲击下，并未如其他过渡社会一样地产生认同的危机（crisis of identity），④ 我们经由以上用文献分析法对蒋梦麟所作的个案研究可以部分地支持白氏的假设。中国人在政治上虽无重大的认同危机，但是在文化上所面临的价值冲突却是巨大而复杂的，以致我们也不能用"文化的认同危机"⑤ 或是"在理智上疏离而在情感上依附其传统"⑥ 一类过分简单的类型去涵盖一个那么复杂的现象。

虽然如此，蒋氏所遭遇到的这些价值冲突，也是当时许多和他童年环境、求学过程与社会经历类似的知识分子所可能遭遇到的，只是在内容和程度上有些个别的差异而已，因为这些冲突不是某一个人所特有的，而是属于那整个过渡社会的。这种冲突的减小，有待于时间的转变，在现代教育影响下，正如蒋梦麟所说的"新兴的每一代都比前一代更现代化"⑦。

（本文原载《食货月刊》复刊第7卷第8、9期合刊，1977年11月。）

---

① 蒋氏说："在美国时，我喜欢用中国的尺度来衡量美国的东西，现在回国以后，我把办法刚刚颠倒过来，喜欢用美国的尺度来衡量中国的东西，有时更可能用一种混合的尺度，一种不中不西、亦中亦西的尺度，或者游移于两者之间。"蒋梦麟：《西潮》，台北中华日报社1959年版，第71页。

② 蒋氏回国以后的言论可参阅《孟邻文存》，台北正中书局1954年版。

③ 沈宗瀚：《悼念蒋梦麟先生》，《传记文学》第5卷第1期，1964年7月，第7—8页。

④ Lucian W. Pye, *The Spirit of Chinese Politics: A Psychocultural Study of the Authority Crisis in Political Development*, Cambridge Mass.: The M.I.T. Press, 1968, p.80.

⑤ Joseph P. Levenson, *Confucian China and Its Modern Fate*, Berkley：University of California Press，1958, pp. xiii-xix. 张灏先生曾详尽地检讨过这文化认同这一概念，参阅 Hao Chang, "New Confucianism and The Intellectual Crisis of Contemporary China", in Charlotte Furth ed., *The Limits of Change: Essays on Conservative Alternatives in Republican China,* Cambridge，Mass.: Harvard University Press，1976, pp.276-302。笔者所要指出的是，蒋梦麟所曾经历过的，只有价值冲突，而没有认同危机。

⑥ Joseph R. Levenson, "History and Value: The Tensions of Intellectual Choice in Modern China", in Arthur F. Wright ed., *Studies in Chinese Thought*, Chicago: University of Chicago Press,1953, pp.146-194.

⑦ 蒋梦麟：《西潮》，台北中华日报社1959年版，第188页。

严复对斯宾塞社会有机论的介绍与曲解

一

斯宾塞（Herbert Spencer）的思想特征大致说来包括两项：一是宇宙的演化观念，二是社会有机体（Social organism）的概念。本文试图探讨严复对斯氏社会有机论的介绍及其曲解，并分析曲解的原因。

二

将社会比喻为有机体的看法在西方可追溯至上古的柏拉图和亚里士多德，至19世纪这种观念又再度盛行，其说充塞于政治学、人类学与社会学的著作中，这种概念在当时所以受欢迎的原因有以下几项：①

（一）浪漫时代早期的1780—1790年代，学者们的兴趣由自然学科转至生物学科，导致国家原子论（atomism）的失势，而有机论因之兴起。

（二）黑格尔的哲学有机论刺激了社会有机论的发展。

（三）民族主义的兴起倾向将国家视为一自然单位，大家觉得社会契约论一类的国家理论无法培养国民的凝聚力。

孔德（Auguste Comte）是近代第一个提倡社会有机论的学者，至斯宾塞时，他将社会能被视为有机体之处加以系统的整理，在《社会学原理》（*The Principles of Sociology*）一书中详加讨论如下：②

（一）社会和有机体二者和无机物（inorganic aggregates）不同，前二者均会成长和发展。

（二）二者规模（size）的增大均意味着结构的扩大和分化（differentiation）

---

① D. G. Phillips, "Organicism in the Late Nineteenth and Twentieth Century", *Journal of the History of Ideas*, 31: 3, July-September 1970, pp. 413-432.

② Herbert Spencer, *The Principles of Sociology*, London: Williams and Norgate, 1904, Vol. 1, pp. 437-445.

程度的增加。

（三）二者随着结构的逐渐分化而来的是功能的逐渐分化。

（四）二者整体中的各部分均相互依赖，一部分当生变动，其他部分也会受到影响。此外，当演化进行时，这种相互关系同时也日益密切。

（五）二者整体中每一部分各自也都是一小型的（micro）社会或有机体。

（六）如果有大灾难（catastrophe）降临，二者均可能被摧毁，但是各部分仍能各自生存一段时间。另一方面，如果没有灾难，则整体的生命较其各部分的生命为持久。

严复于1877—1879年之间停留于英国，① 当时正是斯宾塞思想风行于英国之时，严复自然受到他的影响。

三

甲午战后，国势益危，中国的知识分子群起，纷以言论救国，严复于天津的《直报》上连续发表《论世变之亟》《原强》《救亡决论》《辟韩》等文，其中以《原强》一文最为重要，文中以演化论阐明国家强弱之势。严氏在该文中将中国视为一有机体，而和其他有机体同处于达尔文所称的生存竞争环境中：

> 一群之成，其体（structure）、功（function）、能（capacities）无异生物之一体，大小难异，而官治相准，知吾身之所生，则知群之所以立矣；知寿命之所以弥久，则知国派之所以灵长。一身之内，形神相资；一群之中，力量相备。身贵自由，国贵自主，生之与群，相似如此。②

和社会有机论相连的另一概念是社会整体（aggregate）的性质乃依其各分子（units）或各细胞的品质而决定。③ 严复直接引用了斯宾塞所用砖与墙、晶体与矿物、细胞与动植物的比喻，以说明个人与社会国家的关系：

---

① 严复赴英年代系根据王栻的考证，参阅王栻：《严复》，人民出版社1975年版，第5页。
② （清）严复：《原强》，光绪二十七年（1901）《侯官严氏丛刻》本，第115—171页。
③ Herbert Spencer, *The Study of Sociology*, Ann Arbor: The University of Michigan Press, 1961, p.43. （清）严复译：《群学肄言》，文明编译书局光绪二十九年（1903）版，第36页。

不观于坯者之为墙乎？与之一成之砖，坚而廉、平而正、火候得而大小若一，则无待泥水灰黏之用，不旋踵而数仞之墙成矣。由是以捍风雨、卫室家，虽资之数百年可也。使其为砖也，欹嵌歪缺，小大不均，则难遇至巧之工，亦仅能版以筑之，成一粪土之墙而已矣。廉隅坚洁，持久不败，必不能也。此凡积垛之事，莫不如此。唯其单也为有法之形，则其总也成有制之聚。然此犹人之所为也，唯天生物，亦莫不然。化学原质，自然结晶，其形制之穷巧极工，殆难思议。其形虽大小不同，而其为一晶之所积而成形，则虽析之至微，至于莫破。其晶之积面隅冪无不似也，然此犹是金石之类而已。夫其动植之伦，近代学者皆知太初质房为生之始，其含生蕃变之能，皆于此而已具。但其事甚赜，难与未尝学者谈。而其本单之形法性情，以为其总之形法性情，欲论其合，先考其分，则昭昭若揭日月而行，亘天壤不刊之大例也。夫如是，则一种之所以强，一群之所以立，断可识矣。①

如此，一个社会的品质便系于社会中每个分子的品质，个人的品质有三要素："一曰血气体力之强，二曰聪明智虑之强，三曰德行仁义之强。"也就是民力、民智与民德。但当时的中国"民力已苶、民智已卑、民德已薄"，如要富强，只有给予民众充分的自由以发展其德、智、体各方面的潜能。严复认为只要如此则国家必能富强："未有三者备而民生不优，亦未有三者备而国威不奋者。"②

四

事实上，正如学者史华慈（Benjamin Schwartz）所指出的，社会有机论和强调个人品质之间的逻辑关系很弱，③但何以严氏对此未生疑问，而一味曲解斯宾塞极端个人主义的本质？史华慈将之归诸当时中国士大夫面临内外挑战下所共有的危机意识，使严复在接受斯宾塞思想时，只注意到他所需要的部分。④

---

① （清）严复译：《群学肄言》，文明编译书局光绪二十九年（1903）版，第36页。
② （清）严复译：《群学肄言》，文明编译书局光绪二十九年（1903）版，第36页。
③ Benjamin Schwartz, *In Search of Wealth and Power: Yen Fu and the West*, Cambridge, Mass.: Harvard University Press, 1964, p.57.
④ Benjamin Schwartz, *In Search of Wealth and Power: Yen Fu and the West*, Cambridge, Mass.: Harvard University Press, 1964, p.57.

严氏对英国的观察使他相信国家是整个社会进化的受益者,因此才将自由主义当作国家富强的工具而非目的。每个中国人都是中国的一个细胞,其责任在于促进整个有机体——国家的成长和在对外竞争中得胜。

史华慈此种论证笔者尚可举出以下二例加以支持:

(一)梁启超援引伯伦知里(Johann K. Bluntschli)的有机论以建立其新民说。伯伦知里在欧洲政治思想史上无甚地位,只因其国家主义的倾向吸引了日本的加藤弘之和中国的梁启超,而得以在两国享有盛名。[1]

(二)斯宾塞思想传入日本时情形亦与中国类似。斯氏思想中讨论个人主义部分很少有人感兴趣,而适者生存的演化观念却很快地为人接受。[2]

但是令笔者怀疑的是,造成这些曲解的因素,除了当时环境和介绍人选择性的主义外,是否尚由于斯宾塞本身思想内在的逻辑发展所致?斯氏本人如何调和其个人主义和社会有机论之间的矛盾?

五

斯宾塞和他同时代的孔德不同,孔德所处的时代是法国大革命之后,厌恶动乱的心理使他的哲学基本上是反对个人主义的。在他的有机论中,个人乃附属于社会。但斯宾塞所处的时代——维多利亚时代中期,是英国最富裕繁荣的时期,当时知识分子的意识中充满了乐观的进步观念。对中产阶级和大多数的知识分子来说,所有的进步都是由于个人的节俭与努力,以及利用新发明的机器生产所造成的,因此他们觉得最好的政府是管得最少的政府。[3] 这种环境使得斯宾塞相信社会的起源是个人主义和功利主义的,并视社会为增加个人目的的工具。

斯宾塞虽以个人主义为其哲学基础,但他比孔德更热衷于有机论,他极力想克服个人主义和有机论之间的矛盾,因此他在指出社会有机体和生物有机体

---

[1] 张佛泉:《梁启超国家观念之形成》,台北《政治学报》第 2 期,1971 年 9 月,第 1—66 页。该文对于梁氏译介伯伦知里的国家有机论有精辟的分析。亦可参阅 Phillips G. Huang, *Liang Ch'i-ch'ao and Modern Chinese Liberalism*, Seattle and London: University of Washington Press, 1972, p. 81。

[2] 〔日〕伊藤秀一:《近代の日本と中國における國の西歐進化論の受容と展開》,《中国近代思想史研究会会报》第 38 期,1964 年 6 月,第 286—293 页; John K. Fairbank, Edwin O. Reischauer, and Albert M. Craig, *East Asia: The Modern Transformation*, Boston: Houghton Mifflin, 1965, p. 566。

[3] Eugen Weber, *Europe Since 1715: A Modern History*, New York: Norton, 1972, pp. 632-635。

之间的相似处后，又指出二者之间的差异：

> 一个动物的各部分组成了一个坚实的整体，但是组成一个社会的各部分之间却是有区别的。所有动物的各部分间关系都非常密切，但是社会的各分子间的关系却不甚密切，而多少较为分散。……虽然一个社会有机体的成员并非是组成坚实的整体，无法经由各部分直接的相互影响而维持合作，……但是也可借着情绪的语言（emotional language）和心智的语言（intellectual language）而相互影响。①

更重要的区别在于：

> 在生命的有机体中，意识是集中于总体内的一小部分，在社会有机体中，它却是散布于总体各处，每个分子均拥有愉快、悲哀的能力，即使每个单位的程度或许不一，仍大致相差无几，但是它缺少一社会感觉器官（social sensorium），以至于总体的幸福和各分子的幸福不同，而不成为被追求的目标。社会是为了其成员的利益而存在，而不是个人为了社会的利益而存在。②

斯宾塞认为他做了以上的区别已调和了个人主义和社会有机论之间的冲突，虽然有些学者为他辩护，③ 但是我们毋宁认为他并没有达到目的。

六

我们由以上对斯宾塞思想的初步分析中可以发现：严复对斯氏思想的曲解，并不仅是由于选择性的注意使然，我们同时也应从斯氏本身的思想入手探讨。

（本文原载《大陆杂志》第 57 卷第 4 期，1978 年 10 月。）

---

① Herbert Spencer, *The Principles of Sociology*, London: Willams and Norgate, 1904, Vol. 1, pp. 445-448.
② Herbert Spencer, *The Principles of Sociology*, London: Willams and Norgate, 1904, Vol. 1, pp. 449-450.
③ J. D. Y. Peel, *Herbert Spencer: The Evolution of a Sociologist*, New York: Basic Books, Inc., 1971, pp. 185-191.

想象中国
——伦敦所见古董明信片的图像分析

一、前言

近三十年来，西方学界对于近代西方人中国观的研究，成果至为丰富。①但是讨论的范围多限于西方的知识分子，而忽略了一般社会大众。②根据晚近学者的研究，19世纪末20世纪初，西方一般社会大众对非西方社会的印象，主要得自博览会、照片和明信片。③而三者之中，又应以明信片的影响最大（据统计，1900年德国共邮寄7亿8600万张明信片，平均每人于该年邮寄15张④）。因此，近代西方的明信片如何呈现中国，便是个值得探讨的重要问题。

本文拟根据笔者1999年4—7月在英国伦敦古董明信片市场所见到的千余张与中国有关的明信片（出版时间为19世纪末至20世纪初）图像数据进行分析，盼能找出明信片所呈现出的中国形象，以及其中的东方主义论述（Orientalist discourse）。学者认为近代以来西方人的中国观一直受到三个国家的影响，这三个国家在18世纪是法国，19世纪是英国，20世纪则是美国。⑤因此，本文虽系伦敦一地所流传明信片图像的分析，但是应该也可以借此略窥19世纪末20世纪初整个西方社会的中国观。

从事明信片研究，所遭遇到的最大困难在于史料缺乏。由于明信片的非重

---

① 最具代表性的著作为以下几种：Raymond Dawson, *The Chinese Chameleon: An Analysis of European Conception of Chinese Civilization*, London: Oxford University Press, 1967; Colin Mackerras, *Western Images of China*, Hong Kong: Oxford University Press, revised edition, 1999; Jonathan D. Spence, *The Chan's Great Continent: China in Western Minds*, New York and London: W. W. Norton & Co., 1998。

② 以上各书中，仅有Mackerras的著作曾论及一般社会大众的中国观。

③ Brian Street, "British Popular Anthropology: Exhibiting and Photographing the Other", in Elizabeth Edwards, ed., *Anthropology and Photography, 1860-1920*, New Haven and London: Yale University Press, 1992, p. 122.

④ C. Lauterbach and A. Jakovsky, *Postcard Album: Also a Cultural History*, New York: Universe Books, 1961.

⑤ Colin Mackerras, *Western Images of China*, Hong Kong: Oxford University Press, revised edition, 1999, p. 4.

要性,自始即被人所忽视,业者一经倒闭,史料即随之丧失,加以20世纪战争频仍,大量史料毁于战火。因此,有关明信片生产、营销和流通的档案史料,极为缺乏。此外,由于明信片多未印有基本的出版资料,学者往往难以鉴定其年代。①

本文所分析的对象,虽然主要为明信片的图像,但是明信片上的一些文字,也值得研究。为使观众可以较快明了明信片上的图像,或是为了加深观众的印象,明信片上常加有图像说明文字（caption）。这些说明的文字,指导观众去解读图像,因此在形象的建构过程中扮演十分重要的角色。同一张明信片的图像,用不同的文字说明,常会产生极为不同的意义,因此本文也特别留意分析图像的说明文字。

二、明信片早期历史与普及程度

1869年,奥地利首先开始使用明信片,至1870年代欧洲大多数的国家均已采用明信片。1895年左右进入明信片的黄金时代,当时印刷业的发展,使得业者可以用合理的成本大量生产高质量的明信片。

1890年代,明信片先是与观光业结合,成为最佳的广告媒体,与观光业有关的住宿、运输以及个人服务业,均订购明信片,明信片通过车站、客船、度假胜地、旅馆、餐厅、博览会、马戏团、纪念品贩售店,以及街头贩卖机贩售,深获民众喜爱。商人们见到卖明信片有利可图,乃纷纷加入此一行业,并发行各种主题（如各种军政、灾难事件）与功能（如慈善、节庆、问候）的系列明信片。明信片既然拥有如此实用的用途和诉求,于是迅速地成为一般未受教育的民众最喜好的一种艺术品。②

19世纪末20世纪初,明信片又成为西方社会大众一种普遍的沟通方式。爱德华七世（Edward VII）于1901年登基时,当时的英国邮政十分有效率且价

---

① Howard Woody, "International Postcards: Their History, Production, and Distribution (circa 1895 to 1915)", in Christraud M. Geary and Virginia-Lee Webb, eds., *Delivering View: Distant Cultures in Early Postcards*, Washington and London: Smithsonian Institution Press, 1988, p.22.

② Howard Woody, "International Postcards: Their History, Production, and Distribution (circa 1895 to 1915)", in Christraud M. Geary and Virginia-Lee Webb, eds., *Delivering View: Distant Cultures in Early Postcards*, Washington and London: Smithsonian Institution Press, 1988, p.13.

格低廉，寄一千盎司（ounces）的信，仅要一便士（penny）；寄一张明信片，仅需半便士。任何人要通知友人，他将于下午拜访喝茶，他只需在早上邮局收信时间截止前，寄出一张明信片即可。在当时，电话尚未普遍使用，因此明信片为大众广泛使用。"寄给我一张明信片"（"Drop me a postcard"）成为日常用语，一如后来的"给我挂个电话"（"Give me a ring"）。① 外出旅行时，一般民众也喜欢在旅途中寄明信片给亲友。由于是"图文并茂"，因此明信片较幻灯片或其他媒介更受欢迎。成群的观光客往往到了风景区后，即急着购买明信片，然后立即坐下填写邮寄出去。明信片不仅是旅行的纪念品，同时也成了旅行的目的，证明某人曾到此一游。②

19世纪末20世纪初，是西方人收集明信片的狂热时期。这股热潮，一如传染病，影响到了每个人，不论是上层社会或是下层社会，都受到了影响，即使是维多利亚（Victoria）女王也不例外。为了满足收集者求新求变的要求，明信片业者被迫不断推出各种产品。明信片迷为了收集的需要，每多要求远地亲友寄来明信片。他们并且参加各种地方性、区域性、全国性，甚至国际性的明信片社团，交换明信片与相关的资讯。③

明信片在流行的极盛时期，几乎遍布全世界。各国使用明信片的情况，可由1909年一分钱邮票的销售情形作一指标——英国8亿3,300万张，美国6亿6,800万张（1908年），印度4亿张，奥地利3亿9,800万张，比利时2亿8,000万张，俄国2亿1,000万张，德国1亿6,000万张，匈牙利1亿1,000万张，荷兰7,600万张，瑞典7,400万张，意大利7,100万张，罗马尼亚2,800万张，法国1,800万张（邮资为2分）。上述的数量持续增加，直至明信片收集热潮达最高点为止。以后，明信片的质量下降，新款式减少，销售量降低，明信片社团活动停滞不前，明信片迷纷纷改变收集项目。此时，市场存货过剩，业者大量改行，工厂倒闭，数以百万计的工人失业。同时，明信片不再是传送摄影图像给一般民众的主要工具，报纸和通俗性刊物也开始有意愿和能力刊登摄

---

① Frank Staff, *The Picture Postcard and Its Origins*, London：Lutterworth Press, 1966, p.64.
② Tom Gunning, "The Whole World Within Reach：Travel Images Without Border", in Carol Traynor Williams, ed., *Travel Culture: Essays on What Makes Us Go*, Westport，Connecticut：Praeger, 1988, p.26.
③ Howard Woody, "International Postcards：Their History, Production, and Distribution（circa 1895 to 1915）", in Christraud M. Geary and Virginial-Lee Webb, eds., *Delivering View: Distant Cultures in Early Postcards*, Washington and London：Smithsonian Institution Press, 1988, p.13.

影图像。由于民众对明信片的新鲜感已消失,因此当第一次大战爆发后,明信片的生产乃受影响而中断。战争结束时,大多数的明信片业者已歇业,只有少数印刷厂仍继续生产。明信片的时代,基本上已告结束。①

三、千余张明信片图像内容

笔者所见到的千余张明信片,图像内容大致可分为以下几大类:

（一）风景

（1）山：北京万寿山、莫高山。

（2）水：长江、黄河、苏州水乡。

（3）楼台：武昌、天津、广州等地的塔,北京天坛。

（4）寺庙：上海龙华寺、南京北极阁、北京喇嘛庙、广州五百罗汉寺。

（5）庭园：上海豫园、租界公园、公共公园、儿童公园、镇江维多利亚公园。

（6）湖泊：西湖。

（7）古迹：长城、明代陵墓、故宫、北京牌坊、祈年殿。

（8）纪念性建筑：广州中山纪念馆、中山纪念堂、伍廷芳铜像。

（二）反映现代性（modernity）的图像

（1）大楼：上海百老汇大厦。

（2）旅馆：烟台海滨旅馆、汕头适宜楼（Astor House）、天津亚士都饭店（Astor House Hotel）、北京六国饭店室内装潢（含白床单、沙发、衣柜、铜尿壶）。

（3）医院：牛庄。

（4）邮局。

（5）新式学校：南京东南大学图书馆、体育馆,以及学生做体操。

（6）火车头。

（三）风俗习惯与日常生活

（1）日常生活：农夫车水、黄河捕鱼。

（2）缠足。

---

① Howard Woody, "International Postcards: Their History, Production, and Distribution（circa 1895 to 1915）", in Christraud M. Geary and Virginia-Lee Webb, eds., *Delivering View: Distant Cultures in Early Postcards*, Washington and London: Smithsonian Institution Press, 1988, pp.42-43.

（3）辫子：有一张为留长辫子的五个男子背对镜头。

（4）富人留长指甲。

（5）民俗：广州花船、汕头端午节龙舟赛。

（6）酷刑：天津1912年凌迟犯人，尸首分家，并将头颅高悬。广州站笼。

（四）人物

（1）各行各业：黄包车夫、牙医、苦力、修鞋匠、北京剃头匠、锯木工人、编草席者。

（2）少数民族：贵州安顺。

（3）妇女：富家少妇、长江水上难民。

（4）畸形人物：天津侏儒。

（五）时事

（1）日俄战争。

（2）辛亥革命：天津难民、铁路遭破坏、汉口法租界戒严。

（3）长江水上难民。

由以上所列举的清单可以看出，被出版在明信片上的图像都是高度选择性的，反映出西方对中国的既有印象。整体来看，这些明信片带给观众的印象是一个变动速度甚为缓慢的中国。所有关于现代性的图像，均集中于沿海沿江通商口岸的租界和城市中，与广大的农村无关。最能表现这个特征的，莫过于一张由美国 Kingshill 公司所编的集锦明信片。这张明信片的标题是"来自中国的祝福"（Greetings from China），共辑有五张缩小照片，图像分别为"中国的轿子"（Chinese Chair）、"中国人在独轮手推车上"（Chinese on Wheel Barrow）、"中国的人力车"（Chinese Jinrikisha）、"中国人的葬礼"（Chinese Funeral Processions）和"中国人的墓碑"（Chinese Grave Monuments）。明显地，明信片和编者想要将这些他认为是最具有"中国特色"的五种东西"浓缩"在一张明信片上，希望能用这张明信片具体而微地将中国呈现出来。有趣的是，被编者认为典型中国事物的人力车，实际上却是由近代日本人所发明，原用于运送病患。其他一般明信片的图像，也常可见到乡间的茅草屋子，农人采用传统的方式耕田捕鱼，以及城市中各种传统行业的小商贩，这些图像均显示中国人仍然和他们几千年前的老祖宗一样墨守成规、辛勤工作，丝毫未感受到西潮的冲击。

这些明信片的图像所带给观众的第二个印象是一个历史悠久的中国。有大量的明信片图像是集中于宫殿、亭、台、塔、园林和寺庙，呈现出历史的魅力，即使很少人能记得亭台、宝塔、寺庙等被视为传统中国的建筑形式，其实也是中外文化交流下的产物。

再者，这些明信片的图像反映出当时中国存在的一些陋习，证实了中国人素质的低落。吸食鸦片和缠足的图像经常出现在明信片上，致使西方人以为每个中国人都是如此。

最后，大量有关酷刑的明信片（如凌迟、绞首、站笼等），证实了欧洲人长久以来对于中国法律苛酷的印象，增强了当时西方人视中国人为"高级残酷大师"（"Masters of refined cruelty"）的流行看法。[1]

---

[1] V. G. Kiernan, *The Lords of Human Kind: Black Man, Yellow Man, and White Man in an Age of Empire*, Boston and Toronto: Little, Brown and Company, 1969, p. 162.

值得注意的是，明信片中有关妇女（尤其是年轻妇女）和少数民族的图像甚少。推其原因，前者应是由于当时中国的社会风气尚未开通，后者应是由于当时摄影师大多集中于沿海沿江地区，尚未能深入边陲地区。

四、东方主义论述

以上所讨论欧洲人的中国观，是否受到种族偏见的影响而未能从中国的角度论断中国？在此，"东方主义论"（Orientalism）便成为无可回避的理论。

晚近对于"东方主义"的理解，主要来自萨义德（Edward W. Said）。萨氏本人从未为"东方主义"下过清楚的定义，但是他的论点可归纳为两个要点：第一是指过去几百年间欧洲和亚洲的关系。第二是指东方主义者（Orientalists）所从事有关东方的教研、写作工作，以及他们所制造有关东方和东方人的各种神话和刻板印象（stereotypes）。① 东方主义的提出，主要是在批评西方人对中东文明的研究，但是其主要论点也同样适用于中国。萨义德认为西方学者由于抱持着种族自我中心（ethnocentric）的态度，致使对东方文明产生歪曲事实的记载或错误的解释。他攻击西方学界对所研究对象的价值观念缺乏同情的理解，也未能从亚洲国家的角度研究它们。

如果从萨义德的理论来看近代欧洲人的中国观，可以发现在 16 至 18 世纪，大多数的欧洲观察家都希望能使中国人放弃他们原有的宗教，改信基督教，因为在他们看来只有基督教才是真正的宗教。但是大多数的观察家也都尚能按照他们自己的标准，尽量不带偏见、公平地论断中国。例如，孟德斯鸠（Charles

---

① Edward W. Said, *Orientalism*, New York: Pantheon Books, 1978; *Culture and Imperialism*, New York: Vintage Books, 1993. 对于此二书的综合评述，可参阅 Bill Ashcroft and Pal Ahluwalia, *Edward Said: The Paradox of Identity*, London: Routledge, 1999, pp.57-113。

Montesquieu，1689—1755）对中国专制制度的看法固然十分不友善且"东方主义"，但是伏尔泰（Francois M. A. de Voltaire，1694—1778）和奎内（Francois Quesnay，1694—1774）则为了要批评自己的国家而赞扬中国，正与"东方主义"相反。①

至 19 世纪，西方对中国的印象开始由正面转为负面，其原因有好几项：第一，启蒙运动时期对中国事物的崇拜和流行盛极而衰，至此时已丧失了动力；第二，清帝国自嘉庆朝开始衰落；第三，最重要的原因是欧洲（尤其是英国）帝国主义自工业革命后兴起，与中国的经济差距逐渐加大。马尔萨斯（Thomas Robert Malthus，1766—1834）在 1798 年出版的《人口论》（*An Essay on the Principle of Population as It Affects the Future Improvement of Society*）一书中，尚称中国是世界上最富有的国家，②但是到了19 世纪，中国即不再是"世界经济的中心"③。工业革命所造成的快速技术进步使得西方人的优越感到达顶点，看不起那些被他们视为落后和劣等的民族，包括中国。他们比较的标准全部都是欧洲式的，许多人甚至不确定中国人是否能算是"文明的"民族。④ 即使是那些自认为同情中国的人，也都明白地或是暗地里表现出他们的优越感。如英国外交官密迪察（Thomas Taylor Meadows，1815—1868）反对种族主义（racism），认为中国人极为聪明，但是仍然强烈支持英国在华的帝国主义；通俗杂志 *Punch* 上歧视华人的漫画，更是随处可见。⑤ 萨义德认为 19 世纪欧洲人在论及东方时，都是种族主义者和帝国主义者。这句话固然过于夸大，但是一般说来，西方的观察家们确实传递了符合帝国主义目标的中国形象，他们的态度也完全与当时的帝国主义一致。例如有一张德国在 20 世纪初出版的明信片，图像为一群可爱的小孩，背景是一幅德文的山东地图，标题则为"在我们殖民统治下的小子民们"（Unsere Jungsten Colonisten）。这张明信片即是典型的宣扬帝国主义之作。

---

① Colin Mackerras, *Western Images of China*, Hong Kong: Oxford University Press, revised edition, 1999, p.181.
② Thomas Robert Malthus, *First Essay on Population 1798, with Notes by James Boner*, New York: Augustus M. Kelley, 1965, p.335.
③ 根据学者 Andre Gunder Frank 晚近的研究，直至 1800 年左右，中国是世界经济的中心。参阅 Frank, *Reorient: Global Economy in the Asian Age*, Berkeley: University of California Press, 1988。
④ Colin Mackerras, *Western Images of China*, Hong Kong: Oxford University Press, revised edition, 1999, p.56.
⑤ Colin Mackerras, *Western Images of China*, Hong Kong: Oxford University Press, revised edition, 1999, p.182.

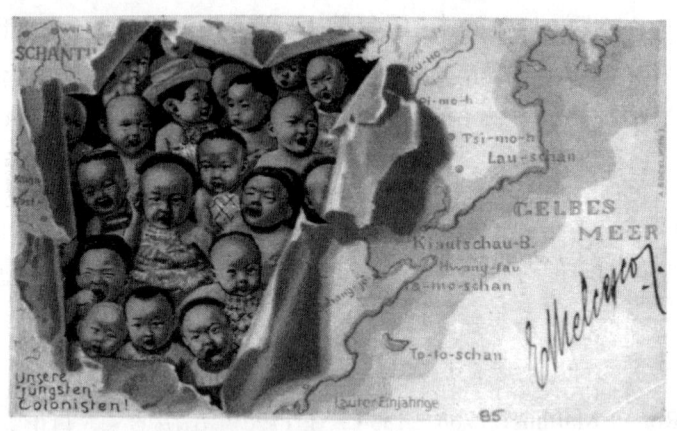

19世纪欧洲人的种族优越感，由其对中国法律的看法即可看出。早在16世纪，葡萄牙商人盖略特·佩雷拉（Galeote Pereira）即在其旅华记录中描述他所见到的酷刑惨状。由于他的著作是自马可·波罗（Marco Polo）以后第一位非教会人士所写有关中国的报道，因此影响甚大。他在书中所描写中国酷刑的恐怖情形，成为后来西方人描写中国人残酷的基本素材。虽然如此，佩雷拉认为中国法律仍有其优点，较罗马法有弹性，审判过程公开，因此作伪证的情况较西方为少。[1]但是到了18世纪，明恩溥（Arthur Smith）和当时的其他人一样，谴责中国的刑罚制度，他甚至认为刑罚之所以残酷，是由于中国人的民族性。[2]西方人对中国法律观感的改变，除了此一时期西方法律大有进步而中国则否外，西方人由于进步所产生的种族优越感应该也是原因之一。

由于观察者立场的改变，许多在过去被视为中国文化的优异之处，至此时却被视为缺点。例如，在法国大革命以前，也有许多西方人将中国视为变动甚少、十分稳定的社会，他们并认为这是值得西方人钦敬的特色。但是19世纪以后，中国社会的这项特质却被西方人赋予负面的评价，和萨义德的东方主义十分吻合。又如女子缠足的习俗，18世纪耶稣会士杜赫德（Jean-Baptiste du Halde）对缠足并未有负面的评价，只是认为缠足女子的步履缓慢且不稳，不为

---

[1] Jonathen D. Spence, The Chan's Great Continent: China in Western Minds, New York and London: W. W. Norton & Co. 1998, pp.21-22.

[2] Arthur H. Smith, Chinese Characteristics, New York: Revell, 1894, p.214. 关于Smith著作的讨论，可参阅Charles Hayford, "Chinese and American Characteristics: Arthur Smith and His China Book", in Susan Barnett and John Fairbanks eds., Christianity in China, Cambridge, Mass.: Harvard University Press, 1985, pp.153-174。

外国人欢喜。① 但是至 19 世纪，西方人对缠足的评价即大为不同。虽然有毕斯霞（Isbella Lucy Bishop，1831—1904）为缠足辩护，认为中国妇女在缠足过程中所吃的苦头要比外国妇女穿腰衣（corsets）时为少，但是一般人多将缠足与打老婆、溺女、卖女等陋习并列，并攻击中国人对妇女的不公平待遇，有如半野蛮国家。②

笔者所见带有东方主义偏见的明信片，大多是由西方或是中国通商口岸租界的外资企业出版，但是也有部分是由中国沿海各大城市（尤其是香港、广州和上海）的华资企业所出版。据统计，1872 年时在各地租界执业的中国籍摄影师只有 214 名，但是 1884 年时，已有几千名中国人以摄影为生。③ 因此，在明信片东方主义论述建构的过程中有中国人参与，也是不足为奇的事。事实上，同样的情形也出现在中国出口的外销艺术品上。众所周知，19 世纪中国为英国市场所制作的外销艺术品，在强化英国人对中国人的印象上扮有重要角色。为了要确保这些艺术品在英国市场有销路，出口商乃对艺术品的形式和装饰均作仔细的规定，于是造成中国人依照英国人心目中的"中国式样"（"Chinese style"），复制老旧而刻板的中国印象。也可以说，中国人制造西方市场所需要的东方。④

五、传教士的东方主义（Missionary Orientalism）

在伦敦所能见到之有关中国的明信片中，有许多系由各教会团体所出版。博览会和明信片是 19 世纪西方人传教活动的重要财源。以英国为例，19 世纪后期至 20 世纪初教会所举办的几次博览会，均曾发行明信片，并用以募款。有些教会甚至成立专门的部门，处理明信片的出版及发行事宜，明信片上面多印有多种语文的"明信片"字样，用以促销。明信片图像的文字说明部分，也常

---

① J. B. Du Halde, *The General History of China*, London: J. Watts, 1741, Vol.2, p.139.
② Colin Mackerras, *Western Images of China*, Hong Kong: Oxford University Press, revised edition, 1999, p.52.
③ Clark Worswick, "Photography in Imperial China", in *Imperial China Photographs 1850-1912*, London: Scolar Press, 1979, p.144.
④ Catherine Pagani, "Chinese Material Culture and British Perceptions of China in the Mid-Nineteenth Century", in Tim Barringer and Tom Flynn, eds., *Colonialism and the Object Empire, Material Culture and the Museum*, London and New York: Routledge, 1998, p.33.

可见到一些动人的宣传词句,例如一张由英国某教会发行的明信片,图像为一群志工在照顾中国的孤儿,背面的文字说明则是"经由你们的义举,我们已在世界各地,甚至最遥远的地方,建立了布道所"。

教会出版的明信片,图像内容自然是以宣扬传教事业的成果为主,因此常可见到有关教会学校(及其学生)与教会医院的图样。例如一张由一英国教会发行的明信片,图像为一个中国人推着一辆独轮车,上面坐着六个小孩,文字说明为:

> 这些小孩是被送到漂亮的学堂去,他们将学习如何读和写中国的语言和文字。最好不过的是,他们将听到神的慈爱(the love of God)。那些寺庙中的丑陋偶像,将不会在那六个小孩子的心中占有地位,因为我们希望他们将很快的认耶稣基督作为他们的救主(the Saviour)。

基于传教的需要,传教士必须视中国人及其文明为有缺陷的。中国人和其他的东方人虽然有宗教,并且这些宗教也有一些优点,但是它们都缺乏基督教所有的深度,也不能和基督教一样,可以拯救世人。因此,信仰这些宗教的人注定会下地狱,他们的物质文化和精神文明和西方的基督教相比,也只能是次等的。

更有进者,这些传教士认为中国的文明,永远无法和西方相比。中国各地均极落后,且受制于古老劣等的政治经济制度和社会结构。因此,中国人只能向西方学习,但是除非真心信奉主耶稣,否则也永远学不好。相反地,如果他们肯听肯学,西方将可指引他们走上光明大道。① 因此,教会对于中国的

---

① Murray A. Rubinestein, "Missionary Orientalism and Missionary Lens: Using a Saidian Mode of Analysis to 'Read' the Western Missionaries Accounts of the Development of the Protestant Presence on Taiwan",载林治平主编:《台湾基督教史——史料与研究回顾国际学术研讨会论文集》,台北宇宙光出版社 1998 年版,第 363—364 页。

教育事业自然十分重视。以英国循道会（Wesleyan Methodist Missionary）所发行的两张明信片，其中一张的图像为一群小孩在做体操，说明的文字为"对世界来说，现在正在成形中的中国，可能是'黄祸'（yellow peril），也可能是'黄福'（yellow blessing）——基督教会可以决定"。

另一张明信片，图像为一位妇女正在教一个小孩，文字说明的标题为"让我帮你！"（"Let Me Help You!"），内容则为：

> 对西式教育的渴望，已散布至中国的各阶层，并吸引着女子和男子，这或许是今日最重要的世界大事。基督徒对中国的态度应该是"让我帮你！"

教会团体出版的明信片，也常有关于中国少数民族、民俗、服饰、日常生活的图像，目的在累积关于中国环境和习俗的知识，以作宣教活动的参考。由于编辑明信片的教会人士多戴有"东方主义的眼镜"，因此造成不少对于中国事物的误述（misrepresentation），例如两个英国教会团体所合制的一张明信片，对于中国人祭祖仪式所作介绍，即采道教"三魂"说，强调祭祖回避冲犯、防止死灵作祟的一面，而忽略了儒家慎终追远的一面：

> 中国人相信他们有"三魂"（three souls），当他们死去之后，一个魂进

入来世，另一个魂进入坟墓，第三个魂则进入祖宗牌位，而为其家人所慎重祭拜。据说，中国人每年要花费2,400万英镑于祭祖。

最后，教会出版的明信片，也有一部分是有关在华各差会内部活动的图像，例如布道会所的建筑、教徒受浸的仪式等。值得注意的是，一明信片图像为英国一差会在福州的墓园，其中葬有该差会的殉道者。图像的文字说明为：

> 中国的基督教已遭受过多次迫害。这些是1895年11位殉道的传教士之墓。1900年拳乱期间，有135位新教教士和53个小孩被害。失踪的中国基督徒有16,000人，毫无疑问的，大多均已为他们的信仰而殉难。

这些明信片所诉求的对象，应为基督徒。殉道者墓园的图像，经由明信片的媒介，强化了中国人在西方人心目中的残酷、排外形象。

六、东方主义论之外

如前所述,东方主义的偏见固然充斥于笔者所见到的明信片图像中,但是在套用东方主义理论时,仍有其局限性。

第一,东方主义论述毕竟不能涵盖所有明信片图像的内容,尤其是纯粹基于商业目的编印的明信片。

第二,参与明信片制作过程的人(如摄影师、编辑和出版者),脑海中也未必永远都充满了帝国主义者的动机和东方主义的偏见。如1860年一位摄影爱好者在提及他的同道时说:

> 我们不屈不挠的同胞们,正在溯尼罗河(Nile)而上,沿着赞鼻奇河(Zambezi)而走,航行在恒河(Ganges)、扬子江、密西西比河(Mississippi)上,攀登阿尔卑斯山(Alps)、安第斯山(Andes)、喜马拉雅山(Himalayas)。事实上,漫游至世界上每一块有人居住的地方,寻找美丽如画的东西。①

即使这位摄影工作者是为帝国主义者服务,但是其摄影作品(有可能被制成明信片)却并非一定得作如此的解读。

第三,明信片图像中的人物,并非只能是被动地任人加以客体化(objectification),而全无反抗的可能性。根据晚近学者的研究,在照相时,文化上的劣势族群,如女性、儿童、有色人种、穷人、原住民等,每多倾向于直接面对镜头,而占优势的族群,则至少自19世纪起,即倾向于避免直接面对镜头。②

---

① James R. Ryan, *Picturing Empire: Photography and the Visualization of the British Empire*, Chicago: University of Chicago Press, 1997, p.72.

② Robert W. Rydell, "Souvenirs of Imperialism: World's Fair Postcards", in Christranud M. Geary and Virginia-Lee Webb, eds., *Delivering Views: Distant Cultures in Early Postcards,* Washington and London: Smithsonian Institution Press, 1998, p.199.

但是根据笔者所见到的明信片人物图像，却只能部分支持此项论点。一方面，确实有许多居于劣势的族群（如犯人、下层社会的人）系直接面对镜头，但是也有许多非劣势族群也是如此，而且是他们主动选择下的结果。笔者认为，其原因之一应是由于中国人受到传统绘画的影响，在照相时有某些偏好，迫使摄影师（不论他们是否为中国籍）在拍人像时，不得不采用一些特殊的风格和表现方式（mode）。例如1870—1880年代在华的英籍摄影业者 D. K. Griffith 即曾指出，在拍照时：

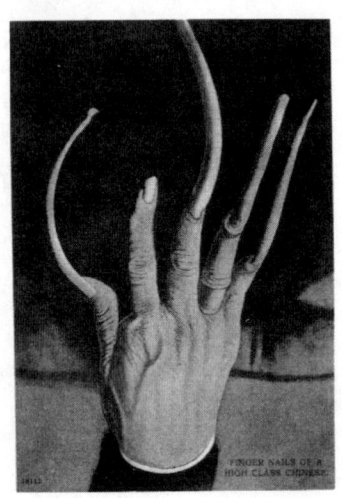

> 必须拍摄脸的正面，以便能看见双耳，每半边脸的比例也才能相当。双腿必须先作安排，才会看起来一样长。定点透视（perspective）对中国人来说，并不重视。其次，需安排双手，如此才能看得出每一只手指头。如果他们一二只手指留有装饰用的长指甲，他们会乐于见到（你让）它们出现在照片中。①

因此，明信片图像中突出富人的长指甲，至少在最初并不是东方主义偏见下的产物，而是从事炫耀性消费（conspicuous consumption）的富人有意选择的结果。

七、明信片与博览会和照片的关系

如前所述，19世纪末至20世纪初，西方社会大众对于其他社会、文化的印象，主要系得自博览会、照片和明信片。以下拟探讨明信片图像与博览会和照片的关系。

---

① Clark Worswick, "Photography in Imperial China", in *Imperial China Photographs 1850-1912*, London: Scholar Press, 1979, p.144.

（一）博览会

19世纪后期开始流行的博览会，在西方不仅被视为娱乐，而且被视为具有教育价值，通过这些博览会，一般的社会大众得以了解其他文化。于是，有大量落后国家的人被带到英国和其他欧洲国家，像标本或动物园里的动物一样被陈展，以满足民众的好奇心，并增强其种族优越感。在英国，许多大型的展览馆均落成于19世纪后期，观众常达数百万。在博览会中，所陈展的活人在主流的意识形态（dominant ideology）下，被视为古玩——一个即将消逝之世界的残留物，有着和地主国不同的文化，例如服装和仪式，而这些差异并被解释为两者之间文化和道德上的差异。[①] 例如1842年起在伦敦展出之美商Nathan Dunn个人收藏的中国文物，为了吸引观众，采用了许多煽动性的宣传文字。1843年出版的第一版展览目录中，即大幅报道有关中国人吸食鸦片的情况，并详细描述鸦片对于人类身心的不良影响。到了1850年的展览广告，更具有煽动性，这时宣传的重点已不是有趣的中国文物，而是放在现场"展出"的几个来自中国的活生生的人，尤其是一位女性的三寸金莲（"只有二寸半长！"）。[②] 有如1908年基督教伦敦会（London Missionary Society）在伦敦所举办的展览——"伦敦东方宣教大展"（The Orient in London：A Great Missionary Exhibition），共动员有工作人员16,000人，6月4日开幕式当天，丘吉尔（Winston Churchill）亲临致辞，出席的记者有二三百人，参加的民众则有6,000—8,000人。展出项目为东方社会与传教工作，中国部分展出的实景已包括中国的街景、客厅和鸦片馆。[③] 导览手册中，共收有北京街景及剃头匠、卖小吃和盆景的小贩照片数张，[④] 和所流行的明信片图像相似。当时有人认为此次展览的目的在"看国外的差会"（"to visualize the foreign missions"），[⑤] 但是我

[①] Brian Street, "British Popular Anthropology：Exhibiting and Photographing the Other", in Elizabeth Edwards. ed., *Anthropology and Photography, 1860-1920*, New Haven and London: Yale University Press, 1992, pp.122-123.

[②] Catherine Pagani, "Chinese Material Culture and British Perceptions of China in the Mid-Nineteenth Century", in Tim Barringer and Tom Flynn, eds., *Colonialism and the Object Empire, Material Culture and the Museum*, London and New York: Routledge, 1998, pp.37-38.

[③] *The Orient in London: A Great Missionary Exhibition,* London: London Missionary Society, 1908, pp.4-7.

[④] *The Orient in London: A Great Missionary Exhibition,* London: London Missionary Society, 1908, p.33.

[⑤] F. Holderness Gale, "What the Exhibition is to Do：A Chat About the Orient in London", *The Chronicle of the London Missionary Society,* 73：864, May 1908, p.84.

们可以说，观众的目的却是在"看外国"。①

自 19 世纪后半期开始，各种博览会常制作相关的纪念品（如纸镇、餐具，甚至家具）发售。在各种纪念品中，最具沟通能力的，莫过于明信片。② 在 20 世纪初期，有些博览会发行的明信片甚至能卖到 25 万张之多。③

（二）照片

19 世纪流行于西方的有关中国的照片，题材广泛，从自然风景、街景到人群，应有尽有。其中，缠足、酷刑和吸食鸦片，是西方观光客最感兴趣的三种现象，也是他们所拍摄照片中必有的三个画面，④ 充分地反映出东方主义的偏见。这些有关中国的照片放在一起来看，所传达的意象（image），是一个高度阶层化（hierarchical）且不平等的社会。不仅是贫富不均，而且也是男尊女卑。此外，这些照片给人的整体印象，是一个奇异而有异国风味的（exotic）社会。固然摄影师选择的都是一些特殊和有趣的画面，但是即使拍摄的是一般民众，他们在表情和服装上，看起来似乎也像是来自另一个国度（比自己国家差得多）的外国人，而和西方人大不相同。⑤

至 20 世纪，西方流传有关中国的照片显示，中国社会已有相当的进步。社会虽然依然十分不平等，但是已较过去改善甚多；一些照片显示出社会的贫穷和衰败（如吸食鸦片者和行乞的妇女），但是大体上给人的印象是相当地繁荣，即使是愁眉苦脸的乞丐，看起来也没有挨饿的样子，而且都有鞋可穿。虽然照片上的人很少有笑容，但是和 19 世纪的照片相比，也并非每个人都是全无表情。而且，也找不到一张有关刑场、斩首或枷笼的照片。⑥

---

① 另一位观众的观后感，参阅 Rev. James Ellis, "The Orient in London", *The Missionary Echo of the United Methodist Church* 3, 1908, pp. 205-206。

② Robert W. Rydell, "Souvenirs of Imperialism: World's Fair Postcards", in Christraud M. Geary and Virginia-Lee Webb, eds., *Delivering Views*, p. 52.

③ Brian Street, "British Popular Anthropology: Exhibiting and Photographing the Other", in Elizabeth Edwards. ed., *Anthropology and Photography, 1860-1920*, New Haven and London: Yale University Press, 1992, p. 122.

④ Regine Thiriez, *Barbarian Lens: Western Photographers of the Qianlong Emperor's European Palaces*, Amsterdam: Gordon and Breach Publisher, 1998, p. 121.

⑤ Colin Mackerras, *Western Images of China*, Hong Kong: Oxford University Press, revised edition, 1999, p. 164.

⑥ Colin Mackerras, *Western Images of China*, Hong Kong: Oxford University Press, revised edition, 1999, pp. 165-166.

以上这些有关中国人的照片，在 19 世纪时流传仍十分有限。例如著名的摄影家汤姆生（John Thomson）所著的《中国及其人民图像》（*Illustration of China and Its People*）①（1873—1874）由于该书价格过于昂贵，只卖出不到 1,000 部。②虽然如此，他的许多照片，仍以木刻、版画等形式，被收在一些通俗的摄影集和图片集中；他还通过自己的照相馆和各种展览出售他的作品。③可以想见的是，一定也有许多的照片被翻拍为明信片而得以大量流传。

值得注意的是，明信片、博览会和照片这三种图像数据在塑造形象上的重要性，自电影兴起后，似乎即被取代。1920 年代教会领袖 Henry Hodgkin 即曾以他儿子的一段亲身经历为例，说明电影的影响。有一天他的儿子告诉他同学，有三个中国人将来访并在家中过夜，他的同学就警告他要小心，因为这三个中国人可能会杀他。他的儿子辩称这三个中国人都是好人。不料这个十岁左右大的小孩竟然说他很了解中国人，他们都很残忍、邪恶（wicked），他已经在电影中看过很多中国人。④

八、结论与讨论

综前所述，可以得到以下几点结论：

第一，19 世纪后期西方所出版有关中国的明信片图像，乃是明信片编者基于各种动机（包括商业、宣教等）所作精心挑选后的结果。所呈现的中国是一个古老、变化缓慢的社会；中国人则是勤劳节俭、墨守成规、耽于各种恶习、素质低落的形象。相对地，西方的社会是进步的，西方人也是较优越的。

第二，这些东方主义的刻板印象，实际上是长期而复杂的中西文化交流过程中由中西双方共同塑造的产物。这批明信片不仅继承并反映了这些印象，同

---

① John Thomson, *Illustration of China and Its People: A Series of Photographs with Letterpress Descriptive of the Places and People Represented*, London, 1874.

② Stephen White, *John Thomson: Life and Photographs—The Orient, Street Life in London, Through Cyprus with the Camera*, London, 1985, p. 30.

③ James R. Ryan, *Picturing Empire: Photography and the Visualization of the British Empire*, Chicago: University of Chicago Press, 1997, p. 64.

④ Henry Hodgkin, *China in the Family of Nations*, London: George Allen & Unwin Ltd., second edition, 1928, pp. 277-278.

时也强化了这些印象。

第三，明信片所呈现的中国形象，与博览馆、照片等文化技术（cultural technologies）所呈现出来的中国不尽相同，但是具有相互补充的功能。

第四，这些东方主义论述所真正告诉我们的，不是中国，而是西方人自我认同（self-identification）的过程。

第五，东方主义的偏见固然充斥于明信片的图像中，但是东方主义论述的套用，仍有其局限性——东方主义论述并不涵盖所有明信片图像的内容：参与明信片制作过程的人，也未必永远都是东方主义者；明信片图像中的人物，并非只能是被动地任人加以客体化（objectification），而仍是有选择的可能性。

最后，本项研究仍有若干疑点，值得作进一步的探讨：

第一，教会团体所出版的明信片，和其他一般明信片中的东方主义论述，有无不同？

第二，晚近学者已证实，摄影的过程中，从修剪、加陪衬物（framing）、采光等技术，到比例、透视，以及对象的选择和定位（positioning），均受个人意识形态的影响。因此，在这些明信片的制造过程中，摄影师所扮演的角色为何？他们只是应出版商的要求拍摄，还是他们自己也选择题材？

第三，19世纪末20世纪初，使用和收集明信片的人主要是女性。[①]性别因素对明信片中的东方主义偏见是否曾产生影响？

第四，性别、阶级、种族、族群因素，如何影响消费者解读明信片上的图像？

第五，在伦敦的古董明信片市场中，何以有些图像的明信片售价较高，甚至出现有以复制品冒充真品的情形，此种现象背后的含义为何？

（本文原载《"20世纪的中国与世界"论文选集》，台北"中研院"近代史研究所，2001年。）

[①] 伦敦著名的记者James Douglas曾于1907年写道："明信片永远是女性在用，男人之间不用明信片通信。当一个女人有时间可以浪费时，她会写一封信；当她没有时间可以浪费时，她会写一张明信片。"参阅Frank Staff, *The Picture Postcard and Its Origins*, London: Lutterworth Press, 1966, p.81。

北洋时期的礼俗与宗教*

礼即礼制或礼法，本为规范个人并以和谐社会而设。在儒家，主张由个人的向善以达于理想的完美社会，即《大学》一书所说的格致诚正修齐治平一贯之道。唯此一途径不仅不易为社会大众所理解，即一般知识分子也未必能完全体会以躬身力行，乃遂本乎人情、循乎天理，制定各种礼仪节文，以为荣养人类向善之性、约制其趋恶之行，并以辅政教所不足、法令所不及。俗为风俗或习俗，为社会中众人行为共同所趋向，虽一般均是习焉而不察，但却能一道同风。礼虽为知识分子所制定，却与风俗或习俗密切有关，故通常合称之为礼俗。

宗教的定义，各家说法不一，概括而简约说，是指人类对于神（一种或多种）或超自然力量的信仰及用礼节仪式来祝祷，以期对其发生影响者。在中国，由于人文主义兴起甚早，乃使宗教信仰中渗入了浓厚的道德与政治的因素；同样的，人文主义中，也渗入了若干宗教的成分。春秋而后，两千年来，这种情况一直维持到近代，仍无多大的改变。

20世纪以来，中国在许多方面均经历了极大的变动，但处在礼俗和宗教方面却显得相对宁静。大多数的礼俗仍被普遍地遵循，民间日常的宗教活动大致上也和几世纪前一样的照常进行。但这只是相对而言，事实上，民初较晚清有不少的改变，如朝贺礼、迎春礼、耕耤礼、乡饮礼、宾兴礼等公礼的废止，民间许多节庆习俗的衰息或转化，婚丧祭礼的简化或西化，基督教的布道活动日渐扩展，传统宗教组织的衰微，各地坛庙的祀典中止，许多知识分子主张自宗教、迷信和礼教的束缚中解放，许多庙宇被改为他种用途，甚至被捣毁，唯有一些秘密的宗教团体仍在民间蓬勃发展。因礼俗与宗教亦互相关联，故将其一并于本文中加以叙论。

---

* 本文为笔者和吕实强教授合撰。

一、礼俗

谚云"十里不同风，百里不同俗"，此虽只是风俗，但具有一致性的各种礼仪，各地亦有相当的差别。因此就无法逐一探讨，仅能就其大体较为相近者，如冠、婚、丧、祭等，及各种公礼与岁时节令等，加以扼要的述论。

（一）冠礼

冠礼为汉族文化中的成年礼，男年二十而冠，女年十五而笄，均为庆祝成年而举行的仪式。

冠礼自唐代始，久已不行，乡间多直以完婚为成人，混冠、婚礼为一，①民初仅有少数地区可见其遗迹，如浙江德清士大夫家，男子至二十岁时，间有行之。②又如湖南道县西区也有一二处行之：

> 男子年十五六时，其村人为之集吉祥字取名，约日送入其家，谓之赠字，是日其家张筵宴宾，表示欢迎，是亦古人冠而字之义也。③

至于女子及龄行加笄礼者更少，多于嫁时为之梳头、拜祖先，或亦笄礼之遗意。④

（二）婚俗

婚俗内容复杂，在此仅就婚姻年龄、人数、程序、责任，夫妻关系，特殊娶嫁方式、婚姻消灭等方面，略作叙述。

1. 婚龄

《周礼》上虽然说男三十而娶，女二十而嫁，但是实际上中国历代均盛行早婚，民初亦然，但是随着教育的普及和社会风气的改变，平均结婚年龄已有逐

---

① 参见《续荥阳县志》卷二，第13页；《三江县志》卷二，1946年，第16页。
② 《德清县志》卷二，1931年，第4页。
③ 曾继梧：《湖南各县调查记》下册，1931年，第140—141页。
④ 参见《三江县志》卷二，1946年，第16页。

渐升高的趋势（参见表1），①尤以受过中学以上教育者为然。②但是与同时期的欧美国家相比较，仍属偏低（参见表2）。

表1　中国民众结婚年龄调查表

民国九年（1920）*		
婚龄	男（%）	女（%）
15岁以下	5	13
16—20	59	74
21—30	23	10
31—40	11	3
41岁以上	2	—
平均	21.4	18.8
民国十五年（1926）**		
婚龄	男（%）	女（%）
20岁以下	41	66
21—30	48	29
31—40	9	4
41岁以上	2	1
平均	24.1	21.8

* 调查对象为全国人民。
** 调查对象为北京政府治下人民。
资料来源：公嘉：《中国青年嫁娶年龄的问题》，《申报月刊》第4卷第4期，1935年4月，第55页。

表2　各国民众首次结婚平均年龄比较表

地区	调查时间（年）	男	女
中国	1929—1931	20.5	18.2
华北	1929—1931	20.3	17.7
华南	1929—1931	20.7	18.7

① 民初所作结婚年龄的调查，尚可参阅 John Lossing Buck, Chinese Farm Economy, A Study of 2,866 Farms in Seventeen Localities and Seven Provinces in China, Chicago: Institute of Pacific Relations, 1930, p.326；李景汉：《京兆农村的状况》，《现代评论》第3卷第71期，1926年4月17日，第5页；李景汉：《北平郊外之乡村家庭》，商务印书馆1929年版，第24、96—97页。
② 潘光旦：《中国之家庭问题》，新月书店1929年版，第37页。

续表

地区	调查时间（年）	男	女
澳大利亚	1931	29.0	25.3
英国与威尔斯	1930	29.0	26.5
美国纽约州（纽约市除外）	1930	28.8	25.2

资料来源：John Lossing Buck, Land Utilization in China, A Study of 16,786 Farms in 168 Localities, and 38,256 Farm Families in Twenty-two Provinces in China, 1929-1933, Nan king: University of Nan king, 1937, p. 381.

除了早婚外，有些地区并多有妇长于夫的婚姻，尤以华北各省为多。例如李景汉民国十三年至十四年（1924—1925）于直隶京兆乡间所作调查显示，妇长于夫者占全村配偶总数35%。[①] 华南各省也不乏其例，如湖南沅陵各乡即以女长于男为一般习惯，甚至有女年超过十岁以上者。[②] 其目的无非是家中人口单薄，亟须有较大年龄的媳妇负担家事。

2. 婚姻人数

清代法律对于人民纳妾，采放任主义。不但士大夫，即富民豪商也往往置有姬妾。民国成立以后，暂行新刑律补充条例明文承认妾的存在，大理院也承认妾为家属的一员，[③] 可见民初政府仍沿袭历代的放任政策。据乔启明于民国十八年至二十年（1929—1931）在十一省内所作调查，纳妾的比率，在华北占0.2%，华南占0.1%；另据金陵大学在各省的调查，全国纳妾的人家，平均为百分之六，尤以西北各省为盛。[④]

民国初年，某些地方娶妾之风胜于前代，[⑤] 作妾的妇女，大多出自贫家，此外则娼妓为多，女学生之爱慕虚荣者间亦有之。[⑥] 但是一般说来，反对纳妾者的呼声日益升高，[⑦] 纳妾之风也有逐渐衰微的趋势。

[①] 李景汉：《京兆农村的状况》，《现代评论》第3卷第71期，1926年4月17日，第5页。
[②] 法政学社编：《中国民事习惯大全》第四编，广益书局1923年版，第18页。
[③] 大理院七年上字第九二二号、一六九一号判例，载郭卫编：《大理院判决例全书》，会文堂1931年版，第208—210页。
[④] 乔启明：《中国农村人口之结构及其消长》，《东方杂志》第32卷第1期，1935年1月，第28页。
[⑤] 例如广东潮海地区富人有娶"平妻"之俗，但行之者尚少，辛亥革命成功后，富人"类多仿学伟人，娶之作交际，如随身之法宝"。参阅洪锡恒：《婚姻的法律与习俗》，《东方杂志》第30卷第21期，1933年11月，第10页。
[⑥] 《广东之多妻》，载胡朴安编：《中华全国风俗志》下篇，卷七，大连图书供应社1923年版，第9页。
[⑦] 据民国十四年（1925）上海《时事新报》所作读者意见调查，读者中有79%的男性和84%的女性反对纳妾制。参阅潘光旦：《中国之家庭问题》，新月书店1929年版，第80页。

3. 婚姻对象之范围

民初乡间婚姻对象，大多来自邻近村庄。据李景汉民国十三年至十四年（1924—1925）于直隶京兆乡村所作调查，村民所娶女子，有70%来自十里以内的村庄（表3）。

表3　直隶京兆农村所娶妇女地理分布表

距本村距离	比例（%）
生于本村	16
5里以内	25
6—10里	29
11—20里	16
21—100里	10
100里以外	4
合计	100

资料来源：李景汉：《京兆农村的状况》，《现代评论》第3卷第71期，1926年4月17日，第5页。

中国历代礼法对于婚嫁对象，常有种种限制，如良贱不婚、官民不婚者，至民国成立后已多废止。又如传统律例对于同宗亲，不论亲等远近，均禁止通婚，甚至同姓也包括在内。清末刑律只禁同宗为婚，而不禁同姓为婚，民初大理院也如是承认，[①]因此各地均采同姓不宗得以结婚的习惯，[②]同族通婚者极少。[③]

至于交表婚，历代多加以禁止，但似无多大效力，民间仍视之为"亲上加亲"，故清末刑律将此禁废止。由于民智的开启，民初虽仍盛行交表婚，[④]但是受过中学以上教育者已多不以为然。[⑤]

4. 婚姻程序

传统中国社会结婚的形式要件，乃分为定婚和结婚二阶段，即举行六礼

[①] 大理院三年上字第五九六号、四年上字第二七四号、七年上字第三八七号、八年上字第一〇九三号判例，载郭卫编：《大理院判决例全书》，会文堂1931年版，第212、214、216、223页。

[②] 《中国民事习惯大全》第四编，广益书局1923年版，第26—27页。

[③] 例如云南省有此风俗，参阅石仙：《黔滇旅行记》，载姚祝宣：《新游记汇刊续编》卷三十九，中华书局1923年版，第9—17页。

[④] 李景汉：《京兆农村的状况》，《现代评论》第3卷第71期，1926年4月17日，第5页。

[⑤] 民国十六年（1927），上海《学灯》杂志曾作读者意见调查，反对交表婚者占60.7%，赞成者占39.3%，参阅潘光旦：《中国之家庭问题》，新月书店1929年版，第71页。

（纳采、问名、纳吉、纳征、请期、亲迎）的仪式，始能完成。前四者乃订婚的要件，后二者为成婚的要件。至清末，则受近代欧陆法律思想的影响，放弃了传统的六礼，而仿效日本立法例采法律婚主义，婚姻必须呈报于户籍机关始发生效力。但是这种登记婚主义在清末及民初均未发生效力，人民仍沿袭传统的礼俗婚。①

民初婚姻程序，除少数人采用西方宗教仪式，或实行"文明结婚"外，大多从正式行媒求允，开始进入婚姻程序，次则纳礼交换庚帖，次则请期迎娶，有分作三次者，有作四次者，也有减作二次者。迎娶以后，则见舅姑尊长、见庙，并有会亲、回门等名目。各地虽大致相差不远，却少有一致，于此仅能就其中较为正式情形，分婚前礼、正婚礼二阶段简述如下：

（1）婚前礼

（甲）请庚：父兄请人作伐，向女家介绍，女家如同意，即将庚帖送至男家。

（乙）探问：请庚帖后，如能合意，则各需探问两家境况及人品；探问不足，继之以卜筮，如系先由个人同意者，则可省略。

（丙）定亲：探问合意，卜筮得吉，于是择吉日行定亲礼。当天，男方以定礼、礼帖等送至女家，女家接受后还以礼帖。民初社会，定亲仍具有相当大的约束力，如安徽黟县，未婚之女如有不正常行为，男家得请求解除婚约；但未婚之男有不正当行为时，女家不得提出解除婚约的要求。②

（丁）报期：定亲后如欲结婚，以先卜定吉日，复托媒人通知女方，女方允许，即可实行，否则仍需重选。

（戊）迎娶：结婚当天，男方以执事花轿或马车等至女宅迎接新妇，途中锣鼓喧天，以示公开与公示。轿入门后，新妇穿着礼服、披红纱，由家人扶上轿。

（2）正婚礼

（己）结婚：结婚需择吉日良辰。轿回宅，新郎衣礼服，喜娘引新妇出轿，与新郎并立，连以新绿长巾，点花烛，奏乐，掌礼者唱礼，向南北各四拜。拜跪毕，由亲友执花烛送至房中，新人同坐于床沿，继又祭祖待新人，次乃行相见礼，先父母，依次及于伯叔、兄弟姐妹、亲戚等。

---

① 戴东雄：《论我国结婚要件之现代化》，载台北中华文化复兴运动推行委员会编：《传统文化与现代生活研讨会论文集》，1982年。

② 《中国民事习惯大全》第四编，广益书局1923年版，第47页。

如上所述，民初由于西风渐于中国，婚礼已日趋简易，多有一日毕事者。①在西潮影响较大的城市，自清末起已有少数人采用"文明结婚"，仪式更为简单，男女双方交换戒指、立婚书，不用花烛拜堂，改夜为昼，结婚之日即朝见，废跪拜而代以鞠躬。②此外，更有折衷新旧、中西的婚礼——"新妇既坐花兜，身上仍穿旧服；新郎既穿新服，帽上依旧簪花；新妇鞠躬，有时合眼；新郎作揖，以代叩头；演说似甚开通，闹房依旧不免；近身拖硬，大襟后随。"③

民国初年各地所采用嫁娶习俗、形式或有不同，但大多花费极大，例如浙江定海婚俗：

> 赠嫁之具，昔颇简朴，中人以下之家，不过略备衣服箱笼用具，约值二三百金而已。近年习尚奢靡，富家倡始于前，一女出嫁，动辄数千金，中家相率效尤，大抵以千金为律，甚至割产举债而不惜，亦可异也。④

其他地区，也多有之，虽有地方政府倡导改革，⑤民众多置之不理；学者用文字箴戒，也无法挽回浇俗，故各地间有抢婚之恶俗。⑥偶有采行"文明结婚"者，虽无各种仪式之杂乱，但仍多在能力范围力求铺张，筵席酬应等费用，并未见减少。⑦真正简单节约的婚礼，甚为少见。⑧

5. 主婚

中国传统社会的婚姻，由双方家长做主，结婚的男女仅为被撮合的对象。至清末法制改革时，婚姻的成立，除父母之命、媒妁之言外，尚需男女两方的同意。如此则削弱了父母的主婚权。民初大理院判例也持同一见解，且尊长行

---

① 参见叶楚伧、柳诒徵主编，王焕镳编纂：《首都志》，正中书局 1935 年版，第 1122 页。
② 参见王培棠：《江苏省乡土志》，商务印书馆 1938 年版，第 375 页；《西华县续志》卷五，1938 年版，第 2 页；《龙岩县志》卷二一，1920 年，第 3 页；《宝山县再续志》卷五，1931 年，第 2 页。
③ 《婚礼之派别》，见《民国汇报》"杂俎"，1913 年第 3 期，第 13 页。
④ 《定海县志》卷十六，1924 年，第 37 页。
⑤ 如民国元年（1912），京师地区废除喜轿，改以一辆车马迎娶。参阅林明德：《中国现代化的区域研究——河北省，1860—1916 年》（稿本）。
⑥ 例如江苏宜兴，安徽宣城、繁昌等县风俗。参见《中华全国风俗志》下篇卷三，大连图书供应社 1923 年版，第 85 页；《中国民事习惯大全》第五编，广益书局 1923 年版，第 28 页。
⑦ 参见《宝山县续志》卷五，1921 年，第 9 页。
⑧ 例如赵元任和杨步伟的婚礼，至今仍为人所传诵。参阅杨步伟：《一个女人的自传》，台北传记文学出版社 1967 年版，第 211—215 页。

使同意权仅限于父母,而不及于其他尊长。① 这些法制上的改革,反映并促进了清末民初的社会变迁。此外,在传统社会,父母或其他亲长常代子女订立婚约,甚至"指腹为婚",助长了重婚和纳妾的风气。民初大理院鉴于这种实际情形,成立了两个判例,以略解青年男女的束缚:一、父母为子女所订婚约,如果成立于子女成年以后,则非取得子女同意,不能强其履行。二、父母为未成年子女所订婚约,子女成年后如不同意,也不能强其履行。这两个判例虽然容纳了婚姻应尊重当事人意见的原则,但是仍未能建立起一切婚约,非经当事人同意,绝对无法成立的原则。②

在实际生活中,民国初年的婚姻习惯和法制的改革相同,都带有浓厚的过渡色彩。婚姻自主的观念,自"五四"后在知识分子中虽已相当普遍,大多视没有爱情的婚姻为不道德,但是纯粹恋爱的结合,仍只有极少数人敢去尝试。男女双方即使感情成熟,准备结婚,仍需征得双方家长同意,另外转托人来做媒,行传统的婚姻程序。③ 通商大埠间有人采"文明结婚",仪式或有不同,但亦需禀奉父母之命,有媒妁之言。④ 即使是一般留学生于回国后,也大多遵守幼年家人为其所订婚约完婚。⑤

另一方面,为人父母者,也逐渐开通,即使代为择配,也需取得子女认可,始通媒妁。⑥ 但是乡间僻野,仍有许多父母坚持己见,勉强为子女成婚,因而造成悲剧者,往往有之,例如湖南宁远:

> 嫁女勿使女知,有不愿嫁者,往往悬梁服毒……于是婚期一至,相约而死者,踵相接。⑦

---

① 戴东雄:《论我国结婚要件之现代化》,台北中华文化复兴运动推行委员会编:《传统文化与现代生活研讨会论文集》,1982年,第181页。
② 王世杰:《中国妾制与法律》,《现代评论》第4卷第91期,1926年9月1日。
③ 民国十六年(1927),上海《学灯》杂志曾作读者意见调查,结果赞成婚姻完全由家长做主者,仅占0.1%;赞成完全由本人做主者,仅占21.7%,赞成家庭与本人做主者,占78.2%。参阅潘光旦:《中国之家庭问题》,新月书店1929年版,第77页。
④ 参见《淮阳县志》卷二,1934年,第2页。
⑤ 胡适和江冬秀的婚姻即是典型的例子。参阅周明之:《五四时期思想文化的冲突——以胡适婚姻为例》,载汪荣祖编:《五四研究论文集》,台北联经出版事业公司1979年版,第177—208页。
⑥ 参见曾继梧:《湖南各县调查笔记》下册,1931年,第125页。
⑦ 曾继梧:《湖南各县调查笔记》下册,1931年,第142页。

6. 夫妻关系

清代社会中，妻受夫的监护，妻服从夫权而无法定的行为能力与财产能力。夫对妻有惩戒、命令之权。妻对夫单方负同居义务，贞操的义务则妻重于夫。民国成立后，夫虽仍保有其优越地位，但在法律上，妻取得了日常家务代理夫一般的权限，法律又承认妻的特有财产得由自己管理、收益及处分，不必归入公产。至于同居及贞操的义务，妻的地位也改善了不少。① 不过实际的情况却是许多受过教育（甚至高等教育）的妇女，虽然熟知各种男女平等的观念及法律，却仍然遵行传统的夫妻关系。与过去不同处，则为要求丈夫需有尊重其妻子的诚意和行动。

7. 特殊娶嫁方式

除了正式的聘娶婚和志愿婚外，传统社会常有一些特殊的娶嫁方式，其中选婚、罚婚、赠婚、赐婚等，至民国成立后即已不行，其余重要者有以下几种：

（1）童养媳：民间童养媳的习俗，始于宋元，大多出于贫家，女方期以免除抚养责任，男方可减轻将来聘金的负担，虽需养育，但可供驱使，故童养媳之受凌虐者，十居八九。据民国十二年（1923）出版的《中国民事习惯大全》所载，童养媳的习俗几遍布全国，② 尤以华南为甚。据乔启明民国十八—二十年（1929—1931）调查全国十一省内二十二处12456户农家，发现童养媳的百分率，全国为0.5，华北为0.1，华南为0.8。③ 有些地方童养媳在民初甚至有增加的现象，例如福建闽清盛行溺女，屡经官吏严禁及士人揭报，溺者渐少，于是贫者新产女儿多自幼嫁为童养媳。④

（2）收继：满族虽有收继旧俗，入关后因逐渐汉化而加以禁止。对收父祖妾或叔伯母，不问被出改嫁，各斩决；兄亡收嫂或弟亡收弟妇，不问被出改嫁，各绞决，其取缔之严可知。但是在乡间，不问辈分的收继固然罕见，同辈间的收继则至民初仍未断绝，湖北、陕西、湖南各县称为"转房"，甘肃陇西称为"上舍"，浙江泰顺称为"转亲"，浙江临海称为"接面"，山西闻喜称为"接续

---

① 戴东雄：《论我国结婚要件之现代化》，台北中华文化复兴运动推行委员会编：《传统文化与现代生活研讨会论文集》，1982年，第180页。
② 《中国民事习惯大全》第四编，广益书局1923年版，第24—25页。
③ 乔启明：《中国农村人口之结构及其消长》，《东方杂志》第32卷第1期，1935年1月。
④ 《闽清县志》卷五，1923年，第4页。

婚"。① 最极端的例子，是江西赣县的"转婚"习俗：

> 民间转婚恶习，赣县最盛。例如兄弟数人，只有一人娶妇，而此一人死亡，其妇即由他兄弟转娶，转娶者死，又可递娶。经某前府知事严禁后，风已稍杀，而僻远之乡，仍复不少，此亦财礼过重，有以迫之使然。②

（3）虚合：以冥婚为重要，即依婚礼假合已死男女为夫妻；或生前已有聘约，而于结婚前一方死亡，他方殉之，迎柩合葬，使其相从。此风始于汉代以前，清代仍盛，民初河北、河南、浙江、山东、山西等地仍存此俗。③例如浙江平湖习俗：

> 平湖县上中下三等社会，凡子弟未婚夭亡，类多择一门户相当、年龄相若之亡女，为之定婚，迎木主过门，礼节如生人嫁娶，名曰冥配。盖以不如是，则灵魂将无所依归，不能入祠祭祀，且不能立后，一经冥配，即取得被继承人之资格，得为立后也。④

8. 婚姻消灭与再婚

（1）再婚：宋代以降，由于受到理学的影响，士庶无不以再嫁为耻。自元以至明、清，政府对节妇均加以表扬。民国六年（1917），北洋政府也公布修正褒扬条例，其施行细则规定以下女子得接受褒扬：⑤

（甲）良妻、贤母，行谊足为乡里矜式者。

（乙）节妇：年在三十以内，守节至五十岁以上者；若年未满五十而身故，以守节满十年者为限。

---

① 《中国民事习惯大全》第四编，广益书局1923年版，第28页；黄华节：《叔接嫂》，《东方杂志》第31卷第7期，1934年4月，第2页；陈友琴：《川游漫记》，正中书局1934年版，第24页；《重修鄂县志》卷三，1923年，第3页。

② 《中国民事习惯大全》第四编，广益书局1923年版，第28页。

③ 《中国民事习惯大全》第四编，广益书局1923年版，第31页；Sidney D. Gamble: *Ting Hsien: A North China Rural Community*, Stanford: Stanford University Press, 1968, pp. 385-386；马之骕：《中国的婚俗》，台北经世书局1981年版，第198—205页。

④ 《中国民事习惯大全》第四编，广益书局1923年版，第31页。

⑤ 商务印书馆编译所编：《最新编订法令大全》，商务印书馆1924年版，第1568—1570页。

（丙）女子未嫁，夫死自愿守节者。

（丁）烈妇、烈女：凡遇强暴不从致死，或羞愤自尽；及夫亡殉节者，其遭寇殉节者同。

以上标准与清代旌表制施行标准相较，可谓毫无差异，但是值得注意的是，民国以后好褒扬之虚名，而自戕其生命者，则远较清代为少。①

虽然民间风气已较前为开通，但是乡民对再嫁者所持轻视态度，似乎仍无多大改变，再醮的特殊习俗在民初也大多依然保存，例如陕西枸邑、郿县，孀妇再醮，多于夜深人静时举行，从无白昼迎娶者；郿县孀妇再醮，不用红启，而由主婚人用白纸书立婚书；甘肃东乐孀妇再醮时其所经之处，多有乡人拦阻，必须出过山礼、买路钱，方与放行，因孀妇为不祥，踏经其地脉，需作补偿。②湖南蓝山于北伐前，孀妇再醮，只能于黑夜雇小轿，由后门送去，至北伐军入湖南后，始用公开新婚仪式。③湖南攸县有夫之妇出嫁者，只用普通轿，于书嫁约及上轿时，必于路旁或厕所。④各地习俗虽不尽相同，但对再醮妇所持不齿态度则并无二致。因此，通常娶再醮妇者也以中年以上丧妻者占大多数。⑤

但是也有少数地区却不以再嫁为耻，甚至一醮再醮，例如甘肃岷县：

> 岷县一种婚姻，初字虽经媒妁，不立婚书，不论财礼，厥后或贫富不等，或意见不合，一醮再醮，甚至携带子女，另觅夫婿，习以为常。⑥

有风气至民初始转变至此者，例如福建邵武：

> 晚近民间风俗日替，夫死再嫁，视为固然，甚至有一而再，再而三者。⑦

（2）离婚：中国法律历来均承认协议离婚，即夫妻关系依双方的合意，便可

---

① 赵凤喈：《中国妇女在法律上之地位》，中华教育文化基金董事会社会调查部，1928年。
② 《中国民事习惯大全》第四编，广益书局1923年版，第33—35页。
③ 勋园：《湖南蓝山妇女概述》，《中报月刊》第4卷第7期，1935年7月，第216—217页。
④ 曾继梧：《湖南各县调查笔记》下册，第125页。
⑤ 例如《夏津县志》卷五，1934年，第27页。
⑥ 《中国民事习惯大全》第四编，广益书局1923年版，第35页。浙江定海乡间也有类似情形，参阅《定海县志》卷六，1924年，第36页。
⑦ 《邵武风俗记》，载胡朴安编：《中华全国风俗志》下篇卷五，大连图书供应社1923年版，第74页。

解除。至于夫之出妻，除义绝的情形不计外，至民国初年仍存"七出"之条。①

西风东渐后，离婚者的一般趋势，则一反过去重男轻女，以及重家长而轻婚姻当事人的习惯，激进者更创为"自由离婚"之说。②因此离婚率似有逐渐增加的趋势，例如陕西柞水：

> 民国成立，愚民但闻自由之说，而不详其理。夫妇间少有拂忌之事，辄任意离婚。③

浙江定海也有类似情形：

> 迩来则离婚之风渐流行，大抵离婚出自男子者，须予妇赡养费用，出自女子者，女家须偿还聘金，女子则由父兄收领云。④

但是就大体而论，民初时期各地离婚率仍低，其原因一方面是妇女的贞操观念依然根深蒂固，一方面是妇女经济无法独立。此外，普通农民不愿丧失一劳动人口，且无力续娶，也是重要的原因。⑤

（三）丧礼

丧礼自古甚为繁重，清代定制亦详，然世人仍各从其俗，差别甚大。棺椁、衣衾、填茔、器物等，亦多视家境之优绌而为之，虽士人之家，亦未悉遵。现仅将民国初年各地民众一般所常行之礼，略述如下：

人既终，子号哭，妇去笄。治棺，含用珍品或稻米等，然后安尸于棺，谓之含殓。子侄杖衰服，亲族以次皆服白粗布衣，是谓成服。次夜招亲之魂，戚友俱来，焚楮行礼，谓之送路。家人必聚哭棺侧，然后择定殡引日期，讣告亲友，或附亡亲生平事略，谓之哀启。届期，于灵前陈祭品、设香烛，戚友均送

---

① 大理院民国四年（1915）上字第1793号判例，载郭卫编：《大理院判决例全书》，会文堂1931年版，第232页。
② 潘光旦：《中国之家庭问题》，新月书店1929年版，第230页。
③ 《中国民事习惯大全》第四编，广益书局1923年版，第47页。
④ 《定海县志》卷十六，1924年，第37页。
⑤ 〔日〕仁井田陞：《中國の農村家族》，东京大学出版社1952年版，第327—328页。

香楮赙义,或素帐挽联,咸挂列庭院。戚友依次哭于灵次,行礼,是为开吊。是日设木主,书亡人履级及名字,邀请名人于亡亲名上标硃点,是谓点主。①更请赞礼员司礼。子及亲族,依次跪于灵柩之前。先读祭文,以次献帛、爵、肴、羹、馔、茗,作乐者三次,是谓致祭。夜间致辞祭。是日,或延僧诵经。开吊一日或数日,于是殡引。盛设仪仗,鼓乐导灵。戚友均素服随从。多人抬灵柩行,子及亲族衰绖哭送。或大书亡亲履级年寿于红色露布,扬于前,是为铭旌。仪式丰俭,随家有无。至茔地,移棺入圹,坟土于上曰冢。此时焚其导灵,僧诵经,亲族哭拜,戚友行礼,是为殡葬,此为旧式丧礼。

民国成立后,城市政学各界维新之士,往往行新式丧礼,臂缠黑布或穿黑衣。②乡间守旧多讶为不经,仍以循旧俗者为多。③

民初时期丧礼较前代逐渐改进之处,有以下几项:

(1) 缓葬之风渐衰

阴阳风水之说,始于晋朝,流传至近代,迷风所及,有为争风水坟地而械斗、构讼、积仇数代者;有因利长房不利幼房,利此房不利彼房,或刻意觅佳风水不得,致缓葬至数年数十年者。④民初时期,经若干知识分子对此加以批评,情况稍有改善。如南京地区习俗,父母之丧最少需停灵于家中过七七四十九天后,甚至百日,方才出殡。小丧则一七或三七。此时有人丧母,因事忙而无时间守灵,仅三七即出殡,亲友亦无异言。⑤随着民智的开启,风水之说虽一时无法破除,但缓葬的习俗则有渐衰之趋势。如江苏《宝山县续志》(民国十年,1921)载:

> 士大夫三月而葬,古之制也,今筮期举殡之家,大率即时营葬。风水之说虽未尽破除,而求田相宅使先人骸骨历久迁延,不获窀穸之安者,则为近今所无,此不可谓非风俗之改良。⑥

---

① 多请前清举人、贡生或高中毕业生及官长等为点主官,前清庠生和初中生为相宾。参阅《陵县续志》卷三,1936年,第42页。
② 《德清县志》卷二,1931年,第6页;叶楚伧、柳诒徵主编,王焕镳编纂:《首都志》,第1136页。
③ 《夏津县志续编》卷五,1934年,第28页。
④ 内政部年鉴编纂委员会编:《内政年鉴·礼俗篇》,商务印书馆1936年版,第39—52页。
⑤ 杨步伟:《一个女人的自传》,台北传记文学出版社1983年版,第169—170页。
⑥ 《宝山县续志》卷五,1921年,第10页。另可参阅《龙岩县志》卷二十一,1920年,第5页。

虽然如此，据民国二十五年（1936）出版之《内政年鉴》所载，迷信风水较深省份，仍有福建、广东、广西、江苏、浙江、江西、安徽南部、湖南、山西、山东、云南等。①

（2）守制

清代沿袭前代，分斩衰、齐衰、大功、小功、缌麻、袒免、杖期、不杖期等。民初则略有放宽，虽少数地区，仍服守三年之丧，如江苏孝子三年期满，方改着吉服，挽联、挽幛亦于此时方行撤除。②山东济南一带的情形则是：

> 三年之内，无不用白。旧东三府及沂州等郡，竟服白三年，期服亦服白期年，冠履一色。此风他省人无不讶其太重，而不知古风之仅存也。③

但一般地区，则多随宜而改服素色或深色，不着红色及鲜艳华丽即可，不必尽穿白衣。惟大体而言，仍均以三年为期，然后完全改为随意穿着。

民初法律习惯亦渐改变。在清代，亲死不守三年之丧，至少在法律上可以议处，而在民国则已不构成罪名。④清律认为，男女居父母、祖父母及期亲尊长之丧，不得嫁娶；妻妾居父丧，亦不得改嫁。民初虽仍沿袭此项旧律，⑤但却并未执行。例如四川《华阳县志》（1934）所载：

> 旧时三年中不婚嫁，不衣丝织品，近日则大都衣丝织与常人无差异，婚嫁亦颇有于三年中行之者。⑥

传统社会对于丧事均极慎重，讲求礼制，民众无不在其能力范围内，力求铺张，一般农家平时无金钱之积蓄，多佃卖田产以为之。盖或出于内心不如此不安，或恐被人讥为不孝，均不得不如此。现择其要项加以说明。

---

① 内政部年鉴编纂委员会编：《内政年鉴·礼俗篇》，商务印书馆1936年版，第39—52页。
② 赵如珩编：《江苏省鉴》下册第八章，新中国建设学会1935年版，第197页。
③ 《济南采风记》，载胡朴安编：《中华全国风俗志》下篇卷二，大连图书供应社1923年版，第6页。亦可参阅《永和县志》卷五，1931年，第11页。
④ 陈翊林：《社会学概论》，中华书局1931年版，第92页。
⑤ 戴东雄：《论我国结婚要件之现代化》，台北中华文化复兴运动推行委员会：《传统文化与现代生活研讨会论文集》，1982年，第187页。
⑥ 《华阳县志》卷五，1934年，第8页。

（1）诵经

民初一如前代，遇有丧事，接三、作七、出殡，常延僧道诵经，以超度亡魂，虽知识分子，也多不例外。这种习俗，全国各地均有，尤以华南地区为甚，几乎家家行之，仅次数多寡与规模之大小不一而已。如江苏浦东，富贵之家，每逢七期，必延僧道诵经，普通之家也必念经一二次，否则即会遭人耻笑。①华北较少，②仅直隶（尤其北京）较多。③延请僧道，花费自相当可观。

除诵经外，丧事所必需焚烧锡箔冥纸冥器等，也所费不赀，华南尤以此为重。如徽州遇某家有丧事，亲友均需致送锡箔、白纸、香烛，讲究的人家还要送"盘缎"、纸衣帽、纸箱担等件。锡箔和白纸是每家都送，太多了，烧不完，常等丧事完后，由丧家打折扣卖给店家。④又如浙江宝山县丧礼，亲朋分依，大半用锡箔，大家巨族凡办丧事，纸箔往往堆积至小祥之用，尚仍有剩余。⑤流风所及，虽极贫穷之家，亦不得不尽力为之，以免为人所轻笑。⑥

（2）丧事款宾

旧时遇婚丧之事，几十天内，均有亲友来家中贺唁。喜事尚有可说，丧事则殊为不伦。有的甚至"盛筵馔，恣飨饮，几忘有丧之恻"⑦。民初各地情形不一，有逐渐改良者，如福建龙岩多改以面点供客。⑧也有变本加厉者，如江苏宝山：

> 丧家款宾曰豆觞、曰蔬酌，改用鱼肉鸡鸭，已失本旨，近则中户之家均用鱼翅，变本加厉，奢靡甚矣。⑨

---

① 《中华全国风俗志》下篇卷三，第130页。蒋廷黻民国十二年（1923）丧父，不请和尚念经，而将念经费用修缮附近一座庙宇，利用庙宇兴办学校，当时乡人虽未公开批评，但多觉不快，视为违背传统。参阅蒋廷黻著，谢钟琏译：《蒋廷黻回忆录》，台北传记文学出版社1979年版，第93—94页。
② 参见《永和县志》卷五十二，1931年，第5、11页；《续修醴泉县志稿》卷一〇，1935年，第5页。
③ 齐如山：《中国风俗丛谈》，载齐如山遗著编纂委员会编：《齐如山全集》第七册，台北联经出版事业公司1964年版，第23页。
④ 胡适：《我对于丧礼的改革》，载《胡适文存》第一集，亚东图书馆1921年版，第710页。
⑤ 《宝山县再续志》卷五，1931年，第3页。
⑥ 赵如珩编：《江苏省鉴》下册第八章，第197页载江南各地习惯。
⑦ 《龙岩县志》卷二十一，1920年，第5页。
⑧ 《龙岩县志》卷二十一，1920年，第5页。
⑨ 《宝山县再续志》卷五，1931年，第3页。

通常，丧家亦无不备流水席，即简便之酒席，以飨送葬之客人。如有送旌送匾之客人，则均特备较丰之款待。

（3）出殡仪式

民国初年，新礼未颁行，民间仍沿旧习。但古礼中有不适用者，如仪仗中的封诰楼、黄色龙旗、龙伞、宫扇等，不得不废，而官衔牌、伞扇、魂轿、彩楼等仍存。①甚至有人家出殡时，苦无官衔可用，则用福全德备、乐善好施等牌当衔牌使用，更有贫贱人家假袭官衔，以为炫耀。②

好虚名重排场，由出殡队伍中也可以看出。如《定海县志》（1924）云：

> 近年以来，踵事增华，富商倡于前，里民效于后，仪仗延及数里，佛事劝经数日，钟磬铙钹、军乐清音，间杂而作，甚有厕以高蹻抬阁、连灯鼓亭，无殊迎神赛会。一丧之费，常逾千金，此炫富也，非哀死也。③

又如苏州，民国六年（1917）盛宣怀及民国八年（1919）奚萼铭（上海大颜料商）出殡时，甚至轰动远道乘火车来观。故有人称："苏州自无迎神赛会，即以出殡代兴。"④即一般富有之家，举办丧事，亦几无不力求豪华壮观，每有所"大殡"，周围数十里之人，纷来观看；送葬之客人，不仅有关亲友，凡来叫化子，亦结队而参加，主人不仅款待酒席，并赏施金钱，且引以为荣。

综合上述，民初各地丧俗自不尽相同，但在仪式方面，似各趋向简化，迷信成分减少，世俗功利方面，却渐有趋向浓厚之势。

另外，于此尚须析明者，一为慎终追远之义，一为阴阳五行之忌。前者根源于儒家，但附麓庞杂，几失其本义；后者衍生于阴阳五行与佛道教，尤多迷信成分。兹简述于下：

①慎终追远：儒家慎终追远的观念久已渗透民间，形之于丧礼，如临终时亲人的恸哭，彻夜看守尸体的守灵，绝命后即随时置脚尾饭于尸脚，并供餐于

---

① 《增修胶志》卷十，1931年，第5—6页；《川沙县志》卷十四，1936年，第4页。
② 《北京翰轩录》，载胡朴安编：《中华全国风俗志》下篇卷一，大连图书供应社1923年版，第28页。
③ 《定海县志》卷十六，1924年，第39页；另可参阅《南京采风记》，载胡朴安编：《中华全国风俗志》下篇卷三，大连图书供应社1923年版，第19页；任右民：《丧礼的改革》，《新青年》第7卷第5期，1920年4月，第9—10页。
④ 顾颉刚、刘万章：《苏粤的婚丧》，国立中山大学语言历史研究所1928年版，第33页。

灵前，烧冥纸于尸脚，灵前置纸扎童男、童女，及出殡时焚化之各种纸扎屋宇、器物，以备阴间侍奉及住用；以及葬后之宴飨，作功德、作忌、供祀神主、守墓等，原本均各发于亲情所表现之慎终追远的精神。

②阴阳五行之忌：主要在于回避冲犯。自临终起，各地丧俗即有种种避邪之举，以防死灵作祟。例如南京一地的"择七算"的风俗：

> 以亡者年庚及气绝时日，命星卷推算，择入殓之吉时，避冲犯之方法，偶一不慎，即犯重丧恶煞，最为不祥，故宁人视之极为重要。①

事实上，全国各地均有类似丧俗。②更有进者，死者仪礼的全部过程，自临终至殡葬（包括转柩、起材头、摔丧盆、发引、埋葬）至吊祭，其中均嵌入许多避邪行为。目的为希望通过复杂的处理过程，将阴鬼所具有的煞气，尽量予以消除净化，使其无害于生人，且能保佑后裔。③

（四）祭礼

民初一如前代，祭礼行之于乡间者，最主要的为祭先之礼。一般家庭分为墓祭、家祭和庙祭三种。

（1）墓祭

每年清明前后，家家祭扫坟墓，并焚纸钱或压坟飘以为识，此一风俗几遍全国，仅扫墓次数、时间各地有所不同而已。例如山东邹县，每值元旦、清明、中元、中秋、十月朔日祭扫坟墓，无坟墓者祭于通衢。④山西永和与山东惠民则清明、中元、十月朔日祭于墓。⑤山东牟平则于清明及十月朔日扫墓。⑥陕西

---

① 《南京采风记》，载胡朴安编：《中华全国风俗志》下篇卷三，大连图书供应社1923年版，第18页。
② 参见《天津志略》卷一，1931年，第24页；《合肥风俗记》，载胡朴安编：《中华全国风俗志》下篇卷五，大连图书供应社1923年版，第8—9页；《内政年鉴·礼俗篇》第六章，商务印书馆1936年版，第43页载山东风俗。
③ 刘枝万：《中国殡送礼所表现之死灵观》，载台北"中研院"编：《"中研院"国际汉学会议论文集》第六册，1981年，第117—127页。
④ 《邹县之祭礼》，载胡朴安编：《中华全国风俗志》下篇卷二，大连图书供应社1923年版，第23页。
⑤ 《永和县志》卷五，1931年，第6页；《惠民县之祭礼》，载《中华全国风俗志》下篇卷二，大连图书供应社1923年版，第17页。
⑥ 《牟平县志》卷三，1936年，第44—45页。

泾阳于每年元旦拜谢天地祖宗，次日具火爆、纸钱拜墓。① 福建建德则于新正、清明、中元、十月朔日祭墓。② 各地扫墓次数不一，首重清明则无例外，常有清明会、寒食会等组织，例如广西三江各族的清明会，由各族族人集资置产，或以基金放贷，取其利息，以供祭祖之需。至扫墓时，分大小族，先后宰猪羊，至其各级祖墓祭祀，依其族系男女咸集，祭后聚餐，有约亲友参加者，形式庄严隆重。大族子孙常聚集至数百至千人，无届远近，有作客他乡届时返回参加者。县内有一侯姓大族，每年祭扫始祖以下三百冢，到场者多达一千数百人，③可见其盛况。

（2）家祭

奉主于家，祭历代先祖，自近亲生辰、忌日外，每逢时节均设祭。各地设祭时间不同，如四川华阳每值上元、中元、冬至祭于家，尤重中元之祭，无贫富必焚纸钱，谓之"烧袱子"；④ 山东牟平则于元旦、中元、冬至、除夕设祭，以元旦为特祭，各家悬先人遗像，至元宵始撤。⑤ 浙江天台则于元旦、上元、清明、端午、中元、重九、冬至、除夕设祭，尤重上元之祭。⑥ 江苏每岁祭祖，则分清明、夏至、七月半、十月朔、冬至、年终六节。⑦

（3）庙祭

一般民众多于寝堂设龛，绅富之家或世家大族则有家庙。⑧ 宗族发达地区，通常每族设一祠堂，族大者多至四五处。祠内供历代祖先牌位，每值时节，族人群赴祠中祭祀。例如福建《龙岩县志》（民国九年，1920）载：

> 各族均建宗祠，分支复设支祠。岁时荐享，冬至之祭尤重。前期鼓吹陈设，具极美观，有事庙中者，咸至祠视牲宿祭，五鼓行礼。主以宗孙，

---

① 《泾阳婚丧之礼俗》，载《中华全国风俗志》下篇卷六，大连图书供应社1923年版，第40页。
② 《建德县志》卷三，1919年，第5页。
③ 《三江县志》卷二，1946年，第19页。湖南新田也有类似情况，参阅曾继梧：《湖南各县调查笔记》下册，第143页。
④ 《华阳县志》卷五，1934年，第8页。
⑤ 《牟平县志》卷三，1936年，第45页。
⑥ 《天台问俗记》，《中华全国风俗志》下篇卷四，大连图书供应社1923年版，第64页。
⑦ 赵如珩编：《江苏省鉴》下册第八章，第197页。
⑧ 参见《六合县之祭礼》，载《中华全国风俗志》下篇卷三，大连图书供应社1923年版，第35页；《惠民县之祭礼》，载《中华全国风俗志》下篇卷二，第17页；《天台问俗记》，《中华全国风俗志》，第64页。

或以族之官达子姓，相率展拜。升降献酬之节，率准文公家礼。祭毕，布席而馂，盖尊祖、敬宗、收族之谊，咸于是乎在。①

祭祀时间则各地甚至各族均有所不同，有于清明、冬至祭者，②有于朔望或四时奠献者，③但大多均重冬至之祭。④祭祀的次数也常视各家庙财力而定。⑤

近代以来，各地宗族似多有衰落的倾向，⑥在反传统潮流的冲击下，祖先崇拜在知识分子心目中的重要性也有降低之势。例如民国十六年（1927）上海《学灯》杂志曾作一项读者意见调查，其中问到"中国社会正力求进步，祖宗之纪念适足以助长守旧崇古之心理，宜绝对废除？"时，赞成的读者占了72.6%，反对者占27.4%。⑦接受过新式教育的知识分子，对此礼虽或不以为然，但是在行为上却仍然尊重这项习俗。他们到祠堂中仍然恭敬地叩头（或鞠躬）成礼，也多能不假参考地举出其曾祖（甚至高祖）的名字，⑧可见民初宗法社会的维系力仍然很强。知识分子如此，遑论一般乡民。由上述清明时节，远在他乡游子纷纷返家扫墓一事更可看出。

---

① 《龙岩县志》卷二一，1920年，第5页。
② 例如《合肥风俗记》，载《中华全国风俗志》下篇卷五，大连图书供应社1923年版，第3—4页；《川沙县志》卷一二，第21页。
③ 例如《续修醴泉县志稿》卷一〇，1935年，第5页。
④ 《龙岩县志》卷二一，1920年，第5页；《泾阳婚丧之礼俗》，载《中华全国风俗志》下篇卷六，大连图书供应社1923年版，第40页。
⑤ 例如江苏川沙各族，大多每年春秋两祭，但是某族由于经费短绌，仅于每年寒食日举行大祭。参阅《川沙县志》卷一二，1936年，第16页。
⑥ 例如徐复观即有以下的观察："就我的直接记忆所及，从辛亥革命到民国十五年（1926）这段时间里，穷乡僻壤，以各族的祠堂为中心的家族自治体，其解体之速，至足惊人。"参阅徐复观：《中国孝道思想的形成演变及历史中的诸问题》，《中国思想史论集（修订本）》，台湾东海大学出版社1968年版，第197页。关于各地宗族所面临的困境，可参阅 Hui-chen Wang Liu, *The Traditional Chinese Clan Rules*, N. Y.: J. J. Augustin, 1959, pp.179-184。但是有些地区家族势力似乎并未见衰落，例如江苏川沙在民国二十五年（1936）出版的县志中，列有注明兴建年代的家庙共27所，其中建于嘉庆年间者一、道光年间者三、光绪年间者九、宣统年间者四、民国元年至八年（1912—1919）者二、九至十五年（1920—1926）者八。参阅《川沙县志》卷一二，1936年，第13—24页。
⑦ 潘光旦：《中国之家庭问题》，新月书店1929年版，第47页。
⑧ 民国十六年（1927），上海《学灯》杂志曾作一项读者调查，发现有65.6%的读者能不假参考地举出其曾祖父的名字，有44.8%的读者能不假参考地举出其高祖的名字。论者以为，曾祖父之名凡略有学校生活经验者，多能举出，高祖之名则非常闻父兄辈道及，或每逢忌日，祭祀虔谨，或于一家历史有相当兴趣者，无法办到。参阅潘光旦：《中国之家庭问题》，新月书店1929年版，第52页。

（五）岁时节令

首先略述民初历法的变革及其施行程度。

辛亥革命南京中华民国临时政府成立，授时定制，以阳历为国历。[①]但是由民国元年（1912）至十二年（1923），观象台颁布历书仍兼刊阴历月日，政府规定节序以阴历元旦为春节、五月五日端午为夏节、八月十五日中秋为秋节、冬至为冬节，似采两历并行政策，社会风尚、农民习惯却仍沿用阴历。至民国十三年（1924），历书删除阴历，然元旦、国庆及各种纪念日的举行仪式，仅行之于政府机构和学校，至于民间的岁时伏腊，商家的三节收账，大多一仍其旧，其能遵行国历者，在民国十七年（1928）以前寥寥无几。[②]

岁时节令，各地不尽相同。清代以岁首、端午、中秋并称三节，至时则商贾歇业，百工休假。[③]民国初年，政府定元旦、端午、中秋、冬至四日为春夏秋冬等节，届时放假，借资庆祝，亦含迎合社会心理之意。现就各地岁时节日中择其重要且普遍通行者，略述于下：

（1）元旦：拜神祇祖先，互相贺年，卑幼各拜尊长。半月内亲友相约宴饮，称为春酒。[④]

（2）上元：正月十五日前后，城市商铺悬灯，居民提灯，食元宵，文人并行猜灯谜。灯节日期各地不一，如河北京兆为正月十三日至十七日，河南沘源为正月十四日至十六日，山东济南、浙江镇海为正月十三日至十八日。[⑤]

（3）清明：阴历三月节为清明，祭扫先茔，并以冥纸焚化墓前，其不奠墓者，也散步郊外，称为踏青。

（4）端阳：五月五日，家家食角黍，临水地区多举行龙舟竞赛，均为吊屈原之意。门户必插蒲艾，以避邪鬼。妇女制香囊为小儿佩戴，以袚不祥。

（5）七夕：七月七日陈瓜果于庭，祀牛郎织女星，少女罗拜以乞巧。

[①]《临时政府公报》第二一号，民国元年（1912）二月二十四日，第5页。南京临时政府成立，孙中山先生当选大总统，主张改正朔，废旧历，行阳历，以新天下耳目。（当时各省代表中多有主张维持旧历者，几经辩论，孙总统坚持，否则不允就职，一时成为僵局，最后一次在代表会议中讨论，始获通过。）参阅吴铁城：《吴铁城回忆录》，台北三民书局1969年版，第36页。

[②]《宝山县再续志》卷五，1931年，第7页。

[③] 尚秉和：《历代社会风俗事物考》，商务印书馆1938年版，第448页。

[④] 福建龙岩则多于初五内亲友置酒相会。参阅《龙岩县志》卷二一，1920年，第5页。

[⑤]《中华全国风俗志》下篇卷一，第27页；卷二，第8、46—47页；张希为：《宁波人过年》，载张行周编：《宁波习俗丛谈》，台北民主出版社1973年版，第24页。

（6）中元：七月十五日办祭品祀先。俗传是日鬼聚会，晚间插香烧纸，恤无主孤魂，并放水灯。各寺庙释道作法以度孤魂，称为盂兰盆会。

（7）中秋：八月十五日为赏月节。① 家家食月饼，夜间以瓜果供月，供毕则分食之。

（8）重阳：九月九日为重阳节，民众多登高饮酒。

（9）冬至：家家食粉圆，会族众祭祖先，欢洽燕享，贺冬年。

（10）祭灶：腊月二十三或二十四日送灶王爷上天，将人间善恶奏告上帝。故祭品必有麦芽糖瓜，盖黏其嘴，使其上天之后，勿多讲话。当天也有称为过小年者。

（11）除夕：除夕前数日，家家大扫除，门贴春联或张灯结彩，做年菜、年糕。② 除夕夜，祀神祭先，老幼团聚至夜分，称为守岁。尊属以红纸包银分给卑幼，称为压岁钱。房中灯烛彻夜不断，阖门放鞭炮，启门亦然，震响达旦。

除了上述各项重要节令外，各地又有许多具有地方性质的岁时习俗，其内容各地相差极大，如河南汲县习俗于正月三日祀祖先，扫祖墓；十六日妇女联袂出游，名曰走百病；十九日，俗称是日为小添仓，凡碓磨缸囤均燃灯；二十五日俗称为大添仓。二月二日，俗称龙抬头，煎食上元所制米粉糕。二、三月间，有踏青之举，携榼提壶，遨游郊外，然皆风雅者所为，乡愚不与焉。四月朔，妇女率带皂角茅，不知其何所取义。五月朔，小儿手足系五色彩线。六月六日，晒衣服，食炒面。七月初一至十五日，人家多以面羊、瓜果馈问外孙。③ 又如浙江吴兴习俗于正月元旦，乡人晚起，俗名曰眠蚕花，惟城中则不然；初四日，夜接财神，以三牲、糕团等类斋供，城乡各铺莫不皆然；初七日，家家食叠砂团子，食者可一年人口平安；十一日，烧南堂香，乡民于六十岁以前，年年届期至城外南堂殿拈香，如已完婚，则夫妇同去，称为烧团圆香；十三日至十七日，凡城外耿家汇，每夜各铺户沿街灯彩盛悬，锣鼓喧闹，观者

---

① 浙江宁波为八月十六过中秋。参阅时绵甫：《八月十六过中秋》，载《宁波习俗丛谈》，台北民主出版社1973年版，第84—87页。

② 华北流行一首歌，依除夕前的各种准备工作编制而成：“二十三灶王上天，二十四写大字（春联），二十五做豆腐，二十六吃年猪肉，二十七杀年鸡，二十八把面发，二十九走油，三十磕头（辞岁）。”参阅〔日〕井冈咀芳：《中国北方习俗考（重印本）》，台北古亭书屋1975年版，第12页。

③ 《汲县岁时之风俗》，载胡朴安编：《中华全国风俗志》下篇卷二，大连图书供应社1923年版，第35—36页。

极多，俗以为若无此举，必遭水灾。二月十三日为种花之期，爱花者此日将各色花子下种，开则必盛。三月初三日，凡妇女、小孩头簪荠菜花，俗云可避一年头痛之病。三月间，游东岳庙，乡人先烧香，后至殿右击鼓数声，称为蚕花鼓，以期养蚕收成好之意。三月朔至四月杪，白雀山、道场山两处僧庙，苏省人来进香者，络绎不绝。四月初八日，有食黑芝麻糯米团者，以为可免毒蚊吮啮也。四月十三日，为吕祖诞期，是日善男信女结队成群，赴吕祖庙烧香。立夏日，称人，谚云不称者注夏（即畏夏之意）。六月六日，俗名猫狗生日，如家畜有猫狗者，均替其洗浴一次。同日织绸匠或乡人吃面食者居多。十二月二十五日，吃豆腐渣，俗意可解一年杀生之过。十二月间，无论居家铺户，均敬神，称为拜利市。①

民初各地岁时节令，多已行之久远，无甚改变，仅有少数仪式或为官方所废止、转化，或为民间倡导改良、简化。

1. 出于政府者

民初各级政府对于民间各种岁时节令活动，或消极不再参与，或积极加以限制或转化，现各举例说明如下：

（1）退出：试以迎春礼为例加以说明。清代立春前一日，县官率僚属，具威仪鼓乐，迎春于东郊。观者多以米撒牛，以祈丰穰。②次日，县官率佐贰至先农坛行祭礼。礼毕，各执丝鞭打牛，称为鞭春，乡民多争取其土而归，往往男女老少填街塞巷，拥挤不堪。迎春之义，以十二日建丑属牛，岁寒将尽，意在送寒气而迎春暖。鞭牛意在鞭动田土，助长东方生气，目的在于合仁德而资长寿。③

民国以后，迎春礼废，但是民间习俗仍多保存。例如立春之日，河南林县食薄饼、萝卜丝，称为"咬春"④；河北定县贴宜春帖，食春饼、生叶，见儿童放风筝；⑤福建建德食糕饴，乡农并互击长秧歌；⑥浙江平阳烧樟叶、放花炮；⑦浙

---

① 《湖州岁时纪》，《中华全国风俗志》下编卷四，大连图书供应社1923年版，第43—46页。
② 有些地区各家迎春于庭案，设万年青，以"青"与"清"同音，含有为国祝福之意。参阅《建德县志》卷三，1919年，第2页。
③ 徐文弼：《吏治悬镜》"名集"，光绪十五年（1889）刻本，第41页。
④ 《林县志》卷一〇，1932年，第11页。
⑤ 《定县志》卷一六，1934年，第5页。
⑥ 《建德县志》卷三，1919年，第2页。
⑦ 《平阳县志》卷一九，1925年，第10页。

江宁波则以牲酒爆竹祭神,称为"接春"①。

（2）限制：民初各地政府,一如前代,常恐民间于节庆时举行各种游乐活动,规模过大,观众过多,或有碍治安,或男女杂沓,有伤"风化",而加以种种限制。如民国七年（1918）,浙江瓯海道尹即三令五申,对境内于端阳节划赛龙舟及装演彩阁之举予以禁止,②但是似乎并无多大效力。又如民初袁世凯执政期间,以元宵与"袁消"音同,而加以禁止,但是不久即恢复,足见乖于常情的事,即经强迫也难持久。③

（3）转化：具有现代观念的地方官吏,常能因势诱导,将节庆游乐活动作创造性的转化。例如四川华阳地区,二月十五日为花朝,士女均至青羊宫进香,宫前陈列乡农耕作用具及竹木铁器。光绪季年,由四川劝业道改组为劝业会,征集全省州县实业局出品货物陈列会中,这项活动于民国以后依然延续。④若干地区之学校,将清明踏青之俗,改为集体郊游赏花,全校师生整队而出,号鼓乐队前导,往预定之风景名胜之地,作一日游,不仅调剂心身,亦更有裨合群。

2. 出于民间者

民国初年,由于民智的提高及社会形态的改变,也有许多节庆习俗丧失了原有的功能而消灭或简化。例如《定海县志》（1924）载：

> 元旦……男子或出拜祖墓及境庙,迩年此风渐替。……三月三日,妇女至河旁激水溅衣,谓之挥油渍,盖上巳祓禊故事也,迩年无此风矣。……六月初一日,黎明各家担水贮之,谓之六月初一水,以作浆水不坏,此风今息。……重阳……登高今无复行之者。⑤

又如江苏武进凡值八月中秋,各界人士向有游览舣舟亭、吃熟菱、看桂花之说,

---

① 娄子匡：《宁波新年风俗志》,载《宁波习俗丛谈》,台北民主出版社1973年版,第19页。
② 黄庆澜：《瓯海观政录》卷二,台北文海出版社1921年版,第11、13页,另可参阅李国祁：《中国现代化的区域研究——闽浙台地区（1860—1916）》,台北"中研院"近代史研究所1982年版,第583—584页。
③ 逆旅过客：《都市丛谈》,北京文奎堂书社1940年版,第32页。民初北京流行有"大总统,洪宪年,正月十五卖汤圆"的歌谣,因袁世凯禁元宵名称,乃改称汤圆。参阅朱介凡：《民国时代谣》,《中山学术文化集刊》第5期,1970年3月,第587页。
④ 《华阳县志》卷五,1934年,第9—10页。
⑤ 《定海县志》卷一六,1924年,第53—55页。

至民初时期也徒有其名而已。①

（六）公礼

清代公礼烦琐，详载于《大清会典》。② 即以地方而论，府州县凡遇朝廷颁诏，有迎诏礼；遇颁朔日，有受朔礼；遇三大节，有朝贺礼；遇立春日，有迎春礼；仲春祭先农，有耕耤礼，每月朔望，有读法礼；遇日月蚀，有救护礼；各坛庙在祀典者，岁时俱有祭礼。又有乡饮礼、谒师礼、送学礼、宾兴礼。③ 民国成立后，诸礼俱废。④

清代各种公礼，仪节虽有不同，但是大抵非跪即拜。民国成立以后，改跪拜为鞠躬，以三鞠躬为隆重，礼数简易，便于通行。凡遇庆典则悬国旗，遇哀悼则下半旗。凡政府所定纪念日，各机关、团体、学校集会纪念。⑤ 至于一般相见礼，传统社会采跪拜及作揖两种，行之已久。民国新礼，有握手、脱帽、鞠躬等式。握手以用右手，用左手为失礼，且行之于男子之间。民初对于女子，尚鲜有行之者。凡卑幼见尊长，或下级见上级，除脱帽外，并行鞠躬礼。据民国元年（1912）八月十七日公布的礼制，凡庆典、祀典、婚礼、丧礼、聘问，用脱帽三鞠躬礼；公宴、公礼式及寻常庆吊、交际宴会，用脱帽一鞠躬礼。⑥ 但是在民间，平日仍通行作揖礼；婚丧祭寿拜年时，也仍通行跪拜礼。⑦

此外，民国元年（1912）三月二日，临时大总统孙文曾下令各官厅革除清代官厅所谓"大人"、"老爷"的称呼，而一律以职衔相称，民间普通则称"先生"或"君"。⑧ 但处社会上一般人对"大人"、"老爷"等称呼仍习于沿用。民国十五年（1926），一县长至江西乐安上任，当地县府官吏、衙役竟齐聚离城十

---

① 《武进岁时记》，《中华全国风俗志》下篇卷三，大连图书供应社 1923 年版，第 83 页。
② 《钦定大清会典》卷二〇至二七，光绪三十四年（1908）刊本。
③ T'ung-tsu Ch'u, *Local Government in China under the Ch'ing*, Cambridge, Mass.: Harvard University Press, 1962, pp.164-167.
④ 但是也有少数例外，如浙江德清，民国五至六年（1916—1917）间曾举行乡饮酒礼。参阅《德清县志》卷五，1931 年，第 8 页。
⑤ 商务印书馆编译所编：《最新编订法令大全》，商务印书馆 1924 年版，第 1503—1504 页。
⑥ 商务印书馆编译所编：《最新编订法令大全》，商务印书馆 1924 年版，第 1501 页。
⑦ 《北京翰轩录》，载《中华全国风俗志》下篇卷一，大连图书供应社 1923 年版，第 28 页；《定县志》卷一六，1934 年，第 7 页；《望都县志》卷一〇，1934 年，第 3 页；王树槐：《中国现代化的区域研究——江苏省（1860—1916）》，台北"中研院"近代史研究所 1984 年版，第 640 页。
⑧ 《临时政府公报》第二七号，民国元年（1912）三月二日，第 2 页。

里郊外迎接。县长下轿后，众人均上前打揖，口称大人。随后，各人背着执事，扛着"肃静"、"回避"等牌，鸣锣开道而行，沿街商店均放鞭炮迎接。① 可见礼俗改变之不易。

二、宗教

如本文起首所说，国人的宗教信仰，往往都掺有浓厚的道德与政治成分，所以一般民间宗教观念，多半是含混复杂的，所谓"儒释道三教并行"，久已被视为当然。如丧事之中，有钱人家往往一面请代表儒家的读四书五经而且获得功名的人为死者之灵牌点主，一面延僧、道共同来为死者作法事，亦可为一项具体的明证。以此，虽然不论城镇与乡村，到处寺院庵观林立，有的且香火鼎盛，每日来朝拜的人如潮涌而经年不停，但就严格的宗教信仰而言，他们能不能被视为该教的教徒，却甚有疑问，因为通常的顶礼膜拜者，多半是只求灵应，并不选择何教何神，即是妖魔鬼怪，只要认为能佑助他们趋吉避凶，一样会虔诚地焚香、献祭、祝祷。而且儒家传统的慎终追远、民德归厚的观念，也深深融会于宗教信仰之中。以下拟就有关宗教问题之论争，道教、佛教、回教、基督教及其他"道门"、祠祀、寺庙、迷信等，分别加以说明。唯以基督教包括旧新两派（Catholic 与 Protestant），前者习称天主教，后者习称基督教，其组织系统，与对教义之若干解释及礼仪条文，并不相同，以此，以下将其分别与各教并列加以阐述。

（一）知识界有关宗教问题的论争

尽管在民初时期，有不少的知识分子，发表其反对宗教的见解，对基督教，更曾形成反对的运动，但民间对宗教的信仰，并没有发生重大的变化。

最先引起讨论的，为康有为等倡导将孔教定为国教。康有为在清末已将儒家思想视为宗教，并认为不论在理论上或实际上，孔教均优于其他宗教。② 民国元年（1912），他的弟子陈焕章于上海创立孔教会。民国二年（1913）二月，

---

① 帅学富：《五车书室见闻录》（重印本），台北文海出版社 1981 年版，第 102 页。
② Kung-chuan Hsiao, *A Modern China and a New World, K'ang Yu-wei, Reformer and Utopian, 1858-1927*, Seattle and London: University of Washington Press, 1975, p.118.

康本人创办《不忍》杂志，主要即为了推行孔教运动。在该杂志第四期他所发表的一篇文章中，具体地向国会提议，定孔教为国教，祀天时以孔子配之，"民无男女皆于来复日释菜而敬礼焉"①。他还草拟了一份通法草案，其中主张人民有信教的自由，但以孔教为国教。②康氏认为文明古国至今尚存者，只有中国，其原因全在于中国有孔教。政府应以下列三种方式对待孔教：（一）总统与各级官吏于春秋及诞日大祭，朔望祠谒，学校奉祀，均行三跪九叩礼；（二）各级学校均读经，大学设经科，授以学位；（三）立教会，由国家加以保护并助以经费，或设教院，专司宏道。③

民国二年（1913）七月，北京国会的宪法起草委员会于草拟宪法大纲时，进步党籍委员及拥袁人士主张于宪法中定孔教为国教，国民党籍委员反对，相持不下。④其间全国舆论及各教人士议论纷起，文电交驰。⑤最后终在袁世凯影响下，将"国民教育以孔子之道为修身之大本"的尊孔条文附于宪法第十九条之后。⑥袁世凯帝制失败后，民国五年（1916）八月国会恢复，再开宪法会议，此项条文又成为一争论焦点。⑦经国会内外激烈辩论后，终议决删除上述第十九条之附款，并修正通过了"中华民国人民有尊崇孔子及信仰宗教之自由，非经法律不受限制"一条。⑧至此，主张立孔教为国教的活动，方告终止。

由于对孔教问题的争议，自然便涉及对宗教的态度。陈独秀在民国四年（1915）于《敬告青年》一文中，极力强调科学的重要，认为宗教乃想象时代的产物，不足凭信。⑨民国六年（1917）二月，他发表《再论孔教问题》，明确表示"余之信仰，人类将来真实之信解行证，必以科学为正轨，一切宗教皆在

---

① 康有为：《以孔教为国教配天议》，《不忍》第三册"教说"，1913年4月，第12页。
② 康有为：《拟中华民国宪法草拟（续）》，《不忍》第八册"政编"，1913年11月，第134—141页。
③ 康有为：《拟中华民国宪法草拟（续）》，《不忍》第八册"政编"，第140页。
④ 详见吴宗慈：《中华民国宪法史》前编，东方时报馆1924年版，第38页。
⑤ 部分文字收录于经世文社编译部编：《民国经世文编》第三十九册，经世文社1914年版。
⑥ 《中华民国宪法案》，载岑德彰等编：《中华民国宪法史料》，新中国建设学会1933年版，第5页。据亲身参与其事者表示，委员会所以委曲迁就通过此项条文，乃是由于袁世凯当时已有破坏国会之心，如将孔教主张完全拒绝，则适为国会增加一项罪状，又恐因争执不下，使宪法草案无法完成三读立法程序。参阅吴宗慈：《中华民国宪法史》前编，东方时报馆1924年版，第38页。
⑦ 争论内容详见吴宗慈：《中华民国宪法史》前编，东方时报馆1924年版，第138—170页。
⑧ 岑德彰等编：《中华民国宪法史料》，新中国建设学会1933年版，第22—23页。
⑨ 陈独秀：《敬告青年》，《独秀文存》第一卷，亚东图书馆1922年版，第9—10页。

废变之列"①。民国七年（1918），他于其《偶像破坏论》中，更认为"天地间鬼神的存在，倘不能确实证明，一切宗教，都是一种骗人的偶像。阿弥陀佛是骗人的，耶和华上帝也是骗人的，玉皇大帝也是骗人的，一切宗教家所尊重的崇拜的神佛仙鬼，都是无用的，骗人的偶像，都应该破坏"②。蔡元培于民国六年（1917），也有一篇《以美育代宗教》的演讲，说明宗教的本质，其原始不过人之精神作用。但人之感情，普通可分为三种：一为知识，二为意志，三为感情。然随社会文化之日渐进步，科学发达，前两者均已脱离宗教而独立。唯剩有情感作用，即所谓美感，但也有和宗教分离之势。他认为：美以普遍之故，不复有人我之界限，亦无利害之冲突，又能陶养性灵，使之日进于纯洁与高尚，却无宗教之弊端，故倡谈以美育代宗教。胡适则基于科学的观点与实证精神，无法相信超自然之宗教。但由于对人类幸福的关怀，有助于社会问题的解决，他倡议以一种人文思想来替代宗教。民国八年（1919）二月，他发表了一篇标题为《不朽》的文章，由春秋《左传》的"三不朽"，延伸为人群社会之不朽。呼吁人人在其有生之年，尽力为人群与社会造福，并使之延续下去，须为全种万世而生活。此外，如刘师培等，基于其所信的无政府主义，主张"废除一切宗教及信条"③。

五四运动发生后，民族主义高涨、科学主义盛行，反宗教的言论，随之增加，尤其是对基督教，后来并演变成一项运动。民国七年（1918）甫经由王光祈、曾琦等发起成立的少年中国学会，其在北京的评议部，于民国八年（1919）九月，通过了一项决议，赞成留给会员的提谈，凡有宗教信仰者，不得为该会会员，已入会而有宗教信仰者，则请自动退会。④ 是年底，朱执信发表其《耶稣是什么东西》一文，对基督教加以猛烈的攻击。⑤

民国八年（1919）北京评议会的决议，引起若干会员的反对。自民国九年（1920）底起，该会在北京和南京举行了一连串有关宗教的讲演与讨论。不少

---

① 陈独秀：《再论孔教问题》，《独秀文存》第一卷，亚东图书馆1922年版，第129页。
② 陈独秀：《偶像破坏论》，《独秀文存》第一卷，亚东图书馆1922年版，第228页。
③ 详见吕实强：《民初知识分子及基督教思想之分析》，载台北《"中华民国建国史"研讨会论文集》，1981年。
④ 《少年中国学会消息》，《少年中国》第2卷第4期，1920年10月，第87页。
⑤ 朱执信：《耶稣是什么东西》，载张钦士编：《国内近十年来之宗教思潮》，燕京华文学校1927年版，第37页。有关朱执信的反教言论分析，详见吕芳上：《朱执信与中国革命》，台北中国学术著作奖助委员会1978年版，第257—260页。

知名学者，用各种方式，如撰写文章、通信表达等，参加了这项讨论。经过一年左右的辩论，该会虽然取消了排除有宗教信仰者入会的规定，但多数的意见，仍然倾向于宗教与科学不兼容，宗教的作用，可以用教育或美育来取代，不应该为艰难困苦所迫，而向神佛低头。

民国十一年（1922）春，为反对世界基督教学生同盟将来中国召开其第十一届大会，上海学生发表《非基督教学生同盟会宣言》及通电，立即引起北京学术教育界的回响，组成"非宗教大同盟"，发布宣言与通电，领衔者包括李石曾、蔡元培、陈独秀、朱执信、汪精卫、萧子升、李大钊等。[①] 继之，包括北京大学、朝阳大学、交通大学、通才商业专门学校、北京高等师范、北京师范、东南大学、北京工业专门学校的各公私团体，联合发表一项反基督教声明。广州、南京、杭州等地，也建立了反基督教的团体。许多反基督教的印刷品在流传，若干大城市的学生相继举行反基督教示威游行。[②] 不过此一运动并未获得广大社会的支持与共鸣，不久便渐告沉寂。

民国十三年（1924），反基督教运动再度兴起，其主要目标则转向该教在中国所办的教育事业，特别是教会学校。民国十四年（1925），"五卅"惨案发生后，对外人痛恨的情绪使反基督教运动又迅速加强。民国十六年（1927），随着北伐军的进展，在一些激进分子的策动下，若干地区发生了基督教徒财产被破坏，教堂和学校被占据，甚至有人命被伤害的事。[③] 这种情形，直到北伐成功之后，方告转变，因为在南京的国民政府，一方面宣布清除了激进的共产党分子，一方面宣布尊重宗教自由，只采取立法的途径，将教会学校纳入政府正规的教育体制之下。至是，不论反宗教还是反基督教运动，均告一段落。[④]

[①] 张钦士编：《国内近十年来之宗教思潮》，燕京华文学校1927年版，第193—196页。

[②] Tatsuro and Sumiko Yamamoto, "The Anti-Christian Movement in China, 1922-1927", *The Far Eastern Quarterly*, 12: 2, Feb. 1953.

[③] Jessie G. Lutz, "Chinese Nationalism and the Anti-Christian Campaigns of the 1920s", *Modern Asian Studies* 10: 3, 1976；查时杰：《民国十年代反基督教产生的时代背景（1923—1927）》，载台北"中华民国"历史与文化讨论集编辑委员会编：《中华民国历史与文化讨论集》第三册，1984年，第390—392页。

[④] Jessie G. Lutz, "Chinese Nationalism and the Anti-Christian Campaigns of the 1920s", *Modern Asian Studies* 10: 3, 1976；杨翠华：《非宗教教育与收回教育权运动（1922—1930）》，载张玉法主编：《中国现代史论集》第六辑，台北联经出版事业公司1981年版，第235—292页。

(二) 道教

道教自古即道派众多,其中信仰较为普遍、信徒较多者,在华南为张道陵世代相传的正一教,在华北则是王重阳历代师承的全真教。

1. 正一教

民国元年(1912)至民国十三年(1924),华南江西龙虎山正一教主坛的天师为第六十二代的张元旭。张元旭,字晓初,清光绪朝庠生,精道法,能文章,道貌岸然,风仪俊整。嗣位于光绪三十年(1904),民国十三年(1924)逝世,掌坛二十一年。逝世后由长子恩溥继位,是为第六十三代天师。①

张恩溥,字鹤琴,号琦龄,擅绘符箓,继位后前来求他绘符者极多。凡南方各省,如湖南、湖北、四川等正一教道观的住持,均需至龙虎山求得符箓的传度,才可授徒行教。②龙虎山的天师府,组织相当庞大。在宗教方面,分为宫、府两大单位。宫即上清宫,府为天师府。宫中全为全真道士,设提点司,由道行高超者任长老法师总领之;其修持功课,以丹鼎为主。府中则全为正一道士,经常下山为人修建科醮,设监纪司,由天师直接总领之,但是也设有高级道法官分掌其事。另设有万法宗坛本坛,以为举行法事的道场。又有藏书楼,藏有道藏全部及符箓珍本、未收入道藏的道书等,约万余种之多。③龙虎山原有道士三千余人,至民初受新思潮的影响,有不少道士相继改业,至张恩溥继位时,已减至一千五百余人。④

2. 全真教

江西龙虎山是南方正一教的大本山,而北京西便门外的白云观,则为北方全真教的重心,以修炼为主。

白云观本为唐朝天长观的旧址,金章宗明昌年间曾加重修,元、明、清三朝屡次整修扩展。清代观中方丈与王公通声气,声势极盛,民国成立后衰落。每年旧历正月初一开朝,至二十日止,游人极多,尤以十七、十八两日为盛。十七

---

① 刘成禹:《洪宪纪事诗本事簿注》卷二,京华印书馆校印刊行,第29—34页。
② 唯公:《嗣汉天师府访问记》,《逸经》第15期,1936年10月,第856—857页。关于张恩溥的事迹,可参阅 Howard Boorman, ed., *Biographical Dictionary of Republican China*, New York: Columbia University Press, 1967, vol.I, pp. 52-54.
③ 赵家焯:《道学与道教》,台湾省道教会1960年版,第68—69页。
④ 马璧:《七十年来的中国道教》,载朱重圣主编:《中国之文化复兴》,台北中国文化大学出版部1981年版,第613—614页。

日，观中于夜间行打鬼之礼。十八日，观内方丈召集道士二三百人，于夜晚十二时开神仙大会，分班诵经，壁上遍悬画灯，光耀如昼。① 民间相传是夜常有真仙下降，或幻化为游人、乞丐，有缘遇到的，可以却病延年，甚至接引成仙。②

白云观四御殿楼上的三清阁，藏有明正统、万历间刻本道藏五千二百卷，民国十二年（1923）至十五年（1926）上海商务印书馆曾将之重印出版。

3. 道教的衰微

近代以来，道教逐渐衰微，民国成立后，这种现象更为显著。其原因有以下几项：

（1）组织不良。各道派均陷于解体的阶段，张天师对于各道观，除了极微弱的联系外，既无接触，也无影响力，道士的授任已逐渐成为地方性的事务，历代天师均未能建立起一套完整的组织。相对来说，北派在近代显得较有活力。除了龙虎山和白云观，尚有一些地方性的道教团体，但是彼此之间也互不往来。

（2）缺乏领导。道教中找不出像太虚那样有才干的人物。张恩溥和过去的天师一样，在教义上并无任何创见，也未禁欲苦修，后来更耽于鸦片及其他世俗的享乐，而不致力于精神事务。

（3）不重视现代事功。近代以来，佛教和回教均学习基督教，从事一些教育、医疗、慈善等事业，但是道教对此则不加重视。

（4）道教完全致力于追求世间的幸福——财富、健康、快乐、多子孙。随着科学和教育的进步，其功能逐渐被取代，例如现代医药之取代药王。③

道教虽渐衰微，但是在民间仍拥有相当大的影响力。道教所崇拜的鬼神，如元始天尊、太上老君、玄天上帝、文昌帝君、后土、城隍、酆都神、灶君、三官、财神、门神、关帝、东岳大帝、吕祖等，仍为民间信仰的重要部分；太上感应篇、阴骘文、功过格等道教书刊，仍广泛流传，深入民心；受道教影响的丧葬习俗和岁时节令，更是普遍地为民间所遵循。

（三）佛教

清代佛教经太平天国之乱，毁废寺庙甚多。光绪末年，变法立宪，废止科

---

① 《北京翰轩录》，载《中华全国风俗志》下篇卷一，大连图书供应社1923年版，第19—20页。
② 梁容若：《记北平白云观》，《河北平津文献》第1卷第3期，1972年2月，第8页。
③ Wing-tsit Chan, *Religious Trends in Modern China*, New York: Columbia University Press, 1953, pp. 146-153.

举，兴办学堂，许多寺庙被改为校园，佛教再受打击。唯居士研究佛学逐渐兴起。民国以后，动乱不息，社会不安，佛教界乃纷纷创设各种组织，刊刻经典，发行书刊，颇有振兴之势。现就教会组织、各宗概况、居士之佛学研究、僧教育及佛教出版事业等项，略述于下：

1. 教会组织

佛教传入中国后，至清末为止，一直没有形成一个全国性的组织。民国成立后，浙江天童山住持敬安等人创设中华佛教总会于上海，实为中国佛教团体有全国性组织之始，主要工作为保护寺产。至民国二年（1913）时，已有省支部二十二，县分部四百余。① 不久，由于敬安病逝，全国寺产渐趋稳定，会务乃逐渐废弛。②

民国四年（1915），内政部公布《管理寺庙条例》，明令取缔中华佛教总会，规定寺庙财产由住持管理，不得抵押或处分，遇有公益事业之必要及得地方官之许可则不在此限；凡寺庙僧道受度时，应由其度师出具受度证明书交付该僧道，并由度师呈报当地地方官备案；寺庙住持如违反管理之义务，或僧道不守教规，情节较重者由地方官申诫，或予撤退。③ 此项条例的目的，显然是在控制寺产和佛教，全国僧尼均感惶惶不安，故对觉先等人先后起来反对。民国十年（1921），内政部将条例修正公布，尚能消极维持。④ 民国十四年（1925），太虚发起中华佛教联合会的组织，但是散漫无力。故此十余年间全国僧寺实际上仍缺乏有系统的组织。⑤

民国十五、十六年（1926、1927）间，佛教又遭受打击。先是冯玉祥在河南毁灭僧寺，驱逐僧尼；继而江浙、两湖也掀起打倒迷信、捣毁佛像的风潮。民国十七年（1928），内政部长薛笃弼有改僧寺为学校之议，中央大学教授邰爽秋且有具体方案提交全国教育会议，僧界大受震动，但是由于缺乏政府认可的合法组织，交涉极为不便。⑥ 民国十八年（1929），佛教界方于上海召

---

① 太虚：《与陈静涛书》，载台北太虚大师全书出版委员会编：《太虚大师全书》第 51 册，1963 年版，第 261—281 页。另一项不同统计数字，参阅 Holmes Welch, *The Buddhist Revival in China*, Cambridge, Mass.: Harvard University Press, 1968, p.38。

② 尘空：《中国佛教年纪》，《文史杂志》第 4 卷第 9、10 期，1934 年 11 月，第 38 页。

③ 条文全文见商务印书馆编译所编：《最新编订法令大全》，商务印书馆 1924 年版，第 520 页。

④ 印顺：《太虚大师年谱》，香港太虚大师全书出版委员会 1950 年版，第 121 页。

⑤ 太虚：《三十年来之中国佛教》，《太虚大师全书》"文丛"，第 48 页。

⑥ 印顺：《太虚大师年谱》，香港太虚大师全书出版委员会 1950 年版，第 252 页。

开全国佛教代表会议，决组中国佛教会及分设各省县佛教会，以成全国系统的组织。①

2. 各宗概况

民初时期，各宗中最具势力者仍为净土宗和禅宗，禅宗仍以临济宗为盛，江南的金山寺、高旻寺，浙江西天目山的禅源寺，天童山的弘法禅寺，宗风迄能维持。著名的大师，则有虚云、敬安（八指头陀）、冶开和来果等。净土宗最为普遍，各丛林无不用此为修行法门，即禅宗也无不兼念佛工夫，称为"禅净双修"。提倡净土最力者为印光。②

天台宗自宁波观宗讲寺谛闲中兴后，其弟子住持各省寺观，弘扬天台教义者甚多，如倓虚即于民初在东北创修了三处丛林。③华严宗方面，民初阐扬者有月霞、应慈等。月霞以专弘贤首宗义闻名于世，曾创办华严大学，门人中著名者有常惺、慈舟、持松等。律宗道场仍在金陵的宝华山，凡出家僧众之求戒者，多往宝华；南北丛林的传戒，也无不依宝华的仪轨。对于戒律的研究，则以弘一用力最深。慈恩宗（即法相宗）向来僧界学习者甚少，民国十一年（1922）以后，太虚在武昌佛学院提倡此宗，乃渐兴盛。密宗则自民国十二、十三（1923、1924）年大勇、持松留日归来后，提倡东密，开坛传法，从学者甚多。民国十三年（1924），西藏黄教的班禅白喇嘛普仁和红教的诺那呼图克图，至内地提倡藏密，流行一时，学习藏密的风气逐渐超过东密。④

3. 居士研究佛教的勃兴

传统中国虽然也有在寺院宣讲经论的法师，但是听众多限于僧徒或少数善男信女，极少能影响学界和一般社会大众者。至清末，杨文会于金陵设金陵刻经处、佛学研究会，章炳麟等邀月霞赴日本为留学生讲经，蒯若木等于北京邀道阶讲研佛学，实开学界、政界的学佛风气。民国以后，各地时有公开的讲法会，由各界学佛居士为主体所组成的佛学会、佛学社、佛教正信会、佛教居士林等团体也日渐增多，著名者如胡瑞林所领导的华北佛教居士林。⑤

---

① 印顺：《太虚大师年谱》，香港太虚大师全书出版委员会1950年版，第289页。
② 蒋维乔：《现代佛教趋势》，《人文月刊》第6卷第6期，1935年8月，第1页。
③ 倓虚：《影尘回忆录》上册，香港华南佛学院1955年版，第184—200、211—220页；下册，第1—8页。
④ 蒋维乔：《现代佛教趋势》，《人文月刊》第6卷第6期，1935年8月，第1—2页。
⑤ 太虚：《三十年来之中国佛教》，《太虚大师全书》"文丛"，第52页。

至于修持方面，居士以修净土者为最多，修禅宗者最少。修天台宗者，比修华严宗者为多。法相则有南京欧阳竟无所主持的支那内学院和北京韩德清所主持的三时学会，时人称"南欧北韩"。由于此宗的学理能与现代学术相应，故研究者颇多。① 密宗则有王弘显等人大力弘传，民国十四年（1925）以后，学习者亦多。②

4. 僧教育

古代寺院即为施行僧教育的场所。僧人的教育在解行并重，故寺院中功课除研读经典外，以行持工夫居多，尤以禅净两宗的参禅念佛为最严密。僧界自清代度牒制度废后，滥收徒众，多有不识字者，常为世人诟病，于是有僧教育之议起。

民国成立后，沙门或居士多有创立专门学校者，其中以宁波观宗寺观宗讲舍最为著名。由谛闲主讲，弘扬天台宗，自民国二年（1913）起，直至抗战前，从未间断。毕业的弟子（如常惺等）分往各地，弘扬本宗教义。此外，江苏常熟兴福寺有华严学院，弘扬贤宗，由月霞主持；武昌有佛学院，由太虚主持；厦门有闽南学院；常州清凉寺有清凉学院，专弘华严，由应慈主持；南京有支那内学院，由欧阳渐（竟无）主持，专门研究法相宗。③

此一时期，各丛林所办教育机构虽然甚多，但是多无长远计划，无基金因之，或一二年即停，或数年办至毕业为止，其间较有永久性者，仅有武昌佛学院、宁波观宗寺的弘法研究社等处而已。此外，僧教育始终未能建立起一套合理的学制，各地佛学院性质相近，无法循序而上，养成专门人才。此外，僧徒原以刻苦修行为主，改办学校后，较偏重知识，老僧多不以为然。这些也均为僧教育不易发展之处。④

5. 佛教出版事业

民国以后，佛教或佛学团体多刊行杂志，以发表心得和沟通僧俗两界，为

---

① 真常：《中国唯识学兴衰之面面观》，载张曼涛主编：《唯识思想论集（三）》，台北大乘文化出版社1978年版，第363—368页。
② 关于民初时期居士对于佛教的研究，可参阅蒋维乔：《现代佛教趋势》，《人文月刊》第6卷第6期，1935年8月，第2—3页；蓝吉富：《七十年来的中国佛教》，载朱重圣编：《中国之文化复兴》，第627—630页。
③ 民初僧教育机构，详见东初：《中国佛教近代史》，台北中华佛教文化馆1974年版，第204—211页。
④ 演培：《三十年来僧教育的回顾》，《海潮音》第31卷第1期，第15页。

前代所未有。最早有《佛学丛报》，创刊于民国元年（1912），至民国三年（1914）停刊。据初步调查，创刊于民国元年（1912）至十七年（1928）的佛教报刊达三十余种。① 其中寿命最长者为《海潮音》（1920年创刊）。

传统时期，佛典只有整部的《大藏经》，单行本极少。自清同治四年（1865）杨文会创金陵刻经处，刊刻单行本经典，又自日本取回隋唐以后古德遗著刊布，这些做法对于唤起学者的研究兴趣贡献最大。② 民国成立后，各地也继续杨氏事业，从事续刻《大藏辑要》者，如北京刻经处、天津刻经处等。至于重印全部藏经，则有民国二年（1913）上海频伽精舍翻印日本弘教书院的小本大藏经，以及民国十三年（1924）商务印书馆影印日本的续藏经。此外，关于佛教的著作，无论出家、在家二种，各种性质的著述均极多。据一项统计，上海一地民国元年（1912）至二十三年（1934）编译佛学书籍，计达四百五十七种之多。③

（四）伊斯兰教

穆斯林自明朝中叶以后即已遍及全国，但是由于阿拉伯人终止来华、伊历被黜、清廷的排斥等因素，其衰落的程度至清末时则达到了极点。民国成立后，教中有识之士乃力求改革，以为复兴伊斯兰教之先驱。

1. 教民概况

民初时期伊斯兰教徒总数若干，至今尚无确实的统计，各种估计的差距极

---

① 各报刊名称及创刊地点、年份分别为：《净丛月刊》（上海，1926年）、《觉社丛书》（上海，1918年）、《觉世日报》（上海，1920年）、《觉悟》（上海，1919年）、《中国佛教》（南京，1928年）、《法海波澜》（镇江，1928年）、《佛》（北京，1921年）、《佛教月报》（上海，1913年）、《佛教新闻》（成都，1927年）、《佛心丛刊》（北京，1922年）、《佛学丛报》（上海，1912年）、《佛学旬刊》（成都，1922年）、《佛学月刊》（北京，1921年）、《佛学日报》（上海，1912年）、《佛学月报》（汉口，1925年）、《佛学季刊》（广州，1925年）、《佛化》（上海，1921年）、《佛化周刊》（上海，1926年）、《佛化旬刊》（上海，1925年）、《佛化新青年》（北京，1923年）、《佛化报》（汉口，1924年）、《佛化随刊》（西安，1927年）、《佛化策进会会刊》（厦门，1927年）、《佛光》（武昌，1915年）、《佛光》（扬州，1923年）、《海潮音》（杭州，1920年）、《现代僧伽》（厦门，1927年）、《佛光心灯》（南京，1926年）、《弘法社刊》（宁波，1928年）、《内学》（南京，1924年）、《上海佛教居士林刊》（上海，1924年）、《世界佛教居士林林刊》（上海，1922年）、《无畏周刊》（汉口，1927年）。
② 纪维周：《金陵刻经处访问记》，载张曼涛主编：《中国佛教史论集·民国佛教编》，台北大乘文化出版社1978年版，第375—382页；蓝吉富：《杨仁山与现代中国佛教》，台北《华冈佛学学报》第2期，1972年8月，第97—112页。
③ 上海通志馆年鉴委员会编：《上海市年鉴》，中华书局1936年版，第U6页。

大，兹分列于下：

表4 民初时期中国伊斯兰教徒人数估计表 （单位：人）

省份	调查单位		
	日本陆军省	南满铁道株式会社	北京政府内务部
	调查时间		
	1921年	1925年	1924年
新疆	2,500,000	1,000,000	
甘肃	3,000,000	3,000,000	
陕西和绥远	500,000	2,000,000	
直隶和热河	600,000	600,000	
山东	150,000	250,000	
河南	200,000	800,000	
江苏	200,000	300,000	
云南	800,000	800,000	
四川	250,000	400,000	
东三省	160,000	80,000	
山西	150,000	60,000	
湖北	10,000	15,000	
贵州	20,000	15,000	
江西	2,000	50,000	
安徽	30,000	250,000	
浙江	7,000	80,000	
湖南	20,000	200,000	
广东	25,000	50,000	
广西	20,000	60,000	
福建	1,000	20,000	
蒙古		50,000	
总计	8,645,000	10,620,000	15,000,000 20,000,000

资料来源：〔日〕下林厚之：《西北支那回教徒二關スル調查報告》，《支那研究》第一〇号，大正一五年（1926）；阮湘编：《第一回中国年鉴》，上海商务印书馆1924年版，第1977页。

伊斯兰教崇拜的方法和应守的戒律，大约有信仰、祈祷、布施、禁食和朝圣等五种。信仰即为念真功，分为口念和心念两种。祈祷即为礼拜真主，规定私人每天礼拜五次，公众七日举行一次，每年开大会两次，礼拜仪式极为严肃。布施即依教徒财力抽取，以施济贫乏。在饮食方面，绝对禁食猪肉，每年有一月为斋期，违者加以处罚。凡信徒一生需至发祥地麦加（Mecca）朝觐一次。民初时期，伊斯兰教教民似仍相当遵守其习俗，如四川成都回族对于汉族文化中的岁时节令和各种风俗即绝不仿行，仍奉行其伊斯兰教礼俗。①

2. 教会组织

民国以前，伊斯兰教在中国传道并无确定的组织。换言之，各地的礼拜寺均系独立，而不隶属于某一总的清真寺之下。

民国成立后，伊斯兰教徒感到组织的重要，乃陆续成立各种组织，其性质除原有的清真寺以外，并有社会团体（重要者如中国伊斯兰教俱进会）和学术团体（重要者如中国伊斯兰教学会）两种，兹略述其组织和沿革如下：

（1）清真寺。中国伊斯兰教徒礼拜祈祷之处历来称为清真寺。一都市或一村庄中，如伊斯兰教徒聚居一处者颇众，则有少数富绅闻人发起，向各方募集款项造一清真寺。寺内日常的经费，或以购置田地房产，租赁收入，或按月由各户认捐，以资维持。

清真寺的组织可分为两部分，一部分为管理财政事务的董事会，由当地绅士担任。另一部分为办理教务部分，其成员重要者有教长、副教长、三阿訇、海里凡、寺司务等。教长通常通称为阿訇，为教中品学兼优、博学多闻的学者，由董事会聘请，其职务为管理一坊的所有宗教事务，如宣传教义、领拜、释解典律、公证婚姻、主持葬礼、为新生儿授洗礼、取经名。寺内如招收专攻阿拉伯文及研究宗教的学员，也由阿訇担任教授。副教长则为辅助教长施行教务者。三阿訇的职务为礼拜时充任司仪及宣赞，日常则为教徒宰牲。海里凡则为居住寺内研究宗教学术、学习典律的学员，其一切饮食等项均由寺内供给。寺司务则管理寺内杂役及水房事务。②

---

① 虎世文：《成都回民现状》，《禹贡半月刊》第7卷第4期，1937年4月，第145页。河北《沧县志》载有少数回民汉化的过程："其同化于汉人也，曰反教；其骤然而反者，未之有也。或富或贵，则喜联姻汉族，渐开食豚之禁，此其初步也，继而附贴春联，继而丧用衣衾棺椁，祭奉木主，却阿哗而不用，最后削方墓为圆形，始为完全同化，此即些难，恒有已奉木主十数世，而其墓仍方者，邑中反教之家，屈指不过十余耳。"参阅《沧县志》卷十二，1933年，第48页。

② 关于清真寺的内部组织及经营方式，详见〔日〕岩村忍：《中國回教社會の構造》上册第二章，日本评论社昭和二十四年（1949）版。

（2）中国伊斯兰教俱进会。民国元年（1912），北京一般伊斯兰教有识之士，如王宽、侯松泉等，以为中国伊斯兰教非有统一的团体不足以发展，乃发起组织中国伊斯兰教俱进会。其重要事务为设立清真中、小学，以普及回民教育，延请王静斋及教中名宿迻译《古兰经》，刊行《穆光半月刊》以及其他各种社会慈善事业。至民国十二年（1923）时，全国已有三千分会。① 惜各分会间犹缺乏联络，未能充分发挥其统一的功能。

（3）中国伊斯兰教学会。哈德成于民国十四年（1925）初自海外归国，见中国伊斯兰教不振，学术低落，乃与刘如彬、马刚候、沙善余等人发起中国伊斯兰教学会，于当年六月在上海举行成立大会。其宗旨为阐明教义，提倡教育，联络中外同教情谊，扶助公益事业。此会为中国最大的伊斯兰教学术机构。②

3. 伊斯兰教教育

伊斯兰教寺院教育向以讲经为课，读阿拉伯文，经课之外，概非所习。庚子乱后，纷起图强，王宽以为非改善学制不足以拯救积弱已深的中国伊斯兰教民，乃赴欧亚非各伊斯兰教国家考察，光绪三十三年（1907）返国后，与王友三、达浦生等人于北京牛街礼拜寺创伊斯兰教师范学堂，于经课之外，加入各项学科，是为中国伊斯兰教有新式学校之始。翌年，更创立京师公立清真第一两等小学堂。自此以后，各地纷设伊斯兰教小学。③ 但是一般说来，民初伊斯兰教教育和教民数目相较之下，仍欠普及。造成这种情况的原因，一方面是中国国民过分贫穷，另一方面则是有些教民仍认为"多读书即远教之由"，因此排斥教育。在西北地区，伊斯兰教徒常雇人代自己的子女上学。④

4. 伊斯兰教出版事业

伊斯兰教界编译书刊之风，始于明末，至于伊斯兰教基本典籍——《古兰经》的翻译，则为民国时期的成就。民国十六年（1927），李铁铮根据日人

---

① Wing-tsit Chan., *Religious Trends in Modern China*，New York: Columbia University Press，1953，p.139.

② 傅统先：《中国伊斯兰教史》，商务印书馆1937年版，第195—202页。

③ 关于民初时期的伊斯兰教育机构，可参阅赵振武：《三十年来之中国伊斯兰教文化概况》，《禹贡半月刊》第5卷第11期，1936年8月，第15—16页；Ha Kuo Tung, "Mohammedanism", in *The Chinese Year Book, 1935-1936*, p.1563.

④ Wing-tsit Chan., *Religious Trends in Modern China*，New York: Columbia University Press，1953，p.201.

坂木健一所译《古兰经》，并参考英译本，重译为中文，于民国十六年（1927）出版，为中国第一种完全的汉译《古兰经》，但为伊斯兰教徒所不满。民国十七年（1928），上海的英国富商哈同（Silas A. Hardoon）出巨资聘请中外学者从事《古兰经》的翻译，由姬觉弥总其事，于民国十七年（1928）五月开始，民国十九年（1930）完成，民国二十年（1931）出版于上海。此译以阿拉伯原本为主体，参考英、日译本而成，但与原文不符之处仍多，故伊斯兰教徒仍未引为标准译本。在伊斯兰教界本身，则有王静斋从事翻译《古兰经》，于民国十四年（1925）开始，民国十七年（1928）告成，民国二十一年（1932）于北平出版。此译根据阿文善本原著，所采解译则大致出自六种阿文的《古兰经》注解，是为伊斯兰教徒自力刊行的完全译本。①

刊物方面，创刊于民国元年（1912）至十七年（1928）之间的伊斯兰教刊物有近二十种，但是大多寿命不长，最著名者为民国十七年（1928）创刊于天津的《月华》杂志。②

民初时期，伊斯兰教在教育和文化事业上的成就均不大，但是已有复兴的趋势，由回汉间隔阂的逐渐消失、教会组织的逐渐建立、教育及文化事业的采用中文、《古兰经》的中译、广泛利用书刊等媒介传教几方面均可看出。

（五）天主教

1. 布道概况

庚子之乱以前，在华的天主教仅有十个修会，即方济各、奥斯定、多明我、耶稣会、遣使会、圣言会、圣母圣心会，以及巴黎、米兰和罗马三处的外方传教会。但是庚子乱后，其他的传教会士相继来华，络绎不绝，修会大为增加。③

---

① 傅统先：《中国伊斯兰教史》，商务印书馆1937年版，第220—225页；Ha Kuo Tung, "Mohammedanism", in *The Chinese Year Book, 1935-1936*, p.1562；王静斋：《五十年求学自述》，《禹贡半月刊》第7卷第4期，1937年4月，第112—113页。

② 赵振武：《三十年来中国伊斯兰教文化概况》，《禹贡半月刊》第5卷第11期，1936年8月，第22—23页。

③ 庚子乱至民国初年天主教各修会来华及传教区域，见杨森富：《中国基督教史》，台北商务印书馆1968年版，第407—409页；Kenneth S. Latourette, *A History of Christian Missions in China*, New York: MacMillan, 1929, pp.536-565, 705-724。

表 5　中国近代天主教传教士人数增加表　　　　　　　（单位：人）

年份	外籍	华籍
1900	886	470
1910	1391	521
1920	1364	963
1930	2068	1500

资料来源：王治心：《中国基督教史纲》，上海青年协会书局1940年版，第238页。

表 6　中国近代天主教传教区域增加表

年份	区数
1865	23
1920	52
1926	76
1930	100

资料来源：王治心：《中国基督教史纲》，上海青年协会书局1940年版，第239页。

此外，民国时期中国人自己也创立了一个修会，即民国十七年（1928）在安国成立的圣若翰保第斯大小兄弟会。

2. 教育文化与社会慈善事业

天主教自从道光三十年（1850）开办徐汇公学后，即逐渐增设许多普通中学、小学与教理学校。在高等教育方面，法国耶稣会于光绪二十九年（1903）在上海创办震旦大学，民国十一年（1922）于天津创办工商学院，美国本笃会于民国四年（1915）在北京创办辅仁大学。据民国十九年（1930）的统计，天主教三所大学共有学生1,384人；高、初中学校共51所，学生12,332人；师范学生674人。至于高初小学，高小男校197所，学生10,389人；女校117所，学生8,387人。上述各级学校中，有半数以上是教外学生。而纯粹培养教内学生的，有教理学校8,640所，学生126,485人，教理教员养成学校中有学生1,631人。此外，尚有专攻神学的修院多所。仅就学生的人数来看，民国十九年（1930）的统计即较民国三年（1914）增加了将近一倍，其教育发展的情形，可见一斑。①

出版事业方面，民国十年（1921）时定期刊物有十五种，其中法文的九

---

① 王治心：《中国基督教史纲》，上海青年协会书局1940年版，第239—240页。

种,中文的三种,英文、葡萄牙文、拉丁文各一种。① 民国四年(1915)创刊于天津的《益世报》,在中国的新闻界也占有重要的地位。② 书籍出版方面,民国十五年(1926)时有 14 家印刷所。③ 民国十七年(1928)并于北平设立中华公教教育会,主要工作为管理全国出版事业。

社会事业方面,天主教每由其各传道会于重要城镇设立医院、孤儿院、养老院、育婴院等。各院之管理,均由修女充任。据统计,民国十九年(1930)时全国共有 48 个女修会,修女人数为 2,460 人,其中外籍修女 916 人,中国修女 1,544 人。在这一年中,天主教所设立的医院、养老院等,共有 232 所,收容有病人 80,142 人、老人 5,562 人。在各地孤儿院所收养的孤儿达二万多人。④

3. 教会本土化运动的发展

19 世纪,中国的天主教务完全操于法国之手。教廷于 1886 年及 1918 年两次欲与中国直接通使,均因法国反对而功败垂成。⑤ 后来由于中国教会人士的努力及教廷决心自法国手中收回保教权,当民国五年(1916)天津"老西开"事件发生时,天津副主教雷鸣远(Father Vincent Lebbe)等集教内外人士通电反对,马相伯、英华(敛之)等发起救国会,演讲募款,均大为国人所赞誉。⑥ 教宗本笃十五世(Pope Benedict XV)除了派专人来华调查实情外,并于民国八年(1919)颁布了《夫至圣至大之任务》的通谕,通谕的主旨在训令教士注重当地国文字,并努力栽培当地教士,从速完成由当地人主持教会的任务。⑦

民国十一年(1922),教宗庇护十一世(Pope Pius XI)登基后,任命刚恒毅(Celso Constantini)为驻华代表。刚氏在任内竭力提倡教会艺术中国化,创办中国修会——主徒会,增设六十余教区,推荐十余位国人为主教,并派遣大

---

① Milton T. Stauffer ed., *The Christian Occupation of China: A General Survey of the Numerical Strength and Geographical Distribution of the Christian Forces in China,* Made by the Special Committee on Survey and Occupation, China Continuation Committee, 1918-1921, Shanghai: China Continuation Committee, 1922, p.457.

② 方豪:《益世报廿五年奋斗》,《方豪六十自定稿(补编)》,台北,自刊,1969 年,第 2693—2696 页。

③ Kenneth S. Latourettee, *A History of Christian Missions in China*, New York: MacMillan, 1929, p.732.

④ 德礼贤:《中国天主教传教史》,商务印书馆 1934 年版,第 100 页。

⑤ Eric O. Hanson, "A Political Aspects of Chinese Catholicism", in James D. Whitehead, Yu-ming Shaw and N. J. Griardot, eds., *China and Christianity*, p.141.

⑥ 方豪:《雷故司铎鸣远事略》,《方豪六十自定稿(补编)》,台北,自刊,1969 年,第 2029—2030 页;《三十年来的中国天主教》,《方豪六十自定稿(补编)》,台北,自刊,1969 年,第 2536—2537 页。

⑦ 张若谷编:《马相伯先生年谱》,商务印书馆 1939 年版,第 223—224 页。

批修士赴罗马深造。① 民国十七年（1928），国民政府定都南京，庇护十一世于八月以教会书简向中国的教会及人民致贺，此后几年，传教区域陆续移交至会内、会外的华籍神职班管理，也使庇护十一世赢得了"中国教宗"的美称。②

民初时期，中国教会的领袖人才也不断增加，逐渐取代了外人。民国七年（1918）时，教士中华籍者占35%，至民国十二年（1923）增为41%；民国五年（1916）时，修女中华籍占66%，民国十五年（1926）增至72%。③ 这些数字均反映出中国教会逐渐达到了本土化的地步。

至于教友人数的增加，在拳乱以前，每三十年方增加一倍；但是由庚子之乱至民国成立，只十一年即增加了一倍。不过自一次大战以后，增加的速度又较为缓慢，民国七年（1918）时的统计总数为1,963,639人，至民国十九年（1930）时为2,498,015人，仅增加了四分之一强。④ 教徒的社会组成方面，民初时期除了少数知名之士入教外，大多数的教徒仍和过去一样是来自乡间，职业以务农者居多。虽然如此，教徒的教育水准似有提高的现象。整个民初时期的动乱不安及列强环伺虽然减慢了布道活动的发展，但是和基督教相较，天主教并未受到较大的冲击。⑤

（六）基督教

基督教的布道活动于庚子之乱后亦迅速成长，其速度超过天主教。基督教对于中国的影响也较天主教为大，乃是由于英国在华的势力仍大，基督教会的人力、财力雄厚，且较重视出版和教育事业，所带来的科学知识和英文均受到国人的欢迎等项因素。⑥

1. 布道概况

在庚子之乱以前，基督教各大教派多已派代表来华。庚子之乱后至民国十四年（1925）前，虽然所遭遇的困难日益增多，但是信徒人数和传教活动均

---

① 方豪：《三十年来的中国天主教》，第2537页。
② 唐远华：《基督教教会及其传教方法在近代中国本土化之发展》，台湾师范大学历史研究所1981年未刊硕士论文，第212—213页。
③ Kenneth S. Latourettee, *A History of Christian Missions in China*, New York: MacMillan, 1929, p.725.
④ 各年教徒人数，见王治心：《中国基督教史纲》，上海青年协会书局1940年版，第240页。
⑤ Kenneth S. Latourettee, *A History of Christian Missions in China*, New York: MacMillan, 1929, p.741.
⑥ Kenneth S. Latourettee, *A History of Christian Missions in China*, New York: MacMillan, 1929, pp.567-569.

能不断地迅速扩展。如在华宣教差会团体，1900年时有61个，1919年增至130个，①1925年增至200个（一说138个）。②传教士的人数也快速增长，1905年3,833人，1910年5,144人，1920年6,204人，1925年7,633人（一说8,158人），1928年4,375人。③但是其中约有五分之四的传教士集中于沿海各省和长江下游地区。④

至于教徒数目的增长则更为快速，民初时期增加了一倍半以上。

表7 20世纪中国基督教徒人数表 （单位：人）

年份	受餐信徒	学习信徒
1905	178,251	256,779
1910	167,075	324,890
1915	268,652	526,108
1920	366,527	806,926
1928	446,631	

资料来源：王治心：《中国基督教史纲》，上海青年协会书局1940年版，第245页。

其中民国十四、十五年（1925、1926）由于受到反教风潮的影响，增长颇受影响。即使是来华历史悠久、实力雄厚的美国北长老总差会（American Presbyterian Missions, North），民国十五年（1926）一年之间信徒即减少了两千余人，其他各差会应也有类似的情形。⑤

---

① Milton T. Stauffer ed., *The Christian Occupation of China: A General Survey of the Numerical Strength and Geographical Distribution of the Christian Forces in China,* Made by the Special Committee on Survey and Occupation, China Continuation Committee, 1918-1921, Shanghai: China Continuation Committee, 1922, p. 34.

② *The China Christian Year Book, 1926*, p. 151.

③ 王治心：《中国基督教史纲》，上海青年协会书局1940年版，第245页；*The China Christian Year Book, 1926*, p. 151.

④ Milton T. Stauffer ed., *The Christian Occupation of China: A General Survey of the Numerical Strength and Geographical Distribution of the Christian Forces in China,* Made by the Special Committee on Survey and Occupation, China Continuation Committee, 1918-1921, Shanghai, China Continuation Committee, 1922, pp. 288-293.

⑤ Robert Speer and Hugh T. Kerr, Report on Japan and China of the Deputation Sent by the Board of Foreign Missions of the Presbyterian Church in the U.S.A. to Visit These Fields and to Attend a Series of Evaluation Conferences in China in 1926, New York: The Board of Foreign Mission of the Presbyterian Church in the U.S.A., 1927, pp.293, 328, 466.

2. 教育文化和社会慈善事业

民初时期,教育仍为基督教在华的主要活动之一,其重点自庚子之乱以后更倾向于发展高等教育。据一项统计,庚子年时全国共有高等院校 8 所,在学学生 1,664 人,至民国十五年(1926),全国基督教高等院校增至 16 所,在学学生增至 3,520 人。① 其发展之迅速,甚于基督教会其他任何事业。

教会学校乃在中国教育体系之外,以其特有的组织、制度与雄厚的财力、经费,发展其以传教为主要目的的教育事业。因此在逐渐高涨的民族主义浪潮中,民初时期教会教育的迅速扩张终于激起了收回教育权的运动。经过政府和民间的努力鼓吹,以及教会的合作,教会学校除了陆续遵照规定向政府注册外,还逐渐改良其制度、组织、教学内容及教育宗旨,这些调整终于使得教会学校渐脱离"洋化"、"宗教化"的色彩,而走上"中国化"、"世俗化"的道路,并纳入了中国的教育体制之内。②

基督教会出版事业的成长则不如教育事业。民初时期新文化运动、共产党的宣传、反基督教运动,以及迅速勃兴的民族主义浪潮,均经由各种文字媒介而反映于出版界,各种言论的书刊风起云涌,蔚为大观。但是基督教在相形之下,似乎未能掌握此一机会,所出版书刊的影响力颇为有限。③

在医疗事业方面,基督教对中国的贡献极大。创设于咸丰十一年(1861)的北京协和医院在民国以后,仍为全国最大的医院。④ 据统计,民国三年(1914)在华西医有 435 人,护士有 112 人,在基督教会所办医院中,住院者有 127,000 人。门诊者有 2,130,000 人。至民国十九年(1930),住院者有 178,467 人。门诊者有 3,111,467 人;在教会医院任职的外国医师有 275 人,中国医师至少有 400 人,中国护士约有 700 人。⑤ 教会在华医药事业的发达,由

---

① Earl Herbert Cressy, *Christian Higher Education in China: A Study for the Year 1925-1926*, Shanghai: China Christian Educational Association, 1928, p.27.

② 杨翠华:《非宗教教育与收回教育权运动》,载张玉法编:《中国现代史论集》第六辑,台北联经出版事业公司 1981 年版,第 235—289 页;另可参阅 Jessie Gregory Lutz, *China and Christian Colleges,1850-1950*, Ithaca and London: Cornell University Press, 1971, pp.232-270。

③ J. Wesley Shen, "New Trends in Literature", *The China Christian Year Book, 1926*, p.372; Kenneth S. Latourette, *A History of Chtistian Missions in China*, New York: Mac Millan, 1929, p.788. 历年出版书刊总数,可参阅王治心:《中国基督教史纲》,上海青年协会书局 1940 年版,第 301—302 页。

④ Mary Brown Bullock, *An American Transplant: The Rockefeller Foundation and Peking Union Medical College*, Berkeley: University of California Press, 1980.

⑤ 王治心:《中国基督教史纲》,上海青年协会书局 1940 年版,第 329—330、332 页。

此可见一斑。

3. 教会本土化运动的发展

教会本土化运动清末即已开始，至民国以后才迅速发展，其具体的目标为建立自立、自传和自养的中国化教会，现从此三方面分别加以说明。

（1）自立。由于华籍神职人员素质的提高，差会逐渐将行政权转移至中国教会。民国七年（1918）四月，中华基督教长老会于南京开会时，伦敦会和公理会的代表也出席了会议，共同起草成立中华基督教合同教会的计划。民国十一年（1922）召开临时大会，会中决定了中华基督教会的名称和会则。至民国十六年（1927）一月时，加入此一组织的教派已有十六个。同年十月，中华基督教会于上海正式成立。成员包括了全国基督徒的三分之一至四分之一，总会委员中有四分之三为中国籍，总干事为陈静怡。① 另一个朝向中国领导人员自立发展的著名机构是青年会，当青年会于19世纪在华初创时期，总干事向由外籍教士担任，干事也以外人居多，经费则来自青年会北美协会。但是为了争取中国民众的认同，领导权逐渐转移至国人之手。民国四年（1915），王正廷当选为总干事，总理会务，是首位中国人出任此职者，而华籍干事也逐渐取代了外籍干事的地位。②

（2）自传。最典型的例子是由中国人所创，以中国人的经费差派中国传教士至边疆地区布道的中华国内布道会。该会于民国七年（1918）成立于福建古岭，发起人为陈静怡、陈维屏、蔡苏娟等人。这个不属于任何教派的纯中国人的组织，自成立后即迅速发展。民国七年（1918）赴云南建立教务，至民国十三年（1924）末已有6位传教士；民国十一年（1922）赴黑龙江建立教务，至民国十三年（1924）末已有7位传教士。民国十二年（1923）更将教务推广至蒙古。所有经费均由全国的基督徒捐助，全国的分支机构于民国十四年（1925）共有72处。除代祷宣传外，更努力于捐款，成为一个完全由中国人自己负责的布道会。③

---

① Kenneth S. Latourettee, *A History of Christian Missions in China*, New York: MacMillan, 1929, p. 800;〔日〕山本澄子：《中国のキリスト教会自立運動について》，《近代中国研究》第一辑，昭和三十三年（1958）一月，第311—315页。

② Shirley Garrett, *Social Reformers in Urban China: The Chinese Y.M.C.A., 1895-1926*, Cambridge Ma.: Harvard University Press, 1970, pp. 81, 131.

③ Kenneth S. Latourettee, *A History of Christian Missions in China*, New York: MacMillan, 1929, p. 807; *The China Christian Year Book, 1926*, p. 123；王治心：《中国基督教史纲》，上海青年协会书局1940年版，第281—282页。

（3）自养。民初时期由于社会不安、生活费用日渐提高以及传教士本身意见分歧等因素，差会的自立教会在经济自立上，无法如日本、韩国教会那样能够接近自养阶段。①

清末民初，另有许多基督徒拒绝在差会所提供的基础上去发展自立运动，而采取与差会分离的路线，发展完全属于中国人的自立教会。民国九年（1920），中国独立教会第一次全国会议于上海召开，共有来自全国15个省份的189个教会的代表参加，会中决议组成中国独立教会全国协会，总部设于上海。民国十年（1921），反教风潮开始，至民国十四年（1925）"五卅"惨案而达到高潮。许多基督徒纷纷离开原有差会，加入自立教会，②民国十一年（1922）增至180多处，民国十三年（1924）增至330多处，增加之速，可见一斑。③

基督教在中国近代本土化的发展，除了教仪、教职的本土化外，也有人从事神学思想的本土化，试图脱离外籍教士的控制而发展出自己的神学，可谓本土化的最高层次。④

（七）其他宗教团体

民初时期，各地的道门团体种类非常之多。例如河北定县平民教育实验区的62个村庄内，民国十七年（1928）时即有十种秘密宗教团体，参加人数超过2,000人。⑤由于各种道门团体多非常秘密，即使有些已正式向政府注册，也不欢迎外人探听内容，故史料极为缺乏。不过，民初流行的道门虽多，其来源约之不过两种：其一以道家守窍修炼工夫为主，即明清时期的白莲教、八卦教。民初秘密活动如先天门、瑶池门、无生门、无为门等，公开活动如同善社。另一种起于明末的罗教，为依附佛教的外道，民初时期则有大乘门、清凉门等，不过不如前一支盛行。⑥在此则将民初流行的道门团体分为创始于20世纪以前与以后两类加以讨论。

---

① Kenneth S. Latourettee, *A History of Christian Missions in China*, New York, MacMillan, 1929, pp. 805, 810.
② 唐远华：《基督教教会及其传教方法在近代中国本土化之发展》，台湾师范大学历史研究所1981年未刊硕士学位论文，第199—202页。
③ 王治心：《中国基督教史纲》，上海青年协会书局1940年版，第242—243页。
④ 林荣洪：《风潮中兴起的中国教会》第四章，香港天道书楼1980年版。
⑤ Gamble, *Ting Hsien*, pp. 414-418.
⑥ 太虚：《略评外道唐焕章》，《太虚大师全书》第61册，第1403—1406页。原文成于1923年。

1. 原已流行的道门

（1）理门。杨莱如创立于明末清初，也称为理教。教义取自佛道二教，供奉观音。社员每至朔望必至堂焚香礼拜，戒烟酒而不禁茹荤，谓戒烟酒则本性不乱，身日强健，鲜鱼肥肉，所以适口，吾人当修心，不当茹素。民初时期盛行于华北、华西，以及直隶、山东、河南的黄河沿岸，各地均有公所，京津等大城市信徒尤众。如《天津志略》（1931年刊）载。该市有男公所79处、女公所24处，每年平均入教人数约有4,000人。① 由于理教各公所多设有惜字、施材、恤嫠等慈善事业，故颇得民众好感。②

（2）白莲教。清代曾多次叛乱，民国以后散布于黄河流域，尤其是河南、山东和河北。支派众多，在华北即有一贯道、大刀会、小刀会、天门会、无极会、八卦教、黄教、孝子会、白袍教等，③ 大多为宗教性质团体，但是也有些具有政治色彩，大刀会即为一例，以山东省最为盛行，会员在百万人以上。④

（3）红枪会。庚子之乱以后，义和团成员大多归隐乡里，民国五年（1916），袁世凯死，社会动荡不安，向以多盗著称的直、鲁、豫交界地带，土匪纷起，潜伏已久的义和团乃死灰复燃，以红枪会的名义，以保卫身家为号召。民国十五年（1926）春，曾集合数十万众，将陕军十余万解除武装。可见其势力之庞大。红枪会虽为秘密会社，但其宗教色彩浓厚，如会员所敬奉的神灵包括有太上老君、玉皇大帝、文昌帝君、太乙真人、梨山老母、王母娘娘、送子观音、关圣帝君、大帝真君、四大天王、八大金刚、二郎杨戬、孙悟空、猪八戒、诸葛亮、张飞、黄天霸等；入会仪式及所用法术、符咒，均有秘密宗教的特质。⑤

（4）皈一道。红枪会、大刀会、哥老会等组织，政治色彩均重于宗教色彩，皈一道则为纯粹的秘密宗教，由清初的先天道传衍而成，创始年代已不可考。自光绪中叶起，至民国以后其声势一直未衰，流行于山东、河北和河南等

---

① 《天津志略》"宗教"，1931年，第60—61页；〔日〕末光高义：《支那の秘密結社と慈善結社》，满洲评论社昭和七年（1932）版，第47—108页；Wing-tsit Chan, *Religious Trends in Modern China*, New York: Columbia University Press, 1953, pp.156-157。

② 例如《天津志略》"宗教"，1931年，第61页；《沧县志》卷一〇，1933年，第7页。

③ Wing-tsit Chan, *Religious Trends in Modern China*, New York: Columbia University Press, 1953, p.158。

④ 戴玄之：《红枪会》，台北食货出版社1973年版，第137、1916—1949页；〔日〕末光高义：《支那の秘密結社と慈善結社》，满洲评论社昭和七年（1932）版，第147—189页。

⑤ 戴玄之：《红枪会》，台北食货出版社1973年版，第9—10、97、100—129页。

地。皈一道所崇拜的神灵极多,而以无生老母为崇拜的中心,视之为创造万物的主宰、人类先天的母亲。基本教义大致与一贯道相同,然因仪节方面较一贯道严格,故一部分教义也随之而异。修持法则包括炼气、调息、守祖窍等,又主"薄名利、禁声色、廉货财、损滋味、屏虚妄、除嫉妒",称之为"避六害",并以"诚意、正心、慎言、敬事、敬老、慈幼、洁己、劝人"为"善基八则"。皈一道的皈戒极严,道徒的生活大多刻苦耐劳,不慕荣利,以从事小生意等自由职业者居多。①

2. 新兴起的道门

民初时期,由于政治社会不安,思想混乱,因此除了原有的道门继续发展外,并有一些新的兴起。这类团体大多寿命不长,所留下的记录也极为有限。如万国道德会民国八年(1919)(一说十年,1921)成立于山东济南,在江希张的推动下流行于全国。此会提倡五教归一,一次大战期间力主反战,并主以东方精神文明弥补西方物质文明的缺陷,康有为曾助其演讲。1920年代末期,此会于国内河北、河南、山东、山西、陕西、东三省、热河各省设有153个分会,在纽约、巴黎、伦敦、罗马也设有分会,会员总数超过20,000人。②现就资料所及,略述于下:

(1)道院。民国十年(1921)创设于济南。③两年之内,遍及华北和长江流域,尤以北京和山东最盛,在日本也有道院的设立。民国十年(1921)时全国有13个道院,两千成员;至民国十六年(1927)时,山东一地即有38个道院,江苏、河北各有18个道院,全国有100个以上的道院,会员号称有三万之众,④其中军政商学各界人士均有。⑤

道院崇奉至圣先天老祖,是为天地万有之始祖。在其下为基教、回教、儒教、佛教、道教等五教教主及世界历代神圣贤佛。根本经典为北太乙真经,宗旨在熔五教真谛于一炉,以创造世界大同。道院讲求内外兼修,内修静坐,外

---

① 李世瑜:《现代华北秘密宗教》,辅仁大学,1948年。
② 〔日〕末光高义:《支那の秘密結社と慈善結社》,满洲评论社昭和七年(1932)版,第216—218页;*The China Christian Year Book, 1926*, p.79。
③ 〔日〕末光高义:《支那の秘密結社と慈善結社》,满洲评论社昭和七年(1932)版,第302、309页。
④ Chao Hsiang Wang, "Religious Elements in the Esoteric Societies of China", *Chinese Recorder*, 58: 12, December 1927.
⑤ 王治心:《中国宗教思想史大纲》,中华书局1933年版,第220页。

修慈善事业。其附属事业有世界红卍字会、道德社、世界宗教研究会、灵学研究会等。① 其中红卍字会为道院举办慈善事业的执行机关，类似红十字会，所从事的慈善事业，长久性的包括医院、平民学校、贫民工厂、惜字会、因利局、育婴堂、残废院等；临时性的包括战时的救济和历年的各项灾赈等。②

（2）同善社。创立于民国三至六年（1914—1917）之间，③ 由江朝宗等人在北京发起。供奉释迦、孔子、老子，一切陈设均仿道院。同善社虽有佛教成分，但极力反对出家修道。注重静坐，入社者先教以静坐之法，命其日行不辍，有时尚需念经膜拜，由此便可却病延年，登仙成佛。④ 民国十二年（1923）时宣称全国各地已有1,000个以上的分社。⑤ 信者大多为政、军、绅、商界的中层以上分子，学界、劳动界信奉者极少。⑥ 民国十八年（1929），国民政府下令禁止，当时全国社员多达3,100余万，至此人数大减。⑦

（3）悟善社。唐焕章于民国四年（1915）间创立，教义杂糅五教教义而成，刊有《霹雳一声雷》《大劫临头》。不论信奉何教，只要赞同该社宗旨，均欢迎入会。入会后必须介绍会员，以介绍人数的多寡确定功德的大小。和同善社相反，会员大多为下层社会未受教育者。此社起于四川，逐渐扩散至北京、南京、江苏、山东等处。⑧ 民国十三年（1924）以后改称为救世新教，乃是有鉴于世界各大宗教均发源于亚洲大陆，教义、仪礼均大同小异，宗旨均为普度众生，故追溯各教原始宗旨，命名为救世新教。⑨

（4）一贯道。起源不详，民初以秘密方式活动。民国十七年（1928）在张

---

① 〔日〕末光高义：《支那の秘密結社と慈善結社》，满洲评论社昭和七年（1932）版，第302—354页。
② 〔日〕末光高义：《支那の秘密結社と慈善結社》，满洲评论社昭和七年（1932）版，第354—395页。
③ 同善社创立年代，各家说法不一，John C. De Korne 认为民国六年（1917）向政府登记，但是早期活动可追溯至民国三年（1914）；末光高义认为创于民国四至五年（1915—1916），王治心认为创于民国八至九年（1919—1920）。参阅 John C. De Korne, *The Fellowship of Goodness*, Grand Rapids, The Author, 1941, p. 15；〔日〕末光高义：《支那の秘密結社と慈善結社》，满洲评论社昭和七年（1932）版，第251页；王治心：《中国宗教史大纲》，第220页。
④ 黎明：《辟同善社》，载陈独秀：《独秀文存》第3卷，亚东图书馆1922年版，第284页。
⑤ Wing-tsit Chan, *Religious Trends in Modern China*, New York: Columbia University Press, 1953, p. 165.
⑥ 陈独秀：《答何谦之》，载《独秀文存》第3卷，第289页；〔日〕末光高义：《支那の秘密結社と慈善結社》，满洲评论社昭和七年（1932）版，第249页。
⑦ 〔日〕末光高义：《支那の秘密結社と慈善結社》，满洲评论社昭和七年（1932）版，第252页。
⑧ 王治心：《中国宗教思想史大纲》，第219页。一说信徒以湖南、四川二省为最多，达数十万之众。参阅李凤亭：《时代思潮的杂评》，《太平洋》第2卷第8期，1920年12月，第10页。
⑨ 〔日〕末光高义：《支那の秘密結社と慈善結社》，满洲评论社昭和七年（1932）版，第256页。

光璧领导下迅速发展，抗战时间大盛于沦陷地区。其教义采用儒家的伦理思想、道教的宇宙观，佛教的几种经卷，佛、道等教的神名和一些术语，加上民间的各种迷信，而以无生老母作为统率，① 常用欺骗、威胁、利诱等方式劝人入道，其成员多为贫苦的农民。②

综上所述，民初时期所流行的各种会道门，不论新旧，大多是杂糅各教教义而成，迷信色彩浓厚，参加的成员大多有清楚的阶层区分。知识分子对于这些团体大多不以为然，③ 但是在社会及政治秩序不安、人民生活水准低下的环境下，这些团体由于能够满足民众多方面的需求，④ 故能持续不衰。

（八）庙祀

传统时期，由京城至各州县均有祠祀，如清代湖北六十九州县列入祀典的各种坛庙，即有1,506个，平均每处近22个，政府每年支出的祭费计达银一万三千余两。⑤

清会典之祀典中将其分为大祀、中祀、群祀三等。大祀为祭天地、太庙、社稷等之礼。中祀为祭日、月、前代帝王、孔子、先农、先蚕、太岁等之礼。群祀则为祭火神、城隍、东岳神、龙神、后土、关帝，以及贤良祠、昭忠祠、忠义孝悌祠、节孝祠等，此外又祀御灾捍患诸神，如李冰、张巡、钱镠等，于所捍御之地，建立专祠，仪与祭关帝同。⑥ 但各祀有时亦有升降，如孔子即升为大祀。⑦

民国成立后，并未立即颁布新礼，临时政府仅通令各省文庙应照旧致祭，惟除去拜跪之礼，改行三鞠躬，祭服则用便服，其余前清祀典所，凡涉于迷

---

① 详见李世瑜前引书，第二章；水野梅晓：《支那に於ける新宗教の设立动》，《支那》，第一八卷，第一号—第六号，昭和二年一月—六月。

② Lev Deliusin, The I-kuan Tao Society, in Jean Chesneaux, ed., *Popular Movements and Secret Societies in China, 1840-1950*, Stanford: Stanford University Press, 1972, pp.228-230. 有些学者则以为一贯道主要由商人组成，但是也包括一些政界人士和其他分子。参阅 Yang, *Religion in Chinese Society*, p.276。

③ 例如梁启超：《评非宗教同盟》，《饮冰室文集》第13册，第22—23页。

④ Daniel L. Overmyer, "Alternatives: Popular Religions Sects in Chinese Society," *Modern China*, 7: 2. April, 1981, pp.153-169.

⑤ 苏云峰：《中国现代化的区域研究——湖北省（1860—1916）》，台北"中研院"近代史研究所1981年版，第91页。

⑥ 《钦定大清会典》，卷三十七至三十九，光绪三十四年（1908）。

⑦ Kung-chuan Hsiao, *Rural China: Imperial Control in Nineteenth Century*, Seattle: University of Washington Press, 1960, p.224.

信者，应行废止。惟各地所祀者不尽相同，请由各省议决存废。①陆军部则饬各省将前清昭忠各祠改建为大汉忠烈祠，详细查访各省革命烈士，入祀其中。②袁世凯任大总统后，帝制运动渐起，同时也恢复了许多帝制时代的礼仪。民国三年（1914）八月，首先颁行"祀天通礼"，规定每岁冬至日总统代表国民祀天于南郊，并需斋戒散斋二日、致斋一日。③各地方则由当地行政长官主之。国民得许于冬至日祀天。④同年九月，颁布祀孔典礼的详细仪节，以夏时春秋两丁为祀孔之日，仍从大祀，其礼节、服制、祭品与祭天相同，京师文庙由大总统主祭，各地方文庙由该省长官主祭，其余开学首日、孔子生日则仍自由致祭。⑤民国四年（1915）五月，又颁布关岳合祀典礼及忠烈祠祭礼的详细仪节，以关岳合祀，配历代忠武将士，作为武庙；并命各地立忠烈祠一所，于每年国庆追祭民国成立后所有阵亡将士及其他因战事而效死之人，所有祭品、仪节均以前清昭忠祠祭礼为准。⑥

民国五年（1916）袁世凯死后，即上述庙祀，也需仰赖民间的支持才得以继续，其他多迅速衰落。如北京为九百余年旧都，历代坛庙列入祀典者甚多，民国以后，大半颓废荒没，少数尚具规模者也多陆续改为公园或其他用途。⑦各省更是如此。试以江苏川沙一地为例，光绪五年（1879）所刊方志中列有68个庙宇，其中有31个属于官祀，占45.5%；民国二十五年（1936）所刊方志则显示，在所列67个庙宇中，官祀仅存9个，占8.8%。⑧许多坛庙在民国以后虽然仍旧存在，但是已无祀典。⑨大致说来，至民国二十年代中叶，祭祀风云雷雨山川及其他自然物的坛庙已完全绝迹，成为农田或公私建筑的用地；崇奉人物的官祠亦均荒废，或为乡民、军队所毁。⑩

---

① 《临时政府公报》第32号，1912年3月8日，第32—33页。
② 台北"中华民国开国五十年"文献编纂委员会编：《"开国"规模》，第204页。
③ "散斋时，仍照常理事，但不得服丧、问疾、饮酒、作乐、茹荤；致斋时则仅得行祀事，其余事项均需中止。"政事堂礼制馆：《祀天通礼》，1914年，第3页。
④ 政事堂礼制馆：《祀天通礼》，1914年，第17页。
⑤ 政事堂礼制馆：《祀孔典礼》，1914年，第1页。
⑥ 政事堂礼制馆：《关岳合祀典礼》，1915年，第1页；政事堂礼制馆：《忠烈祠祭礼》，1915年，第1、5页。
⑦ 汤用彬：《旧都之物略》"坛庙略"，北平市政府秘书处，1935年。
⑧ Yang, *Religion in Chinese Society*, p. 374.
⑨ 张玉法：《中国现代化的区域研究——山东省（1860—1916）》下册，台北"中研院"近代史研究所1982年版，第737页。
⑩ Yang, *Religion in Chinese Society*, p. 375.

民初时期，官祠虽普遍衰微，甚至停止祀典，但是民祠中则有许多尚能拥有广泛的影响力。官祠与民祠消长的趋势，由浙江平阳一地即可看出。该县于民国十四年（1925）所刊印的县志中，将该县坛庙分为以下各类：①

1. 民国所列祀典者：先师庙（文庙）、关岳庙（武庙）。

2. 历朝祀典今罢废者：社稷坛、先农坛、神祇坛、厉坛、文昌庙、仓神庙。

3. 前朝官祠秩祀今废而民间仍沿奉者：城隍庙、三圣庙。

4. 前朝祀典所载民间沿奉者：天后宫、龙神庙、真武庙、东岳庙、三皇庙、兴福庙（祭奉本丞署土地神）。

5. 长官功德在民见祀者：钱武肃王庙、忠懿王庙、阴均庙、都团庙、褒忠祠、王公祠、胡公祠、朱公祠、吴公祠、沈公祠、何公祠、三公祠、邑侯祠、查黎二公祠，多废之已久。

6. 土神有功德于民见祀者：横山周公庙、忠靖王庙、徐公祖庙、薛忠训庙、惠民灵应庙、郑校尉庙、杨十帅庙、后英庙、忠烈侯庙。

7. 乡贤为民间所祀者：徐处士祠、陈德诚祠、黄徽猷庙、广应侯庙、陈公祠、徐忠文祠、章公祠、章状元祠、缪公祠、曹堡宫、应节严祠、史先生祠、林史二贤祠、宋元四先生祠、郑府君祠、枢密周侯祠、董待诏祠、忠义祠、忠谏鲍公祠、杨公祠，其中部分已圮。

虽然民国成立后有许多祀典中止，但是也有少数省份试图恢复官祠，如民国十五年（1926）江苏省长即下令所属各县会同地方绅者，查明以前列在祀典者，春秋由地方官诣祠致祭，所需经费列入地方预算。②尽管如此，随着社会、经济、政治的变迁，往昔多彩多姿的祀典仪式已不再能够吸引年轻一代的注意；官祠原所具有的社会控制功能，至少在知识分子中间已大为削弱。

（九）寺庙

纵观中国各处，几乎无一地无寺庙的存在，具体地表现出宗教信仰在中国社会中的影响力之强大和深入。在此仅就民初时期寺庙数目的变动、寺庙的社会功能、民众敬神费用等方面加以探讨。

---

① 《平阳县志》卷四十五，1936年，第1—22页。
② 《川沙县志》卷十二，1936年，第5页。

1. 寺庙的数目

关于民初时期全国寺庙的数目,并无完整的统计。南京国民政府成立后,曾通令各省市举行寺庙登记,但是成效不佳,仅有部分省市填送,其中较具价值者为各省市"淫祠邪祀"的统计,现抄录于下:

表8 各省市寺庙建筑时代统计表（资料至1934年12月止）

	唐以前	唐	宋	元	明	清	民国	失考	合计	备考
河北省	7	24	11	3	308	858	75	626	1912	
察哈尔省	3	11	1		139	532	13	7	696	
山西省	14	38	28	34	759	2057	81	410	3421	
云南省	1	2	1		3	104	37	14	252	
南京市	2	2	2		9	121	5	7	148	
上海市						14		40	54	
青岛市							1		1	
湖南省	3	3	9		75	496	56	55	657	未报齐
浙江省	5	3	21	7	43	511	13	104	707	未报齐
江西省	3	11	22	5	40	151	20	53	305	未报齐
山东省	1	28	8	8	277	113	12	245	1192	未报齐
广东省	1				9	149	11	52	222	未报齐
绥远省						10			10	未报齐
安徽省		2	4		9	34	9	15	73	未报齐
湖北省		1		1	7	51	1	1	62	未报齐

资料来源:内政部年鉴编撰委员会编:《内政年鉴·礼俗篇》,商务印书馆1936年版,第261页下。

以上资料虽未齐全,但是仍可从其中看出寺庙兴建的大致趋势——民国时期各地兴建寺庙数目较明清时期有显著减少的现象。虽然如此,各地既有的寺庙大多仍不断加以重修,如学者研究四川二十八县的方志资料后发现,清初至19世纪以前,四川的庙宇不论是兴建或重修,均显示出快速成长的现象,随即维持水平状态约有一世纪之久。1920年以后,兴建庙宇的数目剧降,但是重修的工作并未中断。学者研究山东二十余州县寺庙,也有类似的结论。①

---

① 张玉法:《中国现代化的区域研究——山东省（1860—1916）》下册,台北"中研院"近代史研究所1982年版,第743—746页。

其原因或许是太平天国战争以后，各地毁于战火的寺庙多陆续重建或重修，故清末民初仅需加以局部修葺即可。当然，详细的情形仍有待更进一步的研究。

至于寺庙总数，则民初时期确实少于前代。如江苏江阴一地，南朝时寺庙多达480处，至清代同治年间奏定不列祀典庵庙，不准复建，自此即绝少新构，清末民初更日渐减少（见表9）。

表9 江苏省江阴县近代庙宇数目统计表

	光绪四年（1878）	宣统三年（1911）	民国九年（1920）
寺	19	5	2
庵	97	60	90
观	3	1	0
院	16	0	0
殿	6	3	0
阁	2	1	1
堂	0	2	1

资料来源：《江阴县志》卷二十四，光绪四年（1878）；《江阴县续志》卷十八（前志已载而未加修葺及已废者均不载），民国九年（1920）；《江阴近事录》卷一，1920年。

清末以后，不但各地兴建庙宇减少，即原有庙宇也常遭毁坏或改为他种用途。据李景汉等人对于河北定县东亭乡村社会区内六十二村庙宇所作调查，光绪八年（1882）前共有435座庙宇，平均每24家有一座庙宇。至民国十七年（1928），仅存庙宇104座，平均每100家有一座庙宇甚至有过半数的村庄没有庙宇。而消失的庙宇中，由于年久失修自行损坏者仅占少数，大多被拆毁或改为他种用途，如民国三年（1914）孙发绪在县长任内将200处庙宇改为学堂。现将原有327座庙宇毁坏的年代列表于下，另有四座的年代不详。

表10 河北省定县东亭乡村社会六十二村历年毁坏庙宇统计表

年代	毁坏庙宇数
光绪八年（1882）	1
十五年（1889）	1
二十五年（1899）	1
二十六年（1900）	27
二十八年（1902）	1

续表

年代	毁坏庙宇数
三十年（1904）	6
三十一年（1905）	5
三十二年（1906）	1
三十三年（1907）	1
三十四年（1908）	5
宣统元年（1909）	3
二年（1910）	10
三年（1911）	6
民国元年（1912）	4
二年（1913）	2
三年（1914）	200
四年（1915）	45
五年（1916）	1
六年（1917）	5
十五年（1926）	1
十七年（1928）	1
总计	327

资料来源：Sidney D. Gamble, *Ting Hsien, A North China Rural Community*, Stanford: Stanford University Press, 1968, pp. 405-407.

值得注意的是，1920年代集中于华中、华南和城市中的反教风潮，对于定县乡民的宗教生活似乎影响不大。① 至于被毁坏庙宇的用途，除部分设为私产外，大多被改为学校。② 定县在民初时期为著名的"模范县"，故庙宇减少的情形或为极端的例子，但是无可否认的是，其他各地也有类似的趋势。如四川金堂、南溪二县，自清末开办新式学校以来，至民国六年（1917）时，所设高、初、小计有80.5%在庙宇中（其中有少数庙宇为会馆所属）。寺庙虽向有士子借地读书，或宿儒设帐授徒，但办理学校，尤其是动用庙款，则为前所未有，③ 反映了近代官绅对于宗教信仰的态度。

---

① Gamble, *Ting Hsien*, p. 406.
② Gamble, *Ting Hsien*, p. 407.
③ 吕实强：《中国现代化的区域研究——四川省》，稿本。

2. 寺庙的社会功能

佛教在中国社会中所具影响力之强大和深入，除了表现于寺庙数量的众多外，尚可由寺庙所具有的广泛功能看出。汉民族和其他信仰一神教的民族不同，常为了不同的目的而去祭祀不同的神祇。如河北定县东亭乡村社区435座庙宇，其功能为祈福免祸者有113座，包括老母、观音、七神、五神、三皇、三清、城隍、罗汉、土地、五圣老母等庙及各地寺庵，为招魂者有68座五道庙，为降雨者有玉皇、龙王、五龙圣母等50座庙，为镇邪祟者有真武、二郎、齐天大圣、太公等48座庙，为祈祐子嗣者有23座奶奶庙，为祈免疾病者有18座药王庙，为祈免畜病者有17座马王庙，为祈免虫灾者有虫王、八蜡等10座庙，为祈免瘟疫者有2座瘟神庙，为求财者有1座财神庙。此外，祭祀其他寺庙的目的则为一般的崇敬，包括关帝、三官、三义、老君、周公、刘秀、韩祖、李靖等85座庙。①

将庙宇依其功能分类统计，并不能精确地测量出宗教信仰在社会生活各方面中所占有的地位，其原因在于各种神祇常具有多种功能。1920年代，曾有学者分析自成都、苏州、天津、上海及福州各地寺庙所收集的五百种签诗，结果发现民众所希望自神明处获得的指引，依次为以下各项：

表11 庙宇功能统计表

主题	数量	百分率（%）
疾病	484	96.8
婚姻	459	90.2
远行	440	88.0
财富	424	85.0
讼事	391	78.2
子嗣	348	70.0
家庭	348	70.0
寻物	346	69.2
迁徙	308	60.2
买卖	290	58.0

① Gamble, *Ting Hsien*, pp.424-425.

续表

主题	数量	百分率（%）
收成	273	54.6
六畜	266	53.2
官位	246	50.0

资料来源：L. Newton Hayes, "The Gods of China", *Journal of the North China Branch of the Royal Asiatic Society*, LV: 1924, p. 97.

上表显示出签诗的主题几乎涉及了生活中的各个重要层面，反映了宗教信仰对于民众生活影响的广泛。

民初时期，各地寺庙的数目虽然普遍减少，但是一些长期为民众所虔诚膜拜的神祇，如城隍、东岳大帝、关帝，以及沿海各省的妈祖等，地位仍未见衰落。北伐以后，政府推行的破除迷俗运动，常遭乡民消极抵抗，无法大力推动，如河南某地乡民将大神庙外观改装为祠堂，仍于每年正月初七集众祭拜。① 各地广受民众信奉的神祇，神像如遭拆毁，乡民则群起反抗。② 由此可见宗教信仰之深入人心，不易变动。

3. 祭神费用

民初时期，民众对于各类宗教的依赖也表现于花费在祭神上的金钱仍然极高。如广东在1920年代末期，每年因信奉鬼神所购冥镪、香烛的消费，在4,000万元以上。③ 如果平均计算，每家祭神的费用约可供两个子女接受小学教育。④ 据另一项统计，民国二十一年（1932）时，全国消耗于祭祀观音的费用达3,500万元，改购赈粮可供195万人半年之需；消耗于祭祀关帝的费用达2,000万元，可购步枪400万支，子弹百倍之；消耗于祭祀财神的费用达1,000万元，可设一年产4,400万磅的造纸公司；消耗于祭祀门神的费用达800万元，其利息即可供养保安队员460人；消耗于祭祀灶君的费用达200万元，可设一

---

① Gamble, *Ting Hsien*, p. 125.
② 例如乔修梁：《为破除迷信拆城隍庙神像记》，《山东文献》第5卷第3期，1979年12月，第122—126页。另可参阅〔日〕三谷孝：《南京政权と"迷信打破運動"（1928—1929）》，《历史学研究》第455期，1978年4月，第1—14页。
③ 朱景康：《改革风俗刍言》，载风俗改革委员会编：《风俗改革丛刊》，广州特别市党部宣传部1930年版，第12页。
④ 工力：《我们要努力彻底破除迷信的运动》，载风俗改革委员会编：《风俗改革丛刊》，广州特别市党部宣传部1930年版，第55页。

日出45万袋的面粉公司。①此虽民国二十一年（1932）的数字，但民初时期也应有类似巨额的消费。

更有进者，用于宗教仪式的花费在民初时期似有日益增加的趋势。如汕头海关关员在检视民国元年至十年（1912—1921）的进出口贸易后，有以下的报告：纸为汕头出口大宗，起于福建汀州，但神纸的大规模生产是在松口、庵埠、澄海，尤以莲阳为最，有三万人赖以为生。经营神纸业者共有七十家，年贸易量约有三百万至四百万元，其中90%出口，10%于本地消费。出口主要的目标为天津、青岛和烟台，以及锡兰、安南和新加坡。销往华北三港者，在质和量上均远胜于销往国外者。随着西方文明的输入，迷信似应遭驱逐，但是有趣的是，神纸业在过去的十年内，非但没有像预期中的衰退，反而增长了几倍，出口的数量也不断地上升。②

（十）迷信

任何社会均有一些被视为不合理性的习俗或信仰，通常称之为迷信。迷信的范围极广，如有关出生、婚姻、死亡等人生重要转折点的迷信，日常生活中的迷信，有气候预测的迷信，有关动物、植物，甚至数目的迷信等。在礼俗和宗教中均含有不少迷信的成分，现于上述之外，就民初时期仍盛行于民间的一些儿童养育、医疗的迷信略加说明，并略述迷信在民初时期的演变。

1. 儿童养育

浙江吴兴地区，凡妇人怀妊，即将临盆时，迷信有邪鬼争夺投胎之事，于是高烧红烛以避邪祟。婴孩满月剃头后，需由舅父怀抱前走，姑父撑雨伞遮于婴孩头上随之，赴街游行一圈，迷信如此，则将来可不惧生人。若小孩体弱多病，则用红封纸袋，向熟识的别姓人索取钱文，如满百家，即将所得之钱购制项链一环，围于颈际，迷信如此则关煞开通，身无疾病。③

天津地区，婴儿出生三日，产婆以槐条艾枝水洗之，称为洗三。无子的妇人可倾其水，倒时朝内，据说随后即可得子。产婆以秤锤轻按儿身，称为压千

---

① 周荫棠：《中国宗教问题》，《大公报》1932年2月25日。
② Maritime Custom, *Decennial Reports, 1912-1921*, Shanghai: Inspector General of Customs, 1922, vol. 22, pp. 177-178.
③ 《湖州问俗谈》，载胡朴安编：《中华全国风俗志》下篇卷四，大连图书供应社1923年版，第39页。

斤，迷信如此则长大后能负重任。又以葱茎轻拍儿身，迷信如此则可聪明。以锁锁儿口及手足，迷信如此则可谨言慎行。洗毕，置花于筛，置儿其上筛之，以筛有孔，谓出痘时可稀疏也。如遇小儿出痘，家人口戒不吉之语，恐得罪痘神。且须燃红纸于四处照之，谓不如此，痘即内陷。痘出十二日，祀痘神，戚友馈以鼓盖（形如烧饼而中空），迷信此可促出痘。①

2. 医疗

传统社会，各地寺庙往往假香火因缘，设置药签，凑合药品，拉杂成方，编列次序，名为神方，以应病家之祈求，一般民众常因迷信而转致死亡。民国二年（1913）十月，内务部颁令严禁巫术，通饬所属协同各自治机关，将各庙所有刊列方单及排列各版立即销毁，以绝根株，女巫左道也予一并查禁，但是似无效果。②将生命寄托于鬼神，是为迷信中最愚且最可怜者。如湖南长沙一地：

> 患病不信医药，争趋神庙，祈茶敕水，摇签卜卦，纯托生命于鬼神，虽死不惜，甚有召巫师设坛至家书符，手舞足蹈，碟牲造船，谓之冲锣；延道教诵咒驱魔，谓之送白虎；请法师制煞，谓之关符立禁，或扛神打猖，或诵经解罪，种种怪象，不一而足。③

江苏各地，病者求仙问卜，又有所谓献菩萨、烧替身、请喜、借寿、保福等名目。④

传统社会，由于医药未能普及，死亡率普遍高昂，一般民众遇病唯有求助于超自然的力量。民初时期，在客观环境仍无多大改善的情形下，知识程度低下之民众的种种迷信医疗行为实在无法避免。

3. 占卜

民初时期所流行的各种迷信大多行之已久，但是占卜的盛行则为此一时期的特殊现象。报纸上关于降仙、问卜，以及接神、迎佛的消息，几乎无一日无

---

① 《天津志略》"概要"，1931 年，第 25 页。
② 《内政年鉴·礼俗篇》第六章，商务印书馆 1936 年版，第 67 页。
③ 曾继梧：《湖南各县调查笔记》下册，第 120 页。
④ 《内政年鉴·礼俗篇》第六章，商务印书馆 1936 年版，第 38 页。

之，甚至一省大员公然以命令行之。①星相、扶乩之风尤以北京、天津、上海等城市为甚。如北京一地：

> 星相、扶乩之风甚盛，不特旧人物笃信，新人物亦复斤斤乐谈，一般官僚无一不以八字及五官求人评判吉凶，以故亚康节、赛柳庄、问心处等等，皆以相命而席丰履厚，且有膺高官厚禄者。②

无怪北京地区报纸上课命谈相的广告常"盈溢纸幅"。③

民初时期，中上阶层对于占卜的兴趣增加，充分地反映了北洋政局的变幻无常，以及城市中知识分子无出路的情况。

大致说来，民初时期随着物质环境的改进和教育的普及，许多迷信均逐渐被打破，如牛痘的接种普及后，过去有关痘神的迷信即逐渐消失。又如有一种叫声如"拆书、拆书"的鸟类，民间多以此鸟来叫，则出门在外者不久当有书信寄来。至邮局设立之后，交通便利处有关拆书鸟的迷信即少见流传了。④另一些老的迷信虽仍存在，但是原有的功能则已削弱。如浙江余姚地区迷信牛打喷嚏为主雨，鸦枭夜叫为主火灾，家中多鼠主吉，鼠啮物主物价昂贵，鼠啮人发主有喜事，鼠啮人足主有凶事等，这些迷信虽仍流传于民间，但是信者已较过去为少，大多仅存有娱乐的功能。

三、结论

综上所述，民初时期传统各项礼俗大致仍为士庶所遵循，而发挥其社会整合（social integration）的功能。不论婚丧祭各礼的仪节及一般礼节，均趋于简化，礼制中原有的阶级差等性也逐渐泯灭；但是婚丧喜庆各项仪式的讲究排场、力求铺张，则有增无减，显示出礼俗的内容改变容易，但是作为礼俗核心的民

---

① 杨幼炯：《民众思想与社会科学》，《现代评论》第3卷第63期，1926年2月20日，第9页。
② 《北京轩辕录》，载胡朴安编：《中华全国风俗志》下篇卷一，大连图书供应社1923年版，第2页；《遂昌迷信之风俗》，载胡朴安编：《中华全国风俗志》下篇卷四，第72页；周守一：《士气与国运》，《东方杂志》第21卷第12期，1924年6月，第21页；张相文：《扶乩》，《沌谷笔谈》卷一〇，第43页。
③ 坚瓠：《国民之精神病》，《东方杂志》第18卷第4号，1921年2月，第2页。
④ 高山：《家庭的迷信》，《东方杂志》第19卷第3期，1922年2月，第94页。

族心理态度则改变不易。此外，有时礼俗的功能业已丧失，但其形式仍长期保存，如冠礼自唐代始久已不行，但是直至民初时期仍有少数地区存有遗迹。而各项礼俗中，以婚礼和一般礼节改变最快，丧礼和祭礼变动较少，充分反映了对于祖先和亲长尊崇在整个民族文化中的重要性。各项礼俗虽有改变，但仍显示出浓厚的过渡色彩，如婚俗方面，民初时期婚龄的提高、纳妾风气的衰微、新式婚礼的采行等，均为实质的改变，而主婚的权责问题、夫妻间的关系等，则仍折衷于传统和现代之间。

宗教方面，近代的中国和西方相同，均有世俗化的趋势，这种现象在民初时期较历史上前此任何时期均为显著。在西方，世俗化的过程包括以下几种现象的结束：（一）官方对教会加以支持；（二）国立学校施行宗教教育；（三）担任公职或取得公民权需通过宗教方面的测验；（四）立法保护宗教的教义（如禁止堕胎）；（五）为了保护宗教而对文字、科学及其他心智活动加以检查或控制；（六）个人不得公开违反宗教的教条和伦理。① 在中国，由于一向拥有宗教宽容的传统，故政府对人民宗教生活的干涉，远较西方为少。民国成立后，各项祠祀大多中止或衰微，各地坛庙也多荒芜或改为他种用途。大致说来，政治、伦理的秩序已相当世俗化。另一方面，宪法明文规定人民有宗教信仰的自由，天主、基督、伊斯兰等宗教的传布，遂有相当程度的发展。佛、道二教，在民初时期则已流于形式，而丧失其精髓。间或亦有杰出信徒力谋振兴，但收效未宏。虽然如此，佛、道在民间仍拥有广泛深入的影响力，寺庙数量虽有减少，但是仍多能发挥其功能，由各地寺庙的不断重修、民间用于宗教仪式的费用并未减少等事实均可看出。至于各种秘密宗教团体及星相、扶乩等迷信的盛行，尤其反映了在政治、社会不安的情况下，大众对于超自然力量的依赖。

综观民初时期的传统宗教和礼俗，大致上虽仍能保持其维护社会秩序的功能，但是在社会上所扮演的角色已不如过去重要，加以本身仍多具有迷信的成分，新式的知识分子对此多感不满，视宗教及各项传统礼俗为封建落后，无法与现代社会共存，加以受到民族主义浪潮的冲击，视外教为帝国主义者侵略的

---

① David L. Edwards, "Secularization", in Alan Bullock and Oliver Stallybrass eds., *The Harper Dictionary of Modern Thought*, New York: Harper & Row, 1977, p.564.

工具，遂纷举破除迷信的大旗，试图打倒旧有的礼教，并进行大规模非理性的反教运动，形成民初历史上的特殊现象。由于他们未能先下一番研究的工夫，即欲全盘打倒，结果非但未能革除原有的弊端，却使社会的道德和秩序受到了破坏。

（本文原载《中华民国建国史》，台北编译馆1987年版。）

在轰炸的阴影下
——抗战时期重庆民众对空袭的心理反应

一、前言

1937年11月，南京国民政府发表宣言移驻重庆，继续对日抗战。此后，重庆即成为抗战时期中国的政治、经济、军事及文化中心，同时也成为侵华日军的重要军事目标。从1938年2月18日至1943年8月23日，日军对重庆进行了长达五年半的轰炸，其间日军出动飞机9,000多架次，投弹20,000余枚，炸死炸伤近30,000人，毁屋20,000栋，毁损财产无数。"重庆大轰炸"历时之长，范围之广，所造成灾难之巨大，在第二次世界大战期间，乃至人类历史上均为罕见。对于此段历史，中外学界已有相当多的研究成果，[①]不过对于重庆民众在空袭威胁下的心理反应，则迄今仅有初步的探讨，[②]尚缺乏有系统的研究。

本文根据大量回忆录性质史料、日记、报章杂志及笔者2004年针对重庆地区近40名受害者及其家属所作问卷调查史料，[③]对此一课题进行全面性的探讨。

二、恐惧：目睹灾区现场与慢性焦虑

1938年12月26日至1939年1月10日，日机从汉口出发对重庆进行试探

[①] 关于重庆大轰炸的重要研究成果，包括：〔日〕前田哲男著，李泓、黄莺译：《重庆大轰炸》，成都科技大学出版社1990年版；罗泰琪：《重庆大轰炸纪实》，内蒙古人民出版社1998年版；重庆市政协学习及文史委员会、西南师范大学重庆大轰炸研究中心：《重庆大轰炸》，西南师范大学出版社2002年版；李金荣、杨筱：《烽火岁月——重庆大轰炸》，重庆出版社2005年版；曾小勇、彭前胜、王孝询：《1938—1943：重庆大轰炸》，湖北人民出版社2005年版；陈立宪：《抗战时期日军对重庆的轰炸暴行》，《近代中国》第72期，1989年8月，第56—67页；潘洵：《抗战时期重庆大轰炸对重庆城市社会变迁的影响》，《西南师范大学学报（人文社会科学版）》第31卷，2005年第6期，第115—118页；孙仁中：《101作战计划与重庆大轰炸》，《重庆大学学报（社会科学版）》第12卷，2006年第3期，第82—85页。

[②] 潘洵：《论重庆大轰炸对重庆市民社会心理的影响》，《重庆师范大学学报（哲学社会科学版）》2005年第4期，第50—55页。该文内容重点为对于轰炸直接受害者的讨论。

[③] 笔者在调查过程中，曾得到重庆西南师范大学教授潘洵的大力协助，谨此致谢。

性轰炸后,认为该城防空设施尚未完备,乃随即进行长期的大规模轰炸。5月3日下午,日机36架飞临重庆上空,投弹百余枚至商业最繁华地段,死伤市民近1,000人;5月4日,日机再度狂炸重庆,炸死市民4,400余人,炸伤3,100余人,炸毁房屋1,200余栋,是为著名的"五三、五四重庆大轰炸"。5日,国民政府采取紧急措施救济难民,并统制公私船舶、车辆疏散市民,三天之内,共疏散250,000余人。[1] 此后,日军又展开了一连串的轰炸。

对于重庆市民来说,由于从未经历过轰炸,因此一旦面对,无不惊恐万分。一位重庆市民于日机第一次轰炸时,目睹房屋被炸得粉碎燃烧,遍地均为炸得肢体不全、血肉模糊的死人,回家后吃不下饭也睡不着觉,连双手端起饭碗都会发抖。[2] 曾目睹"五三"、"五四"大轰炸的蒋碧微,事后也有以下的回忆:

> 1939年前后在重庆住过的人,大概不会忘记那两天(指1939年"五三"、"五四"大轰炸)怵目惊心的被炸惨况。两次大轰炸我都没有进防空洞,在光第楼上,我目睹市中心区烈焰冲霄,火光烛天。空气里混杂着硝烟硫磺气味,隐隐中似乎还听到从灾区传来的呻吟号哭之声,强烈的惊恐和愤恨使我的神经紧张到了极点。到处都是燃烧倒塌的房屋,到处都是血肉模糊的受难者,人们盲目疯狂地跑来跑去,脸上布满惊骇欲绝的神情。[3]

轰炸期间,谣言往往是满天飞,各地被炸死的人数,一会儿即有一种说法,每听到一种新的谣言,妇女们往往嚎啕大哭,使得骚动的人群更为不安。[4] 重庆此时虽然已有中央广播电台(位于上清寺),但是由于多数民众无力购置收音机,电台所播放的新闻节目仅有少数民众能够收听,因此只要报纸一不出版,民众即等于耳目失聪。[5]

有些人在有过空袭的恐慌经验后,即非常惧怕警报。例如有位女佣只要警报一响,立即面孔惨白,汗流不止,什么东西也不能吃,什么事情也不能做,

---

[1] 萧用:《重庆抗战大事记》,载中国人民政治协商会议四川省重庆市委员会文史资料委员会编:《重庆抗战纪事》,重庆出版社1985年版,第408页。
[2] 《重庆大轰炸受害者心理创伤调查表》,周素华。
[3] 蒋碧微:《蒋碧微回忆录》,江苏文艺出版社1996年版,第385—386页。
[4] 老舍:《鼓书艺人》,《老舍文集》第六卷,人民文学出版社1989年版,第355页。
[5] 陈纪滢:《重庆大轰炸(下)》,《传记文学》第24卷第5期,1974年5月,第50页。

一直要等到警报解除。① 即使是知识分子，也有许多是类似的"惊弓之鸟"。例如唐纵即曾在日记中指出，他的侍从官同事陈布雷和陈方一遇警报，即全身战栗不已。② 也有的人每遇警报，即会胃痛，但是解除警报一响胃痛即告消失。③

对于空袭的恐惧，有些人会延续数年之久。例如一位十五岁的少女于1940—1941年遭轰炸二次，右臂曾被炸伤，自此只要听见飞机的声音，即会发抖并哭着向街上跑，此种症状一直持续至日本投降后才结束。④ 有些人的"空袭过敏症"，甚至延续至三十年之久。例如吴俊才于战时任教育部高教司长，由于夜间在宿舍时曾遭遇日机轰炸，一夕数惊，导致日后虽在无飞机轰炸时也会在睡眠中无故惊起，向外奔跑，此种现象至三十多年后，仍不时发生。⑤ 又如著名学者李先闻于经历轰炸后，直至三十余年后仍心有余悸，每逢试放警报，明知无事，仍会为之一惊。⑥

至于年幼的儿童，所受到轰炸的心理冲击，自然较成人为大。除了极度恐惧、全身发抖外，许多儿童更会时常做噩梦。⑦ 如一位妇女即曾回忆童年在重庆近郊的经验："我们从小都怕警报，连做梦都在躲飞机、常常被梦境吓得冷汗淋漓。"⑧ 因此，当时的小孩子调皮时，家长只要说："你不听话的话，日本飞机就会来了。"小孩即会安静听话。⑨ 有个小孩亲人死于轰炸，此后甚至只要有人模仿飞机声或是炸弹声，这个小孩即会立刻闭起眼睛，抱头发抖。⑩ 幼年时所受的心理创伤，往往持续较成人为久才得以痊愈。一位民众即曾回忆童年在重庆大轰炸时期的梦魇经验：

> 日本帝国主义对重庆的大轰炸长达五年半之久。在那年月，每当听见警报声就惊恐、心慌意乱，不知所措……平时睡觉常常被噩梦惊醒，难受，

---

① 林如斯：《战时重庆风光》，重庆出版社1986年版，第131页。
② 唐纵：《唐纵失落在大陆的日记》，台北传记文学出版社1998年版，第64页。
③ 林如斯：《战时重庆风光》，重庆出版社1986年版，第130页。
④ 《重庆大轰炸受害者心理调查表》，毛楣清。
⑤ 吴俊才：《教育生涯一周甲》，《传记文学》第2卷第5期，1962年6月，第8页。
⑥ 李先闻：《李先闻自传》，台北商务印书馆1970年版，第129页。
⑦ 《重庆大轰炸受害者心理创伤调查表》，童继才。
⑧ 《五十八年前梁平惨遭日机狂轰滥炸》，梁平之窗，2000年5月26日，http://www.tsy.8u8.com。
⑨ 《重庆大轰炸受害者心理创伤调查表》，杨淑惠。
⑩ 张苏：《战时儿童保育院生活回忆》，载中国人民政治协商会议全国委员会文史资料委员会编：《文史资料存稿选编：抗日战争（下）》，中国文史出版社2002年版，第133页。

很长一段时间才从噩梦中清醒,这种症状直到抗战胜利后大约两、三年中都还出现。每天都生活在惊恐之中,怕失去唯一亲人——母亲,每天跟母亲形影不离(那时我人小),使得母亲的生意都受拖累、影响。①

另一位女士于1939年的轰炸中成为无家可归的难民。翌年(虽然尚未满16岁)进入重庆市郊一家纱厂做纺纱工。1943年,在一次轰炸中,所住的宿舍被炸,衣物全毁,她精神面临崩溃,并从此经常面临梦魇的困境:

> 1943年在一次轰炸中,我所住的女工宿舍被炸,衣服、被子都没有了,这时我越发感到害怕。成天地躲藏、奔波,什么时候才是终点?我太恐惧了,精神已经完全崩溃,还有双目失明的爸爸要我照顾,便辞去了纱厂工作,去到一个距离重庆较远的地方。在那里看不到日本飞机飞来飞去,也听不到轰炸声,心情稍平静一点。但是警报声、日本飞机的轰鸣声、炸弹的爆炸声、房屋燃烧的熊熊大火、遍地满堆被炸死的尸体,还有躲防空洞,寻找亲人,露宿长江边等等一件件往事,随时都会浮现在自己的脑海里,出现在梦中,经常会梦见日本飞机在头上一直追着自己炸,吓得我死去活来。重庆解放后,我都怕回重庆,怕回工厂上班。后来才随子女迁回重庆。②

又有一位女士,由于9岁(1938年)时目睹家族多人在轰炸下当场死亡的惨状,其后又目睹或耳闻多次轰炸情境,导致她日后只要是听到突然的声响,均会心生恐惧,甚至产生长期失眠、梦魇等症状。2004年5月,这位75岁的女士在接受访问时曾说:

> 经过三次遭炸和眼见、耳闻其他地方多次被炸后的惨状,使我幼小的心灵受到严重的打击。在当时,只要听见警报声、飞机声,就紧张、恐惧、害怕、发抖,甚至流尿,并且几乎持续到现在75岁的我。因童年时期过度

---

① 《重庆大轰炸受害者心理创伤调查表》,蒋万锡。
② 《重庆大轰炸受害者心理创伤调查表》,周素华。

刺激、惊恐,只要听到突然的声响,如打雷、放鞭炮、门铃、电话、钻洞,都会受到惊骇、心悸等,导致多种长期慢性疾病,不能睡眠、噩梦。前年接受中央电视台"重庆大轰炸"摄制组的采访和录像,因回忆当时的悲惨状况,忧伤过度得病,连续住了两次医院。①

重庆的警报系统尚称周全。只要日机一越过宜昌,防空哨即会发出第一次空袭警报,市民便纷纷准备向防空洞或市郊疏散。当日机通过万县上空,市内即发布紧急警报,民众此时全部进入洞内,洞门关闭。日机一般在十分钟之内临空投弹后,即行离去。当硝烟落定,警报便会解除,为时不过一两个小时。有时日机分批进袭,轮番轰炸(时称"疲劳轰炸"),空袭警报几乎一直没有解除的时间,解除警报一响,民众出防空洞,警报随即又响起,民众躲在防空洞的时间有时长达半天、一天,给民众的精神和生活带来极大的困扰,②长期下来,便产生了慢性焦虑的现象。

重庆是著名的雾城,雾重或下雨的日子,日机不会来,晴空或月夜则相反。因此,天气不好时,民众的心情较好;相反地,如果天气好时,民众的心情即变沉重。③一位民众对于每天观察天气时心头"七上八下"的心理曾作了以下生动的描写:

> 每天观察天空,可说是一种痛苦,我们要看是晴天还是阴天,但晴天总是居多数。假使现在你站在一个尖峭的崖边,你会感到怎样的痛苦呀。每天九点到五点就是这种情形。八点钟我们试着不去想到空袭,到时钟一点一点地接近九点钟时,我们便紧张不安起来了。④

战时旅居重庆的著名作家张恨水观察躲警报的民众,也震惊于空袭对民众心理冲击之大:

---

① 《重庆大轰炸受害者心理创伤调查表》,邓婉云。
② 胡静如:《烬余缀拾》,台北龙文出版社1994年版,第229页;黄康永:《国民党军统组织消长始末(二)》,《档案与史学》2001年第2期,第60页。
③ 李又宁:《捡来的童年》,载《重庆文史资料》第30辑,第107页。
④ 林如斯:《战时重庆风光》,重庆出版社1986年版,第78—80页。

大街上，店户开着门，穷苦百姓，挑着行李，提着包袱，全不作声，人像水一样，向市区外流。一路脚步擦着路面声。看任何人的脸子，全是忧愁所笼罩。我惊于空袭对心理作用之大……①

三、愤怒与反日情绪

日机轰炸重庆，对于重庆居民所造成的另一项重要心理冲击，即为激起民众的愤怒与反日情绪。例如1941年6月5日重庆因日军空袭，发生大隧道窒息案，死者达30,000人。当时由部队官兵抬出来的尸体，临时置于马路两旁，长达数里。由于尸体已开始腐臭，乃撒上石灰掩盖，惨不忍睹，据目击者的回忆，当时"看到的人都流下了眼泪，切齿痛恨日本强盗犯下的滔天罪行！"②

除了目睹外，每次日机轰炸后报章媒体的大幅报道，也激发了民众（包括亲受其害和未受直接伤害的民众）的反日情绪。例如"五三"、"五四"大轰炸后，《大公报》记者子冈即在《血海更深了》的报道中写道："夜色苍茫了，重庆被陷在黑暗中，街头巷尾、公园石阶上新添了无家可归的人群。火还在延烧，到处是血腥，这又是一笔血债。""人们脸上都呈现了二十二个月抗战中锻炼出来的刚毅精神，哪怕女人和小孩，没有啼哭，只有愤恨！"③知名作家老舍在《五四之夜》一文中也写道："火总会被扑灭，这仇恨永无息止。打倒倭寇，打倒杀人放火的强盗，有日本军阀在世上，是全人类的耻辱。我们不仅是要报仇，也是尽天职！"④政论家胡秋原则在《轰炸所感》一文中表示："什么泪能雪我们的哀愁呢？即尽那些凶手之血，又如何能平复我们的悲愤！我咬着牙齿迅速跑过这个地方。我只有痛恨自己无力，不能杀几个倭奴。……半天的红光，记录了日寇滔天的罪恶。孤儿寡母在血火中嚎哭，一排一排的房屋为火所毁灭。成千的同胞被压死、烧死、活埋。残断的躯体，鲜红的人血，使我们的

---

① 张恨水：《山城回忆录（补篇）》，载曾智中、尤德彦编：《张恨水说重庆》，四川文艺出版社2001年版，第17页。
② 高训伦：《重庆隧道窒息大惨案真相》，载《乐至文史资料选辑》第8辑，1995年，第43页。
③ 可人：《"五三""五四"大轰炸》，载许可、游仲文编：《重庆古今谈》，重庆出版社1984年版，第333页。
④ 老舍：《五四之夜》，《老舍文集》第14卷，人民文学出版社1989年版，第155页。

深仇奇耻更深切更鲜明，而这惨怖的情景，鬼神也应当战栗。"①这些文章，除了再现了"五三"、"五四"大轰炸事件，毫无疑问也激发了无数民众的抗日情绪。

除了报章媒体的报道外，一些标语和口号也发挥了巨大的宣传效果。例如"五三"、"五四"大轰炸后，重庆市内所有繁华街道，均是一片焦土，死伤累累，可是第二天即有民众在焦土瓦砾中的尸体旁竖起了一面大标语牌，上面写着："父告子，祖嘱孙，代代勿忘此恨。"根据一位民众的回忆，当他看到此标语牌时，"立时热泪盈眶"②。可以想象的是，当时有此情绪表现的绝不止他一人。

轰炸直接受害者及其家属的反日情绪，自然最为强烈。一位中年妇人于1939—1940年遭受轰炸，其夫被炸伤，经送医治疗无效去世，她自此独立负起照顾全家的责任，每次提起当年的情况，即会伤心流泪，直至2001年96岁病逝时，仍不忘交待其子女，"要向日本鬼子讨回公道"③。有些知识分子遭受轰炸，幸免于难，除了激起了反抗情绪外，更进一步反对所有的战争，例如当时在重庆读大学的周策纵，事后回忆道：

> 这件事当时给我非常深切的刺激，炸弹只落在离我几丈远的地方，若不落在水里，我们四五个人早会没命了。我和死神失之交臂，才使我对战争发生切肤的痛恶。同时也更使我顿悟到，从来战争的受害者大多数是无辜的老百姓。"一将功成万骨枯"，真是千古名言。至于日本军阀对中国和东南亚各地侵略暴行，我因这两天的亲身经历，更在心上烙下了不可忘记的伤痕。④

四、近代国家观念

轰炸除了激起重庆民众的反日情绪，也加速了近代国家观念的普及。以下

---

① 胡秋原：《轰炸所感》，《抗战文艺》第34期，1939年8月，第110—111页。
② 鲁张：《生命余晖》，1980年版，第116页。
③ 《重庆大轰炸受害者心理创伤调查表》，郑友预。
④ 周策纵：《抗战与重庆：一些个人的观察》，载抗战胜利五十周年国际研讨会论文集编辑组编：《抗战胜利五十周年国际研讨会论文集》，台北"国史馆"1997年版，第371页。

试从公愤、互助、防空洞内的生活等方面加以分析。

第一，公愤。轰炸所激起的公愤，有助于命运共同体（community of fate）的塑造。著名作家朱自清对此曾有生动的描述：

> 敌机的轰炸是可怕的，也是可恨的；但是也未尝不是可喜的。轰炸使得每一个中国人，凭他在哪个角落儿里，都认识了咱们的敌人；这是第一回，每一个中国人都觉得自己有了一个民族，有了一个国家。从前军阀混战，只是他们打他们的。那时候在前方或在巷战中，自然也怕，也恨，可是天上总还干干净净的，掉不了炸弹、机关枪子弹。在后方或别的省区，更可以做没事人儿。这一回抗战，咱们头顶上来了敌机；它们哪儿都来得，哪儿都扫射得、轰炸得——不论前方后方，咱们的地方是一大片儿。绝对安全的角落儿，没有——无所逃于天地之间！警报响了，谁都跑，谁都找一个角落儿躲着。谁都一样儿怕，一样儿恨；敌人是咱们大家的，也是咱们每一个人的。谁都觉得这一回抗战是为了咱们自己，是咱们自己的事儿。①

以上是朱自清在昆明所作的观察。战时重庆遭受日军轰炸的程度，远较昆明为严重，因此民众的反应也应较昆明的民众为强烈，例如作家蒋碧微目睹日机轰炸的暴行及女佣的亲人于轰炸中受害，激起了她同仇敌忾的心理：

> 我憎恨日本军阀的惨无人道，任意屠杀我们手无寸铁的同胞！想那火光起处，不知道有多少财产毁灭，那爆炸的地方，不知道有多少善良无辜的市民腹破肠流，血肉横飞！历史上最大的惨剧正在残酷地演出，我义愤填膺，咬牙切齿地在低呼："血债，要用血来偿还！"……女佣同弟受刺激过甚，无法克制自己，她哀切地放声痛哭，凄厉的哭号也使我流下眼泪，我悲伤，我憎恨，我激动。倘若有一个日本兵出现在我的眼前，我会毫不迟疑地冲上去和他舍命相搏……当时的幸免者，人人都和我有着同样敌忾同仇的心情。②

---

① 朱自清：《朱自清全集》第3卷，时代文艺出版社2000年版，第417页，转引自吕文浩：《日军空袭威胁下的西南联大日常生活》，《抗日战争研究》2002年第4期，第121—122页。

② 蒋碧微：《蒋碧微回忆录》，江苏文艺出版社1996年版，第385—386、519—520页。

又如大隧道惨案发生后,一位国军高射炮手看到《大公报》上的新闻,有感而发,特别投书该报,表达同仇敌忾及对受难同胞的慰问之意:

> 大公报的先生们:
>
> 我是一个高射炮手,从五月七日贵报上的新闻和耳闻的一切,得知城内隧道因窒息致死的同胞这样多,死得又是那么凄惨,可怜!我悲痛得连饭也不想吃!晚上连长点名,官长又宣布那些惨死同胞的情形,教我们一定要复仇,大家都悲愤欲哭!这一夜我不能入眠,我流泪,我心痛……我责打我自己,为什么不好好瞄准?为什么不把那些瘟瘴小鬼打下,来救救这些可怜的人民?唉!唉!我真是愧杀;但是每一次作战,我和我的同伴,都听长官的指挥,咬牙切齿地用尽自己生命的力量,一分一秒钟都不曾放松,一颗炮弹上去,我们都期待一只火烧油煎的瘟猪坠下来,但这样的机会总是很少。瘟贼有时飞得那样看不到的高度,真是恨不得自己跟炮弹飞上,去把他拉下来。……对那些可怜的被难同胞,我想假贵报一角地位,来表达我和我们这群无名小卒共同的哀感!我们决不会忘记报这大仇!以后我们一定要叫那些瘟猪掉下来,血祭罹难同胞的灵魂!朝会后我便写了这封信。炮兵×××第×连第一炮手欧阳绰上,6月8日。①

第二,互助。在受灾地区,大家放弃了"各人自扫门前雪"的观念,②人与人之间充满了亲切的慰问与援助,不相识的人相识了,疏远的人接近了,在急难中,许多颗心结成了一颗。③正如老舍在《五四之夜》一文中所说的:"在患难中人人是兄弟姐妹。"④尤其是战时大家均需在防空洞中共同生活。防空洞是培养友情最好的地方,即使是漠不相识的人,在到了生死不能由自己掌握的时刻,自然会滋生出亲密与关切的感情。⑤无怪一位在战时重庆长大的女士,会回忆道:"没有比战争这件事再能把我们结合在一起了。我看到伟大而强烈的同

---

① 《读者投书——一个高射炮手的敌忾》,《大公报》(重庆)1941年6月10日。
② 《火场目击》,《中央日报》(重庆)1940年8月20日。
③ 魏仲云:《日机轰炸沙磁区罪行录》,载沙坪坝区政协文史资料委员会编:《烽火集》,重庆建筑大学印刷厂1995年版,第128页。
④ 老舍:《五四之夜》,《老舍文集》第14卷,人民文学出版社1989年版,第154页。
⑤ 田榕:《锻炼》,《新华日报》(重庆)1940年8月1日。

胞爱怎样的消灭了微小的猜忌。"①

虽然如此，我们也不能过分夸大重庆民众国家观念的普及性。来自不同地域以及教育程度不同的民众，其国家观念的有无和民族主义的强度，均会有所不同。同样是轰炸的个人经验，报章媒体的报道和宣传，对于来自沿海沿江所谓"下江人"②的影响即较本地人（尤其是教育程度较低者）为大，往往使得许多"下江人"过去脑海中所留存的日军暴行记忆和反日宣传更加强化。例如著名诗人余光中抗战时随母亲逃离南京，后来辗转经由越南到达重庆。日机轰炸重庆时，余光中躲在重庆郊区，幸免于难。他事后回忆起来，认为这些经历都激发起他们作为中国人的民族感情。那时候，只要唱起"我的家在东北松花江上"、"万里长城万里长"，他都会不禁泪流满面。③

五、强迫性行为与自我安慰

大轰炸造成了民众心理上的焦虑，有些民众甚至显示出一些强迫性行为（compulsion），当事人明知该项行动并无必要，但仍不能自已，必须等到该项行为表现之后，心情才可归于宁静。此种症状，早在战时即已有人指出。例如作家梁实秋即发现，每次空袭警报发出后，有些人非立即排泄不可，也有人要立即进食。④另一位作家张恨水更曾进一步推测这些现象产生的原因：

> 空袭这个战略上的作用，还莫过于心理上的扰乱。当年大后方一部分人，有这样一个毛病，每一听到警报器响，就要大便。尤其是女性，很有些人是响应。这在生理上是什么原因，还没有听医生说过。反正离不了是神经紧张，牵涉到了排泄机关。⑤

---

① 林如斯等：《战时重庆风光》，重庆出版社1986年版，第43页。
② 关于"下江人"的形成，可参阅张瑾：《权力、冲突与变革——1926—1937年重庆城市现代化研究》，重庆出版社2003年版，第279—289页。
③ 赵新兵、顾钱江：《余光中的乡愁》，人民长城，http://www.booker.com.cn/big5/paper23/27.htm。
④ 梁实秋：《北培旧游》，载韩菁清编：《梁实秋闲适散文精品》，四川文艺出版社1994年版，第350页。
⑤ 张恨水：《人间惨境》，载曾智中、尤德彦编：《张恨水说重庆》，四川文艺出版社2007年版，第137—138页。

一位学者也自觉到自遭遇到轰炸后，从此对于轰炸，即恐惧万分，一听到警报声，即开始抽烟斗、上厕所，"不管有无大便，都要去蹲一蹲"①。值得注意的是，有些人一遇警报，一定要走到一个十分远的洞里去躲，他们觉得只有那里才最安全。②

民众在面临空袭的威胁，心理上彷徨无助时，自我安慰的最佳凭借即为宗教信仰。因此，每逢空袭警报，总可见到许多佛教徒口中不停地念"南无阿弥陀佛"、"菩萨保佑"等佛家语，用以安慰自己。③许多民众虽非佛教徒，但是也深信因果报应之说。在公共场合遇到空袭，即见有人不断地说："我们坐在这儿的都是善人，看面色，没有做过恶事，我们的良心都是正的，……死不了的。"④用此种合理化（rationalization）的说法掩饰心中的恐惧。但是也有的人对空袭等闲视之，"在劫难逃"⑤。对于日军的轰炸暴行，则有人认为恶有恶报，日本将来必然有一天会尝到它在战争中所曾带给别人的痛苦。⑥

此外，由于整个重庆大后方都笼罩在空袭的阴影下，群众心理紧张不安，各种迷信行为（如命相、风水、碟仙等）自然也就大行其道，风行一时。⑦

六、逆来顺受

在长期的轰炸下，机枪扫射、毒瓦斯、鲜血、烈火，成为每天均要面对的日常功课，重庆民众对于轰炸逐渐适应，对于轰炸的反应，也由恐惧焦虑逐渐以平常心对待。⑧一位民众的房子被炸，只得搬家，不料三天之后，新家又被炸了，他苦笑一下说："反正也没什么值钱的东西，再找个地方搬家就是了。"住在重庆的人，对这种事情已司空见惯。⑨警报来了，人们机械式地钻进防空洞；

---

① 李先闻：《抗战八年（三）》，《传记文学》第 16 卷第 3 期，1970 年 3 月，第 43 页。
② 林如斯：《战时重庆风光》，重庆出版社 1986 年版，第 131 页。
③ 《重庆大轰炸受害者心理创伤调查表》，蒋万锡。
④ 萧红：《放火者》，《萧红全集》下册，哈尔滨出版社 1991 年版，第 1101 页。
⑤ 梁实秋：《北培旧游》，载韩菁清编：《梁实秋闲适散文精品》，四川文艺出版社 1994 年版，第 350 页。
⑥ 张炎元：《张炎元先生集》，台北金石印刷事业有限公司 1987 年版，第 50 页。
⑦ 赵效沂：《抗战时代故事拾零》，《传记文学》第 22 卷第 2 期，1973 年 2 月，第 32 页。
⑧ 王群生：《"重庆大轰炸"中的市民心态》，《中日"重庆大轰炸"学术研讨会论文》，2004 年。
⑨ 若华：《轰炸》，载司徒福等：《抗战岁月》，台北"中央日报社" 1985 年版，第 215 页。

警报解除，又若无其事地回到原处继续做原来的事，已经全无惊慌的感觉。①有时空袭时间太长，民众则在灯光昏暗的洞中照常工作，公务人员在洞中办公、开会，工人在洞中做工，学生在洞中读书，家庭主妇在洞中缝缝补补，甚至还有的孕妇在洞中生孩子。②至于重庆市民一般的家庭消遣活动，如麻将和扑克（poker）在空袭期间反而更为流行，只是由于警报频传，牌友限于住的较近者，玩的时间无法太长，也常无法计较输赢。③一般市民在闲聊时，则往往喜欢叙述日军轰炸所造成的惨状，如人的肠子挂在电线杆上、人肉黏在破墙上等，④并引以为乐，也有许多人喜欢看敌机临空投弹的现场"景观"。⑤值得注意的是，中国民众这种逆来顺受的心态并非仅存在于战时重庆一地，而且是中国历史上的普遍现象。作家冯雪峰在抗战后期即曾对此种心理，作过仔细的分析。他认为这种心理，一方面是久经战斗的民族所积蓄成的一种富于韧性的战斗力，另一方面则是奴性的、卑贱的苟安心理，是久经战斗而又久经摧残的民族所留下的精神遗产。他接着指出：

> 试看，当敌寇肆行奸淫烧杀的当时，那是无人不切齿痛恨，而且也实施搏斗的，但敌寇一退，或者驻下"安民"，许你搭草棚的时候，不就大半相率共庆余生，但求敌寇能稍微慈悲一点就好的吗？甚至住了草棚，也仿佛生存于太平世界一般，于是忍受了最低生活之后还有最低生活，那忍受就真未可限量。这正是现在许多最普遍的现象中的一种。⑥

---

① 陶恒生：《一面之缘的陈布雷和女儿陈琏》，《传记文学》第78卷第1期，2001年1月，第17页。
② 赵筱梅：《抗战回忆》，《中外杂志》第138期，1978年8月，第69页；魏仲云：《日军轰炸沙磁区罪行录》，载沙坪坝区政协文史资料委员会编：《烽火集》，重庆建筑大学印刷厂1995年版，第128页。
③ 胡光尘：《波逐六十年》，台北联经出版事业公司1992年版，第332页；王作荣：《沙坪之恋》。
④ 张恨水：《山城回忆录（补篇）》，载曾智中、尤德彦编：《张恨水说重庆》，四川文艺出版社2007年版，第16页。
⑤ 袁应麟：《往事今谈——六十年来中国的灾难》，台北文海出版社2000年版，第231页。著名学者李先闻在武汉时，每逢日机轰炸，即至珞珈山，用望远镜看敌机投弹，据他自己的说法，"每次都尽兴而返"。参阅李先闻：《李先闻自传》，台北商务印书馆1970年版，第128页。最近的研究显示，战时伦敦也有许多民众喜好观看英机与敌机在空中的近距离激战（dogfights）。参阅 Helen Jones, *British Civilians in the Front Line: Air Raids, Productivity and Wartime Culture, 1939-1945*, Manchester and New York: Manchester University Press, 2006, pp.155-156。
⑥ 冯雪峰：《还好主义》，载秦牧主编：《中国抗日战争时期大后方文学书系》第5篇第2集，重庆出版社1989年版，第1014页。

七、对个性的影响

重庆大轰炸对于儿童个性的影响自然大过成人。一般说来，轰炸对于儿童个性的影响可以分为以下两种类型：

第一，负面影响型。大多为轰炸的直接受害者或是有家人亲友为受害者。例如一位妇人曾自述日机轰炸重庆，造成其住宅全毁、父亲失明，因此"幼小心灵遭受到严重打击和极大的伤害，脑子里充满恐惧，变得胆小、怕事、精神失常、丢三落四，失去了再就业的能力和许多就业机会"①。

第二，正面影响型。大多不是轰炸的直接受害者，不过也有少数例外。前者可以学者李又宁为例。他曾自述童年经历轰炸的经验对其性格形成的影响：

> 在泰州时，我大病几死，不死，才能到了重庆。抗战时期，千万同胞死于国难，而我避过无数次轰炸，此命又重拾无数次。当年的惊险，时现脑际，影响我一生的性格。既相信此命是捡来的，每日都是一得。事顺我心，固然是"得"；事不顺我心，也是"得"。"得"是生活的体验，知识的增进、意志的加强，都来自不息的锻炼，日新又新，挫折可能是"得"，因为它会引起自我检讨，提供磨炼的机会，成功可能是"失"，因为它会引起自骄自满，减少进步的机会。喜成恶败，是人情之常，惟有看淡成败得失，则得之不足为喜，失之不足为忧。看淡之法可因人而异，我的办法很简单，只要闭目一想，譬如我小时死了。如此，心境泰然，只有"失而复得"之乐，而无自悲自怜之愁。这是童年给我的最大礼物，终身享用不尽。②

后者则可以作家杨文钊为例，他认为轰炸受害者的身份，使他对人生一直充满了热爱：

> 那段刻骨铭心的灾难对我而言，永生都无法忘记。从那段历史走过来的人，都由衷地怀着对生存的欲望、对生活的热爱。我从没有放弃过希望，我的生命挺过了飞机的轰炸，经历了失去亲人的伤痛，它在历经波折后走

---

① 《重庆大轰炸受害者心理创伤调查表》，周素华。
② 李又宁：《捡来的童年》，载《重庆文史资料》第30辑，第11页。

到现在，我不能就这样把它舍弃。①

相对说来，重庆大轰炸对于成年人个性的影响即较小，一般来说，如同儿童，也可分为相同的两种类型：

第一，负面影响型。一位妇女曾叙述其父亲遭受轰炸后，在个性上所产生的变化：

> 我爸爸周成章，原本是个有说有笑，十分开朗的人，日本飞机炸了我们房子，我们一个好端端的家一下子什么都没有了，变成一个难民。吃的是救助饭，住的是几根竹竿撑起两张席子，这一突然变化，对我爸爸打击太大，从此变得少言寡语，整天闷闷不乐，体质慢慢地下降，双眼渐渐失明，于1952年去世。爸爸在世时，从不谈重庆大轰炸，偶尔我们谈论，他听了都会伤心落泪。②

第二，正面影响型。现有相关回忆录资料，大多出自当时的知识分子之手。例如作家陈纪滢曾回忆："想想当年躲警报的情景，犹如昨日。……他留给我们的教训是宝贵的，我们学会了更多忍耐，也忍受了不能忍的痛苦。我们何幸有此经验！"③另一位当时的大学生事后回忆战时生活时则指出："敌人的轰炸反使我们借此锻炼了坚强、刚毅的意志和沉着、从容处变的修养。"④

八、结论

综上所述，我们可以得到以下几项发现：

第一，轰炸对于重庆民众所造成的心理冲击，包括恐惧、焦虑、愤怒等。焦虑造成一些民众的强迫性行为如排便、进食、逃至远方等；愤怒则导致一些集体意识（collective consciousness），如社群意识（a sense of community）和国

---

① 杨文钊：《经历灾难：炸不垮的坚强》，www.cgcb.com/gb/map/2004-04/24/content1219240.htm。
② 《重庆大轰炸受害者心理创伤调查表》，周素华。
③ 陈纪滢：《重庆大轰炸》，《传记文学》第20卷第4期，第65页。
④ 张希哲：《花滩溪畔的弦歌（下）》，《中外杂志》第22卷第5期，1977年11月，第55页。

家观念的强化，有助于抗战。

第二，许多民众在面临轰炸的威胁时，选择以宗教（尤其是果报、劫难的观念）和迷信（如算命、风水、碟仙等）的方式寻求自我安慰。

第三，经过长时间的轰炸，重庆民众对于轰炸逐渐适应，对于轰炸的反应也由恐惧、焦虑、愤怒，转为逆来顺受。

第四，轰炸对于重庆民众个性形塑的影响，可以分为正面影响和负面影响两种类型，而以民众的年龄和是否为直接受害者两项变量影响最大。

最后，拟将重庆市民在面临轰炸时的心理反应与战时伦敦作一比较。过去学界对于战时伦敦的研究大多认为，大多数的伦敦市民未受到严重的心理创伤（untraumatized），[1]他们大致上是以尊严、勇气、决心和高度的幽默感面对轰炸。较近的研究则指出，伦敦市民所表现出的上述特质，有许多其实是英国官方宣传机器所制造出来的神话（myth）。[2]如将大轰炸时期的重庆市民与伦敦市民作一比较，可以发现两者所受轰炸的心理冲击大致相同，均受严重的心理创伤。两地的政府和市民虽然均曾塑造一些民众乐观面对轰炸的神话，不过这些神话可以被普遍相信，显然也并非全为虚构；其次，这些神话确实也有助于民众渡过轰炸。最后，两地社会在面临轰炸威胁时，均弥漫着宿命思想（fatalism）和迷信心理，[3]不过许多重庆民众所拥有的因果报应和劫难观念，则为伦敦市民所无。

（本文原载李国祁教授八秩寿庆论文集编辑小组编：《近代国家的应变与图新》，台北唐山出版社2006年版。）

---

[1] Angus Phillips, "Bombs Away", *History Workshop Journal*, 45: 1998, p. 196.
[2] Angus Calder, *The Myth of the Blitz*, London: Jonathan Cape, 1991, pp. 125-129.
[3] Angus Calder, *The People's War Britain, 1939-1945*, London: Pimlico, 1992, p. 177.

当红灯笼球挂起
——阶层、性别、族群与战时重庆民众的防空经验

抗战初期，重庆市曾利用铁炮报警，在广东自国外购得电动警报器后，才以电动警报器为主，同时配合汽笛发布警报，在电源中断时，即以大型手摇警报器代替。不过由于手摇警报器难以准确发布警报讯号，容易误听，乃自1939年起停用，改以铜钟、传声筒、旗帜等代替。1940年，重庆防空司令部开始采用防空警报球（灯），辅助发布信号。警报球（灯）系以竹篾或藤为球的骨架，以丝或麻等透光材料裱覆，安装于人口稠密的制高点和交通要道，便于市民观望。悬挂1个红色灯笼球，表示预行警报，预示日机有空袭重庆的可能，市民应早做防空准备；悬挂2个红色灯笼球，表示空袭警报，即日机将于1小时内临空；降下2个红色灯笼球，表示紧急警报，即日机距离重庆仅有50公里，要求市民避入防空设施，并在警报解除前不得离开；悬挂1个绿色灯笼球，表示解除警报。此外，重庆防空司令部尚利用汽笛、警钟、路灯等物发布警报。总计重庆在日军轰炸的五年半期间，共发布警报203次。1941年，日机对重庆施行"疲劳轰炸"，7月28日发布空袭警报的时间竟长达9小时15分，8月全月发布警报多达27次，均为历年之最。[①]

学界传统的看法，认为日军的长期轰炸，以及重庆民众所共同经历的避难经验，强化了社会的凝聚力（social solidarity）。事实上，此种论述早在抗战期间即已有人提出。例如1940年重庆的《中央日报》即曾于一次日军轰炸后指出："同生死、共患难，无分男女，无分贫贱的民族团结力，藉敌人的炸弹而锤炼成钢铁般的坚实。"[②] 战时在渝的美国记者白修德（Theodore H. White）和贾科比（Annalee Jacoby）也曾于1946年所出版的《中国暴风雨》（*Thunder Out of China*）一书中指出："使重庆成为伟大，而把各种各样的男女融合成一个单

---

① 重庆市人民防空办公室编：《重庆防空志》，西南师范大学出版社1994年版，第332—333页。
② 《中央日报》（重庆）1940年6月18日。

一共同体（single community）的是轰炸。……所有的人都口渴，所有的人都睡不好，所有的人都在尘土中行走，所有的人都蹲在山洞里。他们开始自傲，他们开始赞美在他们左右同受考验的人们。在这种情况下，穿西装的中国人和穿蓝布衫的中国人开始感觉彼此是血肉相连。"① 笔者并不怀疑此项论述的正确性，但是认为此种论述将史实过分简化，因而忽略了历史的复杂性。日军对重庆的密集轰炸，确实强化了重庆民众的凝聚力，但是此种社会凝聚力有多强，能维持多久，均不无疑问。更重要的是，空袭对重庆各阶层民众的冲击并非一致，不同社会类型（social category）的民众被炸的机会，即不尽相同。这些差异的重要性，从长远来看虽然可能是微不足道，但是在短期内对社会大众个人层次所曾产生的影响，却不容忽略。

一

抗战初期，国民政府对重庆的人口疏散即已开始进行，但是由于未受各方重视，进展缓慢。1939年，国民政府限重庆市全市机关、学校、商店于3月10日前疏散至巴县、綦江各地，指令防空机构筹备交通工具，并令中央银行、中国银行、交通银行、中国农民银行拨款，沿成渝、川黔公路线侧修建平民住宅。重庆市政府并规定市民3月10日前自动疏散，3月11日以后则强迫疏散。疏散对象包括城市无业居民、老弱妇孺及无城市居民证的市民。②

面对日机的长期轰炸，重庆各阶层民众所采取的对策，均有所不同。达官贵人在市郊建有别墅，将家属疏散，既可防空袭，又可避暑，③ 不必和一般人挤防空洞，尤其不必担心防空洞口被堵住的风险。④ 当时国民政府各重要党政机构大多集中于市郊上清寺和曾家岩一带，其间别墅甚多，环境清幽，其中尤以国

---

① "The bombings were what made Chungking great and fused all the jagged groups of men and women into a single community. ... All were thirsty, all were sleepless, all walked in the dust, all crouched in caves. They began to be proud of themselves, and they began to admire those about them who were suffering the same ordeal;Chinese in Western clothes and Chinese in blue cotton gowns felt that they were the same flesh and blood." Theodore H. White and Annalee Jacoby, *Thunder Out of China*, New York: Slonae, 1961, pp.11-15.
② 重庆市人民防空办公室编：《重庆防空志》，西南师范大学出版社1995年版，第35页。
③ 何兹全：《爱国一书生——八十五自述》，华东师范大学出版社1997年版，第161页。
④ 钱石英：《果姑话漂泊》，台北东大图书有限公司2003年版，第218页。

民党中央党部和行政院的官舍为最佳。① 又如重庆附近铜梁县的西泉（西温泉），由于风景优美，也是战时重庆军政要员眷属集中的地区之一，白崇禧、钱大钧、邓文仪等人即将其家眷安置于此。当时驻扎于西泉的国民党部队有一位小学毕业的国军下士，于60年后回忆当地军政要员的生活，仍然羡慕不已：

> 西泉可以说是抗战时期国民政府军政大员及家眷生活的一个缩影；我记得眷属们住的房子都很漂亮、宽大，有的是西式楼房，家里都有佣人、士兵在侍候他们，每到周末或假日，西泉就有不少军车往返，一时将官及政府大员云集，当然警戒也随之加强。政府为了军政大员眷属们小孩就学的问题，在西泉还盖一间学校，专收军政大员的子弟。我曾和马书成连长到那所学校逛过，最令我印象深刻的是学校里盖有一座游泳池，还派了一位军官教导该校学生学习游泳。在西泉的军政大员眷属，不论大人或小孩的穿着，都比西泉当地人整洁、高级，气质也与一般当地人不同。我还记得往往路过白崇禧家前，经常可以听到白家有人弹奏优美的钢琴声，因此我一有空，总爱到白家附近散步。②

1939年"五三"、"五四"大轰炸后，市区发生大火，市民伤亡严重，自动疏散至附近乡村者，达100,000人左右。③ 蒋介石命市内一切公私车辆（包括他自己的车辆），一律供疏散人员之用。5月5日各车辆奉命集中于指定地点，由宋美龄指挥疏散妇孺。④ 5月5日至7日之间，重庆居民紧急疏散至各县乡村达250,000人。⑤ 12月，重庆市警察局要求户政人员单独或会同保甲长，查明该管段内"无正当职业之娼妓、僧道、尼姑、卜筮、星相、乞丐，及不必居住市区之老弱妇孺、灾民、难民，以及无证居民等"，分别强迫或劝导早为疏散。⑥

---

① 吴济生：《新都见闻录》，光明书局1940年版，第14页。
② 李志明：《一个行伍军人的回忆——李志明先生口述历史访谈记录》，《军事史评论》2002年第9期，第106页。
③ 《新华日报》1939年5月5日。
④ 璞君：《渝市惨遭轰炸》，《东方杂志》第36卷第12期，1939年6月，第54页。
⑤ 萧用：《重庆抗战大事记》，载中国人民政治协商会议四川省重庆市文史资料研究委员会编：《重庆抗战纪事》，重庆出版社1985年版，第408页。
⑥ 《大公报》（重庆）1939年12月16日。

1940年，日本海军联合空袭部队对重庆实施攻击。国民政府更进一步动员市民疏散。为了解决市民疏散中的交通问题，国民政府制订了交通统制的办法，规定了在疏散期间轮船、汽车等运输工具的统一价格。为了解决市民疏散中的住宅问题，国民政府则规定凡是愿意在重庆郊外疏散区建筑房屋者，只要所建房屋符合"朴素实用、工程简易"的要求，即可向市政府申请高达70%的贷款。① 1941年，重庆市警察局更确定疏散的优先顺序：第一期为有害于市区者，如无业游民和流氓；第二期为与抗战无关的人，如娼妓；第三期为一般市民。②

　　历年的疏散计划不可谓不完善，不过成效却仍十分有限。原因在于有钱人已不待政府实施疏散而自行疏散，无力者即使想疏散也不可能。重庆市当局所要统制疏散的对象为无居留市区必要的市民，这些市民除部分是有资产者外，不少是无业游民及困苦之辈。他们留居都市虽然会感受高物价的压力，但是却不需担心没有谋生的机会，一旦疏散到乡下，不但要多付一笔搬迁费，即使是生活也恐怕会产生问题。③

　　即使是那些遵照政府规定疏散的小市民，所面临的问题也极多。首先是昂贵的交通费用。重庆市当局虽然实施交通统制，将轮船、汽车等运输工具统一价格，不过由于运输工具的供不应求，仍然造成运费的大幅上涨。长程运输方面，从重庆出发，往南北的公路局班车奇缺，有些旅客候车10余日，仍无登程机会，只好改乘货车。货车司机往往在已经载满货物的卡车上，再加载十几个乘客（俗称为"黄鱼"），坐在货品堆上，摇摇晃晃穿行山路，随时都会发生危险。收费不仅高出公路客运一倍以上，还要看司机的脸色。④ 至于短程交通工具，如传统的人力车⑤、渡船⑥和滑竿⑦，业者也无不乘机涨价，大发"国难财"。到达疏散地点后，所需面对的则是高昂的房租（有宿舍的住者例外），以及医药问题和儿童教育问题。由于重庆秋冬两季多雾，日军轰炸重庆，大多集中于各种疾病流行的春夏雨季。乡间由于卫生水准低落，居民更易害病。疏散区的

---

① 唐守荣编：《抗战时期重庆的防空》，重庆出版社1995年版，第79—80页。
② 《新华日报》1941年4月25日。
③ 《疏散问题》，《商务日报》1941年4月20日。
④ 赵效沂：《发扬重庆精神》，《中外杂志》第10卷第6期，1971年12月，第19页。
⑤ 《疏散杂缀》，《时事新报》（重庆）1940年5月13日。
⑥ Claire Lee Chennault, *Way of a Fighter*, New York: G. P. Putnam's Sons, 1949, p.108.
⑦ 王泽锐：《抗战琐记》，载《江北县文史资料》第5辑，1990年，第14页。

医疗设施落后，往往使得疾病一来几乎即告束手。此外，疏散至乡村的家庭，较大的孩子尚可以送至他处上中学，小学生则不易找到学校可以就读，因而废学在家的情形十分普遍。[1] 例如1939年"五三"、"五四"轰炸后，教育部将部分人员疏散至数十公里以外的青木关，修建临时草房供同仁及眷属居住。一位教育部高级官员曾对该部人员疏散至乡间后的生活做过以下生动的描述：

> 各家饮水系在稻田旁一土坑中汲取，食米则由公家配给，不但陈腐，且有多种杂质。夜间每家置一桐油灯，全家老小围坐，或温功课，或做女工，或写文稿，各忙其事。苍蝇、疟蚊日夜交扰，既无设防条件，惟有逆来顺受而已。所以这几年中，恶性疟疾、痢疾、伤寒等传染病，我都一一经验。[2]

以上所述，尚为国民政府高级公务人员的生活，底层民众在疏散时所受冲击，自然更为巨大。

二

各阶层民众所使用的防空洞，也都有所不同。政商名流多半在住宅旁建有私家防空洞（当时被称为"安乐洞"）。[3] 这些防空洞宽敞整洁，洞顶以钢板覆盖，洞顶与洞壁着有装饰，地上铺有磨石地板，与室内相同，并且备有小型汽油发电机，可供照明与通风之用。有些富人的防空洞，甚至谣传可在其中打麻将和举行宴会。[4] 由于重庆的防空洞数量不足，重庆防空司令部曾规定私有防空壕洞，除洞主本人眷属亲友外，如有剩余，应容其邻人或亲友入洞避难，并用木栅隔离。[5] 不过私有防空洞的洞主既然多为政商名流，此项规定自然不易执行。[6]

---

[1] 《有关疏散的两个问题》，《时事新报》（重庆）1941年4月5日。
[2] 刘季洪：《教育生涯漫谈》，台北《东方杂志》复刊第19卷第5期，1985年11月，第70页。
[3] 胡仁友：《我所知道的隧道窒息惨案》，载《乐至文史资料选辑》第8辑，1985年10月，第40页。
[4] 陈纪滢：《重庆大轰炸》，《传记文学》第24卷第4期，1974年4月，第62页；李廷英：《抗战记事》，载宋世琦、颜景政编：《记者笔下的抗日战争》，人民出版社1995年版，第404页。
[5] 《国民公报》1939年8月30日。
[6] 重庆市人民防空办公室编：《重庆防空志》，西南师范大学出版社1995年版，第219页。

政商名流躲警报的方式，如有需要时，通常乘坐汽车。① 抗战时期轿车在重庆仍然十分罕见，政府机关中只有部长和副部长才能独享公家轿车，至于私家轿车则更为罕见。轿车从郊外进城，一般是经由汽车轮渡。除蒋介石备有专用渡船外，其余各单位的车辆均需经过公用轮渡。空袭期间，有些轿车配发有"特渡证"，凭证尚可以优先渡江。② 不过战时由于汽油来源缺乏，国民政府对公务车辆的管理极为严格，因此被滥用于躲警报的情况并不严重。③

一般的薪水阶级，其服务的公私机关、团体、学校或大型工厂，多会依地形修建各自的防空洞。重庆市完全倚山建筑，岩石坚厚，宜于凿洞，无倒塌之虞。如以太平门一带为例，沿江边一层山石，可凿二三丈高的山洞，再往上一层是沿南极门一带，山的高度也有几丈高。太平门一带，东川邮政管理局、中央信托局、军事委员会、国民党海外部、社会部等机关均在此建有防空洞，大的可容纳数千人，小的也可容纳几百人。如东山邮局的防空洞即可容纳3,000—4,000人，由口外至洞底有十几丈高，需拾级上下，内部分几个道路，有两三个出口。至于南极门一带，多为军事机关的防空洞，更是宽敞高耸。④

一般说来，经费充裕的机关，防空洞的设备即较周全。当时社会公认盖得最好的防空洞，为交通银行、农民银行两行总管理处及川盐银行等洞，均为金融业所有，其设备远较公共防空洞为佳。⑤ 如农民银行与交通银行两行总管理处所合建的防空洞，既大且深，内部系以钢筋水泥作拱。两行的办公室和宿舍均分布于防空洞周围。一有空袭警报，员工即停止办公，将文件、账册装箱，交工友送入防空洞，大家或坐在办公室聊天，或回宿舍料理家务，等到紧急警报发出，才慢慢往防空洞走，与外界民众匆忙躲警报的气氛，形成鲜明的对比。⑥ 在这些防空洞中，不但有舒适的座位，上有厚天花板，壁有木墙，地铺地板，

---

① 李廷英：《抗战记事》，载宋世琦、颜景政编：《记者笔下的抗日战争》，人民出版社1995年版，第403页。

② 姜豪：《战时重庆见闻录》，《档案与史学》1996年第3期，第56页。

③ 战时重庆的公务车辆必须领有重庆卫戍司令部的通行证，贴在车窗上，方准通行，且交通要道均有宪兵拦车路检。参阅李雁荪：《忆战时首都——重庆》，《春秋》第4卷第1期，1996年1月，第42页。

④ 陈纪滢：《重庆大轰炸》，《传记文学》第24卷第4期，1974年4月，第62页。

⑤ 《重庆防空洞管理处成立经过及结束办法之建议》，1945年8月27日。

⑥ 樊朝蒸：《抗战期间设在化龙桥的中国农民银行总管理处》，载重庆市沙坪坝区政协文史委员会编：《沙坪坝忆当年》（续集），1991年，第359页。

医药、卫生、消毒、救火设备俱全；甚至紧急警报后，还有自备发电机照明；时间稍长，另有抽风机引入新鲜空气。舒适的享受远超过安全的需要。①不过，也有少数政府机关的防空洞设备不佳。例如教育部初迁至重庆时，系暂借市郊一所小学的房舍办公。其防空洞洞壁土质松软，系以大木柱架空支撑，电灯光线微弱，通风设备全无。如弹落附近，防空洞必崩坍无虞。②一般的公立大学，防空洞多坚固且设备佳，不过有些公立的中小学，由于经费困窘，甚至连防空洞均为学生们出钱所修筑。③

各机关防空洞的进洞方式不一，有些机关印有进洞证发给员工与眷属，凭证进洞；有些机关是凭职员证入洞；也有的是随意入洞，因为彼此均已认识。各机关多指派有职员或工友，提早入洞准备照明及饮水。④政府机关于空袭期间，依规定需于防空洞处理紧急重要公务，各种会议也应照常在洞内举行。⑤不过，若无紧急重要公务需处理，一般人在防空洞时，大多是聊天和休息，有些单位甚至"打起麻将来。洞中备有许多食物，空袭时不必上班，大家在此享受"。⑥

有些私人机构，自己不兴建防空洞，但是为员工购买进入民间防空洞的入洞证。"五三"、"五四"空袭后，一位任职于进出口公司的重庆民众，即从其公司得到一张有效期一年的入洞证，这张入洞证的售价，相当于这位民众月薪的三分之二，⑦实非一般中下阶层民众所能负担。在舆论的压力下，重庆防空司令部曾三令五申，要求各机关及住户，凡私建避难壕洞，有容纳外人的空间者，应尽量容纳，不得借故拒绝或趁机营利。⑧不过成效十分有限，1940 年 8 月甚至发生经济部防空洞事件。事件的原由乃是经济部将防空洞的入洞证视为营利事业，如同一般商人做生意。其防空洞由于较为安全，购买者颇多，该部竟以物价上涨为由，将入洞证售价由 50 元暴涨为 140 元，引起社会大众的不满，重

---

① 《窒息案的教训》，《新蜀报》（重庆）1941 年 6 月 11 日。
② 封思毅：《重庆永远在哭泣——日本军机大轰炸亲历记》，打字本。
③ 游鉴明访问，黄铭明记录：《张王铭心女士访问记录》，载罗久蓉、游鉴明、瞿海源访问，罗久蓉等纪录：《烽火岁月下的中国妇女访问纪录》，台北"中研院"近代史研究所 2004 年版，第 83 页。
④ 陈纪滢：《重庆大轰炸》，《传记文学》第 24 卷第 4 期，1974 年 4 月，第 65 页。
⑤ 《中央日报》（重庆）1941 年 8 月 22 日。
⑥ 钱石英：《果姑活漂泊》，第 218 页。
⑦ 〔日〕前田哲男著，李泓、黄莺译：《重庆大轰炸》，成都科技大学出版社 1990 年版，第 250 页。
⑧ 《中央日报》（重庆）1939 年 5 月 26 日。

庆的《商务日报》甚至刊出社论予以抨击。①

三

中下阶层民众,尤其是一些需在市区谋生的人,无法疏散至郊区居住,也无法每日清晨至郊区躲避空袭,又无力自建防空洞,进不了私人防空洞,只能利用政府修建的公共防空洞。②

重庆防空洞的开凿,早在1931年九一八事变后,即已开始。全面抗战爆发后不久,1937年9月重庆防空司令部成立。当月,蒋介石饬令重庆防空司令部负责指导并协助民众挖筑简易防空壕沟。自1938年下半年起,国民政府才加紧开凿防空洞及隧道。1939年起,日机开始频繁轰炸,不过直至此时"穷人们还没有什么防空洞可躲藏"③,"五三"、"五四"大轰炸后,防空工事的构筑积极进行,数量迅速增加。④

表1 重庆市历年人口与防空设施容量统计表

年度	人口(万人)	防空设施容量(万人)	防空设施容量与人口的占比(%)
1937	60.00	0.72	1.2%
1938	62.00	3.33	5.4%
1939	52.62	25.60	48.7%
1940	53.32	34.69	65.1%
1941	62.62	36.85	58.8%
1942	78.18	42.77	54.7%
1943	92.34	44.50	48.2%
1944	94.60	45.00	47.6%

资料来源:重庆人民防空办公室编:《重庆防空志》,西南师范大学出版社1994年版,第211—218页。

上表显示,重庆市防空设施容量虽有持续增长,但是仍然无法满足快速增加的

---

① 《社论:对于经济部防空洞事件观感》,《商务日报》(重庆)1940年8月4日。
② 覃川阁:《忆重庆隧道大惨案》,载《南明文史资料选辑》第4辑,1986年,第160页。
③ 何兹全:《爱国一书生——八十五自述》,华东师范大学出版社1997年版,第157页。
④ 重庆市人民防空办公室编:《重庆防空志》,西南师范大学出版社1995年版,第221页。

外来人口。即使是在情况最佳的 1940 年，全市防空设施也只能容纳 65.1% 的人口。重庆的防空工事在数量上既已不足，而驻渝各机关、部队，又常以情形特殊或事实需要，强行占用。虽经防空洞管理处层转行政院及军事委员会转饬所属不得占用，不过由于执行困难，不但占用者仍不迁让，且仍有强行侵占的事情发生，减少了市民避难的空间。①

关于市民利用公共防空壕洞，系根据某一市区领有居住证的市民人数，分配该市区的防空壕洞。此种分配，完全依照居留市民人数与壕洞容量为比例。如无居住证的市民，应尽速疏散至乡，一概不准入洞避难。②自从实施凭证入洞后，配有洞号的市民，因此有恃无恐，空袭时不肯先行入洞；而未经配备洞号者，则聚集洞口，盼能伺隙进入，甚至有配备甲洞，而愿在乙洞避难者，也逗留洞口，以致紧急警报发布后，洞口顿成拥挤状态。防空管理处唯恐发生意外，乃规定发布空袭警报后，未经配洞市民，不得聚集洞口，若有伺机强行入洞者，送交治安机关究办；凡已配有洞号者，若入他洞避难，一经查出，即注销其原配洞号。③

重庆的公共防空洞，由于经费不足，管理机构重叠而无效率，致使工程普遍粗糙，设备也差，洞内阴暗潮湿，洞顶时有小水珠滴漏。除洞口可自然通风外，大多无任何通风设备。④不过也有少数的公共防空洞设备较佳，管理也健全。著名作家张恨水（1895—1967）在一篇以战时重庆为背景的小说《人间惨境》中，即曾对一个公共的防空洞作过以下生动的描述：

> 这个洞子，纯粹是公共的，里面是个交叉式的三个隧道，分段点着菜油灯。灯壶用铁丝绕着，悬在洞子的横梁上。照见在隧道底上，直列着两条矮矮的长凳。难民一个挨着一个，像蹲在地上似地坐着。穿着制服的洞长和（防护用）团丁，在隧道交叉点上站着，不住四面张望。这洞子有三个洞口，二个洞口上安设打风机，已有难民里面的壮丁，在转动着打风机

---

① 重庆市档案馆：《重庆防空洞管理处工作概况（1942 年 4 月）》，《档案史料与研究》1998 年第 3 期，第 9—10 页。
② 《国民公报》1939 年 8 月 30 日。
③ 《重庆市政府工作报告（三十二年四、五、六）》，1943 年，第 72 页。
④ 张西洛：《忆重庆大轰炸》，载全国政协文史资料委员会编：《中华文史资料文库》第 5 卷，中国文史出版社 1996 年版，第 598 页。

的转纽。有两个肩上挂着救济药品袋的人,在隧道上来去走着。同时,并看到交叉点上有两只木桶盖着盖子,桶上写着有字:"难民饮料,保持清洁"。他看到这里,心里倒暗暗叫了一声惭愧。这些表现,那是比自己机关里所设私有洞子,要好得多了。而且听听洞子里的声音,也很细微,并没有多少人说话。①

不过这个公共防空洞,只是个例外。据三民主义青年团重庆支部于1940年6月所作的调查,全市240个公共防空洞中,无门栏、灯火、坐椅、厕所者,约占70%—80%,洞内泥水充塞,有危险不能容人者,约占10%,负责供应茶水、灯火的当地保甲支吾推诿者,也不在少数。一位学者根据其所调查登记的240个公共防空洞统计:备有灯火器材者,仅有6个,占1/40;设有木栅、门栏者,仅有27个,占1/9;置有坐凳者,仅有67个,占1/4强;且有近1/4的防空洞内有严重的滴水、渗水、积水现象,空气流通不畅,污秽不堪,难以容人。②一位民众对其停留过的一处重庆公共防空洞,曾有以下回忆:

> 在这令人窒息的地方,已经挤满了上千个老百姓;四下里一片漆黑,只是偶尔能有盏煤油灯,镶嵌在光秃秃的岩壁上那凿成的灯座里。到处都是可怕的哭嚎声,而每一声又都在这狭窄的空间撞击着、回荡着、折磨着人的神经。我的鼻孔里很快就充满了食物的味道、小便的味道,还有洞壁上的水珠散发出来的矿物质的味道。在我看来,恐怕用不上一刻钟这恶臭的地里就剩不下氧气了。我觉得,那种被活活憋死的恐惧一定会使我拼命爬到洞外去,哪怕外面落满了炸弹也不在乎!③

无怪一般重庆民众,不到万不得已,均不愿进入公共防空洞。防空洞在设备和管理上的弊端,经整个抗战,并无多大改善,因此才会发生1941年6月5日大隧道的窒息惨案。

---

① 张恨水:《人间惨境》,载曾志中、尤德彦编:《张恨水说重庆》,四川文艺出版社2001年版,第157页。
② 程雨辰:《蒋介石与重庆的防空洞》,《档案史料与研究》1993年第4期,第92—94页。
③ 杨小燕:《躲警报》,载罗泰琪:《重庆大轰炸纪实》,内蒙古人民出版社1998年版,第426页。

重庆大隧道是重庆最大的公共防空洞，抗战爆发后开始修建。全长近4,000公尺，设进出口13处，总容量为10,000人。自1938年起施工，1939年"五三"、"五四"大轰炸后，防空当局在各方压力下，将已初步竣工的部分隧道提前开放使用。但隧道内设备简陋，通风、照明、防火、防毒、医药、电话通讯设备极差。① 每次避难的人一多，只要两三个小时，空气即已污浊不堪，令人有窒息的感觉。如果时间过长，即会发生窒息死亡事故。② 不过由于其安全性仍较一般小土洞为佳，因此成为中下层市民躲避空袭的主要场所。③

　　1941年6月5日，日机空袭时间较长，洞内避难民众过多，空间极差，通风机却无法开启，民众纷纷向洞口移动，以期呼吸新鲜空气。至敌机一临上空，洞外民众多惊慌蜂拥入洞，洞内正由深处向外移动的民众不及避让或不愿避让，即发生拥挤倒压现象，互相践踏，洞口愈塞则空气愈稀薄，遂造成惨剧，死亡人数近万人。④ 死难的民众中，工、农、兵、学、商均有，⑤ 不过却没有达官显要。⑥

　　惨案发生后，引起了社会大众的关注。舆论普遍认为此次浩劫的造成，固然应该归罪于日军的暴行，但是政府分配防空洞的极度不合理，忽视平民安全，也是主要原因之一。重庆《新蜀报》所刊出的社论，即直言政府机关所修建的防空洞，其设备的舒适已远超过安全的需要，并对政府忽视公共防空洞大肆抨击：

> 公共防空洞的情形，就不忍言了！读者入过公共防空洞的，都身受其苦，我们也不必再讲！试问这种情形合理与否？难道公务员的生命，比商人重要？比一般老百姓重要吗？大抵越是有钱的机关，防空洞的设备越周全；试问这些钱从何而来？为什么人民出了钱，反受非人的待遇？尤其可痛的是，我们常见许多公家机关所占用的防空洞，容量极大，而容人却甚少，虽紧急警报之后，老百姓再四哀求，亦难邀准救命。何以炸弹之下，还有这种贫富、公私、官民、天堂地狱之分？其令人百思不得其解！⑦

---

① 唐守荣编：《抗战时期重庆的防空》，重庆出版社1995年版，第93页。
② 覃川阁：《忆重庆隧道大惨案》，载《南明文史资料选辑》第4辑，1986年，第160—161页。
③ 赵筱梅：《抗战回忆——记战时儿童保育会》，《中外杂志》第138期，1978年8月，第69页。
④ 中国第二历史档案馆：《重庆大隧道惨案史料一组》，《民国档案》1997年第1期，第27—28页。
⑤ 高训伦：《重庆隧道窒息案大惨案真相》，载《乐至文史资料选辑》第8辑，1985年，第44页。
⑥ Owen Lattimore, *China Memoirs: Chiang Kai-shek and the War Against Japan*, Tokyo: University of Tokyo Press, 1990, p.121.
⑦ 《窒息案的教训》，《新蜀报》（重庆）1941年6月11日。

这篇社论最后提出了一些具体的建议，包括凡是已被公家机关占用的防空洞，应尽量腾出一部分供市民使用；紧急警报发布后，无论公、私防空洞，应一律准许老百姓入洞等。① 不过这些建议，似乎最后均未被采纳。

四

社会中下层人士，由于职业因素，被炸的机会也较上层人士为大，尤其是工作地点在街头、工厂以及第一线的救灾人员。据重庆人力车工会于1939年9月所作的调查，重庆市人力车夫共有6,000多人，死于轰炸者已有300人左右，受伤者达700—800人。许多人力车夫被炸死的原因是怕入防空洞会遗失车辆而选择不进洞。② 根据一项资料，1940年8月重庆各界所组织的空袭救济单位所收容的难胞，大多是小贩和佣人。③ 日机轰炸频繁时期，有些工厂为了多赚钱，空袭时也不停工停产，即使是国营工厂也是如此。④ 有些工厂不遵守防空法令，本身没有防空洞的设施，但是又不准工人至厂外躲避，⑤ 因而被炸伤者甚多。⑥ 此外，空袭期间负责维持重庆全市秩序和监视汉奸活动的军、警、宪及防护团人员，被炸的机会也极大。⑦ 例如驻守重庆地区的宪兵，第三团全团官兵即奉命于空袭时在市区巡逻放哨，不得进入防空洞，因此不少官兵被炸死。⑧

轰炸过后，随之而来的即是火灾。重庆市内与郊区的房子，除了少数砖房为大型机关行号和豪商巨贾所有，⑨ 一般均甚简陋，大多为"捆绑式"的临时房屋。搭建时先将竹制竖柱立于地基之下，再将横梁以钢丝和竹条捆绑，并将榫头处加以捆绑筑牢，再在上面钉上木板。墙壁是用竹篾编结而成，再抹上泥土，屋顶系以薄瓦和茅草覆盖。由于重庆的冬天并不很冷，又没有大风，因此这种

---

① 《窒息案的教训》，《新蜀报》（重庆）1941年6月11日。
② 子冈：《重庆的人力车》，《大公报》（重庆）1939年9月25日。
③ 天循：《后方战斗的行列——记收容所及其生活》，《中央日报》（重庆）1940年9月2日。
④ 野谷：《兵工厂厂长李承干》，载重庆市文史研究馆编：《陪都星云录》，上海书店1949年版，第19页。
⑤ 《厂方违反防空法令不准工人躲避空袭》，《新华日报》1940年6月13日。
⑥ 毅甫：《山城杂色（重庆通讯）》，《解放》第129期，1941年5月，第21页。
⑦ 《空袭下的英雄》，《大公报》（重庆）1940年6月13日。
⑧ 高训伦：《重庆隧道窒息大惨案真相》，载《乐至文史资料选辑》第8辑，1985年，第42页。
⑨ 吴济生：《新都见闻录》，第85页。

简单的建筑还颇可以将就。一般可使用2—3年,多则可用到6—7年。事实上,根据作家老舍(1899—1966)的观察,这种房子"力气大的人,一拳能把墙砸个大洞"①。由于各栋房屋盖得紧密相连,一旦着火,即烧成一片。如1939年"五三"、"五四"大轰炸时,日军扔下大量燃烧弹,重庆顿时即陷入火海,房屋烧毁90%。②根据一项统计,1938—1941年间重庆居民遭受空袭死亡者,其中死于炸弹命中者仅占5%,死于炸弹破片者占15%,死于房屋炸塌或火灾者,则占80%。③

火灾对于各阶层民众的冲击,并非一致,中下阶层民众所受到的冲击,也较上层人士为大,试以1939年"五三"、"五四"大轰炸后所引起的大火为例,上下阶层所受影响,有以下几项不同之处:

第一,上层人士的砖房,着火较慢,而中下阶层的草棚,只要一点火星即可烧光一切。同时,一间草棚或木屋烧毁,对一个中下阶层的损失往往较一个上层人士损失一栋砖房为大。④

第二,救火车的调动,并非依据火势而定,而是优先保护达官贵人的住处。许多达官贵人直接打电话给重庆防空司令部,要求派救火车去。防空司令部通常立即派军官持司令刘峙手令,乘摩托车至火灾现场,调动正在救火的车辆去应付达官贵人的需求,以致造成火势蔓延及救火人员的不满。⑤

第三,火灾现场,有大量房屋倒塌。重庆卫戍司令部动员重庆四郊驻军官兵数万名前来市区救火。部分官兵对于火场被压在瓦砾中的受伤民众,并未立即营救,而是先问其身份,如为富人,则向其家属勒索巨款,再经讨价还价过程,等钱到手后,才动手营救。如非富人,则常见死不救。⑥

第四,防空法规规定,在未发放解除警报前,严禁民众走动。有时防空人员过于保守,虽然敌机投弹后早已远去,但仍迟迟不发放解除警报,造成中下阶层民众虽想自行救火,也无法自由行动,只得听任大火任意蔓延。⑦

---

① 老舍:《八方风雨》,上海人民出版社2005年版,第392页。
② 苏智良等:《去大后方》,上海人民出版社2005年版,第392页。
③ 唐纵:《唐纵失落在大陆的日记》,台北传记文学出版社1998年版,第242页。
④ 林如斯等:《战时重庆风光》,重庆出版社1986年版,第90页。
⑤ 邹高竞:《抗战时期重庆防空黑幕》,载《文史资料选辑》第40辑,1963年,第231页。
⑥ 邱沈钧、丁绪曾:《抗战时期重庆的电讯防空工作》,载《四川文史资料选辑》第32辑,1984年,第96页。
⑦ 魏大铭:《侦空情报对防空与空战之贡献》,《传记文学》第39卷第3期,1981年9月,第112页。

五

自抗战爆发，沦陷地区民众开始逃难，即常有人羡慕独身者，他们认为在战乱的年代，独身者最为幸运，逃起难来不必扶老携幼，比较简单。① 在躲警报时，男性由于许多工作场所备有防空洞，或是附近即有防空洞，因此躲起警报时不需花费什么力气。已婚女性由于就业者甚少，躲警报时即每需准备干粮及茶水，携带行李及老小，远较其丈夫辛苦，尤其是那些请不起佣人的家庭主妇。著名作家张恨水在他的小说《巴山夜雨》中，对于战时重庆妇女躲警报的窘态，即有以下生动的描述：

> 村子里面向防空洞去躲飞机的人，也是摆出了一条长蛇阵。这山路下的一条人行路径，也不过是二尺宽。有的老太太扶着手杖，一步一步地挨，旁边还有小孩子扶着。那抢着要占位的人，可有些不耐，侧了身子，就挨着身子挤了过去。有的中年太太，手上抱着一个吃乳的孩子，衣襟可又被五六岁的小孩子牵着。那行路的速度，也不曾赛过扶杖的老太太。……李太太带着三个孩子、四个旅行袋，也就不怎么利落。正好前面是走不动的甄太太。再前面是一个小公务员的太太，肩上扛着一只大布包袱，手里提着锁门已坏、绳子捆着的小皮箱。手边还有两个孩子，都不满三尺长。小孩子走不动，她也拿东西拿不动，又不敢歇，走得身子七歪八倒。②

缠足和怀有身孕的妇女在躲警报时更是不便，在拥挤中常会被绊倒，有些老太太便因此而守在家中不外出避难，遭轰炸的机会即大为增加。③ 也有的孕妇在躲警报的过程中流了产。④ 未婚的少女虽然不受行动不便之苦，但是面对的是另一种束缚。自日军侵略中国，许多家长听说了日军"烧、杀、抢"的"三光政策"，均急于将女儿嫁出去，以免落于日军之手。于是许多少女被迫辍学嫁

---

① 丰子恺：《劳者自歌》，载秦牧主编：《中国抗日战争时期大后方文学书系》第5编第2集，重庆出版社1989年版，第956页。
② 张恨水：《红球挂起》，载曾智中、尤德彦编：《张恨水说重庆》，四川文艺出版社2007年版，第94页。
③ 《五十八年前梁平惨遭日机狂轰滥炸》，梁平之窗，http://www.tsy.8u8.com/lpxinwen4/010818b.htm。
④ 《我们在割稻子》，《大公报》（重庆）1940年7月29日。

人，有些甚至随便嫁给中年男子，甚至吸食鸦片者。①

妇孺在躲警报时是弱势族群，进入防空洞后也不例外。为了保护弱小，1940年2月蒋介石特别手令重庆市长吴国桢，责成其对年老、幼童及妇女三类人士，需于防空洞内空气较好之处设特别座位。重庆市政府经过研商后，并未落实此项手令，设置特别座位，仅要求各防空洞主持人在遇空袭时劝导避难民众尽量让老幼、妇女坐于空气较好之处。②国民党重庆市党部则制作"敬老慈幼袋"一种，其中包括敬老的防暑药、慈幼的糖果及空袭时"市民须知"传单，由热心人士义务在各防空洞内服务。"市民须知"的内容包括"老幼或病人进入防空洞时，大家要来扶持"；"洞内座位要让老幼、病人或孕妇先坐"等，③不过成效似乎十分有限。

防空洞的最大威胁是对健康不利。洞内阴暗潮湿，长期在其中有碍健康，对老人和小孩尤其不利。夏天蚊虫多，防空洞往往成为疾病的媒介。疟疾、痢疾、肺炎、百日咳等病症到处流行④，儿童得病死亡者颇多。⑤

对儿童而言，防空洞的另一项威胁是在洞内不能啼哭。儿童在防空洞内一久，难免会啼哭，但是许多民众相信小孩在防空洞内啼哭会引起敌机的注意，因而成为敌机投弹的目标，于是儿童的家长（大多数是母亲）往往成为众人指责的对象。有人会说："你明天另外找地方躲吧！"有的说："你要躲就一个人来，小孩子不必带来，免得连累大家。"尤其当日机临空时，有人会要这些母子"滚出去！"，甚至要求这位母亲将其啼哭的子女用手勒死。⑥敌机掷弹后，防空洞内往往秩序大乱，以致民众相互推挤。妇孺力弱者，多被压倒于底层，身强力壮者则因人潮拥挤被压倒于上层。⑦在推挤的过程中，母亲常俯在子女身上保护子女，自己却因此受伤。⑧母亲在防空洞中对子女所表现出的慈爱，引

---

① 〔日〕前田哲男著，李泓、黄莺译：《重庆大轰炸》，成都科技大学出版社1995年版，第93页。
② 程雨辰：《蒋介石与重庆的防空洞》，《档案史料与研究》1993年第4期，第93页。
③ 《大公报》（重庆）1940年7月29日。
④ 柳无忌：《烽火中讲学双城记》，《传记文学》第32卷第3期，第57页。
⑤ Han Suyin, *Birdless Summer*, New York: G. P. Putanm's Sons, 1968, p. 182.
⑥ 施秀文：《防空洞中小孩啼哭问题》，《大公报》（重庆）1941年6月12日；李华飞：《从轰炸中成长》，载秦牧主编：《中国抗日战争时期大后方文学书系》第5编第2集，重庆出版社1989年版，第321页。
⑦ 中国第二历史档案馆：《重庆大隧道档案史料一组》，《民国档案》1997年第1期，第27页。
⑧ 张明明：《父亲在重庆的日子》，载曾智中、尤德彦编：《张恨水说重庆》，四川文艺出版社2007年版，第364页。

起了作家的注意。一位诗人即曾为防空洞中的母亲写了以下诗句：

> 敌机疯狂地投弹了，
> 地层坍崩一样地震撼着，
> 人们就如鸷鹫下的鸡雏，
> 那么焦急而无助，
> 你们却不顾惜自己，
> 惟恐孩子会被攫，
> 而把他搂抱得更紧。
> 孩子给吓得哭了，
> 哭声像一根带，
> 抽紧着慈母的心，
> 深怕人们责怪，
> 你们把干枯的乳头，
> 搪塞到小喉咙里，
> 让乳头被吸得焦痛，
> 对婴儿也决没有一点怨恨。
> ……
> 洞外那罪恶的轰响，
> 快要把天地捣翻了，
> 想着家屋也许正在焚烧，
> 想着怀里的爱儿，
> 也许下一分钟就会永远阖上眼睛，
> 你们，慈惠的母亲们呵，
> 怎能禁得住不泪落纷纷？
> ……①

---

① 严辰：《伟大的慈心——给防空洞里的母亲们》，载臧克家编：《中国抗日战争时期大后方文学书系》第 6 编第 1 集，重庆出版社 1989 年版，第 696—697 页。

在轰炸时，妇女和儿童所受到的冲击也和其他人有所不同。最具代表性的一个例子是有一个家庭包括一个丈夫、一妻一妾以及一个四个月大的儿子。在日机临空时，那个小老婆灵敏地将儿子放在地上，叫丈夫俯在孩子身上，小老婆又俯在丈夫身上，妻子则被指定俯在小老婆身上，如此四人叠在一起。结果，在最上面的妻子被炸伤，而小老婆、丈夫和儿子均平安无事。①

轰炸时，儿童虽然被他们的父母保护得很好，不过当他们的父母被炸死，这些儿童便成为真正的弱势族群。日军对重庆实施轰炸后，社会上即增加了许多流浪儿童。他们的生活，随着年龄和体力的不同，所选择的出路也有所不同。有的在码头上替人搬运行李，有的挨门乞讨，有的与小偷为伍，也有的于日机轰炸后在瓦砾中寻找金饰换钱。寒冬季节则相率投至警局，要求将他们解至收容所，暂时结束流浪的生活。随着日军轰炸的持续进行，重庆市区内流浪儿童也"无限制地在增加"，而且都是十三四岁身强力壮的少年，这一情况引起了新闻媒体的注意。②

抗战爆发后，沿海地区大量难民涌入重庆等西部地区，这些外来人口被四川称为"下江人"。因为谚称下方为"脚底"，所以"下江人"又被称为"脚底下人"。"脚底下人"本是一种习惯称谓，但是初到川渝的外省人乍听此称谓，以为带有侮辱的意味，误会与隔阂由此产生，并引起不少无谓的纠纷，重庆市警察局甚至曾为此通令查禁呼喊"下江人"的称谓。③

日军开始轰炸重庆之初，外来的"下江人"由于历经过空袭，懂得空袭的厉害，听到警报声即迅速进入防空洞；听到飞机来时的隆隆声响，会跑得更快，本地人对空袭的反应则大为不同。④本地人普遍认为战争只是两支军队之间的事，即使是殃及平民，也不至于掷炸弹到平民头上，何况重庆附近也根本没有日本兵。⑤有些人空袭时将家中所有的棉被堆在桌上，把桌子充作防空洞，⑥有些本地人甚至不相信炸弹可以炸死人，因此从来不肯躲警报。⑦重庆市的警察

---

① 林如斯等：《战时重庆风光》，重庆出版社1989年版，第131—132页。
② 良马：《饥饿线上的儿童》，《新蜀报》（重庆）1940年9月26日。
③ 朱丹彤：《隔阂与融合——抗战时期重庆"上下江人"的求同存异》，《广西社会科学》2005年第1期，第146页。
④ 老舍：《鼓书艺人》，《老舍文集》第6卷，人民文学出版社1989年版，第351—352页。
⑤ 〔日〕前田哲男著，李泓、黄莺译：《重庆大轰炸》，成都科技大学出版社1995年版，第88页。
⑥ 杨文钊：《经历灾难：炸不垮的坚强》，http://www.cgcb.com/gb/MEP/2004-04/24/content.219240.htm。
⑦ 左曙萍：《蓬莱岛上的花溪》，载《花溪结缘三十年》，自印本，1969年，第30页。

也缺乏被轰炸的经验,1939年"五四"大轰炸前,对于在街上行走的市民也完全不管,任其自由。①

六

学界传统的看法,认为1938年至1941年日军对重庆的长期轰炸,不仅未达到预期的目标,反而强化了重庆民众的社会凝聚力(social solidarity)。此种论述,早在抗战期间即已有人提出,直至今日已为中外学界所普遍接受。笔者并不反对此种论述的正确性,但是认为此种论述将史实过分简化,因而忽略了历史的复杂性。日军对重庆的密集轰炸,确实强化了重庆民众的社会凝聚力,但是此种社会凝聚力有多强,能维持多久,均是疑问。更重要的是,空袭对重庆各阶层民众的冲击并非一致。首先,重庆的防空设施不足,即使不分公有、私有,全数的防空设施均供民众使用,也只能容纳全市约60%的人口。上层的达官显贵多在市郊建有别墅,既可防空袭,又可避暑。有些上层人士在住宅旁自建有家庭防空洞,外人不得擅入。其次,是任职于一般公私机构的薪水阶层,办公处所多建有地下室或防空洞。至于社会上占绝大多数的中下阶层,则只能利用设备简陋的公共防空设施。他们或由于无能力疏散,或由于工作关系,必须留在市内,因此最容易成为日机轰炸的目标,但是却只能拥有相当少的防空设施空间;相反地,达官显贵则大多疏散至郊区,较不易成为空袭的目标;即使在市区工作者,也有较为便捷的避难交通工具和设备完善的防空设施可资利用。值得注意的是,面对各种不平等的现象,有些知识分子即开始质疑,例如作家张恨水即曾说:

(战时生活虽苦),为了争取抗战的胜利,并没有谁发出怨言。可是当我们到"疏建区",看到阔人新盖的洋房,在马路上看到风驰电掣的阔人汽车,看到酒食馆子里,座上客常满,就会让人发生疑问:一样在"抗战司令台"(按:指重庆)畔,为什么这些人就不应该苦?②

---

① 龚德柏:《龚德柏回忆录》,台北龙文出版社1989年版,第566页。
② 张恨水:《写作生涯回忆》,人民文学出版社1982年版,第71页。

知识分子的不满，通过新闻报道、文学作品、漫画、口头传播等方式，在中下阶层民众之间传播，使得民众对于国民政府不满的情绪逐渐升高。

在性别方面，妇女受到轰炸的影响即较男性为大。缠足及怀孕妇女由于行动不便，受到轰炸而伤亡的机会较大。大多数的家庭主妇每当红灯笼球（警报信号球）挂起后，即需带着幼小的孩童及笨重的行李避难，进入防空洞后，又往往由于小孩的哭闹声成为众人嫌弃的对象。最后，在族群方面，沿海逃难至重庆的"下江人"，对于空袭的警觉性较高。相对地，本地人对空袭则缺乏认识，有些人甚至不相信炸弹会炸死人。重庆的中下阶层又以本地人居多，在轰炸初期伤亡甚大。本地人又由于较缺乏国家观念，在战争初期甚至认为日军轰炸是"下江人"所带来的祸害。

炸弹虽然不长眼睛，但是不同社会类型（social category）的重庆民众被炸的机会却不尽相同。这些区别的重要性，从长远来看，虽然可能是微不足道，但是在短期内对社会大众个人层次所曾产生的影响，却不容忽视。

（本文原载 Chang Jui-te, "Bombs Don't Discriminates? Class, Gender, and Ethnicity in the Air-Raid-Shelter Experiences of the Wartime Chongqing Population," in Norman Smith and James Flath eds., *Beyond Suffering: Recounting War in Modern China*, Vancouver: UBC Press, 2011, pp.59-79。）

社会阶层与流动

测量传统中国社会流动问题方法的检讨[*]

一、前言

传统中国社会流动的性质和程度一直是个吸引着许多历史学家、社会科学家注意的问题,因为如果能够解答这些问题,即可对中国社会的性质有较深入的了解。根据索罗金(Pitirim A. Sorokin)于1927年所提出的界说,社会流动系指个人、社会目标(social object)或价值的转变。其主要形式可分为两种:一种是水平流动(horizontal mobility),意指个人(或社会目标)从某一社会阶层转移至另一阶层。依移动的方向,垂直流动又可分为上升流动和下降流动两种。[1] 社会流动量的大小,往往可作为一个社会开放程度的指标。

研究中国历史上的社会流动现象,最早的学者可算是陈寅恪氏,他的《唐代政治史略论稿》一书上篇《统治阶级之民族及其升降》,虽未使用社会科学理论解释历史现象,也未使用量化方法处理资料,但其见解之精辟,实为少有。至于近人研究社会流动问题,则大多使用社会学理论及量化方法,但因所取史料与观察角度的不同,加上史料本身的限制,以致结论往往有极大的差异,作品的学术价值也参差不齐。本文的目的,即在尝试检讨近人有关著作的量化方法,并寻求新的研究途径。

二、测量方法(上)

一般学者测量传统中国的社会流动,大致从以下几方面入手:

第一种方法是比较传记资料中人物的社会背景,以测量社会流动的程度。在我国的史料中,传记史料非常丰富,曾有人估计,正史中62%的篇幅属于传

---

* 本文之初稿曾先后蒙文崇一、许倬云二位先生教正,谨此致谢。
[1] P. A. Sorokin, *Social and Cultural Mobility*, Glencoe, Ill. Free Press, 1959, p.133.

记。① 杂史和地方志书都有传记材料，私人编撰的传记集种类也很多。许多学者即以列传资料作为量化对象，但是这种方法缺点极多：

第一，列传的体裁不止一种，除本传外，尚有循吏、儒林、外戚、宦官、方技、隐逸、列女、忠义、艺术、叛臣、道学等，各朝均有增减，史家将重要人物依其表现分别归类。如以统治阶层为研究对象，量化分析时仅以本传（或增加与政治有关的列传）作为样本，则有些官吏虽属于统治阶层，但因某方面之特殊表现而被列入其他列传者，即遗漏计算。但也不应如有些学者②将各类列传中凡曾任官者全部列入计算。

第二，各种传记的编纂体例均不尽相同，且常有疏漏。现以附传例，通常传一人而其子孙均附传内，但也有一家父子各自为传的，如《后汉书》中班彪与班固为一传，班超与班勇又为一传；且附传无一定标准，甚至"若一人立传，而其子孙、兄弟、宗族，不论有官无官，有事无事，一概附入，竟似代人作家谱"③。立传大多数都是一人立一传，但也有一人二史各传，或一人同史二传的情形。④且立传取舍标准不同，甚至"述儒林，则不取游夏之文学；著循吏，则不言冉季之政事⑤。"

此外，如一人跨二代，则依其重要性，有二史同传者，⑥有列于前代传者，有列于后代传者，以致发生如《汉书》所载货殖"多周秦时人，与汉无涉"⑦的情形，更令人惊奇的是《宋史·循吏传》竟没有一人是属南宋，由此可见学者如孙国栋⑧想要测量两个朝代交替时的社会流动情形是件多么危险的事。所取人物若有遗漏，或与事实不符，则样本缺乏代表性，量化分析之结果即难取信于人，一般以正史列传作为量化分析对象的学者，大多未考虑到这一点。

---

① Han Yu-Shan, *Elements of Chinese Historiography*, Hollywood: W. M. Hawley, 1955.
② 毛汉光：《两晋南北朝士族政治之研究》，台北中国学术著作奖助委员会1966年版；毛汉光：《唐代统治阶层社会流动——从官吏家庭背景看社会流动》，台湾政治大学政治学研究所1968年未刊博士论文；毛汉光：《三国政权的社会基础》，台北"中研院"历史语言研究所集刊》第46本，1974年，第1—30页；陈义彦：《北宋统治阶层社会流动之研究》，台湾政治大学政治学研究所1970年未刊硕士论文。
③ （清）赵翼：《廿二史劄记》，台湾史学出版社1974年版，第201页。
④ （清）赵翼：《廿二史劄记》，台湾史学出版社1974年版，第184—185、505—506、596—599页。
⑤ （唐）刘知幾：《史通》，《四库丛刊初编》本，台北商务印书馆1972年版，第116页。
⑥ （清）赵翼：《廿二史劄记》，台湾史学出版社1974年版，第147—148页。
⑦ （清）赵翼：《廿二史劄记》，台湾史学出版社1974年版，第147—148页。
⑧ 孙国栋：《唐宋之际门第之消融——唐宋之际社会转变之一》，香港《新亚学报》第4卷第1期，1959年，第211—304页。

有些学者则使用正史以外的传记材料,如许烺光之使用姜亮夫编的《历代名人年里碑传总表》①及方志②,许倬云之使用《左传》与《后汉书》中的《古今人表》③,马若伯之使用 Arthur W. Hummel 所编的《清代名人传略》(*Eminent Chinese of the Ch'ing Period, 1644-1912*)。④但私人编纂的传记、地方志书,内容之重点不尽相同,并且编者对于传记人物之取舍常有偏见——前者如《清代名人传略》注重政治、学术、东西交通方面的人物,⑤后者如《国朝耆献类征》之偏于江苏籍人物,⑥并且,地方志书的传记材料对于家庭背景往往记载不详。⑦这些可疑的材料用来作为量化分析,除非经过多方面详细的检查,否则实在是件极冒险的事。

三、测量方法(下)

第二种测量传统中国社会流动的方法是以某一特定阶层作单位,观察其组成分子性质的变动。这类著作在数量上极多,如以官职作单位的有刘广京⑧之研究清代督抚,李国祁与周天生之研究清代基层地方官,⑨傅宗懋之研究清代督抚与军机大臣,⑩陈文石之研究清代笔帖式,⑪魏秀梅之研究清代布政

---

① Francis L. K. Hsu, *Under the Ancestors' Shadow: Chinese Culture and Personality,* New York: Columbia University Press, 1948.

② Francis L. K. Hsu, "Social Mobility in China", *American Sociological Review*, 14: 6, 1949, pp. 764-771.

③ Hsu Cho-Yun, *Ancient China in Transition of Social Mobility, 722-222 B. C,* Stanford: Stanford University Press, 1965.

④ Robert M. Marsh, *The Mandarins: The Circulation of Elites in China, 1600-1900,* New York: The Free Press, 1961.

⑤ Wolfram Eberhard, "Social Mobility and Stratification in China", in Reinhard Bendix and Seymour Martin Lipset eds., *Class, Status, and Power: Social Stratification in Comparative Perspective*, 2nd ed, New York: The Free Press, 1966, pp. 171-182.

⑥ Ho Ping-ti, *The Ladder of Success in Imperial China: Aspects of Social Mobility, 1368-1911*, New York: Columbia University Press, 1962, pp. 95-96.

⑦ Ho Ping-ti, *The Ladder of Success in Imperial China: Aspects of Social Mobility, 1368-1911*, New York: Columbia University Press, 1962, pp. 93-94.

⑧ 刘广京:《晚清督抚权力问题商榷》,台湾《清华学报》新10卷第2期,第176—207页。

⑨ 李国祁、周天生:《清代基层地方官人事嬗递现象之量化分析》,《台湾师大历史学报》第二期,第301—384页。

⑩ 傅宗懋:《清代督抚制度》,台湾政治大学1963年版;《清代军机处组织及职掌之研究》,台北嘉新水泥公司文化基金会1967年版。

⑪ 陈文石:《清代的笔帖式》,台北《食货》复刊第4卷第3期,1974年,第11—12页。

使①、按察使与督抚,凯思勒之研究清代督抚。② 以某一社会阶层为单位的有汪一驹之研究近代中国留学生、③艾伯华之研究现今台湾的商人等。④ 以官职为观察单位的优点是对象固定,大多有名单可查,但是分析时必须考虑到官职本身地位的变动,最明显的例子如春秋战国时士大夫身份的变动和清代中叶以后督抚势力的增长。后者以某一阶层为观察单位的缺陷在于普通所用名词意义过于含混,在量化时无法将资料做客观的分类。如"商人"词,可指小杂货商,也可指商业巨子,不过这种情形不只是中国才有,西方也是如此。⑤ 这类的名词还像士族、寒素、统治阶层、优异分子(elite)、绅士(gentry)、中产阶级等,⑥在量化时往往造成困扰。但是,我们也不能不承认,借此方法我们才得以了解较多不同社会成员的社会流动情形,使我们的视野能够扩大一些。

另外有一些学者,想从科举制度中观察社会流动的情形,如柯瑞克⑦、张仲礼、何炳棣⑧等人从通过科举考试者的名单,潘光旦与费孝通⑨从硃墨试卷中查其先代的社会背景。但是这类方法过分强调了科举制度,科举虽是传统中国社会入仕的正途,但是除科举外尚有其他方式,如荫任、赀纳、吏道、方伎等,

---

① 魏秀梅:《从量的观察检讨清季布政使的人事嬗递》,台北《"中研院"近代史研究所集刊》第二期,1971年,第505—533页;《从量的观察检讨清季布政使的人事嬗递》,台北《"中研院"近代史研究所集刊》第三期下册,1972年,第475—495页;《从量的观察检讨清季布政使的人事嬗递》,台北《"中研院"近代史研究所集刊》第四期上册,1973年,第259—292页。

② Lawrence D. Kessler, "Ethnic Composition of Provincial Leadership during the Ch'ing Dynasty", *Journal of Asian Studies*, 28: 3, May 1969, pp.489-511.

③ Y. C. Wang, "Western Impact and Social Mobility in China", *American Sociological Review* 25, 1960, pp.843-855; Idem, *Chinese Intellectuals and the West, 1872-1949*, Chapel Hill: University of North Carolina Press, 1966.

④ William W. Whitson, "The Distribution of Power among Military and Civil Interest Groups in China, 1956-1971", Paper Presented to the Rand Corporation (P-5044), 1973.

⑤ Gordon F. Lewis, "A Comparison of Some Aspects of the Backgrounds and Careers of Small Business Men and American Business Leaders", *American Journal of Sociology*, 65: 4, Jan. 1960, pp.348-355.

⑥ William O. Aydelotte, "Quantification in History", *American Historical Review*, 71: 3, April 1966, pp.803-825.

⑦ E. A. Kracke, Jr. "Family vs. Merit in the Chinese Civil Service Examinations under the Empire", *Harvard Journal of Asiatic Studies*, 10: 2, Sep. 1947, pp.103-123; Idem, "Region, Family, and Individual in the Chinese Examination System", in John K. Fairbank ed., *Chinese Thought and Institutions*, Chicago: University of Chicago Press, 1957, pp.251-268.

⑧ Ho Ping-ti, *The Ladder of Success in Imperial China: Aspects of Social Mobility, 1368-1911*, New York: Columbia University Press, 1962, pp.95-96.

⑨ 潘光旦、费孝通:《科举与社会流动》,台湾清华大学《社会科学》第4卷第1期,第1—22页。

也能跻身官僚集团；甚至聚众夺取政权，改朝换代，也可造成上升流动。并且，通过科举者并非一定任官。任官以后，影响仕途的因素，如家庭背景、年资、考绩等即无从观察。马若伯①从同官录中观察同时被任官者，其入仕后各人的变迁，这种集团分析（cohort analysis）似乎较能深入。

四、综合讨论

研究传统中国的社会流动问题，在收集可供量化的资料时，一方面无法如周荣德②、艾伯华③、欧森④等学者能采用社会调查时所用问卷、晤谈等方法，事先能经过精确的取样（sampling），一方面又受到史料本身的限制，因此所取样本能够代表群体（population）的程度往往不能令人满意。虽然如此，对于研究过程中所取史料之来源及分类标准，仍应尽量明确描述，以便查考。维特孚格⑤、诺斯和浦欧⑥在考查其研究对象的社会背景时，因未详的比例过大，量化结果即缺乏学术价值。

一个人的前数代都没有功名或官宦的记录，即可称为布衣出身吗？在一个显赫的大宗族——如中古时的清河崔氏，其中的某一支已数代无获功名或官职者，但这家庭中的分子在血统上仍属清河崔氏（如果是在西方，他的姓后面可能还要加个一世、二世之类的称号）。将其列入无家庭背景的平民出身是否适

---

① Robert M. Marsh, "Formal Organization and Promotion in a Pre-industrial Society", *American Sociological Review*, 26: 1961, pp.547-556; Idem, "Value, Demand, and Social Mobility", *American Sociological Review*, 28: 1963, pp.565-575.

② Chow Yung-teh, *Social Mobility in China: Status Careers Among the Century in a Chinese Community*, New York: Atherton Press, 1966.

③ Wolfram Eberhard, "Social Mobility among Businessmen in a Taiwanese Town", *Journal of Asian Studies*, 21: 3, May 1962, pp.327-339.

④ Stephen M. Olsen, "The Inculcation of Economic Values in Taipei Business Families", in W. E. Willmott, ed., *Economic Organization in Chinese Society*, Stanford: Stanford University Press, 1972, pp.261-295.

⑤ W. A. Wittfogel, "Public Office in the Liao Dynasty and the Chinese Examination System", *Harvard Journal of Asiatic Studies*, 10: 1947, pp.13-40; Idem, *Oriental Despotism: A Comparative Study of Total Power*, New Haven: Yale University Press, 1957.

⑥ Robert C. North and Ithiel de Sola Pool, "Kuomintang and Chinese Communist Elites", in Harold D. Lasswell and Daniel Lerner eds., *World Revolutionary Elites: Study in Coercive Ideological Movements*, Cambridge: M. I. T. Press, 1965, pp.319-455.

宜？因此学者如艾伯华①等以家族为观察对象自有其价值，但是这种血缘组织的影响力也是随各时代而不同的。

量化结果所得数字是否即是社会流动量的真相？不，人口数量和职业结构的改变也会影响到社会流动。②并且，一般人常喜欢夸大自家前代的事迹，作传时常有虚构的情形，因此，真正的流动量将和所得数字有些差异。

数字本身并不会说话，必须将所得数字与不同时代或同时代的其他社会比较，才具意义。但在做同一社会前后时代流动量的比较时，所用史料应尽量一致。泛社会（cross-societal）流动量的比较是近年来许多学者感兴趣的题目。③但是所牵涉的问题过多，不易进行比较。马若伯④曾比较19世纪的中国官吏和20世纪的美国工程师的社会流动。但是如要比较两个当今社会的流动情形，必须先已完成类似顾浩定⑤实地比较中美两个社会职业声望位阶（occupational prestige ratings）的研究，方能取二社会地位相似之职业加以比较。但是，并没有任何证据支持19世纪中国官吏之社会地位与20世纪之美国工程师相似的假设。

最后，还有一个值得思考的重要问题，即是传统中国官吏品级的高下、拥有权力的大小，和实际在社会上的地位，这三者的相关程度究竟到何地步？

五、展望

不论在史学或是社会学方面，社会流动的研究仍是一块有待开发的园地。⑥尚有许多值得研究之处而被学者忽略的，研究方法也有许多尚待改进之处。

---

① Wolfram Eberhard, *Social Mobility in Traditional China*, Leiden: E. J. Brill, 1962; Idem, "Social Mobility and Migration of South Chinese Families", in Wolfram Eberhard ed., *Settlement and Social Change in Asia*, Hong Kong: Hong Kong University Press, 1967, pp. 136-149.

② P. A. Sorokin, *Society, Culture and Personality*, New York: The Free Press, 1947, pp.435-437.

③ Thomas E. Lasswell, and Samdra L. Benbrook, "Social Stratification: 1969-1973", *The Annals of the American Academy of Political and Social Sciences*, 414: 1974, pp.105-137.

④ Robert M. Marsh, "Value, Demand, and Social Mobility", *American Sociological Review*, 28: 1963, pp.565-575.

⑤ Wolfgang L. Grichting, "Occupational Prestige Structure in Taiwan", *Journal of Sociology*, Taipei, 7, 1971, pp. 67-68.

⑥ Werner J. Cahnmam and Alvin Boskoff, "Sociology and History: Review and Outlook", in Werner J. Cahnman and Alvin Boskoff eds., *Sociology and History:Theory and Research*, New York: The Free Press, 1964, pp. 560-580.

一般学者研究社会流动所使用的量化方法，大多仅限于总和、次数分配、百分比等粗浅的统计，至今仅有少数学者如马若伯①使用过简单的相关法，这方面是学者有待加强的。如果量化资料过于庞大，可采用电子计算机处理。关于资料方面，一些从未被人注意的文学作品，也可经选择作为量化之用，如艾伯华②即尝试从小说戏剧中观察社会流动情形。

以下是一些笔者认为值得尝试的研究方向：

第一，中产阶层的社会流动情形。例如参加科举考试数次落榜者，他们流动到何处去了？一般说来，家境较差的或返乡耕种，或作小贩；家境富裕的，大多经营商业，若有成就，有些则捐纳入监，若生在近代则可为买办，也能入仕。这些情形都影响了社会流动，值得我们作进一步的探讨。

第二，社会的价值系统如何影响社会流动。什么较能表示社会地位——土地、金钱还是职业？父亲希望儿子成为卿相，还是如颜之推只希望他的儿子做中级官吏以策安全。③经商的父亲是否希望他的后代能箕裘父业？④

第三，观察流动人（mobile man）的行为（尤其是政治行为）和其他人有何不同——是较保守或较激进？一项新近发展的中程理论⑤是否能应用于中国社会？

第四，各种政治、社会变迁如内乱外患、工业化等对于社会流动有何影响？一般人都认为工业化社会较传统社会的流动量为大，可是马若伯⑥经过泛社会的比较后发现，如将职业需求量这项变量控制住，则传统社会与工业化社

---

① Robert M. Marsh, *The Mandarins: The Circulation of Elites in China, 1600-1900*, New York: The Free Press, 1961, p.113; Idem, "Formal Organization and Promotion in a Pre-industrial Society", *American Sociological Review*, 26, 1961, pp.547-556.

② Wolfram Eberhard, "Social Mobility and Stratification in China", in Reinhard Bendix and Seymour Martin Lipset eds., *Class, Status, and Power: Social Stratification in Comparative Perspective*, 2nd ed, New York: The Free Press, 1966, pp.171-182.

③ Albert E. Dien, "Yen Chih-t'ui (531-591+): A Buddho-Confucian", in Arthur F. Wright and Denis Twitchett eds., *Confucian Personalities*, Stanford: Stanford University Press, 1962, pp.43-64.

④ Stephen M. Olsen, "The Inculcation of Economic Values in Taipei Business Families", in W. E. Willmott, ed., *Economic Organization in Chinese Society*, Stanford: Stanford University Press, 1972, pp.261-295.

⑤ Joseph Lopreato and Janet Saltzman Chafetz, "The Political Orientation of Skidders: A Middle-Range Theory", *American Sociological Review*, 35: 3, 1970, pp.440-451.

⑥ Robert M. Marsh, "Value, Demand, and Social Mobility", *American Sociological Review*, 28: 4, 1963, pp.565-575; Idem, *Comparative Sociology: A Codification of Cross-Societal Analysis*, New York: Harcourt, Brace & World, Inc., 1967, pp.174-178.

会的流动量并无显著差异,最近对非洲的一些研究[1]也支持了这种说法。魏镛[2]则在分析清代政治领袖及其进入政治领袖地位时间的有关资料后,发现人才引用和政治危机有非常密切的关系。

(本文原载《食货月刊》第 5 卷第 9 期,1975 年 12 月。)

---

[1] Arthur Tuden and Leonard Plotnicov, *Social Stratification in Africa,* New York: The Free Press,1970.
[2] 魏镛:《有清一代政治领袖背景之研究——论人才引用与政治变迁》,台北《东方杂志》复刊第 3 卷第 12 期,1970 年,第 69—71 页。

民国时期的社会阶层与流动

前言

社会阶层（social stratification）系指每个社会中所存在的不公平（social inequality）的组织架构；而社会流动（social mobility）则系指各个社会中个人（有时是团体）在不同社会阶层之间的流动。①

清代的社会阶层，具有以下几项特征：

第一，是个阶级开放（open-class）的社会。社会的阶级开放，系指各社会阶层之间的向上或向下流动，缺乏法律上的障碍。中国的特殊之处，在于精英人口（elite population）（包括有功名者、地主、富农、富商）的不断流动。

第二，是个单轨（single-career）的社会。仕宦之途为人人所向往，因此中国社会可称为单轨社会。虽然自明代中叶以后，从商的风气开始流行，但是这些行业仍和宦途有关，他们接受官僚的价值观念，并且模仿他们的生活方式。在有些国家（如日本和俄国），阶级具封闭性，使得大多数人不能升至精英的职位，获得事业的多方面发展。

第三，特殊人才出自某些特定区域。同乡关系的重要，使得某些地方专门出产某些特殊人才（如钱业人才和幕吏）。会馆的组织在各大城市的生活中均占重要地位。在其他近代化以前的社会中，同乡关系也存在，但是中国由于缺乏法人组织、专业团体和固定的都市精英阶层，因此同乡关系更加重要。

第四，以自耕农为主的小农经济。由于中国的阶级开放、人口增长迅速，加上诸子均分的财产继承习惯，土地并未有集中于少数人之手的现象。90%以上的土地属于自耕农所有，和欧洲贵族或农奴主拥有大块田产不同。

第五，佃农也大多为雇农。由于继承或买卖，土地分割情形严重，因此在大多数地区，自己耕种或是发佃耕作要比雇工耕作来得有利。租佃制加上小农

---

① David Jary and Julia Jary, eds., *The Harper Collins Dictionary of Sociology,* New York: Harper Collins Publishers, 1991, p. 462.

经济，使得农村没有严格的阶级区分。许多人既是自耕农又是佃农，和有些社会地主和雇农（或农奴）间的界限森严大不相同。①

至于清代的社会流动，就整体而论，农民阶层和精英阶层内部的流动，要较日、俄等国为大，工商阶层也是如此。进出精英阶层的流动（阶级间的流动）则更为频繁。更有进者，清代的富农能轻易地转为商人，反之亦然，和日、俄等国大不相同。或许中国只有在一方面落后，即穷人极难经由城市部门（urban sector）获得向上流动。中国的城市部门相对地小，未曾经历快速的成长，并且为本地人的子弟和外来的会馆所掌握，因此因穷困而离乡的农民不可能受到欢迎。在日、俄等社会，由于身份（status）固定，因此限制了阶级间流动的机会。另一方面，在中国社会中，缺少中介组织（intermediate organizations），或许减少了流动的机会，也使得社会流动较为仰赖家庭。②

传统中国社会，除了统治阶层外，一般可分为士、农、工、商及贱民五个阶层。此种区分方法，主要系根据职业及统治者所认定的社会地位秩序。但是实际上，商人的地位高于农、工，尤其自明清以后，商人的地位上升。民国成立后，解放贱民，至少在法律上已无贱民存在。故本节略作调整，依知识分子、商、工、农的次序，分别加以讨论。研究此一时期社会流动所需的数据极为缺乏，因此仅能从社会阶层的变动略作观察。

一、 知识分子

（一）定义与人数

知识分子的定义，各家说法不一。在本文中，笔者拟将民国时期的知识分子，简单地定义为毕业于各种中等（包括普通中校、师范学校、职业学校等）以上学校，或具有中学以上知识水平者。中国现代知识分子的主要来源，包括新式学堂、教会学校和国外留学，兹分别估计人数如下：

1. 新式学堂。根据民国三十七年（1948）教育部《第二次中国教育年鉴》

---

① Gilbert Rozman, ed., *The Modernization of China*, New York: The Free Press, 1981, pp. 148-149.
② Gilbert Rozman, ed., *The Modernization of China*, New York: The Free Press, 1981, p.175. 关于晚近学者对明清时期士绅与商人阶层社会流动研究的检讨，可参阅张维安：《近代中国社会暗层结构——士绅与商人阶层文献之检讨》，载《六十年来的中国近代史研究》上册，台北"中研院"近代史研究所1988年版，第183—211页。

的统计，民国成立前，全国高等学校历年毕业人数为 3,184 人。民国元年至三十五年（1912—1946），全国专科以上学校毕业生，共有 210,827 人。两者合计为 214,011 人。同书数据显示，民国二十至三十四年（1931—1945），各类中学毕业生有 2,140,337 人，加上民国元年至十九年（1912—1930）各类中学毕业生、民国二十年（1931）以后沦陷区和共产党统治地区的中学毕业生，总计民国元年至三十四年（1912—1945）全国中学毕业生，约在 400 万人以上。

2. 教会学校。第二次鸦片战争之后，列强得以进入中国内地开设学校。清光绪二十五年（1899）时，外人在华所办学校，已有约 2,000 所，学生约四万人。多数为小学，部分是中学，大学则仅有圣约翰大学一所，学生 200 人。至民国二十六年（1937）时，全国各类教会学校学生达百万人，其中大学生约 8,000 人，中学生约九万人。根据《第二次中国教育年鉴》，民国二十六年（1937）全国高等学校学生共 31,188 人，其中教会学校学生所占比例，将近三分之一。

3. 国外留学。根据粗略估计，由"五四"至 1949 年，留学生总人数约在 2 万至 3 万之间。留学国度包括欧、美、亚十余国，以留美、日两国者为最多。

以上三项来源的知识分子，总数尚不足 500 万人，[①] 仅占全国四亿人口中的 1% 强，落后先进国家甚多。例如中国人口虽超过日本六倍，但是民国十九年（1930）时的在校大专学生人数，尚不到日本的五分之一。又如民国九年至十九年（1920—1930）间，全美国有工程师 16 万人，按全国不到 8,000 万人口计算，每 450 人中，即有一名工程师。在中国，至民国二十年（1931），中国工程师学会会员人数为 2,169 人，按全国四亿人口计算，每 185,000 人口，才有一名工程师。[②]

（二）出身背景

在传统科举制度下，由于教育费用相对低廉，贫寒子弟可以通过苦读跻身士大夫之列。根据张仲礼对清代 2,146 名通过科举士子所作分析，发现其中有 35% 出身寒门（即上二代均不具士绅身份）。[③] 另有学者对清代 57 名状元的出身背景加以分析，也发现其中有 49% 系出身于平民家庭。[④] 可见在科举制度

---

① 知识分子人数的估计，主要根据王金铻：《中国现代知识分子的历史轨迹》，《史学集刊》1988 年第 2 期，第 52—53 页。
② 王金铻：《中国现代知识分子的历史轨迹》，《史学集刊》1988 年第 2 期，第 55 页。
③ Chung-li Chang, *The Chinese Gentry*, Seattle: University of Washington Press, 1955, p.222.
④ 宋元强：《清朝的状元》，吉林文史出版社 1992 年版，第 172 页。

下，平民向上流动的机会尚不算小。

科举废除后，新式教育得到推行，中等学校每多设立于县城及省市，大专学校更集中于大城市，接受教育所需学杂、生活及交通各费用，均较过去科举时代为多。如民国十九年（1930）时，上海的中学生每年平均约需 150 元，大学生约需 693 元。① 而此时期的工人工资，所得较高的工头及交通运输工人，每年不过二三百元，一般工人不过百余元，雇农则在 20 至 80 元之间。② 根据战前对工人生活的调查，平均每户用于教育的开支，仅为七角七分，③ 不可能提供子弟就读中等以上学校的费用。在农村中，也有类似的情形。华中地区在民国二十年代，拥有 30 亩土地的地主，才能供两个子弟就读初等小学；拥有 50 亩土地的地主，才能供一个子弟就读高等小学；拥有二百亩土地的地主，才能供一个子弟就读初中。④ 至于高等教育，自然更是全为中等阶级以上子弟所独享。⑤ 根据一项统计，民国十三年（1924）清华学生家长 389 人中，32% 强为公务员，近 31% 为教员，13% 为律师或其他自由职业；20% 强为实业家，仅有 3.7% 务农。⑥ 根据另一项《中国学生评论杂志》(Chinese Student Opinion) 于民国三十六年（1947）针对 2,300 位中国留美学生所作问卷调查，在回收的 660 份有效问卷中，家长职业分布情形如表 1 所示：

---

① 苏云峰：《社会阶层》，《中华民国建国史》第二篇"民初时期（三）"，台湾编译馆 1987 年版，第 1508 页。根据叶文心的估计，抗战前夕上海的大学生平均每年花费约为六百元。参阅 Wen-hsin, Yeh, *The Alienated Academy: Culture and Politics in Republican China: 1919-1937*, Cambridge: Council on East Asian Studies, Harvard University, 1990, p. 195. 不过战前北平大学生平均每年花费，则仅需三百元左右。参阅苏云峰：《战前清华大学生及其校园生活（1928—1938）》，台北"中央图书馆"台湾分馆建馆七十八周年暨改隶"中央"二十周年纪念论文集》，第 80 页。

② 苏云峰：《社会阶层》，《中华民国建国史》第二篇"民初时期（三）"，第 1508 页。

③ L. K. Tao, *The Standard of Living of Chinese Workers*, Shanghai: China Institute of Pacific Relations, 1931, p. 25.

④ Y. C. Wang, *Chinese Intellectuals and the West*, Chapel Hill: The University of North Carolina Press, 1966, p. 153.

⑤ 《浙江大学设置公费生》，《申报》1936 年 5 月 9 日。

⑥ Y. C. Wang, *Chinese Intellectuals and the West*, Chapel Hill: The University of North Carolina Press, 1966, p.154. 根据民国二十三年（1934）的一项调查，在安徽大学 336 个学生中，家长职业为公务员（包括军公教人员）者有 200 人，占 60%；业商者 54 人，占 16%；业农者 34 人，占 10%；无业者（非失业者）32 人；另自由业 7 人；人事服务业 9 人，矿业、工业无一人。参阅谢国兴：《中国现代化的区域研究——安徽省（1860—1937）》，台北"中研院"近代史研究所 1991 年版，第 581 页。

表1 中国留美学生家长职业分析表（1947年）

职业	人数	百分比（%）
小农、中农	41	6.2
技工	8	1.2
商人	181	27.4
工厂厂主	19	2.9
地主	35	5.3
自由职业	181	27.4
教士	25	3.8
政府官员	112	17.0
其他	39	5.9
未注明	19	2.9
总计	660	100.0

资料来源：任以都：《留美中国学生的思想测验》，《东方杂志》第44卷第9号，1948年9月，第12页。

以上两项资料显示，有能力接受高等教育者，绝大多数均出身于中、上之家。传统科举时代，贫穷子弟经由接受教育参加科举，进而改变社会地位的可能性，在科举废除后已大为减少。

抗战前，学生公费仅有各级师范生得以享受。抗战爆发后，沦陷区青年纷至后方，生活艰窘，无力求学。教育部有鉴于此，除分区设校收容外，复于民国二十七年（1938）二月订颁"公立专科以上学校战区学生贷金暂行办法"。贷金制度的目的在于救济，但是各校核给，不免宽滥，且一般学生因有此待遇，即群趋于普通中学，以致师范、职业两科招生不易，有碍师资及技术人员之养成。教育部为求补救起见，特加订"非常时期国立中等以上学校及省私立专科以上学校规定公费生办法"，凡公立专科以上学校师范、医、药、工各院科系学生，均为公费；其他公、私立大学各学院学生的补助，则视情形不同而略有差异。民国三十三年（1944）冬至三十四年（1945）春，战区扩大，内迁者日增，亟须安插救济，教育部爰改订公费办法，以战区学生及经济来源断绝的学生，为优先核给公费的对象，不分科系。[①] 据统计，战时由中学以至大专学校

---

① 教育部编：《中国教育年鉴（第二次）》第二编，商务印书馆1948年版，第28页。

毕业，全赖国家贷金或公费以完成学业者，共达128,000人之多，①颇有助于社会流动机会的增加。

（三）地域分布

1. 省区分布。在科举时代，人才选拔虽然不尽均衡，但是仍适当照顾到地区的分配。如明仁宗时，规定会试录取名额，南方人占十分之六，北方人占十分之四。明宣宗时，会试录取名额又分为南、中、北三卷，南方广东、浙江、福建、湖广、江西等省定额五十五名；北方山东、山西、河南、陕西等省定额三十五名；中部四川、广西、云南、贵州等省定额十名。②清代的会试录取名额，也按南、中、北三卷分配。此外，某些朝代对于某些弱势团体或族群，规定有特别的学额，如清朝对于客家人、苗、瑶等少数民族，即设有特定的学额，以示优抚。③凡此种种措施，均影响到人才的分布。

科举废除后，由于新式教育费用的相对高昂和解额制度的取消，知识分子出身自落后省区的机会大为减少。民国二十一年（1932）时，江苏一省即拥有全国35%的大学生，而甘肃则没有一个大学生。④在留学生的分布方面，清末各省大量选派人员出国留学，有能力的省份多派，无能力的省份少派。民国以后，各省公费名额虽然由中央分配，但是仍根据各省财力而定，而且公费生在留学生中所占的比例日益降低，自费生又不受省份限制，因此留学的地域分布较之科举时代更为不均。抗战前夕，全国学术工作咨询处曾对清末以来的归国留学生进行调查，在4933名留学生中，籍贯为苏、浙、粤三省者，共占41.6%，而籍贯为陕、滇、桂、黔、吉、黑、甘、察、绥、热等十省者，仅占4.3%。⑤不

---

① 陈立夫：《战时教育行政回忆》，台北商务印书馆1973年版，第58页；陈立夫：《成败之鉴——陈立夫回忆录》，台北正中书局1994年版，第289页。

② Ping-ti Ho, *The Ladder of Success in Imperial China: Aspects of Social Mobility*, New York and London: Columbia University Press, 1962, pp. 175-191.

③ Chung-li Chang, *The Chinese Gentry*, pp. 79-80. 不过，值得注意的是，自清初以后，政府对于垄断直隶、浙江、山东、山西和广东等地食盐销售的盐商，也有另立的学额。另见 Ping-ti Ho, *The Ladder of Success in Imperial China: Aspects of Social Mobility*, New York and London: Columbia University Press, 1962, pp. 82-83.

④ Y. C. Wang, *Chinese Intellectuals and the West*, Chapel Hill: The University of North Carolina Press, 1966, p. 15.

⑤ 王奇生：《中国留学生的历史轨迹》，湖北教育出版社1992年版，第164—166页。"五四"时期的留法勤工俭学运动，由于不受经济条件的限制，内陆省份参加者较多，是为近代留学生省籍分布的例外。详见陈三井：《勤工俭学的发展》，台北东大图书公司1988年版。

幸的是，内地和偏远地区的留学生，在归国后多不愿返回原籍工作，使得原籍地区无法获益，进一步加深了各地区之间发展的不平衡。

抗战期间，政府退守西南，高等院校和知识分子也大规模地从沿海播迁入内地，对大后方的社会文化发展颇有帮助，不过因为战后复员，西南地区的知识分子又再度流失。①

2. 城乡分布。在科举制度下，取得功名的士子并非全出自城市。根据一项对于清代915个贡生、举人和进士出身的研究，其中有52.50%出自城镇，41.16%出自乡村，另有6.34%出自市镇。而在鲁、皖、晋、豫四省中，出自乡间者甚至超过城市者。②

科举制度废除后，新式教育费用的相对高昂和城乡发展失衡，致使中等教育方面，学校大多集中于都市，乡间学校的水平远较城市为落后；③在高等教育方面，唯有中上之家的子弟和住处离大学较近者，才有能力就读。④而大专学校，大多集中于城市。如民国二十五年（1936）时，全国专科以上学校共有108所，其中上海即有25所，北平14所，广州7所，南京6所，以上四地相加，已达52所，几占全国总数之半。⑤

知识分子不仅来自城市，同时也在城市就业。一方面，容纳知识分子的主要场所，如中等以上学校和学术文化机关，均集中于城市。另一方面，知识分子在学校里，即使没学到什么知识和技能，但是价值观念和生活方式却已改变，无法适应乡村生活。⑥这种情形，在归国服务的留学生身上表现得尤为明显。据民国四年（1915）的调查，清华留美归国学生中，无一人住在乡镇。⑦民国

---

① 王奇生：《中国留学生的历史轨迹》，湖北教育出版社1992年版，第167页。
② 潘光旦、费孝通：《科举与社会流动》，清华大学《社会科学》第4卷第1期，1947年10月，第1—22页。
③ 例如直至抗战初期，湖南的中学仍多集中于长沙、常德、衡阳等较大的都市，而湘西、湖南较偏远的县城，中学即甚为罕见。以教育经费而论，70%用于城市，用于乡村者不过30%。参阅张治中：《张治中回忆录》，重排本，第234页。
④ Y. C. Wang, *Chinese Intellectuals and the West*, Chapel Hill: The University of North Carolina Press, 1966, pp. 370-371. 根据《中国学生评论杂志》（*Chinese Student Opinion*）于1949年针对2300位中国留美学生所作问卷调查，在回收的660份有效问卷中，生长环境为大都市者472人，占71.5%；为小城镇者有93人，占14.1%；为乡村者有87人，占13.2%；未注明者8人，占1.2%。参阅任以都：《留美中国学生的思想测验》，《东方杂志》第44卷第9号，1948年9月，第12页。
⑤ 王奇生：《中国留学生的历史轨迹》，湖北教育出版社1992年版，第168页。
⑥ 费孝通：《乡土重建》，观察社1948年版，第72页。
⑦ 王奇生：《中国留学生的历史轨迹》，湖北教育出版社1992年版，第168页。

十四年（1925），对584名留美归国学生的调查显示其中34%住在上海。民国二十六年（1937），另一项针对1,152名留美归国学生的调查则显示有28%住在上海。① 即使是习农的知识分子，也少有住于乡间者。民国十五年（1926），金陵大学农学院教授芮思娄（John H. Reisner）即曾指出："我不知道有任何一个留美的农科学生，返国后真正的回到乡间。……我不知道有任何一个中国的大学农科毕业生如此做过。我只知道有一些（但是不是很多）中学毕业生开始在乡村中有所表现，并将成为增进乡村福祉不可或缺的人物。"②

近代知识分子脱离乡土联系，是中国历史上的一大转变。由于政治领导阶层系由知识分子组成，这批人的西化和都市化，必然导致他们所制定出来的政策，对于农村的情况不明了，并且忽略农民的利益。③事实证明，领导阶层和广大农民之间的隔阂，最后产生了严重的政治后果。

（四）经济地位

民国时期知识分子的经济地位，大致上可以抗战作为分水岭分为两期。抗战前知识分子的经济地位，高低差距颇大，高级知识分子生活十分优渥，低级知识分子则较为低下。试以教师、公务员、自由业等行业为例，加以说明。

直至抗战前，大、中、小学教师的待遇差别极大。民国六年（1917）5月，北洋政府教育部颁布的"国立大学职员任用及薪俸规程"规定，国立大学教员分为四等，每等六级，共二十四级。正教授月薪300至400元，本科教授月薪180至280元，预科教授月薪140至240元，助教月薪50至120元。④ 至国民政府时期，大学教员的待遇又有所提高。民国十六年（1927）公布的"大学教员薪俸表"规定，教授月薪400至500元，副教授300至340元，讲师月薪240至260元，助教月薪140至180元。⑤ 大学教授生活的优渥，可以从他们的

---

① Y. C. Wang, *Chinese Intellectuals and the West*, Chapel Hill: The University of North Carolina Press, 1966, p.367.

② J. H. Reisner, "Wanted-Rural Leaders in China", *Chinese Students Monthly*, Feb. 1926, pp.11-12.

③ Theodore H. White, *In Search of History: A Personal Adventure*, New York: Harper & Row, 1978, p.73.

④ 中国第二历史档案馆编：《中华民国史档案资料汇编》第三辑"教育"，江苏古籍出版社1991年版，第165页。

⑤ 〔日〕多贺秋五郎编：《近代中国教育史资料·民国编（中）》，重印本，台北文海出版社1976年版，第419—420页。

休闲生活看出。如民国二十年代的北平,一般大学教授的休闲活动为吃馆子、逛旧书铺和听戏。吃馆子除了吃小馆外,有时还会吃大馆子。当时鱼翅席十二元一桌,鱼唇席十元一桌,海参席八元一桌,即显得寒酸。逛旧书铺自己并不一定要去,自有各书铺经常送书到府,任君挑选,三节结账。①

中学教员在民国二十一年(1932)前,一般采用时薪制。民国十一年(1922)以前,一般为每小时五角至二元;民国十一年(1922)实行学制改革后,初中一般每小时1元至1.25元,高中一般每小时1.75元至2元。②根据中华教育改进社民国十三年(1924)针对1470名中等学校教师所作抽样调查,所得教师收入情况如表2所示:

表2 全国中学教师年收入统计表

收入组别(元)	人数	收入组别(元)	人数
100元以下	3	700—800	151
100—200	57	800—900	134
200—300	75	900—1000	137
300—400	122	1000—1100	40
400—500	153	1100—1400	91
500—600	251	1400以上	27
600—700	229		

资料来源:廖世承:《我国中等学校教师的概况》,《教育杂志》第17卷第7号,1925年7月,第15—16页。

以上1470名中学教师的年薪平均为706.45元,月薪平均为58.87元。个人开支平均每年为273.47元,占总收入的38.7%,其余61.3%可用以养家。③民国二十一年(1932)11月,教育部颁布"中等学校教职员服务及待遇办法大纲",规定中等学校废除钟点计薪制,教职员的月薪应分别等级依次递进,兼任教员得依时计薪,统由各省市厅局酌量地方生活程度,比照现制较优办法分别规定。④此后由于各地标准不一,不易比较。至民国三十二年(1943),统一

---

① 谭其骧:《一草一木总关情》,《读书》1992年第7期,第25—29页。
② 慈鸿飞:《二三十年代教师、公务员工资及生活状况考》,《近代史研究》1994年第3期,第285页。
③ 廖世承:《我国中等学校教师的概况》,《教育杂志》第17卷第7号,1925年7月,第14—19页。
④ 《教育部公报》"命令九",第4卷第45号,1932年11月。

规定高中教员一般月薪为 200 至 300 元，初中教员月薪为 160 至 260 元，各分六级。①

至于小学教师的收入，则更为低微。民国六年（1917），北洋政府教育部颁布"小学教员俸给规程"，将小学教员的薪资分为三等 33 级，其中正教员月薪 8 至 60 元，专科教员月薪 6 至 40 元，助教月薪 4 至 22 元。②根据民国十年（1921）对江苏、浙江等省 385 名小学教师收入状况所作调查，每名教师平均月薪为 13.35 元。另据中山大学民国十五年（1926）的调查，江苏省小学教师的月薪平均为 26.75 元。③民国十七年（1928）7 月，大学院公布小学教员薪俸制度的原则，规定最低薪资标准为"两倍衣食住（以舒适为度）三事之所费为最低限度之薪水"。另外，大学院还规定了根据学历定薪和根据经验加薪的原则。④

除了教师，知识分子担任政府公务员者也甚多。北洋政府时期，文官分为特任、简任、荐任、委任四等级。根据民国元年（1912）10 月公布"中央行政官官俸法"的规定，简任官薪资分为 3 级，月薪为 400 至 600 元；荐任官分为 7 级，月薪为 200 至 360 元；委任官薪资分为 12 级，月薪为 50 至 150 元。⑤国民政府时期变动不大。

新闻记者、编辑等自由职业者的经济地位，则和中级文官相近。以抗战前上海为例，报馆总编辑月薪一般为 150 至 300 元，编辑长 150 元左右，编辑 80 元左右，特派员 100 元，访员 40 元，编译 50 至 80 元，校对、译电人 20 元左右。⑥

战前知识分子的经济地位，由其收入与工人工资作一比较，即可得知。民国十六年（1927）时，一个熟练技术工人的工资，大约只能相当于最低级文官的一半，小学教师的三分之二，或是大学教授的十几分之一。至于粗工、临时

---

① 慈鸿飞：《二三十年代教师、公务员工资及生活状况考》，《近代史研究》1994 年第 3 期，第 286 页。
② 中国第二历史档案馆编：《中华民国史档案资料汇编》第三辑"教育"，江苏古籍出版社 1991 年版，第 494 页。
③ 张静如、刘志强主编：《北洋军阀统治时期中国社会之变迁》，中国人民大学出版社 1992 年版，第 214 页。
④ 〔日〕多贺秋五郎编：《近代中国教育史资料·民国编（中）》，重印本，台北文海出版社 1976 年版，第 667 页。
⑤ 《政府公报》第一六九号"法律"，1912 年 10 月。
⑥ 戈公振：《中国报学史》，商务印书馆 1927 年版，第 327—328 页。

工、家庭雇工等,工资即更少。①

抗战爆发后,随之而来的通货膨胀,对于民众生活影响甚大,其中军公教人员所受冲击最为明显。如表3所示:

表3 抗战时期各行业人员购买力指数

年份	职业						
	教授(成都)	军人(重庆)	士兵(成都)	公务员(重庆)	工人(重庆)	农人	农村雇工(四川)
二十六年(1937)	100	100	100	100	100	100	100
二十七年(1938)	95	93	95	77	124	87	111
二十八年(1939)	64	64	64	49	95	85	122
二十九年(1940)	25	29	29	21	76	96	63
三十一年(1942)	12	10	10	11	75	101	75
三十二年(1943)	12	57	6	10	69	100	58
三十三年(1944)	11	—	—	—	41*	81	—
三十四年(1945)	12	—	—	—	—	87	—

* 此项数字仅系四月份购买力指数。
资料来源:张瑞德:《抗战时期的国军人事》,台北"中研院"近代史研究所1993年版,第92页。

恶性的通货膨胀并未因抗战胜利而终止,知识分子的经济地位于是呈现出前所未有的低落局面。民国三十五年(1946)初,大学教授月薪6万,比成衣厂女工略高,但是只有熟练地毯工人或上海机器工人的三分之一。至民国三十六年(1947),大学教授的薪水甚至低于苦力工人。②平津地区大学教师"能三餐都吃白米、白面者,可说是凤毛麟角,绝无仅有。杂粮三餐还吃不起,只能改吃二餐,干的吃不起,改吃稀的"③。

(五)政治、社会、文化角色

传统士绅与政治权力结构的关系密切,他们一方面可以通过科举入仕;另

---

① 慈鸿飞:《二三十年代教师、公务员工资及生活状况考》,《近代史研究》1994年第3期,第287—288页。
② Suzanne Pepper, *Civil War in China: The Political Struggle, 1945-1949*, Berkeley: University of California Press, 1979, pp. 126-129.
③ 徐毓枏:《论教师待遇之亟应改善——并建议几项具体办法》,《独立时论》第一集,独立时论社1947年版,第79页。

一方面也可以留在乡土，担任地方精英，参与地方行政的运作，和既有政治权力结构的依存关系大于相互抵触的关系。反之，现代知识分子既因科举废止后入仕管道中断，又脱离乡土，不再参与地方事务，以致与政治权力结构相抵触的可能性，要多于相互依存的可能性。①

中国传统的改朝换代，有一共同点，即是在"打天下"时必须以社会上的边缘人为主体，但是进入"治天下"的阶段后，则必须逐渐将政治主体转换至士大夫身上。现代革命（辛亥革命）则是发生于中国社会结构逐渐解体之际，因此革命成功后，政权的继续维持已不再有一个士大夫阶层可资依靠，社会解体产生了大批的边缘人。又适值马克思主义传入中国，1921年，中国共产党成立，民国十三年（1924）改组后的国民党和成立不久的共产党，即是两个程度不一的政治集团。自此以后，边缘人即占据了政治中心，而知识分子则不断从中心撤退。在国共两党中，国民党毕竟是个不彻底的边缘人集团，它并没有摧毁中国原有一切民间社会组织的企图，同时也无此能力。知识分子即使拒绝"党化"，仍能在党国体制下觅得生存的空间。而且国民党虽然仿效列宁式的党组织，但是其基本理论仍规定必须由训政回归宪政，因此也不可能完全无视社会（包括知识分子）的压力。

从与社会结构的关系看，传统士绅为地方领导精英，与桑梓乡土关系密切，而新式知识分子则大多脱离乡土，向外发展，不再留居乡间；其留居乡间者，多为知识较浅（如小学教师），或曾在外工作而退休在乡者。其间不乏植心公正的人士，确能竭诚为人民谋幸福，为地方谋利益；但横行乡里，鱼肉乡民，以谋一己私利者，也所在多有。②

辛亥革命推翻了清朝，对于中国社会而言，不仅是皇权受摧毁，在文化领域中，以儒家思想作为正统意识形态的中心文化地位，也开始受到动摇。革命带来了制度的混乱和调整，同时也带来了中国思想、道德价值系统的深刻危机。熟悉儒家经典的传统知识分子，面对这种危机，曾作过种种努力，试图以传统道德的药方救济现代的精神危机，但是影响均十分有限，"新儒家"即是最好的例子。相反地，新式的知识分子却显得生气蓬勃，迅速地取代了传统知识分子，

---

① 张灏：《转型时代在中国近现代思想史与文化史上的重要性》，《当代》第 101 期，1994 年 9 月，第 87—88 页。

② 孙本文：《现代中国社会问题》第三册，商务印书馆 1947 年版，第 153—154 页。

占有了 20 世纪思想、文化舞台的发言地位。他们或多或少拥有外文能力，直接或间接学习过各种西方的主义，虽然谈不上精通，但是了解的程度要较一般人为深。于是，国人闻所未闻的各种主义，均被他们介绍进来。他们创办并且垄断了如《新青年》《新潮》《创造周报》等最流行的报章杂志，垄断了对各种主义的解释权。如此，新式知识分子占据思想、文化的主导地位。①

二、商人

近代中国的商人，常一身兼有几种身份，如许多商人一方面拿出部分财富投资于新式工业，另一方面仍拥有大量土地，经营钱庄、典当、商号，并且同时还是在职或候补的官僚。因此，如何将商人分类，即成为十分困难的事。为了便于讨论，以下拟将民国时期的商人分为商业资本家、金融资本家和工业资本家三类，分别加以讨论，并对一群商界领袖略作分析，以明了此一时期商人的特色。

（一）商业资本家

自 1840 年鸦片战争清政府战败五口开埠通商后，一些与国际贸易有关的新式商业得以形成。和进口贸易有关者，包括洋布、洋纱、华洋百货、西药、颜料等。和出口贸易有关者，或由于出口需要而产生，如牛皮、猪鬃、羊毛等；或由于原来经营农副产品购销业务的旧商业发展而来，如茶业、丝织业、棉花业等。以上各种新式商业的经营方式，多有逐渐近代化的趋势，而与传统的旧商业有别：第一，行业内部批发和零售的分工，已明显形成；第二，这些行业一般不再实行旧式的自产自销，而是采用经销、代销、包销、拍卖等新的成交方式，广告宣传也日益受到重视；第三，若干新设商店采用较健全的簿记制度和较纯粹的雇佣制度。

至于那些为数众多、以经营传统商品为主的旧式商业资本家，也并非全无变化。反之，随着近代中国社会结构的变化，他们也开始朝向近代商业资本家过渡。某些传统字号开始突破"夫妻店"、"父子班"的陈旧格局，采用股份或

---

① 刘再复：《历史角色的变形——中国现代知识分子的自我迷失》，《知识分子》1991 年秋季号，第 35 页。

合资公司的组织形式。①

商业资本家活跃的范围，主要在都市，他们在乡村中的重要性即相对低落。农村经济的自给性高，对于外界货物的需求不多，街场的贸易可以不需要经过中间商，生产者和消费者即可直接成交。如此使得小本商人只能维持小本，不容易有发迹的机会。例如云南呈贡阿村大、小两村，在抗战胜利后共有一千多人，小村无一商店，大村也只有三个小杂货店。店中陈列的商品只有香烟、肥皂、香油、草纸、针线等，连毛巾、牙刷也均无。民国三十六年（1947），店中大米售价为1500元一升（当地一升等于八市斤），每日平均营业额约为三四千元，盈余尚不到一升米，一年盈余"能够糊住一家四口的生活就算是幸事。逢到五黄六月，生意的清淡最好请你关上门"②。这种商店的主人，即常是农民。

（二）金融资本家

近代中国金融资本家的形成，部分是由旧式货币经营者转化而来，部分则是随着新式银行的出现而产生。兹依账局、票号、钱庄和银行的次序，分别加以讨论。

1. 账局商人。账局起源于清代雍正、乾隆年间，咸丰初年达于鼎盛，至民国初年衰弱。据估计，北京地区的账局，咸丰二年（1852）时有268家，宣统二年（1910）时只剩52家，至民国二年（1913），则只剩8家。和票号相较，账局侧重于经营商业和手工业铺户的存放款项，和近代工矿企业之间的金融关系较少，而且资本额不大，分支机构甚少，高利贷性质浓厚，因此在向近代金融机构过渡的过程中，甚至屈居票号之后。③

2. 票号商人。以汇兑业务为主的票号业，创始于清道光初年，在19世纪五六十年代获得长足的发展。著名的山西票号，势力范围北起蒙疆，南至闽粤，西起川康，东临海滨，凡重要城镇、商埠和码头，大多建有通汇点。进入20世纪后，票号商人除了汇兑业务外，另对钱庄及近代工矿企业展开放款活动，显

---

① 马敏：《过渡形态：中国早期资产阶级构成之谜》，中国社会科学出版社1994年版，第101—106页。
② 胡庆均：《中国农村社会阶层的分化——绅士与农民》，《世纪评论》第3卷第16期，1948年4月，第8—11页。
③ 黄鉴晖：《清代帐局初探》，《历史研究》1987年第4期。

示票号已开始向近代信用机构过渡。① 不过，辛亥革命后票号却一蹶不振，原因有以下几项：

第一，票号在金融界的势力，系植基于保管官款和独占国内汇兑之上。但是自甲午战后，各省相继成立官银号或官银钱局，清廷并于光绪三十年（1904）成立户部银行，大部分官款转存于政府金融机构后，票号的财源大减，辛亥革命以后，此一财源更完全丧失。

第二，清末山西票庄采取"北存南放"政策，即在北京尽量吸收官吏存款，而放在工商业较为发达的南方。辛亥革命爆发后，清廷官员纷纷提取存款，但是许多票庄无法收回在南方的放款，因而倒闭。②

第三，票号商人一味守旧，眼见其他金融集团兴起，而不知在组织上及技术上革新，也是他们失败的重要原因。光绪年间，全国有山西票庄33家，辛亥革命后数年，即仅存13家，至民国十四年（1925），已是凋零殆尽，剩下3家。③

3. 钱庄商人。鸦片战争以前，钱庄的业务以货币兑换为主，兼营小额存放。19世纪五六十年代，随着对外贸易的发展，钱庄资力大为扩充，业务重点遂转向存放款、发行庄票、办理划汇和贴现等信用贷款等方面，和新式商业的关系日益密切。至20世纪初年，钱庄商人又积极加强和近代工矿企业的金融联系。从19世纪中叶到20世纪初期钱庄业务所发生的一系列变化显示，钱庄资本已完成了从旧式货币经营资本到借贷资本的历史蜕变，而成为近代金融业的一部分。④

钱庄虽然要较票号和账局为进步，但是在组织结构和管理上，仍无法和新式银行相比。在组织结构方面，钱庄既无稽核制度，又无分支行之设，组织较为疏漏，故营业不易扩张；钱庄的合伙组织，不如新式银行采用的股份公司制集资容易且不受人事影响；无限责任制也不如新式银行的有限责任制所担风险

---

① 张国辉：《二十世纪初期的中国钱庄和票号》，《中国经济史研究》1986年第1期；黄鉴晖：《山西票号史》，山西经济出版社1992年版。
② 陈其田：《山西票庄考略》，商务印书馆1937年版，第38—44页。
③ 王业键：《中国近代货币与银行的演进（1644—1937）》，台北"中研院"经济研究所1981年版，第79页。
④ 马敏：《过渡形态：中国早期资产阶级构成之谜》，中国社会科学出版社1994年版，第109—110页。

小,且易吸引股东投资;至于学徒制,更难以和新式银行的甄选制相比。在管理方面,钱庄的经理专权制,不如新式银行的分层负责制有效;单式账簿也不如新式银行的复式簿记明晰;分红制和低薪制,更不及新式银行的"再投资"和高薪制能促进营业发展,提高员工士气。① 钱庄以此种传统的组织形态和管理方式,与新式银行竞争,自非其敌手。

钱庄组织中,最主要的成员为经理和股东。钱庄业者有各种"帮派",乃依钱庄经理的籍贯而分。以上海为例,上海钱庄帮派中,以江浙帮势力为最大,江浙帮中又以绍兴帮及宁波帮为最有力。宁、绍两帮钱庄家数,于民国一二十年代均占总家数70%以上,其余镇江帮、苏州帮、上海帮等,合计始终不及30%,可见宁、绍帮势力之大。(见表4)

表4 上海钱庄帮别家数表

帮别	民国十年 (1921)		民国二十一年 (1932)		民国二十二年 (1933)		民国二十四年 (1935)	
	家数	百分比(%)	家数	百分比(%)	家数	百分比(%)	家数	百分比(%)
绍兴帮	38	55	35	48.6	37	51.4	27	49
宁波帮	16	23	17	23.6	16	22.2	16	30
苏州帮	5	7	15	21	8	11.1	7	13
镇江帮	2	3	3	4	3	4.2	2	3
上海帮	7	10	1	1.5	3	4.2	3	5
其他	1	2	1	1.5	5	6.9	0	0
总计	69	100	72	100	72	100	55	100

资料来源:郑亦芳:《上海钱庄(1843—1937)——中国传统金融业的蜕变》,台北"中研院"三民主义研究所1981年版,第39页。

除家数外,宁、绍两帮钱庄资本额占上海钱庄资本总数之比,也极为可观(见表5),足为宁绍帮势力强大的另一指标。

---

① 郑亦芳:《上海钱庄(1843—1937)——中国传统金融业的蜕变》,台北"中研院"三民主义研究所1981年版,第29—30页;Andrea Lee McElderry, *Shanghai Old-Style Banks (Ch'ien-chuang)1800-1935*, Ann Arbor: The University of Michigan Press, 1976. 抗战爆发后,新组织的钱庄,均以股份有限公司的姿态出现;抗战胜利后,所有在战前设立仍继续营业的钱庄,也纷纷增资改为股份有限公司,合伙钱庄至此时遂成为历史陈迹。参阅谢菊曾:《民元来上海之钱庄业》,载银行学会编:《民国经济史》,1947年,第55页。

表5 上海钱庄帮别资本表

帮别	民国二十一年（1932）		民国二十四年（1935）	
	资本数（千两）	百分比（%）	资本数（千两）	百分比（%）
绍兴帮	7,300	47.8	6,402	47
宁波帮	3,920	25.6	4,582	34
苏州帮	3,030	19.8	1,789	13
镇江帮	620	4	557	4
上海帮	300	1.9	285	2
其他	120	0.9	0	0
总计	15,290	100	13,615	100

资料来源：郑亦芳：《上海钱庄（1843—1937）——中国传统金融业的蜕变》，台北"中研院"三民主义研究所1981年版，第40页。

宁绍帮钱庄之所以能在上海钱庄中占有重要地位，主要和下列因素有关：

第一，宁波帮商人在上海拥有庞大势力。宁波商人原较上海繁盛，钱庄也相当发达，但是自上海开张后，宁波成为转口港，商业大不如前，宁波商人乃纷纷转往上海发展，故上海钱庄股东多属宁、绍籍，基于地缘观念，所聘经理也多宁、绍人士。

第二，上海钱庄经理职位，多系父子相传或戚友互荐，故原任经理若为宁绍人，则后继者也多为宁绍人。

第三，19世纪末20世纪初，浙江买办在上海的势力已超越广东买办，掌握上海丝茶贸易及外国银行与华商的往来，这些浙江买办对于同籍的钱庄业者颇加照应，也助长了宁绍帮钱庄的力量。

至于股东，为钱庄社会信用的基础。一般而言，钱庄的信用视该庄股东的财产及殷实股东所持股份的大小而定，与钱庄的资本总额并无绝对关联，原因在于股东负无限责任，一旦钱庄倒闭，股东必须按股赔垫欠款。民国初年，上海钱庄的股东，即有出资万两，而赔款多达数百万两的例子。根据近人对上海钱庄的研究，上海钱庄的股东，在鸦片战争以前，以士绅、地主和小商人为主；五口通商后，买办异军突起，与进出口商结合，成为股东的主要来源；民国以后，则以烟土商、颜料商及官僚投资为主体。至于新式工业资本家，则直至抗战前，投资钱庄者仍是寥寥可数。①

4. 银行商人。清光绪二十三年（1897），中国出现了第一家由国人自办的新式银行，至第一次世界大战前后，本国银行已有相当的发展，并逐渐形成了三大财团——以北京、天津为中心的华北财团，以上海为中心的江浙财团和以广州、香港为中心的华南财团。兹将三大财团各银行所属系统及资本额开列如表6所示：

表6 三大财团各银行系统及资本额表（1926年）

财团	银行系统	银行及资本额
华北财团	政府系	中国银行（19,760,200元）
		交通银行（7,713,625元）
		新华信托储蓄银行（2,000,000元）
	北四行系	金城银行（6,500,000元）
		盐业银行（7,000,000元）
		大陆银行（3,561,900元）
		中南银行（7,500,000元）
	直鲁系	边业银行（3,000,000元）
		东莱银行（3,000,000元）
江浙财团	南四行系	中国银行上海分行
		上海商业储蓄银行（2,500,000元）
		浙江实业银行（1,800,000元）
		浙江兴业银行（2,500,000元）
	宁波系	中国通商银行（3,472,222元）
		四明商业储蓄银行（1,041,667元）
	安徽系	中国实业银行（2,899,350元）
		中孚银行（1,500,000元）
华南财团	港粤系	广东银行（9,357,336元）
		东亚银行（5,400,000元）
		国民商业储蓄银行（2,500,000元）
		和丰银行（10,000,000元）
	福建系	中兴银行（13,140,590元）

资料来源：姜锋：《略论旧中国三大财团》，《社会科学战线》1982年第3期，第187页。

---

① 郑亦芳：《上海钱庄（1843—1937）——中国传统金融业的蜕变》，台北"中研院"三民主义研究所1981年版，第30—41页。

根据上表，民国十五年（1926）时，三大财团各银行共 21 家，实收资本共达 116,146,890 元，占该年全国本国银行实收资本总额的 73.43%。在存、放款方面，三大财团除边业银行和国民商业储蓄银行二家以外的 19 家银行，民国十五年（1926）时，分别占有当时 28 家主要银行的 96% 和 95%。上列数字，说明了三大财团在本国银行业中所占的重要地位。

三大财团的组成分子，主要有以下各种：

第一，工商界人士。江浙财团各银行的投资人和主持人，大多为以上海为中心的苏、浙、皖三省工商界人物。如浙江兴业银行即是创建于浙江商办铁路公司，在该行创办资本 100 万元中，浙江铁路公司即占 44.53%，主持行务的胡藻青、蒋海筹、樊时勋，均为浙铁公司的董事。又如上海银行的主要投资人，为荣家企业集团和大生集团；中国实业银行是以周学熙为中心的启新、华新集团的金融机构；中孚银行则和上海面粉业巨擘——阜丰面粉厂为同一投资人所投资。至于华南财团的各银行，则和当时规模最大的四大百货公司（永安、先施、大新、新新）关系密切。如广东银行的大股东和董事长李煜堂，即为新新公司的大股东和监督；国民商业储蓄银行的创办人马应彪，即为先施公司的大股东和创办人。

第二，军政界人士。三大财团中的部分银行，尤其是华北财团各银行，军政界人士个人的投资和存款，占有相当大的比重。如金城银行为周作民利用安徽督军倪嗣冲的力量所创办。倪与其亲信安武军后路局总办王郅隆，为金城银行的主要投资人，王即担任该行第一任总董。安福系失败，王被通缉后，由交通系首脑梁士诒接任。盐业银行为袁世凯指派亲信张镇芳和袁乃宽集资创办，张任总经理兼董事长，袁任常董兼协理，后来张、袁被列为复辟祸首，吴升昌趁机接管盐业银行，担任总经理，董事长也一度由吴兼任，全权控制行务。大陆银行为谈荔孙利用冯国璋在大总统任内的力量创办。至于边业银行，则是由徐树铮创办，主要投资人为曹锟，财长李思浩兼任总经理。民国十三年（1924）以后，又由张作霖改组接办。① 江浙财团中的中国通商和中国实业两家银行，和政府及军政要员的关系也很密切。中国通商银行为盛宣怀奏准清廷一手筹办，

---

① 姜铎：《略论旧中国三大财团》，《社会科学战线》1982 年第 3 期，第 187—192 页。

资本主要来自上海轮船招商局、天津电报总局和盛本人。①中国实业银行为周学熙创办,首任总经理周学熙,协理李士伟,总董熊希龄,协董钱能训,董事王克敏、曹汝霖、阮忠枢等,均为北洋官僚。民国一十年代以后,北洋政府财政愈益困难,政局愈益动荡,军政要员的地位时起变化,不宜再担任银行要职,各银行的实权乃逐渐移至职业银行家之手。

第三,买办。三大财团各银行,尤其是江浙财团各银行,不少资本是来自买办。中国通商银行自民国五年(1916)盛宣怀死后,行务逐渐为盛所赏识的买办傅筱庵所把持。民国八年(1919)以后,傅即长期占据该行总经理的职位,并占有全行股权总额的12.64%。四明银行为买办朱葆三、虞洽卿等人所创办,该行实收资本五十万两规银中,已知的买办投资即达15万两,虞洽卿始终为该行的幕后控制者。在南四行系中,浙江实业银行在官商分营以前,朱葆三即曾于民国元年(1912)担任过总经理,协理朱衡斋也是买办。上海银行民国四年(1915)初创时,资本额为5万元,其中买办出身的庄得之即占了2.2万元,因此担任了首任董事长。在华南财团中,东亚银行创办人并担任总经理的简东浦,原为日商万国宝通银行和美商花旗银行的买办。②

至民国一十年代,三大财团所造就的一批职业银行家逐渐兴起。如中国银行的宋汉章和张嘉璈,交通银行的钱永铭,上海银行的陈光甫,浙江兴业银行的叶揆初、徐寄顾和徐新六,浙江实业银行的李馥荪,盐业银行的吴鼎昌,金城银行的周作民和吴蕴斋,大陆银行的谈荔孙和曹心公,中南银行的胡笔江,以及中国通商银行的傅筱庵等人。这批银行家的共同特点有以下各项:

第一,大多为留学生。如吴鼎昌、谈荔孙、钱永铭、李馥荪、徐寄顾等人毕业于日本东京高等商业学校,专习银行学;陈光甫、徐新六则留学美、英,均具有近代银行的专业知识。

第二,大多长期从事银行业务,且多曾任职于中国、交通二银行,堪称职业银行家。

---

① 中国人民银行上海市分行金融研究室编:《中国第一家银行——中国通商银行的初创时期(1897—1911年)》,中国社会科学出版社1982年版,第109页。

② 黄逸峰、姜铎、唐传泗、陈绛:《旧中国的买办阶级》,上海人民出版社1982年版,第127—131页;Yen-p'ing Hao, *The Comprador in Nineteenth Century China: Bridge Between East and West*, Cambridge, Mass.: Harvard University Press, 1970, p. 54。

第三，除吴鼎昌曾担任财政部次长等公职外，其余大都未曾任政府要职。

第四，最初只是银行的发起者、组织者和管理者，有的还是资方聘用的代理人，本身拥有的资本不多，后来才逐渐占有一部分股权，并通过控制散股等方式逐渐控制股权。他们之所以能够担任银行的总经理和董事长，是由于他们的专业能力获得信任。

第五，大多为浙江和江苏两省人士。

第六，多能于上海、天津等大城市的工商业组织中扮演重要角色，如上海银行公会会长一职，即长期间由宋汉章、陈光甫、李馥荪、吴蕴斋等人轮流担任，宋汉章和傅筱庵均曾先后担任过上海总商会会长。①

（三）工业资本家

近代中国的工业资本家，大致上可以分为棉纺业者和机械制造业者两种类型。机械制造工厂只需有少量的设备即可创办，开办后再逐渐扩大；纱厂则不同，开办时即需有大规模的机器设备，因此必须拥有一笔颇大的开办资本。两类工业对于开办资本和设备的需要不同，影响到两类业者的来源、资金筹措及企业经营方式，均有所不同。②

1. 棉纺业者。自甲午战后至第一次世界大战前，中国的华资纱厂并非为典型的现代资本主义社会的产业组织。最初成立的各厂，固然是旧式的独资或合伙经营，即使是以后各厂，虽然可能名为公司，但是事实上并未公开招股，而且也无从公开招股，依然是独资或合伙的企业。因此创办人的资历即颇可显示纱厂资本的来源与性质。兹列举第一次大战前华商各厂创办人资历及其资本来源如表 7 所示：

表 7　第一次世界大战以前华资纱厂创办人资历及资本的主要来源

厂名	创办人资历或资本之主要来源
业勤	杨宗濂、杨宗瀚兄弟所创办，资本自集。宗濂在光绪年间曾授直隶通永道、山西河东道，历权布政使、按察使，迁长芦盐运使，赏三品京堂。

---

① 姜铎：《略论旧中国三大财团》，《社会科学战线》1982 年第 3 期，第 196—197 页；Mari-Claire Bergere, *The Golden Age of the Chinese Bourgeoisie 1911-1937*, Cambridge: Cambridge University Press, 1989, pp. 148-149.

② Marie-Claire Bergere, *The Golden Age of the Chinese Bourgeoisie 1911-1937*, p.164.

续表

厂名	创办人资历或资本之主要来源
苏纶	苏州商务局创办，资本为商务局所集私资。最初主持人为国子监祭酒陆润庠，开工之次年，归候选郎中祝承桂租办，以候补知府吴景萱、翰林院修撰费念慈、内阁中书潘祖谦助之。
通久源	三品衔直隶候补道严义彬创办，资本自集，在八十万元以上。义彬大约又名信厚，为李鸿章幕僚，曾任驻沪"襄办"云。
通益公	创办人不详，作者疑其为通惠公厂主楼景珲所创办。
裕通	上海裕源纱厂（1894年开车）厂主朱鸿度之次子朱幼鸿创办，资本自有。鸿度曾官道台。幼鸿大约即朱畴，一名朱爵谱，曾任浙江候补道被革。
湖北纺纱官局	两湖总督张之洞创办，资本有官股有私股，开车后全收为官股。
大生	翰林院编修张謇创办，领用官机，其余资本杂集。
通惠公	四品衔候选同知楼景晖创办，自集资本，总数在四十万元以上。
裕奉	朱幼鸿创办，资本自有。
振新	茂生洋行买办张若君、荣瑞馨二人创办，资本自有。
济泰	郎中蒋汝坊创办，资本自有，总数在四十万元以上。
和丰	三品衔中书科中书顾钊创办，资本自有，总数在四十万元以上。
振华	怡和洋行大班凯福及华人吴祥休合办，初为中英合资，后全归华资。
九成	日本棉花会社与华人某所创办，后全归日资。
大生第二	张謇创办，资本由道员恽莘耘、按察使王丹揆、参议刘众卿及张謇四人合出60万两，大生一厂余利附入者约19万两。
同昌	朱志尧等创办，朱为同昌油厂主办人。
利用	施子美、严惠人创办，二人资历待考。
广益	孙家鼐创办，资本自集，光绪间，孙历官工、礼、吏、户各部尚书及大学士。
公益	花翎道衔祝大桩创办，资本自有者67万元，集自他人者67万元。祝为上海商人，时已独资兴办源昌机器碾米厂，资本40万元；源昌机器缫丝厂，资本50万元；源昌机器五金厂，资本10万元；又与他人合办华兴机器制造面粉公司，资本40万元，祝出20万元；怡和源机器皮毛打包公司，资本28万元。祝出14万元。祝氏此各项投资共得201万元。

资料来源：严中平：《中国棉业之发展》，商务印书馆1943年版，第122页。

上表显示，此一时期华商纱厂创办人多为官绅（在18家纱厂中占了14家），买办商人仅占两三家。[①]

至一次大战及战后的繁荣时期，情况即有所不同。据统计，民国三至十一年（1914—1922）之间，华商创建纱厂共49家，分属于40个公司，其中除大生第三纱厂属于战前所建的大生系统外，其余均为新设。兹将新公司创立人或大股东有数据可查的32家列表如表8所示：

---

① 严中平：《中国棉业之发展》，商务印书馆1943年版，第122页。

表 8　新建华资纱厂创办人或大股东资历与资本来源（1914—1922 年）

公司	所在地	开车年	创办人或大股东	创办人或大股东资历或资本来源
申新	上海	民国五年（1916）	荣宗敬、荣德生	面粉厂主
直隶	天津	民国五年（1916）	直隶省政府	公款
鸿裕	上海	民国五年（1916）	郭子彬、郑培之	潮帮商人
广勤	无锡	民国六年（1917）	周学熙、杨翰西	官僚
厚生	上海	民国七年（1918）	薛宝润	棉商兼纱厂主薛文泰之子
溥益	上海	民国七年（1918）	徐静仁	官僚
华新	天津	民国七年（1918）	周学熙、杨昧云	官僚
裕元	天津	民国七年（1918）	王郅隆	官僚
成兴	武陟	民国八年（1919）	鲁连城	布商
裕中	芜湖	民国八年（1919）		商人
鲁丰	济南	民国八年（1919）	潘复、王占元、靳云鹏	官僚，军阀
统益	上海	民国九年（1920）	吴麟书	纱商
汉口	汉口	民国九年（1920）	李紫云	商人
大丰	上海	民国九年（1920）	吴麟书等	纱商
宝成	上海	民国九年（1920）	刘伯森	绅士，曾佐张謇办大生纱厂
恒源	上海	民国九年（1920）	陈玉亭	潮帮商人
纬通	天津	民国十年（1921）	章瑞廷、曹建亭	帆布厂主
鸿章	上海	民国十年（1921）	郭子彬、郑培之	潮帮商人
振华	上海	民国十年（1921）	余葆三、王启宇	布商
永豫	上海	民国十年（1921）	许松春	棉商
崇信	上海	民国十年（1921）	邵声涛	纱商
豫康	无锡	民国十年（1921）	李砚臣、华孟英、华千臣、薛醴泉、贝润生	纱商，钱庄主，沪商
大纶	武进	民国十年（1921）	蒋盘发	布商
大中华	上海	民国十年（1921）	聂云台	官僚之后，纱厂主
华丰	上海	民国十年（1921）	聂云台、李国钦、王行堂	官僚，纱厂主
北洋	天津	民国十年（1921）	黄献忱、范竹斋	资本多来自纱号与银号
经华	长沙	民国十年（1921）	吴作霖	公款
裕大	天津	民国十年（1921）	王克敏	官僚

续表

公司	所在地	开车年	创办人或大股东	创办人或大股东资历或资本来源
恒大	上海	民国十年（1921）	穆杼斋	纱商
裕华	武昌	民国十一年（1922）	徐荣廷、张松樵	徐为汉口商人
大通	上海	民国十一年（1922）	杜廷珍、姚锦林、沈世仪等	上海花纱丝茧商人
大兴	石家庄	民国十一年（1922）	徐荣廷、张松樵	徐为汉口商人

资料来源：严中平：《中国棉业之发展》，商务印书馆1943年版，第158页。

上表显示，新建的纺织公司中，以商人的投资为最多，而商人中又以棉纱、布商为要。商人以下，便是军政要员，至于真正的工业资本家，则寥寥无几。与战前的情况相较，战后商人资本活跃，显示本国工业的资本形成过程已进入另一个阶段。①

近代中国，与棉纺业者来源类似，而且也曾历经类似转变的工业，尚包括面粉、轮船等。②

2. 机械制造业。机械制造业在创办时，只需要具备少量设备和有限的资金，对技术的引进也可逐步进行，因此工厂主多出身于传统的手工业者。根据晚近学者对民国时期上海地区四百余家机器厂的调查，其中除了由商人、买办所开设者，有70%以上系由小手工业作坊主和工厂领班、头脑（工头）和老轨（技工）所开设。这些手工业作坊主和领班、头脑、老轨，原来或为铜、铁手工业者，或是工厂的工徒，均拥有一定的技术，天津、沈阳等地的民营机器工业中，也有类似的情况。

机器工业资本家的来源，主要可分为以下几类：

第一，由商人和买办转化而来。这些人所开办的机器厂，虽然在总户数上所占比重较小，但是几乎所有的大厂均为他们所设，在总资本额上仍占较大比重。如清光绪二十一年（1895）至民国二年（1913）之间，上海共开设机器

---

① 严中平：《中国棉业之发展》，商务印书馆1943年版，第159页。另一项研究则指出，上海地区华商纱厂创办人的出身背景，和天津地区有显著的差异。上海地区在民国九年（1920）时，共有19家华商纱厂，负责人有资料可查者，有18人，除去出身背景不明者一人，具多重身份者4人，剩下身份明确者13人。这13位纱厂负责人中，出身商人家庭者8人，出身官宦之家者3人，出身实业界者2人。至于天津地区的华商纱厂，则大为不同。天津为近代中国仅次于上海的第二大棉纺业中心。民国九年（1920）左右时，天津华商纱厂的主要投资者有25人，其中除了2名军需品供货商外，其余23人均为现任或卸任的军政要员。参阅 Marie Claire Bergere, *The Golden Age of the Chinese Bourgeoisie 1911-1937*, pp. 177-180。

② 马敏：《过渡形态：中国早期资产阶级构成之谜》，中国社会科学出版社1994年版，第55—56页。

厂84家，创业资本总计仅8万余元，其中求新一家占4万元，大隆占1万余元。求新为东方汇理银行买办朱志尧所设，大隆的创办人严裕棠则为跑街商人出身。民国三年（1914）以后，新开设的大型机器厂，虽然也大多是商人和买办所创办，不过也出现了两种新的投资者：一是一些其他工业的资本家投资于机器厂；一是一些知识分子，主要是工程技术人员，创办机器厂。前者如民国十年（1921）设立的中国铁工厂，股东几乎包括了全国较著名的纱厂和棉纺业中最大的资本家，资本额共35万元。至于工程技术人员创办的机器厂，以民国五年（1916）左右英国留学生王小徐所创办的大效机器厂为最早，其后有新民、新中、中华、寰球、上海等十余家，规模一般也较大。这些知识分子变为资本家，除了他们本人的投资外，大多有更重要的资本来源，尤其是依靠他们和工商界、军政界的关系。

第二，由小手工业作坊主、工厂领班、工头、技工转化而来。在早期，以通过开设小手工业作坊积聚资本，再开办机器厂者最多。据统计，清同治五年（1866）至光绪二十年（1894）开设的12家机器厂中，手工业作坊主出身的创办人有7家，占58.3%。20世纪以后，由手工业作坊主转化为工业资本家的比例大为降低：民国二年（1913）时，仅占当时现存机器厂创办人总数的16.5%，至民国二十年（1931）时仅占12.7%。早期的手工业作坊主，大多为原来的铜、铁手工业者转化而来，至后期也包括少数工徒。至于通过当工厂领班、工头和技工，积累资本以后开设机器厂的情况，最为普遍。民国二年（1913），上海地区现存机器厂的创办人中，经由此种途径转化而来者，占63.7%；民国二十年（1931）时，占63%。这些人原来多数为机器厂学徒出身，也有少数是手工业者。虽然如此，在上海的机器工人和手工业者中，能够转化为资本家者，仍为极少数，机会尚不到千分之一，①上升流动十分艰难。（见表9）

表9　民国二年（1913）至民国二十年（1931）上海地区华资机器工业资本家出身表

年代	头脑、领班、老轨		手工作坊主		商人		买办		技术人员		其他		合计	
	人数	百分比（%）	人数	百分比（%）	人数	百分比（%）	人数	百分比（%）	人数	百分比（%）	人数	百分比（%）	人数	百分比（%）
民国二年（1913）	58	63.7	15	16.5	8	8.8	1	1.1			9	9.9	91	100

---

① 中国社会科学院经济研究所主编：《上海民族机器工业》，中华书局1966年版，第459—466页。

续表

年代	头脑、领班、老轨		手工作坊主		商人		买办		技术人员		其他		合计	
	人数	百分比（%）	人数	百分比（%）	人数	百分比（%）	人数	百分比（%）	人数	百分比（%）	人数	百分比（%）	人数	百分比（%）
民国十三年（1924）	126	51.4	51	20.8	30	12.3	2	0.8	1	0.4	35	14.3	245	100
民国二十年（1931）	259	63.0	52	12.7	34	8.3	3	0.5	17	4.1	47	11.4	411	100

注：未查明出身者不计。
资料来源：中国社会科学院经济研究所主编：《上海民族机器工业》上册，中华书局1966年版，第456页。

近代中国，与机器制造业者来源类似的工业，尚包括皮革、木器、铜锡等，有不少资本家均为工匠出身。他们由于累积的资本有限，不可能进行较大规模的工业投资，而只能利用原有的技术、设备条件和市场条件，因地制宜、因陋就简地办一些适宜进行手工操作或半机器操作的中小型工业。[1]

（四）商界精英的社会结构——以上海为例

以上系将近代中国的商人，依行业予以分类后所作的讨论。以下爰以上海地区商界精英阶层为例，分析其社会结构，借以明了民国时期商人阶层的特色。

上海是近代中国经济发展较快、各业资本家最为集中的城市，20世纪初即已有商会出现。随着工商业的发展，不同时期商会的结构和资本家的素质也有所不同。民国九年（1920），上海总商会改组，即象征了上海工商界一代新人开始登上社会活动舞台，取代昔日由绅商掌握商会权力的地位。

上海总商会在改组前，35名会董（包括正、副会长）中，传统的绅商型人物有27名，占总数的77.1%，而且他们多数思想保守。改组后的总商会会董中，仅有四名属于绅商，而且他们均有一定的革新意识；绝大多数的会董，为一些年龄较轻、受过专业教育、具有现代企业管理知识和经验的新一代企业家。尤其值得注意的是，改组后的董事会中，工业资本家和银行家共有14人，比改组前的五人增加了近两倍，占会董人数的40%，显示上海总商会领导阶层产生了明显的变化。这批年富力强的工业资本家和银行家，加上一批新崛起的第二

---

[1] 黄逸峰、姜铎、唐传泗、陈绛：《旧中国的买办阶级》，上海人民出版社1982年版，第105—108页。

代商业资本家,大大改变了上海总商会的面貌。(见表 10)

表 10 上海总商会董事会组成分子比较(1918—1920 年)

主要从业范围	民国七年(1918)届				民国九年(1920)届			
	会董数(含正副会长)	其中属绅商人物			会董数(含正副会长)	其中属绅商人物		
		守旧型	趋新型	合计		守旧型	趋新型	合计
买办兼营工商业	12	4	4	8	5	—	—	—
工矿业	2	—	—	—	8	—	—	—
商业	11	11	—	11	12	—	2	2
银行业	3	—	2	2	6	—	1	1
钱庄、票汇业	3	3	—	3	2	—	1	1
保险业	2	2	—	2	—	—	—	—
航运业	1	—	—	—	2	—	—	—
职业买办	1	—	1	1	—	—	—	—
合计	35	20	7	27	35	—	4	4

资料来源:徐鼎新、钱小明:《上海总商会史(1902—1929)》,上海社会科学院出版社 1991 年版,第 246 页。

上海总商会董事会成员的年龄结构,民国九年(1920)改组前后,也有明显的差异。在改组前,35 名会董平均年龄为 57.2 岁,其中 71 至 79 岁有 5 名,61 至 70 岁有 6 名,50 至 60 岁有 14 名,44 至 50 岁有 10 名。改组后,35 名会董的平均年龄降为 44 岁,其中 51 至 58 岁有 5 名,41 至 50 岁有 19 名,35 至 40 岁有 11 名,50 岁以下的会董 30 名,在董事会占有 85.3% 的优势,使得上海总商会出现了年轻的活力。[①]

若想了解近代上海的工商界精英,除了他们个人的年龄、学历和经历外,尚需分析他们的血缘、地缘的结构,才能了解他们之所以成功,以及上海工商业之所以能够快速发展的原因。许多学者认为,这些血缘、地缘结构所造成任用私人的弊病,是导致中国资本主义无法发展的主要原因。[②] 但是这种说法,

---

[①] 徐鼎新、钱小明:《上海总商会史(1902—1929)》,上海社会科学院出版社 1991 年版,第 245—247 页。最近的一项研究指出,上海总商会会员成分于清末至北伐前的改变,也有类似的趋势。参阅张桓忠:《上海总商会研究(1902—1929)》,台湾师范大学历史研究所 1994 年未刊硕士论文,第 84—85 页。

[②] 例如 Marion J. Levy and Shih Kuo-heng, *The Rise of the Modern Chinese Business Class: Two Introductory Essays*, New York: Institute of Pacific Relations, 1949, pp. 9-10。

不仅和19世纪欧洲（尤其是法国）工业资本家的情况不符，同时也难以解释何以20世纪海外华人在经济上会有如此杰出的表现。事实上，血缘和地缘关系使得新兴的资本主义具有弹性和活力。地缘关系每多和家族关系网络重叠，但是延伸得更广，形成一个庞大的利益和忠诚的网络。① 以下爰将上海工商界精英的地缘和血缘结构，分别加以讨论。

1. 地缘结构。上海工商界精英聚集的上海总商会，自清光绪二十八年（1902）上海商业会议公所以迄民国十八年（1929）上海总商会改组，会员始终以浙江人为最多，其次为江苏、广东，其余各省所占比例均不多。籍贯浙江的会员中，又以宁波帮为主。宁波帮包括的范围颇广，系指前宁波府所管辖的鄞县、镇海、慈溪、奉化、象山、定海、石浦等七县的商民。② 同乡关系在企业内部的作用，主要表现于资金的筹措和人事的安排。在资金的筹措方面，例如郭乐、郭泉兄弟民国八年（1919）在上海成立上海永安公司时，股本为港币250万元，其中50万元系由香港永安公司投资，14万元由郭氏家族投资，外来投资则有180余万元，投资人多为海外华侨同乡，所用员工也大多是广东人。直至民国二十五年（1936），上海永安公司内的职员500余人中，除一小部分售货员为外省人外，其余均为广东人。③ 用人重视地缘关系的现象，即使在需要专门技术的大型企业中也不例外。例如荣宗敬、荣德生兄弟所创建的企业集团，在民国一十年代，共有12家面粉厂和九家纱厂，厂址除上海外，并遍布无锡、汉口、济南等地。所用职员957人中，无锡同乡即有617人，占了总数的64.5%。④

2. 血缘结构。血缘关系在企业中的重要性是多方面的，不仅提供资金、管理和技术，同时也有助于建立和政府间的关系。在资金供应上，血缘关系提供了最佳的保证，因此其重要性尤在朋友、同行或同乡之上。血缘关系通常也是高层

---

① Marie-Claire Bergere, *The Golden Age of the Chinese Bourgeoisie 1911-1937*, pp.140-141；谢国兴：《企业发展与台湾经验——台南帮的个案研究》，台北"中研院"近代史研究所1994年版；Gary G. Hamilton, "Overseas Chinese Capitalism", in Tu Wei-ming, ed., *Confucian Traditions in East Asian Modernity: Moral Education and Economic Culture in Japan and the Four Mini-Dragons*, Cambridge，Mass.：Harvard University Press，1996，p.335.

② 张桓忠：《上海总商会研究（1902—1929）》，台北知书房出版社1996年版，第81页。

③ 连玲玲：《中国家族企业之研究——以上海永安公司为例（1918—1949）》，台湾东海大学历史研究所1993年未刊硕士论文，第44—56页。

④ 唐力行：《商人与中国近世社会》，浙江人民出版社1993年版，第319页。

管理人员的主要来源。例如，郭氏家族在永安集团中虽然投资金额不高，但是在其联号企业中却几乎席卷所有管理阶层的重要职位，甚至出现父子相传的情形，非嫡系的亲族最多只能担任经理的职位。① 又如荣家企业集团，根据民国十七年（1928）的统计，在所属的19个企业中，共有总经理、经理、副经理、协理、厂长、副厂长等重要职位54个，其中荣氏血亲即占了31个，姻亲又占了14个，血亲和姻亲合计占总数的83.5%；荣氏家族的亲信和股东合计占总数的11%；技术人员则只有米仙舫一人，担任申新二厂、五厂和七厂的厂长。②

令人惊异的是，在代表中国现代新式工业的荣家企业中，居然只有一名工程师能够跻身高级主管。但是值得注意的是，任用亲族似乎并未妨碍企业的引进技术，许多企业家让其子弟接受各种专业的教育，以引进先进的技术和管理。据统计，民国一十至二十年代上海地区较需要现代技术及管理的工厂和银行中，有约三分之一的经理、董事接受过新式高等教育。③ 以郭乐、郭泉兄弟创办的永安企业为例，郭氏兄弟出身农家，所受教育不多，但是民国二十年（1931）以后开始在企业内各公司担任重要管理职务的郭家第二代，则几乎均曾受过专业教育，在九位第二代企业家中，即有四位曾出国专攻纺织，返国后担任永安纺织印染公司副总经理及经理的职务。④ 又如民国一十至二十年代在机器制造业中颇富盛名的大隆机器厂，创办人严裕棠是跑街商人出身，不懂技术，从民国一十年代起，先后将一些重要职务交给他的儿子。民国二十年（1931），他的第六个儿子严庆龄自上海同济大学机械系毕业，严裕棠即命其赴德国留学，入柏林高等工业大学，获工程师学位。民国二十一年（1932）返国后，即任大隆机器制造厂总工程师兼厂长，并对大隆厂进行一连串的技术改革。⑤ 以上两个例子，充分显示出近代中国企业家对于现代技术的渴求，尤其是希望家族成

---

① 连玲玲：《中国家族企业之研究——以上海永安公司为例（1918—1949）》，台湾东海大学历史研究所1993年未刊硕士论文，第45—46页。
② 上海社会科学院经济研究所编：《荣家企业史料》上册，上海人民出版社1980年版，第287—288页。
③ 徐鼎新：《近代上海新旧两代民族资本家深层结构的透视——从二十年代初上海总商会改组谈起》，《上海社会科学院学术季刊》1988年第2期，第42页。
④ 连玲玲：《中国家族企业之研究——以上海永安公司为例（1918—1949）》，台湾东海大学历史研究所1993年未刊硕士论文，第47—49页；Richard C. Bush, *The Politics of Cotton Textiles in Kuomintang China*, New York: Garland, 1982, p.62.
⑤ 熊尚原：《严裕棠》，载《民国人物传》第一卷，中华书局1978年版，第304—305页；林抱石：《严庆龄》，载《民国人物小传》第5册，传记文学出版社1982年版，第506页。

员能够掌握专门技术，而无需仰赖家族以外的人。

综前所述，我们可以发现，血缘和地缘关系并不一定对企业不利，① 相反地，这种独特的管理方式，使得近代中国的企业家不必打破社会传统，即可适应现代的经济环境。

（五）社会地位与政治角色

绅商合流的现象，早在明末清初即已存在，官场出资经商者颇不乏人，不过由于受到传统的束缚，往往耻言贸易，不是改换姓名，即是寄托他人经理。随着经济的发展，至19世纪末20世纪初时，传统绅士向工商界的转化，较之明清之际，无论在规模、速度和性质上，均不可同日而语。尤其是清光绪三十一年（1905）科举废除后，士子经由科举入仕之路中断；20世纪初，清廷颁布一连串奖励工商实业的措施，更使商人的地位大为提高，如农工商部规定，"集股二千万以上者，拟准作为本部头等顾问官，加头品顶戴，并请仿宝星式样特赐双龙金牌，准其子孙世袭臣部四等顾问官，至三代为止"，于是绅士由仕途转向工商界发展者，有风起云涌之势。②

近代中国的商人，由于整个社会阶层的社会地位提高，对自我的评价也大为改变。20世纪初，一位商人曾如此写道："我们经商的人，生在这西历一千九百余年，叫什么20世纪实业竞争的时代，也真尊贵的很了。……天下最有活泼的精神，最有发达的能力，能够做人类的总机关，除了商，别的再也没有这种价值了。"③ 他们自比为社会中坚，以"论人数以商界为至众，论势力

---

① 学者黄绍伦将华人社会中工商业者偏好仰赖血缘、地缘关系用人的现象，分为被动的任用亲党（passive nepotism）和主动的任用亲党（active nepotism）两种。华人工商业者只要环境许可，通常会尽量摆脱被动任用亲党的弊病，但是仍然基于正面的经济的理由，保留主动任用亲党的习惯。参阅 Wong Siu-lun, "Modernization and Sinic Tradition: Reflections on the Case of Hong Kong", paper presented at *the Twenty-fifth Annual Meeting of the American Association for Asian Studies*, Santa Barbara, November 4-6, 1983, quoted in Ambrose Y. C. King, "The Transformation of Confucianism in the Post-Confucian Era", in Tu Wei-ming ed., *Confucian Traditions in East Asian Modernity*, p. 273.

② 马敏：《官商之间——大变动中的近代绅商》，天津人民出版社1994年版；阮忠仁：《清末民初农工商机构的设立——政府与经济现代化关系之检讨（1903—1916）》，台湾师范大学历史研究所1988年版；Wellington K.K. Chan, *Merchants, Mandarins and Modern Enterprise in Late Ch'ing China*, Cambridge, Mass.: Harvard University Press, 1977.

③ 《经商要言》，载《辛亥革命前十年间时论选集》第一卷下册，生活・读书・新知三联书店1962年版，第890页。

以商界为最优"而自豪,认为商人如能团结一致,将能"骎骎手握一国之财政,而农工之有大销场,政界之有大举动,遂悉唯商人是赖"。① 这些言论固然有自我膨胀之嫌,但是他们同时也能体认到自己社会责任的重大:"上古之强在牧业,中古之强在农业,至今世强在商业。……国强之基础,我商人宜肩其责","今日之商家,实操我支那民族存亡起废之权者也。"② 因此,近代中国的商人除了商业活动外,在其他许多方面也都扮演了重要的角色。

事实上,自明末清初以降,由于商业的发展,商人组织不但在数量上不断增加,所扮演的角色也日益扩大。如清末时,有许多地方的行会组织已扩大成为公议会。公议会由各种行业中数名单一行会的代表组成。大体上,只有城内的数十名上层商人才能成为会员,但是费用则由全城商人分摊。公议会是行会的扩大,它所代表的已不仅是一帮一业的利益,而是全城工商业者的利益。公议会的主要职能为制定全城商业活动的规则,执行商事裁判;汇集全城商人的要求,上达于官府;同时,并且参与部分地方行政事务,如修桥铺路、赈济贫民、设置救火队和值夜巡逻等。公议会以东北、华北地区最为发达,其中尤以营口公议会规模最大,拥有征税权,实质上支持当地的警察和军队,甚至连地方官府的经费也大部分由其承担。③ 商人扮演角色之广泛,由此可见一斑。

商人的政治态度,大致说来较为保守,倾向维持现状,在安定中求进步,反对剧烈变动。这种性格,充分地表现于民国时期历次的重大事件中。辛亥革命前,除了少数商人曾个别支持革命派外,大多数的商人附和立宪派,主张渐进的改革,而不赞成革命派用激进、暴力的手段改变现状的做法。他们从事工商业活动、推动地方自治、组织商团,协助官方推动各项改革,只有在对清廷彻底绝望后,才转向革命。即使是革命爆发后,他们仍是以保全地方为念,④ 期待局势尽速安定下来,新政府能够带领国家从事实业建设。在这种亟求安定的

---

① 唐力行:《商人与中国近世社会》,中华书局1995年版,第280—281页。
② 马敏:《过渡形态:中国早期资产阶级构成之谜》,中国社会科学出版社1994年版,第194页。
③ 唐力行:《商人与中国近世社会》,中华书局1995年版,第280页。
④ 李达嘉:《上海商人的政治意识和政治参与(1905—1911)》,台北《"中研院"近代史研究所集刊》上册,1993年6月第22期,第173—211页;Marie-Claire Bergere, "The Role of the Bourgeoisie", in Mary C. Wright, ed., *China in Revolution: The First Phase, 1900-1913*, New Haven and London: Yale University Press, 1968, pp.229-295。

心理下，二次革命自然会遭到他们强烈的抵制。①

商人对于北伐的反应则并不一致。国民革命军开始北伐时，首先向湖南、湖北进军，打倒吴佩孚。当时，孙传芳发出通电，阻止北伐军进入湖南，不少地区的商会团体纷纷发出所谓"和平"的呼吁，抵制北伐。上海地区，代表中小商人组织的上海商业联合会则独树一帜，欢迎北伐军。随着北伐的顺利推进，工人运动不断高涨，商人开始感到畏惧，支持国民政府者增加。上海金融界的协助关系尤大，先后借款及发行国库券、公债一亿三千余万元。②

民国二十年代，商人在面对日本侵略的威胁下，表现出鲜明的民族主义思想。早在九一八事变爆发后，上海银行、钱业公会即向国民政府提出呼吁，要求停止内战以御外侮。商界的各种抗日救亡活动，也陆续热烈地展开。民国二十四年（1935）底，上海市纸业、米业、糖业等93个同业公会联名发表宣言，要求国民政府速下决心，维持国家领土主权的完整；全国工商联合会等14个群众团体也联名致电国民政府，要求取消冀察自治，维护正当的爱国运动。至抗战正式爆发时，商界内部绝大多数人赞成停止内战，团结抗日。③在沿海地区经济面临日本摧毁的危急时刻，有少数的企业家响应国民政府发出的内迁动员号召，不顾路途艰难和物资财产损失，将自己经营的企业迁移至西南各省。④至于大多数未迁移的企业，则采取了各自的经营策略，以期在战争期间尽量减少损失。他们一般的做法是将企业移入外国租界内，以获得外国租界当局的保护；也有不少企业通过在外国驻华使领馆获准注册的方法，取得"外商企业"的名义，使企业权益不致受损。不过，当日本加剧经济统制时，外国租界的庇护和"外商企业"名义的保护作用也日益有限。⑤

---

① 李达嘉：《从"革命"到"反革命"——上海商人的政治关怀和抉择（1911—1914）》，台北《"中研院"近代史研究所集刊》第23期上册，1994年6月，第239—282页。

② 徐鼎新、钱小明：《上海总商会史（1902—1929）》，上海社会科学院出版社1991年版，第361—379页；黄逸峰、姜铎、唐传泗、徐鼎新：《旧中国民族资产阶级》，江苏古籍出版社1990年版，第316—326页；Parks M. Coble，*The Shanghai Capitalists and the Nationalist Government, 1927-1937*，Cambridge，Mass.: Harvard University Press，1980。

③ 钟祥财：《中国近代民族企业家经济思想史》，上海社会科学院出版社1992年版，第385页。

④ 庄焜明：《资源委员会与抗战时期民营废矿之内迁》，《"中华民国史"专题论文集——第一届讨论会》，台北"国史馆"1992年版，第501—519页；庄焜明：《林继庸与战时中国工业》，《抗战"建国"暨台湾光复——中华民国史专题第三届讨论会》，台北"国史馆"1996年版。

⑤ 程洪：《汪伪统制经济述论》，《汪精卫汉奸政权的兴亡》，复旦大学出版社1987年版，第181—216页；黄逸峰、姜铎、唐传泗、徐鼎新：《旧中国民族资产阶级》，江苏古籍出版社1990年版，第483—495页。

一般的商人，对于中共多抱有恐惧和疑虑的心理，因此在中华人民共和国成立前夕，不少商人纷纷抽逃企业资金，关厂歇业，资力雄厚者并向香港、澳门、台湾及外国投资，以作为退路。直至中国共产党取得决定性胜利后，大多数的资本家才最后下决心，愿意接受中国共产党领导，维持企业生产。①

三、工人

（一）人数与分布

近代中国工人的人数，由于缺乏完整而有系统的统计，难以作精确的估算。根据学者刘大中和叶孔嘉的估计，民国二十二年（1933），中国本土和东北沦陷区境内，采用机械动力的大小工厂，共有工人 1,075,800 人，依行业分类如表 11 所示：

表 11　1933 年新式工业雇用人数　　　　（单位：千人）

资本		关内		东北沦陷区	合计
		华资	外资		
生产财	木材	1.2	1.5	2.3	5.0
	机械（含运输设备）	45.7	5.2	14.4	65.3
	含铁金属和金属制品	15.5	0.4	11.8	27.7
	小型电器	0.7	0.3	—	1.0
	石料、石灰和玻璃制品	34.7	1.1	8.9	44.7
	化学原料和制品	5.6	2.4	4.2	12.2
	纺织品	4.3	—	0.4	4.7
	皮革	4.5	0.9	0.7	6.1
	纸、纸制品和印刷品	42.0	3.6	0.8	46.4
	金属币	0.2	—	—	0.2
	小计	154.4	15.4	43.5	213.3

---

① 黄逸峰、姜铎、唐传泗、徐鼎新：《旧中国民族资产阶级》，第 613—614 页。根据某些人士的观察，1949 年前，除了少数大资本家逃往海外，大多数的工商企业均抱持"共党来了，也不会比民党更坏多少"的心理，而留下给中国共产党一个试验的机会。曹聚仁：《采访二记》，香港创垦出版社 1954 年版，第 244—245 页。

续表

资本		关内		东北沦陷区	合计
		华资	外资		
消费财	木制品	0.5	0.2	0.8	1.5
	金属制品	4.4	0.5	0.7	5.6
	小型电器	5.9	2.7	*	8.6
	陶瓷	1.3	—	1.9	3.2
	化学制品	38.4	7.3	4.9	50.6
	纺织品	380.1	104.7	38.8	523.6
	服饰	101.7	2.0	3.5	107.2
	皮革和橡胶制品	15.1	0.7	—	15.8
	食品	51.2	8.6	21.6	81.4
	烟酒	20.3	19.0	8.4	47.7
	纸制品	1.8	0.2	4.7	6.7
	杂项	8.1	1.8	0.7	10.6
	小计	628.8	147.7	86.0	862.5
	总计	783.2	163.1	129.5	1075.8

* 雇用人数少于一百人。

资料来源：Ta-Chung Liu and Kung-chia Yeh, *The Economy of the Chinese Mainland: National Income and Economic Development, 1933-1959*, Princeton: Princeton University Press, 1965, pp. 426-428.

近代中国的新式工人不但数量较少，地理上的分布更集中于沿海少数地区。据估计，战前上海、天津、青岛、广东、江苏各地工厂工人的人数，约占全国的70%，其中尤以上海最为集中，几占全国之45%。[1] 技术工人集中沿海的现象，尤为明显。据战前的一项估计，技工在上海者占全国41%强，在江苏者占30%强，在浙江者占9%强，三处合计约占全国80%。[2] 沿海各地，和西方接触较早，对外、对内的水路交通便利，原料、机械易于自外输入，产品也易于向内推销；加以政治、社会秩序较为安定，工厂与工人集中于此等区域，本为工业发展的自然趋势，但是如由全国经济观察，则此种现象实非正常，以致战时遭受巨大的损失。战时于后方新创设或新迁来的工厂，或因求接近原料，或因避空袭骚扰，均采分散倾向。如重工业方面，在战前因需接近外国原料，故多设于沿海城市；在战时后方，不得不仰赖本国原料，而后方原料多散

---

[1] 中华民国实业部经济年鉴纂编委员会编：《中国经济年鉴（续编）》，"劳工章"第一表，商务印书馆1935年版。

[2] 孙本汶：《现代中国社会问题》第5编，商务印书馆1947年版，第193页。

在偏远地区，搬运不便，故需移工厂于原料产区就地制造。轻工业本宜接近都市，但战时因避空袭的危险和都市中房屋昂贵，也均分散于都市附近。至于工业合作社，照原计划即需设置于内地各城镇，其分散程度自更为广大。新兴工业如此分散的结果，劳工势必也随之分散。① 分散之程度虽无数字，但仅就民国二十九年（1940）时全国1800余单位的工业合作社而言，即有社员24000余人，而直接、间接参加"工合"者，不下20万人，② 加以工厂迁入后方时所携入各种技工即达万余人，其后各地技工因探悉后方工厂待遇之优裕，与各厂在沪、港等地的直接招募，以及沦陷区内敌伪压迫下陆续流入后方者更属不少。③ 以上各种来源的大量劳工，均分散于各地乡村中，有助内地农村工业的发展。

至于人数远较工厂工人为多的传统手工业工人，虽然遍布全国，但是在职业分化不显著的乡村，也难以找到他们的专业生活。大多数的手工业只是农业以外的副业，出卖制成用品来贴补日常的家用。许多普通的家具由农家自己动手制作即可，缝衣、理发、筑墙、修路，均不需太专门的技术。较为高深的技术，在农村不仅无人训练，而且也找不到出卖工艺的市场。例如直到民国三十六年（1947），在云南晋宁县附近的安村，兴建一座小学校舍，所需木匠均要自县城请来。④

（二）女工与童工

19世纪七八十年代以后，在中国的近代工业部门，中外资本家开始雇用女工和童工。政府对于妇女劳动问题虽屡有规定，但是实地的调查和统计则不多见。北洋政府农商部虽有历年男女工人数的统计，但是只做到民国九年（1920），而且民国五年（1916）以后部分省报告不全，职工总数不足以代表全国。（见表12）

---

① 刘鸿万：《工业化与中国劳工问题》，商务印书馆1945年版，第6—7页。
② Robin Porter, *Industrial Reformers in Republican China*, New York: M. E. Sharpe, 1994, p. 139.
③ 刘鸿万：《工业化与中国劳工问题》，商务印书馆1945年版，第18页。
④ 胡庆均：《中国农村社会阶层的分化——绅士与农民》，第8页。

表 12 历年全国女工人数比较表

年份（民国）	全国职工人数	全国女工人数	女工百分比（%）
元年（1912）	661,784	239,790	36.2
二年（1913）	630,890	212,586	33.7
三年（1914）	624,524	233,398	37.4
四年（1915）	648,524	245,076	37.8
五年（1916）	576,032*	239,954	41.7
六年（1917）	555,592*	237,745	42.8
七年（1918）	488,605*	181,285	37.1
八年（1919）	410,279*	183,589	44.7
九年（1920）	413,040*	167,367	40.5

* 不足代表全国。
资料来源：王清彬、王树勋、林颂河、樊弘编：《第一次中国劳动年鉴》第一编，北平社会调查部1928年版，第549页。

各省女工数，农商部也有统计，下表以民国九年（1920）的数字为主，遇有未报省份，则以前数年的统计予以补充。全国工人总数及女工百分比，因省数较全，故与前表所举稍有出入。（见表13）

表 13 各省女工人数比较表

省别	年度（民国）	全省工人总数（人）	全省女工数（人）	女工百分比（%）
京兆	九年（1920）	8,921	160	1.8
直隶	九年（1920）	128,414	2,007	1.6
奉天	七年（1918）	16,252	—	0.3
吉林	九年（1920）	7,316	170	2.3
黑龙江	七年（1918）	5,180	—	—
山东	九年（1920）	18,461	6,470	35.0
河南	九年（1920）	14,561	2,431	16.7
山西	九年（1920）	12,222	543	4.4
江苏	九年（1920）	192,861	142,225	73.7
安徽	九年（1920）	23,596	12,751	54.0
江西	七年（1918）	36,827	9,244	25.1
福建	八年（1919）	15,551	2,622	16.9
浙江	八年（1919）	66,635	16,073	24.1

续表

省别	年度（民国）	全省工人总数（人）	全省女工数（人）	女工百分比（%）
湖北	七年（1918）	30,668	10,502	34.2
湖南	四年（1915）	22,661	4,638	20.5
陕西	九年（1920）	3,869	592	15.3
甘肃	七年（1918）	2,452	533	21.7
新疆	七年（1918）	437	55	12.6
四川	四年（1915）	38,201	5,599	14.7
广东	四年（1915）	1,903	252	13.2
广西	四年（1915）	953	90	9.4
云南	九年（1920）	—	—	—
贵州	四年（1915）	606	83	13.8
热河	八年（1919）	2,807	—	—
绥远	七年（1918）	353	—	—
察哈尔	九年（1920）	2,819	18	0.6
全国共计		654,526	217,105	33.2

资料来源：王清彬、王树勋、林颂河、樊弘编：《第一次中国劳动年鉴》第一编，北平社会调查部1928年版，第549页。

上表显示，华南和华北地区女工的比例存在显著的差异，兹再以上海和天津两地作一比较。上海地区的工厂，早在民国一十年代初期，即已雇用大量女工，在全国居于领先地位。民国十八年（1929）时，上海工厂工人中已有约61%为女性；至民国三十五年（1946）时，更升为66%。女工在棉纺织业、制丝业、香烟制造、火柴制造等工业，比例尤高。① 例如民国十九年（1930）一项对28个城市纺织工人的统计说明，华中、华南各城市的纺织工人中，女工所占比例均较高，江浙各主要城市的纺织工人中，女工均占50%以上，上海则超过70%；而华北各城市正好相反，如青岛纺织女工仅占6.4%。② 在天津，女工普及得较晚，但是增加迅速。天津纱厂中女工的比例，民国十八年（1929）时为9%，至日本占领时已增为39%，至民国三十六年（1947）时已接近50%。③ 造

---

① Emily Honig, *Sisters and Stranger: Women in the Shanghai Cotton Mills, 1919-1949*, Stanford: Stanford University Press, 1986, pp.24-25.

② 方显廷：《中国之棉纺织业》，国立编译馆1934年版，第176—177页。

③ Gail Hershatter, *The Workers of Tianjin, 1900-1949*, Stanford: Stanford University Press，1986, p.55.

成这种现象的原因,主要是华北社会及家庭结构,以及保守的传统观念。天津的工厂工人,大多为来自华北农村的移民。在华北农村,不同于华南,女人甚少至田间劳动,通常只是在家务之外从事家庭手工业。移民在城市中,仍然保留着这种传统,即使是生活困窘的下层市民,往往也将女人外出做工视为不光彩的事。此外,华北妇女的缠足习俗也阻碍了她们外出工作。①

各地童工产生的原因,不外是生活困难、社会不安和教育机会的缺乏,其中以生活困难为主要因素。民国十九年(1930),工商部举行全国性的工人生活、工业生产调查统计。惜河南、山西、河北、热河、察哈尔、绥远、陕西、甘肃等省,因受军事影响,交通阻塞,未能进行;蒙古、青海、新疆、宁夏、西康、西藏各区,又因路途遥远,未能依限填报,故实际调查者,仅有九省中的二十九座城市,其调查结果如表14所示:

表14 九省二十九座城市男、女、童工各业分配表 (单位:人)

业别	男工	女工	童工	未分性别年龄之工人	总计
纺织门	118,080	337,546	41,794	68,881	566,301
化学门	32,766	9,907	3,335	26,012	72,020
饮食品门	53,333	14,843	1,107	107,221	176,504
衣服门	24,751	2,373	2,250	50,704	80,078
器具门	23,578	1,207	2,185	13,225	40,195
机械门	32,957	136	872	81,536	65,501
教育门	39,309	78	655	18,964	59,006
交通门	1,266	—	58	—	1,284
公用门	3,486	81	15	1,850	5,432
美术门	1,142	5,864	1,004	2,206	10,216
建筑门	20,427	108	719	56,483	77,737
杂品门	21,571	1,974	1,611	24,887	50,043
总计	372,626	374,117	55,605	401,969	1,204,317
百分比(%)	46.4	46.6	6.9	—	—

注:(%)男女童工对已分性别年龄之工人总人数之百分比。
资料来源:邢必信等编:《第二次中国劳动年鉴》,北平社会调查所,1932年,第4页。

---

① 罗澍伟主编:《近代天津城市史》,中国社会科学出版社1993年版,第543页。

上海童工之多，居全国之冠，童工人数各方估计不同。中国共产主义青年团民国十四年（1925）宣言中的估计数为 15 万人。泛太平洋劳动大会民国十六年（1927）估计上海有工人 125.3 万人，其中童工占 7%，即 9.4 万人。民国十四年（1925）上海工部局童工委员会逐厂调查童工人数，共计男子 17,595 人，女子 4,305 人，共计 21,900 人。三方面用意不同，所得数字遂大有出入。中国共产主义青年团志在宣传，所举人数不免夸大。童工委员会所作调查，限于十二岁以下儿童，人数即大为减少。泛太平洋劳动大会的报告系根据上海总工会的估计，较接近实情。① 值得注意的是，上海公共租界工部局自民国十三年（1924）起，已明令禁止工厂使用十二岁以下的童工，故各厂使用童工数量逐渐减少，在此之前应更多。即使是在工部局禁令公告后的申新一厂，民国十三年（1924）时仍有十二岁以下的童工 300 人，占工人总数的 7.5%。如果将童工年龄提高至十六岁以下，数字将更为增大。至民国二十年代以后，虽然十二岁以下的小童工已经很少再被雇用，十三至十六岁的大童工却仍在普遍利用。申新各厂大量招雇的包身工和养成工，实际上多数仍为童工少女。如民国二十三年（1934），申新三厂的养成工中，十四至十五岁的童工即占 40%；民国二十五年（1936），申新四厂中，十六岁的童工也占了全厂工人总数的 38.3%。直至民国三十三年（1944）底，申四宝鸡厂所用八九岁至十多岁的童工仍有 1,290 人，占工人总数的 38.4%。②

在华北各城市的工厂中，利用童工的情形较华南为普遍。以天津为例，民国一十年代初期与中期，纱厂工人中有四分之一以上为童工。自民国一十年代后期起，童工的比例逐渐下降，民国十八年（1929）时，天津纱厂中十六岁以下童工比例已降至 14%（仍较上海的 5.7%、武汉的 4.6%、青岛的 7.3% 为高），至民国二十二年（1933）时更降至不到 3%，不过至日本占领时期，由于劳工缺乏，童工数目又大为增加，往往在各纱厂中占有三分之一至二的比例。③

---

① 王清彬、王树勋、林颂河、樊弘编：《第一次中国劳动年鉴》第一编，北平社会调查部，1928 年，第 563 页。
② 许维雍、黄汉民：《荣家企业发展史》，人民出版社 1986 年版，第 267—268 页。
③ Gail Hershatter，*The Workers of Tianjin, 1900-1949*, Stanford: Stanford University Press, 1986，p. 53.

(三) 来源与出身背景

国人于各地所设的工厂，对于工人籍贯向无统计，直至民国一十年代中期以后，才陆续出现一些统计数字可资利用，以下试将上海、无锡、天津、东北等地的一些调查，列举如下（表15）：

表15 各地区工人籍贯分布表

地点	工人种类	人数或样本数	本省	邻省	他省	不详	总计	调查时间（民国）
上海	各纱厂工人	不详	70%	30%	—		100%	十五年（1926）
无锡	缫丝工人	9,665	99%	1%	—		100%	二十年代
杭州	杭州总工会所属工人	34,775	90%	10%	—		100%	十九年（1930）
天津	裕元、恒源、华新纱厂工人	3,898	79%	11%	1%	9%	100%	不详
天津	地毯工人及学徒	615	92%	7%	1%*	—	100%	十八至十九年（1929—1930）
天津	织布工人及学徒	867	84%	15%	1%*	—	100%	十八至十九年（1929—1930）
天津	针织工人及学徒	333	95%	5%	—	—	100%	十八至十九年（1929—1930）
塘沽	久大精盐公司工人	147	59%	41%	—	—	100%	十六年（1927）
塘沽	永利制碱公司工人	905	72%	18%	1%	8%	100%	十六年（1927）

* 可能包括邻省。

资料来源：王清彬等编：《第一次中国劳动年鉴》第一编，第357—363页；邢必信等编：《第二次中国劳动年鉴》，第132—135页；陈慈玉：《近代中国的机械缫丝工业（1860—1945）》，台北"中研院"近代史研究所1989年版，第90页；罗澍伟主编：《近代天津城市史》，中国社会科学出版社1993年版，第546页。

上表显示，工厂工人大多来自本省，少数来自邻省，来自远处者甚为罕见。不过东北地区是一例外，在民国二十年代移民潮的冲击下，东北厂矿工人来自华北者甚多。根据一些民国一十年代所作估计，奉天矿场工人籍贯分布情况如表16所示：

表16 奉天矿工籍贯统计（1921—1926年）

矿名	人数	奉天	山东	直隶	热河	其他	合计
抚顺煤矿			53%	19%		8%	100%
鞍山铁矿	12,584	70%	11%	19%	19%	10%	100%
大窑沟煤矿	6,519	70%		20%		10%	100%

资料来源：苏云峰：《社会阶层》，载台北"教育部"主编：《中华民国建国史》第二编民初时期（三），台北编译馆1987年版，第1535页。

至民国二十年代，满铁沿线一些矿厂工人的籍贯分布有所改变，来自山东、直隶者有显著的增加，自然是华北移民潮冲击下的结果。（见表17）

表17　满铁沿线四矿工人籍贯调查

矿别	人数	辽宁	山东	直隶	热河	其他	总计
甲	28,486	12%	57%	28%	2%	1%	100%
乙	7,777	29%	48%	17%	2%	4%	100%
丙	551	24%	76%		—	—	100%
丁	413	15%	75%	10%			100%

资料来源：邢必信等编：《第二次中国劳动年鉴》，第136—137页。

至于近代工人的社会背景为何？根据现有的一些调查报告，一次世界大战以后，中国各种工业的劳动力大多出身农家，尤其以一些不需特殊技术的行业（如煤矿工人和运输工人）最为显著。（表18）

表18　各地工人、学徒之出身农家比率

调查对象	调查时间（民国）	出身农家比率
上海黄包车夫	二十三年（1934）	71%
上海印刷工人	二十四年（1935）	79%
山东中兴煤矿里工	二十年（1931）	52%
山东中兴煤矿外工	二十年（1931）	75%
河南焦作煤矿工人	民国二十年代	80%
塘沽久大精盐公司盐工	十六年（1927）	59.3%
塘沽永利制碱公司工人	十六年（1927）	44%
天津地毯工厂学徒	十八年（1929）	75%
天津织布工厂工人	十八年（1929）	61.5%
天津织布工厂学徒	十八年（1929）	64.5%
天津针织工厂学徒	十八年（1929）	以农家子弟为多
天津磨坊磨夫	十九年（1930）	多系农田歉收，或为灾害所迫，或因家境困窘，不得不离乡，远出谋生
天津磨坊学徒	十九年（1930）	60.7%
大连码头工人	十五年（1926）	59.3%

资料来源：方显廷：《天津地毯工业》，南开大学社会经济研究委员会，1930年，第72页；方显廷：

《天津织布业》，南开大学经济学院，1931年，第66页；方显廷：《天津针织工业》，南开大学经济学院，1931年，第72页；方显廷：《天津之粮食业及磨坊业》，南开大学经济学院，1934年版，第101、129页；林枞浩：《塘沽工厂工人》，北平中国教育文化促进基金会社会研究部，1928年，第48、53页；Jean Chesneaux, translated from the French by H. M. Wright, *The Chinese Labor Movement, 1919-1927*, Standford: Standford University Press, 1968, p. 48；王天奖：《天翻地覆话沧桑——河南的昨天和今天》，河南人民出版社1994年版，第184页。

过去学者认为这些出身农家的工人是破产的贫苦农民，但是事实上这些工人在进厂做工后，并未放弃原有的农业甚至手工业，做工仅是为弥补农业收入的不足。根据一项1964年对江苏南通大生纱厂退休工人所作口述访问，在214名工人的自述中，谈到曾参加农业或家庭手工纺织劳动者有92人，占总人数的42.99%。其中谈到进厂前后在厂时从事纺织者有29人，只纺织不种田者13人，分别占92人的31.52%和14.13%。谈到种过田的有78人，占92人的84.78%；78人中，大致能说明种田亩数者有32人，占41.03%；其中种田1亩以下至2亩者11人，2.6至3.2亩者6人，种4至5亩者7人，种6至7亩者3人，种8至10亩者5人，分别占32人中的34.38%、18.75%、21.88%、9.38%和15.63%；在这78人中，能辨别出土地所有权者37人，占47.44%，其中仅有一人谈到所种的六七亩田中有部分为自有，余则均为租田、预租田、批契田（即农民拥有田面权的田）等。这些数字说明他们在进厂时，绝大多数并非破产的农民，而是无地或少地的贫苦佃农，以工厂工资收入补充农业的不足。①

这些工人在进厂后家中仍然种田，许多工人下班后还要参加农田或家庭手工业劳动。每当收获季节，缺勤现象即经常发生。如天津一家棉纱厂，民国十七年（1928）1月的出勤率为97.36%，至7月即降为88.15%。② 有时工厂因返乡工人太多，即在农忙季节停工。如大生纱厂每到七月十四即停车，至九月初九才开车，停工时间长达55天。③ 又如河南豫丰、豫新等纱厂，由于工人季节性的流动大，因此同等纱锭所需工人数，超过上海等地外资纱厂的四倍左

---

① 穆烜、严学熙编著：《大生纱厂工人生活的调查（1899—1949）》，江苏人民出版社1994年版，第200—201页。
② 陆兴龙：《民国时期产业工人统计简析》，载《民国社会大观》，福建人民出版社1991年版，第494页。
③ 穆烜、严学熙编著：《大生纱厂工人生活的调查（1899—1949）》，江苏人民出版社1994年版，第200页。

右。[①] 沿海各大城市和内地农村工厂的此种差异，主要是由于工业技术设备和社会经济发展程度的不同。只有当机械化程度高的工业充分发展后，才能将工人和土地完全分离。

抗战爆发后，内地工业开始蓬勃发展，造成工人阶级人数扩大，工人的来源也有所改变。一项抗战期间对云南昆明附近一家国营工厂工人所作研究，曾将该厂部分工人原有职业和入厂前的过渡职业分别予以调查。以抗战军兴，内地工业开始创立的时期作为分界点，划分段落，在此继续从事的行业为原来职业，如无外力影响，他们可能长此下去。这个时期以后的转变，即可视为直接或间接所受战争与新经济建设的影响。（见表19、表20）

表19　抗战时期昆明某国营工厂部分帮工原来职业分布

原来职业	人数	主要的过渡情形	人数
未就业（学生）	15	直接入厂	5
		军警	5
		投考高中	3
		测量局工	1
		司机	1
农人	9	军警	4
		直接入厂	3
		局丁	1
		路工	1
工匠	5	直接入厂	3
		军警	1
		商人	1
商人	4	直接入厂	3
		局丁	1
军警	5	直接入厂	5
赋闲	2	直接入厂	2
总计	40		40

资料来源：Kuo-heng Shih, *China Enters the Machine Age: A Study of Labor in Chinese War Industry*, Cambridge, Mass.: Harvard University Press, 1944, p. 36.

[①] 王天奖：《天翻地覆话沧桑——河南的昨天和今天》，河南人民出版社1994年版，第185页。

表20　抗战时期昆明某国营工厂部分小工原来职业分布

原来职业	人数	主要的过渡情形	人数
农人	19	直接入厂	8
		商人	4
		路工	2
		散工	1
		校工	1
		字役	1
		军警	1
		测局工	1
未就业（学生）	6	机关役工	3
		直接入厂	3
工匠	6	直接入厂	6
商人	5	直接入厂	5
赋闲	3	直接入厂	3
失业	1	校工	1
公务员	1	直接入厂	1
总计	41		41

资料来源：Kuo-heng Shih, *China Enters the Machine Age: A Study of Labor in Chinese War Industry*, Cambridge, Mass.: Harvard University Press, 1944, p. 37.

以上两表显示，从总数上观察，工人中出身农人者要比出身其他职业者为多，但是如果从百分比上观察，内地社会中农业人口占80%以上，而此一工厂工人出身农业者仅占34%，并不较出身其他职业者为多，农人在帮工（半技术工人）中所占的比例尤低。农人之所以不易受新工业的吸引，一方面是由于不愿冒险离开其土地，另一方面则是农人在城市中缺乏找工作的线索，因此立即进入工厂的机会并不多，大多先经过一段过渡的阶段。即是说，他们在进入工厂前，已非从事农业；他们的籍贯虽是乡间某县，但是在进厂前已不是在乡间某县，而是在昆明了。[①]

[①] Kuo-heng Shih, *China Enters the Machine Age: A Study of Labor in Chinese War Industry*, Cambridge, Mass.: Harvard University Press, 1944, pp. 36-37.

(四)招募方式

民国时期工人的招募方式,主要可分为以下几种:

1. 学徒制

(1)工场手工业中的学徒。传统中国社会中的手工业,除了一些官营手工业外,主要是行会手工业。在行会制度下,一方面雇主(行东)和学徒有师徒关系,学徒的人身自由受到严格的束缚;另一方面,行东招用学徒也有严格的限制,一般是"三年为满,出一进一",即每个师傅只能带一个徒弟,三年满师后才准再带。在这种制度下,学徒生活很苦,经常受师傅打骂,但是他们学艺期满,经过一定仪式,即可成为师傅。如果行东有缺额(行会对行东的数目也有限制),他就可以开店;不能开店者,也可作"客师",师徒之间有一种继承的关系。

自西方冲击中国后,行会的束缚逐渐削弱,工场手工业开始发展,这些工场手工业均大量使用学徒。例如,民国十三年(1924)北京地毯业雇工中,学徒占74%;民国十六年(1927),天津织布业雇工中,学徒占65%;民国二十五年(1936),上海手工纺织业雇工中,学徒占30%;手工冶炼业雇工中,学徒占79%,甚至有55家工场没有工人,全部用学徒。[①]

工场手工业的学徒和行会手工业的学徒完全不同。资本家废除了原来行会对雇主的限制,他们可以无限制地使用学徒,师徒不再有继承的关系,而原来行会对学徒的各种限制却被资本家保留下来,使得学徒成为学徒工。

(2)机器工业中的学徒。机器工业中的学徒制和工场手工业的学徒制性质相同,期限一般也是三年,有些还要先试用一年,满师后帮师一二年。但是两者也有不同之处。工场手工业学徒是拜资本家为师,在机器大工业中则一般是拜老工人为师。工场手工业学徒除工场劳动外,还有繁重的家务劳动,为雇主当奴仆;机器工业中,则一般不必负担家务劳动。工场手工业学徒除伙食外,每月只给点理发、洗澡钱,称为"月规";机器工业中的较大工厂,则给学徒津贴或少量工钱,同时取消供应伙食,令其自由入伙。此外,工场手工业主要为男工,只在缫丝、纺织等行业招收女学徒;至机器工业时期,则大量使用女

[①]《旧中国的资本主义生产关系》编写组:《旧中国的资本主义生产关系》,人民出版社1977年版,第154页。天津工厂手工业中学徒所占比例,尚可参阅 Gail Hershatter, *The Workers of Tianjin, 1900-1949*, p.52。

学徒，招收的年龄也降低为十二三岁至十五六岁。①

（3）商业中的学徒。商界的学徒，学习年限一般也是三年，资本家也是经常借口延长期限，或有试用期和帮师期若干年。②商界资本家对学徒的选择，一般要比工业界苛刻，学徒大多受过一些教育，有些行业要选择学徒出身，商人子弟也常在同业中互为学徒，因此学徒的成分比较复杂。

一些老的大商业行业的棉布、粮食、国药等，使用学徒最多。在通商口岸一些新兴的商业，如百货公司等，也使用学徒，有的称为"练习生"，陋规较少。商界学徒中，有些是培养管理人员，多在账房。他们大多是资本家至亲或是商人子弟，出师服务一段时间后，担任会计、掌柜等职，也有的自行开店，不过为数甚少。③

（4）学徒制的演变。早期外资在华设立的企业，是由工头招雇学徒，工头多为行帮或地方帮派的大小头目，学徒也多是他们的同宗、同乡子弟。后来学徒渐改由企业招雇，但个人招雇的办法依然存在。如江南造船厂有厂内学徒和厂外学徒，前者为厂方所雇用，后者则为包工老板和点工头个人招雇，至民国一十年代厂外学徒仍占绝大多数。④

随着工人运动的蓬勃发展，学徒制度中的陋习受到一定的限制，大企业均陆续改为直接雇用学徒，学徒的数量也有所减少。如民国十六年（1927）以前，上海华资机器工业所雇用的工人中，学徒约占70%—80%。随着学徒满师人数的逐渐增加，机器工人阶层变大，加上"一·二八"之役后市场不景气，各厂生产萎缩，学徒增加不多，因此在战前，学徒比例降为40%—50%左右。抗战爆发后至1949年期间，市场情况混乱，生产更不稳定，各厂普遍雇用临时工，不愿增加长工性质的学徒，因此学徒比率约在30%—40%左右。但是在部分机器厂中，学徒比例依然极大。如专门制造纺织零件的大昌源机器厂，生产分工较细，学徒在短期内即可掌握部分技术，进行某一部分的独立生产，因此雇用

---

① 《旧中国的资本主义生产关系》编写组：《旧中国的资本主义生产关系》，人民出版社1977年版，第155—156页。

② 魏绍昌：《人贩子·摇摆渡·拉一把——老上海的特殊行业》，台北《"中央"日报》1994年7月20日。

③ 《旧中国的资本主义生产关系》编写组：《旧中国的资本主义生产关系》，人民出版社1977年版，第160—161页。

④ 《旧中国的资本主义生产关系》编写组：《旧中国的资本主义生产关系》，人民出版社1977年版，第163页。

学徒比例仍达 80% 左右。①

2. 养成工制

民国一十年代，日商在华纱厂将养成工制度传至中国，② 后来中国的纱厂也普遍地采用此一制度。除纱厂外，有些丝厂也使用养成工。

养成工通常是由厂方出广告或是委托招工头至农村招收男女童工，进厂时订立契约（志愿书），交保证金或铺保。进厂后，有一段"养成期"，一般是三至六个月，其间只供膳宿，不给工资。训练期满后，必须在厂工作三至四年，只拿最低的工资。养成期间和服役期间不准任意离厂，否则即要追回养成期内的全部费用。

上海的养成工除了上述形式外，另有一种不订契约，不需交保证金，学习也无限期；学习期间没有工资，并自理伙食，也可随时退出。这种养成工，每隔一段时期，厂方即派工头来考试，及格即可升为正式工人，不过，通常不孝敬工头一些礼物，即得长期当养成工。也有的地方是工人将自己的子女带进工厂，自教自养，白白给工厂劳动，学成后再由工厂选择录用。还有的工厂实际是雇用童工，也称为养成工。

养成工和学徒制的不同处在于习艺时间较短，没有师徒关系，没有或极少有侍候厂主的家务劳动，但是服务期间的工资低，一般只有正式工人的一半，一二年后续有增加，但是仍低于正式工人。

直至抗战期间，养成工制依然盛行。如民国二十八年（1939）重庆豫丰纱厂粗纱车间，童工占三分之一；民国三十二年（1943），摇纱车间童工约占工人数的一半。童工的雇用办法为"雇用训练工"，即是战前上海等地流行的养成工。这是后方各纱厂普遍采用的办法。不过养成工制的条件也有所改善，如申新二厂于抗战爆发后将训练期减为两个月，并略给津贴，训练后服务年限改为两年，在重庆的申新四厂并将服务期限改为一年。至日本投降后，养成工即逐渐绝迹。③

3. 包身工制

包身工制起源于传统中国的买卖奴婢制度，应用于近代新式工业，则始于

---

① 中国社会科学院经济研究所主编：《上海民族机器工业》，中华书局 1966 年版，第 807—808 页。
② Emily Honig, *Sisters and Strangers: Women in the Shanghai Cotton Mills, 1919-1949*, p.79.
③ 《旧中国的资本主义生产关系》编写组：《旧中国的资本主义生产关系》，人民出版社 1977 年版，第 165—168 页；齐武：《抗日战争时期中国工人运动史稿》，人民出版社 1986 年版，第 211 页。

日资在华纱厂。

包工头多为地痞流氓,和工厂资本家勾结,到农村或灾区诱骗农民将自己的女儿卖给包工头。包身工一般以十五至十九岁者为最多。① 包身价银一般为二十至三十元,包身期限一般为三年。年龄愈小者身价愈低,期限也愈长。在包身期间所得工资,全归包工头所有,包工头只供食宿。

包身工的数量,缺乏精确的统计。据估计,民国二十一年(1932)"一·二八"沪战后,在上海三十家日本纱厂48,000名工人中,约有一半为包身工,即24,000人。② 华资纱厂的包身工较少。不过后来出现一些没有契约和身价银的包身工,称为"带饭工"。她们也是由包工头招来,每月需要向包工头交膳宿费,所受虐待和有契约的包身工相同。统计包身工最多时,约占上海纱厂女工的三分之一左右。③ 上海的申新九厂为包身工最多的华商纱厂,民国二十五年(1936)时全厂约有3,000余名工人,其中包身工约占1,200余人,由20个包工带领。每名包工头所包管的包身工,多则百余人,少则也有三四十人。④

"一·二八"上海战争爆发后,日商纱厂停工,包工头只得将包身工送入难民收容所。包身工和社会有了接触后,包身工制度的罪恶也就广为人知,引起舆论的谴责,包工头在农村也难招到包身工。抗战爆发后,工人运动步步高涨,纱厂老板也不敢再用包身工,包身工制遂趋于灭亡。⑤

4. 包工制

包工制系指资本家与包工头订立按件计酬的契约,再由包工头招募工人,支付工资的制度。这种制度在近代中国的纺织、矿业、码头、铁路、海运等部门中广泛存在,⑥ 并且大致上可以分为两种类型:

---

① Emily Honig, *Sisters and Strangers: Women in the Shanghai Cotton Mills, 1919-1949*, p. 261.
② 《旧中国的资本主义生产关系》编写组:《旧中国的资本主义生产关系》,人民出版社1977年版,第171页。另一项估计则为一万人。参阅 Emily Honig, *Sisters and Strangers: Women in the Shanghai Cotton Mills, 1919-1949*, p. 126。
③ 《旧中国的资本主义生产关系》编写组:《旧中国的资本主义生产关系》,人民出版社1977年版,第171页。
④ 上海社会科学院经济研究所编:《荣家企业史料》,上海人民出版社1962年版,第575—576页;许维雍、黄汉民:《荣家企业发展史》,人民出版社1985年版,第117页。
⑤ 《旧中国的资本主义生产关系》编写组:《旧中国的资本主义生产关系》,人民出版社1977年版,第179—180页。
⑥ 《包工制度》,《中国工运史辞典》,劳动人事出版社1990年版,第18页。传统中国实行包工制的例子包括有磨坊业、营造业、锡矿业,以及某些地区的农业。参阅 Chesneaux, *The Chinese Labor Movement*, pp. 59-62。

第一种类型为加工工业中的包工制。主要是将某些工种、工序实行包工。实施最广泛者为船舶修造业，一般的船厂除自雇机器工人外，木工、铁工、冷作等工种，以及拷铲、油漆等工序，大多为包给包工头。在使用蒸汽引擎时期，一些工厂（尤其是丝厂）常将引擎间包给机器厂的工头，在上海称为"老轨制度"。又如纱织厂的成包车间、火柴厂的装盒、包装工作，多采用包工制。此外，有些工厂的运料、卸煤等工作，也实行包工制，称为"外包工"。

第二种类型为营造业、码头搬运业和煤矿业中的包工制，在整个生产或是主要劳动中使用包工制。在营造业中，主要工种如木工、瓦工、油漆工等，和前一类型造船工业中的这些工种一样，均和行帮有密切的关系。码头搬运业和煤矿业的包工，则实际是"把头制"。①

包工制度为资本家招募所需要的劳工，并且担负了劳工管理的责任，使得企业主可以节省管理人员的开支。此外，包工制由于雇用包工的数量可随业务的需要随时增减，因此还具有分散风险的功能。②

（五）招募过程中的人际关系角色

如上所述学徒制、养成工制、包身工制和包工制等四种招募工人的方式，事实上可以简化为包工制和由企业自行雇用两类。企业在自行招募工人时，企业主和员工的人际关系往往在其中扮演重要的角色。

近代中国的企业，不论规模大小，在招募工人时大多需要经人介绍，甚至要求介绍人作保。例如民国十八年（1929）针对天津织布和针织业430名工人的调查指出，自荐入厂者仅有38人，其余392人，亦即90%以上的工人，均系经人介绍入厂。（见表21）

表21 天津织布与针织业雇工介绍人特征分析（1929年）

与雇主的关系	织布业		针织业		职业	织布业		针织业	
	人数	%	人数	%		人数	%	人数	%
朋友	178	61.5	23	22.3	同业	222	76.8	64	62.1

---

① 《旧中国的资本主义生产关系》编写组：《旧中国的资本主义生产关系》，人民出版社1977年版，第181页。

② 例如 Tim Wright, "A Method of Evading Management: Contract Labor in Chinese Coal Mines Before 1937", *Comparative Studies of Society and History*, 23：4, 1981, pp. 656-678。

续表

与雇主的关系	织布业		针织业		职业	织布业		针织业	
	人数	%	人数	%		人数	%	人数	%
同乡	58	20.0	47	45.6	其他工业	10	3.4	5	4.8
亲戚	28	9.6	23	22.3	经商	35	12.1	21	20.3
师兄弟	16	5.5	7	6.7	务农	10	3.4	4	3.8
同族	7	2.4	—	—	其他职业	12	4.1	5	4.8
邻居	2	0.6	3	2.9	无业	—	—	4	3.8
合计	289	100.0	103	100.0	合计	289	100.0	103	100.0

资料来源：罗澍伟主编：《近代天津城市史》，中国社会科学出版社1993年版，第547页。

上表显示，介绍人绝大多数为企业主的同乡和亲戚、朋友，本身又大多为同业中人，经商者也颇多，估计多数系与雇主有业务来往者。①

在大中型企业中，工人则大多经过企业内部成员介绍入厂，介绍人或为董事、股东、经理，或为工头、工人。例如天津嘉瑞面粉厂股东，多为籍隶本地的粮商、大米庄的铺东等，而工头、领班均为静海人，因此工人便以天津和静海人占多数。塘沽久大盐厂工人，则多有工人相互介绍而来者，乃至形成父子、兄弟同在一厂，一村一姓有达二三十人之多者。②即使是属于政府经营的企业，也存在着员工介绍亲友进入的现象。例如宣统三年（1911）京汉铁路厂务处即明文规定，机器厂招收学徒，该路人员子弟或从前旧员子弟享有优先录用之权。③员工得介绍亲友入局服务，也多为各路不成文的规定。④

至于采用包工制招募工人的企业，则工头的人际关系即在招募过程中扮演重要角色。例如19世纪在华外资企业所招收的工人，均为通过中国的工头招募，后来华商工厂也多仿效。工头是某地人，他所管辖的部门中的工人也多是该地人，如此形成了以工头为首的地方性帮派，不是该地的人即难以进入此一部门做工。如抗战前上海的福新面粉一厂、七厂，磨粉车间工头为宁波人，车

---

① 罗澍伟主编：《近代天津城市史》，中国社会科学出版社1993年版，第547页。
② 罗澍伟主编：《近代天津城市史》，中国社会科学出版社1993年版，第548页。
③ 交通铁道部交通史编纂委员会编：《交通史路政篇》，编者印行，1935年，第一章，第508页。父子任职于同一铁路的例子，参见罗章龙：《陇海路大罢工》，载《北方地区工人运动资料选编（1921—1923）》，北京出版社1981年版，第41页。
④ 张瑞德：《中国近代铁路事业管理的研究——政治层面的分析（1876—1937）》，台北"中研院"近代史研究所1991年版，第191页。

间工人即几乎全为宁波人；打包车间工头为无锡人，打包工人也多是无锡、常州一带的人；下麦、外场工头是苏北人，那里也就似乎成为苏北人的"世袭领地"。福新二厂、八厂的工头多为湖北人，因此这两厂各部门的工人，也大多为湖北人。在上海的申新一厂，武场总头脑是无锡人，厂中所雇用的技工，也多从无锡、常州一带农村中招来；而女工工头多数是上海人，所以大部分的女工也是上海人。如果工头换人，即经常发生不同地方帮派的工人为争夺工人的职位而相互斗殴的事件。①

（六）素质分析

中国工人不仅在数量上微小，在素质上的缺点也很多。这些缺点实际上也是中国人口的一般缺点，但是因为工人形成一特殊的社会阶层，因此这些缺点益加显著，其中主要者即为体质与健康的恶劣、教育与训练的缺乏，以及习性的退缩与保守等。

近代工业劳动，除了管理人员为纯粹使用脑力外，工人方面均需赖体质的优劣以定其工作效能的高低。据估计，民国二十年代中国工人的能力，大约只有西方工人的一半。如轮船上，中国火夫每日仅能手运煤 3,600 磅，而白人火夫则能手运 6,700 磅。②至于中国工人体格的弱小和健康的恶劣，更不待言。

工人的知识程度，向无统计，因此甚难考查，只能从一些零星的调查报告中略窥一二。例如工人人数最多的纱厂工人，民国一十年代日本人西川喜一曾于上海某日商纱厂，直接调查工人的知识程度，结果如表 22 所示：

表 22 上海某纱厂工人知识程度比例表

性别	知识程度	百分比（%）	性别	知识程度	百分比（%）
男工	目不识丁者	60%	女工	目不识丁者	85%
	能读自己之姓名者	40%		能读自己之姓名者	15%
	能写自己之姓名者	20%		能写自己之姓名者	3%

资料来源：王清彬等编：《第一次中国劳动年鉴》第一编，第 384 页。

---

① 许维雍、黄汉民：《荣家企业发展史》，人民出版社 1985 年版，第 265—266 页。
② 刘鸿万：《工业化与中国劳工问题》，商务印书馆 1945 年版，第 7 页。

上海工人的知识程度，一向高于天津、汉口等处，尚如此之低，其他各地更可想见。直至战后，上海纱厂工人中仍以文盲和半文盲占大多数。申新二厂曾于民国三十六年（1947）作过一项调查，在全厂工人中，文盲占59.8%，半文盲占13.6%，小学程度占23.7%，中学程度仅占2.9%。①

又如教育程度较高的铁路工人，在路局各部门中，以机务处工人的知识程度最高，工务处次之，车务处最低。但是即使是机械工人，文盲仍占多数。②直至民国十九年（1930），全国铁路工人中，仍有将近一半为文盲。③（见表23）

表23　全国铁路职工教育程度统计表　（1930年）

教育程度	不识字	略识字	识千字以上	私塾二年以下	私塾三年以上	初小修业	初小毕业	高小修业	高小毕业	初中修业	初中毕业	其他学校	总计
百分率（%）	48.44	3.25	0.29	20.49	20.88	1.05	1.67	0.60	1.49	0.27	0.18	1.39	100.00

资料来源：铁道部铁道年鉴编纂委员会编：《铁道年鉴（第一卷）》，铁道部铁道年鉴编纂委员会，1933年，第563页。

近代中国工业落后，工厂设备简陋，且动力设备的数量十分有限，因此工人绝大部分为普通工人，真正的技术工人仅占5%左右，即使是较为近代化的铁路运输部门，技术工人也十分有限。如民国十八年（1929），华北铁路工人中，技术工人占24.24%，半技术工人占15.76%，无技术的工人却占59.98%。至于在采矿、船舶修造、棉纺、火柴、卷烟、运输、码头等行业中，非技术工人所占比例甚大，使得劳动力的素质大为降低。④

近代中国工人在素质上的这些缺点，造成工作效能的低落。在工作条件相同的情况下，工人素质较高的国家，工人生产力通常较高，每工作单位所需工人较少。如民国二十年代初期，日本纱厂每千锭纺锤仅需工人18名，而中国纱厂则需工人32名。⑤民国二十年代初期，无锡地区丝厂平均每一丝车的职工

---

① 许维雍、黄汉民：《荣家企业发展史》，人民出版社1985年版，第268页。
② 张瑞德：《中国近代铁路事业管理的研究——政治层面的分析（1876—1937）》，第191页。
③ 民国二十年代中期，一项对天津铁路工人的调查则显示，识字者占受调查人数的78.57%，较各地一般工人为高。刘东流：《天津铁路工人家属的婚姻疾病与教育程度的调查》，《新中华》第5卷第13期，1947年7月10日，第120页。
④ 陆兴龙：《民国时期产业工人统计简析》，第494—495页。
⑤ 刘鸿万：《工业化与中国劳工问题》，商务印书馆1945年版，第8页。有的学者认为缠足为中国纱厂工人生产效率低于日本工人的原因之一。参阅 Kang Chao, *The Development of Cotton Textile Production in China*, Cambridge, Mass.: Harvard University Press, 1977, p.159。

数约为 2.53 人，为日本长野县（主要制丝地带）1.68 人的 1.5 倍。无锡丝厂工人平均每人（包括煮茧工等）每年的制丝量为 38.5 公斤，比 19 世纪末 20 世纪初上海丝厂平均产量（39 至 46.8 公斤）略低，约为 20 世纪初期意大利（57 公斤）的 70%，而仅为 1920 年代后期日本女工制丝量（69 公斤）的 56% 左右。①又如中国有新式设备的大煤矿，平均每个工人每日可得煤半吨，而外国同等之煤矿则可得三至四吨。②根据晚近学者的估算，民国二十二年（1933）时，在中国各种工业中，除了少数几种外，在大多数的工业，中国本部华商企业的平均每人生产值（output value per worker），均小于外商企业（见表 24）。

表 24　华商和外商工厂劳动生产力比较表（1933 年）　　（单位：元）

种类	华资企业	外资企业
棉纺织业	2,442	2,558
丝织业	386	739
服装业	845	2,450
丝织品	921	750
机械业	1,256	1,826
卷烟业	6,292	5,892
印刷业	1,620	2,935
火柴业	1,033	1,161
运输设备业	1,408	2,744
砖瓦制造业	325	521
钢铁业	1,509	2,488
食用油业	5,747	14,043
碾米业	10,730	3,941
橡胶制品业	2,387	3,000
面粉业	20,238	23,200

资料来源：Thomas G. Rawsk, *Economic Growth in Prewar China*, Berkeley: University of California Press, 1989, p. 88.

工人的素质，在各地区也有所不同。近代中国的新式工业分布，偏重于沿

---

①　陈慈玉：《近代中国的机械缫丝工业（1860—1945）》，台北"中研院"近代史研究所 1989 年版，第 91—92 页。
②　刘鸿万：《工业化与中国劳工问题》，商务印书馆 1945 年版，第 8 页。

海沿江地区，江、浙、鄂、粤各省工业发达较早，接近这些地区的居民，在工业环境的熏陶下，对于机器生产耳濡目染，司空见惯，自然较易适应工厂的生活。至于内地工人，由于出身乡间，一般缺乏新式工业的概念；相对说来，他们动作欠灵活，缺乏时间观念，尤其是已习惯于乡村生活，无法适应工厂中团体行动和刻板操作的束缚。根据一些工业界人士的观察，工人中以宁波、上海地区的为最佳，脑筋灵活；山东、河南地区者次之，体格魁伟；再次为广东、湖南地区的工人，动作敏捷；其余省份的工人，则更等而下之。① 另一项数据也显示，上海纱厂中用一人即可管理的机械，在湖南的纱厂中则需用三人。②

中国工人在素质上的缺点虽多，但是其优点也是西方工人不可比拟的。东方人的手工灵巧，早已闻名于世，而中国文明发达较早，故在此点尤为擅长，不仅漆器、瓷器、雕刻、刺绣、花边、地毯等完全需用手工的制品，曾表现中国工人手工的纤细优美，即对近代工业中需用手工较多的制品，如钟表、玻璃用具等，凡在设备较好、训练较周之处，中国工人也均能迅速表现优良的成绩。其次，中国工人忍苦耐劳的特性，也是中国劳工的一项优良品质，如战前上海的弄堂工厂及战时后方的新兴工厂，能在种种因陋就简的工作环境下，产出大量的优良产品，均为工人忍苦耐劳的精神所赐。③

（七）工时、工资与生活程度

有关中国早期工人工时与工资的资料，一如其他方面，十分零散而不完整。民国初年，在基督教会社会改革人士的推动下，逐渐地收集了一些资料，不过他们一般均缺乏统计学方面的训练。至民国二十年代初期，才开始有一些大规模的有关各行业的工资和工时调查。④

1. 工时。民国十八年（1929）颁布的工厂法规定每日工作以 8 小时为原则，但必要时可延至 10 小时，因此已系原则上承认 10 小时的工作制度。但实际上尚不止于此。根据北洋政府农商部的统计，工人一般每日工作 12 小时，多则达 15 小时，少者也有 10 小时。⑤ 直至民国二十五年（1936），上海市各业的平

---

① Kuo-heng Shih, *China Enters the Machine Age: A Study of Labor in Chinese War Industry*, pp. 12-15.
② 刘鸿万：《工业化与中国劳工问题》，商务印书馆 1945 年版，第 8 页。
③ 刘鸿万：《工业化与中国劳工问题》，商务印书馆 1945 年版，第 8—9 页。
④ Robin Porter, *Industrial Reformers in Republican China*, p. 16.
⑤ 祝慈寿：《中国近代工业史》，重庆出版社 1989 年版，第 477 页。

均工作时数为 10.57 小时，民国二十七年（1938）时为 11.03 小时。而德国同年的平均工时仅为 7.59 小时，美国为 6.91 小时，即使是工业国家中劳动状况最为恶劣的日本，平均也未超过 10 小时。此种比较自极粗略，因各国计算平均工时所用的方法、材料不同，其工人的组成也不一致（如中国工厂女工多，而女工通常工作时间较长），但中国工人每日工时较欧美工人长出甚多，则为明显的事实。如就各种不同工业部门观察，可以发现在欧美各业的工时大多相同，在中国则消费工业工时特别冗长，仅需较高技术的工业，工时才较为接近法定的标准。（机器业的工时较长，恐系为定货所致；火柴、烟草等行业的工时为 8 小时，则多系因本身受气候与原料影响甚大，故为例外。）[①]（见表 25）

表 25 中、德、美三国各工业部门工时比较表 （单位：每日小时）

	棉纺业	面粉业	机器业	印刷业
中国	11.50	11.50	9.19	8.52
德国	7.05	7.60	8.03	
美国	6.30	7.30	7.40	

资料来源：刘鸿万：《工业化与中国劳工问题》，商务印书馆 1945 年版，第 10 页。

中国工人不但工作时间极长，休息日数也极少。据战前的调查，中国工厂平均每月仅休息 1.6 日，全年年节及纪念日等例假数，也不足 15 日。

以上尚系工厂工人的状况，至于手工业工人，乃至商业与家事用人等，则每日工作与休息更无明显的界限，几乎终日均在工作时间之内，例假则除年节外更属罕见。[②]

2. 工资。关于近代中国工资变动的情形，尚无全国性的资料可供使用，只能尽量从工矿等近代工业部门，以及手工业中选择一些有较长时间序列工资统计的厂矿企业加以分析，以寻求共同性的变动趋势。

在矿业方面，最具代表性的资料，为南开经济研究所编制的开滦煤矿工人的工资统计数字。由于开滦劳工档案的丰富在近代中国工矿企业中实属罕见，因此以之为基础所编制的工资率，具有甚高的可信度。（见表 26 至表 29）

---

① 刘鸿万：《工业化与中国劳工问题》，商务印书馆 1945 年版，第 9—10 页。
② 刘鸿万：《工业化与中国劳工问题》，商务印书馆 1945 年版，第 10—11 页。

表 26　开滦井下煤工每月名义工资与实际工资　　　　　　　　（单位：元）

年代	名义工资		实际工资指数 以 1929 年工资数为 100
	月工资金额	折合面粉袋数	
清光绪十三年（1887）	4.01	4.18	116.43
清光绪三十一年（1905）	7.48	4.59	127.86
民国九年（1920）	8.54	2.74	76.32
民国十一年（1922）	9.35	2.91	81.06
民国十三年（1924）	10.15	3.22	89.69
民国十六年（1927）	11.21	2.87	79.94
民国十八年（1929）	13.35	3.59	100.00
民国二十年（1931）	17.40	5.18	144.29
民国二十四年（1935）	17.40	5.94	165.46
民国二十五年（1936）	18.91	3.79	105.57
民国二十七年（1938）	23.02	4.27	118.94
民国二十八年（1939）	34.74	4.04	112.53
民国三十年（1941）	87.58	3.91	108.91
民国三十一年（1942）	91.34	3.46	96.38
民国三十二年（1943）	362.70	2.79	77.72
民国三十三年（1944）	2,488.80	3.66	101.95
民国三十四年（1945）	107,100.00	2.55	71.03
民国三十五年（1946）	215,460.00	11.34	315.88
民国三十六年（1947）	3,991,600.00	5.87	161.51
民国三十七年（1948）	594.09	4.83	134.54

资料来源：郭士浩主编：《旧中国开滦煤矿工人状况》，人民出版社 1985 年版，第 67—68 页。

表 27　开滦井下杂工每月名义工资与实际工资　　　　　　　　（单位：元）

年代	名义工资		实际工资指数 以 1929 年工资数为 100
	月工资金额	折合面粉袋数	
清光绪十三年（1887）	3.47	3.61	125.78
清光绪三十一年（1905）	5.34	3.28	114.29
民国九年（1920）	6.41	2.05	71.43
民国十一年（1922）	6.94	2.16	75.26
民国十三年（1924）	7.74	2.46	85.71

续表

年代	名义工资		实际工资指数
	月工资金额	折合面粉袋数	以1929年工资数为100
民国十六年（1927）	8.54	2.18	75.96
民国十八年（1929）	10.68	2.87	100.00
民国二十年（1931）	14.40	4.29	149.48
民国二十四年（1935）	14.40	4.91	171.08
民国二十五年（1936）	14.52	2.91	101.39
民国二十七年（1938）	18.39	3.41	118.82
民国二十八年（1939）	27.50	3.20	111.50
民国三十年（1941）	80.28	3.58	124.74
民国三十一年（1942）	91.87	3.48	121.25
民国三十二年（1943）	439.40	3.38	117.77
民国三十三年（1944）	1,985.60	2.92	101.74
民国三十四年（1945）	74,872.00	1.78	62.02
民国三十五年（1946）	139,840.00	7.36	256.45
民国三十六年（1947）	3,012,400.00	4.43	154.36
民国三十七年（1948）	483.39	3.93	136.93

资料来源：郭士浩主编：《旧中国开滦煤矿工人状况》，人民出版社1985年版，第70页。

表28　开滦井上机匠每月名义工资与实际工资　　　　（单位：元）

年代	名义工资		实际工资指数
	月工资金额	折合面粉袋数	以1929年工资数为100
清光绪十三年（1887）	6.00	6.25	82.81
清光绪三十一年（1905）	14.15	8.68	115.12
民国九年（1920）	15.49	4.96	65.78
民国十一年（1922）	17.09	5.32	70.56
民国十三年（1924）	21.00	7.40	98.14
民国十六年（1927）	23.10	6.63	87.93
民国十八年（1929）	25.50	7.54	100.00
民国二十年（1931）	27.90	9.17	121.62
民国二十四年（1935）	29.88	10.20	135.28
民国二十五年（1936）	38.17	7.65	101.46

续表

年代	名义工资		实际工资指数 以1929年工资数为100
	月工资金额	折合面粉袋数	
民国二十七年（1938）	43.44	8.06	106.90
民国二十八年（1939）	55.90	6.50	86.21
民国三十年（1941）	112.67	5.03	66.71
民国三十一年（1942）	100.85	3.82	50.66
民国三十二年（1943）	430.30	3.31	43.90
民国三十三年（1944）	2,767.60	4.07	53.98
民国三十四年（1945）	116,760.00	2.78	36.87
民国三十五年（1946）	232,560.00	12.24	162.33
民国三十六年（1947）	4,481,200.00	6.59	87.40
民国三十七年（1948）	650.67	5.29	70.16

资料来源：郭士浩主编：《旧中国开滦煤矿工人状况》，人民出版社1985年版，第71—72页。

表29 开滦矿区全体工人平均每月名义工资与实际工资 （单位：元）

年代	名义工资		实际工资指数以1925—1926年工资数为100
	月工资金额	折合面粉袋数	
清光绪三十至三十一年（1904—1905）	8.01	4.91	124.30
民国二至三年（1913—1914）	8.33	3.28	83.04
民国十至十一年（1921—1922）	10.15	3.16	80.00
民国十二至十三年（1923—1924）	13.03	4.14	104.81
民国十三至十四年（1924—1925）	14.30	3.81	96.46
民国十四至十五年（1925—1926）	14.55	3.95	100.00
民国二十四至二十五年（1935—1936）	18.87	3.78	95.70
民国二十五至二十六年（1936—1937）	19.20	3.74	94.68
民国二十六至二十七年（1937—1938）	17.08	3.26	82.53
民国二十七至二十八年（1938—1939）	22.55	4.10	104.05
民国二十八至二十九年（1939—1940）	38.08	3.17	80.25
民国二十九至三十年（1940—1941）	55.83	3.56	90.13
民国三十一年（1942）	96.62	3.66	92.66
民国三十二年（1943）	357.50	2.75	69.62
民国三十四年（1945）	93,240.00	2.22	56.20
民国三十五年（1946）	177,650.00	9.35	236.71

续表

年代	名义工资		实际工资指数以1925—1926年工资数为100
	月工资金额	折合面粉袋数	
民国三十六年（1947）	3,474,800.00	5.11	129.37
民国三十七年（1948）	601.47	4.89	123.80

资料来源：郭士浩主编：《旧中国开滦煤矿工人状况》，人民出版社1985年版，第73—74页。

上列井下煤工和杂工的工资统计，可以反映开滦非技术工人的工资变动趋势；井上机匠的工资统计，则可以代表开滦技术工人的工资变动趋势。煤工和杂工的真实工资，清光绪十三年（1887）分别为4.18袋面粉和3.61袋面粉，民国三十七年（1948）为4.83袋面粉和3.93袋面粉，略有增加。机匠的真实工资，光绪十三年（1887）为6.25袋面粉，民国三十七年（1948）下降为5.29袋面粉。从整个变动的趋势观察，技术工人和非技术工人之间工资的差距有缩小的现象。

至于开滦矿区全体工人的真实工资，在统计起点的清光绪三十年（1904）至三十一年（1905）会计年度为平均每人每月面粉4.91袋，在统计终点的民国三十七年（1948）为4.89袋，略有下降，但变化不大。如果将起点和终点连结成一线即可发现，在这40余年间有统计数字的年份共16个，其中14个年份的真实工资额在这个水平线之下，仅有2个年份在这个水平线以上。因此，就开滦全体工人而论，生活有日益贫困的趋势。如果以民国十四至十五年（1925—1926）会计年度的真实工资3.95袋面粉为标准，作一个较低的水平线，即可发现开滦工人的工资乃是围绕此一低水平线在上下波动。①

近代中国最大的工业为棉纱织业，上海纱厂工人的名义工资和真实工资如下表所列，应可反映一般工人的收入。

表30 上海纱厂工人名义工资和实际工资

年份	名义工资（元）		半价（元/石）	实际工资（半石）	
	日工资	月工资		日工资	月工资
清宣统二年（1910）	0.26ᵃ	…	7.13	0.036	…
清宣统三年（1911）	0.26ᵃ	…	7.98	0.032	…
民国元年（1912）	0.27ᵃ	…	7.94	0.034	…
民国二年（1913）	0.27ᵃ	…	7.21	0.037	…

① 郭士浩主编：《旧中国开滦煤矿工人状况》，人民出版社1985年版，第75—80页。

续表

年份	名义工资（元）		半价（元/石）	实际工资（半石）	
	日工资	月工资		日工资	月工资
民国三年（1914）	0.27[a]	…	6.42	0.042	…
民国四年（1915）	0.27[a]	5.00-6.50[a]	7.40	0.036	0.68-0.88
民国五年（1916）	0.27[a]	…	7.12	0.038	…
民国六年（1917）	0.27[a]	…	6.52	0.041	…
民国七年（1918）	0.27[a]	…	6.62	0.041	…
民国八年（1919）	0.29[a]		6.94	0.042	…
民国九年（1920）		6.75-8.78[a]	9.61	…	0.70-0.91
民国十三年（1924）	…	9.44	10.29	…	…
民国十四年（1925）	…	11.42	10.20		
民国十六年（1927）	…	11.89	13.94	…	0.85
民国十八年（1929）	…	10.70	12.44	…	0.86
民国十九年（1930）	0.42[a]	12.50	15.86	0.026	0.79
民国二十年（1931）	0.42[a]	…	12.03	0.035	…
民国二十一年（1932）	0.46[a]	13.99	11.62	0.040	1.20
民国二十二年（1933）	0.45[a]	13.98	8.38	0.054	1.67
民国二十三年（1934）	0.46[a]	12.25	10.26	0.045	1.19
民国二十四年（1935）	…	12.04	12.18	…	0.99
民国二十五年（1936）	…	12.82 10.73[b]	10.43	…	1.23（1.03）[b]
民国二十六年（1937）	…	11.09	12.20	…	0.91
民国二十七年（1938）	…	13.56	13.75	…	0.99
民国二十八年（1939）	…	17.51	23.72	…	0.74
民国二十九年（1940）	…	28.08	63.27	…	0.44

a. 仅限于女工工资。
b. 申新九厂资料。民国十三至十六年（1924—1927）为申新一厂资料，民国二十一至二十五年（1932—1936）为申新一厂与八厂资料。
资料来源：Thomas G. Rawski, *Economic Growth in Prewar China*, p. 301.

上表显示，上海纱厂工人真实工资在抗战前有持续上升的趋势，但是抗战爆发后即逐渐下降。

抗战时期，后方工人的真实工资虽未增加，但是由于下列各项理由，工人的待遇和生活实较前改良。第一，抗战时后方工作加紧，工作加班甚多，对此额外加班工作的报酬，也颇优厚，同时因后方法定的工作时间，已较抗战前上海工厂减少，故工人能有多余时间，从事额外加班工作，使其实际收入较其工资率为大。第二，抗战时后方劳工缺乏，工人终年均在就业状态中，故其全年收入，也远大于过去时有失业时期的所得。第三，劳工既普遍缺乏，工人的家属凡有能力者，均有工作的机会，使得工人家庭的总收入增加。第四，各大工厂除供应工人膳宿及各项福利设备外，多有各种消费合作社，工人得以购取较市价低廉的物品。以上四种理由，使得工人的待遇与生活远较抗战前为优越。更有甚者，抗战爆发后各种定额收入人员收入的增加，远在工人之下，其生活状况较之工人，也不再有抗战前的巨大差距，凡此种种均使工人在全社会中生活待遇甚至社会地位均相对地有所提高。①

以上所述，仅为近代中国工人工资的长期变化趋势。事实上，各个不同地域、产业、工种（分工），甚至工人性别的工资，均有所不同。

从地域上说，沿海地区工资一般高于内地，沿海地区中又以上海工资最高（见表31）。原因在于沿海地区（尤其是上海）工人的素质、生产力和生活水平均较内地为高。

表31 各区域工厂工人工资差异（1933年）

行业	平均	中国本部工厂工人年薪（元）		A/B
		上海（A）	其他地区（B）	
火柴	123	234	100	213
棉纱	166	204	142	144
棉布	110	145	91	159
缫丝	45	48	44	109
丝织品	243	291	179	162
面粉	225	260	208	125
卷烟	176	181	57	318
全体	163	178	151	118

资料来源：Thomas G. Rawski, *Economic Growth in Prewar China*, p. 82.

从产业或行业上说，邮政、电信业工资在民国时期一直居于各业之首，而

---

① 刘鸿万：《工业化与中国劳工问题》，商务印书馆1945年版，第19—20页。

轻工业工资略高于重工业工资（尤以1937年至1949年为明显）。不过在整个民国时期，除邮政外，各产业工资的高下地位并非一成不变，而是时有变动。以上海为例，民国十八年（1929）5月各业最高工资，以造船业为首，达90元，以下依次为丝织业（75元）、机器业（71.4元）、卷烟业（52元）、印刷和玻璃业（45元）、火柴和造纸业（39元）、搪瓷和制革业（36元）、棉纺织业（30元）、造漆和皂烛业（22.5元）。民国二十六年（1937）6月时，以卷烟业为首，电力、自来水、印刷等业次之，最高工资均在100元以上，其次则为机器业和电车业（90元以上），位于60至80元之间者则有罐头食品、玻璃、造纸等业，造漆、皂烛业与搪瓷业位于40至50元之间，棉纺织业为37元，而民国十八年（1929）排行第一的造船业则直落至21.6元。[1] 民国三十五年（1946）12月，各业最高工资，则以热水瓶业居首位，印刷、电力、电车、卷烟、自来水、机器等业次之，最高工资均在110元以上，其次则为印铁制罐、丝织、电工器材等业（90元以上）。[2]

从分工上说，高工资工人所占比例极低。以民国二十二年（1933）的天津为例，每月工资在20元以下的工人，约占工人总数的四分之三以上，而无工资收入者占16%，其中绝大部分为童工。两项相加，超过工人总数的90%，由此可见工人收入之低。下表同时显示，每月工资在30元以上的工人，仅存于少量行业之中；每月工资超过50元的工人，只出现于纺纱、面粉等少数企业，在3万多名工人中，仅有40余人而已。[3]（见表32）

表32 天津民资企业工人工资构成统计（1933年）

部门 百分比% 工资组距（元）	纺织			化学		食品		服用品	机器	金属品	竹木	其他	合计
	纺纱	针织	其他	火柴	其他	面粉	其他						
0—5	3.3	33.7	12.0		39.5		5.4	40.5	11.2	21.1	25.3	26.7	11.9
6—10	10.2	25.9	45.2	39.1	23.5		25.5	22.2	24.6	17.9	23.0	26.9	26.0
11—15	41.6	4.3	12.1	39.4	11.9	65.9	21.3	15.3	12.7	9.0	0.9	14.0	24.6
16—20	28.4	1.7	2.3	17.0	2.1	10.1	18.8	6.2	1.4	4.4		7.1	13.2

---

[1] 陆兴龙、胡正豪：《民国时代的工资制度》，载忻平等主编：《民国社会大观》，福建人民出版社1991年版，第522—523页。

[2] 张维亚：《中国货币金融论》，台湾"中央银行"经济研究处1952年版，第258页。

[3] 罗澍伟主编：《近代天津城市史》，中国社会科学出版社1993年版，第551页。

续表

部门 百分比 % 工资组距（元）	纺织			化学		食品		服用品	机器	金属品	竹木	其他	合计
	纺纱	针织	其他	火柴	其他	面粉	其他						
21—25	7.7	0.4	0.9	4.3	0.8	14.4	11.6	0.3	1.0	2.0		4.5	4.1
26—30	4.3	0.1	0.1		1.0	4.4	12.4		3.0	1.3		1.5	2.1
31—35	3.2				0.3	0.8	2.1		0.1	0.04		0.5	1.2
36—40	0.3	0.1			0.08		0.4			0.08		0.1	0.1
41—45	0.1						1.0					0.1	0.09
46—50	0.2				0.08		1.0						0.09
51 以上	0.2				0.08		1.8					0.3	0.1
无工资		33.3	27.0		20.4		2.6	15.3	45.6	43.8	51.1	17.7	16.0
平均工资（元）	15.97	6.00	12.79	12.33	10.71	18.01	16.67	7.06	9.00	8.93	5.17	10.47	12.13

资料来源：罗澍伟主编：《近代天津城市史》，中国社会科学出版社1993年版，第550页。

从性别上说，男女工人的工资相差颇大，不过差距有逐渐缩小的趋势。（见表33）

表33 上海各主要产业工人平均每日工资统计表　　（单位：元）

业别		年份（民国）									十一年比三年的增长率（％）
		三年(1914)	四年(1915)	五年(1916)	六年(1917)	七年(1918)	八年(1919)	九年(1920)	十年(1921)	十一年(1922)	
纺织	男工	0.51	0.58	0.63	0.77	0.79	0.85	0.92	0.95	1.08	111.76
	女工	0.28	0.29	0.31	0.30	0.33	0.44	0.45	0.54	0.63	125.00
缫丝	男工	0.27	0.29	0.30	0.25	0.60	0.60	0.65	0.71	0.89	279.63
	女工	0.25	0.30	0.29	0.27	0.32	0.34	0.35	0.41	0.53	112.00
绢织	男工	0.16	0.16	0.20	0.20	0.22	0.28	0.34	0.38	0.50	212.50
	女工	0.09	0.09	0.14	0.14	0.16	0.18	0.24	0.30	0.39	333.33
棉织	男工	0.32	0.34	0.34	0.36	0.38	0.39	0.47	0.50	0.54	68.75
	女工	0.22	0.23	0.23	0.19	0.22	0.24	0.30	0.39	0.54	145.45
造纸	男工	0.59	0.65	0.65	0.65	0.74	0.77	0.79	0.83	0.88	49.15
	女工	0.16	0.16	0.20	0.20	0.22	0.24	0.30	0.38	0.44	175.00
火柴	男工	0.34	0.35	0.39	0.44	0.44	0.46	0.47	0.52	0.63	85.30
	女工	0.19	0.20	0.18	0.19	0.20	0.22	0.25	0.30	0.40	110.52

续表

业别		年份（民国）									十一年比三年的增长率（%）
		三年(1914)	四年(1915)	五年(1916)	六年(1917)	七年(1918)	八年(1919)	九年(1920)	十年(1921)	十一年(1922)	
面粉	男工	0.43	0.48	0.42	0.44	0.49	0.49	0.54	0.59	0.64	48.83
	女工	0.30	0.33	0.29	0.30	0.37	0.37	0.37	0.44	0.45	50.00
卷烟	男工	0.28	0.29	0.29	0.30	0.36	0.37	0.40	0.45	0.70	150.00
	女工	0.27	0.26	0.28	0.41	0.41	0.43	0.47	0.49	0.65	140.74
机器	男工	0.85	0.94	0.92	0.87	0.93	0.96	1.00	1.09	1.18	38.82
电气	男工	0.43	0.53	0.62	0.76	0.82	0.85	0.90	0.90	1.14	165.11

资料来源：祝慈寿：《中国近代工业史》，重庆出版社1989年版，第481页。

3. 生活程度。民国一十年代，一些有关工人家庭收支状况的调查显示，工人家庭支出耗于食物者，几乎均占50%以上，有时甚至高达三分之二或四分之三。（见表34）

表34 民国一十年代工人家庭收支分析

年份（民国）	调查对象	平均每月收入（元）	支出项目百分比（%）				
			食物	房租	衣服	燃料灯火	其他
九年（1920）	上海工人	15.0	63.1	15.7	10.6	—	10.6*
十四年（1925）	上海工人家庭	21.0	64.4	9.5	7.1	9.5	9.5
十四年（1925）	上海技术工人	38.5	42.0	14.0	11.0	7.0	26.0
十四年（1925）	上海非技术工人	21.7	52.0	13.0	10.0	9.0	16.0
十六年（1927）	上海工人	19.5	53.8	15.4	15.4	9.5	5.9
十一年（1922）	北京工人	—	73.6	11.1	6.6	—	8.7*
十五年（1926）	113个北京工人家庭	17.6	58.2	9.4	4.6	11.8	16.0
十五年（1926）	48个北京工人家庭	16.9	72.0	7.3	6.6	11.1	3.0
十三年（1924）	大连码头工人	19.0	56.5	16.9	9.8	16.0	0.8
十五年（1926）	86个久大制盐工人	12.4	62.7	—	15.2	—	22.1
十五年（1926）	61个久大盐工家庭	22.0	55.7	7.1	9.5	8.1	19.6
十六年（1927）	苦力	—	75.0	8.0	9.0	5.0	3.0
十六年（1927）	工业工人	—	65.0	13.0	7.0	15.0	—

* 包括燃料与灯火。
资料来源：Chesneaux, *The Chinese Labor Movement*, p. 99.

根据恩格尔第一定律（Ernst Engel's First Law），当家庭收入增加，支出用于食物所占比例应会下降。但是上表显示，家庭收入越多者，食物支出所占比例反而有增加的现象，证明恩格尔的定律仅通用于生活水准已达某种最低程度的社会，而此一时期的中国，即使是下表所列的高所得的工人家庭，也尚未达到可应用此定律的程度。（见表35）

表35　工人所得高低与食物支出所占比例比较表（1925年左右）

所得	食物支出所占比例
四十八个北京工人家庭	
半年所得在七十元以下	67.0%
七十一——一百一十元	70.7%
一百一十一——一百五十元	72.8%
一百五十一——一百九十元	70.4%
八十六个久大精盐公司未婚工人	
每年所得为一百一十五——一百四十元	61.8%
一百四十一——一百六十五元	63.2%
一百六十五——一百九十元	62.1%
一百九十一——二百一十五元	70.2%
二百一十五——二百四十元	62.2%
二百四十一——二百六十五元	68.9%

资料来源：Chesneaux, *The Chinese Labor Movement*, p. 100.

民国二十四年（1935），上海的一所医学研究机构曾对人的膳食加以研究，结果发现即使是能够每天吃到一点猪肉的工人，每天所摄取的卡路里也不超过2600卡，其中75.1%来自碳水化合物，15.4%来自脂肪，9.5%来自蛋白质，而正常人每日所需卡路里，最少应有3,000至4,000卡，其中45%应来自脂肪和蛋白质。更有进者，受测者中有70%缺乏维生素A，80%缺乏维生素B，40%缺乏维生素C，显示工人所摄取卡路里，不论在量或质上，均未达到最低标准。[①]

[①] Chesneaux, *The Chinese Labor Movement*, p. 101.

至于衣着，根据民国三十至民国三十一年（1941—1942）社会部统计处对重庆192个工人家庭所作调查，平均每户衣着费用为218元（法币），按民国三十一年（1942）的市价，只能买到五尺半的粗白布。教育费则全年只有二元六角（折合战前币值为七分六厘），没有娱乐费的开支。如果厂方没有为他们准备一点医疗设备，他们即使生病也多不就医。①

不过也有少数行业工资较高、就业较为稳定的工人，生活较为优裕，接近近代城市市民的水平。如上海丝织厂的年轻工人"西装革履，行坐车，吃包饭，类似学生生活"。经营状况良好的外资公司职工，不仅待遇较高，而且福利较全。如上海电力公司电厂的职工常于星期假日听戏看电影。有的还集中起来，在宿舍和厂中练习业余演唱，票友玩京剧、越剧、沪剧等。印刷业中的排字工人，情况更为特殊，他们知识程度较高，又有专门技术，多着长衫，人称为"排字先生"。他们的生活方式也和一般工人不同，而多接近于中产市民。②

（八）流动率

近代中国工厂工人的流动率，一般均极高。日本学者宇高宁曾根据上海某日资纱厂职工入厂簿，将民国十一年（1922）11月至民国十二年（1923）10月间2,150名职工离职的原因予以统计分析如下表。（见表36）

表36 上海某日资纱厂职工离职原因统计表

原因	期间	男工人数	女工人数	合计	
				人数	%
出于自愿	归家	74	183	257	11.9
	家庭事情	46	122	168	7.8
	结婚及出产	4	125	129	6.0
	业务上之不满	26	7	33	1.5

---

① 齐武：《抗日战争时期中国工人运动史稿》，人民出版社1986年版，第224—225页。
② 唐振常主编：《上海史》，上海人民出版社1989年版，第755—756页。

续表

原因	期间	男工人数	女工人数	合计 人数	合计 %
工厂执行	勤务怠慢	60	45	105	4.9
	成绩不佳	37	243	280	13.0
	他厂转勤	1	57	58	2.7
	身长不足	1	45	46	2.1
	反抗命令	14	16	30	1.4
	窃盗及违反规则	26	35	61	2.8
	私斗	19	13	32	1.5
	罢工及煽动	25	19	44	2.0
	淘汰人员	23	7	30	1.4
	旷工过久	94	145	605	28.1
死亡		4	21	25	1.1
疾病及负伤		28	46	244	11.3
合计		482	1668	2150	100

资料来源：王清彬等编：《第一次中国劳动年鉴》第一编，第371页。

上表显示，职工离厂的原因，出于厂方者，主要为旷工过久、成绩不佳及勤务怠慢等；出于职工者，主要为归家、家庭事务、结婚生产等。现依序讨论如下：

1. 出于厂方者。上表所列各项因素，并未能反映出厂方以各种理由解雇职工的现象。以上海著名的荣家企业为例，由于近代多数时间的劳动力市场供过于求，该企业便经常以"临时工"名义招工，以便随时予以解雇，另招新人。如每年端午节新麦上市后的四五月间，为面粉厂的生产旺季，也是厂方大量招雇临时工的时期，至淡季，又辞退一批临时工。大量雇用临时工的现象，在申新纱厂系统也同样存在。抗战前的申新四厂，临时工经常占工人总数的10%以上。

企业既然大量招雇临时工、解雇老工人，相对地，新工人的比例自然日益增高。这种情况，在经济不景气的民国二十年代更为突出。如在民国二十二至二十四年（1933—1935）的三年间，申新一、八厂各年新招的工人数，在各年全厂平均工人总数中的比例逐年上升，分别为34.1%、48.2%和65.2%。抗战胜利后，荣家各厂在整顿恢复过程中，又乘机大量解雇老工人并改招新工人。如申四重庆厂民国三十五年（1946）12月的资料说明，该厂当年入厂的新工人占全厂工人总数的 50.8%，而进厂三年以上的老工人尚不到总人数的 20%。①

2. 出于职工者。上表所占各项原因，返回老家为最多，且不论男女工均极为普遍。至于"家庭事情"和"结婚及生产"，则是女工较为常见的离职理由。除此之外，在某些行业中，适应不良也常是工人离职的原因。以抚顺煤矿为例，民国一十年代在坑人员共有 1.2 万人，每年来坑、离坑人员，各达 4 万人以上，平均每日有 100—200 人来坑及离坑，足见流动的频繁。其原因在于大部分工人为农民出身，秋来春去，为季节性工人，其中尤以山东矿工，因熟悉东北地理及经济情形，流动最多。至于来自西部的矿工，因生活程度极低，常有得二三十元即已满足，旋归故乡者。因此，在坑时期长久者，也不过半数而已。此外，农民出身的矿工，在乡时生活颇为自由，一旦进入大煤矿作工，饮食起居虽较优良，但需受各种规章的约束，反觉不适应，或许也是离职频繁的原因之一。②

3. 出于就业市场者。抗战时期工人流动的频繁，为前所未见的现象，其原因主要为劳工市场的供不应求。随政府内迁至后方的技术工人，仅有 12,164 人，虽然武汉撤退时有相当数量的工人自行流入四川，后来从沦陷区也辗转流入一些技术工人，但是在工业发展迅速的情况下，技术工人仍然十分缺乏。各事业单位为求其本身事业的进行，乃不惜以较高的工资或地位挖取已在其他事业单位工作的工人，造成工人不断追求待遇更优的处所，或因细微的事故而弃离原厂。战争造成的工业发展的不稳定性，使得这种流动性更为增强。③ 据各种调查显示，后方工厂技术工人的转换率（labor turnover rate），每月在 20% 左右，非技术工人则更高。此种情形在战时劳工统制较松的国家虽然也所在多有，但是均不如战时中国的剧烈。④

（九）价值观念

价值观念的范围十分广泛，此处仅讨论婚姻与家庭、教育、阶级意识与国

---

① 罗澍伟主编：《近代天津城市史》，中国社会科学出版社 1993 年版，第 266—267 页。
② 许维雍、黄汉民：《荣家企业发展史》第一编，人民出版社 1985 年版，第 373—375 页。
③ 唐振常主编：《上海史》，上海人民出版社 1989 年版，第 212 页。
④ 刘鸿万：《工业化与中国劳工问题》，商务印书馆 1945 年版，第 24—25 页。关于抗战时期后方工人转换率的其他估计，可参阅《旧中国的资本主义生产关系》编写组：《旧中国的资本主义生产关系》，人民出版社 1977 年版，第 134—135 页。

家观念等项。

　　近代中国的工厂女工，在取得经济上的自立和专门技术后，自主性大为增加，于是有许多女工拒绝顺从父母所安排的对象和时间结婚，而且有较乡间女子晚婚的倾向，甚至有抵制婚姻的情事发生。① 当这些女工结婚后，也不再是传统形态的妻子，她们不再盲目地服从公婆，和丈夫的关系也有所改变。民国二十四年（1935），一位社会学家曾对上海和无锡的女工进行调查，结果发现在受访的 60 名女工中，有 23 人在家中的权力较丈夫为大，8 人的权力和丈夫一样大，12 人凡事均和丈夫商量，只有 16 人仍和旧式妻子一样地顺从丈夫。②

　　至于男性工人，也显示出较为个人主义的态度。对他们而言，传统的家庭束缚也不如过去为大。③

　　近代中国的工人，不论有无技术，均极重视教育，希望其子弟能接受教育，以改变社会经济地位。如民国九年（1920），工人运动的组织者向长辛店铁路工人询问何者为其最需要之物，工人经商议后表示，最需要员工子弟小学，由此可见铁路工人重视子女教育的一斑。④ 民国一十年代末期，一位社会学家曾针对北京 100 个黄包车夫进行调查，结果也发现几乎每个受访者均盼能提升自己的知识水平，并送其子弟上学。⑤

　　近代中国工人的亲身生活经验，使他们了解自己所处的悲惨处境，并且也愿意一起行动，以改善他们的生活。但是他们似乎并没有阶级意识。例如晚近学者研究上海的纱厂女工，结果发现女工中的地域区分极为明显，在民国一十年代层出不穷的罢工事件中，看不出有阶级意识或是革命热忱存在。⑥ 学者对天津工人的研究也显示，工人并非是铁板一块，而是因技术、地域、性别分工

---

　　① Marjorie Topley, "Marriage Resistance in Rural Kwangtung", in Margery Wolf and Roxane Witke, eds., *Women in Chinese Society*, Stanford：Stanford University Press, 1975, pp. 67-88；Janice Stockard, *Daughters of the Canton Delta: Marriage Patterns and Economic Strategies in South China, 1860-1930*, Stanford：Stanford University Press, 1989.

　　② Olga Lang, *Chinese Family and Society*, New Haven：Yale University Press, 1946, p. 206.

　　③ Lloyd E. Eastman, *Family, Fields, and Ancestors: Constancy and Change in China's Social and Economic History, 1550-1949*, New York and Oxford：Oxford University Press, 1988, p. 208.

　　④ 罗澍伟主编：《近代天津城市史》，中国社会科学出版社 1993 年版，第 192—193 页。

　　⑤ David Strand, *Rickshaw Beijing: City People and Politics in the 1920s*, Berkeley：University of California Press, 1989, p. 260.

　　⑥ Emily Honig, *Sisters and Strangers: Women in the Shanghai Cotton Mills, 1919-1949*, p. 245.

的不同,而形成不同的认同,因而削弱了对于阶级的认同。① 以上这些研究均一致指出,只有到了抗战结束后的内战时期,中共干部调和了工人内部的差异,才开展了一次成功的革命工人运动。

不过也有的学者指出,工人内部的种种差异,虽然有碍工人阶级意识的形式,但是也为集体行动奠下了坚实的基础。此外,工人虽然不是铁板一块,有时也真能协同合作。例如技术工人虽然对于自身的地位引以为傲,不过有时也能关心一般工人的福祉,并自诩为所有工人的代言人。在他们的心目中,对行业的认同和对阶级的认同,并不一定有冲突存在。更有进者,在某些重要的时刻(如"五四"、"五卅"),即使不是由于阶级意识,各个不同地区的工人也能相互协调合作。②

近代中国的工人,逐渐具有国家观念,不过对于政治缺乏理论素养,并持畏惧态度。例如,民国十年(1921)冬,陇海铁路机务工人因洋员苛虐,实行罢工,工人态度极为强硬。当时的河南省督军赵倜和省长张凤台派代表张文卿和王宝华与工人接洽。张、王二人向工人演说太平洋会议与中国存亡的关系,万不可因争一部分的人格(当时工人以争人格为计),而招致国际共管的大祸,结果根据当时报纸的报道,工人"闻者皆感泣,立即承让开车"。记者报道新闻,难免有夸大不实之处,但是仍可看出此时的铁路机务工人已有某种程度的国家观念。但是,他们又认为自己生活苦、知识浅、力量薄,只求安分守己工作,从事政治活动乃是不自量力的举动,易遭危险。对于政治活动的恐惧,尤以成年工人及待遇较好的工人为甚。③ 又如上海纱厂的工人,自"八一三"之役后,即使是过去对国事不太关心的,也变为喜欢看报、问消息了。台儿庄之役国军获胜,有些工人还凑钱买报纸来看。不过纱厂工人由于知识水平低,因此关于政治理论方面的素养甚差。即使是思想清楚、知识程度最高的工人,对于报章杂志上的各种术语也大多不明白,常将帝国主义国家视为是有皇帝的国家,不知道布尔什维克是哪国人,是否还健在;也不知道第四国际是好或坏。不过多数的成年工人对老工会的信仰甚深,他们知道托派不好,汪精卫是汉奸。在小学读书和知道事情比较多的人,赞成孙中山和他的革命事业,也知道苏联

---

① 罗澍伟主编:《近代天津城市史》,中国社会科学出版社1993年版,第7页。
② Elizabeth J. Perry, *Shanghai on Strike: The Politics of Chinese Labor*, Stanford: Stanford University Press, 1993, p. 29.
③ 罗澍伟主编:《近代天津城市史》,中国社会科学出版社1993年版,第193页。

很好。至于女工，虽然大多没有十分明确的政治表示，但是对自由解放、生活改善的主张，却一致表示欢迎。①

(十) 社会地位

工人在中国社会中的地位一直不高。一般中学毕业生，直至抗战期间，仍自视为属于"士"的阶级，在心理上排斥工人，不愿做工。②即使是一般农民，也轻视工人，并且多不愿家中女子做工。如在华北乡村，女子通常只在家务劳动之余，从事家庭手工业，甚少下田劳动。乡民移至城市后，也将此种习俗带至城市；即使是生活困窘的下层市民，也往往将女子外出做工视为不光彩的事。③华南地区女工虽然较多，不过也有类似的情形。如直至民国一十年代后期，女工仍被视为是"没人要的"。一位女工于民国二十五年（1936）进入大生纱厂时，"村里的人还看不起做工的"④。

工人不仅为社会大众所轻视，即使是工人本身，对自己职业的评价也偏低。如民国九年（1920）共产主义活动家开始于华北劳工界展开活动，从事工人运动的青年学生即发现京汉铁路长辛店机厂的工人（尤其是老年工人）抱持有相当程度的自卑感，对学生采取若即若离的态度，当时称之为"工学界限"问题。⑤抗战期间，一位社会学家曾对600余位女工进行访谈，除了少数之外，大多数的受访者觉得做工不仅没有前途，而且是失面子的事，有不少年轻的女工甚至向访问者痛哭，原因是她们的表姊妹在学校读书，而她自己则当了工人。男工中也有许多人认为工人的社会地位太低，表示宁愿少领些薪水，做个小职员，也不愿做工人。⑥

工人由于社会地位低落，因而往往与工厂中的职员处于对立的态度，认为

---

① 朱邦兴、胡林阁、徐声合编：《上海产业与上海职工》，上海人民出版社1984年版，第109—111页。
② 谷春帆：《中国工业化通论》，商务印书馆1947年版，第191页。
③ 王清彬、王树勋、林颂河、樊弘编：《第一次中国劳动年鉴》，北平社会调查所1928年版，第543页。
④ 陆兴龙：《民国时期产业工人统计简析》，载《民国社会大观》，福建人民出版社1991年版，第181页。
⑤ 房文祖：《罗章龙谈中国劳动组合书记部北方支部》，载《北方地区工人运动资料选编（1921—1923）》，北京出版社1981年版，第11—13页。当时由于"工学界限"，学生与工人不易接近，有人曾采用结拜兄弟——歃血为盟的方式与工人建立友谊，但旋即发现此种方式缓不济急，且易滋流弊，遂决定禁止采用。参阅房文祖：《罗章龙谈中国劳动组合书记部北方支部》，载《北方地区工人运动资料选编（1921—1923）》，第11页。
⑥ 费孝通：《劳工的社会地位》，《今日评论》第5卷第1期，1941年1月，第10页。

职员是属于长衫阶级,代表劳心者,而工人未受教育,属于劳力者。即使工人的最高工资较最低职员的薪水多,但是地位仍较职员为低。无怪有的监工因为工人的名义难听,宁愿自己贴钱做职员,以提升社会地位。①

此外,在工人内部也有等级之分。抗战时期,在后方大型的国营工厂中,技工很少和小工们来往,他们甚至说小工们一生也不会有出息,并且命令小工为自己做杂事。②

四、农民

(一)人数与分类

根据学者的估计,民国二十二年(1933)时全国共有人口五亿,其中农业人口有3.47亿,非农业人口为1.53亿。③ 由于雇农在中国农村中所占比例甚低,因此农业人口可简单地分为自耕农、半自耕农和佃农三类。根据张心一的统计,民国十九年(1930)时,自耕农占全国农户的52%,半自耕农占22%,佃农占26%。各省佃农百分率,以福建的69%为最高,四川的57%次之,安徽、湖北两省的51%以上再次之,浙江、广东两省的40%以上又次之,而以河北、山东、山西、热河等省的13%以下为最少。至于各省自耕农的百分率,则以热河占80%为最多,山东、山西两省占70%以上次之,河北、河南、陕西、广西、辽宁、黑龙江、察哈尔等省占50%以上再次之,而以福建的9%为最少。大致说来,佃农百分率以长江、珠江流域各省为最高,而自耕农的百分率,则以华北、黄河流域及东北四省为最高。(见表37)

表37 民国十九年(1930)各省农佃分布百分率　　　　(单位:%)

地域别	佃农	半自耕农	自耕农
加权平均	28	22	52
江苏	32	30	33
浙江	42	31	27

---

① 《旧中国的资本主义生产关系》编写组:《旧中国的资本主义生产关系》,人民出版社1977年版,第116—121页。

② 《旧中国的资本主义生产关系》编写组:《旧中国的资本主义生产关系》,人民出版社1977年版,第122页。

③ Liu and Yeh, *The Economy of the Chinese Mainland*, p.102.

续表

地域别	佃农	半自耕农	自耕农
安徽	55	17	28
江西	39	34	30
湖北	51	27	22
湖南	34	32	34
四川	57	21	22
河北	13	21	66
山东	9	19	72
山西	13	15	72
河南	22	16	62
陕西	29	13	58
福建	69	22	9
广东	46	24	30
广西	31	15	54
云南	28	26	46
贵州	35	19	46
辽宁	31	19	50
吉林	37	17	46
黑龙江	28	18	54
热河	7	13	80
察哈尔	27	18	55
绥远	20	35	45

资料来源：国民政府主计处统计局编：《中国租佃制度之统计分析》，正中书局1942年版，第8页。

卜凯（John Lossing Buck）于全国22省区调查的结果显示，佃农比率较此更低，仅占全部农户的17%（自耕农、半自耕农各占54%与29%）。① 但是根据中央农业实验所的调查，个农应占全部农户的32%（自耕农占45%，半自耕农占23%）。②

以上各项估计，正确性虽不无疑问，③ 但是和英、美各国相较之可以发现中

---

① John Lossing Buck, *Land Utilization in China: A Study of 16,786 Farms in 168 Localities, and 38,256 Farm Families in Twenty-two Provinces in China, 1929-1933*, Nanking: University of Nanking, 1937, p. 196.
② 国民政府主计处统计局编：《中国租佃制度之统计分析》，正中书局1942年版，第6页。
③ Eastman, *Family, Fields, and Ancestors*, p. 252.

国的地权分配,即使不能说是平均,至少集中的程度不如英、美显著。英国在民国十三年至十九年(1924—1930)之间,佃户约占全部农户的75%。美国在民国二十四年(1935)时,也还有占全体农户之42%的佃户。①

(二)地主

1. 地主的组成。近代中国,地主的组成与过去相较有极大的变化,即由此较单一型的收租地主,转变为同时兼操其他职业的多元型地主。民国十九年(1930)春,江苏省民政厅曾对该省占有土地1,000亩至60,000亩的514户大地主进行调查,其中374个大地主均有主要的职业,现任军政官吏者占44.39%,开当铺及钱庄或放高利贷者占34.49%,充商人者占17.91%,当工厂股东者仅占3.21%。从各类职业所占的比例来看,各地区常因政治、经济状况的不同而有极大的差异。如江苏北部经济落后,地主中即以军政官吏为最多,其次则为放高利贷及经商者,至于经营工厂等实业者则完全没有。江苏南部地区经济较为发达,地主中则以放高利贷和经商为职业者为最多,其次为军政官吏,经营实业者仍为极少数。②(见表38)

表38 江苏374户大地主的主要职业(1930年)

	总户数	军政官吏		高利贷者		商人		经营实业者	
		户数	%	户数	%	户数	%	户数	%
江苏南部	161	44	27.3	69	42.9	36	22.4	12	7.4
江苏北部	213	122	57.3	60	28.2	31	14.5	—	—

资料来源:陈翰笙:《现代中国的土地问题》,载中国农村经济研究会编:《中国土地问题与商业资本》,黎明书局1937年版。

从全国角度来看,东北、西北各省份的地主,为军政官吏者较多,如满铁于民国十八年(1929)3月对黑龙江、吉林、辽宁三省官宪有力者的土地所有状况所作调查显示,所有的知名大地主,几乎均同时身为军政官吏,从奉军首领到督办省长,到厅长、署长,到知县、处长,以及各类司令、旅长等,均占

---

① 陈振汉:《中国土地分配的不均程度》,《经济评论》第2卷第21期,1948年2月,第6页。近代中国租佃的比率与法国、丹麦、冰岛等国的比较,可参阅 Eastman, *Family, Fields, and Ancestors*, p. 83。
② 陈翰笙:《现代中国的土地问题》,载中国农村经济研究会编:《中国土地问题与商业高利贷》,黎明书局1937年版。

有相当数量的土地。在华南及商业较为发达的省区，地主则兼商人者较多。①
（见表39、表40）

表39 安徽芜湖36户地主的职业分类及所占土地的面积（1922年）

职业分类	商人	士人	农人	官僚	孤儿院	僧人	学生	无职业者
户数	23	4	2	1	1	2	1	1
户均占有土地面积（亩）	1300	580	1540	1650	1000	460	未详	120

资料来源：成汉昌：《中国土地制度与土地改革——二十世纪前半期》，中国档案出版社1994年版，第28页。

表40 广东新会慈溪191户地主的职业分类及所占土地的面积

职业分类		绅士	无业	死亡	国外商	地方商	香港商	其他	总数
户数	实数	8	16	22	102	23	13	7	191
	%	4.19	8.38	11.52	53.41	12.04	6.80	3.66	100
占有土地面积（亩）	实数	104.8	433.81	459.59	1762.62	651.93	427.37	196.8	4036.91
	%	2.6	10.75	11.38	43.66	16.15	10.59	4.87	100

资料来源：成汉昌：《中国土地制度与土地改革——二十世纪前半期》，中国档案出版社1994年版，第28页。

以上这些类型的地主，为新兴的地主阶层，至于原有的旧式地主（或称为"土地主"），除了少数成为新兴地主外，大多地位下降，或没落破产。②

中国近代由于人口压力巨大，占四千亩以上的大地主为数甚少，只有在东三省等新开垦地区，人口密度较小，地主人数可能较多。因此，地主在中国无法形成一个社会阶层，也未能形成巨大的社会影响力。③

2.居乡地主和居外地主的比较。地主因居住地点的不同，可分为居乡地主和居外地主两类。居乡地主系指地主家居乡间，与其所有田产相离不远者而言。居外地主则系指地主家居城市，或离其田产较远者而言。

据民国二十三年至二十四年（1934—1935）金陵大学农业经济系对豫、鄂、皖、赣四省租佃制度所作调查，居乡地主占74%，居外地主占26%。居乡地主的田产不如居外地主为多，因为居乡地主多为小地主而兼自耕农。居外地

---

① 成汉昌：《中国土地制度与土地改革——二十世纪前半期》，中国档案出版社1994年版，第27—28页。
② 《经商要言》，载《辛亥革命前十年间时论选集》第一卷，生活·读书·新知三联书店1960年版，第28—29页。
③ 赵冈、陈钟毅：《中国土地制度史》，台北联经出版事业公司1982年版，第242页。

主则以大地主为多,小地主较少,是两者不同之处。居乡地主有职业者,多为自耕农和小商人;无职业者,则以乡绅、学员等纯地主为多。居外地主有职业者,多为商人和官吏;无职业者,仍以绅士阶级、纯地主占多数。

至于这两类地主对于田场的管理,则大不相同。居乡地主对于农事经验,大多较为充足,对佃农经营田场情形,也较为熟悉,因此对于租出的田地甚为关心,常加以缜密的管理和监督。纳租采用分租法者,对于租出的田场尤为关切,因为每季作物收成的丰歉,乃直接影响地主的收入。至于居外地主,由于住处距离田场较远,且大多缺乏农事常识,所以对于田场多无从监督及管理,而且平日对于租出的田地,大多漠不关心,只求佃农能按时交租,不稍短少,即已满足。

感情方面,也以居乡地主和佃农较为密切,因为日常接触既多,双方了解自深,有无相助,情感自能融洽。居外地主由于平时和佃农极少来往,所以感情也极疏远,且间有地主利用虚伪手段应付佃农,甚至任意剥削。即以抗战期间更改纳租方法的百分率来比较,也以居外地主的54.8%为多,居乡地主仅占45.2%。①

因此,从租佃制度和佃农方面而言,居乡地主实较居外地主为有利。

(三)佃农

如前所述,佃农百分率各省多寡不一,其原因可分为下列几项:

第一,自然方面,华南各省土壤较华北肥沃,农业较兴盛。地主投资自必选择丰腴之地,所以华南各省佃农百分率较华北为高。他如温度、雨量,华北均不及华南适宜,所以其农业发展较逊,而其佃农百分率较低。

第二,经济方面,华南各省工商业较为发达,资本蓄积的机会较多,大地主容易产生。同时工业制造,需有土地为其供给原料,因而土地价值增高,无力购置土地的农民不得不租耕他人土地,造成佃农增加。

第三,社会方面,凡政治中心,达官显要必多,他们拥有巨资,常大肆收购土地,使当地农民大多沦为佃农;或向外移垦新地,形成垦殖佃农。又如庄族制盛行之地,公地不能分割出售,仅可租与同族人或族外人耕种,佃农必然增多。②

---

① 金陵大学农业经济系:《豫鄂皖赣四省之租佃制度》,金陵大学1936年版,第71—79页;章柏雨、汪荫元:《中国农佃问题》,商务印书馆1943年版,第124页。

② 乔启明:《中国农村社会经济学》,商务印书馆1945年版,第234页。

民国初期的佃农百分率虽然偏高,但是这并非是个新的问题,也并未逐渐恶化。如长江下游和珠江三角洲,佃农百分率在19世纪即已颇高。根据学者的研究,自清同治九年(1870)至民国一十、二十年代,这些地区的租佃比率并未有任何显著的成长。① 因此,民国时期佃农比率逐渐增加的说法并不可信。

近代中国仍然是一个落后的农业国家,并且劳动力过剩,因此在租佃市场的供求关系上总是供不应求。在这种供求关系中间,佃农的讲价能力甚少。此外,在近代中国社会,尚未有所谓现代的与公开的租佃市场,因为地主与佃农并非处于同一个阶层,有的是血缘关系、戚友关系或是主奴关系,而不存在有单纯的契约关系。②

至于政府部门,在业佃之间发生纠纷时,也每多未能积极支持佃方。从一般官厅的裁判来看,对于地主均多少带点袒护。(见表41)

表41 苏浙豫晋4省37县业佃纠纷分析(1934年)

原告者	人数	占总数之百分比	各种起诉理由所占之百分比	被告答辩各种理由所占之百分比	各种裁判结果所占之百分比
业主	82	90%	(1)积佃租应请撤佃 9.5% (2)恶佃欺主 2.5% (3)盗卖主田农业 2.5%	(1)歉收无力 44% (2)加欠租利息故未还 3% (3)苛索未遂捏情妄控 37% (4)伪造租约 3% (5)业主强横压迫 13%	(1)著佃补缴并准撤佃 49% (2)饬警立追 18% (3)限期清缴 12% (4)和解 13% (5)原诉驳回或撤销 5% (6)佃户退交 3%
佃户	9	10%	(1)无故撤佃请维佃权 67% (2)违法大斗收租 11% (3)恶主扣留籽粒 11% (4)恶主强割田中作物 11%	(1)收回自种 28.6% (2)霸佃抗租 28.6% (3)欠租不缴 28.6% (4)捏告 14.2%	(1)调解销案 33.3% (2)准业主收回自种 22.2% (3)原诉驳回 22.2% (4)著佃分偿还 11.1% (5)原告照缴欠租 11.1%

资料来源:章柏雨、汪荫元:《中国农佃问题》,商务印书馆1943年版,第130—131页。

---

① David Faure, "The Plight of the Farmers: A Study of the Rural Economy of Jiangnan and the Pearl River Delta, 1870-1937", *Modern China*, 11:1, January 1985, pp.7-8. 有关华北地区的研究,可参阅 Ramon H. Myers, *The Chinese Peasant Economy: Agricultural Development in Hopei and Shantung, 1890-1949*, Cambridge, Mass.: Harvard University Press, 1970;范毅军:《华北农村聚落的形成及其土地问题:河北丰润县米厂状、昌黎县前梁各庄、平谷县大北关三个村的个案研究》,《第二届中国社会经济史研讨会论文集》,台北汉学研究资料及服务中心,1983年,第317—354页。

② 章柏雨、汪荫元:《中国农佃问题》,商务印书馆1943年版,第74—75页。另一种不同的看法,可参阅 John R. Shepherd, "Rethinking Tenancy: Spatial and Temporal Variation in Land Ownership Concentration in Late Imperial and Republican China", *Comparative Studies in Society and History*, 30:3, July 1988, pp.403-431.

（四）雇农

进入 20 世纪以后，有许多实地调查与报道指出，经营地主由于比较利益的考虑而转变为租佃地主。民国二十年代，更有许多统计数字具体地说明这种现象。最全面的是土地委员会民国二十六年（1937）发表的数字。（见表 42）

表 42　各省雇农占总农户的比重（1936 年）

省份	百分比（%）	省份	百分比（%）
江苏	0.60	山西	7.39
浙江	2.03	陕西	0.57
安徽	0.58	察哈尔	
江西	0.42	绥远	2.17
湖南	0.84	福建	0.21
湖北	0.56	广东	0.61
河北	4.41	广西	2.00
山东	2.26		
河南	2.54	全国平均	1.57

资料来源：土地委员会编：《全国土地调查报告纲要》，南京全国经济委员会，1937 年，第 35 页。

上表显示，华南各省雇农占总农户的比率，大多不到 1%；华北各省略高，但是最高者也不过 7.39%，全国平均的雇农比率只有 1.57%。除了以上这个全国性调查外，另有许多小规模的农村调查，以一两个县的农村作调查对象。这些小型的调查由于规模小，调查人员均曾亲至现场访问被调查的对象，所获资料的可靠性乃超过土地委员会所作的全国性调查。（见表 43）

表 43　个别县份雇农占农户总数比率

地区	年份（民国）	百分比（%）	地区	年份（民国）	百分比（%）
（1）云南	二十二年（1933）	5.6	（10）山东九县	二十三年（1934）	7.9
（2）河北定县		1.1	（11）山东泰安	二十八年（1939）	0.9
（3）广西五县	二十二年（1933）	5.5	（12）湖北咸宁	二十六年（1937）	1.6
（4）河南三县十五村	二十二年（1933）	2.5	（13）河北十六县	二十五年（1936）	10.0
（5）广东番禺	二十二年（1933）	8.9	（14）河北丰润	二十八年（1939）	11.3
（6）山西阳高	二十三年（1934）	14.9	（15）河北获鹿	二十八年（1939）	12.4

续表

地区	年份（民国）	百分比（%）	地区	年份（民国）	百分比（%）
（7）河北定县	二十二年（1933）	1.2	（16）山东惠民	二十八年（1939）	0
望都	二十二年（1933）	1.2	（17）河南彰德	二十九年（1940）	0
平叶	二十二年（1933）	4.3	（18）江苏南通	三十年（1941）	1.5
易县	二十二年（1933）	6.2	（19）江苏松江	二十九年（1940）	0
（8）浙江平湖	二十五年（1936）	3.3	（20）江苏常熟	二十八年（1939）	0
（9）河北清苑	二十四年（1935）	3.0	（21）江苏无锡	三十年（1941）	0.8

资料来源：赵冈、陈钟毅：《中国农业经济史》，台北幼狮文化事业公司1989年版，第273页。

上表显示，雇农的比例仍然偏低，同时也显示出南低北高的差异性。最高者出现于山西阳高，几达15%。[①] 不过，雇工最多的地区是东北三省。据土改前的调查，黑龙江、吉林两省农村雇工占农户总数的40%以上，辽宁也占30%以上。东三省雇工比例偏高的原因主要有以下几项：第一，来自华北的大量移民，提供了廉价的劳动力；第二，东北经营地主所从事的垦殖事业，能吸收大量雇农；第三，日本在东北大量移民，使许多原有的自耕农沦为佃农、雇工。[②]

（五）垂直流动

近代中国的农民，如想在农业之外改变其社会地位，除了从军之外，唯有接受教育一途。不幸的是，以一般农民的经济能力而论，甚少有人可以供给子弟超过高级小学毕业的程度。直至民国二十七年（1938）时，云南某乡村全村仅有一人在外地就读中学，每年所费一百余元，需用十余石谷子去换，显然并非为一般人家所能负担。[③] 根据卜凯在全国七省十七处所作调查，佃农中未受教育者，占65%以上；自耕农中未受教育者，占44%左右。受教育的年限，自耕农平均为4.3年，佃农则尚不及3年。由于缺乏阅读习惯，农民过了几年所学即全部忘光，仍无异于文盲。

又据另一项调查，儿童入私塾求学的比率，自耕农占16%，佃农占10%；入初级小学的比率，自耕农占22%，个农占14%；受过中学教育者，自耕农占

[①] 关于雇农部分的叙述，系参考赵冈、陈钟毅：《中国农业经济史》，台北幼狮文化事业公司1989年版，第270—273页。

[②] 陈玉峰：《四〇年代中国农村雇佣劳动者》，《吉林大学社会科学学报》1994年第2期，第92页。

[③] 费孝通：《禄村农田》，商务印书馆1943年版，第104页。

1%,佃农则甚为罕见。

农民即使是在农业阶梯(agricultural ladder)上攀登,如由雇农升为佃农、半自耕农、自耕农,也非易事。如能由雇农升为佃农,已为幸事,然仍需相当的努力与勤俭始可;至于佃农想升为半自耕农或自耕农,除极少数外,也极困难。据民国二十三年至二十四年(1934—1935)金陵大学农业经济系于河南、湖北、安徽、江西四省所作调查,四省雇农攀登农业阶梯的机会和年龄如表44所示:

表44 豫鄂皖赣四省雇农升为各类农户之百分率及年龄(1934—1935)

省别	雇农升为佃农		雇农升为半自耕农		雇农升为自耕农	
	百分率(%)	年龄(岁)	百分率(%)	年龄(岁)	百分率(%)	年龄(岁)
河南	6.5	32.8	2.0	40.9	0.9	46.7
湖北	6.1	32.2	1.3	42.4	0.3	48.4
安徽	9.3	39.8	1.9	40.4	0.8	5.0
江西	4.7	28.8	1.0	39.5	0.7	4.6
四省平均	7.0	30.9	1.6	30.9	0.6	48.1

资料来源:金陵大学农业经济系:《豫鄂皖赣四省之租佃制度》,编者印行,1936年,第38—39页。

由上表可以看出雇农上升机会的渺小,其原因主要在于工资的偏低、地价的高昂、农场面积的狭小,以及农业技术的落后。[①]

农民的上升流动虽然极为困难,下降流动却相对地容易。根据学者的研究,除了农村流行的分家制度,将田产均分给诸子,不利于资本累积外,尚有以下两项因素促使农民向下流动:

第一,饥荒。根据卜凯所收集清道光三十年(1850)至民国二十一年(1932)之间饥荒的资料,在他所调查的地区平均每一代人中有4.5%死于饥荒,如仅以华北地区而论,死亡率更高达8.8%。死亡者均集中于最贫穷的家庭,他们没有资产,也借不到钱,以致难以渡过难关。因此,每一代最穷的家庭,只要能够幸存,一般均要较上一代最穷的家庭为富裕。

[①] 胡庆钧:《传统农村的社会流动》,《世纪评论》第4卷第8期,1948年8月,第6页;吴景超:《第四种国家的出路》,商务印书馆1937年版,第41—42页。

第二，重男轻女的观念。此种观念使得女婴的死亡率较男婴为高，成年人口的比例也偏高，因此每十个成年男子中，即约有一个无法结婚，而通常则是最穷的男子无法结婚，即使结了婚，有了小孩也易于夭折。因此，每一代人中最穷的15%，不可能是前一代人中间最穷的15%者的子女（因为幸存者不多），而应是比最穷的15%富裕者的子女。

在以上这两种因素的影响下，即使每人平均所得有所增加，向上及向下流动均极频繁，但是流动的主要方向，极可能是向下的流动，即是说一般的中国男子均较其父亲为贫穷，他的家庭也要较他父亲的家庭为贫穷。[1]

（六）水平流动

社会上人口的迁徙流动，原为极自然的现象，不过社会的安定与否，交通的便利与否，生活的困难与否等因素，也常会影响到流动的数量，农民在离村后，有往都市者，也有往其他农村者。兹将近年各种有关农民离村的调查统计引述于后，以见一斑。

民国二十四年（1935），中央农业实验所调查22省1001县农民离村情形，发现农民离村的百分率，以佃农为最多，平均占34.8%；自耕农较少，占28.8%；地主最少，仅占19.5%。[2] 至于离村者的数量，全家离村的农家占全体4.8%，有青年离村的农家占8.9%。[3]

就离村的原因观察，据中央农业实验所的调查，以水、旱等天灾为最重要，其次为贫穷与匪祸。其详如下表。（表45）

表45 全国22省1001县离村原因分析表（1935年）

原因	百分率（%）
贫穷	18.2
匪灾	14.3

---

[1] Edwin Moise, "Downward Social Mobility in Pre-revolutionary China", *Modern China*, 3：1, January 1977, pp.3-32; Hill Gates, *China's Motor: A Thousand Years of Petty Capitalism*, Ithaca and London: Cornell University Press, 1996, p.36.

[2] 章柏雨、汪荫元：《中国农佃问题》，商务印书馆1943年版，第32—33页。

[3] 章有义编：《中国近代农业史资料》第三辑"1927—1937"，生活·读书·新知三联书店1957年版，第886页。

续表

原因	百分率（%）
旱灾	13.2
水灾	9.8
其他灾患	6.8
歉收	3.8
农村经济破产	3.8
耕地过小	3.7
人口过密	3.6
求学	2.9

资料来源：章有义编：《中国近代农业史资料》第三辑"1927—1937"，生活·读书·新知三联书店1957年版，第892页。

不过，根据民国十七年至民国二十三年（1928—1934）金陵大学于全国16省101处所作调查，农民迁入、迁出的原因，则稍有不同。就迁出而言，以缺少工作者为最多，其次为婚姻。迁入者以婚姻为最多，其次为缺少工作。（见表46）

表46 全国16省101处38,256农家迁徙原因分析表（1928—1934年）

区别	水灾	旱灾	荒歉	土匪	缺少工作	缺少食物	婚姻	战争	其他	不详
迁出	0.1	0.1	0.5	0.1	48.8	7.3	23.2	—	17.3	2.7
迁入	—	—	1.3	0.2	15.0	2.3	34.9	0.2	45.2	0.9

资料来源：孙本文：《现代中国社会问题》第三册，商务印书馆1947年版，第51页。

从离村农民的去向观察，根据民国二十四年（1935）中央农业实验所的调查，全家离村的农家，在离村后的去处以至城市做工为最多，占21.3%；其次为到别村务农，占17.3%；再其次为到城市谋生，占15.4%。（见表47）

表47 全家离村之去处所占的百分比（1935年） （单位：%）

省别	到城市逃难	到城市做工	到城市谋生	到城市住家	到别村逃难	到别村务农	迁居别村	到垦区开垦	其他
总计	14.2	21.3	15.4	8.2	7.7	17.3	7.4	4.5	4.0
察哈尔	31.4	18.3	11.6	7.2	5.9	12.8	7.5	2.8	2.5
绥远	14.8	10.8	11.6	8.5	8.7	29.5	5.2	6.8	4.1

续表

省别	到城市逃难	到城市做工	到城市谋生	到城市住家	到别村逃难	到别村务农	迁居别村	到垦区开垦	其他
宁夏	9.4	15.0	10.5	6.6	21.9	14.0	8.8	2.5	11.3
青海	13.7	15.9	14.1	8.1	10.3	18.6	8.3	8.8	2.2
甘肃	12.1	20.1	10.9	6.2	11.2	18.2	10.4	3.9	7.0
陕西	20.6	16.7	12.3	9.7	11.1	14.6	8.2	5.1	1.7
山西	11.8	21.1	17.6	9.1	5.2	19.5	7.9	5.1	2.7
河北	15.4	24.3	17.8	6.3	6.0	18.1	5.0	5.1	2.0
山东	11.7	22.3	13.9	6.3	8.5	17.3	5.7	7.7	6.6
江苏	11.2	30.0	18.5	7.5	5.3	13.6	6.2	3.3	4.4
安徽	19.2	18.0	14.6	9.3	13.6	13.8	6.3	2.2	3.0
河南	20.9	16.8	12.3	9.4	8.8	16.3	6.8	5.2	3.5
湖北	14.8	17.8	18.3	7.7	9.5	22.4	6.6	1.6	1.3
四川	14.5	18.9	16.8	10.9	7.6	16.2	10.4	2.4	2.3
云南	9.1	16.0	16.0	8.9	6.0	22.1	8.8	5.7	7.4
贵州	12.7	13.5	13.2	11.8	9.1	17.0	12.3	4.9	5.5
湖南	14.4	18.2	15.7	9.8	9.8	19.3	7.5	2.4	4.4
江西	16.0	27.3	17.6	8.7	5.9	12.9	4.9	2.8	3.9
浙江	12.5	28.7	14.8	6.7	5.3	18.3	8.3	4.3	1.1
福建	14.0	17.1	10.7	9.1	11.9	18.1	8.3	3.6	7.2
广东	6.6	30.1	20.8	7.4	3.1	13.6	6.5	2.3	9.6
广西	5.6	20.8	12.6	9.1	5.2	21.9	11.4	7.3	6.1

资料来源：章有义编：《中国近代农业史资料》第三辑"1927—1937"，生活·读书·新知三联书店1957年版，第893页。

至于农村青年男女在离村后的去处，则以到城市工作者最多，占27.7%；到别村作雇农者次之，占22.6%，到城市谋事者再次之，占20.1%；也有17.5%到城市求学。（见表48）

表48 青年男女离村后的去处（1935年） （单位：%）

省别	到城市工作	到城市谋事	到城市求学	到别村作雇农	到垦区开垦	其他
总计	27.7	20.1	17.5	22.6	5.9	6.2

续表

省别	到城市工作	到城市谋事	到城市求学	到别村作雇农	到垦区开垦	其他
察哈尔	29.5	18.8	12.3	31.6	5.6	2.2
绥远	24.3	9.1	10.4	29.3	17.5	9.4
宁夏	24.4	9.4	9.1	46.5	1.2	9.4
青海	23.5	19.1	13.9	25.5	15.9	2.1
甘肃	24.4	14.9	14.4	30.6	4.2	11.5
陕西	23.9	22.1	15.7	26.8	6.6	4.9
山西	24.9	24.3	16.7	20.3	10.0	3.8
河北	30.8	21.4	16.4	22.9	4.7	3.8
山东	28.9	19.0	18.7	20.2	8.2	5.0
江苏	35.5	21.9	15.3	19.2	4.1	4.0
安徽	28.1	19.2	15.1	26.2	3.9	7.5
河南	23.9	18.1	24.8	23.1	5.9	4.2
湖北	24.1	21.9	15.1	31.7	2.6	4.6
四川	25.6	21.5	19.1	23.3	3.8	6.7
云南	21.8	17.2	20.4	25.2	7.3	8.1
贵州	19.7	19.2	10.4	25.9	11.0	13.8
湖南	27.2	18.8	20.0	17.6	4.2	12.2
江西	28.3	26.2	12.6	16.6	4.0	12.3
浙江	35.9	16.9	16.5	22.4	5.3	3.0
福建	24.8	18.6	14.2	19.1	6.3	17.0
广东	30.8	21.6	16.8	16.1	4.4	10.3
广西	26.0	18.1	25.1	20.2	6.3	4.3

注：包括赴国外谋生、当兵等不属于上列各项原因者。

资料来源：章有义编：《中国近代农业史资料》第三辑"1927—1937"，生活·读书·新知三联书店1957年版，第894页。

（七）收入与生活程度

根据卜凯对全国21省99县100处农民真实收入的长期成长率所作调查，发现战前农民的收入、生产力和生活水平均有提高的趋势。（见表49）

表 49　农业工人工资资料分析（1901—1933 年）

A. 按省区分类

省份	总数	真实工资增加县份数			平均各县真实工资成长率（%）		
		清光绪二十七年至民国二十二年（1901—1933）	民国三年至二十二年（1914—1933）	民国十四年至二十二年（1925—1933）	清光绪二十七年至民国二十二年（1901—1933）	民国三年至二十二年（1914—1933）	民国十四年至二十二年（1925—1933）
甘肃	5	3	4	2	-0.4	0.0	0.9
宁夏	1	1	1	0	1.8	1.8	-1.2
山西	10	7	7	4	0.0	1.2	0.4
陕西	8	6	6	6	1.0	1.5	3.9
绥远	1	0	0	1	-1.6	-1.6	0.9
青海	2	0	0	0	-3.6	-4.2	-0.6
河南	8	4	6	7	0.4	2.0	3.2
河北	6	6	6	6	2.2	4.0	6.2
山东	13	6	7	10	0.7	0.8	4.9
安徽	4	3	3	2	1.8	2.7	2.2
浙江	11	7	7	8	0.2	0.6	1.9
湖北	4	0	0	1	-4.3	-4.0	-2.8
江西	5	4	3	2	0.8	1.1	1.3
江苏	5	4	3	2	0.8	1.1	1.3
湖南	2	1	1	1	0.1	1.2	0.0
四川	2	0	0	1	-3.0	-4.8	5.1
福建	1	1	1	1	3.3	6.2	12.5
广西	4	1	1	0	-1.2	1.7	-2.9
广东	2	2	2	1	1.0	1.2	1.0
贵州	5	3	4	5	1.5	2.7	3.7
云南	3	3	3	3	5.0	5.8	4.6
总计	100	60	64	62	0.5	1.2	2.1

B. 各县真实工资年成长率分布情形

	清光绪二十七年至民国二十二年（1901—1933）	民国三年至二十二年（1914—1933）	民国十四年至二十二年（1925—1933）
负增长			
低于 -4.0%	10	8	7

续表

	清光绪二十七年至民国二十二年（1901—1933）	民国三年至二十二年（1914—1933）	民国十四年至二十二年（1925—1933）
-3.1—-4.0%	3	3	3
-2.1—-3.0%	3	2	6
-1.1—-2.0%	4	8	10
0.0—-1.0%	20	15	12
正增长			
0.1—1.0%	20	13	10
1.1—2.0%	19	16	6
2.1—3.0%	8	9	7
3.1—4.0%	7	9	9
高于4.0%	6	17	30
成长率中数	0.4	1.2	1.6

资料来源：Rawski, *Economic Growth in Prewar China*, pp.296-297.

上表显示，清光绪二十七年（1901）至民国二十二年（1933）间，农业工人真实工资的成长率，100处中有60处为正数，只有40处为零或负数。100处农业工人真实工资的年平均成长率为0.5%，成长率中数（median rate of growth）为0.4%。上表同时显示，真实工资的成长有加速的现象。比较民国三至二十二年（1914—1933）和民国十四至二十二年（1925—1933）的数字，显示平均数和中数均有显著成长；年成长率（median annual growth rate）在清光绪二十七年（1901）至民国二十二年（1933）为0.4%，民国三至二十二年（1914—1933）为1.2%，民国十四至二十二年（1925—1933）为1.6%。

以上这些数字均证实在全国各地的许多区域，雇农、自耕农，甚至佃农的真实所得，均有广泛且实质的成长。其他一些零散的资料，也指出山西、河北定县，和江浙某些地区的农业工资有所成长。[1]

卜凯的数字虽然有力地支持了农家平均每人生产和所得有所增加的假说，但是仍不能成为定论，因为卜凯的调查方法并非有系统地进行；上表所列数字仅为全国两千个左右县份中的5%；取为样本的县份，均为卜凯学生家乡所在县份，并不能代表全国农村的随意选样；这些学生所找的当地报道人也不一定

---

[1] Rawski, *Economic Growth in Prewar China*, p.298.

即可代表当地。此外,卜凯也未说明这些学生是如何取得过去三十年间工资和物价的资料。①

根据卜凯的调查,妇女在农家经济中仅扮演辅助性的角色,所提供的劳动力仅为农场总劳动力投入的八分之一,而且大多是在农忙时期。②卜凯所作的调查,仅限于妇女对农场所做贡献,而未包括妇女涉及的其他辅助性工作,如家庭手工业和家务事等。根据学者晚近的研究,如将上述工作纳入计算,则妇女对农户收入的贡献大致上和男子相同。③

农民生活程度的情形,可由农家生活费用的分配状况看出。生活程度愈高,衣、食、住、燃料等四项必需品费用所占的百分率必然愈低,而用于提高生活素质者,如教育、娱乐等,所占的百分率必然愈高。反之,如耗于衣、食、住、燃料等必需品费用所占的百分率愈高,则其生活程度必然愈低。根据数种抽样调查的结果,在所调查的八省市十余处中,除江宁太平门及有五处不详之外,其余各处佃农消耗于食物一项费用所占的百分率,计达54%至92%,均较自耕农及半自耕农为高。而其所花费于衣服、房屋、燃料、杂项等费用所占的百分率,则多较自耕农及半自耕农为低。至于自耕农消耗于饮食一项费用所占的百分率,最高也仅占79%左右,而最低则占49%左右,其耗于衣服、房屋、燃料、杂项等费用所占的百分率,则多高于佃农。足见佃农的生活程度,较自耕农及半自耕农为低。(见表50)

表50 各种农户生活费用分配百分数(1921—1934年)

地域别	农户别	全年生活费用分配百分率(%)						
		共计	饮食	衣服	房屋	燃料	教育	杂项
江苏江宁(太平门)	佃农	100.0	47.5	10.0	2.0	15.7	—	24.8
	半自耕农	100.0	51.5	7.8	2.1	14.4	—	24.2
	自耕农	100.0	49.4	7.9	2.8	14.3	—	25.6

---

① Rawski, *Economic Growth in Prewar China*, p.298.
② Buck, *Land Utilization in China*.
③ Dwayne Benjamin and Loren Brandt, "Markets, Discrimination, and the Economic Contribution of Women in China: Historical Evidence", *Economic Development and Cultural Change*, 43, 1995, p. 97.

续表

地域别	农户别	全年生活费用分配百分率（%）						
		共计	饮食	衣服	房屋	燃料	教育	杂项
武进	佃农	100.0	70.8	1.8	3.5	12.1	—	11.8
	半自耕农	100.0	61.4	2.2	7.2	10.2	—	19.0
	自耕农	100.0	65.3	2.4	6.0	8.0	—	17.4
安徽怀远	佃农	……	……	……	……	……	……	……
	半自耕农	100.0	59.4	9.2	3.2	7.9	—	20.3
	自耕农	100.0	57.7	8.8	3.7	10.7	—	10.7
宿县	佃农	100.0	67.2	7.7	1.3	11.8	—	12.0
	半自耕农	100.0	60.1	8.5	1.5	8.6	—	21.3
	自耕农	100.0	57.4	8.5	1.8	8.3	—	24.0
河北平乡	佃农	……	……	……	……	……	……	……
	半自耕农	100.0	65.5	4.2	7.4	17.5	—	5.4
	自耕农	100.0	66.5	4.6	10.9	12.5	—	5.5
山西武乡	佃农	……	……	……	……	……	……	……
	半自耕农	100.0	52.5	10.0	4.6	17.4	—	15.5
	自耕农	100.0	49.6	9.6	5.9	15.7	—	9.2
河南新郑	佃农	……	……	……	……	……	……	……
	半自耕农	100.0	73.6	2.3	3.3	9.9	—	10.9
	自耕农	100.0	75.9	2.4	3.0	11.5	—	9.2
开封	佃农	……	……	……	……	……	……	……
	半自耕农	100.0	77.4	7.3	3.3	5.9	—	6.1
	自耕农	100.0	76.4	7.0	3.9	5.8	—	6.9
福建连江	佃农	100.0	54.4	8.3	5.1	8.5	—	23.7
	半自耕农	100.0	52.0	13.6	5.8	8.0	—	20.6
	自耕农	100.0	53.6	13.3	4.6	8.4	—	20.1
浙江兰溪	佃农	100.0	64.8	5.4	3.0	8.8	0.3	17.7
	半自耕农	100.0	60.5	6.1	4.3	6.6	2.2	20.3
	自耕农	100.0	54.8	7.7	4.9	4.8	5.6	22.2
上海	佃农	100.0	92.4	7.4	0.2	—	—	—
	半自耕农	100.0	89.4	8.2	2.4	—	—	—
	自耕农	100.0	79.9	13.7	6.4	—	—	—

续表

地域别	农户别	全年生活费用分配百分率（%）						
		共计	饮食	衣服	房屋	燃料	教育	杂项
上海	佃农	100.0	81.9	6.5	0.9	1.4	0.1	9.2
	半自耕农	100.0	75.8	6.9	—	1.9	2.1	13.3
	自耕农	100.0	69.3	10.7	—	1.3	5.6	13.1

资料来源：Buck, *Chinese Farm Economy*, Nanking: University of Nanking, 1930, p.386；申报馆编：《民国二十五年申报年鉴》，农村，上海申报馆印行，1937年，第54页；国民政府主计处统计局编：《中国租佃制度之统计分析》，第120—121页。

卜凯曾将丹麦、日本、美国、中国农家的食物、房租、衣着、灯油燃料与其他费用各项所占百分数作以下的比较（表51）：

表51　各国农户生活费用分配百分数比较　　　　　　　（单位：%）

国别	食物	房租	衣着	燃料	杂项
丹麦	33.0	10.3	—	—	—
日本	42.8	3.1	9.5	5.5	39.1
美国	41.2	12.5	14.7	5.3	26.3
中国	58.9	5.3	7.3	12.3	16.3

资料来源：Buck, *Chinese Farm Economy*, p.391.

上表显示，中国农家生活程度较美、日、丹麦等国为低，乃毫无疑问的事实，其生活程度之低，甚至在最低标准之下。

根据一项数据，战前中国每一男性农民每年收入，按战前汇率计算，平均不过美金43元，其中用于购买食物者，即达38元，仅余5元作为全年的一切其他开支。反观美国，每一男性农民每年收入为美金765元，几乎为中国农民所得的18倍，每年用于食物的开支为163元，所余602元，作为食物以外的开支。在食物方面，美国农民平均每人每年所食鱼肉为46公斤，而中国农民仅为4公斤；美国农民平均每人每年所食鸡蛋为267枚，而中国农民仅为20至40枚，甚至经年不知肉味者。[①] 美国农家食物能量（food energy）出自谷类者，不过占五分之二弱，而中国竟占十分之九；同时，美国农民的食物能量取自动物产品者，大于中国农民39倍，糖类大50倍，水果大30倍；至于菜蔬与根茎作

① 翟克：《中国农民之营养与经济》，《中国建设》第4卷第6期，1947年9月，第20页。

物，如马铃薯等，所供给的能量，则两国大致相同。①

生活水平的高低，除了观察平均每人收入外，尚需考虑所得分配的情况。根据晚近学者的研究，近代中国农家的所得分配极为不均。民国二十六年（1937）时，收入最高的20%的农家，所得占了农家总所得的50%；而收入最低的20%农家，所得仅占农家所得的5%。②因此，真实的情况或许是一部分农民的生活水平能够长期维持不变，甚至有所改善，但是也有一部分农民的生活水平有下降的趋势，甚至在饥饿线上挣扎。民国一十年代后期和民国二十年代初期，农民大批离村、盗匪横行、农村秩序不安定等现象，均为这些农民生活水平下降的指标。③

（八）心态分析

1. 经济理性。一般说来，近代中国的农民虽然识字不多，但是对于新事物接受的速度颇快，如英美烟草公司的专家即发现，中国农民掌握新技术的速度，甚至比美国国内一般的农民还快。④他们具有追求最大利润的经济理性，不过也受到以下几种限制：

第一，自给自足的需求。例如晚近学者研究20世纪初期无锡地区的桑蚕业，发现该地种桑养蚕的平均每单位人力获利要低于种植稻麦，但是农民仍然不愿改变，原因在于从事蚕丝业者大多为女性，和其他家庭副业（如织布等）相较，蚕丝业获利较大，入工厂做工虽然工资较高，但是机会成本（入厂后家庭所丧失的劳动力）要大于所能赚取的额外收入。因此农民为理性的，只不过理性并不一定即意味着较高的获利。⑤又如在近代农业商业化的过程中，农家虽然普遍种植经济作物，但是完全种植一种经济作物者甚少，主要原因在于农家盼能规避风险，并且多采用复杂的轮耕方式以维持地利，扩大土地利用。⑥

---

① Buck, *Chinese Farm Economy*, p. 364.
② Charles R. Roll, *The Distribution of Rural Incomes in China*, New York: Garland, 1980, p. 139.
③ 张瑞德：《中国近代农村经济的发展与危机——近人研究成果的评述》，《近代中国农村经济史论文集》，台北"中研院"近代史研究所印行，1990年，第743页。
④ Sherman Cochran, *Big Business in China: Sino-Foreign Rivalry in the Cigarette Industry, 1890-1930*, Cambridge, Mass.: Harvard University Press, 1980, p.26.
⑤ Lynda S. Bell, "Farming, Sericulture, and Peasant Rationality in Wuxi County in the Early Twentieth Century", in Thomas G. Rawski and Lillian M. Li, eds., *Chinese History in Economic Perspective*, pp. 207-242.
⑥ Loren Brandt, *Commercialization and Agricultural Development: Central and Eastern China, 1870-1937*, New York: Cambridge University Press, 1989, p. 90.

第二，社会习俗的束缚。在许多地区的农业生产，世代墨守旧法，无论农具、种子、耕作等，均陈陈相因，不知改良。以河南为例，从晚清直至民国，官绅虽曾陆续办过不少农事试验场、农会、良种场之类的机构，引进一些外国良种、先进农业科学技术和化学肥料，官营企业也曾制造过一些新式农机具和提水工具，但是除了在棉花、烟草和花生的良种推广上小有成效外，其他方面变化甚少。即使是在经济作物种植较广的许昌，农业也同样是"株守旧法，向不知研究肥料、改良种子及振兴水利"，其他各县，总体上观察，也多是"历百余年无毫发之改良"[①]。至于农民在生产过程中投资不足的原因，有的学者认为是中国地少人多导致农民偏好使用劳力密集的技术，并造成剩余的偏低。[②] 但是也有的学者认为，农民虽有剩余，但是均消费于兴建华厦及婚丧喜庆节日等非生产性投资项目。[③]

2. 政治态度。农民的保守性大，在自己农村天地之外，不知另有天地。在自己农事之外，不愿过问他事。他们的想法是，不论是谁做皇帝、谁做县官都没有关系，只要纳了应纳的粮，不再管到他们头上就成。民国二十年代，河南省政府主席刘峙至开封近郊一个村庄视察，居然发现在被召见的二百多个农民中，只有一个基督徒曾由神父口中得知东北三省已被日本侵占，其余的连日本是什么、东北三省是什么，甚至河南省是什么都不知道。紧邻全省政治和文化中心的农村尚且如此，其他地方更可想见。一位"先生"自外地来到南阳、唐河一带，农民热心向他打听的，竟是"宣统皇帝在什么地方？"，"金銮殿是什么样子？"[④]

不过，农民要保持此种生活方式，也需要有一些最低的条件：一是基本的生活，一是农村的安宁。如果农村耕地过少，农村副业又不足以维持基本的生活时，一些农民便成为农村游民、地痞或流氓。如果遇到天灾或人祸，农村粮食不足，农民不得不就食他乡，如果再有野心家的利用号召，饥民即会成为武装的群众力量，流亡征战，而成为历史上的"流寇"、"义师"等。但是饥馑乱

---

① 王天奖：《天翻地覆话沧桑：河南的昨天和今天》，河南人民出版社1994年版，第258页。
② Kang Chao, *Man and Land in Chinese History: An Economic Analysis*, Stanford: Stanford University Press, 1986.
③ Victor D. Lippit, *Land Reform and Economic Development in China: A Study of Institutional Change and Development Finance*, White Plains, N.Y.: International Arts and Sciences Press, 1974, p.27; Idem, *The Economic Development of China*, Armonk, New York: M. E. Sharpe, 1987, p. 104; Carl Riskin, *China's Political Economy: The Quest for Development Since 1949*, Oxford: Oxford University Press, 1987, pp.32-33.
④ 王天奖：《天翻地覆话沧桑：河南的昨天和今天》，河南人民出版社1994年版，第275页。

离一经过去，农民又回到原来的生活方式。①

3.阶级意识。农民的社会地位，在近代已降至四民之末，一方面，农民大多为不识字的文盲；另一方面，农民穿短衣，不穿长袍。这两项均为贫贱的显著特征。近代通例，穿长袍（西装、中山装同）者是老爷，穿短衣者是听差。商人也识字、穿长衣，纵非老爷，也是先生。工人、工匠，一般人称之为师傅。对于既不识字、又穿短衣的农民，则一般社会始终找不出一个适当的名词来称呼，而他们对非其阶级的人则要称为老爷、先生或师傅。②

社会对农民的评价固然偏低，农民对自我的评价也是如此，而且常存有宿命论的想法，认为无法改变自己的身份，如民国十年（1921）彭湃在广东海丰呼吁农民团结、对抗地主，一位农民即对他说："呀！这是命中注定的，食租的久久是食租，耕田的久久是耕田！"③

农民的社会地位低落，也常被地主剥削，但是即使当他们感觉到被剥削，他们通常也不会将之视之为阶级问题而团结起来采取行动。原因有以下几项：第一，农民均为孤立的小生产者；第二，农民的组织松散；第三，农民之间的利益也常是相互冲突；第四，农民与地主间常存在有垂直的联系；第五，农民认同许多超阶级的组织，如家族、宗教组织、村庄与社区等。④晚近学者研究民国时期自发性的农民运动，也发现在农村的社会冲突中，阶级以外的因素，如宗教、村际间的冲突，垂直性的社会组织（如宗族、宗教组织等），常占最重要的地位。⑤

---

① 宋益清：《中国农民的命运》，香港近代出版社1954年版，第13—14页。参阅 Yung-fa Chen, *Making Revolution:The Communist Movement in Eastern and Central China, 1937-1945*, Berkeley：University of California Press, 1986, p.515。

② 吴世昌：《关于"军与民的社会地位"》，《中国文化与现代化问题》，观察社1948年版，第93—94页。

③ 彭湃：《海丰农民运动》，《彭湃文集》，人民出版社1981年版，第113页。有的学者研究华北的农谚，结果发现华北农民的宿命思想比不上俄国农民，原因在于传统上中国社会即不如俄国封建，中国农民的企业精神也比俄国强。参阅 R. David Arkush,"If Man Works Hard the Land Will Not Be Lazy：Entrepreneurial Values in North Chinese Peasant Proverbs", *Modern China*, 10：4, October 1984, pp.461-479。

④ Odoric Y. K. Wou, *Mobilizing the Masses: Building Revolution in Henan*, Stanford：Stanford University Press, 1994, p.285。关于农民的村落主义和乡土主义，李大钊曾有以下的评论："落后的农业经济反映而成一种农民的狭隘的村落主义、乡土主义，这村落主义、乡土主义可以把农民运动分裂，可以易受军阀土豪的利用，以致农民阶级自相残害。"参阅李大钊：《李大钊选集》，人民出版社1959年版，第568页。

⑤ Lucien Bianco,"Peasant Movements", in John K. Fairbank and Albert Feuerwerker, eds., *The Cambridge History of China*, Vol.13, *Republican China 1912-1949*, Part 2, Cambridge：Cambridge University Press, 1986, pp.301-302。

近代中国的农民由于缺乏阶级意识，因此阶级问题必须要靠外界的力量（如中共的革命家）予以教育。

五、结论

民国成立后，直至1949年，中国的社会阶层和流动，具有以下几项特征：

第一，阶级开放。民国成立后，满汉平等，贱民解放，法律上对于社会流动的限制更为减少。

第二，科举制度废除后，社会价值观念逐渐多元化，知识分子不再视仕途为唯一的出路，不过仍保有传统士大夫的生活方式。新式教育兴起后，由于学校多设于城镇，教育费用及生活费用相对高昂，为一般子弟所无力负担，教育在传统中国所具备的社会流动功能大受影响。新式教育所培育出来的知识分子，每多不愿在农村就业，使得城乡人才的分布不均。

第三，传统中国许多专门知识系通过师徒制传授，加上血缘、地缘关系的运用，使得某些特殊人才（如钱业人才和幕吏）常出自某些特定地区。自新式教育发达后，各种专门知识均可由学校习得，专门人才也就逐渐取自学校，不过血缘、地缘关系在职业流动上依然扮演着重要的角色。

第四，自清末民初起，商人所扮演的角色较过去更为重要，社会地位也有整体提升，甚至有人弃官从商，商人子弟（许多甚至具有高学历）也多愿继承父业，或从事相关的商业活动。

第五，工人阶级逐渐扩大。抗战期间，后方兴办工业，技术工人供不应求，导致经济地位的提升，工人中出身农人者较其他职业者为多，不过农人在进入工厂前，大多先在城市中经历过一段过渡时期，而非由农村直接进入工厂。

第六，在农村中，直至战前，租佃比率并无多大的变化，土地并未有逐渐集中的趋势。一般农民由于无力供给子弟受较多的教育，因此除了从军外，不易在农业之外改变地位。由于工资偏低、地价高昂、农场面积狭小及农业技术落后，即使是在农业阶梯上攀登，也非易事。相对地，下降流动却十分容易，原因在于分家制度、重男轻女的观念，以及天灾人祸等。

（本文原载《中华民国史社会志》，台北"国史馆"1998年版。）

抗战时期大后方工商业者的心态与行动

一、前言

依据长久以来大陆学界的看法，抗战时期西南大后方的工商业，由于受到官僚资本的压制，由初期短暂的发展迅速转为萧条，终至面临破产的命运。例如中国人民大学政治经济学系所编《中国近代经济史》即指出抗战初期大后方的工商业，虽然有短暂的发展，但是基础十分薄弱，"其根本原因就在于国统区仍然是半殖民地、半封建社会，不仅帝国主义势力随时都可能来吞噬这一点民族工业，更为严重的是穷凶极恶的国民党政权和迅速膨胀的官僚资本主义正在处心积虑，要掐断民族工业的生机。在这种情况下，民族工业的短暂发展迅速转变为萧条、破产，是十分自然的"[1]。

另一种相关的论述，则强调国民政府的经济统制政策，是战时大后方工商业陷入困境的主要因素。例如黄逸峰、姜铎、唐传泗与徐鼎新合著的《旧中国民族资产阶级》一书即认为，在实施经济统制期间，无论工业原料、生产价格、产品运销等，均需受统制机构的严密控制，工矿企业不能自由进行产销活动。尤其是一些民营工矿企业，资本有限，又无任何政治特权可以凭借，一旦遭受各种统制绳索的束缚和在"战时统制"名义下所征收的各种税捐，立即呈现出种种败象。[2]

晚近一些学者，又提出了一种不同的看法，认为国民政府的金融、工业、贸易统制，对私营企业具有正面作用，将 1942 年以后大后方的经济衰退完全归罪于国民政府的经济统制政策和所谓的"官僚资本"，是不妥当的。[3] 程麟荪对于资源委员会的研究也指出，民营企业在初期繁荣后不久趋向衰弱，主要原因

---

[1] 中国人民大学政治经济学系《中国近代经济史》编写组编：《中国近代经济史》下册，人民出版社 1978 年版，第 167 页。
[2] 黄逸峰、姜铎、唐传泗、徐鼎新：《旧中国民族资产阶级》，江苏古籍出版社 1990 年版，第 538 页。
[3] 例如丁日初、沈祖炜：《论抗日战争时期的国家资本》，《民国档案》1986 年第 4 期。

并非是国家资本的压迫。资委会经营的主要是重工业,与私营企业竞争机会相对较少,不但未压迫这些私人企业,反而为其提供必要的机器、原料、电力等产品,有助其发展。[1]

以上两种论述也有一些共同之处,即均为"从上而下"的观察——从政府的角度出发,探讨政策实施的"客观"成效。在他们的笔下,工商业者每多被描绘成为缺乏自主性的弱者,只能被动地接受苛政或是享受德政,而相对地忽略了工商业者对政府各项政策的"主观"感受,以及可能有的各种反应与对策。

本文拟采取"从下而上"的观点,探讨抗战时期大后方民营工商界人士在面对各项困境时的主观感受,以及所采取的各种对策,盼能将他们心态与行为的复杂性呈现出来。由于受到资料的限制,本文所讨论的对象限于工商、厂矿等企业,摊贩等业则不在讨论范围之内。

二、工商业者的心态剖析

抗战时期,随着国民政府的迁都重庆,大量人口流入大后方,使得西南地区市场的消费需求大增;另一方面,上海和沿海地区工矿企业和金融业的大量内迁,给大后方带进大量的资金、机器设备和技术人才,使西南地区迅速地发展成为战时军需物质、民生必需品的主要供应地,为大后方工商企业的发展创造了有利条件。

但是随着战事的发展,尤其是1941年太平洋战争爆发后,对外交通通道中断,大后方物质供应渐感不足,物价也因而迅速上涨,国民政府遂自1942年起逐步实施各项经济统制措施。这些措施虽然支持了抗战,供应了民众的基本需要,并且促进了西南地区的经济发展,但是由于当时的中国,实施统制经济的技术条件尚未具备,例如各种相关的调查统计资料不足、统制机构紊乱、执事人员素质低落,致使弊端丛生,商民饱受其扰。大致说来,抗战时期大后方工商业者在心理上最感苦恼的,有以下几大问题:

---

[1] 郑友揆、程麟荪、张传洪:《旧中国的资源委员会——史实与评价》,第5章,上海社会科学出版社1991年版。

（一）资金日益枯竭

抗战初期虽然也有通货膨胀的现象，但是物价上涨尚不严重，商业资本流通周转快、获利多，因此出现了战时商业繁荣的景象。太平洋战争爆发后，由于港口遭封锁，物资来源中断，物价不断上升，商业资本乃纷纷化整为零，从事商业上的囤积，或是短期放款，以谋求较大的利润，并且保持资金的活动。民营工矿企业由于日感资金缺乏，不仅无力进行扩大再生产，即使欲求维持的生存，也感到心余力绌。据西南实业协会的调查，1941年冬四川省492家民营工厂中，因资金短缺、成本高昂而营运困难者高达38%。1942年，资金困窘的情况更为严重。当时各种工业制品的价格，虽然随着物价的上涨而调高，但是原料上涨的速度更快，因此工厂每生产一批产品，在账面上似有很大的盈余，实际上却是亏损。许多工厂均由于资金不敷周转而无法维持正常经营，不得不宣布破产倒闭，或是被迫并入公营企业。[①]

当时国民政府的公营银行也对工矿企业提供贷款。以1944年为例，公营银行的工矿业放款为商业银行的34倍。这些公营银行为了促进工矿业的发展，以不到10%的年利率向工矿业提供资金援助和贷款，对业者应可产生调剂作用。由于通货膨胀的关系，企业所支付的利息十分有限；归还贷款时，贷款本身也早已变为原先价值的一小部分，因此实际上等于是直接发给民营企业的无偿资助或补贴。[②]虽然如此，这些生产贷款并没有达到预期的目的：一方面，这些贷款大多被业者用于投机活动；另一方面，大部分贷款是由公营企业受惠。如1943年四联总处共发放工业贷款28亿元，其中民营工业占40%。但是洞悉内情的人士透露，实际贷款数额仅7亿元，其中钢铁工业5亿1千万元，归民营钢铁厂者应为2亿7千万元，可是官商合办，以孔祥熙为董事长的中国兴业公司，却以民营工厂身份贷得1亿6千万元，占62%强。[③]1944年，四联总处只发放工业贷款1亿5千万元，中国兴业公司又独得7千万元。[④]

又如工矿调整处所发放的四项贷款对象，主要有四个特点：其一，以民营

---

① 黄逸峰、姜铎、唐传泗、徐鼎新：《旧中国民族资产阶级》，江苏古籍出版社1990年版，第538—539页。
② Yu-Kwei Cheng, *Foreign Trade and Industrial Development of China*, Washington D.C.: University Press of Washington, 1956, p.113.
③ 《商务日报》（重庆）1943年10月8日。
④ 许涤新：《官僚资本论》，海燕出版社1949年版。

工厂为主，仅有少数官办企业。其二，民营工厂中，又以机械五金、化工、钢铁煤矿等重工业为主。其三，以民营工厂中的大厂为主。其四，能获得贷款的工厂甚少。1942年时，后方各省已有民营工厂3,102家，但是至1941年上半年为止，也只有112家曾获得贷款最多的建筑与增加设备放款，可见当时大后方民营工厂能获得贷款者，尚不到其总数的5%。太平洋战争爆发后，国民政府进一步紧缩贷款，规定民营工业中，只有电气、机械、化学、纺织、农产品制造、采矿与冶炼七大类的工厂，且资本额在20万以上者，才有资格接受贷款。如此一来，能获得贷款的民营工厂即更少了。1942年1月，上海机器厂的颜耀秋即曾公开表示："目前一般工厂最严重的问题，第一就是资金周转问题……工矿调整主管当局常有漠视民营工业的心理，特别是对中小工业往往不屑协助。"[1]

政府的贷款既然难以取得，民间企业只得求助于商业行庄。但是后方金融界人士看到战时金融统制下民营工业、企业的窘困情况，多不愿扩大工业放款的比重，而且放款利率很高，期限又短。例如四川地区银行短期信用放款利率，在抗战前夕即在1分5厘以上，抗战期间受物价上涨的刺激而更进一步地提高。虽然财政金融当局一再有限制利率之举，但是实际上难以生效，各地放款利率通常均高达7—8分至10分以上。一般工厂多不敢问津，只有从事商业投机者才会接受。一项统计显示，1943年重庆地区民营银行的商业放款，占放款总金额的97%，而工业放款所占比率尚不到1%。湖南、广西两省民营银行的商业放款，占放款总金额的96%，而工业放款所占比率，更少到不足0.5%。[2] 资金枯竭引起民营工业和企业的极度恐慌，停工减产、歇业清理者踵趾相接。1944年7月31日《新蜀报》刊出三大生等十家煤矿的一则联合声明，声明宣称："现本矿等业，已竭尽最后之挣扎，陷于借贷无门，业濒全部停顿之绝境。"[3] 此显示民营工矿企业困窘之一斑。

---

[1] 秦柳方：《工业贷款：新趋势》，《半月文萃》第10期，1942年10月，转引自孙果达：《民族工业大迁徙——抗日战争时期民营工厂的内迁》，中国文史出版社1991年版，第194—195页。
[2] 胡厥文：《发展我国机械事业之检讨》，《中国工业》第20期，1943年10月。
[3] 廖盖隆：《最近的大后方经济》，《解放日报》1944年9月8日。

（二）工业原料、燃料、器材概被管制

在国民政府实施经济统制期间，大后方民营工业所必需经常补给的原料、燃料与器材，均在管制之列。

受经济部管制的物资，有以下三类：

第一类，日用必需品，包括棉花、棉纱、棉布、煤焦、食油、纸张等。

第二类，工业器材，包括工业机器、钢铁、水泥、烧碱、漂白粉、盐酸、染料等。

第三类，出口矿产品，包括钨、锑、锡、汞、铋、钼等。

受财政部管制的物资，有以下两类：

第一类，专卖物品，包括盐、糖、烟草、火柴等。

第二类，出口外销物品，包括桐油、生丝、羊毛、猪鬃、茶叶、药材等。①

凡属于上述被管制的物资，民营企业必须先向政府有关单位提出申请，经过核准后统一分配。由于原料和燃料得不到充分供应，许多民营工厂被迫停工减产。例如重庆地区各面粉厂每月共可生产面粉14万袋，但是由于原料小麦系由政府统购分配，不能按各厂实际需要供应，因此被迫减产三分之二，每月只能生产5万袋。②

又如1943年大后方各省棉纺织厂需原棉75万担，加上手工纺织所需用棉，共需原棉100余万担，但是当年购进原棉仅40余万担。由于原棉供应不足，许多民营纺厂被迫停工减产。至1944年，情况更为严重。重庆北碚的大明纱厂每月的布匹产量减少了40%，半数的织布机搁置不用。一些小型纱厂、布厂、毛巾厂、针织厂，因原料无着，难以维持，纷纷歇业。③ 1945年，重庆的10余家纺织厂中，大厂多半开半停，8家小厂关门者在半数以上。④ 云南省境内有不少织布厂，自1943年3月起即一直未领到配给棉纱，除少类厂尚有少量存纱勉强维持外，其余多陷于停顿，连当地首屈一指的振品纺织厂，也因原料缺乏而有

---

① 龙大均：《十年来之物资管制》，载谭熙鸿编：《十年来之中国经济》下册，中华书局1948年版，第19—20页。
② 刘敏：《三十三年之四川经济》，《四川经济季刊》第2卷第2期，1945年4月。
③ 黄逸峰、姜铎、唐传泗、徐鼎新：《旧中国民族资产阶级》，江苏古籍出版社1990年版，第542页。
④ 抗日战争时期国民政府财政经济战略措施研究课题组编：《抗日战争时期国民政府财政经济战略措施研究》，西南财经大学出版社1988年版，第188页。

三分之一的机器停止运转,每月产量比最高月份减少四分之三。①

1942年,滇缅公路被日军切断后,大后方的对外交通除空运外,基本上已经断绝,许多大后方不能生产的工业器材,如机器厂所缺的特种钢、五金材料;纸厂所缺的橡皮棍、钢丝网;纺织厂所缺的钢丝布、钢筘、梭子、通丝、辫带、提花纸板;盐井和煤矿所缺的钢绳;制罐厂所缺的白铁皮等,均无法进口,也妨碍了部分工厂的开工。其中尤其是五金钢铁材料和工具最为缺乏,一些民营的中小型工厂和手工业者叫苦连天。俗话称"五金魁首",例如切削工具的合金高级锋钢,竟然与黄金同价。②业者的焦虑,可想而知。

(三)限价政策

为了制止物价飞涨,国民政府于1939年采用平价政策。1940年初至1942年底采用平价政策,均未成功,于是自1943年1月15日起实施限价政策。以1942年11月30日各地原有价格为标准,对粮食、盐、食油、棉花、棉纱、布匹、燃料、纸张等商品及运价、工资实行限价,使同一地区、同一时期、同一商品,只有一个价格,盼能控制物价的上涨。但是因为未能协调各地所定的价格,没有计算市场的远近与运费的多寡,也没有顾及农产品价格季节的变动,特别是在物资方面没有增加生产与鼓励输入的措施,加上限价政策本身很不完善,有的商品限价,有的不限价;有的地方限价,有的地方不限价,因此不久即告失败。

国民政府的限价政策,虽然缓和了物价的上涨,避免了经济崩溃的可能性,但是基本上未能制止物价的上涨,并且严重打击了民营资本。在限价期间,国民政府对限价商品根本不考虑生产者的实际成本,任意核价,致使厂商不但无利可图,反而亏本。据1944年9月30日重庆《国民日报》报道,四川嘉陵江所生产的煤,因受物价上涨影响,生产费用增高,每吨煤的成本为1,871—5,000元,收购价格限定为1,200元,即企业每产销1吨煤,少则亏损670余元,多则亏损3,800元。据统计,1943年至1945年8月的两年半时间,

---

① 许力群:《当前大后方民营工业的危机》,载陈真等编:《中国近代工业史资料》第1辑,生活·读书·新知三联书店1957年版,第147页。

② 徐宗涵:《孔祥熙家族与中央信托局》,载寿充一编:《孔祥熙其人其事》,中国文史出版社1987年版,第113页。

嘉陵江区各煤矿因限价所受损失高达 72 亿元，各矿负债总数达 30 亿元。又如云南个旧锡矿所出产的锡，1943 年 10 月时每吨成本为 30 万元，但是收购价格每吨仅为 12.5 万元，即每产销 1 吨，企业即亏损 17.5 万元。故当地厂矿纷纷停工，至 1944 年时，个旧锡矿年产量仅为 1,600 吨，与 1938 年极盛时期的 10,731 吨相较，不到 15%，勉强维持生产的炼锡火炉仅存不到 10 个，减少了 75% 以上，工人则仅剩 5,000 多人，少了 97%。① 限价政策对民营业者打击之大，由此可见一斑。

（四）专卖制度

1941 年 4 月，中国国民党召开五届八中全会，通过了专卖制度的提案，规定盐、糖、酒、茶叶、火柴、卷烟六项为专卖品，由国家专卖机构进行收购和批发。财政部随即组设国家专卖事业设计委员会，1942 年起，盐、糖、火柴、烟类四种物品的专卖先后开始实施。专卖的实施虽然增加了政府财政的收入，控制了专卖品的物价，但是由于物价上涨，收购价格与生产成本之间往往差距甚大，造成业者的损失。例如食盐，1944 年 3 月时，四川自流井盐的收购价格为每斤 8 元，但是生产成本如依当时物价指数计算，至少需 20 元；至 1944 年 6 月，据蓬溪盐场场主向政府请愿时表示，收购价格仅及成本的 30%。②

火柴专卖对民营火柴业的损害更大。财政部于 1942 年 2 月组织火柴专卖公司于重庆，总经理由"火柴大王"刘鸿生担任。火柴专卖在川康区试行之后，重庆火柴公会即发表意见，认为重庆火柴价格之所以低廉，系因过去原料储存尚丰，工资低廉所致。实施专卖后，对于火柴厂的种种限制，如要求增加资金、配售原料、购置原料需先预付货款、火柴售价需先经评定等规定，均使火柴业难以维持，以致减产。③

继之而起的是原料供应不足的问题。战时唯一生产火柴原料的中原公司，年产氯酸钾约 50 万市斤，仅为需求量的三分之一。磷的需求量每年为 15 万市斤，而国内每年生产量约为 1.5 万市斤，尚不到十分之一，供需相差甚大。战

---

① 黄逸峰、姜铎、唐传泗、徐鼎新：《旧中国民族资产阶级》，江苏古籍出版社 1990 年版，第 544—545 页。
② 孟宪章：《中国近代经济史教程》，中华书局 1951 年版，第 221 页。
③ 《大公报》（重庆）1942 年 5 月 7 日。

时火柴原料无法进口,而国产原料配销又往往缓不济急或配运不公,致部分火柴工厂减产,甚至停工。川康火柴同业公会即曾多次向国民政府陈情,盼能合理分配火柴原料。公会以火柴专卖公司总经理刘鸿生,除任华业火柴厂负责人外,又掌握中原公司,控制原料的分配。① 后方的火柴厂无法和他竞争,于是联合起来向财政部请愿,曾经引起一度的风潮。

1942年7月上旬,重庆本地火柴业和外来小本经营的火柴厂商20余家,为了火柴专卖问题,受到过分骚扰,至财政部专卖事业司请愿。业者表示他们并非反对专卖制度本身,而是反对由刘鸿生来办。他们指出刘鸿生控制火柴原料,对下江各地和后方火柴厂分配不均;执行火柴专卖法令,对后方火柴厂有所歧视;在资金周转和产制运销方面,均偏袒自己系统的火柴厂。专卖事业司司长朱偰对刘鸿生的作风也常表示不满,认为他是"国家专卖其名,私人垄断其实"。但是刘鸿生却强调提高火柴质量,认为后方各火柴厂仍大多制造硫化磷火柴,不合卫生,应予淘汰。后来后方火柴厂商和小本经营厂商见无法和他竞争,闹了一阵之后,也就纷纷歇业或改业。②

战时物资缺乏,物价波动频繁,造成商人囤积居奇,待价而沽;而火柴制造商则以专卖公司收购价格过低,出现不愿生产等现象。以西安中南火柴厂的"钟楼"、"雁塔"两种火柴价格为例,1943年10—12月间专卖机关所核定的火柴收购价格,仅为工厂成本价格的36.2%—57.6%,③ 而且专卖机关如不及时收购,民营火柴厂的资金无法周转,原料不能接济,加以专卖机关收购火柴往往不能准时付款,工厂生产设备不能按照市价折旧,停工损失不能计入生产成本,均增加了企业的成本,上述西安中南公司即因此几度被迫停工。广西火柴厂原来月产火柴80箱,至1943年9月时只生产17箱,减产80%左右。④

(五) 统购统销政策

战时大后方实施统购统销的物资甚多,如产量占世界重要地位的战略物

---

① 何思瞇:《抗战时期的专卖事业(1941—1945)》,台北"国史馆"1997年版,第135—136页。
② 朱偰:《国民政府财政部举办专卖事业的内部》,载寿充一编:《孔祥熙其人其事》,中国文史出版社1987年版,第195—196页。
③ 青岛市工商行政管理局史料组编:《中国民族火柴工业》,中华书局1963年版,第144页。
④ 黄逸峰、姜铎、唐传泗、徐鼎新:《旧中国民族资产阶级》,江苏古籍出版社1990年版,第547页。

资——钨、锑、锡等，均由资源委员会负责管制；传统出口物资如丝、茶、猪鬃、桐油等，由财政部贸易委员会负责管制；棉花、纱、布则由经济部农本局（后改组为花纱布管制局）负责管制。经由统购统销政策，国民政府得以偿还战时对外借款，增加对外购买军需物资的能力，防止物资外流；不过，由于国营外销系统的基层机构不健全，大后方的经济相对落后，加上出口路线日益延长，为中间商创造了良好的时机。这些中间商往往通过各种手段（包括欺诈、拉拢政府主管承办人员），在转营贸易中剥削一般桐农、茶户、丝商、鬃商和矿主。政府虽曾多次调整收购牌价，并对某些类配给补助费，但是和生产成本之间的差距，始终无法缩小。例如重庆的猪鬃，1940年12月每吨生产成本为33,400元，收购价为21,700元；1941年5月，广西的桐油每吨生产成本为2,357元，收购价为1,680元；1943年7月，四川桐油每吨生产成本为15,129元，收购价为9,156元；江西婺源绿茶叶，1939年平均市价为每担94元，收购价为36元，1,940元平均市价为每担143元，收购价为60.34元；四川生丝1942年春丝内销市价为每担54,000元，收购价为34,000元。① 又如棉花，1942年在陕西收购棉花时，收购价格为生产成本的42%，1944年降为40%，1945年又降为33%左右。棉纱收购也是如此，"当时政府征购各纱厂所产棉纱，每件给价11,500元，各厂所得纱价尚不足以购进半件纱所需之棉花，是无异每生产棉纱一件，即亏去半件纱之棉花原料。"②

国民政府为了有效推动统购统销政策，对一些相关的民营企业采取了一定的扶持措施。例如自猪鬃被列为统购统销物资后，国民政府对民营商号的购运、洗制时间、储存数量等，均加严格限制；但经财政部贸易委员会统制出口物资的复兴商业公司、复华商业公司（1942年2月与复兴商业公司合并）所批准签约的巨商，如四川畜产公司、豪德进出口贸易公司、宝丰进出口贸易公司、和源实业公司等，则享有巨额预付贷款和分期交货的优惠条件。合约一经签订，各公司即可领得35%的预付贷款，中国银行并拨巨款，常年办理猪鬃押借，各公司可凭每次签订合约获得35%的低利贷款。如此，货物尚未交割，70%的贷款即已到手。而且交货日期长达一年，分四期交割，收购价格又按每期交货时

---

① 姜铎：《略论抗战时期国民党经济的作用》，《江海学刊》1988年第1期。
② 财政部财政年鉴编纂处编：《财政年鉴三编》第一编，南京财政部1948年版，第40页。

的牌价计算。无怪当时的评论指出,如此优惠的合约,实属罕见。但是一般中小商号并不能享受这些优惠条件,而只能与四大公司订立业务合同,受其支配,难以扩展,且常有倒闭之虞。抗战期间,重庆经营猪鬃业的中小行号有60余家,最后关门倒闭者达40余家。①

由于统购统销政策有碍战时经济的发展,1944年黄炎培等33人即曾于国民参政会上,提议取消此项政策。接着贸易界的花崇实、古耕虞、温少鹤、康心如等,均发表谈话,要求开放贸易,结束统购统销办法。由于政府未加理睬,四川省临时参议会进而于1944年年底议决,请求政府取消这种"垄断贸易"和"病民误国"的政策。②

(六) 税捐负担沉重

抗战期间,由于沿海各大城市相继沦陷,国民政府迁至重庆,原来占政府财政收入约90%以上的关税、盐税、统税、烟酒税大多丧失。为适应战时财政支出浩繁,国民政府一面另辟税源,一面整顿旧有税制:如举办战时消费税;扩大原有的直接税范围,并提高其税率;创办非常时期过分利得税、改进货物税、整理营业税、开征土地税,以及田赋征实、食糖征实、棉纱面粉统税改征实物等。

1939年1月1日起开征的过分利得税,规定在抗战期间,凡公司、商号、工厂或个人资本在2,000元以上的营利事业,其利得超过资本额15%者,或财产租赁之利得超过其财产价12%者,除征所得税外,加征过分利得税。此税税率条例于同年7月经修正。

太平洋战争爆发后,国民政府实施战时经济统制,后方工商企业的税捐负担更为沉重。按过分利得税法的规定,征收利得税是以资本额为基础,凡企业所获纯益超过资本额15%者,即累进课税,结果造成同一纯益额,企业资本额愈小,负担的税额愈多;企业资本额愈大,负担的税额反愈少。自1940年起,税率最高达60%左右。③加上通货膨胀,币值跌落,账簿上的利润数字并不能

---

① 李平生:《烽火映方舟——抗战时期大后方经济》,广西师范大学出版社1995年版,第251页。
② 闻黎明:《1944年:中国社会的历史性转捩——兼论民族工商业者"问政"的原因》,《近代史研究》1995年第4期。
③ 黄逸峰、姜铎、唐传泗、徐鼎新:《旧中国民族资产阶级》,江苏古籍出版社1990年版,第551页。

代表其所创造的真正价值,但是征税机关却以之为根据,即企业所得是虚盈,而所支出则是实税。因此,工商业者一直要求"资本伸直",以减轻利得税的负担。[①]不过均被政府以有逃税的可能而拒绝。

除了所、利得税,后方工商企业所需负担的税捐尚包括统税、营业税、印花税、积谷捐,以及摊派公债、储蓄券、员工免役金和各种名目的捐款等。统税名义上是对货物运销一次征税,但实际上经常被沿途关卡重征七八次之多;印花税的税率,自1943年起增加了4倍,并依累进法计算增加贴用印花税额;再加上"献金"、"献粮"等,工商业的税捐负担,常达30%左右。至于内债,战时国民政府先后曾发行过19次各种名目的公债,总额达151.22亿元,其中1942—1944年这三年间所发行的"同盟胜利美金公债"等四次公债,合计金额达91亿元,规定各工商企业按营业额的3%进行硬性摊派。各地尚有所谓"公益储蓄",规定各工商企业按营业额6%进行摊派。[②]

1944年6月,西南联大教授伍启元在《大公报》发表的一篇文章中,指责工业界人士兼营商业并囤积居奇。[③]文章刊出后,迁川工商联合会和中国全国工业协会立即予以驳斥。他们承认有少数人依恃特殊势力,囤积居奇,走私漏税,但是"正当的工商业,大多数都在困苦艰难中挣扎得几乎喘不过气来"[④]。他们举了一家公司作为例子。这家公司资本额为200万元,1943年的营业额为2,000余万元,利润高达约200万元,获利在一般工商业中堪称一流。但是当年应缴的所、利得税即有70余万元,另外尚要缴付营业税和积谷捐70万元,印花税8万余元,摊派同盟胜利公债60余万元、乡镇公益储蓄120余万元,合计300万—340万元,几达当年利润额的一倍半,而地方上的零碎摊派等尚未包括在内。战时加税,于世界各国均为常见之事。抗战期间,直接税收入中的80%均由西南大后方的工商业者承担,是否因此而使得社会上的所得分配变得较为平均,值得作进一步的研究。

---

① 《所得利得税简化稽征》,《大公报》1944年8月10日。
② 黄逸峰、姜铎、唐传泗、徐鼎新:《旧中国民族资产阶级》,江苏古籍出版社1990年版,第533页。
③ 伍启元:《国际货币会议与中国》,《大公报》1994年6月18日。
④ 迁川工厂联合会、中国全国工业协会:《敬贺伍启元先生》,《新华日报》1944年6月14日。

（七）通货膨胀政策

战时国民政府财政困窘，为开辟财源，乃开征各种新税，然而以旧有的经济结构采用现代化的税制，增收有限，举债的方式也不可能填补战时的巨额财政赤字，因此只有依赖发行纸币。太平洋战争爆发后，国际交通线被封锁，取得外援不易，而且由于原料缺乏，工厂无法全部开工，日用必需品紧缺，致使物价在加速飞涨。国民政府只能再次依赖发行通货来弥补因物价飞涨而日益扩大的财政赤字。但纸币发行越多，物价上涨越快；物价上涨越快，财政赤字越大。于是国民政府便陷入了通货膨胀的恶性循环。自 1942 年起，钞票发行额系以成倍的速度增加。1942 年为 344 亿元，比 1941 年增加 127.8%；1943 年为 754 亿元，比 1942 年增加 119.2%；1944 年为 1,895 亿元，比 1943 年增加 151.3%；1945 年为 10,319 亿元，比 1944 年增加 444.5%。总计 1942—1945 年期间，法币增发共 10,168 亿元，比 1941 年底增加了 67 倍。[①] 1945 年年初时，每一天法币的发行数额，即等于抗战初期一年的发行数额。[②]

通货膨胀最大的受害者是工人、农民和军公教人员，主要的受益者则是投机的商人、地主和资本家。至于工矿业者，大后方最初的非恶性通货膨胀和物价上涨，尚具有刺激生产的作用。由于通货膨胀使工人工资不断贬值，加以工业产品价格上涨高于农产品原料价格的上涨，工矿业者的利润增加。不过当通货膨胀超过了社会经济的承受能力，对工业生产便造成了严重的危害：首先，物价与生产成本的不断上涨，使企业"虚盈实亏"的情况日益严重，导致大量企业倒闭。其次，由于物价不断上涨，使得企业所需要的流动资金增大，无法维持正常生产。再者，在恶性通货膨胀的情况下，商业投机盛行，促使有些产业资本也倒流入商业投机中，而成为"以商养工"、"以商代工"，导致抗战后期大后方工业生产的收缩。最后，恶性通货膨胀造成社会购买力的低落，市场的急剧缩小，致使工业制品的销售困难。因此，国民政府在战时虽曾采取许多奖助民营工矿业的措施，但是均为后期严重的通货膨胀所导致的各种弊端所抵销。这是大后方工矿业衰落的根本原因。

---

① Chang Kia-ngau, *The Inflationary Spiral: The Experience in China, 1930-1950*, Cambridge Mass.: MIT Press, 1958, pp. 50-57.

② 《抗战时期国民党政府财政经济方面的几个统计数字》，载王桧林编：《中国现代史参考资料》下册，第 3 卷，高等教育出版社 1988 年版。

三、摆脱困境之道

抗战期间大后方工商业者在面对这些问题时,并非如有些人所说的只能被动地任人宰割,而每多主动地采取各种行动来维护并扩大他们自身的利益。他们所采取的行动,主要有以下几种:

(一) 建言

建言是战时工商界人士为求自身发展,摆脱困境而所从事的各项活动中最温和的一种。兹以吴羹梅和胡厥文的建言活动为例,加以说明。

沿海地区工厂自内迁重庆后,通货膨胀日益严重,然而一些工矿企业的固定资产并未随时重新估价,往往距实际情况甚远,导致了"虚盈实税"的不合理状况,各民营工矿企业不胜负担。"铅笔大王"吴羹梅认为政府如不加改善,将影响战时工矿业的发展,因此于1942年在迁川工厂联合会第五届理监事会上提出了"工矿业固定资产增值转作资本"的建议。

吴羹梅建议,每届年终结账,应以政府所调查有关固定资产的物价指数为基准,调整工矿业中固定资产的价值。其增值部分,获予除去折旧后,直接转作资本。由于增值转作资本时,增资的利益并非营业利益,毋须缴税。

此项建议由吴羹梅、吴蕴初与章乃器联名在迁川工厂联合会正式提出,于1913年6月第二届全国生产会议上通过,并制定了实施方案。至翌年,此议案与其他生产会议通过有关工商界的议案,大多仍未见实施。于是迁川工厂联合会乃联合中国全国工业协会、中国战时生产促进会、西南实业协会、重庆国货厂商联合会,组成了五工业团体联席会议,呼吁政府当局尽速实施第二届全国生产会议的各项决议案。在民间团体的压力下,此议案后又经经济部、财政部会拟办法,复经行政院送请国防最高委员会审批。但是直至抗战胜利,此项建议仍未能实现。[①]

1944年,财政部又推行利得税简化稽征办法,其中对工商界存在的许多具体情况,未能充分考虑。吴羹梅乃向全国工业协会税制研究小组建议:在国家预算中应规定所得税的合理数额,所得税对各地区的分配应合理化;工业与商

---

① 许家骏、韩淑芳:《铅笔大王——吴羹梅自述》,中国文史出版社1989年版,第77—79页。

业应予区分，将其所应纳利得税额分配于各行业，再由各行业将应纳的税额分配于各企业。①

以上两项建言反映了工商企业界的普遍心声，但是均未见政府立予改善，工商界人士的不满情绪日益强烈，要求民主、自由的呼声遂响彻整个大后方。1944年5月20日，吴羹梅在重庆《宪政》月刊社所举办的宪政座谈会上，抨击了国民政府的一些现行经济政策，呼吁政府应取消统制政策，给工业界生产自由。最后他表示，要保证工业界现有问题的解决，最重要的是政治的民主化及法治，两者是工业发展绝对必要的条件，否则一切均无从谈起。②

吴羹梅的发言得到了与会工商界人士的普遍赞同，认为是道出了他们共同的心声。但是一次次温和的建言活动最后均未能改变现状，吴羹梅深受挫折，言论也日益激烈，正如他自己所说：

> 随着形势的不断发展和一次次努力的失败，我越来越深切地感到政治权利的争取之于经济权利的获得的重要性，感到了仅仅是建议、要求，对于已病入膏肓的国民党政权实在无济于事。此后我的言论也越来越激烈，以致引起了国共双方的注目。在此会的第二天，《新华日报》就刊出了我发言的主要内容。③

5月24日，中国工业协会、西南实业协会、迁川工厂联合会、国货厂商联合会、中国战时生产促进会等五个团体联合举行宪政座谈会，出席会议的有吴蕴初、吴羹梅、章乃器、潘仰山、张志让等百余位工业界代表，他们一致呼吁要求政治民主、生产自由、保障人权，并联名向国民政府提交一份名为《解决当前政治经济问题方案》的建议书。这份建议书由于触及政府政策与党内资本的利益，而遭强行扣压，未能公开发表。④此时工商界人士不满现状的心理，由此可见一斑。

---

① 许家骏、韩淑芳：《铅笔大王——吴羹梅自述》，中国文史出版社1989年版，第79页。
② 许家骏、韩淑芳：《铅笔大王——吴羹梅自述》，中国文史出版社1989年版，第81页。
③ 许家骏、韩淑芳：《铅笔大王——吴羹梅自述》，中国文史出版社1989年版，第81页。
④ 《大后方民族工业家要求政府实行民主》，《解放日报》1944年7月10日。

(二) 胡厥文与《对大局献言》

抗战初期，胡厥文将其所经营的新民机器厂迁往重庆，并于广西桂林、湖南祁阳等地创办机器厂等企业，规模均甚大。1944年国军湘桂大撤退，依黔桂铁路平日运输量，要将民营厂矿的物资运出并不困难，但是由于各方面人事复杂，大家均不听调度，有权势和金钱者可以将其物资抢先运出，[①]而一般民营企业迁至大后方的机器设备，却几乎被丢弃一空。胡厥文当时随着逃难的人群，从湖南经广西、贵州，辗转回到重庆。他认为这次逃难，是他"平生东西丢得最干净的一次"[②]。据胡厥文的估计，西南工业迁出的机器，衡阳仅有二分之一，祁阳十分之六，桂林、柳州约十分之八，连同其他各处，合计不到一半。至于抵达贵阳、独山安全地带者，不过百分之一。如依照当时前方运输会议决定，交通部拨给民营工厂仅30辆汽车，每月运输以百余吨计，共需时3年。[③]此次惨痛经验，对胡厥文的打击甚大。事后他曾回忆道：

> 这次湘桂撤退中，使我亲身体验了国民党政府的腐败，国民党军队的无能，以及民营工厂的悲惨处境。[④]

11月18日，胡厥文在重庆迁川工厂联合会会员聚餐会上，以悲愤而沉痛的心情，向大家介绍民营工矿撤退的情况。大家听了胡氏的介绍后，全场动容，大家深感工业界人士不能只埋首经济，而对时局坐视不闻。几经议论，大家认为应对国事公开发表主张。1944年年底，中华全国工业协会、迁川工厂联合会、中国国货厂商联合会、中国西南实业协会、中国战时生产促进会等五个团体，联合发表《对大局献言》，提出10项政治主张，包括：尽速实施宪政，厉行民治，以发挥天下为公的精神；厉行监察制度，加强法治精神，扫除政治上的贪污腐化，以坚人民信任；扫除中饱，整饬军纪；提高士兵待遇，并使各军队待遇平等，以振士气；免除一切不必要的猜防，贯彻官兵合作、军民合作的精神，团

---

① 胡世华等：《胡厥文回忆录》，中国文史出版社1994年版，第70页。
② 胡世华等：《胡厥文回忆录》，中国文史出版社1994年版，第69页。
③ 胡世华等：《胡厥文回忆录》，中国文史出版社1994年版，第69页。
④ 胡世华等：《胡厥文回忆录》，中国文史出版社1994年版，第70页。

结一致，争取胜利。①1945年元旦，他们又联名发表《为转换当前局势献言》，进一步提出准许各政党公开，并与各政党推诚合作，切实保障人身、言论、出版、新闻自由，释放政治犯，征收累进富民捐，利用私人外汇以裕国库，防止通货膨胀等20条主张。②但是，这些工商企业家始终未能形成独立的政治组织。③

工商界人士的建言活动，需要新闻媒体的配合报道，方能扩大其影响力，而战时的官方报纸由于言论尺度甚严，④此类建言活动的消息与内容每多不易见报，只有仰仗民间媒体，而一般民间媒体则盼能获得工商界的财力支持，两者之间的互动关系可以重庆的《商务日报》为例，加以说明。战时财政部所实施的出口产品统购统销，使得古耕虞、花崇实、温少鹤、张禹九等猪鬃、桐油、生丝出口商的利益受损，他们乃利用工商界领袖所组成的"星五聚餐会"⑤发表议论，猛烈批评统购统销政策。适有《商务日报》高层人士亦为聚餐会成员，遂将活动内容于该报作详细报道。国民政府最后迫于舆论压力，提高了出口商品收购价格。

工商界领袖在获得胜利后，便更加主动地利用《商务日报》来对国民政府施加压力。如卢作孚办民生轮船公司，军政部要他运兵运粮，但是给的运费不够成本，《商务日报》的呼吁迫使有关当局提高运费。四川内江的糟商和自流井的盐商，也到重庆向《商务日报》求助，《商务日报》于是帮他们准备名单，召开记者招待会，运用舆论压力，迫使政府提高收购价格。最后，连"四川榨菜行业、酿酒厂等几乎三百六十行，行行都来请求，要《商务日报》包打官司"⑥。另一方面，《商务日报》在1940年代增资时，则邀请何北衡、花崇实、

---

① 《新华日报》1944年12月26日；《星五聚餐会》，载章绍嗣主编：《中国现代社团词典（1919—1949）》，湖北人民出版社1994年版，第606页。

② 龙明桥：《铅笔大王吴羹梅》，载杨耀健、李宗杰主编：《陪都人物纪事》，重庆出版社1995年版，第131页。

③ 邱钱牧：《中国民主党派史》，浙江教育出版社1987年版，第142页。

④ Lee-hsia Hsu Ting, *Government Control of the Press in Modern China, 1900-1949*, Cambridge, Mass.: East Asian Research Center, Harvard University, 1974, p.132；王凌霄：《中国国民党新闻政策之研究（1928—1945）》，台北中国国民党中央委员会党史委员会1996年版，第155—156页。

⑤ 星五聚餐会为抗战后期由重庆商会、中国工业协会、西南实业协会、迁川工厂联合会、国货厂商联合会等工商团体的领袖所组成，以聚餐作为主要的活动方式。参阅《星五聚餐会》，载章绍嗣主编：《中国现代社团词典（1919—1949）》，湖北人民出版社1994年版，第606页。

⑥ 杨培新：《夺取〈商务日报〉》，载宋世琦、颜景政主编：《记者笔下的抗日战争》，人民日报出版社1995年版，第399—400页。

温少鹤、卢作孚、吴晋航等企业家投资入股。这些企业家为了感谢《商务日报》协助他们对国民政府施加压力，合理调高生丝、猪鬃、桐油、酸碱、盐、糖的收购价格，从而赚了一大笔钱，也愿意出钱投资《商务日报》。①

（三）请愿

请愿是战时工商界人士为求自身发展，摆脱困境所从事的各项活动中，较为激进的一种。兹以重庆军布业者抗议军需署剥削的请愿活动为例，加以说明。

战时棉纺织业从原料到产品，从生产到销售，从产品价格到缴售、存储数量，均被严密管制，纱厂只能从花纱布管制局领棉花交纱，布厂只能从花纱布管制局或军需署领纱交布。②国民政府对纱、布的标价，也同其他被管制的工业产品一样，每多无法反映工厂的实际生产成本、机器设备折旧和合法的利润。军政部征购的价格更低，使承制军布的工厂亏折严重。例如重庆地区布厂每月可织军布 25,000 匹，每匹实际亏折 470.7 元，合计每月亏损 11,707,500 元，每年亏折近 141,210,000 元。③军需署又常克扣厂商的工缴（所付承制的代价），扣罚纱支，引起业者的不满，1945 年 3 月，重庆即发生军布、土布承织户抗议军需署对厂户剥削与压迫的事件。

3 月 30 日，重庆军布承织户招待新闻界，控诉军需署所属第二纺织厂、第二织布厂克扣厂商的工缴，扣罚纱支，极尽剥削。如某厂应领工缴 13,000 元，被扣 4,000 元，但领据仍需索 13,000 元。重庆 13 个厂，所扣纱量达 830—840 并，值 1,600—1,700 元；而军需署自管制以来，仅吞食工款一项，即达 200,000,000 元。同时，署方规定工缴每匹 1,300 元，仅敷成本的四分之一，为业者认为是政府对纺织业的最大剥削。许多重庆的织户因赔累而倒闭停工。4 月 6 日，该署第二织布厂又以缺纬名义收回同茂等十厂的底纱，以致各厂大多停机断杼。因此，重庆军布织户不得不要求政府增加工缴，补足欠纱，废止秘密检验。

4 月 3 日，《商务日报》发表了军布织户的谈话，翌日，军需署及其所属第

---

① 杨培新：《夺取〈商务日报〉》，载宋世琦、颜景政主编：《记者笔下的抗日战争》，人民日报出版社 1995 年版，第 402 页。另一个企业人士资助《商务日报》的例子，参见邹以海：《蔡鹤年》，载《重庆工商史料》第 8 辑，1992 年，第 200 页。
② 徐方略：《大后方棉荒与纺织业的危机》，《解放日报》1945 年 3 月 9 日。
③ 孟宪章：《中国近代经济史教程》，中华书局 1951 年版，第 219 页。

二纺织厂、第二织布厂，立即于《扫荡报》及《时事新报》等报纸刊出启事，并致函该报，指军布织户和该报为"公开侮辱政府机关"，"有意淆惑视听、破坏军需生产"，要"呈请上级机关彻查究办"，并限该报于3日内答复。此举激起了重庆军布、土布业和新闻界的愤慨。军布业联谊社乃再度招待各界，并向社会发出控诉书，坚持其要求。重庆土布业和万县、璧山的军布织户也纷纷响应此一要求，并发函件和通电声援。① 在军布业联谊社的发动组织下，重庆100多家布厂的企业主，背负着军需署发放的"欠圈短码"棉纱，在蒋介石必经的黄山公路上集体请愿，迫使国民政府不得不对此一事件进行调处，责成军需署同军布业代表谈判解决。最后军需署做出让步，同意原发给各承织户的底纱，只收回10%，并按官价折交现款，不收实物，各厂被拘捕人员一律释放，② 军布业者获得胜利。

（四）与要人建立联系

抗战时期大后方的工商业人士，和过去相同，常与国民政府要人及地方实力派广为联系，以求支持。兹以刘鸿生为例，予以说明。

抗战爆发后，财政部长孔祥熙向蒋介石推荐刘鸿生，要他在后方建立工业基地，创办各种工厂。刘自香港抵达重庆的第二天，蒋即予接见，除对其牺牲在上海价值千余万元的工矿企业内迁至后方表示嘉勉，并允诺偿还其千余万元的损失，提供资金、原料、人员上的援助。此次会见的消息，随即在重庆的金融界和工商界传播开来，提高了刘鸿生的声誉和地位。刘对于蒋的诺言，寄以极高的期望。为了继续保持必要的联系，他聘请了和侍从室有密切关系的林玉声、方车等人在他的企业中任职，并曾多次拜访并设宴款待侍从室主任陈布雷，以加强联系。据说，刘鸿生后来之所以能够比较顺利地在后方办成一些企业，如中国毛纺织公司、中国火柴原料公司、西北洗毛厂、贵州水泥厂、兰州西北毛纺织厂、建成水泥厂等，均与这种联系有关。③

1940年以来，刘氏企业由于内迁所受损失，资金困窘。为了解决资金周转

---

① 《重庆军部织户抗议国民党军需署压迫剥削》，《解放日报》1945年5月28日。
② 徐崇林：《中国小工厂联合会在重庆》，《四川文书资料选辑》第19辑，转引自黄逸峰、姜铎、唐传泗、徐鼎新：《旧中国民族资产阶级》，江苏古籍出版社1990年版，第549—550页。
③ 刘念智：《实业家刘鸿生传略》，文史资料出版社1982年版，第91页。

问题，刘鸿生命其子念智奔走于四联总处和各银行，恳求借贷。当时后方工矿业，普遍面临原料供应不足的问题，刘念智则跑工矿调整处和兵工署商请调拨。联系的重点人物，除了高层的主管如俞大维（兵工署）、张丽门（工矿调整处）和刘攻艺（四联总处），也包括下面的处、科级干部。当时刘念智"经济跑街"的工作尚称顺利，一方面固然由于刘鸿生在社会上拥有一定的声望，但是更重要的是，当时国民政府各部部长以及担任各下级机关、银行重要职位者，大多是留洋同学，而且多数是"仁社"（留学生团体）社员。①

虽然如此，战时通货膨胀，银行利息高，贷放期限短，只能短期借贷。但是工业上的资金必须长期投放，否则即无法周转。为了解决长期投放问题，刘氏企业仍需仰仗财政部长孔祥熙。于是刘鸿生以总经理身份，每逢周一早晨9时，必定准时前往孔祥熙公馆谒见，有事报告，无事闲聊，无非是希望这位"财神爷"帮忙解决资金困难问题。去了几次以后，孔开出条件，派说客向刘示意：其一，要刘出任新成立的火柴烟草专卖局局长一职，并要拟出具体办法及条例，保证每年增加财政收入若干千万元。其二，刘氏所拥有的中国毛纺织厂和中国火柴原料厂，应扩大股额，由政府投资，再有不足，可由国家银行贷款。其三，两厂资产一律按账面价值计算，不得提价增值。其四，两厂均改为特种股份有限公司，由宋子良担任董事长，由宋、孔合办的国货银行经理担任总稽核。其五，刘鸿生仍任总经理，惟各主要部门应由宋、孔派员监督经营。刘以为条件过苛，未予同意。不料资金周转日益困难，刘鸿生无法支持下去，最后只好接受政府投资，并交出行政和财政权。刘依孔的条件出任火柴烟草专卖局局长职务，成为扩大战时财源的得力助手。如此，刘氏企业的资金问题才得以解决。两厂产品垄断了整个后方市场，每年均获得大量利润。两年之内，刘氏先后在兰州成立了西北洗毛厂和西北毛纺织厂，又在贵阳设立了氯酸钾分厂，在昆明和海口创建了磷厂。后二厂并且几乎每年增股，其中90%均由政府投资。② 由此可见，即使是政府想要并吞刘氏企业，刘氏企业也可于接受官方投资后提高产能而获利，双方实处于互惠的关系。

战时大后方的工商界人士虽然与政府要人广为联系，但是对中共却普遍采

---

① 刘念智：《实业家刘鸿生传略》，文史资料出版社1982年版，第94页。
② 刘念智：《实业家刘鸿生传略》，文史资料出版社1982年版，第94—95页。

取谨慎的态度。而中共南方局通过各种关系与工商界人士广泛接触，并支持他们争取经济上的民主，反对官僚资本。1940年10月，周恩来即曾约请聚兴诚银行经济研究室主任高兴亚谈话，希望高能利用自己的有利条件，推动西南的资本家联合，与四大家族对抗，至少不被四大家族兼并，并且决定先将四川的刘航琛、卢作孚、何北衡、杨粲三联合起来，再将西南的缪云台联合起来。虽然这个计划最后并未能成功，但是却成功地推动了四川地区上列四位企业家的会面，并达成协议：凡任何一人的企业在受到四大家族的压迫而发生危机时，大家均会协力合作。① 除了经由参加工商界集会和私人接触外，在重庆的中共领导人周恩来、董必武、叶剑英、王若飞等，曾多次邀请工商界知名人士座谈。经常参加座谈的企业领袖包括刘鸿生、吴蕴初、胡子昂、胡厥文、李烛尘、章乃器、吴羹梅、颜耀秋、康心云、余铭玉、吴晋航、卢作孚等。② 南方局对于一些知名企业，更适时给予财务上的援助。如范旭东的化工企业中国制碱公司迁至后方筹建新厂，新厂建成后可使国内纯碱无需自国外进口。此时正值物价暴涨，制碱公司严重缺乏资金周转，范旭东乃计划自办银行。长期负责中共局区机要财经工作的龚饮冰等人遂与范旭东晤谈，决定以中共的营运经费参加建业银行的筹建。1944年春，建业银行成立，龚饮冰先任常务董事，后来经营困难时任总经理，协助范氏企业渡过难关。③

工商界人士在与中共的接触过程中，逐渐对中共产生了良好的印象，但是有的人仍存有戒心。火柴大王刘鸿生的经历即是一个典型的例子。刘一直反对共产主义，④ 即使是对"左"倾的进步人士，也是抱持敬而远之的态度。每次接到迁川工厂联合会的开会通知，常是只派代表出席。他认为该会的胡厥文、胡子婴、颜耀秋等人均和中共有关，因此应与他们保持距离，不要过分介入。⑤ 刘鸿生在抗战期间曾两度与周恩来会面，认为周平易近人，完全不似国民党的大官。刘曾表示，在国民政府中，找不到像周那样伟大的人物，可惜他是个共

---

① 高兴亚：《记周总理对我的一次谈话》，载中共重庆市委党史工作委员会编：《回忆南方局》，重庆出版社1983年版。
② 王忠事：《论中共南方局对民族资产阶级的统战工作》，《四川师范大学学报（社会科学版）》1996年第3期，第88页。
③ 黄肇兴：《我所知道的龚饮冰与建业银行》，《文史资料选辑》第88辑。
④ 刘念智：《实业家刘鸿生传略》，文史资料出版社1982年版，第110页。
⑤ 刘念智：《抗战时期刘氏企业迁川经过和从抗战胜利到全国解放的刘鸿生》，《文史资料选辑》第68辑，1980年2月，第183页。

产党人。1945年9月,毛泽东至重庆,刘也两度见到毛,会面后认为中共真有诚意要和平。虽然刘对毛和周均十分推崇,但是他对中共仍有戒心,认为"共产党不会和我们真正交朋友"①。

(五)囤积居奇与进行走私

战时国民政府所实行的各项经济统制措施,由于收购价格往往偏低,加上通货膨胀严重,工商业者为求自保,每多采取囤积居奇或进行走私贸易,以为因应。

以专卖事业为例,实施专卖之初,由于专卖品生产成本与收购价格之间的矛盾,黑市问题严重。为求拟订合理价格,专卖机关乃结合同业公会、合作社等组织,共同组成评价委员会,拟定收购价格,但是由于战时各同业公会组织不健全,价格的订定往往仅操之于一二人之手,或取决于专卖机关;同时,由于技术复杂程度不一,厂商的生产成本高低差异颇大,故评价委员会所评定的收购价格,时常遭受质疑。

以火柴专卖来说,自1942年开始实施后,重庆部分火柴商陆续停业,停业的原因,业者以为是专卖价格过低,加上种种限制,不敷生产成本。也有的火柴制造商将所生产的火柴藏匿短报,造成供应短缺,价格超过专卖公司所订价格,黑市于是形成。烟类专卖也有类似的情况。厂商制造生产,所得合法利润仅为20%,尚不及中间商(承销商与零售商)有25%合法利润,因此许多业者遂将烟类囤积,至黑市销售,以获得较大利润。食糖方面,专卖局核定的收购价格,1942年每万斤为1,950—2,050元,仅及成本而已;1943年,收购价格则仅及成本的77%,而同期糖的销售价格却上涨了33%,使糖商不愿生产,而黑市却颇为猖獗。加以自海运断绝后,汽油来源缺乏。酒精为汽油的主要代用品,糖类则系酒精的最佳原料。战时酒精制造工厂大增,需大量收购食糖,更造成黑市的猖獗。②

战时大后方统制贸易下所订的收购价格,有时比沦陷区低出甚多,而且不准自由运销。于是或因价差,或因销路受阻,或因地方政府无力收购,均导致

---

① 刘念智:《实业家刘鸿生传略》,文史资料出版社1982年版,第111页。
② 详见何思瞇:《抗战时期的专卖事业》,台北"国史馆"1997年版,第539—542页。

走私的盛行。① 走私者所运的货品，由沦陷区内运的物资以棉织品、药品、五金制品、盐、糖、鸦片毒品为大宗；从大后方运出者，则主要是各地土产，如米粮、猪鬃、桐油和樟油。②

国民政府实施经济封锁，施行查禁走私的工作，然而为了获取必需资源，在现实上又容许供军需民用的日货仍可运入后方。财政部也在1939年6月对禁运条例物品项目中的原料和民生必需品限制加以放宽，只查禁奢侈品和半奢侈品。至1940年，正式开始实施以走私方式抢购沦陷区物资的方案。③ 据统计，抗战期间走私贸易总额，应不少于150亿元。④

（六）漏税、欠缴税款与官民冲突

商人为抗战时期后方直接税的主要课征对象，为谋较高利润，逃漏税的情况颇为普遍。逃税之风盛行的原因，在于税捐的繁重。繁则办理不易，费用加多，狡黠者不得不走逃税一途。至于重则因利益攸关，负担既重，获利无几，于是伪造假账，乃成必然之势。漏税一般可分为三种：第一种，官吏失职而漏税者。第二种，因政府规定易货物资收购价格太低，而偷运逃税者。第三种，政府官吏假借势力予以免税者。⑤ 逃税通常采取的方式，即是设立有系统的假账，以应付税局的稽征。两本账各自成为一个系统，且能直接在本企业范围内发生来往关系，以便集中转账。设置暗账的方法包括：1.将原料、物料按照到达时或消耗时平价计算。2.将资本支出列于费用支出，使固定资产隐藏于支出中。3.将原料使用量增加。4.将销售产品的价格减少。5.将存货保险。总而言之，在各方面加大企业成本，隐藏利润。⑥

除了偷漏税外，有的商人还采取欠缴税款的方式应对国民政府的高税政策。

---

① 林美莉：《抗战时期的走私活动与走私市镇》，载纪念七七抗战六十周年学术研讨会筹备委员会编：《纪念七七抗战六十周年学术研讨会论文集》，台北"国史馆"1998年版，第563页。
② 林美莉：《抗战时期的走私活动与走私市镇》，载纪念七七抗战六十周年学术研讨会筹备委员会编：《纪念七七抗战六十周年学术研讨会论文集》，台北"国史馆"1998年版，第591—592页。
③ 林美莉：《抗战时期国民政府对走私贸易的应对措施》，台北《史原》第18期，1991年6月，第237—238页。
④ 林美莉：《抗战时期的走私活动与走私市镇》，载纪念七七抗战六十周年学术研讨会筹备委员会编：《纪念七七抗战六十周年学术研讨会论文集》，台北"国史馆"1998年版，第576页。
⑤ 侯坤宏：《抗战时期的地方财政》，载纪念七七抗战六十周年学术研讨会筹备委员会编：《纪念七七抗战六十周年学术研讨会论文集》，台北"国史馆"1998年版，第520页。
⑥ 黄逸峰、姜铎、唐传泗、徐鼎新：《旧中国民族资产阶级》，江苏古籍出版社1990年版，第552页。

例如四川巴县的酢户王嚞生和铜梁北郭乡酢户彭敬修，自糖类改办总税征实后，原有前川康区食糖专卖局，于专卖期内各糖商有欠缴差额者，虽经催缴，惟糖商以未享受提价利润，致无力补缴应之。①

抗战时财源的筹措，除正常税赋外，苛杂摊派尤为县市地方财政的特征。苛杂既多，不免百弊丛生，有因此而酿成杀人、罢市、暴动者。此种情形，在抗战时大后方甚为普遍。仅就四川一省而言，乐山县有对鸡蛋等细物就地抽税，致杀人、伤命、罢市者。成都实施营业税时，曾一度激成罢市风潮；② 新津县也有商民抗拒苛税，而捣毁直税局的情事发生。③ 值得注意的是，商民在采取激烈的抗争手段后，其要求反常能为政府所接受。

（七）请求政府接办或合资经营

一些私人企业在面临困难的环境下，如难以继续支撑而濒于破产之际，常主动申请由政府接办。如1941年人和钢铁冶炼股份有限公司因销路呆滞，兵工署方面价格低廉难维成本，而粮价又日益高涨，工资激增，经济窘迫，难以为继，因此要求转让给资源委员会。资委会在经过调查后，同厂方谈判，后于1944年订定买卖全部设备与资产的合约。又如龙章纸厂由沪迁川后，于1940年2月正式开工，但时感资金周转不灵之苦，虽经经济部工矿调整处及四行贷款协助，仍未脱离困境，厂方无意继续经营，乃让予中央银行，由中央信托局接办改组，但大部分人事一切照旧。内部行政与技术人员既无重大变动，而资金运用立见灵活的情况下，业务于是日渐改善。④

也有的私人企业在面临经营困难时，愿意和资源委员会合资经营，希望能利用资委会所拥有的机械设备和大量技术人员，摆脱自身的困境。天府煤矿即为一例。该矿区位于嘉陵江以北，煤储量居四川第一，因开采日久，暴陈于地面的露天煤几乎开采殆尽，而地下层的煤则因缺乏机械和动力设备无法开采，

---

① 侯坤宏：《抗战时期的地方财政》，载纪念七七抗战六十周年学术研讨会筹备委员会编：《纪念七七抗战六十周年学术研讨会论文集》，台北"国史馆"1998年版，第521页。
② 侯坤宏：《由缉私到暴动——民国三十三年四川江油县中坝镇"三二八"事件》，载庆祝抗战胜利五十周年两岸学术研讨会筹备委员会编：《庆祝抗战胜利五十周年两岸学术研讨会论文集》，台北近代史学会1990年版，第391—392页。
③《商业志》编写小组：《抗拒苛税商民捣毁直税局》，《新津文史资料选辑》第2辑，1986年12月，第49—51页。
④ 丁日初、沈祖炜：《论抗日战争时期的国家资本》，《民国档案》1986年第2期，第87页。

以致生产萎缩，企业亏损甚大。企业主卢作孚深知要摆脱困境，非具有现代设备，采取机器生产不可，由于无力筹措资金、设备与技术，只有勉强维持现状。抗战爆发后，河南焦作中福煤矿的大批矿用机械和技术人员，在孙越崎的带领下撤至后方，卢作孚遂主动与资源委员会和中福公司合组天府矿业股份有限公司，所有经营管理事宜全由资源委员会派人负责。孙越崎任总经理，董事长卢作孚不插手管理事务。① 经过一番整顿，天府煤矿竟发展成大后方产量最大的煤矿公司。抗战胜利后，资源委员会退出天府煤矿，1946年时仅占其资本额的5.65%，川省府占2.66%，商股占91.69%，② 仍为私营企业。

以上的例子显示，对于工商界人士来说，与其让企业在战时的恶劣环境中挣扎或垮台，还不如让政府介入，甚至收购续办，或可脱离困境，起死回生。因此，政府对私营企业的接办或加入股份，常是出于私营企业的请求，不能简单地以"吞并"一词加以概括。

四、结论

抗战时期，大后方国民所得的分配情况变化甚大。1940年以前，军公教人员、农民、地主的所得呈减退状态，减少之数，小部分归工人所有，大部分则为厂矿负责人与商人所取得。1940年以后，军公教人员、工人以及厂矿负责人的所得呈减退状态，减少之数，小部分为农民所有，大部分则为地主与商人所瓜分。③

从客观事实上看，战时工商业者（尤其是商人）的所得，要较其他行业为高；不过在主观上他们也普遍地为资金、原料、器材的缺乏与政府的经济统制政策所苦恼。面对这些问题，他们主动地采取各种行动来维护并扩大他们自身的利益。他们所采取的行动，从温和的集会建言请愿，与要人建立联系，进行关说，到为法律所不能容的囤积居奇，进行走私、逃漏税、欠缴税款，甚至与

---

① 郑友揆、程麟荪、张传洪：《旧中国的资源委员会——史实与评价（1932—1949）》，上海社会科学院出版社1991年版，第120—121页。
② 《天府煤矿公司》，载中国第二历史档案馆《中国抗日战争大辞典》编写组编：《中国抗日战争大辞典》，湖南教育出版社1995年版，第65页。
③ 朱济清：《通货膨胀与产业经济》，《资源委员会季刊》第5卷第4期，1995年12月，第47—48页。

官府发生冲突。这些因应之道虽然大多并非新鲜事务，但是值得注意的是，工商业者的诉求有由经济自由转为政治民主的趋势，而他们的政治态度也有逐渐疏离的现象。

抗战爆发之初，大后方的工商业者，尤其是随厂内迁的实业家，大多具有相当程度的抗日爱国心理，并将抗战的希望寄托于国民政府。但是各种经济统制措施，却使得首当其冲的工商业者对政府逐渐产生不满。周恩来曾说："在1941年只有文化教育界靠拢我们，1945年民族资产阶级也靠拢我们了。"[①] 事实上，直至抗战结束，资本家中间虽已有部分转为倾向中共，但是多数对于中共仍抱持疑惧态度。不过，由于战时国共合作，工商业者在与中共人士、左派报刊接触后，对于国民政府各项政策与措施的不满，则是逐渐地加深。1945年12月，以工商界人士为主体的政治组织——中国民主建国会，即是在这种气氛中成立。

（本文原载《台湾师范大学历史学报》第27期，1999年6月。）

---

① 中国历史博物馆编：《纪念周恩来总理文物选编》，文物出版社1977年版，第58页。

战争与工人文化
——抗战时期大后方工人的认同问题①

前言

抗战时期大后方的工人运动，较战前为不发达，因此一直未受到史家的重视。传统的看法，认为抗战时期国难当头，劳资双方因此均能放弃成见，团结抗日，民族主义超过了阶级矛盾，因此劳资纠纷甚少。② 晚近西方的一些研究，则强调工人内部的一些区分，认为这些区分阻碍了阶级意识的出现。③

笔者以为，以上两种论点均有所不足。第一种论点假设工人之间普遍存在着民族主义情绪，此项假设仍有待验证。第二种论点则将工人内部的各种区分视为一成不变，并且忽略了工人的阶级意识可由外在灌输的可能性，因此难以解释何以工人运动在战后又突然兴起。

职是之故，抗战时期工人的政治心理，尤其是阶级认同和国家认同，即成为亟待探讨的问题。本文拟根据战时报刊、社会调查、回忆录性质史料，对战时大后方工人阶级认同与国家认同问题，作一初步探讨，并以《新华日报》为例，说明中共如何在大后方对工人进行爱国主义和新民主主义的宣传教育外，也强化了他们的阶级意识。

从事此一问题的研究，所面临最大困难，在于工人本身史料的缺乏。战时中共的《新华日报》，因从事工人工作，刊登大量工人的自述性文字，而为他

---

① 本文初稿曾蒙张玉法教授、多位与会学者与两位匿名审查人惠赐宝贵意见，谨此致谢，唯文责仍应由作者自负。又本文系《抗战时期大后方的社会阶层分析》专题研究计划（NSC 87-2411-H-001-020）项下的部分成果，谨此注明，并志谢意。
② 典型的作品为齐武：《抗日战争时期中国工人运动史稿》，人民出版社1986年版。
③ Emily Honig, *Sisters and Strangers: Women in the Shanghai Cotton Mills, 1919-1949*, Stanford: Stanford University Press, 1986; Gail Hershatter, *The Workers of Tianjin, 1900-1949*, Stanford: Stanford University Press, 1986; Elizabeth J. Perry, *Shanghai on Strike: The Politics of Chinese Labor*, Stanford: Stanford University Press, 1993; Mary Lee Mclsaac, "The Limits of Chinese Nationalism: Workers in Wartime Chongqing, 1937-1945", Unpublished Ph.D. dissertation, Yale University, 1994.

处所未见,^① 如经小心鉴别使用,仍为不可多得的珍贵史料。

一、民族主义情绪

（一）民族主义的表现

抗战时期大后方工人的民族主义情绪,具体地表现于他们所组织或参与的各项抗日活动中:

1. 抗日宣传

（1）文字宣传。如豫丰纱厂的工人即办有壁报,版面有四张报纸大,内容包括各地的战报新闻和日军的暴行。"三八"妇女节和"五一"劳动节则出专刊,或由工人撰文,或选登报纸文章,阐述工人团结抗日的道理,使工人们倍感亲切。"每期新壁报一出刊,总是围满了大批职工群众如饥似渴的阅读。"又如二十三兵工厂工人所办壁报,也是以宣传抗日救国为宗旨,内容丰富、生动活泼,有诗歌、散文、小故事和短评,还有漫画和地图、图表,也颇能吸引群众。

（2）口头宣传。各大工厂多有歌咏队和戏剧队的组织,如重庆印刷工人的歌咏队,即有 80 余人参加;汉阳兵工厂的抗战工作团,成立之初即有 150 余人,包括有歌咏、演讲和话剧等组。如汉阳兵工厂抗敌工作团成立时的游艺大会,演出由工人集体创作的话剧——《活路》,一千多名工人观众和在台上的工人演员"完全打成一片"。又如二十三兵工厂工人的话剧组在泸州演出《放下你的鞭子》《打鬼子去》《日出》等街头剧,每次演出,"场下观众人山人海,许多农民摸黑来回几十里观看"^②。

2. 抗日捐献

为了支援前线抗日将士,工人常发起或响应各种抗日捐献活动。例如 1939 年 8 月香港《南华》《天演》《自由》三报 82 位反日反汪（精卫）工人发起反汪罢工活动,获得大后方各界人士的响应,其中尤以工人表现最为积极。根据

---

① 此为笔者仔细翻阅《中央日报》和《新华日报》的重印本,中国国民党党史会所收藏的《大公报》《扫荡报》《益世报》《商务日报》《新蜀报》以及《东方杂志》《中央周刊》等刊物后,所得到的观察。

② 黄淑君、杨淑珍等:《抗日民族统一战线的号角——战斗在国统区的〈新华日报〉》,重庆出版社 1995 年版,第 85—96 页。

《新华日报》的估计，该报每日所接到的慰劳信和捐款，"差不多十分之八是出自工界同胞，特别是国防工业有关的工界同胞，他们不但集体地节衣缩食地捐助着，而且一次、再次的捐助着。"① 1941年2月，在全国慰劳总会发起的劳军运动中，三天之内即有422个船夫捐出了1,555元。② 同年重庆募集战时公债，劝募人员发现"工人购买公债，比厂主还要踊跃得多"③。1944年，重庆全市职工的七七献金，更多达两百万元。

（二）影响民族主义情绪的变数

大体而论，影响大后方工人民族主义思想情绪的变数，共有以下几项：

1. 技术水准

一般而言，技术工人的民族主义情绪要较非技术工人为强烈。④ 民族主义情感甚至成为技术工人在面临战时物质匮乏时的精神慰藉，例如一位空军机械士即曾有以下的自述：

> 生活到青黄不接的时候，我们常常借资无门，但是老婆的呼饿，孩子的号寒，房租的催迫，……于是物价昂贵下的七条鞭策，就结成一条森严多节的铁鞭，在我们略有憩息的时候，就沉重落到我们的脑际之中，想不出拼绝的方法，就只有投到繁重的工作中去解决！"加紧工作啊！多修理一架机子，就可以多杀些敌人！"这是我们唯一自慰的方法，也就是我们用血汗交织凝结起来，能够获得优良工作成绩的愉快！⑤

至于非技术工人，由于知识水准较低，具有反日情绪者较少，有些甚至缺乏国家意识。例如抗战期间一项针对华西坝各大学一百位工友所作抗战常识调查，所得结果如下：

（1）青天白日旗是哪一国的国旗？

对于本问题的回答，知道的男65人，女16人，合计81人；不知道的男9

---

① 《新华日报》1939年9月23日。
② 《新华日报》1941年3月14日。
③ 鲁明：《重庆的工人生活》，《新华日报》1941年5月1日。
④ 史国衡：《昆厂劳工》，商务印书馆1946年版。
⑤ 勖冬：《另一种工人的生涯——空军机械士自述》，《新华日报》1940年3月16日。

人，女 10 人，合计 19 人。

（2）你会唱国歌吗？

对于本问题的回答，答会的男 23 人，女 6 人，合计 29 人；答不会的男 46 人，女 20 人，合计 66 人。

（3）我们最高领袖是蒋委员长吗？

对于本问题的回答，答是的男 59 人，女 13 人，合计 72 人；答不知道的男 15 人，女 13 人，合计 28 人。

（4）日本是我们的仇人吗？

对于本问题的回答，答是的男 69 人，女 16 人，合计 85 人；答不知道的男 5 人，女 10 人，合计 15 人。

（5）中国现在抗日吗？

对于本问题的回答，知道的男 71 人，女 22 人，合计 93 人；不知道的男 3 人，女 4 人，合计 7 人。

（6）你觉得中国这次抗战对吗？

对于本问题的回答，答"对"的男 61 人，女 16 人，合计 77 人；答"不对"的男 1 人，女 2 人，合计 3 人；答"无所谓"的男 12 人，女 8 人，合计 20 人。

（7）你希望最后胜利属于我国吗？

对于本问题的回答，答希望的男 70 人，女 20 人，合计 90 人；答不知道的男 4 人，女 6 人，合计 10 人。

（8）空袭的原因是什么？

对于本问题的回答，知道的男 66 人，女 24 人，合计 90 人；不知道的男 8 人，女 2 人，合计 10 人。

（9）汉奸是什么？

对于本问题的回答，知道的男 58 人，女 12 人，合计 70 人；不知道的男 16 人，女 14 人，合计 30 人。

（10）遇到汉奸怎么做？

对于汉奸的问题，答该杀的男 54 人，女 9 人，合计 63 人；答该报官的男 20 人，女 17 人，合计 37 人。

（11）练习壮丁的原因是什么？

对于本问题的回答，知道的男 63 人，女 18 人，合计 81 人；不知道的男

11人，女8人，合计19人。

（12）抽壮丁对吗？

对于本问题的回答，答对的男70人，女17人，合计87人；答不对的男4人，女9人，合计13人。

（13）你愿意自己或儿子去打仗吗？

对于本问题的回答，说愿意的男46人，女3人，合计49人；说不愿意的男28人，女23人，合计51人。

（14）要求得最后胜利当靠谁？

对于本问题的回答，答靠前方将士的男15人，女1人，合计16人；答靠外国帮助的男3人，女2人，合计5人；答靠长官领袖的，男12人，女6人，合计18人；答要全国总动员的男33人，女14人，合计47人；答不知道的男11人，女3人，合计14人。

（15）你打算做点什么来救国？

对于本问题的回答，说"做事生产"的男30人，女2人，合计32人；说"读书"的男3人，女2人，合计5人；说"操练打仗"的男4人，女1人，合计5人；说"出力"的男11人，女无一人；说"做寒衣"的男无一人，女1人；说不知道的男26人，女20人，合计46人。

接受调查的100位工友中有27%未曾受过教育，即使是受过教育者，知识也十分有限。① 有19%的受访者不知道青天白日是哪一国的国旗，60%的受访者不会唱国民党党歌，28%的受访者不知道最高领袖是蒋介石。对于抗战，工友则有较清楚的认识，有93%的受访者知道中国正在对日抗战，有90%的受访者希望中国获胜，有87%的受访者认为抽壮丁是对的，也有47%的受访者认为要求最后的胜利需靠全国总动员。

2. 年龄

国民政府于抗战前开始推动国民教育，因此抗战期间的青年工人通常较中年以上的工人所受的教育为多。抗战后期，一位社会学家在云南一所国营工厂从事实地调查时发现，青年技工和中年技工同坐在一张茶桌上聊天时，意见每

---

① 《华西坝各大学工友调查》，载《成都离婚案之分析》（未注出版时地），藏于四川大学图书馆，第26—27页。

多有分歧，如遇谈国事，中年技工多静坐一边，不措一词。这位社会学家后来发现，中年工人也未尝不想表示他们也关怀时事，思想并未落伍，可是有时对讨论的问题，并不十分明白，"只能坐在旁边讨论常识。偶尔说出意见，或因为用辞失当，或把意见弄颠倒，反招青年朋友笑话"。原因在于中年工人早年所受的教育弱人一等，后来困于生活、忙于工作，并无暇弥补这种缺陷，于是知识益形落后，与那些小学甚至中学出校不久的青年工人比较起来，自然显得有几分距离。① 年轻的工人一方面由于血气方刚，因此较易接受民族主义情绪的感染。抗战期间，大后方报章杂志常可见到有工人自述其经历，或吐露其心声，其中每多充满民族主义情绪，这些文章几全出于青年工人之手。例如一位14岁的女孩，因不愿被父母卖给人家做小媳妇而离家出走，进入纱厂做工。她在《入厂的前后》一文中，回忆离家出走的原因时说：

  我为什么偷了出来呢？无疑的是受生活的逼迫，是受旧式婚姻的威胁。因此我恨这种社会的不良，同时我更恨日本侵华使我国的生产减少，奸商投机操纵才使得百物昂贵。我们穷人是不能生活了。
  我多恨啊！我要打日本、打汉奸。②

这段引文显示，作者的推论虽然不甚合乎逻辑，但反日的情绪和国家观念清晰可见（文末作者并注明"稿费请捐作援助东北抗日联军"）。又如一位机器厂的学徒，于《新华日报》发表自述，叙述其学徒生活。在谈及于"八一三"战役后随厂由上海播迁至重庆时表示："一切布置完备了之后就开工，我又得到了学习。这一方面，是学得了本领，提高技能；另一方面在后方生产，增加抗战实力，尽我个人力量，贡献国家。"文章最后更以一段抗日论述收尾：

  在今天五一国际劳动节的鼓励下，我们无数千百万的工友们应该联合起来，团结一心，发挥我们的力量，帮助抗战，打倒帝国主义，争取抗战的最后胜利。③

---

① 史国衡：《昆厂劳工》，商务印书馆1946年版，第27—30页。
② 阿意：《入厂的前后》，《新华日报》1940年2月30日。
③ 刘毅：《机器厂的一个学徒》，《新华日报》1940年5月3日。

3. 个人际遇

（1）亲受日本人迫害。许多工人由于亲受日本人迫害，因而产生反日思想。1950年，一项针对459位产业工人所作调查显示，有189人曾被日本人打过，109人曾被警察打过，72人曾被国军打过，121人曾受过其他压迫。② 被日本人打的经验常能直接激起反日的情绪。战时云南某工厂一位技工曾回忆他于"八一三"战役后，由上海退回浦东探望家小，由于晨气萧瑟，于是将双手插在口袋中行走，忽然从路边闪出两个日本兵，劈头打了他两耳光，警告他将手放在口袋中，有携带手枪的嫌疑，工人气愤之下，于是进了游击队，后来游击队解散，乃悍然至内地做工。③

（2）亲见日军暴行。有些工人虽未亲受迫害，但亲见日军暴行，也能激起民族主义情绪。例如一位工厂学徒即曾自述其反日的心路历程：

> 我见着东洋鬼子逞凶恶极轰炸我们，枪杀我们，我心里非常痛恨鬼子，我自愿的去参加工人的救亡团体去参加各种工作。我学会了几首歌，我爱唱。我懂了一些常识，在后方的我们要努力生产，替国家民族出一点气力。民族得着了解放，我们这一群人才有生路；我为了这个大目的，对自己的工作，从未松懈片刻。我想只要大家努力，把日本法西斯匪徒，赶出中国领土，我们才会有那么快乐自由的一天！④

（3）亲受抗日宣传。对于不识字或是无法接触到抗日宣传品的工人，口头宣传常是重要的反日思想来源。例如四川一位盐井工人即自称由抗战宣传队获得一些抗战的消息，由此途径知道"汪精卫是一个出卖中华民族的大汉奸，他是一个主张中国向日本投降求和的，他是用反共、防共来做幌子，实在是想断送中华民国"。他并且表示："只要政府是能够坚决抗战到底，为了民族利益高

---

① 民国以来工人利用民族主义论述谋求自身福利的例子，参阅 S. A. Smith, *Like Cattle and Horses: Nationalism and Labor in Shanghai, 1895-1927*, Durham and London: Duke University Press, 2002, p. 53.
② 孙定国：《对工人进行政治教育》，生活·读书·新知三联书店1950年版，第14页。
③ 史国衡：《昆厂劳工》，商务印书馆1946年版，第28页。
④ 山青：《从学徒生活说起》，《新华日报》1939年5月1日。

于一切，我们是能忍受痛苦支持下去。"①一位重庆的人力车夫在听过几次街头演讲后，则表示："我也知道亡了国不是好玩的，要努力——像我要好好的拉车是不是？……我就盼打了胜仗，那时全用了汽车，我也不拉车了，改行干点别的，或是回家种田去。"②

（4）产业区别。不同的产业，也常会对工人的民族主义情绪产生不同的影响。一般说来，需集体合作的产业，由于平日接触频繁，甚至朝夕共处，对民族主义思想的扩散较为有利。矿业与纺织业即为明显的例子。战时四川自贡盐工，1942年曾捐款购买"盐工号"和"盐船号"两架飞机，响应献机运动。在征集壮丁优待金时，他们又捐款400万元。1943年11月，冯玉祥至自贡募捐，盐工又捐出50万元，为全市献金总额的四分之一。1944年7月，冯再度至自贡募捐，盐工献金达1,100万元。③四川天府煤矿工人，对于劳军捐款也十分踊跃，每捐一次便是一工。④纺织业工人，一般说来也较易受到民族主义情绪的感染。战时一位记者访问重庆各纺织厂，和女工们谈话后发现，女工们从集体生活中，"渐渐知道了一些旧生活以外的东西"，"前线拼命打仗，后方努力生产是应该的"之类的句子，也常能从她们嘴里发现。⑤

二、阶级认同

抗战时期大后方工人阶级认同的形成，受到以下几种限制。

第一，地域观念。抗战爆发后，大量技术工人迁入大后方。根据一项统计，至1940年底，由政府有关部门协助内迁的技工有12,164人，其中55%去四川，5%在云贵。⑥除了政府部门外，尤其民间企业等机构协助内迁的技工更多，约有30,000人。⑦由于大后方在战前技术工人甚少，因此战时大后方的技术工人

---

① 罗霖:《盐井工人的生活报告》,《新华日报》1940年5月1日。
② 子冈:《重庆的人力车》,《大公报》1939年9月25日。
③ 四川省总工会工运史研究室:《抗日战争时期的四川工人阶级》,《四川党史研究资料》1985年第9期,第9页。
④ 西民:《从文府煤矿看煤业员工的奋斗》,《新华日报》1944年7月27日。
⑤ 元甄:《发展纺织工业保障战时需要——同时注意改善工人生活》,《新华日报》1939年4月24日。
⑥ 冯祖怡:《抗战时期内迁人口对西南社会经济的影响》,载庆祝抗战胜利五十周年两岸学术研讨会筹备委员会编:《庆祝抗战胜利五十周年两岸学术研讨会论文集》,台北近代史学会1996年版,第863页。
⑦ Hubert Freyn, *Free China's New Deal*, New York: Macmillan, 1943, p. 41.

绝大多数来自江浙、上海、华中地区，于是内地工人将沿海、华中一带的省份称为"下江"，技术工人被称为"老师傅"，因而"下江老师傅"成了内地工人对外来工人的一种流行称号。反之，帮工和小工绝大多数来自西南各省，于是"本地小工"也成为内地人一个笼统的头衔。

下江工人和内地工人除了所用言语不同，在穿着、休闲和娱乐各方面也不相同。下江工人常穿西式衬衣以及工装和皮鞋，内地工人则常穿传统服装。休闲时下江人喜好听收音机中的音乐和新闻报告，内地工人则喜好赌钱、喝酒和谈天。① 一般说来，下江工人看不起内地工人，认为他们懒惰松弛、技术甚差、理解力不强。而内地工人既然缺乏工业知识和技术训练，一切均须从头做起，待遇自然最低，升迁的机会也较少，自易造成自卑感，认为厂方有意在待遇和升迁上歧视。② 事实上，下江工人对内地工人的不良观感，许多均是错误的刻板印象（stereotypes）。内地农村出身的工人，有许多生平未见过机器，一旦进了工厂，动作自然看起来有欠灵活，理解能力也较差，处处显得笨拙落后，主要乃是由于缺乏一个工业的传统。加上内地工人中有许多根本未将做工当成终身事业，兴趣仍在种地、做商贾，或是家庭手工业，过不惯规律的工厂生活，既是心不在焉，自然显得懒散不积极。③

下江工人和内地工人在观念上的差距，事实上只是大后方社会的一个缩影。内地人由于不喜欢下江人的高傲和夺去他们的工作机会，常将一切不好的事情均归咎于下江人，不论是日机至重庆轰炸、物价上涨，或是奢侈、淫靡、浮华等不良风气的出现，甚至重庆下雪，均说是"脚底下人来了"所致。④ 在日常生活中，一个下江人和内地人发生了口角，只要那内地人喊上一声"打人了！"，其余的内地人即会一拥而上，将那外省人打个半死。⑤ 这种地域观念尤其妨碍工

---

① 史国衡：《昆厂劳工》，商务印书馆1946年版，第104—107页。
② 有的国防工厂因为不论川籍工人技术优劣，待遇均较外籍工人为低，导致川籍工人愤而转赴延安工作。参阅中国近代兵器工业档案史料编委会编：《中国近代兵器工业档案史料》第三册，兵器工业出版社1993年版，第1095页。
③ 史国衡：《昆厂劳工》，商务印书馆1946年版，第17—18页。
④ 姜豪：《战时重庆见闻录》，《档案与史学》1996年第3期，第55—60页；夏衍：《下江人语》，《夏衍杂文随笔集》，生活·读书·新知三联书店1980年版，第319页；Lee McIsaac, "The City as Nation: Creating a Wartime Capital in Chongqing", in Joseph W. Esherick, ed., *Remaking the Chinese City: Modernity and National Identity, 1900-1950*, Honolulu: University of Hawaii Press, 2000, pp.178-179。
⑤ 李辉英：《雾都》，香港香江出版社1985年版。

人的团结,因为工人每天至少有 12 小时甚至 14 小时在一起工作,接触的时间既多,发生冲突的机会也就增大。一位重庆工人对此现象即有以下生动的描述:

> "下江人"看不起"上江人"的工作技术,甚至"啥子啥子"的腔调也会引起某些"下江人"的讨厌;而"上江人"则讨厌"下江人"的高傲和"抢"他们饭碗,也有人讨厌他们说话"叽哩咕噜"。还有因"下江人"一般的技术较佳、工资较高,也引起"上江人"的反感,因此吵架的现象便常常发生了。①

除了下江人和上江人的区分外,下江工人更依所用方言不同,而分为江浙、华北、广东等帮。② 各种行业也有不同的帮口,如机械业中的上海帮和广东帮,码头搬货的重庆帮和万县帮,海员工人中的宁波帮、福建帮和广东帮,以及其他产业工人和手工业工人的所谓"同乡"界限。工人常因帮口的关系,发生涉讼,乃至械斗等冲突,③ 有碍工人的团结。

此外,业者也往往通过同乡关系招募新人,产生各种地域团体。如四川的民生机器厂共有七个工场,每个工场的主管均找其同乡的工人,如木工厂即多为湖南人,外勤部分多为福建人和湖北人,翻砂和冷作多为北方人。④ 甚至工厂宿舍的分配,一般也以同乡相聚为原则。有些依同乡关系组成的女工团体,甚至成员均穿着相同的衣服、剪着相似的发型,同进同出。⑤ 这些非正式团体虽然有利于集体行动时的动员,但是却有碍工人的团结一致。

第二,职工界限。战前沿海地区工业发达,劳资双方纠纷不断,隐然有对立之势。抗战时期大后方由于国营工业势力较大,因此劳资对立情况并不严重,职员和工人的分野却十分清楚。此项分野甚至对立的由来,大体不外以下几项

---

① 若纯:《谈工人中的宗派观念》,《新华日报》1944 年 2 月 5 日。
② Israel Epstein, *Notes on Labor Problem in Nationalist China*, New York: Institute of Pacific Relations, 1949, p. 96.
③ 若纯:《谈工人中的宗派观念》,《新华日报》1944 年 2 月 5 日;吴克坚:《为中国职工运动统一而斗争》,《新华日报》1939 年 5 月 1 日。
④ 刘实:《抗日战争中后期重庆的职工运动》,载南方局党史资料编辑小组:《南方局党史资料(群众工作)》,重庆出版社 1990 年版,第 302 页。
⑤ 史国衡:《昆厂劳工》,商务印书馆 1946 年版,第 183—185 页。上海纱厂女工团体,也有类似的现象,参阅 Emily Honig, *Sisters and Strangers: Women in the Shanghai Cotton Mills, 1919-1949*, p. 212.

因素：

（1）身份观念的存在。中国社会中"劳心"和"劳力"的分野，存在已久。"劳心者治人，劳力者治于人"。职员是所谓长衫阶级，代表劳心者；工人受教育甚少，为靠体力谋生的粗人，代表劳力阶级。在一般人心目中，工人的社会地位低下，一般中学毕业生，直至抗战期间，仍有些自视为属于"士"的阶级，在心理上排斥工人，不愿做工。[①] 即使是一般农民，也轻视工人，并且多不愿家中女子做工。抗战期间，一位社会学家曾对大后方600余位女工进行访谈，除了少数之外，大多数的受访者觉得做工不仅没有前途，而且是失面子的事，有不少年轻女工甚至向访问者痛哭，原因是与她们年龄相近的亲友在学校读书，而她们自己则当了工人。男工中也有许多人认为工人的社会地位太低，表示宁愿少领些薪水，做个小职员，也不愿做工人。[②] 也有些监工因为工人的名义不好听，情愿自己赔钱升为职员，以求社会地位的提升。[③] 工厂、企业的职员受到此一传统观念的影响，乃形成了他们对工人的刻板印象，认为工人知识程度差，行为粗暴；工人则觉得职员高傲，目无工人。

（2）生活品位的区分。一个工厂的职员，大多必须受过中学教育，高级职员均为大学甚至留学出身，说话时常夹着英文；工人则受教育甚少，由工人出身的管理员每多无法受到高级职员的赏识，显示此类职员在行为和气味上无法进入职员的团体。工人和职员由于来源不同，在礼貌、谈吐、举止、态度上已有不能混合的区分；由工人到职员的升迁路径，也是障碍重重。凡此种种，怎能使工人们不觉得前途黯淡，一生只能做一个被人看不起的工人。在一个没有前途、没有出路、没有希望的事业中生活，自然不是五日京兆、暂时驻足，等待较好的机会离开，就是因循苟且、敷衍塞责，在烟赌和酒色上去寻求片刻的刺激。[④]

工人和职员之间，既然已有成见，平日接触机会又少，有误解也无从解释。成见加上误解，自然隔膜日深。如遇企业主利用笼络职员的方式，加强对工人的剥削，则职工对立更为严重。[⑤]

---

① 谷春帆：《中国工业化概论》，商务印书馆1947年版，第191页。
② 费孝通：《劳工的社会地位》，《今日评论》第5卷第1期，1941年1月，第10页。
③ 史国衡：《昆厂劳工》，商务印书馆1946年版，第113—115页。
④ 史国衡：《昆厂劳工》，商务印书馆1946年版，第225页。
⑤ 闵廉：《加强工人与职员的联系》，《新华日报》1940年5月18日。

(3)技术界限。技术熟练与不熟练工人之间,也有隔膜。技工和帮工、小工虽然是一种技术之差,可是他们往往看不起别的工人。在云南一国营工厂内,"很少有技工和帮工、小工们往来的。他们甚至说小工们一生也不会有出息,有时还命令他们为自己做杂事。"①

此外,学徒与工人之间、学徒本身之间,也不团结。在许多工厂中,学徒与工人常成为两种互不相关的集团,工作虽然在一起,生活上却不接近。战时大后方许多工厂甚至大量增加学徒,开除老工人,使得学徒数目常超过熟练工人的数目,引起工人与学徒之间的冲突。②而学徒与学徒之间,也往往因旧学徒制与新学徒训练班出身不同,加上待遇不一致而存在隔膜,彼此常不相往来。③

(4)性别界限。男女性工人的心态,有着明显的差异。根据1943年一项针对昆明163个工人所作调查,女性工人对工作环境不满意的比例,要较男性为高。

表1 昆明163位纱厂工人对工作环境的看法

看法	女性工人		男性工人	
	数目(人)	比例(%)	数目(人)	比例(%)
坏	56	49.12	15	30.01
可以忍受	21	18.42	16	32.6
好	35	30.70	18	36.73
不知道	2	1.75	—	—
样本数	114	100.00	49	100.00

资料来源:Israel Epstein, *Notes on Labor Problem in Nationalist China*, New York: Institute of Pacific Relations, 1949, pp. 41-42.

男性工人对工作环境满意的程度较女性为高,原因在于他们通常占据了较好的位子,男性工人通常也比较能忍受无礼的待遇。据此项调查,女性工人最常见的抱怨包括工作时间长、对职员的不满、不够自由;男性工人则较易抱怨工资过低及加夜班等。男性受访者中,以下江人和曾经做过工者,不满意的程

---

① 史国衡:《昆厂劳工》,商务印书馆1946年版,第115页。
② 闵廉:《为学徒们请命》,《新华日报》1940年3月31日。
③ 若纯:《谈工人中的宗派观念》,《新华日报》1944年2月5日。

度最高。①

（5）宗教、政治信仰差别。工人中有的信仰三民主义，有的信仰共产主义，有的信仰道教、佛教，也有的不信仰任何主义、宗教。

（6）工人本身的特质。大多数的工人出身于农村，而与农村有着密切的关系；女工、童工在工人总数中占甚大比例，流动性大；言语复杂、教育程度低，宗教、迷信盛行。

工人内部的种种差异，虽然有碍工人阶级意识的形成，但是也为集体行动奠下了坚实的基础。此外，工人虽然不是铁板一块，有时也真能协同合作。例如技术工人虽然对于自身的地位引以为傲，不过有时也真能关心一般工人的福祉，并自诩为所有工人的代言人。在他们的心目中，对行业的认同和对阶级的认同，并不一定有冲突的存在。更有进者，在某些重要的时刻，即使不是由于阶级意识，各个不同地区的工人也能相互协调合作。②

三、报纸与工人认同——以《新华日报》为例

抗战时期大后方，最能凝聚工人阶级认同的工具，应该是中共的《新华日报》。1938年1月，该报获国民政府批准，在汉口开办，由潘梓年任社长，华岗任总编辑，章汉夫任编辑部主任。开办初期，并受财政部长孔祥熙的补助。③经由这份报纸，中共首次得以在国民政府统治地区表达意见。④当时中共在大后方的工人工作，在合法范围内的工作，主要也是通过《新华日报》来进行。⑤《新华日报》自创刊起，即大力宣传工人运动方针，为工人运动指引方向，并充分利用自己的版面，反映工人的心声，同时也激发工人的反国民党、反日情绪和阶级意识，获得相当的成效。

---

① Epstein, *Notes on Labor Problem in Nationalist China*, New York: Institute of Pacific Relations, 1949, pp. 41-42.

② Elizabeth J. Perry, *Shanghai on Strike: The Politics of Chinese Labor*, p. 29. 工人内部差异的问题，至1949年以后依然存在。参阅 Jackie Sheehan, *Chinese Workers: A New History*, London: Routledge, 1998, p. 38.

③ Lawrence K. Rosinger, *China's Wartime Politics, 1937-1944*, Princeton: Princeton University Press, 1945, p. 29.

④ Shum Kui-Kwong, *The Chinese Communists' Road to Power: The Anti-Japanese National United Front, 1935-1945*, Hong Kong: Oxford University Press, 1988.

⑤ 详见 Joshua H. Howard, "Workers at War: Labor in the Nationalist Arsenals of Chongqing, 1937-1949", unpublished Ph.D. dissertation, University of California, Berkeley, 1998, pp. 402-463.

（一）报纸编采方针

早在抗战爆发前，中共即提出了团结抗日的号召，制定了"抗日民族统一战线"政策。在此方针指导下，党的工人运动方针也作了相应的调整，指出民众运动中的关门主义、宗派主义和冒险主义，有碍贯彻抗日民族统一战线政策和争取多数群众。刘少奇曾多次在关于"白区"工人运动的报告中，强调利用合法形式或公开斗争的重要性。1937年5月，中华全国总工会发表了《关于职工运动的经验及转变方式问题》的文件。该文件指出，处在日本帝国主义积极企图灭亡中国的形势下，工人运动首先必须清楚地认识自己打击的首要目标是日本帝国主义，而不是其他外国资本和民族资产阶级。为了发动整个工人阶级参加抗日战争，仍须发动工人的民主运动，并改善工人的物质生活，但是这些斗争（对日资的斗争除外），一般应采取和平、合法的态度。如果某些条件为资方所无力负担，工人仍需以民族利益为重，做不得已的牺牲和忍耐。[①]

至于《新华日报》对工人活动报道的方针，从版面上看，较多篇幅是反映工人受剥削、受压迫的情形，但并不是毫无节制地鼓励工人进行抗争，同时也着重呼吁社会大众关心工人的生活和劳动条件。主要的精神有二：第一，维护工人利益，也团结民族资本家。劝说民族资本家不要只图牟利、过分压榨工人，应该关心工人的生活与健康。为了避免刺激民族资本家，凡是刊登反映工时过长、工资过低，以及劳动条件恶劣的来信和漫画，均只写具体事迹，不注明厂名。第二，对于国民政府，则督促其执行保护劳工的法令。[②]

当时在国民政府统治地区办报，时事新闻仅能仰赖中央通讯社。为了突破此项限制，《新华日报》的编辑人员，往往利用一些地方报纸所暴露社会阴暗面资料，改写成新闻通讯和资料发表，数量也十分庞大。如此，《新华日报》不但在报道的质上不同于官方的报纸，而在量的方面，也能将中央社的消息压缩至最小。[③]

（二）言论分析

《新华日报》创刊之初，即以团结抗日作为抗战时期工人运动的基本方针。

[①] 《中国工会历史文献》第三卷，工人出版社1958年版，第711—720页。
[②] 韩辛茹：《新华日报史（1938—1947）》，中国展望出版社1987年版，第147—148页。
[③] 陈驰：《资料的积累和利用——记〈新华日报〉的剪报工作和编写通讯》，载石西民、范剑涯编：《新华日报的回忆（续集）》，四川人民出版社1983年版，第355—356页。

在以后几年中,《新华日报》发表了大量的社论、专论、短评和署名文章,反复宣传上述方针。根据一项统计,1938—1945年之间,仅社论和短评即达百篇以上。如再加上署名文章,则数量更为可观。

这些文章的内容十分广泛,涉及工人活动的各方面。有些是为各种纪念日而刊登,如《"二七"二十周年》《纪念五卅事变增强工人抗战力量》。每逢"五一"国际劳动节,《新华日报》则均发表社论,有时还不止一篇,如1938年即先后于4月26日和5月1日发表社论三篇。有些文章是针对工人的重要活动而写,1938年声援香港三报工人反对汪精卫的活动,即为一例。

1938年8月13日,香港汪系报纸《南华日报》刊出文章反对"八一三"纪念献金运动,激起该厂印刷工人公愤,在中共香港地区组织的策动下,《南华日报》和《天演日报》两报社的60多个工人,当即罢工离职。15日,《自由日报》的15名工人也起而响应。在此次罢工活动中,《新华日报》发挥了宣传者和组织者的作用,对运动的发展贡献甚大。8月15日,《新华日报》率先报道了两报工人反汪罢工的消息,接着又陆续以短评、社论、实地采访报道等方式加以声援,该报职工并以捐款的方式,带动和促进各地声援活动的开展,也获得了广泛的回响。重庆某国防工厂的工人,先后捐款竟达7次,顺昌铁工厂的工人也两次捐款,甚至连中国无线电业公司被解雇的工人,也两次捐出自己挣得的有限解雇金。

对于各界的捐款,《新华日报》是运用广告的方式,陆续予以公布。如8月29日的一则广告,即公布收到捐款519元1角,并列出500多位捐款者的姓名,捐款者大多为工人、店员、学生和小知识分子。有捐1元、2元的,有捐几角钱的,甚至有只捐几分钱的。此种方式,甚能激起热心读者的情绪。根据一项统计,1939年8月15日至12月27日之间,《新华日报》共刊出有关新闻近百条,一条报道中常包括多封信件、电文或多项消息,因此实际刊出的条目,多达数百。《新华日报》对声援香港罢工工人所做努力,可见一斑。

为了争取社会各界对工人困苦生活的了解,《新华日报》派出了大批的记者,深入工厂、矿山和其他工人集中地,对工人生活进行广泛的调查,同时也鼓励工人投稿,反映工人的困难和要求。根据一项统计,"国统区工人生活"专栏,1939年共刊出40余条,至1944年时已增至130余条,如再加上"国统区工人失业"和"职工运动"二专栏所刊出的有关条目,则已近200条。《新华日报》除了在"读者园地"大量刊登工人们的倾诉和呼吁外,更先后辟有"工人生活线"和"生活一角"等专栏和"工人园地""工人习作"等专页,反映大后方工人的艰辛和他们的要求。这些文章所呈现出来的意象是——含辛茹苦为增产抗战物资、为争取抗战胜利做出巨大贡献的工人,在物价高涨、工资低微的情况下,连一己的温饱尚难维持,仰事俯育更无从解决。一朝失业,只有流浪街头,在饥饿和死亡线上挣扎。

《新华日报》有时又利用有利时机,经由某一重大事件的消息报道,发表评论,支持工人的要求,甚至开展大规模的群众运动,1945年的胡世合事件即为最明显的一个例子。此次运动系因军统特工枪杀电力工人胡世合而起。位于重庆市区的中韩文化协会饮食部违章用电,重庆电力公司于2月20日派工人胡世合等前往取缔,该饮食部起而阻挠,特工田凯文开枪将胡击毙。此一事件激起全市工人和市民的愤怒。中共南方局乃因势利导,发动一场大规模的抗议行动,迫使当局枪毙杀人凶手,并为胡世合举行公祭,前往致祭者达20余万人,出殡仪式更成为示威大游行。在此事件中,《新华日报》在南方局的统一部署下,积极投入战斗,不仅利用自己的版面,公开进行宣传,同时与《国民公报》《新民报》《商务日报》和《大公报》等报的记者密切配合,一同派出记者和工作人员深入现场,指挥和推动运动的发展,并分赴机关、工厂和学校,广泛发动群众声援。根据一项统计,从2月22日到4月14日,《新华日报》共就此事件刊登消息18则、社论1篇、短评2篇(另有一篇被扣发)、特写1篇(另有一篇被扣发)、杂文1篇、群众来信13篇(另有31篇被扣发)、启事1则、悼文1篇、代邮1篇,总计39篇。① 不仅报道事件,同时也指引了事件的后续发展。

此外,《新华日报》的副刊中也有许多反映工人苦难生活的文章。例如李进的《一个工人的死》,描写挑水工人李大福因不慎跌倒摔坏了水桶,被股长活活打死,在他临死前厂方仍残忍地将他开除,并且不许任何人给他送饭、上药;佚名的《他弄瞎了自己的眼睛》写的是长工李麻子为了逃避国民政府抓丁,以便留下照顾卧病不起的妻子和病儿,竟然用硝镪水将自己的眼睛烧瞎。② 这些文艺作品所呈现的工人生活,均是水深火热,令人无法忍受。许多文章还进一

---

① 杨润时:《暴露黑暗,申抒民意——〈新华日报〉的社会新闻》,载《新闻研究资料》第11期,第98页。
② 阎世申:《新华日报副刊的经验》,载王文彬编:《中国报纸的副刊》,中国文史出版社1988年版,第97—98页。

步指出造成工人生活困苦的主要原因，在于资本家的剥削。例如一个袜厂学徒在《三个月的袜厂生活》中，自述其遭受机厂老板剥削经过，在文章最末一段，他说：

> 我何尝不希望在这艰苦的工作中、微薄的工资下，来维持我底生活？然而，袜厂里的老板是不肯在这种情况下来拯救我一下的！当资本家在要你去工作的时候，是要你去帮他赚钱，听命他的剥削，在他不要你的时候，就会一脚把你踢出去！①

又如另一篇文学作品，描写一个童工为了读书，常遭管理员严厉的斥责，某日更因脚受伤而被开除。作者在文末提示读者脱离困境的方式："他的希望，完全被冷酷无情的厂方摧毁了，要满足他的希望，只有继续的斗争！"②

根据社会学家迈克尔·曼（Michael Mann）的看法，阶级意识的内容有四：（1）阶级认同。（2）阶级对立（class opposition）。（3）阶级总体（class totality），即以上述二要素界定一个人的社会处境（social situation）和他所生活的社会。（4）与资本家斗争的目标，在建立一个新的社会。③战时中共的政策虽然不鼓励工人运动，但是观察上面所引述《新华日报》的内容，除了强化工人的阶级认同，宣传工人阶级权益外，更号召工人以实际行动改变现状，其目的在灌输工人阶级意识。

（三）编排技巧

《新华日报》在编排上所常用的一些技巧，有以下几种：第一，正反对比。将暴露大后方工人生活困苦的作品，和介绍共产党根据地工人安居乐业情况的文章，置于同一版面，产生明显的对比宣传效果。例如1944年8月18日"劳动人民的生活"专页，总标题为《一般劳动，两样滋味》，标题下共有两篇文章——王进的《挑水夫》和白英的《老李》。编辑又特别在两个小标题前分别注明"他生活在延安"和"他生活在四川"。这两篇文章均为描写挑水夫的生

---

① 江明：《三个月的袜厂生活》，《新华日报》1940年4月27日。
② 章佩兰：《被踢到生活圈外的一个童工》，《新华日报》1939年4月30日。
③ Michael Mann, *Consciousness and Action among the Western Working Class*, London: Macmillan, 1973, p.13.

活,他们同样拼命地工作,不同的是,延安的挑水夫为八路军挑水主动争挑重担,而重庆的挑水夫为了活命被迫拼上了老命。他们都生过病,不过延安的挑水夫生病时,同志们纷纷送鸡蛋、挂面、请大夫;重庆的挑水夫生病后,仍得咬着牙挣扎干活,最后含恨而死。在如此对比之下,怎能不令人向往共产党根据地和共产党。① 第二,善用插图。编者常能利用漫画、木刻、连环图画作为插图,产生惊人的宣传效果,例如在《一个小苦力的自述》这篇引人落泪的文章中间,竟然穿插了一幅漫画,画中有两个囤户坐在粮仓上吞云吐雾。其中一个囤户说:"老兄,明天上涨多少?"另一个囤户答道:"涨十元罢!"将讯息以简单的图像有力地呈现出来。②

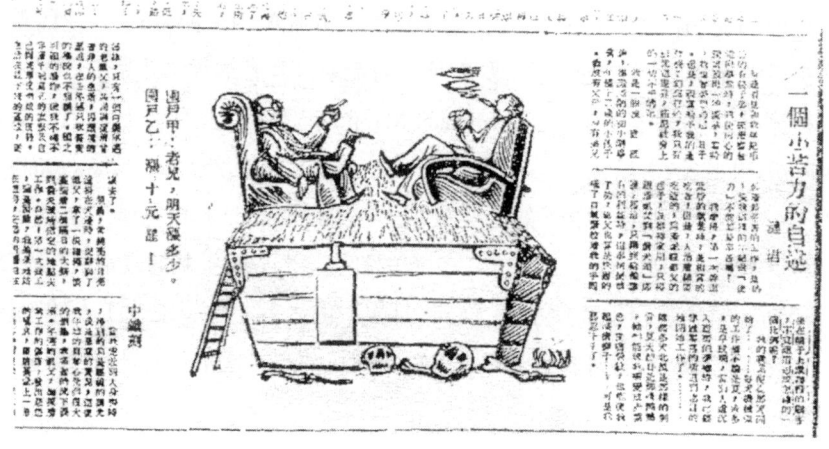

(四)影响评估

《新华日报》的发行份数,在1938年5月以前为13,000份左右,至10月武汉撤退前,最多达30,000份,1939年初全国销售数为20,000份左右。③ 根据1945年1月重庆卫成总司令部所作一项情报报告,《新华日报》因报价低廉,出版时间较早,且运报均派专人负责,故其他报纸尚未全部印妥,而该报已送达订户及沿街叫卖;此外学生、工人均可免费送阅。由于以上各项原

---

① 阎世中:《新华日报副刊的经验》,载王文彬:《中国报纸的副刊》,中国文史出版社1988年版,第112—113页。
② 《新华日报》1941年1月9日。关于《新华日报》美术编辑的运用漫画,参阅 Chang-tai Hung, *War and Popular Culture: Resistance in China,1937-1945*, Berkeley: University of California Press, 1994, p.235。
③ 韩辛茹:《新华日报史(1938—1947)》,中国展望出版社1987年版,第136页。

因，该报的行销数目日有增加，已达 22,000 份，并大量扩充，拟增至 50,000 份。① 该报告中称"学生、工人等更可免费送阅"，恐系偶一为之的促销手法，而非常态，② 不过 22,000 份销数的估计，应尚可信。抗战时期，大后方报纸发行量达万份以上者甚少，③ 因此《新华日报》为一大报，应无疑问。一项资料指出，在重庆地区，《新华日报》的销路仅次于《大公报》，而位居第二大报。④ 在成都附近地区，1939 年 4 月时，《新华日报》的发行量甚至超过《中央日报》《党军日报》《扫荡报》。⑤ 根据《新华日报》1943 年对读者成分所做的调查，读者中有 70% 为工人，⑥ 显示该报至少在工人中尚能受到欢迎。

《新华日报》在工人中的影响力，不能仅从销售或订阅数观察，因为一份报纸至工厂后，常被广为传阅。如某一国防工厂内，经常阅读《新华日报》的工人占 20%，但是仅有 2% 为订户。⑦ 另一项中共的调查报告也显示，《新华日报》在工人中的影响极大，尤其是在国防工业中，"一份报纸，至少要传达至五六人乃至十余人；对于我军的消息与我党的文件，莫不轰动抢阅"。

此外，一些工厂中的工人夜校、中共的党员训练班、干部训练班等，均以《新华日报》的相关文章作为主要学习内容，工人中的读书会（多与《新华日报》的社会服务处有密切关联），也以《新华日报》作为主要读物。至于一些工厂的图书室、图书馆内的《新华日报》，则看的人更多。甚至连大后方最大的第二十一兵工厂，厂内的图书馆也有该报供工人阅读。《新华日报》影响

---

① 《重庆卫戍总司令部会报秘书处关于该报发行数增加的情报》，载重庆市档案馆、中国第二历史档案馆编：《白色恐怖下的〈新华日报〉》，重庆出版社 1987 年版，第 588 页。另有一项研究指出，《新华日报》抗战时期最高发行数达 50,000 份。参阅重庆日报社：《抗战时期的重庆新闻界》，新华书店 1995 年版，第 53 页。

② 据另一项情报资料显示，1945 年 7 月《新华日报》在歌乐山地区举行促销活动，住户每月报费 120 元，工人 70 元，机关、团体、学校每月专送，不收分文，参阅《重庆卫戍总司令部会报秘书处关于该报在歌乐山发行的情报》，载重庆市档案馆、中国第二历史档案馆编：《白色恐怖下的〈新华日报〉》，第 589 页。

③ 赖光临：《七十年中国报业史》，台北"中央"日报社 1981 年版，第 160 页。

④ 朱语今：《回忆皖南事变后周恩来同志在南方局的几次谈话》，《革命回忆录》第四辑，1982 年 2 月，第 144 页。

⑤ 杨继乾：《关于〈新华日报〉在成都——1938 年 4 月—1940 年 3 月》，载新华日报学会成都分会编写小组编：《〈新华日报〉成都营业分处史稿》，成都出版社 1991 年版，第 124 页。

⑥ 熊复：《关于〈新华日报〉的历史地位及其特点》，载石西民、范剑涯编：《〈新华日报〉的回忆（续集）》，四川人民出版社 1983 年版，第 63 页。另一项 1945 年出版的资料则指出，《新华日报》的读者主要为学生、店员、职员和工人。

⑦ 《川东特委工作报告——川东南的政治环境和党的组织、工作状况（1939 年）》，载中央档案馆、四川省档案馆编：《四川革命历史文件汇集（1937 年 6 月—1939 年）》，四川人民出版社 1987 年版，第 274 页。

之广，由此可见一斑。兵工署除了令饬各国防工厂密禁订阅《新华日报》，并曾令饬各厂工人订阅《扫荡报》，除应缴报费7角外，其余超过之数由厂方津贴。① 唯此项禁令成效如何，值得考察。

四、结论与讨论

综前所述，本文主要发现有以下几项：

第一，战时大后方工人确实存有抗日情结，但是具有近代意义的民族主义（nationalism）则似乎尚未普及。影响抗日情结强度的变数，除了技术水准外，还包括年龄、个人际遇与所从事的产业。

第二，至于大后方工人的阶级认同，则受到地域观念、职工界限、技术界限、性别界限、宗教与政治信仰差异，以及工人本身特质等的限制。其中战争对于工人地域观念的影响，尤其值得注意。抗战期间，反日情绪和国家观念的增强，加上地理上流动的增强、扩大，固然均使得地域观念淡化，但是工人变换工作的频繁，每多仰赖血缘、地缘的人际关系网络，又强化了原有的地域观念。

第三，工人的阶级认同，固然受到上述各项因素的限制，但是也非不能突破。中共在战时虽不鼓励工人运动，但是其《新华日报》在灌输大后方工人的抗日、反国民党情绪外，也强化了他们的阶级意识，使得大后方的工人运动在战后能够在外在环境配合之下，迅速地再度兴起。

最后，本项研究仍有若干局限和疑点，值得未来作进一步的探讨：

第一，工人自己的心声，除了《新华日报》曾大量披露外，在他处均甚难听到，因此本文对于工人心态的观察，不免仍有其局限性。

第二，工人的阶级认同和抗日情结如何持续。

第三，战时中国其他地区（如共产党根据地、沦陷区）工人的认同情况如何？至今仍不清楚，值得继续探讨，俾便加以比较。

（本文原载黄克武主编：《第三届国际汉学会议论文集（历史组）——军事组织与战争》，台北"中研院"近代史研究所，2002年。）

---

① 《兵工署严禁各厂工人订阅〈新华日报〉代电（1941年5月11日）》，载中国近代兵器工业档案史料编委会编：《中国近代兵器工业档案史料》第三册，兵器工业出版社1993年版，第1100页。

国家的形塑

中国近代政府与农业发展

一、前言

中国政府在农业活动中所扮演的角色为何？这一直是个争论不休的问题。在西方，自启蒙运动以降，欧洲的中国观察家对这个问题即有两派不同的看法。

第一派的观察家如孟德斯鸠（Montesquieu）将中国视为一个东方的专制政体，由皇帝施行恐怖统治，为了巩固王位，才在灾荒时实施赈济。①这派学者强调君权的绝对性，不存在有任何法律上或习惯上的限制。他们认为造成这种绝对君权的原因，乃是中国缺乏贵族及教士阶级，并且没有自主、独立的城市。这套理论对于西方人对非西方民族的看法，具有深远的影响，如近代的法国学者白乐日（Etienne Balaz）和德国学者魏复古（Karl Wittfogel）就都认为中国官僚国家的权力无限制，窒息了城市和乡村经济的发展。政府常任意将人民盈利所得充公，缺乏契约保护，商人无地位，凡此种种，均不鼓励商人从事生产性投资，乡民也无力阻止租税和劳役的压迫。因为官僚机构的权力没有限制，所以中国无法产生资本主义和西方的科学。②李约瑟（Joseph Needham）虽然拒绝使用"东方专制"一词，但是他所用的"官僚封建制"（bureaucratic feudalism）在许多方面和"东方专制"有共同之处。他视传统中国社会为众多孤立的村落共同体（village community），上面则是一个万能的官僚机构。虽然国家并未干涉村落的日常事务，但是却经由公共工程的管理控制社会。此外，国家官僚机构并负有组织生产活动（the general organization of production），即指导农业政策的职能（只有在中国古代才有"司农"一职）。这样的一个官僚国家（bureaucratic state），创造了科技上的伟大成就，但是由于它重农轻商的政策，

---

① Charles Montesquieu, *L'Esprit des lois, Oeuvres completes*, Paris: Editions de Seuil, 1964, p. 576.
② Charles Montesquieu, *L'Esprit des lois,Oeuvres completes*, Paris: Editions de Seuil, 1946, p. 576. Etienne Balaz, *Chinese and Bureaucracy*, New Haven: Yale University Press, 1964, p.53.

也阻碍了近代科学和资本主义的出现。①

第二派的观察家则对中国官僚机构的持久、有效印象深刻。由于欧洲专制时代人民赋税负担沉重,税务机关缺乏效率,许多西方人在相较之下即将中国政府视为模范。如奎内(Francois Quesnay)即指出中国的税率低,证明皇帝关心乡民福祉、鼓励生产,使乡民收入无被充公之虞。他和孟德斯鸠一样,心中所关怀的是法国。当时法国的农业由于赋税重,收入中饱,地主财产权无保障,因此无法发展。② 18 世纪以后,欧洲对中国的崇拜逐渐衰退。19 世纪英国的观察家通常同意清政府的权力有限,但是将权力的限制视为弱点——19 世纪末的变法运动之所以失败,乃是由于国家无力排除保守势力的反对;19 世纪中国无法工业化,则是由于政府对经济活动的影响有限。

第二次世界大战以来的研究,大致说来均支持第二派人士的看法。本文拟暂就农业研究与推广、基本建设、粮食调剂几方面,综述近人的研究成果。至于明清时期新政权成立之初,或是大规模的天灾人祸之后,政府每多采取一些措施,如轻赋薄役、移民垦荒、安辑流亡、贷给资金等,以期恢复农业生产,笔者以其与历代政府并无不同之处,故略而不论。

二、农业研究与推广

中国近代农业之设有专管机构,始于清末。光绪二十九年(1903),清廷设商部,其中有平均司,掌垦、农、蚕桑、山利、树艺、畜牧、生殖等务,为中国近代中央级农政专业机构之始。光绪三十二年(1906),并工、商两部为农工商部,其中设农务司(平均司改称),职掌包括农、田、牧、树艺、蚕桑、水产、丝茶等事,并各省河湖江海堤岸闸坝巷道工程岁修核销事宜。此外并设农事试验场,隶农工部,受农务司管辖,为中央政府设立农政事业机构之始。③

---

① Joseph Needham, *The Grand Titration: Science and Society in East and West*, London: George Allen & Unwin Ltd., 1969, passim.

② Francois Quesnay, *Le despotism de la Chine,* in Lewis A. Maverick, *China: A Model for Europe*, San Antonio: P. Anderson co., 1946, p.220.

③ Wellington K. K. Chan, *Merchants, Mandarins and Modern Enterprise in Late Ch'ing China*, Cambridge, Mass.: Harvard University Press, 1977, chap.8; 阮忠仁:《清末民初农工商业机构的设立——政府与经济现代化关系之检讨(1903—1916)》,台湾师范大学历史研究所 1988 年版。

除了中央之外，各省自清末起也陆续设有少数专门机构，地方上则有半官方性质的农会或农桑会，共同推动农业改良。① 民国初年，农政机构仍迭有设立，但是由于缺乏经费、人才，农业建设勉具形式而已。农业教育方面，光绪二十年（1894）张之洞因江西绅士蔡金台之请，奏准于高安县创办蚕桑学堂，是为农业学校之滥觞，以后各省多有农务学堂、讲习所之类教育机构的成立。民国成立后，农业教育续有发展。民初时全国设有农业专门学校六所，甲种农业学校五六十所，乙种农业学校二百余所，不过多仅具形式，不务实质，学生无法习得专门知识和技能；受教育者则甚少出身农家，毕业后也甚少去农村从事实际工作。② 国民政府成立后，农业机构及学校的人员和经费均逐渐充实，中央与地方也取得相当的联系，研究成果颇有可观之处。至抗战爆发，沿海各省相继沦陷，工作无法继续。在后方各省，尚能勉强建立新基础，效率则大不如前了。

国民政府时期，重要的作物研究工作计有以下数种：中央农业实验所曾与九省农业机关联络进行小麦育种及区域试验，与六省合作水稻品种试验，九省合作棉种区域试验。③ 中央大学、金陵大学、岭南大学、浙江农业试验场，均曾育成优良稻麦品种，但是由于各省气候、土质不同，育成新种仍未能普遍应用，有多数品种尚在示范或初步推广阶段。抗战结束后，研究机构开始有成熟较早之美棉新品种；中央大学、金陵大学也育成中棉改良品种，其他杂粮方面则颇少有价值的改良品种。④

学者指出，中国近代的作物工作多偏重于育种，至于肥料施用、栽培及轮作、病虫害防治、农具改良等，则多未重视，不过聊备一格而已。⑤ 更有进者，传统中国的农业技术领先西方，但是到了近代则落在西方之后。李约瑟即认为农业科学乃是建立于生物学上，而在没有物理学和化学之前，是不可能有生物

---

① 张玉法：《二十世纪初期的中国农业改革（1901—1916）》，《史学评论》第 1 期，1979 年 7 月，第 120—126 页。
② 张玉法：《农业与粮食问题》，载秦孝仪主编：《中华民国经济发展史》第 1 册，台北近代中国出版社 1983 年版，第 266 页。
③ 王聿均：《抗战时期中农所的发展和贡献》，载台北"中研院"近代史研究所编：《近代中国农村经济史论文集》，1989 年，第 106—111 页。
④ 章楷：《新中国成立前半个多世纪中我国作物育种事业概述》，《中国农史》1984 年第 2 期。
⑤ 蔡无忌：《民元来我国之农业》，载银行学会编：《民国经济史》，1947 年，第 225 页；何廉：《评述沈宗瀚"中国农业科学化之开始"》，载薛光前编：《艰苦"建国"的十年》，台北正中书局 1971 年版，第 224—226 页；郭文韬、曹隆恭主编：《中国近代农业科技史》，中国农业科技出版社 1989 年版，散见各页。

学的。①唐宗明也指出，现代农业技术乃是建立在伽利略和牛顿的物理学、孟德尔（Mendel）的遗传学，与当代生物学、化学、植物学、动物学和土壤科学之上。显然地，中国人由尝试错误方式所做的实验和发现，早期虽能在技术上领先西方，但是并未能产生一个有系统的知识累积的基础，使其得以不断地改良，并做实际的应用。②

农业推广事业方面，清代除了早期几位皇帝曾经试图将水稻推广于直隶外，③其余大多是由地方政府负责，劝课农桑被视为是地方官的传统责任。

对于丝织业，清代地方官府的倡导大致采取以下几种方式：

1. 鼓励栽种桑树。官府常于城中设局养蚕，并告示人民，凡种桑树者，由政府估价收购，或由人民摘叶到局贩卖。为鼓励植桑，官府并运来桑种免费发与农民种植。

2. 民间养蚕得茧者，由官府收购，以免较偏远地区因无人收茧或不能缫丝，以致茧发蛾而不能使用。

3. 招募养蚕专家示范及教民众养蚕，并招募优秀工匠教授织造技艺，凡徒弟学成者，并分别对工匠及徒弟给予奖励。④

在清代丝织业发展的过程中，政府领导人物的作风多过于保守，观念陈旧，态度也欠积极。政府亦曾实施奖励政策，诱使民间多种蚕桑、多产茧丝，但是其目的在于求国内生丝产量的增加，以提高人民的赋税能力，间接则确保官办江南三局所需原料的充裕。由于中央政府没有统一和明确的推广政策，地方官吏在各地所办的蚕丝或蚕桑局，也是在不动用公款的原则下进行倡导，因此奖励和推广措施大多是暂时性的，并没有一贯的政策去改良桑苗、培育蚕种及改进缫丝的技术，实施桑种的配给、织匠的训练，目的只在求旧有生产技术的普及，而不是在根本改变生产和加工的方法。因此蚕丝及丝织品的增加，乃是借

---

① 〔英〕李约瑟：《中西科学与农业》，〔英〕李约瑟著，徐贤恭、刘建康译：《战时中国之科学》，中华书局1947年版，第7—8页。

② Anthony M. Tang, "China's Agricultural Legacy", *Economic Development and Cultural Change*, 28: 1, October 1979, p. 9.

③ Timothy Brook, "The Social Limits to Technological Transfer: The Spread of Rice Cultivation into the Hopei Region in the Ming and Ch'ing Dynasties", 载李国豪、张孟闻、曹天钦主编：《中国科技史探索》，上海古籍出版社1982年版，第659—679页。

④ 施敏雄：《清代丝织工业的发展》，台北"中国学术著作奖助委员会"，1968年，第70页。

着劳动力和经营单位的增加达成，而不是经由资本和技术集约的方式达成。①另外也有学者指出，当时清廷官员和部分士大夫提倡蚕桑，未曾先深入调查社会、经济等方面的条件，仅致力于引进桑秧和传授栽桑养蚕技术，结果是劳而无功，徒然造成许多损失。②

　　清政府的棉产改良与推广工作，始于湖广总督张之洞。光绪十七年（1891），张之洞接受湖北布厂英籍工程师的建议，引进美国棉种，但是经过多次试种，均未成功。③继张之后，又有山东巡抚杨士骧、东昌府知府魏家骅、④鄂督赵尔巽等人先后又引进美国棉种。光绪三十年（1904），清政府农工商部也曾购入大量美棉种子，分发给江苏、浙江、湖北、湖南、四川、山东、山西、直隶、河南及陕西等省棉农栽培。民国三年（1914），实业家张謇出任农商总长，提倡棉铁政策，从美国输入脱字棉，从朝鲜输入金字棉，分配给各重点产棉省转发给棉农试种。在此期间，山东、江苏等省的地方官厅和商民团体也曾输入美棉推广。

　　从19世纪末至20世纪前期的20多年间，无论是官厅或是商民团体，引进美棉的工作均不十分成功，主要原因在于棉产改进的工作缺乏全盘计划和有系统的管理。棉种在引进之前，未经试验驯化；散发给农民之后，又没有采取有效措施，防止混杂退化，以致引种数年后，原有的优良特性完全消失。⑤

　　除了蚕丝和棉花之外，近代中国其他各种作物的推广过程中，政府大多也扮演类似的角色。如学者刘翠溶研究明清时期华南地区棉花、缫丝、苎麻蓝靛、烟草、果物及蔗糖等作物的专业生产情形，发现此一时期的中央政府，基于传统的"重农贵粟"观念，并没有一套推广经济作物的政策，反因稻米不能配合人口的增加而增加，归诸于经济作物占去稻田，而常思禁之。地方上虽偶有开明的地方官，知道为百姓兴利以资生，但是往往范围小而时间短暂，故成效或

---

① 施敏雄：《清代丝织工业的发展》，台北"中国学术著作奖助委员会"，1968年，第120—121页。
② 郭文韬、曹隆恭主编：《中国近代农业科技史》，中国农业科技出版社1989年版，第545页。
③ 苏云峰：《中国现代化的区域研究——湖北省（1860—1916）》（增订版），台北"中研院"近代史研究所1987年版，第427—428页。
④ 张玉法：《中国现代化的区域研究——山东省（1860—1916）》（增订版），台北"中研院"近代史研究所1987年版，第611—622页。
⑤ 赵冈：《中国棉业史》，台北联经出版事业公司1977年版，第51—52页；郭文韬、曹隆恭主编：《中国近代农业科技史》，中国农业科技出版社1989年版，第125—126页。

不显著。① 李明珠对于丝织业的研究也指出，直到清末的最后几年，才开始有人公开讨论政府为了国家的利益，对于促进蚕丝出口，应有一全国性的政策。②

虽然如此，近人的研究指出，广大的农民并未受到"重农贵粟"观念的束缚，他们在追求利润的动机下，依赖既有市场体系的运作，取得有关市场的讯息，种植经济作物。③ 因此，除了市场的需求外，经济作物的推广，主要力量乃是来自民间对于利润的追求，而不是政府的推广措施。④

民国成立以后，直至1927年间，政府仅公布数次农政法令，并有少数学校、机关，从事小规模的示范工作而已。1927年至1937年之间，政府除颁布农业推广规程等法令外，并成立中央农业推广委员会、中央农业推广区，各省县也先后设置推广机构，是为农业推广事业粗具规模之始。⑤ 但是由于各省推广机构的经费、人才不足，因此成效不彰。学者何廉即认为农业推广是战前中国农业发展中最弱的一个部门，远落在农业研究、实验和农业教育之后。⑥

抗战爆发后，行政院先于1938年成立农业促进委员会，辅导后方各省农业机关，推动增产工作，1941年8月公布"县农业推广所组织大纲"，协助各县成立县农业推广所。由于战时地方财政窘困，县级工作人员待遇菲薄，合适的农业推广人员难以罗致，经费、人手两感不足。1944年，陕、甘、川、贵四省及粤、闽、鄂、皖、赣五省未沦陷区只有592县成立县农业推广所；已成立的县农业推广所，工作人员多的四五人，少的只有一二人，组织也极不健全。⑦

中国近代农业推广工作，就成绩而论，稻、麦、园艺作物等，虽不乏优良品种，然其推广范围太狭，影响不大，其成就最显著者，当推棉产增进工作。

---

① 刘翠溶：《明清时代南方地区的专业生产》，台北《大陆杂志》第56卷第3期，1978年4月，第147页。

② Lillian M. Li, *China's Silk Trade: Traditional Industry in the Modern World, 1842-1937*, Cambridge, Mass.: Harvard University Press, 1981, p. 189.

③ Ts'ui-jung Liu, *Trade on the Han River and Its Impact on Economic Development, c. 1800-1911*, Taipei: Institute of Economics, Academia Sinica, 1980, pp. 188-189.

④ 刘翠溶：《明清时代南方地区的专业生产》，台北《大陆杂志》第56卷第3期，1978年4月，第146—147页；林丽月：《从烟草的传播看明末清初农业思想中的本末论》，载台北"中研院"近代史研究所编：《近代中国农村经济史论文集》，1989年，第20页。

⑤ 蔡无忌：《民元来我国之农业》，载银行学会编：《民国经济史》，1947年，第225页。

⑥ 何廉：《评述沈宗瀚"中国农业科学化之开始"》，载薛光前编：《艰苦"建国"的十年》，台北正中书局1971年版，第225页。

⑦ 郭文韬、曹隆恭主编：《中国近代农业科技史》，中国农业科技出版社1989年版，第629页。

近代大量引进脱字棉、爱字棉、金字棉等品种，使美棉种植区域扩展甚广。至1936年时，美棉在黄河流域占棉田面积66.5%，在长江流域占31.5%。斯字棉适宜于黄河流域，德字棉适宜于长江流域，脱字棉适应区域尤广。① 小麦品种方面，如中央大学的"南京赤谷"、金陵大学的"二九〇五"曾在各省推广，中农所的"中农二十八"于战时在川黔地区推广。② 水稻品种方面，如中央大学的"帽子头"，曾于战前1933年起，全国棉花、小麦、稻米的输入量逐渐减少，至战前二年，棉花与小麦几可自给，稻米输入也大为减少。抗战期间，从各沦陷区来到西南、西北的人口至少在一千万人以上，大后方平民衣食供应的无虞匮乏，固然是广大农民辛勤工作的功绩，但是政府的农业推广自然也有一定的贡献。③

中国近代的农业研究和推广，成绩虽然有限，但是主要是由于政治、社会环境的不安定和相关配合条件的缺乏。可喜的是，民国以后本国及国外培育的农业人才较多，农政机构人员专业化的程度也逐渐增加，为1949年以后海峡两岸的农业建设奠定了一定的基础。④

三、基础建设

基础建设（infrastructure）的范围为何？至今仍是众说纷纭。在此仅讨论与农业关系较为密切的交通运输、水利和农业金融三项。

（一）交通运输

传统中国运输费用的高昂，对于农业的集约化（intensification）有重大的

---

① 蔡无忌：《民元来我国之农业》，载银行学会编：《民国经济史》，1947年，第226页。关于棉业统制委员会推广优良棉种的贡献，可参阅王树槐：《棉业统制委员会的工作成效（1933—1937）》，载台北"中研院"近代史研究所编：《抗战前十年国家建设史研讨会论文集》，台北"中研院"近代史研究所1984年版，第735—741页。

② 沈宗瀚：《中国农业科学化之开始》，载薛光前编：《艰苦"建国"的十年》，台北正中书局1971年版，第213—217页；王聿均：《抗战时期中农所的发展和贡献》，第107—108页。

③ 沈宗瀚：《中国农业科学化之开始》，第222页；郭文韬、曹隆恭主编：《中国近代农业科技史》，中国农业科技出版社1989年版，第631页。

④ 谢国兴：《一九四〇年代中国农政机构之专技人员》，载台北"中研院"近代史研究所编：《抗战建国史研讨会论文集》，1985年，第619—660页。

影响，其重要性甚至可以和土地价格的高昂（相对于人力而言）相当。农业的集约化，往往都是沿着主要的河流和人工河道扩散。①

中国近代，对于农业影响最大的交通运输工具，乃是铁路。清代时期，由于政府财政困窘，无力全面从事大规模的建设，以致在西方冲击下所发动的经济发展计划，除了一些有限的制度改革（如设立商部等），以及对新式企业的鼓励外，持续推动的建设仅有铁路一项。经过半个多世纪的经营，铁路在中国已有相当程度的进展。1933年时，全国的国有铁路已有一万余公里，经过的区域达19省，虽然仍无法和先进国家相比，但已是中国近代最大的企业。

铁路的兴筑，使得土地生产力和商业化的程度均有所增加，农家的收入和生活水平也得以提高。②另外，铁路有助于城乡间人口的流动和长距离移民，为季节性失业人口增加了出路。最显著的例子，即是20世纪东北在铁路发展下所造成的大规模移民热潮。东北的人口，在1860年时不过只有300万，1907年时增至1,700万，1953年更增为4,700万。一项估计显示，1891年至1942年间，由于移民东北，华北的人口压力几乎减少了1,000万人之多。③最后，铁路对于灾荒的救济也有极大的贡献。例如1920年至1921年华北发生大饥荒，和1877年至1878年的大饥荒发生于同一地区，荒旱的程度也相似，灾区高达317县，4,990万的人口中，有1,990万据说完全依赖赈济维生，但是死亡人数则尚不到50万人，而1877年至1878年的饥荒死亡人数则高达900万至1,300万人。灾荒死亡人数的大量减少，铁路所提供迅速价廉的服务实居关键性的地位。④

（二）水利

明清时期，中国的农田水利续有发展，其中边陲地区的农田水利有显著的进步。清前期奠定了西北边疆，康熙后期开始恢复新疆农田灌溉工程。乾隆、嘉庆和道光年间又取得超出前代的成就，其中新疆伊犁和吐鲁番坎儿井的发展

---

① E. N. Anderson, *The Food of China*, New Haven and London: Yale University Press, 1988, p. 109.
② Ernst P. Liang, *China: Railways and Agricultural Development: 1875-1935*, Chicago: University of Chicago, Department of Geography, Research Paper, 1982.
③ Thomas R. Gottschang, "Economic Change, Disasters, and Migration: The Historical Case of Manchuria", *Economic Development and Cultural Change*, 35: 3, April 1987, p. 483.
④ 张瑞德：《平汉铁路与华北的经济发展（1905—1937）》，台北"中研院"近代史研究所1987年版，第115—120页。

尤其引人瞩目。内蒙古河套地区也陆续建成了后套八大渠，灌溉面积共计一百多万亩。珠江流域，特别是珠江三角洲堤围，在前代的基础上突飞猛进，成为全国又一重点农业区。[1] 台湾和东北地区也有一定的成就。[2] 此一时期，灌溉工程技术业已成熟，因此旧有的灌溉区主要是在纵的方面向深度发展，而边陲地区则是向横的方向推广已成熟的灌溉工程技术。至清代后期，各省、各水系多已普遍兴建灌溉工程。不过由于社会制度的腐败，不少水利工程的效益均十分有限，有的甚至逐渐废弛、破坏。[3]

清政府的水利经费主要用于黄河、淮河、运河等河流的治理，[4] 农田水利经费则主要由地方筹集。康雍年间，中央政府仅对于重要地区农田水利建设进行投资，如太湖水利即多由中央政府财政开支，一般用以工代赈方式。[5] 但是随着政治、经济的稳定和发展，各地农田水利兴修逐渐增多，完全由国家财政负担日益困难，至乾隆年间，遂改变为以地方自筹为主。但是摊派的水利款一时难以收集，因此常采用先从国库中借支，日后再分年由地方归还的办法。[6] 工程完成后，设施的管理、维护和水资源的分配、利用，则大多由当地的乡绅地主和农民负责，[7] 而地方官仅处于监督的地位，并负责解决纷争。[8] 以上所述，仅为一般性的趋势，事实上政府在水利建设中所扮演的角色，乃是随着农业和地形的状况而异。一般说来，在华南和华中，水稻为主要作物，灌溉极为重要，灌溉系统大都由地方人士主持；在华北，由于黄河经常泛滥，因此灌溉系统需

---

[1] 中国社会科学院水利水电科学研究院《中国水利史稿》编写组：《中国水利史稿》下册，水利电力出版社 1989 年版，第 336 页；程明：《清代珠江海州沙田述略》，《华南师范学院学报（社会科学版）》1986 年第 2 期；卢子荟：《珠江三角洲农田开发史》，《中国农史》1988 年第 2 期。

[2] 廖风德：《清代台湾农村埤圳制度》，台北《政治大学历史学报》1985 年第 3 期，第 147—191 页。

[3] 熊达成、郭涛：《中国水利科学技术概论》，成都科技大学出版社 1989 年版，第 165 页。

[4] Ch'ang-t'u Hu, "The Yellow River Administration in the Ch'ing Dynasty", *Far Eastern Quarterly*, 14：4, August 1955, pp. 505-513; 颜元亮：《清代黄河的管理》，载中国科学院水利电力部水利水电科学研究院编：《水利史研究室五十周年学术论文集》，水利电力出版社 1986 年版；〔日〕星斌夫：《大运河 —— 中国の漕運》，东京近藤出版社 1971 年版，第 6—8 章。

[5] 郑肇经编：《太湖水利技术史》，农业出版社 1987 年版；缪启愉：《太湖塘浦圩田研究》，农业出版社 1985 年版。

[6] 中国社会科学院水利水电科学研究院《中国水利史稿》编写组：《中国水利史稿》，水利电力出版社 1989 年版，第 81 页。

[7] Albert Feuerwerker, "The State and the Economy in Late Imperial China", *Theory and Society*, 13：3, May 1984, p. 313.

[8] 〔日〕森田明：《清代の水利行政について——水利團體と政治權力》，《九州産業大学商経论丛》第 6 卷第 1 号，1965 年 11 月，第 137—152 页。

要由政府出面管理。① 现试就华北、华南地区情形，分别加以讨论。

明清时期的农田水利，华南的成就较华北明显，特别是长江中游垸的成绩最为突出。类似江南地区的圩田工程，洞庭湖区称为堤垸，鄱阳湖区称为圩堤，均指围湖造田、防御洪水的工程。现以洞庭湖地区堤垸为例，说明政府的角色。洞庭湖区堤垸以北部为早，多修建于明代，南部则多建于清代。据估计，明代已有垸子一百多处，清代则增至四五百处。擅建堤垸，使围湖造田之风愈演愈烈，至1949年时，仅湖南内堤垸即有990多处，堤线总长达6,400多公里，垸田占了湖区水面的三分之一。垸田恶性膨胀，导致水灾频仍，民不聊生。②

垸田大致可分为三类：官垸、民垸和私垸。官垸是指朝廷曾给予财力、人力协助的堤垸，因其归工部直接管辖，故又有"部堤"之称。民垸是由垸民自行修筑，并申报中央准许存留的堤垸。也就是说，无论官、民垸，完工后的维修工作均由受益者负担，在官府的督率下进行，即是所谓的"官督民修"政策。至于私垸，则是人民在有碍水道畅通、洪水蓄泄的地方，未经官方允许而私自筑构的堤垸。③ 政府官员对于私垸的态度，上下并不一致。谭作刚认为中央和地方大员严禁私垸，但是州县官却多采取放任或怂恿态度。因为垦荒地和征收赋税是考察地方官的重要标准之一，私垸的存在成为地方官员的进身之阶，故地方官对私垸多采取视若无睹的态度。再者，私垸也是地方官"肥水"所在之处。一方面，部分私垸并未纳入政府版图而见于地方私册，因此地方官可采取其中的收入放入私囊；另一方面，私垸地主为保存私垸起见，往往对地方官行贿赂寻求庇护。所以尽管上级政府屡申严令，禁止私垸，地方官也不过虚应故事，并未认真执行。④ 濮德培（Peter C. Perdue）则指出，中央和地方官员对垸田的立场不同之处，在于前者为求增加税收，乃鼓励农民筑垸；后者则不愿堵水造田，破坏洞庭湖的生态环境，造成水灾。⑤

法国学者魏丕信（Pierre-Etienne Will）研究长江中游和下游流域多年，结

---

① Susan Naquin and Evelyn Rawski, *Chinese Society in the Eighteenth Century*, New Haven: Yale University Press, 1987, p.23.
② 熊达成、郭涛：《中国水利科学技术史概论》，成都科技大学出版社1989年版，第205—206页；张国维：《明代江汉平原水旱灾的变化与垸田经济的关系》，《中国农史》1987年第4期。
③ 谭作刚：《清代湖广垸田的滥行围垦及清政府的对策》，《中国农史》1985年第4期，第43页。
④ 谭作刚：《清代湖广垸田的滥行围垦及清政府的对策》，《中国农史》1985年第4期，第46页。
⑤ Peter C. Perdue, *Exhausting the Earth: State and Peasant in Hunan, 1500-1850*, Cambridge, Mass.: Harvard University Press, 1987, pp.219-220.

果发现明清时期政府在正常状况下,对于水利事务的介入,维持于最小状态,多数时候的介入都是间接的,有时甚至是不存在的,但是如遇紧急的状况时,政府则作最大程度的介入。从长期来看,私人部门(private sector)具有相当大的自主性,通常不受官府的控制,而得以自由放任的发展,最后则常危害到整个生态环境。① 日本学者森田明等人对于华中、华南地区水利的研究,则较注意近代政府角色的演变。他们的研究均指出,在水利系统的控制和维护上,政府的角色有变小的现象。自明末以后,地方士绅介入的程度逐渐增加,水利工程维修的费用来自士绅捐赠者也日益增多。②

在华北方面,明清两代黄河、淮河和海河流域的农田水利仍然维持不废,并作了新的努力。大型工程虽然少见,但是水利有进一步的发展。国民政府成立后,至抗战爆发的十年间,则是政府积极进行水利建设的另一个高潮。在此期间,中央政府和各省政府对于灌溉工作均极重视。1937年以前,已完成十三个灌溉工程计划,共可增加灌溉面积六百万亩。工程经费大多是由中央和省政府负担,重要者有1932年完成的绥远民生渠、1932年完成的陕西泾惠渠和1935年完成的陕西洛惠渠。③ 在华北方面,民国以后商民自营的灌溉事业虽然也所在多有,如桑干河、洋河、滹沱河两岸均有工事,但是大多枝枝节节,缺乏科学的根据,或以水源不足,或以技术不良,或以管理不善,以致多陷于停顿,直至民国政府成立后,发展始速。战前华北水利委员会和河北省建设厅联

---

① Pierre-Etienne Will, "Un cycle hydraulique en Chine : la province du Hubei du XVIe au XIXe siècles", *Bulletin de l'École Française d'Extrême-Orient*, LXVIII, 1980, pp. 26-37; "The Occurrence of, and Response to, Catastrophes and Economic Change in the Lower and Middle Yangtze, 1500-1850", paper presented at the Conference on Spatial and Temporal Trends and Cycles in Chinese Economic History 980-1980, Bellagio, August 1984; "Crise politique, crise des encadrements, crise hydraulique et crise démographique: la basse conjoncture dans le bassin central du Yangzi au XVIIIe siècle", in D. Etienne and P. Gourou, eds, *Des labours de Clung à la révolution verte: Techniques agricoles et population*, Paris: Presses Universitaires des France, 1985, pp. 63-84; "State Intervention in Administration of a Hydraulic Infrastructure: The Example of Hubei Province in Late Imperial Time", in Stuart Schram ed., *The Scope of State Power in China*, London and Hong Kong: School of Oriental and African Studies and the Chinese University Press, 1985, pp. 295-347; "On State Management of Water Conservancy in Late Imperial China", *Papers on Far Eastern History*, 36: September 1987, pp. 71-91.

② 〔日〕森田明:《清代水利史研究》,东京亚纪书房1974年版,第388—389页;〔日〕佐藤武敏:《明清时代浙东における水利事业——三江闸を中心に》,《集刊东洋学》第20期,1968年10月,第93—110页。

③ 何廉:《评述沈宗瀚"中国农业科学化之开始"》,载薛光前编:《艰苦"建国"的十年》,台北正中书局1971年版,第226页。

合，利用农田水利基金，兴办河北省灵寿县的滹沱河灌溉工程，和华北水利委员会于河北宁河县设立崔兴沽灌溉试验场等，均为此一时期完成的重要工程。①

近代华北地区灌溉的水源主要取自水井。清政府对于凿井工事颇为注意。山西、陕西各省，自 1737 年陕西巡抚崔纪推行开井，共凿成 32,000 余眼，均由政府督促民家开掘。②其后直隶总督李鸿章等也常缴令各府、州、县，劝民开井，但是应者不多。③民国成立后，农民对于井水灌溉的利益逐渐了解。④1920 年代后期起，华洋义赈会在河北南部、山东北部等地推广凿井，1930 年代起，华北各省以贷款方式鼓励凿井，但是成效均极有限，其原因有二：第一，虽有贷款，一般农民仍无力负担凿井费用。⑤第二，政局不安，政府机构随政局为转移，推广工作也受到影响。如河北省农田水利委员会，成立于 1929 年冬，1930 年秋裁撤，1934 年春恢复，1935 年夏再度停顿，其间人事的变动、基金的挪用，纷纭复杂，均有碍工作的进展。⑥民国时期，河北省井水灌溉最发达的县份为定县，全县耕地的 55% 均仰赖井水，但是根据近人对于县内翟城村所做研究，该村的凿井事业几乎全为地方所做的努力，与政府无关。⑦政府推广成绩的有限，由此可见一斑。

近代中国除了灌溉用水技术有所进展，就是灌溉管理制度，也较前一时期详密。例如，山西省洪洞县在清代已有灌溉区 41 片，小的辖有数村，大的兼及邻县，各灌区均有自己的管理制度。灌区的水利规章称为渠册，保存至民国初年的渠册，最早的始于金元时期。对于渠册，"渠务为地方自治最重要事，公共联合既极巩固，册例规约又极严明，凡举保之法，用水之程，以及工作赏罚各

---

① 中国社会科学院水利水电科学研究院《中国水利史稿》编写组：《中国水利史稿》，水利电力出版社 1989 年版，第 434—436 页。

② 邓云特：《中国救荒史》，商务印书馆 1937 年版，第 478 页。

③ 〔日〕森田明：《華北の井水灌漑と鑿井事業の發展——民國初期の河北省を中心として》，《清代水利社會史》，东京亚纪书房 1974 年版，第 354—374 页。

④ Andrew James Nathan, *A History of the China International Famine Relief Commission*, Cambridge, Mass.: Harvard University Press, 1965, pp.53, 64.

⑤ 例如张玉法：《山东的农政与农业（1916—1937）》，载台北"中研院"近代史研究所编：《近代中国农村经济史论文集》，台北"中研院"近代史研究所 1989 年版，第 70—71 页；林明德：《清末民初直隶省的农业问题》，载台北"中研院"编：《"中研院"国际汉学会议论文集》，台北"中研院"近代史研究所 1981 年版，第 1503 页。

⑥ 河北省农田水利委员会：《河北省农田水利委员会第三届成绩书》，序，1937 年。

⑦ 〔日〕森田明：《華北の井水灌漑と鑿井事業の發展——民國初期の河北省を中心として》，《清代水利社會史》，东京亚纪书房 1974 年版，第 362—370 页。

端，无不备载，虽文有精粗疏密之不同，然同渠之人无不奉为金科玉律焉"①。遇有水利纠纷，则按渠册裁决。后代出现新的情况，如人户迁移、地亩买卖、水源变迁、工程改建等，又陆续补入和修订，因而逐步完备。以通利渠为例，该渠灌溉面积26,000多亩，创始于1218年，当年同时订有渠规，以后逐代增订，至1907年时共有152条，其中包括沿革、渠（含引水坝的形式和结构）、渠道（含闸门、夫数等）、渠堤（含盗决堤防和堤防失事的处分）、浇灌（含灌溉制度和检查方法等）、兴工（含工程维修及经费、材料等）、选举（含选举办法和职权）、优免（含用水特权户和管理人员薪俸等）、惩罚、杂录等项。1916年由于上游新开渠口和本渠争水，经官府调解后又增渠规六条。由通利渠可以看出洪洞县灌溉管理制度的详密程度，已具有高度的自治成分，政府的角色仅在于维持灌溉秩序而已。②

在华北平原上，由政府兴筑和维修的大型防洪工程，与个别农户挖凿的小型灌溉井之间的对比，足以显示出政治、经济结构中的一个对照，即庞大的国家机器和分散的小农经济的悬殊差别。在这方面，如果将华北平原与长江三角洲作比较，两者之间的差异是极其明显的。在长江三角洲和珠江三角洲，典型的治水工程，规模乃介于华北的大型堤坝和小水井之间。三角洲地区有渠道排灌系统贯通江湖。湖边、低地四周常有堤圩，供防洪、围田之用，这类水利工程需要数十、数百，乃至数千人的劳力，是一个宗族的组织所能应付的，③因此政府可以不必花费金钱设立水利机构治理；但是黄河平原由于自然环境不同，因此必须要有大规模的政府监督和组织。④

华南和华北的灌溉管理制度也有所不同。南方一般水量比较丰富，灌溉制度对维修出工较为强调；北方水少，灌溉制度对水的分配条款较为细密。⑤

---

① 《洪洞县水刊志补》，1917年，凡例第1页。
② 中国社会科学院水利水电科学研究院《中国水利史稿》编写组：《中国水利史稿》，水利电力出版社1989年版，第364页；〔日〕森田明：《清代華北における水利組織とその性格》，《清代水利社會史の研究》，国立编译馆1996年版，第268—295页；〔日〕森田明：《清代華北の水利組織と渠規——山西省洪洞縣における》，《清代水利社會史の研究》，国立编译馆1996年版，第296—320页。
③ Philip C. C. Huang, The Peasant Economy and Social Change in North China, Stanford: Stanford University Press, 1985, pp. 56-57.
④ Will, "On State Management of Water Conservancy in Late Imperial China", p. 91.
⑤ 中国社会科学院水利水电科学研究院《中国水利史稿》编写组：《中国水利史稿》，水利电力出版社1989年版，第364页。

中国近代的水利事业颇有发展。根据德怀特·珀金斯（Dwight H. Perkins）的估计，从14世纪到1900年之间，以水利为代表的固定资本（fixed capital）增为3或4倍。① 水利设施使得水旱灾所受损失减小，灌溉也能使作物的产量增加，因此几世纪以来对于水利建设的重视，对于农业生产应有相当的影响。不过近代中国由于财政困窘，因此在农田水利建设方面，多半是修浚旧有的塘堰、陂、渠，较少新建规模巨大的水利工程，而以民间修建的小型水利工程为主，② 政府部门的贡献似不可高估。

（三）农业金融

民国初年，由各种团体或私人发起的赈灾组织及各类合作社的组成，可以视为近代中国新式农业金融的发轫。民初有少数农工银行的设立，但是真正的农民银行却要等到国民政府成立后才陆续发展。1928年，江苏省农民银行成立；1933年，豫鄂皖赣四省农民银行成立（1935年改称中国农民银行）。其他关于政府对于农业金融的提倡者繁多，例如"储蓄银行法"中规定储蓄银行的农业放款，不得少于储存款总额的五分之一；又如三省"剿匪"总部制定"'匪区'农村金融紧急救济条例"，组织农村金融救济处，实施农业放款。此外，行政院也设立农村复兴委员会及其附属机构，调查实际状况，研究具体方案，以供实施的参考。1936年秋，国民政府又设立农本局，以为中央农业金融机关。③ 各级公营农民银行所提供的农业贷款，使得乡间的利率降低，城乡间的经济接触更为密切，全国经济更为整合。④ 但是农业银行由于结构上和运作上的缺点，使其调剂农业金融的功能未能充分发挥。

在结构上，抗战以前，政府原无一定的农业金融方针，设置农业金融机构又缺乏整体的计划，因此上层机构重复杂乱，中枢农业金融机关无以统制，下层组织基础未定，全国农业金融网也不易构成，致使行政的措施纠纷难行，业务的经营阻碍繁多。此一时期全国性的农业机构有中国农民银行、农本局、中

---

① Dwight H. Perkins, *Agricultural Development in China, 1368-1968*, Chicago: Aldine Publishing Co., 1969, p.64.
② 郭文韬、曹隆恭主编：《中国近代农业科技史》，中国农业科技出版社1989年版，第288页。
③ 韩德章、詹玉荣：《民国时期的新式农业金融》，《中国农史》1989年第2期，第76—82页。
④ Thomas G. Rawski, *Economic Growth in Pre-war China*, Berkeley and Los Angeles: University of California Press, 1989, p. 137.

国银行、交通银行、中央信托局、邮政储金汇业局、合作事业管理局、华洋义赈会及各商业银行等，以省为范围的农业金融机构有各省农民银行、各省地方银行、各省合作金库等，以县为范围的农业金融机构有各县农民银行、各县农民借贷所、各县农民放款处、各县联合地方农民银行、各县合作金库等。截至1937年7月，全国性农业机构达160余家，以省为范围的农业金融机关达30余家，县农业金融机构达900余家，上下固不能成为行政系统，相互之间也缺乏分工合作的联系。① 农民银行在中国为数甚少，分布又极不平均。据《全国银行年鉴》所载，当时全国各种银行共有146家，实收资本总额达2.65亿元以上，其中农工银行一项则仅有13家，占总数的9%，实收资本总计也仅有1,440余万，约占总资本额的5%，其中又多以农工并称者，足见纯以农业为对象的银行是如何稀少。根据另一项于战前所作调查，全国共有农民银行总行20家，分布于浙江九行，江苏四行，福建、四川、山西、河南、山东、河北各一行。除去西藏和蒙古不计，当时全国28省中有农工或农民银行的却只有9省，且大多集中在江浙两省。至于上举20家总行的资本结构，资本额在20万元以下的13家，百万元以上的只有5家。如全国最大的两家农业银行（中国农民银行和江苏省农民银行），实收资本总共尚不及1,000万元。以此寥寥之数，救济广大的中国农村，其效用真有如九牛一毛。②

在运作上的缺点，则有以下几项：第一，资金来源不合理。以江苏省农民银行为例，基金有一半以上是来自亩捐，农民在未得利益之前即有实质的负担。第二，农业性贷款比例偏低。农民银行虽取自农民，但是并未能用于农民。1934年各主要银行的农业性贷款比例，最高者为中国农民银行，不过仅占17.77%而已。第三，利益不普及。银行投资农村，为了资金的安全，以保证本利兼收起见，大多需要保人、证人、铺保或确实的抵押品等。小农的经济地位既低，又无抵押品，银行放款自然不易惠及这类小农。第四，分布不平均。各银行对农民的放款，往往较富的农村，各银行竞相前往；至于较贫的农村，则又皆裹足不前，使得需要金融调剂的地区无法得到调剂。第五，豪绅把持。农村文盲充斥，银行或合作社手续又繁杂，使农民裹足不前。加上借贷需区、乡

---

① 林和成：《民元来我国之农业金融》，载银行学会编：《民国经济史》，1947年，第109页。
② 陈淑铢：《现代华中六省农业金融（1927—1937）》，台湾大学历史研究所1983年未刊硕士论文，第84—85页。

长介绍或担保，遂给土豪劣绅把持利用的机会。另外，银行为了本利兼收，自然不会和缺乏信用保证的贫农来往，通过土豪劣绅才能发生营利的作用。①

供给短期农业信用的机构，莫善于农村信用合作社。近代中国之有合作社运动，始于 1920 年。②国民政府成立后，中央及各省均大力提倡合作事业，因此有蓬勃的发展。至 1936 年时，全国合作社数已增至 37,318 个社，大多集中于江苏、河北、浙江三省。合作社乃是源自西欧的民间自助性经济结社，移植到开发中国家后，常成为由上而下推动，被作为改良经济和社会的工具。由政府计划一切，出钱资助、培养工作人员等，而农民与一般社会大众的意愿却不高。国民政府时期合作事业发展的过程，即不是由农民自动发起，而是出自政府的努力。政府以国家政策通过合作组织以低利贷款给农民，改变了一部分的农村金融结构，但因普及的程度不够，每人借得的款项也不足，加上合作社本身的运作并不十分上轨道，所以虽然有由上而下的政策性支持，农民参加合作社的利益却很小，因此中国近代的合作社运动，在政府的推动下，并没有显著的经济效果。

学者指出，除了少数的中央集权经济和殖民地经济外，西欧的合作经济制度很少有像已开发的国家一样，能够在没有政府的支助下推行而成功。要使西欧的这套体制在开发中国家发展，必要（而非一定即充分）条件为：第一，基本的经济和国民的生活、教育水平已建立；第二，政府有足够且充裕的力量来推动；第三，政治、社会安定。以上这三个条件，在 1949 年以前的中国并不存在，然而日本则具备了。③

---

① 陈淑铢：《现代华中六省农业金融（1927—1937）》，台湾大学历史研究所 1983 年未刊硕士论文，第 93—98 页；刘河北：《江苏省新式农业金融机构农村业务之检讨（1928 年—1937 年）》，《中国历史学会史学集刊》第 17 期，1985 年 5 月，第 34—35 页；赖建诚：《近代中国的合作经济运动——社会经济史的分析》，台北正中书局 1990 年版，第 113—115 页。

② Andrew James Nathan, *A History of International Famine Relief Commission,* Cambridge, Mass.: Harvard University Asia Center, 1965；高纯淑：《华洋义赈会与民初合作运动》，台湾政治大学历史研究所未刊硕士论文；陈秀卿：《华北农村信用合作运动（1911—1937）》，台湾师范大学历史研究所 1986 年未刊硕士论文；〔日〕川井梧：《華北義賑会と中國農村》，京都大学人文科学研究所 1983 年版；赖建诚：《近代中国的合作经济运动——社会经济史的分析》第 3 章，台北正中书局 1990 年版。

③ 赖建诚：《近代中国的合作经济运动——社会经济史的分析》，台北正中书局 1990 年版，第 4 章。

四、粮食调剂

历史上的中国和欧洲相同,粮食的价格常有变动,不仅是每年不同,季节性和地区性的波动也是极为普遍的现象。但是中国的特殊之处,在于政府很早即觉得有必要对粮价维持某种程度的控制,尤其是在缺粮的时候。[①] 晚近学者对于清政府粮价政策的研究,成果至为丰富。学者们发现,清政府曾围绕粮食的调剂和储备,制定了若干的政策,并在实践中收到成效。现试就不同地区的情形分别加以讨论。

(一)京畿地区

帝制后期的漕粮,除了直接供京师宗室、贵族、官吏、军士、匠役等消费外,其中也有相当一部分是作为商品粮投入市场,并对民食的调剂和粮价的稳定发挥正面的作用。这种情况,在明代史籍中已不乏记载,但加强漕粮的市场调节并见成效的,仍应推清代。漕粮以及与漕运有关的粮食用于调剂民食者,可分为以下几种形式:

第一,食粮发粜。即将仓存漕粮平价出粜,凡无力籴粮者验口给以救济。清代漕运年额四百万石,收存于京师、通州两地,荒歉之年,京畿民食不敷时,屡发仓米进行调剂,既可遏止囤积居奇,平抑粮价,又有推陈出新、更换仓米的功能。清代除政府自设厂发粜外,京师商人有时也被准许参与漕米的平粜,这是和明代不同之处。

第二,官俸预给。这种做法曾施行于明代。宣宗、英宗时,除发仓米平粜外,并预给俸粮。官吏、军士预领到的俸粮吃不完,即会出售。市场上流通的粮食增加,粮价上涨的现象即可缓和。这种方法,入清以后仍然继续采用。

第三,旗米转售。清代每年支放八旗甲米约 240 余万石,占京师漕粮总数 60%。这部分为数颇大的旗米,是由官府发给米票,凭票按季、按月领取。八旗成员每将米票卖给米商,商人持票到仓具领。米商极力钻营,或贿托八旗长官大量套购,或贷款给兵丁廉价押买。漕粮经由这种方式流入市场,是设立八

[①] Francesca Bray, *Science and Civilization in China*, vol. 6, pt. 2: *Agriculture*, Cambridge: Cambridge University Press, 1980, p. 416.

旗制度的清代所特有的现象。

第四，漕船处余。漕船自行将剩余粮食出售，进入市场，成为京师地区商品粮的来源之一。此种现象为前代所罕见，当与清代京师人口激增，亟须广开民食来路的客观情势有关。

（二）京师以外缺粮地区

以上是漕粮与京畿民食调剂的关系。京师以外的地区则多用截留漕米的方法平粜或赈济。此法明代即已有之，清代更为频繁。实施时自然是经皇帝特准，从上而下，以命令行之，而非地方的擅自扣截。

（三）各州县村镇

清政府直接利用国家所掌握的漕粮，进行民食的调剂，作用虽很可观，但是范围毕竟有限。在广大的州县村镇，调剂民食、稳定粮价，只有动员地方和民间的力量一起办，中央政府无法包揽一切。为此，清前期大力发展了常平仓和社仓、义仓，建立了一个较广泛的仓储网。常平仓起源甚早，至清代前期更为制度化，做法也更加完备。

常平仓起自西汉，各朝迭有兴废。明代弃常平之名，另于州县设"预备仓"。粮食主要来自收籴，用于赈贷，具有义仓性质，而又不同于义仓（粮食由收籴而来）；有平粜的部分内容，而又不同于平粜（主要是贷而不粜）。清代的常平仓是对常平旧制的恢复，对明代"预备仓"的修正，例如所谓的"谷本"。谷本从何处来？顺治十二年（1655）规定以州县自理罚缓银拨充，同时劝谕绅民乐输，给以旌表褒奖。这原是明代预备仓所用的旧办法，所收谷本极微。以后则改变作法，广开来源，尤其是帑银采买，成为谷本的主要来源。乾隆时动用帑银或拨司库盐、茶各税银，给常平仓采买粮食的事例很多。捐监停办后，这项采买更成为收贮常平仓谷的常规做法。如库项不敷采买时，许令随时奏请拨给。

至于社仓，则是官督民办。社仓以奖励民间自行输纳为正宗，存谷先于公所、孝院收贮，等息米已多再建仓厂。选正、副社长经理，三年一换，受州县监督。社谷于四月上旬依例给贷，十月上旬收还。按谷收息，每石收一斗。七升归仓，三升作社长办公、人役工食、修建仓厂之费。如遇荒歉年，谷息或减免。若无借贷，而积谷已多，为免霉烂，可于夏秋之交减价平粜，秋收后照价买补，以出陈易新。设于集镇的义仓主要用于救济。首由盐商捐资，称盐义仓。由士民捐谷者实与社仓相仿，于救济外兼事借贷、收息。清初全国社、义仓存谷达七百至九百余万石。积谷备荒，大多用于出贷。虽然间有出粜，主要在年内籴还，属于季节性的调剂，其作用不能和常平仓同日而语。①

常平仓的概念，在西方并非罕见，如埃及、普鲁士（18世纪）、殖民地时期的墨西哥（18世纪），均曾实施过类似的制度，但是只有中国的政府才曾经长期并且大规模地实施这种制度。仓储制度在清代中国的功能有以下两项：

第一，使得灾荒救济的工作，得以迅速进行，虽然无法完全解决问题（在工业化以前，这类问题实在超出任何政府的能力范围），但是仍有令人惊异的良好效果。② 刘翠溶的研究更具体地指出，清代盛世期间，公共粮仓的存谷量不断扩充，存量最大时，大约可供应全国人口20天左右的口粮。这个存量虽然未能达到现代国家所维持的两个月安全存量目标，但是对于一个传统社会而言，已是相当可观的成就。③

第二，平衡市场粮食价格。在市场较不发达的地区，仓储制度在粮价的平衡上扮演了最大的角色，取代了市场的地位。④

一般说来，中国18世纪的仓储制度相当有效率，其原因不仅是存粮充足、运输便利，同时也是政府拥有良好的信息系统——各级地方政府（省、府、县）的粮价陈报制度。根据晚近学者的研究，清代粮价陈报制度的设立，乃是基于两大需要：第一，解决民食问题为历代政府的主要责任之一。为了要经常了解全国各地区粮食供需状况，并及时采取适当措施，防止粮价的异常涨跌，各级政府均需密切注意市场粮价的变动。第二，政府财政支出，大至军费、河工，小至衙署食用各项，均需明了市场粮价，才能做合理的预算，并防止浪费和中饱的现象。清代的粮价陈报制度，简单地说，可以分为两大部分：经常性

---

① 吴慧、葛贤惠：《清前期的粮食调剂》，《历史研究》1988年第4期，第122—128页。

② P. E. Will, *Bureaucratie et famine en chine au 18e siècle*, Pairs & The Hague: Mouton/Ecole des Hautes Etudes en Sciences Sociales, 1980.

③ 刘翠溶：《清代仓储制度稳定功能之检讨》，台北《经济论文》第8卷第1期，1980年3月，第1—29页。

④ Pieere-Etienne Will and R. Bin Wong, *Nourish the People: The State Civilian Granary System in China, 1650-1850*, Ann Arbor: University of Michigan, 1991.

的报告和不规则的报告。经常性的报告从州县开始,每旬查报粮价,呈送知府;知府查核属实,转报布政使。布政使综合全省各州、县报告,每月造一粮价细册和一简册,汇送督抚。督抚根据简册按月造粮价清单奏报皇帝,并按月将粮价细册咨送户部存查。不规则报告则不拘时间、地点和格式,凡有上奏特权的官员均可随时奏报收成和粮价。经常性报告制度胚胎于康熙后期,孕育于雍正,奠立于乾隆初年,并且一直维持到清亡前数年。报告中的粮价数据,就其他方面的材料核对,显得相当可靠。至于不规则报告则早已存在,即使在经常性报告制度成立后,仍然没有失去其重要性。[1]

学者更指出,粮食的收成对于18世纪中国和法国的君主来说,具有同等的重要性,但是法国政府却未能和中国一样,在收成不好时有效地预防商人囤积居奇,主要的原因在于法国的君主无法收集到关于粮食生产和消费的资料,并且将因应措施推行至乡间。[2] 清代粮价呈报制度的成效,由此可见一斑。

(四)经济作物及非农业区

仓存或截留漕粮的减价平粜、常平仓谷的平粜,以及临时用帑银赴产地购粮运灾区平粜,均为官办性质;社、义仓名义上是民办,实际上是官督绅办。这些做法主要实施于京师、重点地区和州、县、村、镇。但是随着城镇人口的增加,经济作物及手工业生产的发展,已形成范围很大、区域性的缺粮区。清代前期对于区域间远距离、大规模的粮食余缺调剂,主要是通过商人,利用私营商业的力量,来从事有组织的粮食调运,国家在政策措施上加以扶植奖励,消除阻碍粮食正常流通的不利因素,使其为调剂民食发挥作用。在此特别值得注意之处,在于18世纪的清政府和法国政府不同,通常并不介入粮食市场,而依赖民间的商业系统来解决全国各地非农业及经济作物区大量人口的粮食需要。清高宗即曾说过:"大概市井之事,当听民间自为流通,

---

[1] 王业键:《清代的粮价陈报制度》,台北《故宫季刊》第13卷第1期,1978年秋季,第53—66页。关于清代的粮价奏陈制度,亦可参阅 Endymion Wilkinson, "The Nature of Chinese Grain Price Quotations, 1600-1900", *Transactions of the International Conference of Orientalists in Japan*, 14: 1969, pp. 54-65; Endymion Wilkinson, *Studies in Chinese Price History*, New York and London: Garland, 1980, chap. 4, pp. 97-137; Han-sheng Chuan and Richard A. Kraus, *Mid-Ch'ing Rice Markets and Trade*, Cambridge, Mass.: Harvard University, East Asian Research Center, 1975, chap. 1; 陈金陵:《清朝的粮价奏报与其盛衰》,《中国社会经济史研究》1985年第2期,第63—68页。

[2] Feuerwerker, "The State and the Economy in Late Imperial China".

一经官办，本求有益于民，而奉行未办，转多扞格。"但是清政府对于粮食价格也并未完全放任不管，当商人居奇抬价，造成粮价大幅度波动时，政府即常直接施以行政干预。①

五、结论

从对经济影响的角度观察，传统时期中国政府的政策和施政，其质量和范围和近代初期欧洲的新兴民族国家相较，并无太大的不同；17、18世纪中国经济的广泛成长，也反驳了"封建专制是明清时期经济发展的主要障碍"的说法。平心而论，政府的措施不但未曾阻碍，或许还有助于人口和总产值的长期成长。②

明清以来，直至1949年，政府财政均长期处于困窘状态，因此未能在经济活动中扮演较大的角色。根据学者托马斯·罗斯基（Thomas G. Rawski）的研究，1957年至1960年之间全世界的低收入国家中，只有阿富汗和埃塞俄比亚两个国家岁入不到总产值的10%，其余如印度、巴基斯坦、印度尼西亚，甚至利比亚、巴拉圭、苏丹，政府所控制的全国总产值（national output）均大于战前的中国政府。当时国民政府岁出占总产值的比例，尚不及1880年时的日本（10%）。政府支出不但少，而且又集中于军事、行政和外债、赔款的偿付等对经济成长影响有限的项目。公共投资中，除了少数例外（如资源委员会所属事业、国营铁路等），直至1949年前对于经济中大部分的部门影响均极小。因此，中国的经济乃是受民间部门所支配，市场的力量远超过行政措施。即使是在国民政府势力最强的长江下游地区，生产总值、相对价格、技术、所得分配的组成，货币供给波动，以及景气的兴衰，均是由市场的力量决定，而不受国家政策的影响。除了新式交通运输所及地区外，政府的各种作为在1940年代通货膨胀前，对于乡村的影响甚小。③

政府部门远离私有经济（private economy），虽然有助于中国在前近代时期的成长，但是对于一个想要在20世纪追求经济发展的国家来说，是个不利的因

---

① 吴慈、葛贤惠：《清前期的粮食调剂》，《历史研究》1988年第4期，第129—135页；高王凌：《一个理想的追求——十八世纪中国政府的经济政策》，《知识分子》1987年秋季号，第11—16页。
② Feuerwerker, "The State and The Economy in Late Imperial China".
③ Rawski, *Economic Growth in Pre-war China*, pp. xxxviii, 25-27.

素。例如,近人研究指出,农业如想要发生"绿色革命",必须要有某种的改革及公共投资,例如明治维新时的日本、日本的殖民地,甚至日本占据下的南满。① 又如台湾和辽东半岛这两块地方,和中国其他地方相同,均拥有相同的传统家户文化(household culture)和竞争性的市场制度,但是也经历了"绿色革命"。② 日本政府在这两块地方进行土地清丈、实施田赋改革,致使税收大增,农家剩余也随着增加;又投资于公私灌溉系统、实验农场、农会组织,引入优良种籽和肥料。经由这些措施,日本殖民地政府协助农民提高了土地及劳动力的生产力。此外,殖民地政府对于港口、道路、栈房等的投资,则有助于降低农民的交易成本(transaction costs),并且促进了米、糖、大豆等有关出口工业的成长,如对蓬莱米推广的投资,使得1911年至1942年之间稻米的收获量增加了50%—250%。③ 反观中国,清政府和民国政府均未能全面地实施土地清丈、整理地籍,实施田赋改革。④ 国民政府建都南京后,确曾致力推动农业教育、研究和推广,并做一些公共投资,以增加土地及劳动力的生产力,但是尚未见到成果,日本即发动侵华战争。

(本文原载《汉学研究》第10卷第1期,总第19号,1992年6月。)

---

① Romon H. Myers and Mark R. Peattie, eds., *The Japanese Colonial Empire, 1895-1945*, Princeton, N. J.: Princeton University Press, 1984, pt. 3.

② Romon H. Myers and Adrienne Ching, "Agricultural Development in Taiwan Under Japanese Colonial Rule", *Journal of Asian Studies*, 23: 4, August 1964, pp. 555-570; Ramon H. Myers and Thomas R. Ulie, "Foreign Influence and Agricultural Development in Northeast China: A Case Study of the Liaotung Peninsula, 1906-1942", *Journal of Asian Studies*, 31: 2, February 1972, pp. 329-350.

③ Carolle Carr and Ramon H. Myers, "The Agricultural Transformation of Taiwan: The Case of Ponlai Rice, 1922-1942", in R. T. Shand, ed., *Technical Change in Asian Agriculture*, Canberra: Australian National University Press, 1973.

④ 国民政府实施田赋征实改革失败的例子,请参阅 Noel Ray Miner, "Agrarian Reform in Nationalist China: The Case of Rent Reduction in Chekiang, 1927-1937", in F. Gilbert Chan, ed. *China at the Crossroads: Nationalists and Communists, 1927-1949*, Boulder, Colo.: Westview Press, 1980, pp. 69-89.

中国历史上的交通运输与经济发展

前言

谈到中国传统的交通运输,很容易使人联想起几个轿夫扛着轿子、苦力们拉着载了重物的牛车,在羊肠小径间行进;或是一叶扁舟从光滑如镜的水面上轻轻拂过。更由此轻易地得到了结论——中国传统的交通运输就是缓慢、落后。这种观察正确吗?中国传统的交通是不是比西方落后?中国是不是因为劳动力过多,而不需要去发明或者改良他们的运输工具?此外,这种运输方式对于传统中国的民生经济,又产生了怎样的影响?本文希望能综合近人的研究成果,对中国历代的交通工具、河渠道路的凿建与兴筑,作一简明的叙述,并试图解答以上几个问题。讨论的范围,则集中于国内的内河水运和陆运,不包括海上交通。

一、道路

根据文献记载,早在周代就已经有类似现代所谓国道的大路,当时称为"周道"。《诗经》中有"周道如砥,其直如矢"的句子,可见周道的平直。[①] 这或许不是普遍的情形,但能够如此,也不是容易的事。

春秋时代的交通已相当发达,由列国之间会盟的频繁和战争的不时发生即可看出。当时列国之间的交涉最注重会盟;既为会盟,当然参加的不只是一两个国家。以齐桓公而论,桓公霸诸侯,据说曾举行六次兵车之会、三次乘车之会。聚会的地方,有的在济水以北,有的在淮水中流,所涉及的地方相当广大。齐桓公除了会盟之外,还曾亲自南伐楚国,渡过汝水,越过方城(今河南方城)。方城为楚北的陌塞,也就是说他已快要到楚地了。他还曾北伐山戎,征讨过令支(今河北迁安)和孤竹(今河北卢龙至辽宁朝阳一带);又为了打白狄,到过西河;也曾越过太行、群耳诸山,到过流沙、西吴(即虞国),可见他所到的地方已是

---

① 屈万里:《诗三百篇成语零释》,《台湾大学文史哲学报》第4期,1952年2月,第2—4页。

相当广大。春秋时代商业的发达，也显示出交通比以前便利，当时商人往来各国的道路虽无从得知，但可以相信这种通商的道路在各国之间是普遍存在的。①

到了战国时期，各国之间交易的范围和战争的规模日渐增大，道路自然受到重视，由当时作战时军队进退，一夕百里的情形即可看出。②但是这个时期的道路因各国分立，主要干线都是各自以其国都为中心，向外辐射、大规模的道路网要到秦统一天下以后才实现。汉朝初年时，贾山描述秦时的驰道说："为驰道于天下，东穷燕齐，南极吴楚，江湖之上，濒海之观毕至。道广五十步，三丈而树，厚筑其外，隐以金椎，树以青松，为驰道之丽至于此。"③

驰道主要是供天子巡幸天下之用，不过天子巡幸的时候究竟有限，京城附近的驰道外，各地的驰道平时也不可能完全禁止民众使用。所以秦代巡幸的驰道，也就是通达天下的国道。④

表 1　秦朝驰道的长度　　　　　　　　　　　　（单位：里）

起迄站	长度
咸阳（长安）至洛阳	950
洛阳东北行至蓟（燕）	2000
洛阳东行至临淄（齐）	1800
洛阳东南行至会稽（吴）	3800
咸阳南行至零陵（楚）	3300
咸阳北行至九原	1910
总计	13760

资料来源：Joseph Needham, *Science and Civilization in China*, Vol. 4, Pt. C., Cambridge: Cambridge University Press, 1971, p. 15.

这个总长度达 13,760 里（约合 6,400 余公里）的道路系统，并不全是秦始皇

---

① 史念海：《春秋时代的交通道路》，《河山集》，生活·读书·新知三联书店 1963 年版，第 67—76 页。
② 例如《战国策·魏策一》："从郑至梁不过百里，从陈至梁二百余里，马驰人趋，不待倦而至。"《战国策·楚策一》："蒲反、平阳相去百里，秦人一夜而袭之，安邑不知；新城、上梁相去五百里，秦人一夜而袭之，上梁亦不知也。"
③ 《汉书》第五十一卷，中华书局 1962 年版，第 2327 页。
④ 劳幹：《汉代文化概述》，载台北"中研院"编：《"总统"蒋公逝世周年纪念论文集》，1976 年，第 673 页。另外有些学者则认为驰道中央的三丈为皇帝所行的御道，臣民除有特诏许可外，不得利用，只能行于两旁的"旁道"，驰道上也有横跨的"行道"，可供穿越。参阅孙毓棠：《汉代的交通》，《中国社会经济史集刊》第 7 卷第 1 期，1944 年 6 月，第 24 页。

所修建的，他只是就以前各国原有的大道加以整理联系，成为一个道路网而已，而其中也有秦始皇所新修筑的，直达九原的道路就是一个例子。蒙恬主持兴建的这条道路，由云阳（今陕西淳化北）的甘泉山，通到九原郡（今内蒙古包头）。全路取直线行进，逢山开掘，遇谷填塞，自始皇三十五年（公元前212）开始修筑，至始皇三十七年（公元前210年）完工，全长1,800里（约合今800公里）。① 这条道路的兴筑，或许是始皇为求巡幸的便利，但却有巩固边陲的功效。

汉代承袭秦代的统一局面，道路继续扩展，以长安为中心向外辐射。长安以西，则自渭城经天水、陇西、金城以及河西四郡，度玉门而至西域。京师西北，则自渭城、云阳以至安定、北地。京师以北，则自栎阳、上郡、西河，以至五原。京师东北，则自华阴渡河以至河东、太原，而至燕、代。京师以南，则自郿以南为斜谷道，自陈仓以南为陈仓道，自杜陵以南为子午道，都会合于南郑，经剑门入蜀。京师之东，则关东道路都集中于洛阳，经函谷以至于洛阳。② 这些道路都可以通行车辆，在山谷崎岖处就用木架筑成栈道，直到唐宋以后，知道利用火药开山，栈道才渐渐废弃。

根据粗略的估计，秦代道路共兴筑了23,710里，西汉共兴筑了41,150里。换算成英里，则东汉末年时主要道路的总长约在20,000至25,000英里之间。如将汉代和罗马帝国每千平方里领土所有的道路里程作一比较，公元3世纪时，中国道路网的规模约为罗马道路网的55%—75%（参阅表2）。③

表2 汉朝和罗马帝国道路兴筑状况

	面积（平方里）	道路里数	每千平方里道路里数
罗马帝国图拉真（Trajanic）时代（公元117年以前）	1,963,000	48,500	24.7
哈德良（Hadrianic）时代（公元117年以后）	1,763,000	8,500	27.5
吉本（Gibbon）的估计	1,600,000	48,500	30.3
东汉（公元190年左右）	1,532,000	22,000	14.35

资料来源：Joseph Needham, *Science and Civilization in China*, Vol. 4, Pt. C., Cambridge: Cambridge University Press, 1971, p. 29.

---

① 史念海：《秦始皇直道遗迹的探索》，《文物》1975年第10期，第44—54页。
② 劳榦：《论汉代之陆运与水运》，台北《"中研院"历史语言研究所集刊》1947年第16本，第69—70页；另可参阅谭宗义：《汉代国内陆路交通考》，香港新亚研究所1967年版。
③ Joseph Needham, *Science and Civilization in China*, Vol. 4, Pt. Ⅲ, Cambridge: Cambridge University Press, 1971, pp. 27-29.

汉代的道路网和罗马帝国之间的差异，地缘政治环境可能是一个重要的因素。中国道路网的规模之所以会相对地小，必定和可航行的内陆河流较多，以及善于利用人工水道有关，中国在这两方面都胜过欧洲。曾有学者做过一个比喻：古罗马的道路系统好比是动物的甲壳，帝国的心脏——浩瀚的地中海固然有利于海上运输，罗马人仍然感觉到有必要在周围修筑道路网。至于中国，汉代的道路网则是由一个中心——长安向外辐射，在辽阔的土地上连绵不绝，好比是人体内部的骨骼。无论如何，我国古代道路的规划和建设确实值得钦佩，其坚实经久，绝不输给15世纪的西方。①

秦汉以后，历朝政府都把道路的兴筑和维护视为政府的责任。在许多朝代，朝廷只重视和漕运、驿递制度有关的交通路线，至于地方道路的保护和修缮则交由地方政府负责。宋代以后，权力集于中央，州县无财政自主权，无法从事较大规模的公共工程，于是地方官需要有一些热心公益的士绅，协助从事修桥、铺路等地方建设，或是其他社会公益事业。如果遇到涉及几个县的工程时，通常省级官员都会出面指挥，或从中协调。但不论是由官吏还是士绅指挥，负责执行的大多是士绅。②除了士绅之外，地方上的富户和宗教团体也常热心支持。③因此，到了清末，中国除了官马大道外，另外还有几百万里的小径遍布全国。不过，除了通州到北京、汉中到成都，以及南京到凤阳等三段外，路况普遍不良。④

二、馆舍与邮驿制度

行旅不论在路途上或是到达目的地以后，都需要有休息住宿的地方。古代官吏旅行，可能有所谓的"候馆"，如《周礼》中所记载的："凡国野之道，十里有庐，庐有饮食；三十里有宿，宿有路室，路室有委；五十里有市，市有候

---

① Joseph Needham, *Science and Civilization*, Vol.4., Pt. Ⅲ, Cambridge: Cambridge University Press, 1971, p.29.

② Chung-li Chang, *The Chinese Gentry: Studies on Their Role in Nineteenth-Century Chinese Society*, Seattle and London: University of Washington Press, 1955, pp.56-57.

③ Lien-shene Yang, "Economic Aspects of Public Works in Imperial China", in Yang, *Excursion in Sinology*, Cambridge, Ma.: Harvard University Press, 1969, pp.199-201.

④ Thomas William Kingsmill, ed., "Inland Communication in China", *Journal of the North Branch of the Royal Asiatic Society*, new (2nd), series 28 (1893-1894), p.3.

馆，候馆有积。"① 这些设施并不是一般平民所能利用。到了战国时代，随着商业发达，都邑繁荣，以营利为目的的"逆旅"才逐渐发展，但是并不普遍，旅途仍以寄宿人家的为多，无法投宿的甚至得露宿。汉代虽然也有"客室"，还是不算发达，平民行旅住宿仍要仰赖邮亭。② 晋朝以后，私人经营的逆旅之业大兴，官方供客宿止的亭所于是日渐没落。③ 此外，南朝以后的僧寺也成为变相的旅舍，虽贵人也有寓居僧寺的。旅舍日益普及，自然有利于远行。

至于邮驿制度，也和交通路线有关。我国的邮驿制度起源很早，有文献可考的，则从周代开始。④《左传》文公十六年（公元前611年），"楚子乘驲会于临昌"；又成公五年（公元前586年），梁山崩，晋侯以传召伯宗；又昭公二年（公元前540年），公孙黑作乱，驷氏与诸大夫欲杀之，"子产在鄙闻之惧弗及，乘遽而至"。无论传、遽或驲，都是更换车马以求迅速。⑤ 秦汉以后，邮驿制度逐渐发展，到了唐代，已臻于成熟。驿政的管理，在中央有兵部的驾部，在地方有馆驿巡官、兵曹、司兵参事、县令等。天下共设驿 1,600 余所，还包括"水驿"，涉及的官吏夫役高达 21,500 余人（其中包括中央官吏 99 人）。⑥ 唐代规制，急驿日行 500 里，天宝年间，杨贵妃喜好吃荔枝，为求新鲜，特设置急驿，由涪州（今重庆涪陵）驰贡。由于涪州到京师，全程约 2,000 里（约 1,150 余公里），飞骑日行近 700 里，三日即达长安。⑦ 宋代的驿制因袭唐代，以军卒代民夫，特设递卒，又设急脚递，专供军事之用。元代时，驿递制度发展至最高峰，当时称为站赤。元代站赤的种类极多，以交通工具来分，有马站、水站、牛站、轿站、车站、狗站、海站、驴站、骆驼站等；以功能来分，则有海青站、军站、递运站、步站等。其中马站的数目最多，约占全国驿站总数的 65% 以上，水站次之。为了联络政治中心大都（北京）和经济中心江浙，元代加强

---

① 《周礼》卷十三，十三经注疏本，第 12—13 页。
② 孙毓棠：《汉代的交通》，《中国社会经济史集刊》第 7 卷第 1 期，1944 年 6 月，第 33 页。
③ 《晋书》卷五十五，中华书局 1996 年版，第 1502—1503 页。
④ 有些学者认为驿递制度可以上溯至商代。参阅于省吾：《殷代的交通工具和驿传制度》，《东北人民大学人文科学学报》1955 年第 2 期，第 114 页。
⑤ 许倬云：《周代的衣、食、住、行》，台北《"中研院"历史语言研究所集刊》第 47 本第 3 分，1976 年 9 月，第 523 页。
⑥ 陈沅远：《唐代驿制考》，《史学年报》第 1 卷第 5 期，1933 年 8 月，第 61—92 页；楼祖诒：《中国邮驿发达史》，台北天一出版社 1975 年版，第 156—157 页。
⑦ 严耕望：《天宝荔枝道考》，台北《大陆杂志》第 57 卷第 1 期，1978 年 7 月，第 1—5 页。

了华东沿海的驿路；为了统治上的需要，于福建、两广、云南新设立了许多驿站，陕西、四川、甘肃各省的驿站却减少了许多，这是宋元二代驿路最大的不同处。① 明清两代的递制则大致和元代相似，变动很小。②

利用邮递，自始即是政府的特权，一般平民不得利用，因此民间通信一直是非常困难的。只能采取托人捎带、派专人投送，或是其他方式传递信息。到了宋朝仁宗的时候，才由皇帝诏令，准许中外臣僚将家书交官办驿递附寄。使得官员通信较为方便，但是一般百姓仍然无法享受。一直要到明末清初，由于工商业的发展，才由货物运输业及银钱票据运送业捎带送信，逐渐演变为民办通信业，出现了专营民间通信的民信局。③

三、人工河道

春秋战国时代，列国开辟的沟渠很多，但是一些著名的沟渠——如西门豹、史起引漳水灌邺（今河南临漳县）的工程和郑国渠，目的似乎都在灌溉，在交通上未必有什么贡献。至于《史记·河渠书》和《汉书·沟洫志》中所记载的一些河渠，由于都可以行船，对交通则有很大的影响。其中尤以春秋之末和战国初年，江淮之间的邗沟和河淮之间的鸿沟最为重要。因为中国古代的河流流向都是自西向东，南北交通多依赖陆运，效率自是有限，邗沟和鸿沟凿成后，突破了地理上的限制，在中国交通史上具有重大意义。

吴王夫差的运河工程，除了沟通江淮，更向北方和西方延长，沟通泗水和济水。他的军队曾循着邗沟，由长江到淮水，由淮水入泗水，再由泗水入济水，一路乘船直到晋国的边界。夫差的动机虽在争霸，但是从此以后长江下游和中原即可直接沟通。鸿沟的开凿也很成功。淮河的几个支流都是由西北流向东南，而鸿沟由黄河引水，和那些河道横接，于是河淮之间就平添了几条运道。战国末年，楚国之所以从郢迁都到陈，又从陈迁都到寿春，就是由于循着鸿沟入颍通淮这条水道，上通三晋，下连吴越，交通便利。这条通路在中国交通史上，

---

① 详见胡其德：《元代驿递制度研究》，台湾师范大学历史研究所 1978 年未刊硕士论文。
② 关于明代的驿递制度，可参阅苏同炳：《明代驿递制度》，台北中华丛书编审委员会 1969 年版；〔日〕星斌夫：《明清时代交通史の研究》，东京山川出版社 1971 年版，前篇。
③ 刘广生主编：《中国古代邮驿史》第 11 章，人民邮电出版社 1986 年版。

也长时期地占有重要地位。①

秦代最有名的人工渠道,是秦始皇二十八年(公元前219年)征伐南越时,为了解决运输军粮问题,派史禄领导开凿的灵渠。灵渠长约三十多里,宽约五米,连接湘水(长江水系)和漓水(珠江水系)。湘水发源于现在广西兴安县以南的海阳山,流入湘南平原,经衡阳、长沙而至洞庭湖,最后与长江汇合;漓水则发源于兴安县以北的越城岭,和西江汇合后,进入西江而流至广州。开凿灵渠时,先在湘水中用石堤筑成分水"铧嘴"和大小"天平",把湘水隔断。在铧嘴前开南北两条水渠,北渠仍通湘水,南渠就是灵渠,和漓水相通。湘水上游,海阳河流来的水被铧嘴一分为二,分别流入南渠和北渠,这样就连接了湘水和漓水,沟通了长江和珠江两大水系。当海阳河流来的水大时,灵渠可以经由大小天平等溢洪道,把洪水排到湘水故道去,保证了运河的安全。灵渠选择在湘水和漓水距离很近的地段,水位相差不大,并且使运河路线迂回,减低坡降,平缓水势,便于行船。这条世界上最早的等高运河(transport contour canal),设计和布局都很科学,在世界航运史上占有光辉的地位。

灵渠开通后,由广州经由西江、漓水、湘水、洞庭湖、长江、邗沟、鸿沟,可直接到黄河下游。这条水道,自北纬40度,绵延至北纬22度,直线距离约有2,000公里,航行距离则在二倍以上,在其他古文明中实在很难找到类似的例子。② 灵渠使得我国南北的政治、经济、文化联系也得到了进一步的扩大和加强,这在有关的历史记载和考古材料中都有具体的反映。例如,铁制生产工具在秦汉时代大量的增加,在两广各地的汉墓中都有发现,说明铁制生产工具的铸造和使用已推广到岭南,并使岭南地区的生产水平迅速地提高。广州也成了重要的商业都市。③ 此外,灵渠在唐代经过李渤的修整后,一直航行不断达两千余年,也是其他古文明的水利工程所不能相比的。

汉代河渠的开辟和修治工程不少,和运输关系最密切的是漕渠。汉武帝时,大农郑当时鉴于漕运的需要,建议开漕渠连接黄河和都城长安,较沿渭河而行

---

① 王毓瑚:《秦汉帝国之经济及交通地理》,《文史杂志》第2卷第9期,1943年10月,第34页。

② 宋正海:《中国古代的水利工程和水文知识》,载自然科学史研究所编:《中国古代科技成就》,中国青年出版社1978年版,第286—287页;Needham, Science and Civilization in China, vol.4, Pt.Ⅲ, pp.299-306, 359。

③ 洪声:《从灵渠的开凿看秦始皇的历史功绩》,《文物》1974年第10期,第53—58页。

可缩短三分之二的路程，时间也可以由六个月减少为三个月，同时漕渠附近居民又可取水灌溉，灌溉面积将可达万余顷，实具多项功能。武帝同意了这项建议，于是发卒数万人穿漕渠，自元光六年（公元前129年）起，三年而成。西起现长安西南的昆明池，东到黄河，全长三百余里。① 七百年后，隋代曾重建这条渠道，作为大运河的一部分。

魏晋南北朝时，所开辟的河渠不少，其中对交通影响最大的是魏正始年间邓艾所开的渠道。《晋书·食货志》说邓艾"上引河流，下通淮颍、大冶诸陂于颍南、颍北，穿渠三百余里，溉田两万顷，淮南、淮北皆相连接，自寿春到京（洛阳）者，农官兵田，鸡犬之声，阡陌相属。每东南有事，大军出征，泛舟而下，达于江淮"②。这条三百余里的长渠，连接颍淮南北，可算是漕渠以后的第一大渠。此后，历经两晋南北朝，就不再有类似规模的工程出现了。

在隋代各项建设中，规模最大，而且影响后世最深的，是连接南北长达两千余公里的大运河。这条在现代铁路兴起前的南北交通大动脉，系由以下几部分连接而成：

1. 通济渠。开于隋炀帝大业元年（605），从今河南荥阳（板渚）引黄河水，东贯开封，稍向南，经商丘，通过安徽宿州、泗县，在今洪泽湖西南部，即当时的泗州入淮河，随淮河下至淮阴，折向南，至仪征，而注于长江。其中河阴到泗州之间的小路，是修改汴河而成。汴河在隋朝以前，由黄河流至开封以东的雍丘附近，便东流至徐州，再南流与泗水同入淮河。炀帝开凿的汴河，由黄河流至雍丘一段，与旧日汴河的河道相同，但到雍丘附近后，却东南流至泗州，入淮河。③ 至于淮阴和江都之间，则是依照春秋末年吴王夫差开凿的邗沟整修。

2. 永济渠。大业四年（608）开凿，连接沁水、卫河、白河等水路。从黄河本流至今河南省北部武陟县入沁水，再入卫河；东北流，过山东临清至天津，顺白河以达北京南方。武陟和河阴隔岸相望，出汴河的船只要往河北，可直渡

---

① 《史记》卷二十九，中华书局1959年版，第1409—1410页。
② 《晋书》卷二十六，中华书局1996年版，第785页。
③ 〔日〕青山定南：《唐宋汴河考》，《东方学报》第2册，1941年，第1—49页；张昆河：《隋运河考》，《禹贡半月刊》第七卷，第一、二、三合期，1937年4月，第201—212页。有些学者则认为通济渠是利用汉、魏、晋、宋以来的汴水故道，由汴入泗，再由泗入淮。参阅朱偰：《中国运河史料选辑》，中华书局1962年版。

黄河入沁水运河。

3. 江南河。大业六年（610）开。起自今江苏镇江，经常州、苏州，入浙江，至杭州。全长八百余里，宽十余丈，在镇江隔着长江便连接南下的通济渠。

以上三条运河，都是隋炀帝发动民夫数百万人开凿的，人民饱尝困苦，叛乱四起，隋王朝终至灭亡，但中国的交通也从此有了重大的进展。炀帝利用运河游幸南北、讨伐高丽，唐朝以后，运河的功用变为输送官府货物，并且便利官吏往返，一般民船也不禁止；民间货物常以运河大量运输。华北和江南各省之间的交通，除从陕西往四川外，几乎全是利用通济渠。南北之间，利用运河运输的货物，在唐朝主要是米粮和布帛，到了宋代，种类更不可胜计。宋仁宗时，一位官员即曾上奏说：

> 伏思朝廷用度，如军食、币帛、茶、盐、泉货、金、铜、铅、银，以至羽毛、胶、漆，尽出此九道①。朝廷所以能安然理天下而不匮者，得此九道供亿使之然尔。此九道者，朝廷所仰给也。②

大运河的开浚，一方面创下了人工开河的新纪录，另一方面也提高了东南各郡在历史上的重要性。③这三条运河中，只有江南河后代仍随时疏浚缮修，直到清末海运兴起以前，都能充分利用。通济渠在唐代即偶有淤塞，④金人占领华北后，因怠于整修，次第淤塞，终至不堪使用。金章宗明昌五年（1194）黄河泛滥，河水改道，自今河南修武县东南流，沿汴河故道，合泗淮入海。元代建都燕京，政治中心和经济中心又成为南北分立的状态，原来唐宋时代到长安的运河也失去了作用。由于地理形势的要求，必须要有一条有效的南北交通线，使江淮财赋顺利抵达北方的京城，帝国才能维持，如此自然产生了开凿河渠的动机。元世祖至元十七年（1280），从姚演言，开济州河，以通漕运。自济州（今山东济宁）开河达于东平、安山，入大清河，长一百五十里。于是江南的漕

---

① 指淮南、江南东西、荆湖南北、两浙、福建、广南东西。
② （明）黄淮、杨士奇辑：《历代名臣奏议》卷二一九。
③ 关于隋至宋的大运河，可参阅全汉昇：《唐宋帝国与运河》，商务印书馆1944年版；〔日〕星斌夫：《大运河——中国の漕运》，东京近藤出版社1971年版，第17—64页。
④ 例如扬州附近的河道，参阅罗宗真：《扬州唐代古河道等的发现和有关问题的探讨》，《文物》1980年第3期，第21—27页。

米可由泗河到济州河,下大清河从利津入海,直达天津。① 后来因为海口沙壅,航运不畅,又从东阿(今山东东阿)陆运二百里至临清入御河。为缩短航程,又开胶莱河通海,但是劳费无成。

元朝开通惠河,始于元世祖至元二十九年(1292)秋,于至元三十年(1293)秋完成,为都水监郭守敬所建议,河道由通州(今北京通州区)至都城,总长一百六十余里,坝闸凡二十座,节水通漕,公私大便。至于会通河,起自东昌路须城县安山西南,由寿昌西北至东昌,又西北至于临清,达于御河,共长二百五十里,至元二十六年(1289)正月开始开凿,六月开成。这条运河开凿的目的,在使汶水和御河相通,以便公私漕贩。完成后,江南行省起运的货物,都由会通河至御河,更经白河、通惠河,以达大都。可惜会通河岸狭水浅,不能输通大量航运,因此直至元朝灭亡,南北的转运工作始终是以海运为主。虽然如此,元代开通惠河,接白河、御河,又开会通河,上连御河,下接清泗,至徐州会黄河,南通江淮,循江南运河到达余杭,大运河的局势至此大致完成。

到了明代,洪武二十四年(1391),黄河在原武决口,导致会通河淤塞绝航。明成祖时,感到海陆兼运,仍不能满足北方的需要,会通河的价值于是又被重视。永乐九年(1411)二月,成祖采用济宁州同知潘叔正的建议,命工部尚书宋礼等,役军夫三十万人,疏会通河故道,同年六月告成。会通河疏通后,海运并未废弃,因为江南漕船在淮安仍需过坝渡淮河,才能抵达清河口,挽运者不胜其劳。所以在永乐十三年(1415),陈瑄又请开清江浦河道,由淮安城西的管家湖导水至淮河鸭陈口,入沙河达淮。整条运河既然可以畅通无阻,于是罢去海运,明代漕运从此全由河道运送。②

这条贯通南北的运道,能以江南的米粮供应北方的需要,自然成为历代朝廷的命脉,一直到清朝道光年间还多用它来运送漕粮。③ 此外,大运河对于一般民

---

① 《元史》卷六十五,中华书局 1976 年版,第 1626 页。
② 关于明代的运河,可参阅吴缉华:《明代海运及运河的研究》,台北"中研院"历史语言研究所 1961 年版;〔日〕星斌夫:《明代漕運の研究》,日本学术振兴会 1963 年版;〔日〕星斌夫:《大運河——中国の漕運》第 5 章,东京近藤出版社 1971 年版。
③ 关于清代的运河,可参阅张哲郎:《清代的漕运》,台北嘉新水泥公司文化基金会 1969 年版;Harold C. Hinton, *The Grain Tribute System of China, 1845-1911*, Cambridge: Harvard University Press, 1956;〔日〕星斌夫:《大運河——中国の漕運》第 6—8 章,东京近藤出版社 1971 年版。

生也有相当的影响。来往民船所载运的商货，加上漕船所载运的土产、商人托运的货物，和非法夹带的私货，使华南、华北区域的地方性产品，得以成为商品流通全国，如明代江北所出产的大豆、枣，以及大量的私盐。① 清代，南北交流的商品种类更多：由南向北运的，主要是米、粟、茶、木材、布帛、私钱等；由北向南运的，主要是梨、桃、柿、饼、硝矿、白盐、私盐等。此外，绸缎、纸张、药材、铜品、锡器、铁器、桐油、皮货、瓷器、扇、酒、烟叶、面粉、杂货等，也都是在全境流通，其中数量最大的要算是南方的木材和北方的私盐。②

虽然如此，大运河对中国经济发展的贡献仍然不是没有限制的。就以明代的情形来说，大运河沿线有许多湖泊、急流，以及充满沙洲的河床；北端终点和两条河流相交，而这两条河每逢冬季便会干涸结冻。此外，在大运河和长江、黄河的交会点，如遇舟多水少时，只有官船才可通过水闸，其他船只都必须卸下货物，用辘轳吊起通过。运河的中段，在300公里左右的距离内，即有38个水闸。明末清初，运河水深通常只有一米多，这些不到四米宽的水闸便需不断启闭以调节水位。大约有12,000艘漕船行驶于运河上，这些船往返一次通常都需要一整年的时间（包括运河北段结冻的时间在内）。如果将每条船首尾相连，其长度约为由长江到通州全程距离的十分之一。此外，朝廷又需动员1,800艘船，运载皇室所需的补给品，其中大部分是消费品，如家具、龙袍、华南的新鲜蔬果，是否具有经济价值大有问题。由于政府对于运河的使用几近于垄断，因此大运河在民生经济上所扮演的角色，似乎也不可高估。③ 以米粮贸易为例，明清时期最重要的路线，即是循长江自东而西经由汉水流域到陕西，④ 而不是大运河。

---

① 〔日〕星斌夫：《大運河——中國の漕運》，东京近藤出版社1971年版，第131页；徐泓：《明代的私监》，《台湾大学历史学报》1980年第7期。

② 〔日〕星斌夫：《大運河——中國の漕運》，第202—203页；张哲郎：《清代的漕运》，台北嘉新水泥公司文化基金会1969年版，第13页；〔日〕佐伯富：《清代塩政の研究》，京都大学东洋史研究会1956年版，第137页。

③ Ray Huang, *Taxation and Government Finance in Sixteenth-Century Ming China*, Cambridge: Cambridge University Press, 1974, p.317.

④ Dwight H. Perkins, *Agricultural Development in China, 1368-1968*, Chicago: Alding Publishing Co., 1968, p.148.

四、车

我国传统陆上交通工具中，最重要的是车。许多文献资料都提及奚仲是车的发明者。其实在生产力低下的远古，车的创造需要建立在若干时代积累起来的经验的基础上，不太可能由某个个人突然发明出来。传说中的奚仲是夏代的人，古文献中将车的发明追溯至此时，可能多少有一些口头的传说作为依据。在仰韶文化时期，制陶的快轮的使用还不普遍。到了大汶口文化晚期和龙山文化中，陶器才普遍使用轮制。陶轮仅在转动中带动泥坯做回旋运动，而车轮则在滚动中减轻了车子对地面的摩擦，从而可以较小的原动力移动较重的物体。这是人类利用轮子的较高阶段。因此后者应比前者出现得晚些。所以认为车（特别是畜力车）是在夏代发明的，可能具有相当的合理性。当然更直接的证据仍然有待发掘。①

地下发掘的遗物显示，商代的造车技术已经相当成熟，具备了魏、晋以前古车的基本轮廓。这一时期车制虽然不断有所发展，若干局部构造也有不少改进，但是大致来说，并没有根本性的突破。现存商代车器的基本结构都很相似，都是由轮、轴、舆（箱）、辕（辀）、軏五部分所组成，驾两匹马。马以颈部承軏，在辕和轴的十字交叉部位上安置车厢。车厢较小，通常只能容纳两人。车厢虽小，车轮却相当大，轮径在110—147厘米之间。车体简单，重量轻，轮高马大。此外，装饰车马用的铜饰和玉饰等在商代也出现了。② 商代马车和美索不达米亚文明的马车在构造上极为相似，相对年代也很接近，但是商代的马车是否即是由两河流域传来，学者到今天还没有一致的看法。③

---

① 孙机：《从胸式系驾法到鞍套式系驾法——我国古代车制略说》，《考古》1980年第5期，第448页。

② 张长寿、张孝光：《殷周车制略说》，载中国考古学研究编委会编：《中国考古学研究——夏鼐先生考古五十年纪念论文集》，文物出版社1986年版，第139—162页；石璋如：《殷车复原说明》，台北《"中研院"历史语言研究所集刊》第58本第2分，1987年6月，第253—280页。

③ 例如李约瑟、何炳棣和夏含夷（Edward L. Shaughnessy）即认为商代的马车是由两河流域传来的。参阅 Needham, *Science and Civilization in China*, vol. 4, Pt. Ⅲ, p. 246; Pingrti Ho, *The Cradle of China: An Inquiry into the Indigenous Origins of Techniques and Ideas of Neolithic and Early Historic China, 500-1000 B.C.*, Chicago: The University of Chicago Press, 1975, pp. 355-357; Shaughnessy, "Historical Perspectives on the Introduction of the Chariot into China", *Harvard Journal of Asiatic Studies*, 48: 1988, pp. 355-357; Shaughnessy, "Historical Perspectives on the Introduction of the Chariot into China", *Harvard Journal of Asiatic Studies*, 48: 1988, pp. 189-237。张光直对这种说法则持保留态度。参阅 K.C. Chang, *The Archaeology of Ancient China*, 3rd ed., New Haven & London: Yale University Press, 1977, pp. 279-280；张光直：《中国古代史的世界舞台》，《历史月刊》1988年第10期，第26页。

周代行封建，所用车辆依身份的尊卑而有不同。根据文字资料的记载，天子的车驾六马（一说四马）、诸侯四马（一说天子至大夫都是四马）、大夫也是四马（一说诸侯和卿四马、大夫三马）、士二马，庶人一马，至于这种制度实际上施行到什么程度，则很难推定。① 现从周代车器显示有一车二马和四马两种情形。② 至于车的种类也增多了，有战车、路车，还有田车。

春秋战国时期，交通工具最重要的变化是马已有单骑，而不仅用以驾车。例如《左传》昭公二十五年（公元前517年）："左师展将以公乘马而归。"③《韩非子》中记载，秦穆公曾送重耳畴骑二千。④ 战国中叶以后，各国盛行单骑，戎车自然日渐减少，至于一般车辆则仍继续发展，如苏秦曾对魏襄王说："大王之地，……人民之众，车马之多，日夜行不绝，輷輷殷殷，若有三军之众。"⑤ 可见当时车马交通之盛。

汉代的车可分为大车、小车和手车三种。大车是双辕并且是直辕的，专供运输之用，和近代华北常见的大车相似，这种车用马拉地称为辇车。小车用曲辕，有些是双辕驾一马，凡传事的轺车，以及天子、官吏用车都属于这种。车的上面，大车用席篷，小车用伞盖。⑥ 至于手车，西汉有鲍宣妻"着短布裳，与宣共挽鹿车归乡里"⑦ 和孝子董永以鹿车推其父游的故事，其中鹿车即是手车最早的名称之一。山东武梁祠石刻画像中的手车形式和近代四川成都所用的手车非常相似。东汉手车的名称很多，如诸葛亮所制的"木牛流马"，即是一种经过改良的独轮车。手车不仅适用于平原，也适用于山区，是农村常用的轻便运输机械。⑧

汉代平常用的牲畜只有牛和马。秦及汉初，贵族都不用牛，到汉武帝时才见有人用牛驾车。《晋书·舆服志》说："古之贵者，不乘牛车。汉武帝推恩之

---

① 陈槃：《春秋列国的交通》，台北《"中研院"历史语言研究所集刊》第37本下册，1967年6月，第883—884页。
② 杨弘：《战车与车战——中国古代军事装备札记之一》，《文物》1977年第5期，第90页。
③ （晋）杜预集解，〔日〕竹添光鸿会笺：《左传会笺》，1950年，第36页。
④ （清）王先慎：《韩非子集解》卷三，第54页。
⑤ 《史记》卷六十九，中华书局1959年版，第2253—2254页。
⑥ 劳幹：《两汉的学术信仰与物质生活》，载查时杰编：《中国通史集论》，台北长春树书坊1973年版，第288—289页。关于大、小车特点及作用的比较，可参阅孙机：《从胸式系驾法到鞍套式系驾法》，《考古》1980年第5期，第455—457页。
⑦ 《后汉书》卷八十三，中华书局2000年版，第2781—2782页。
⑧ 刘仙舟：《我国独轮车的创始时期应上推到西汉晚年》，《文物》1964年第6期，第1—5页。

末,诸侯寡弱,贫者至乘牛车,其后稍见贵之。自灵、献以来,天子至士遂以为常乘,至尊出朝堂举哀乘之。"① 魏晋以后,这类车日益流行,十六国以来的大墓中,表现出行的陶俑群和壁画中多以牛车为主体。石崇、王恺、王导等人都留下了和牛车有关的故事。在这种情况下,车速快、车厢小,属于先秦"小车"系统的那类马车,乃完全绝迹。② 至于驴,来自西域,西汉时使用并不普遍,到东汉才较为普遍,五胡乱华后,北方利用者更多。

关于车辆的系驾方式,我国古代的成就是值得大书特书的。殷周古车的系驾方式和西方古车大不相同,它不是颈式系驾法,而是胸式系驾法。颈式系驾法的缺点在于颈带压迫马的气管。马奔愈疾,则呼吸困难,马力无法充分发挥,这是西方古车长期未能解决的一个问题。我国殷周古车所采用的系驾法则不压迫马的气管,马力能得到充分发挥,因此性能较西方为优越。而西方要到8世纪才由颈式系驾法改进成胸式系驾法,这时我国的系驾法却已向鞍式过渡了。13世纪60年代,我国完成了鞍套式系驾法的创制,西方则迟至14世纪才出现使用这种系驾法的资料,鞍套式系驾法完全免除了木軛造成的磨伤,降低了支点,放平了车辕,而且可以充分利用马肩胛两侧,扩大着力面积,增强了曳车的能力,并且做到了适应马体的特点,直到今天仍然是世界上通用的系驾方式。③

五、船

我国古代所使用的水上交通工具,种类很多,④ 在此只讨论船的发展和利用。

首先我们要问中国最早的船是怎么来的,现在较为流行的说法认为是由竹筏演变而成。学者大多相信,几乎所有西方世界的船都是由独木舟演变而来的,先是在独木舟两旁加上档小板以增高船舷,后来又逐渐向上加板列成为船的两侧。造船时,先是将木材用蒸气干燥,使挖空的船体两侧向外略为倾斜,然后

---

① 《晋书》卷二十五,中华书局1996年版,第756页。
② 孙机:《从胸式系驾法到鞍套式系驾法》,《考古》1980年第5期,第458页。牛车在宋代也是重要的陆路运输工具,参阅朱家源、何高济:《从几幅宋画上的车谈宋代的陆路交通》,台北《"故宫博物院"院刊》1981年第3期。
③ 孙机:《从胸式系驾法到鞍套式系驾法》,《考古》1980年第5期,第458页。
④ 凌纯声:《中国古代与南美西岸水运工具的比较研究》,《中国远古与太平印度两洋的帆筏戈船方舟和楼船的研究》,台北"中研院"民族学研究所1970年版,第25—63页。

插入 U 形骨架以保持其形状。最后，龙骨演变为一根横梁（即船腹），梁的前端，发展为艏柱（stempost），后端发展为艉柱（sternpost），中国的情形却不相同。最初的船似乎是由竹筏演变而成的矩形箱子，只有用木板平铺而成的船体，而没有在其他地区被视为不可缺少的三个部分——龙骨、艏柱和艉柱。船体也许是平的，或略呈圆形。两侧的船板在尾部并不合拢，而是陡峭的，空出的部分，或填以整块艉板，或敞开留着，大多数的船只有矩形的板箱，而没有艏柱。①

商代的船至今还没有遗物出土，但是学者根据文献资料推测，商代船的利用范围已经相当广泛，②有的学者甚至认为戈船在商代即已成为水上的主要交通工具。而戈船的构造则和现今印度洋、太平洋上所常见的双边架艇（double-outriggers）相同。③

至于大规模的船运，最早的文献记载是晋惠公四年（公元前 647 年），晋国闹饥荒，向秦国求救。秦国于是"输粟于晋，自雍及绛相继，命之曰泛舟之役"④。雍是秦国的都城，在现在的陕西凤翔，濒渭水；绛是晋国的都城，在现在的山西翼城县附近，濒汾水。由雍及绛，即是由渭水顺流而东，于华阴和潼关之间入黄河，逆流北上，在山西河津入汾水，再逆流而东，即是绛。两地之间，水路不下千里，而在短时间内便可使舟楫相继，完成任务，可见平时两地之间的水上交通一定相当频繁。又如位于长江上游的楚国，常利用舟师顺流而下，攻打下游的吴国，既然在军事上已经知道利用长江，那么一般的航运，相信一定也是有的。⑤

战国时代，秦国曾以能载卒五十人和三个月粮食的"舫船"（并舟），以每天三百余里的速度，由巴蜀顺长江而下三千余里，不到十天即抵达楚国，⑥内河

---

① Needham, *Science and Civilization in China*, Vol. 4. Pt. Ⅲ, pp. 388-391. 凌纯声则肯定地指出中国水运工具发展的阶段为由浮筏而戈船，由戈船而方舟，由方舟而楼船。参阅凌纯声：《中国远古与太平印度两洋的帆筏戈船方舟和楼船的研究》，台北"中研院"民族学研究所 1970 年版，散见各页。
② 于省吾：《殷代的交通工具和驿传制度》，《东北人民大学社会科学学报》1955 年第 2 期，第 103 页。
③ 凌纯声：《中国古代与印度太平两洋的戈船》，载《中国远古与太平印度两洋的帆筏戈船方舟和楼船的研究》，台北"中研院"民族学研究所 1970 年版，第 127 页。
④（晋）杜预集解，〔日〕竹添光鸿会笺：《左传会笺》"僖公十三年"，1950 年，第 66 页。
⑤ 陈槃：《春秋列国的交通》，台北"中研院"历史语言研究所集刊，第 901—906 页。
⑥（汉）刘向集录：《战国策》卷十四，台北九思出版社 1978 年版，第 506 页。罗荣邦的研究则指出，秦国出动的船只，除了每艘能载卒五十人的舫船一万艘以外，另有一万艘小货船，装载了相当于 600 万蒲式耳（bushels）的粮草。如果这些数字正确的话，则其平均载重为 16.35 吨。参阅 Needham, *Science and Civilization in China*, Vol. 4, Pt. Ⅲ, p. 441.

航运船只的航行速度和载重量，由此可见一斑。

1950年代以来，由于广州、长沙、湖北等地汉代墓葬中船只模型的出土，我们对于汉代的舟船能有更进一步的认识，这些模型都清楚地显示，汉船的船头有锚，船尾有舵，桨更有多至16支的，并且都有舱房。① 晋时郭璞所作的《江赋》中曾有"舳舻相属，万里连樯，泝洄沿流，或渔或商"② 的句子，而地下发掘出来的遗物更使这段话获得了实质的支持。并且汉代划船除了用楫（即短桨，可以说是桨的最初形式）和桨（即长桨，以桨架为支点，划船者可用全身之力划动）以外，更创造出效用较高的橹，橹装在尾部，操橹人只要掌握橹片的角度，左右挥动即可推船前进，也可用来操纵船的航向。由桨、楫发展到橹是一大进步，俗语说"一桨三橹"，因为橹来往推位都做实功，不像桨的挥动一半实功一半虚功。此外，广州东汉陶制船模首部悬挂的锚也是值得重视的船具。这锚已远远脱离了原始的阶段，锚上不仅有锚爪，而且有横杆，使锚爪得以插入水底泥中，这是一只具有较大抓力的锚，已经很接近近代的锚了。③

秦汉时期的大船有多大呢？除了为作战和其他特殊用途而造的楼船外，一般船舶的容量似乎也相当大。1975年在广州发现的秦汉造船工场遗址，为推算当时船只的大小，提供了一个重要的依据，据估计，这个造船工场能造3.6—8.4公尺宽的船。④ 又查当时中原通往南粤的孔道灵渠中的陡门宽度，一般为5.5公尺，最窄的只有4.7公尺，因此可以推测当时常用船的宽度不会超过5公尺，少数特殊的大船可能宽达8公尺左右。至于长度，现存汉代船模的长宽比为5:7，以此推算，当时常用船只的长度应为20公尺左右，载重约为五百斛至六百斛（合25—30吨）。至于小船，汉人称二百斛的为舟，二百斛以下的为艇。⑤

虽然秦汉造船遗址、汉代楼船以及橹和船尾舵的出现，都说明了我国造船技术到汉代已经成熟，但是水运的大盛还是要等到唐代。唐初，崔融鲁说："天下诸津，舟航所聚，旁通巴汉，前指闽越，七泽十薮，三江五湖，控引河洛，兼包淮海。弘舸巨舰，千轴万艘，交贸往还，昧旦永日。"⑥ 李肇所著《国史补》

---

① 上海交通大学"造船史话"组：《秦汉时的船舶》，《文物》1977年第4期，第19—20页。
② 《太平御览》卷七七一引郭璞《江赋》。
③ 上海交通大学"造船史话"组：《秦汉时的船舶》，《文物》1977年第4期，第20—21页。
④ 广州市文物管理处：《广州秦汉造船工场遗址试掘》，《文物》1977年第4期，第1—17页。
⑤ 上海交通大学"造船史话"组：《秦汉时的船舶》，《文物》1977年第4期，第21页。
⑥ 《旧唐书》卷九十四，中华书局1975年版，第2998页。

对于唐代水运发达的情形，则有更详尽的描述：

> 凡东南郡邑，无不通水，故天下货利，舟楫居多，转运使岁运米二百万石输关中，皆自通济渠入河而至也。江淮篙工不能入黄河。……扬子、钱塘二江者，则乘两潮发棹。舟船之盛，尽于江西，编蒲为帆，大者或数十幅，自白沙沂流而上，常待东北风，谓之潮信（一本作信风）。七月、八月有上信，三月有鸟信，五月有麦信。暴风之候，有抛车云。舟人必祭婆官而事僧伽，江湖语云："水不载万。"言大船不过八九千石。然则大历、贞元间有俞大娘航船最大，居者养生、送死、嫁娶，悉在其间，开巷为圃，操驾之工数百，南至江西，北至淮南。岁一往来，其利甚博。此则不啻载万也。洪鄂之水居颇多，与屋邑殆相半。凡大船必为富商所有，奏商声乐，众婢仆，以据柂楼（即舵楼）之下，其间大隐，亦可知矣。①

在这段引文中显露出许多重要的史实，例如大船载重不能超过八九千石，即可知道船的载重量在562—635吨以下，较前代为大。此外文中提到的"天下货利，舟楫居多"，也显示出经由水运的货运量相当可观。

唐代水运之盛，长江第一，运河次之，黄河又次之，淮、汉、赣、湘及西江等又次之。唐代宗时，盐铁使刘晏曾下令造船两千艘行驶于长江，每艘约可载重五十公吨。据估计，如果将两千艘的载重量加起来，则几乎是18世纪中叶英国商业舰队载重量的三分之一。② 由杜甫"蜀麻吴盐自古通，万斛之舟行若风"的诗句，则可看出即使是峡江险急，也能行大舟。而根据许多史料，荆、扬、洪、鄂诸州每次失火，焚毁的船只常达数千艘，由此可见长江水运之盛。黄河为北方运输的大动脉，天宝十年（751），陕州运船失火，烧215艘，损米100万石，舟人死者600人，又烧商人船100艘，可见当时黄河也能容纳四五千石的大船。不但中下游如此，河套以上，北魏时尚可通千斛之舟；开元年间，河西屯田余粮，也由黄河漕下陕州太原仓，不经陆运。③ 到了11世纪北宋时，内河漕运的货运量每年更高达七八百万石（相当于四五十万吨），创下

---

① （唐）李肇：《国史补》，载《笔记小说大观》第31册，江苏广陵古籍刻印社1983年版，第8页。
② Mak Elvin, *The Pattern of the Chinese Past*, Stanford: Stanford University Press, 1973, p.136.
③ 严耕望：《唐代国内交通与都市》，台北《大陆杂志》第8卷第4期，1954年2月，第4页。

了世界古代河运的最高纪录。漕船载重量，一般为数十吨，内河商船的载重量，最大更可达数百吨。①

我国古代船舶大多使用风力，尤其是长途航行。至于短途航行，则多使用桨橹。车轮船的出现也长期发生了重大的作用，据史籍的记载，南北朝已有不用桨、不用帆而能行驶的船只，这显示船是由车轮推动的。南宋是我国车轮船最发达的时代。绍兴初年，在洞庭湖的战事中，官军和水寇双方都大量使用车轮船。船身有的长达三百多尺，能容纳四五百人，甚至千人之多。推动船只的车轮数也由 4 个、8 个增加到 24 个之多。以后一直到 20 世纪初，华南地区还曾有过少量车轮船。② 车轮船的动力是用人力，不如帆船使用风力来得经济。因此，虽然曾经在一段时期内流行，终未能十分广泛地利用。

中国古代船舶的抗沉性，也是世界闻名的。唐代的船已用桐油、石灰艌缝，使船舶具有良好的抗沉性。有人认为晋代的"八漕舰"，即是八个不漏水的舱（水密隔舱）。虽然还没有确切的证明，但是当时的确已具备制造水密隔舱的条件，船在航行中，由于船舱之间是严密分隔开的，即使有一两个船舱破损进水，船的浮力仍然存在，不会沉没。到了宋元时期，我国船舶的水密隔舱已蜚声中外。③

意大利人马可波罗（Marco Polo）于元朝初年来华，在华期间对中国水运发达的情形甚感惊异。他甚至认为在长江上来往运载的货物数量及价值，要比所有基督教国家的河运和海运量加起来还多。据他的估计，在长江下游航行的船只共有 15,000 艘，还不包括那些用上好木材制成的木筏。他对这些江船巨大的载重能力（224—672 吨）和逆流而上时用索挽舟的画面留下了深刻的印象。④

18、19 世纪中国的传统水运似乎已发展至最高点。18 世纪初期，一位来华传教的耶稣会士即曾指出，世界上没有一个国家的水运能和中国相比，中

---

① 郭正忠：《交通与文明——关于交通经济建设的历史考察》，《经济史研究》1988 年第 3 期，第 135 页。

② Jung-pang Lo, "China's Paddle Wheel Boats: Mechanized Craft Used in the Crinum War and Their Historical Background", *Tsing Hua Journal of Chinese Studies*, new series, 2: 1, May 1960, pp.189-215.

③ 周世德：《中国古代造船工程技术成就》，载自然科学史研究所编：《中国古代科技成就》，中国青年出版社 1978 年版，第 618—619 页。

④ Needham, *Science and Civilization in China*, Vol.4, Pt. III, p.466.

国举世无双的国内贸易完全仰赖水运。他说："在这个国家里有两个帝国,一个在水上,一个在陆地上。"①水运的发达,也可由港口进出船舶的数量看出。1832 年,一位在华停留的外人胡夏米(H. H. Lindsay)估计,7 月份这个月之中,有 400 艘 100—400 吨的船进入上海港。如果 7 月份在一年当中并非特殊的月份,那么上海可算是世界上的大港之一。出入船舶的吨数已相当于或是超过伦敦,而上海在当时的贸易量还不及广州,甚至少于武汉和天津。②

宋元以后,造船技术仍在不断发展,船工常采取几种优良船型的优点,结合起来创造新船型。宋代的江海两用船采用湖船底、战船盖和海船头尾,清初的"三不像船"则综合了沙船、乌船和蜑船的特点。明清时期,各种船型中不少具有快航性能,如淮阳课船、江西红船等内河船。明代还有一种连环船,在弯曲的小河中可以分成两截,便于转弯。③

六、主要交通线与运费

传统中国的主要交通线在长江以北至少有七八条。第一,从北京南经山东西部进入江苏西部,至扬州一带。第二,从河北经山东纵贯安徽,出江西九江。第三,从河北经河南中部入湖北,至武昌或荆州。第四,由北京入山西,斜贯全省入陕西。从渭水上游的宝鸡左折,经汉中入四川,抵达成都。以上四线纵贯南北,联络这四线的东西走向道路则不计其数,最主要的有从安徽北部出河南开封,联系第二线和第三线;再从开封西经洛阳,出陕西西安,联系第三和第四线;由荆州入四川成都,也是连接第三线和第四线。自陕西西部渭水上流入甘肃,经兰州、凉州,以赴敦煌,这是一线;从北京东走山海关,赴东北、朝鲜也是一线。

长江以南,重要的路线有十余条。第一,自镇江经苏州入浙江杭州,进而至于福建,以联络长江以北第一线。第二,由九江南下直出广东韶州,以至广

---

① Fernand Braudel, *The Structure of Everyday Life: The Limits of the Possible*, New York: Harper & Row, 1981, p.421.

② Rhoads Murphey, *The Outsiders: The Western Experience in India and China*, Ann Arbor: The University of Michigan Press, 1977, pp.163-164.

③ 周世德:《中国古代造船工程技术成就》,载自然科学史研究所编:《中国古代科技成就》,中国青年出版社 1978 年版,第 618 页。

州，续接江北第二线。第三，从湖南北部南行出韶州或广西桂林，接江北第三线。再从湘入贵州、云南（第四线）。从四川南部入贵州或云南（第五线）。主要的横断线则是从广州西达桂林等地（第六线），自江苏江宁，经皖南、赣北入湖南，和从浙江西南部入江西。以上这些路线的交通，大多源自秦汉以下即已存在，一直沿用至今。①

交通运输常受地形、气候和其他因素的影响，如我国西南部高度改变急遽的地区和沿海高地，较常利用人力和畜力；北部和西北部河流不发达的大平原上较流行小车和大车；至于在河流较多的华中、华南平原，则人力、小车和其他运输工具都可看到。由于清代的资料较为完整，因此以清代为例，比较各种货运方式的性能和费用。

（一）人力

这是最基本的运输方式，以背驮或挑担方式载物。背驮方式载重最多至90余公斤。挑担通常可在36—48公斤。每天可行32—48公里，费用视地形和气候而定，挑夫每日工资为150—350文，一百磅货物每里运费在浙江、广东是5—7.5文，广西、云南、四川是10—12.5文，陕西是11.25—13.75文。

（二）小车

分为两种，以一人推的可载重至120公斤，二人推的可载重两倍。车夫除了用人力外，16世纪以来，更常以帆帮助行进。费用视车夫人数、货物重量而定，挑夫每天工资约在200—500文，一百磅货物每里运费在长江流域为5—7.5文。

（三）畜力

各地区所用不同，华北和西北常用骡，兼用骆驼，西南多用马，载重量骆驼为170公斤，骡为145公斤，马为73—109公斤，驴为61—90公斤，牛为73公斤。每天运费在200—500文，视驮兽种类、货物重量及地区而定。一百

---

① 〔日〕加藤繁著，杜正胜、萧正谊译：《中国经济社会史概说》，台北华世出版社1978年版，第72—73页。

磅货物每里运费,骆驼为 5 文,骡为 6.25 文,马和驴在长江下游为 6.25—8.25 文,另附粮秣,马在西南部为 7.5—9.25 文。

(四)大车

大小不一,载重量由 300—500 公斤的小型车到 1,200—1,500 公斤的大型车。运费视车辆大小和所用骡、马数量而定,每头骡、马每天通常需要 500—600 文。载重 500—730 公斤的中等大车,用两三头骡(或马)拉,每天走 39—48 公里,运费为每天 1,000—1,300 文,每百磅货物每里运费,在西北需 3.7—5 文,在华北则只需 2.33 文。

(五)船

种类很多,从载重量 730 公斤(相当于中型大车)的小舢板到净重四五十吨,甚至 70 吨的大沙船都有。大多数的河流在平常时期,顺流而下所费时间通常不会多于逆流而上的三分之一。每百磅每里的运费需 0.5—1.5 文。

由此可见,船运是价格最低廉的运输方式,其次是大车、各种驮兽、小车和人力。[①]

七、传统交通与文明

我们对中国交通建设和交通工具的演变及利用有了初步的认识后,可以发现传统中国交通的发展及其影响,具有以下几项特征:

第一,交通和政治的关系密切。历届政府对于主要交通路线的建筑和维护,大致说来都相当地重视,每设有专官负责。但是传统政府对于交通的重视,并非都是以发展交换经济为目的,除了民间自发性的交通建设外,多数官府组织的交通工程,主要是出于政治、国防和财经税收的需要,不但道路网和运河系统都是以都城为中心向外扩展,有些交通设施(如邮驿),甚至根本不准百姓使用。因此,一旦欧洲以发达商业为动因的近代运输事业兴起,中国古

---

① 本段资料取材自 Kingsmill, "Inland Communication in China", pp. 33-38。

代曾经领先的交通事业便相形见绌了。①

第二，不论是交通工具或是交通工程，都有许多省力的发明。有许多西方史家认为，中国由于劳动力过剩，因而阻碍了省力的发明。事实上，我国的人力虽然充裕，但是仍然尽可能地利用水力、畜力、风力从事搬运的工作，发明了许多省力的工具——例如殷商时期发明了胸式马具，而西方要到8世纪才由颈式马具改进成胸式马具；13世纪，我国又完成了鞍套式马具，西方则要到14世纪才出现这种马具的资料。我国在1世纪已有独轮车，3世纪时更是常见，而欧洲一直要到13世纪才知道有独轮车。中国人在4、5世纪已知道利用马镫，西方却一直要到18世纪早期才有马镫。除了利用畜力外，中国人在水运技术上也有许多省力的发明，例如船尾舵，公元前1世纪起源于中国，至12世纪才出现于欧洲；中国人在5世纪已知利用水密隔舱，欧洲人要到19世纪初年才学会利用；中国人在3世纪已出现了较西方所常用的方帆优良的纵帆（fore-and-aft sails）。此外，中国人在水利工程技术上也有一些发明有利于交通。如宋代乔维岳在大运河的长江和淮阴之间，创建了世界上第一个船闸；在西方，简单的水门最早也只能追溯到13世纪。在运河方面，中国人早已认识以人工渠道运输笨重货物的优点和重要性。春秋末年和战国初年的邗沟乃是人类历史上最早的内陆运河，西方则在17世纪法国建造四条运河之前，实无可与中国相提并论的水利工程。②

第三，水运高度发达，但是陆路并不发达。中国和罗马的道路系统有一项奇异的相似处，即是自3世纪开始都陷于长期衰微的状态，但是两者之间也有所不同。欧洲是从此分裂为许多国家，直到18世纪以前，除了海运外，交通运输极不发达。法国诗人梵乐希（Paul Valéry）即曾指出，拿破仑率领大军行进的速度竟然和恺撒大帝行进的速度一样慢。至于中国的道路系统，除了一些山路外，原来所扮演的角色则由河流和运河组成的巨型水陆网所取代。③水运在

---

① 郭正忠：《交通与文明——关于交通经济建设的历史考察》，《经济史研究》1988年第3期，第136页。

② Needham, *Science and Civilization in China*, Vol. 4, pt. Ⅲ; Needham, *The Grand Titration: Science and Society in East and West*, London: George Allen & Unwin, 1980, passim; 孙机：《从胸式系驾法到鞍套式系驾法》，《考古》1980年第5期；孙机：《唐代的马具与马饰》，《文物》1981年第10期，第82页。

③ Needham, *Science and Civilization in China*, Vol. 4, pt. Ⅲ, p.3; Braudel, *The Structure of Everyday Life*, p.424.

传统中国的重要性由都市化的过程中也可看出。根据明末的一项资料，当时全国最大的 30 个城市中，几乎有一半是位于大运河、东南沿海和长江这三条水运线的沿岸。① 至于中小型市镇，也每多与地方水运路线有关。以广东而论，广州固然是位于海、河航线的交通交会点，兼有海、河港口的功能，具有交通中枢的作用。府州治所所在，如肇庆、惠州、潮州、韶州、连州、嵩州、雷州、嘉应、钦州、琼州和罗定等，无不处于水运线的要冲。即使是各县的治所，也都有或大或小的河流经过。至于由商业发展而兴起的市镇，则水运条件更为重要，像佛山、石龙、小榄、江门等，都是由于位在水运网的交叉点上，便于集散商品而兴起的。②

水运发达的结果，使得中国的路运技术即使能和 18 世纪的英国一样作充分的改良，运费率仍然无法降至和水运相等。亚当·史密斯（Adams Smith）在他的《国富论》（*The Wealth of Nations*, 1776）一书中，已充分认识到这点："整个欧洲的大部分……陆运运输的费用使得大多数商品的真实价格和名目价格（nominal price）都大为增加。……在中国和印度，由于内陆水运的范围广，种类多，节省了大半的人力，因此他们大多数商品的真实价格和表面价格也就降低了许多。"③ 在中国，即使到了 20 世纪，铁路、轮船和传统民船比较起来，所能节省的运输费用仍然极为有限，有时只能在速度和安全上取胜，如此一来，自然减少了改良基础运输的经济诱因。另一方面，水运系统长期发展的结果，在技术上虽然还有值得改进之处，但是如果想要有像美国 1825 年完成伊利运河（Erie Canal）后所获得的那种效益（从水牛城到纽约的运费，如每吨 120 美元减少到每吨 14 美元），则已不再可能。我国的水运在传统末期已发展至最高点。所面临的是一种技术断绝（technological discontinuity）的困境，或许只有迈入蒸汽化才能见到明显的效益。这种情况，使得经由降低运费而改变经济状态显得更为困难。④

最后，我们不可避免地要指出，传统中国交通在促进经济发展上的局限

---

① Gilbert Rozman, *Urban Networks in Ch'ing China and Tokugawa Japan*, Princeton: Princeton University Press, 1973, p. 43.

② 叶显恩：《清代广东水运与社会经济》，《中国社会经济史研究》1987 年第 4 期，第 8—9 页。

③ Adam Smith, *The Wealth of Nations*, 1776, reprinted edition, London: University Paperbacks, 1961, Vol. 2, pp. 175-176.

④ Elvin, *The Pattern of the Chinese Past*, pp. 305-306.

性——缓慢且运费高昂限制了长程贸易的发展。在陆运方面，运费的高昂使得价格低、体积大的货物无法进行长程的贸易。如粮食，以兽驮运送320公里所需要的运费，即和粮食的产地价格相当。水运的费用自然较为低廉，长江水运的运费率只有河北、山西陆运的三分之一至四分之一。但是如果将粮食过剩区（如湖南）的米运至1,600公里外的缺粮区域（如江苏、浙江），其运费也和米的产地价格相当。倘若运的是煤而不是粮食，运输费用作为限制长程贸易的主要因素即可更明显地看出。开采煤矿的成本约为种植谷物的十分之一至二十分之一，运费却大致相当，也就是说煤的真实成本每运32公里即需增加一倍。难怪20世纪以前，煤在中国的长程贸易中一直是微不足道的项目。① 在这种情形下，凡是在气候和土壤上没有特殊长处足以克服运输费用的区域，贸易就不会发达；没有水运可利用的区域，发展的程度通常也都远较有水运的区域为落后，这种差异极为显著，有的学者于是称之为一种在近代化以前的经济双元性（economic dualism）。② 华南的水运较华北为发达，因此长程贸易额也较大。据估计，光绪初年时，全国每年所征洋税和厘金共二三千万两，其中华南大约即占十分之九，华北只占十分之一。③

运输费用的高昂，对于传统中国农业的集约化（intensification）也有重大的影响，其重要性甚至可以和土地价格的高昂（相对于人力而言）相当。农业的集约化，常常都是沿着主要的河流和人工河道扩散。④

八、余论

19世纪以后，轮船、铁路、新式邮电、汽车公路和民用航空，在我国陆续出现。新的交通运输事业和过去不同之处，在于科学化、大众化和商业化的程度大为增加，对经济所产生的影响也更为广泛而深入，可以说是另一个新时代的来临。

在农业方面，交通运输的便利，使得农民对市场经济的参与增加，作物商

---

① Perkins, *Agricultural Development in China, 1368-1968*, p.120.
② Elvin, *The Pattern of the Chinese Past*, p.304.
③ （清）李鸿章：《李文忠公全集》卷三十九《奏稿》，光绪三十一年（1905）刊本，第20页。
④ E. N. Anderson, *The Food of China*, New Haven and London: Yale University Press, 1988, p.109.

业化的程度加深,农家的生产力也因而有所成长。①

在商业方面,新式交通运输引进后有助于市场的整合,长程贸易也有显著的增加。根据学者的研究,中国的长程贸易在近一千年内都没有多大的改变。绝对数量虽有增加,但是主要是由于人口增加。直到 20 世纪,现代的工业和运输才改变了这种情况。1920 年代时,中国境内的省际贸易在实质上已较 19 世纪末期增加了三倍之多。②像大豆、芝麻等作物之所以在 20 世纪能够有巨额的输出,可以说完全是铁路的功劳。③我国主要的水运线都是东西走向,但是对于货物交换的需求却长时期都是南北走向,这种不平衡的现象在传统时期是仰赖大运河来弥补,直到铁路出现后,货物的流向才改观。

在工矿业方面,铁路使得用煤的费用大为降低(仅为 1870 年代的五分之一左右),给予煤业有力的刺激。20 世纪以后,煤得以广泛地使用,成为工业动力的主要来源。此外,铁路对工业的另一项贡献是供应民生工业所需要的原料。根据一项统计,近代中国民生工业所需要的原料约有 90% 是来自农村,而这些原料中又有 60% 以上是经由铁路运达工业中心。铁路对工业生产的重要性,由此可见一斑。④新式交通和工业化的来临,使得中国经济重心的位置,也随之发生了变动。唐代以前,华北平原和关中平原是中国文化的心脏地带,唐代以后,经济重心南移至生产力较高的长江下游,到了工业化和新式交通出现后,华北于是再度成为全国的经济重心所在。⑤

在人口与都市化方面,现代交通有利于人口的流动,促进了边区的开发,也减少了人口的压力。最显著的例子,即是 20 世纪东北在铁路发展下所造成的大规模移民热潮。东北的人口在 1860 年时,不过只有 300 万,1907 年时增至 1,700 万,1953 年更增为 4,700 万。一项估计显示,1891 年至 1942 年之间,由于移民东北,华北的人口几乎减少了 1,000 万人之多。⑥在有铁路之前,东北只

---

① Ernest P. Liang, *China: Railways and Agricultural Development, 1875-1935*, Chicago: University of Chicago, Department of Geography Research Paper, 1982.

② Perkins, *Agricultural Development in China, 1368-1968*, p.124.

③ C. F. Remer, *The Foreign Trade of China*, Shanghai: The Commercial Press, 1926, p.164.

④ Lloya E. Eastman, *Family, Fields, and Ancestors: Constancy and Change in China's Social and Economic History, 1550-1949*, New York & Oxford: Oxford University Press, 1988, p.168.

⑤ Perkins, *Agricultural Development in China, 1368-1968*, pp.174-184.

⑥ Thomas R. Gottschang, "Economic Change, Disesters, and Migetton: The Historical Case of Manchuria", *Economic Development and Culture Change*, 35: 3, April 1987, p.483.

有沈阳、吉林、长春以及作为与国内其他地区联系孔道的营口等几个城市而已。直到1902年，东北最大城市的人口不过20万，而且只有2个。自从敷设了铁路，东北都市化的速度即急剧增加，到了1930年时，20万以上人口的城市增加到了3个；3万至10万人口的中等城市，由清末的11个增为17个；1万至3万人口的小型城市和重要集镇，则由20个增加到53个。① 在关内，现代化的交通，特别是铁路，对于城市的发展影响也很大。在铁路枢纽或是铁路和主要河道交叉处的城市有显著的发展，如郑州、徐州、石家庄、蚌埠、浦口等，以及抗战时期陕西的宝鸡等。同时也有一些位于原交通要道的城市，其地位被位于新交通线上的城市所取代，因而衰落，如大运河沿线的山东临清和江苏的淮阴、淮安、扬州等城镇。②

根据学者的研究，在18世纪以前，中国和西欧是世界上交通运输最发达的两个区域。西欧的交通是以天然河道的运输和海运闻名于世，而中国的人工河道加上天然河道，则尤胜于西欧的水运网，充分表现出中国文化的利用厚生特色。③ 和传统时期相较，近代中国的交通运输在世界上的地位则明显地呈现出相对落后的现象。其原因固然是科技的不发达，政府财政的长期困窘，致使投资于基本建设的经费不足，也是一项重要的因素。据一项估计，19世纪末清朝政府在基本建设上的投资，只占国民生产毛额（GNP）的万分之三至六。④ 直至1950年代，政府社会环境相对安定，政府预算较为充裕，各项建设才有发展的机会。今后如何恢复先民在世界交通史上的卓越地位，应该是全体中华儿女努力的目标。

（本文原载王寿南等编：《中国文明的精神》，台北财团法人广播电视事业发展基金，1990年。）

---

① 宓汝成：《帝国主义与中国铁路（1847—1949）》，上海人民出版社1980年版，第601页。
② 董鉴泓：《中国城市建设发展史》，台北明文书局1984年版，第131页。
③ William H. McNeill, "The Eccentricity of Wheels, or Eurasian Transportation in Historical Perspective", *American Historical Review*, 92：5, December 1987, p.1125.
④ E. L. Jones, *The European Miracle: Environments, Economies, and Geopolitics in the History of Europe and Asia*, 2nd ed, Cambridge: Cambridge University Press, 1987, pp.207-208.

近代中国的技术转移 ——以铁路事业为例

当代研究经济发展的学者，大多认为政府部门在发展中国家的技术转移过程中，应该扮演重要的角色。但是中国近代，由于政府财政困窘，实在没有能力全面从事大规模的技术转移计划，能持续推动的，只有铁路一项。在清末官绅的眼中，铁路除了国防的利益外，也将会广泛地刺激各部门的成长，从而使中国达成富与强的双重目标。

经过半个多世纪的经营，铁路在中国已有相当程度的进展。据统计，1933年时，全国的国有铁路已有一万多公里，员工人数超过12万人，可以算是中国近代最大的企业。

铁路是近代科技的产物，性质不同于一般的行政业务，因此在管理方面，必须有完善的组织，权责分明，既要有高度蜕分的结构，同时也要有整合的功能，才能充分发挥效能；人员方面，则需要有专业的技术人才和管理人才，以担任兴筑和营运的工作。在近代中国，铁路是一项新兴事业，如何经营全无前例可循，工程和管理技术都是从外国输入，如果我们能对这个企业的技术转移过程及其间所遭遇的问题作一探讨，将有助于了解我国现代化的历程。

落后也有好处？

铁路在西方是经过多年的不断研究和发展所获得的成果，而中国却能立即采用最为进步的形式，至为方便。如马建忠在光绪五年（1879）的《铁道论》一文中即已有此认识："溯火车之初创，百病丛生，不知几经改作，已臻今日之美备。人为其劳，我承其易，此时会之可行也。"这段文字显示出他已充分认识到中国拥有如经济史家亚历山大·格申克龙（Alexander Gerschenkron）所指的"落后的好处"（advantages of backwardness）。

中国近代铁路技术的转移，除了工程方面的硬件技术，还包括管理方面的软件技术。例如中国在办理铁路事业之初，缺乏铁路会计方面的知识，但由于财权因借款的关系，多操于外人之手，因此每筑一条路即由洋总会计制定各种会计办法及簿记格式，其严密的程度，要胜过传统中国政府所使用的四柱清册。但是各路所采用的西式会计制度，由于借款关系，大多不一致，致使各路财务状况无法加以比较。民国成立后，交通部在美籍顾问亚当士（Henry C. Adams）的协助下，才将各路会计办法统一。亚当士曾在美国办理铁路会计统一事宜，历经十余年方告成功；在中国，由于有了过去的经验，只花了一年多的时间就把各路会计给统一了，从此每年都有完整的铁路会计统计数字。由于后出转精，其周密的程度，不但在国内各项统计中居于首屈一指的地位，甚至"超越前进"，有独步全球之势。

近代中国从西方引入铁路技术，固然节省了不少的时间和经费，但是也付出了极大的代价。就引进的技术本身而言，最大的缺点即为技术标准不一致。铁路自发明以后，各国的发展不同，又因各国基本工业的基础不同，遂导致各国都有各自一套标准，而无法完全互通。我国铁路早期多是借外债兴筑，其中以英、法、比、德、日等国为多。借款合同上规定借用某一国家的款项，即购用该国的材料，并以借款国籍的工程师主持建筑，于是建筑及设备都采用借款国的习惯与标准。而当时我国经营铁路又未自定标准，一任客卿之所为。不但硬件设备各路不同，就连行车规章、专门名词，甚至电报文字等软件设施，也有英、法、日等类别。一路的机车、车辆不能驶入他路，或因车钩、风管构造不同，而无法和他路的机车、车辆联络。列车载重计算方式不一，过轨检验规则不一，对于各路间的联运发生极大的阻碍，此种阻碍且因修筑的铁路日多而日趋严重。

交通部有鉴于此，乃于民国六年（1917）设立铁路技术委员会，网罗交通部及各路局技术专家，并延聘中外铁路专门人才，讨论规划统一之法。虽然民国初年已开始作技术统一的准备，但是实行则多在国民政府成立以后。此后筑路，不论是自筑或是与外人合资，都不用外籍人士管理工程，而全由国内工程师主持，于是技术标准虽然尚有未能尽同之处，但已经逐渐统一。

政治实力与外债

铁路外债通常是以铁路本身资产及营业收入，充作建筑借款本息的担保。中国近代的铁路，除一二例外，几乎全靠此类基金完成。据统计，截至民国二十五年（1936）底，归交通部负责的铁路外债总额，约达国币104,000万元，其中以英国最多，比、德次之。

普通借款条件，如果依一般商业上的惯例，应该以借款利息、折扣、佣金、还本期限、抵押品等项为限，但是近代中国商借外债，大多于普通条件之外，还要附上种种特别条款，丧失了很多权利。民国以后，因为外资来源滞塞，铁路建设也多半停顿。国民政府成立后，致力推动铁路建设，由于百废待兴，问题重重，其中尤以经费的缺乏最为严重。但是和清末情况不同的是，由于政治及金融已渐趋稳定，欧洲资本家对华乃另眼相看。至此时期，所有的铁路外债都是由中国发动，大多数铁路的规划从头到尾都是由当时的铁道部推动，执行也大多操于铁道部或各铁路局之手。列强的贷款，才真正是中国借以执行计划的工具，而非为列强强施于中国以助长其野心的手段。

制度不合国情

中国铁路自始即采取分线管理制度，每一路线设一管理局，此因各路多系向外国借款兴筑，或自行集资兴筑，或将商营路线收归国有，故不论路线的长短、运输的繁简，都各分设一局，直辖于部。以至于抗战前关内7,000余公里的铁路，竟分设有13个管理机关，其中有2个路局只有100多公里的路线，而最大的路局，路线长度也不过1,300多公里。小路局掌管的路线虽短，组织却和大铁路无异，增加了许多行政和其他的总务费用。分线管理制，除了增加行政的费用外，还有以下各项弊端：

第一，运营方面。由于各路均需自给自足，因此人员和设施未能充分利用。如宣统元年（1909）时，全国铁路共有40种不同类型的货车，而事实上仅需6种即已足够。铁路如作适当的合并，车辆即可作较充分的利用。据估计，以过去五分之三的车辆即可做相同数量的工作，每年可节省大笔的费用。

第二，设备方面。由于管理机构的繁复，机场和材料厂也随之增多。机场多，不免规模小而效能减小；材料厂多，则不免多购材料，以致存料数量增大。

第三，财务方面。抗战前，国有各路虽同属铁道部管辖，但因债权或历史关系，财务收支都各自严格划分。各路中，有的营业繁盛、财政富裕，也有的营业不佳、财政拮据。营业旺盛各路，即可扩充设备，改进业务，员工待遇也较为优厚；营业清淡者，则收支不敷，债务不能履行，扩充设备更难顾及。

世界各国铁路，外段工作的组织可分为两种：一种是分处制，另一种是分段制。分处制将车务、机务和工务，分成三处管理；又将路线分为几段，每段设立车务、机务和工务段长，分辖于车、机、工各处长，各不相属。分段制则为全线各段段长管理车、机、工三方面事务，下设车、机、工段长，分掌各项事务。分处制通行于英国和欧洲的铁路，优点是车、机、工各段长的责任分明，缺点则在于各部门各自为政，不易合作，因此仅适用于路线短而运输量较小的铁路。分段制和分处制的中央集权不同，授权较为充分，通行于美国的大多数铁路。

中国幅员辽阔，因此铁路组织较适合采用分段制，但是由于借款关系，受英、法影响较大，一向采取分处制，十分不合中国的环境。根据组织的规定，发生问题应由站呈段转处，由本处与有关处长商洽办理。有关处长认为问题不甚明了时，又需行文所属段的员司调查，最后经相关的处长商洽妥当，方将办法发交各所属段站员司办理。一件公事常需十余人经手，始可解决。路线长的铁道，如北宁、平汉，最远的站和总局的距离，有长至二三日火车里程者，常因路程的遥远和手续的繁杂而延误时机。

本国人才崛起

清末的交通事业，大多数以普通官吏主其事，而辅以洋匠，偶有专门人才，均沉屈于下僚，人数也极为稀少。留学国外习铁路者，人数过少，且返国后未必服务于路界。如詹天佑留美时，于耶鲁大学习土木及铁路，返国后先被派往福州船政局习航海，结业后登舰服务，其后任教于广东水陆师学堂。此外，早期留学生在国外所学又多有限，充其量只能成为技师。其中只有少数能够超过技匠的地位，而成为中国最早的铁路工程师。根据一项调查，直至光绪二十三年（1897），留洋学生在外国学习铁路工程，返国后在铁路界服务多年，可充任工程师者，只有詹天佑和邝景阳二人。因此，由光绪初期至詹天佑以建筑京张铁路崭露头角止，几无铁路专门人才可言。加以初期筑路多借外款，因此路上的工程、行车、机务，以致会计等高级主管，多由外人担任。

邮传部时期，铁路人才虽然来源较为广泛，但是人数仍然不足。少数留学生归国后服务于路界者，多集中于邮传部的图书通译局和交通研究所。许多工程师或学有专长，但缺乏实际经验，以致在技术水准上即多不合，如川汉铁路总工程师胡朝栋，北洋大学堂工科毕业，留美获有土木工程硕士学位，但在工程设计与执行上，实无经验。因此，川汉铁路在设计上即多错误，建路工程的进度也甚为缓慢。由于工程人才的缺乏，因此少数人才在各路之间流动的情形非常普遍，而铁路本身所提供的在职训练，也成为人才培育的重要方法。例如光绪三十一年（1905）京张路开工时，北洋、南洋及唐山各校，都还没有土木科或铁路科的毕业生，会办兼总工程司詹天佑手下干部，即多由关内外铁路（后来改为北宁铁路）调来。其中有许多后来都曾担任其他各路的工程要职。虽然如此，技术人才在质和量上仍未能符合需要，以致至清朝灭亡时，中国铁路由国人自筑者，尚不及十分之一。

随着时代的演进，清末以来的工程人员，至民国成立后，多已能独当一面，担负重任。一些历史较久的铁路，作为磨炼工程人员的场所，贡献甚大。如清末进入京奉铁路（后来改为北宁铁路）的一些工程师，到了民国以后，许多都成为各路的工程主管。

民初时期，到欧美及日本留学的中国工程师回国人数日渐增多。在国内受工程教育的工程师，则多数出身于上海工业专门学校（后改为交通大学上海学校）、唐山工业专门学校（后改为交通大学唐山学校）、北京大学、北洋大学、青岛特别高等专门学校、同济医工专门学校（后改为同济大学）、北京交通传习所（后改为交通大学北京学校）等校。清末邮传部时期，各路用人已渐知取才学校，民国以后更兼重经验，于是各路机械、工程、事务、会计等部门的主管，如处长、段长、厂长之类，大多数为专业人员。中国工程师的能力，自宣统元年（1909）京张铁路（后改为平绥铁路）完工后，即获得普遍的承认。此后所有以本国资本修筑的铁路，均由中国工程师担任。同时在借款各路上，中国工程师也取得较为重要的地位。民国十五年（1926），陇海铁路修至灵宝，以后中国所有铁路，无论由借款或由本国资本所修筑，都是由中国籍的总工程师和各级工程师担任，不再有引用外国工程师的现象。

至于各路的专门人才，此一时期由于国内所培育人才的累积，留学生归国人数的增多，逐渐已能因应需求，而其中交通部所设交通大学的地位尤为重要。据估计，民国十七年（1928）时，各路员司出身于交大三校者，即有七百余人，虽然仅占各路职员总数3%—4%，但是多已跻身领导阶层。铁道部成立后，锐意展筑新路与整理旧路，负责的领导者和重要干部，大部分都是交大的毕业生。除交大外，其他各大专院校毕业生服务于路界者，也日渐增多。因此，至1930年代初期时，据现有零散的各路人事资料显示，国有各路于局长以下，除总务处长以地位特殊，多由军人或非路界人士担任外，其余各部门主管的学历，普遍较过去为高，大多毕业于大专院校专门科系，不少曾出国留学，经历也有专业化的倾向。

由于铁路人才在质和量上的进步，铁道部时期所有与借款有关的铁路，都由国人担任总工程师及各级工程师，自力完成，不但成绩优异，不亚于外国工程师，而且工作上尤能表现出十分经济、有效及迅速；至于旧路的行车管理，也几乎全由本国人负责。相对地，国有各路所雇的洋人则逐渐减少。据统计，民国十五年（1926）时，国有各路共有外籍职员378人，至民国二十四年（1935）时，仅剩59人，且多为借款合同中所规定者。

促进专业精神

最后，从长期的观点来看，铁路事业的发展在中国现代化的过程中，尚具有以下两点含意：

第一，为民间培育并储备了大量的实业人才。发展中国家在现代化国家过程中，教育与需求每无法配合，或短缺人才，或学用无法合一，而近代中国铁路事业所支持的交通大学，以及铁路本身所提供的实际训练，培育出大批的技术人员及管理人员，不但满足了本身的需要，也为社会培育了大量的人才。

第二，促进了专业精神（professionalism）的兴起。传统中国的政府，极早即已具有专门化和蜕分化（differentiated）的组织结构，并由专业的官员（其地位的取得乃是基于客观的标准），依照高度理性、条文详尽的则例执行工作。虽尚未建立起现代的专业化任用、升转及训练制度，但是重视久任、某些职务以具有专门经验者充任，以及任职前分发实习的制度，均显示出传统时期中国政府已具有专业化的倾向。清末时期，政府出于因应新兴情势的需求，开始重视专业人才，给予外务、邮传、度支等部官员特别优厚的待遇，民国以后政府又为技术官建立特殊的升迁及薪俸制度，对于官僚系统专业化所做的促进，为中国历史上前所未有之事。西方近代专业精神的兴起，动力多来自民间，中国近代由于商业资本主义的不发达，专业精神的兴起，动力则来自政府。清末詹天佑以一己之力完成京张铁路，工程师在中国社会中的地位顿时得以提升，对于社会价值观念的转变具有极大的影响。

（本文为 Technology Transfer in Modern China: The Case of Railway Enterprise, 1876-1937〔*Modern Asian Studies* 26, May 1993, pp. 281-296〕一文之中文摘要，原载《历史月刊》第 17 期，1989 年 6 月。）

穿越界线——中国铁路史研究的现状与展望

一、前言

笔者早期在台湾出版的两本铁路史著作——《平汉铁路与华北的经济发展（1905—1937）》（1987）和《中国近代铁路事业管理的研究——政治层面的分析（1876—1937）》（1991），在三十多年后居然有机会以简体字的形式在大陆重印，笔者对此感到万分的荣幸。

拙著近年被一些素未谋面的学者谬许为"后续研究的一个重要指向标"[①]，甚至是"铁路史的经典著述"[②]，自是愧不敢当。其实在20世纪60—70年代的台湾，由于"中研院"藏有总理衙门的档案，洋务运动又是当年的热门议题，关注铁路的学者自然也较多，笔者的研究即受益于李国祁、李恩涵、王树槐、何汉威等师友之处甚多。拙著在台湾出版后，在大陆基本上是无人闻问。直到21世纪初，铁路史的研究在几位（包括江沛、朱从兵、马陵合等）学者的推动下成为显学之一，拙著才稍受关注，并获邀在大陆重印。

三十年前的老书要在大陆重印，著者若不加修订，至少应将三十年来的相关研究成果稍加回顾并进行对话，不过由于成果十分丰硕，也不时有学者撰写研究综述的文章予以介绍，[③]故在此不再赘述。以下仅就个人兴趣所及，挑选一些研究成果略加介绍，并列举一些未来值得深入研究的课题，提供大家参考。由于个人阅读范围有限，挂一漏万之处在所难免，尚希方家指正。

[①] 熊亚平：《铁路与华北乡村社会变迁（1880—1937）》，人民出版社2011年版，第15页。
[②] 布拉格之夜：《铁路强则国家强》，《中国出版传媒商报》2016年5月27日。
[③] 江沛：《中国近代铁路史研究综述及展望（1979—2009）》，载《近代史研究》编辑部编：《过去的经验与未来的可能走向——中国近代史研究三十年（1979—2009）》，社会科学文献出版社2009年版，第505—526页；崔罡、崔啸晨：《中国铁路史研究综述及展望》，《西南交通大学学报（社会科学版）》2016年第5期；岳鹏星：《当代大陆学人与中国铁路史研究》，《社会科学动态》2018年第7期；Har Ye Kan, "From Transport to Mobility in Modern China: A Survey of the Field", *Mobility in History*, 5:1, Jan 2014, pp. 150-160.

二、官僚组织的专业化

亚洲"四小龙"崛起后，美国学者柯伟林（William C. Kirby）于1980年代后期提出南京国民政府在抗战前十年即已成为发展型政府。此种说法出现后，激起了大量学者研究国民政府的各种专业机构和政策，影响极大。① 不过也有一些学者提出了一些质疑，例如朱莉（Julia C. Strauss）即认为专业技术机构（发展型政府的基础）的雏形应上溯至民国初期的袁世凯及北洋政府。②

其实早在1973年，美国学者墨子刻（Thomas A. Metzger）即曾在其所著《清代官僚机构的内部组织：法律、规范与沟通》（*The Internal Organization of Ch'ing Bureaucracy: Legal, Normative and Communication Aspects*）一书中指出清代官僚组织已相当专业化：第一，由《漕运全书》和《两淮盐法志》等书编纂官员的学养和资历，显示清代官僚已有相当程度的专业化，至少要求具有相关的经验；第二，由六部额外司员的分发实习制度，也显示出清代官僚有专业化的倾向；第三，以盐缺为例，清政府对某些职官要求需要有专业的资格；第四，六部京官重视久任，借以累积经验。③ 墨子刻此书的立论基础，主要是以其对陶澍任两江总督时期的盐政所做研究，具有多大的代表性，颇有问题；所讨论的时段，也仅限于鸦片战争以前的清代，不过，他所提出的论点甚具开创性，引发了后来许多学者的研究。

法国学者魏丕信（Pierre-Etienne Will）研究清代政府在灾荒救济、兴办并维持大规模的水利工程、仓储制度以及促进经济发展上所做的努力，发现清代出现了一批行政精英（an "administrative elite"）。这批人不仅包括官员，也包括幕友和其他对行政有兴趣的人，他们积极进取，具有为民服务的责任感，并

---

① 最具代表性的著作包括：Julia C. Strauss, *Strong Institutions in Weak Politics: State Building in Republican China, 1927-1940*, Oxford: Clarendon Press, 1998; David Allen Pietz, *Engineering the State: The Huai River and Reconstruction in Nationalist China, 1927-1937*, New York: Routledge, 2002; J. Megan Greene, *The Origins of the Developmental State in Taiwan: Science Policy and the Quest for Modernization*, Cambridge, Mass.: Harvard University Press, 2008.

② Julia C. Strauss, "The Evolution of Chinese Government", in Frederic Wakeman, Jr. and Richard Louis Edmunds, eds., *Reappraising Republican China*, Oxford: Oxford University Press, 2000, pp. 81-82.

③ Thomas A. Metzger, *The Internal Organization of Ch'ing Bureaucracy: Legal, Normative and Communication Aspects*, Cambridge, Mass.: Harvard University Press, 1973, chapter II.

且自我期许甚高。在刑部,有许多官员甚至是律学名家。① 徐忠明、林金研究清代刑部官员任职办案和法学素养,也认为此时的刑部已是一法律专业化程度颇高的机构,整个清代司法出现专门化的现象。② 郑小悠的研究则指出,清中叶以后,清廷对刑部的人事制度进行了一系列成功的改革,重视久任,刑部司官仕途前程之光明在六部司官中首屈一指,激励刑部官员勤勉读律,是以乾隆以后,官员的法律专业化水平开始突飞猛进,晚清甚至出现以司法实践带动律学研究的风气。秋审处官员尤其精于律例,而与河务、边材并号"专家学",有明显的技术官僚倾向,在京官中独树一帜,甚至刑部堂官也多由本部司官外放后升转而来,终身不迁。这些特殊的制度和人事安排,均促使刑部官员自我的专业认同增强。③ 和农业相提并论的是河工、水利。自康熙将治河列为三大政之一,两江三省的督抚便开始了对河工的参与,在执掌上被赋予河工的职责,随着地方督抚兼任河道总督的体制在雍正朝形成,乾隆又在官制上予以完善,导致两江总督大多为治河专家,其中具有代表性的人物有那苏图、尹继善、高晋等,均有以两江总督或有关省之巡抚身份兼任河督的经历,均可谓技术官僚。④ 陈恺俊和高彦颐更用"技术官僚文化"(technocratic culture)一词,形容清代内务府包衣群体有别于一般文官的专业文化。⑤

不过笔者认为传统中国官僚机构固然已有专业化的倾向,但清末政府由于因应新兴情势的需求,开始重视专业人才,给予外务、邮传、度支等部官员特别优厚的待遇,北洋政府又为技术官建立特殊的升迁及薪俸制度,对于官僚系统之专业化所做的努力,实在中国历史上前所未见。清末詹天佑以己力完成京张铁路,工程司在中国社会中的地位顿时得以提升,对于社会价值观念的转变

---

① 〔法〕魏丕信著,李伯重译:《明清时期的官箴书与中国行政文化》,《清史研究》1999 年第 1 期;〔法〕魏丕信著,张世明译:《在表格刑事中的行政法规和刑法典》,《清史研究》2008 年第 4 期。
② 徐忠明、杜金:《清代司法官员知识结构的考察》,《华东政法大学学报》2006 年第 5 期;杜金、徐忠明:《读律生涯:清代刑部官员的职业素养》,《法律与社会发展》2012 年第 3 期。
③ 郑小悠:《清代刑部司官的选任、补缺与差委》,《清史研究》2015 年第 4 期;郑小悠:《清代刑部官员的形象:自我期许与外部评价》,《北京师范大学学报(社会科学版)》2015 年第 1 期。
④ 刘凤云:《两江总督与江南河务:兼论 18 世纪行政官僚向技术官僚的转变》,《清史研究》2010 年第 4 期;刘凤云:《十八世纪的"技术官僚"》,《清史研究》2010 年第 2 期。
⑤ Kaijun Chen, "The Rise of Technocratic Culture in High-Qing China: A Case Study of Bondservant (Booi) Tang Ying (1682-1756)", unpublished dissertation, Columbia University, 2014; Dorothy Ko, *The Social Life of Inkstones: Artisans and Scholars in Early Qing China*, Seattle & London: University of Washington Press, 2017.

具有极大的影响。①1920年代一项针对清华学校154名1924—1926级（高三到大一）学生所作问卷调查显示，受访者对于各种职业的兴趣依序为：公司经理、社会改革者、工程师、农家、教员、教育行政者、学术研究者、著作家、银行家、军官、美术家、官吏、内科医生、外科医生、律师、秘书、青年会服务者，②充分显示清末民初政府政策对民众价值观的影响。

讨论专业化问题，必须提及专业团体。在铁路的专业团体方面，最重要的应为中华全国铁路协会，该会成立于1912年，梁士诒、叶恭绰为首任正、副会长。马陵合是最早研究此一团体的学者，他的研究发现铁路协会的主要功能在于构建以铁路界人士为主体的人际关系网络，展示铁路界的社会影响力，协会的治理机构具有明显的权威型模式。铁路部门在近代中国以国有性质居于主导地位，政策和营运管理合一，协会领导阶层每多担负铁路政实际责任，因此缺乏专业团体的独立性格。③马陵合的论文讨论范围限于北洋时期，柏冠冰和张学君的硕士论文则分别对国民政府时期的史实予以补充。④同样成立于1912年的中国工程师学会则是近代中国最大的科技团体，1950年学会结束时有会员16,000余人。房正的《近代工程师群体的"民间领袖"：中国工程师学会研究（1912—1950）》一书对此一学会的历史作了全面性的研究，尤其注重探讨其与工程师群体、其他工程学会，以及与政府之间的关系。⑤

另外值得一提的是1919年成立于北京的中美工程师协会。根据吴翎君的研究，此团体为美国在华工程师和留美归国学人所组成的联谊性组织，其成立宗旨除了促进工程学的知识与实际经验、培养同侪合作精神、树立工程专业规范等目标，最终目的在于协助中国解决各工程建设所遭遇的实际问题。此组织创建之始曾受到中美两国政府的支持，荣誉会员包括北京政府交通部官员和美国驻华公使，会员则大多为投身中国各项公共建设的工程师。该协会不仅和美

---

① 张瑞德：《中国近代铁路事业管理的研究：政治层面的分析（1876—1937）》，台北"中研院"近代史研究所1991年版，第222页。
② 庄泽宣、侯厚培：《清华学生对于各学科及各职业兴趣的统计》，《清华学报》第1卷第2期，1924年1月，第287—304页。
③ 马陵合：《北洋时期中华全国铁路协会研究》，《史林》2009年第3期。
④ 柏冠冰：《路事与国事：中华全国铁路协会研究（1912—1936）》，华中师范大学2017年未刊硕士论文；张学君：《民国时期中华全国铁路协会研究》，河北大学2018年未刊硕士论文。
⑤ 房正：《近代工程师群体的"民间领袖"：中国工程师学会研究（1912—1950）》，经济日报出版社2014年版。

国的重要工程团体保持联系，与英国人在上海创办的中华国际工程学会（the Engineering Society of China）形成南北相互辉映的组织，并且和中国本土的工程师学会，也有微妙的互动关系。①

民国时期政治长期动荡不安，甚至内战频繁，对于官僚专业化的发展至为不利。雷环捷以路界人士曾鲲化一生经历为例，说明技术官僚在乱世中难以维持专业的独立性。曾鲲化（1882—1925），湖南人，1902 年赴日，初学陆军后改学铁路，1906 年于岩仓铁道专门学校管理科毕业，返国后赴各地进行调查，并将调查所得撰写《中国铁路现势通论》（1908）一书，该书出版后受邮传部尚书陈璧重视，曾鲲化因而获邀入部服务，直至 1925 年病逝止。民国成立后，他历任交通部统计科长、路工司长、路政司长兼京汉铁路管理局局长。1917 年曹汝霖任交通总长，曾鲲化因非交通系亲信，被贬调为株萍铁路局局长。护法战争时期，他又因向北京交通部汇报战场实情，被湖南督军傅良佐以误报军情为由抓捕扣押，并拟枪毙，引起各方关切，舆论哗然。后因傅良佐北逃，段祺瑞下台，案件方告结束。返京后曾鲲化虽仍供职交通部，但仅能担任在参事上行走、交通史编纂委员会总纂等虚职，显示出技术官僚在乱世中的无奈。②

三、帝国主义与中国铁路

改革开放后，大陆的铁路史研究呈现出百花齐放的盛况，不过帝国主义对中国铁路的影响深远，至今仍有许多课题尚待研究，例如列强与中国铁路借款有关的大企业，如中英银公司（the British and Chinese Corporation）、福公司（the Pekin Syndicate）、合兴公司（the American China Development Company），至今只有景复朗（Frank H. H. King）和薛毅曾对福公司做过专门的研究，③这一课题值得学者继续努力。在近代铁路事业专业化的过程中，列强所扮演的角色十分重要，中国铁路界的著名外籍人士，至少有以下两位值得研究。

---

① 吴翎君：《推动工程国家：中美工程师协会在中国（1919—1941）》，《近代史研究》2018 年第 5 期。
② 雷环捷：《民国初年的技术官僚与科技转型之殇：曾鲲化误报军情事件探析》，《自然辩证法通讯》2019 年第 9 期。
③ Frank H.H. King, "Joint Venture in China: The Experience of the Pekin Syndicate, 1897-1961", Business and Economic History, 19: 1990, pp. 113-122；薛毅：《英国福公司在中国》第 4 章，武汉大学出版社 1992 年版。

第一位是亚当斯（Henry Carter Adams，1851—1921），曾协助中国统一铁道会计。亚当斯，约翰斯·霍布金斯大学（Johns Hopkins University）博士，曾任教于该校、康乃尔大学及密歇根大学，1895 年获选为美国经济学会会长。1913 年，京汉铁路会办王景春（伊利诺伊大学铁道工程博士）鉴于各路账目格式纷杂，紊乱无章，管理得失无从比较，成绩优劣难以考核，路产盈亏也未能尽悉，遂提议统一铁路会计。交通部采其议，设立统一铁路会计委员会，指派部局精通会计人员，并延聘美籍顾问亚当斯共同筹议，根据会计原理，参考各路现行办法，讨论经年，议成各种会计统计则例十种。施行三年，而后统一规模始立。当时同时和亚当斯一起在北京工作的西方顾问共有 18 位，不过他们仅作为装饰门面之用者，据亚当斯表示，实际参与工作者仅有他自己一人而已。除了铁路事务，亚当斯还提供了有关货币、银行及工人赔偿等政策上的建议。亚当斯 1921 年过世时，交通部曾致电吊唁。[1] 亚当斯个人文件现收藏于美国密歇根大学档案馆，尚乏人利用。

第二位重要的铁路界外籍人士是曾主持勘测粤汉铁路的美籍工程师柏生士（William Barclay Parsons，1859—1932）。柏生士，美国哥伦比亚大学毕业，1894 年任纽约捷运工程委员会（the New York Rapid Transit Commission）总工程师，他负责设计的纽约首段跨区地铁（Interborough Rapid Transit，IRT）于 1904 年通车。1898—1899 年受合兴公司之托，奉湖广总督张之洞之邀至中国勘测一千余里的粤汉铁路，任总工程师。他 1885 年创办的工程公司，今日已成为全球著名的工程设计与顾问公司，20 世纪以来曾参与不少重要的大型工程，例如底特律与温莎之间的隧道（Detroit-Windsor Tunnel），1939 年的纽约世界博览会，以及旧金山、亚特兰大、新加坡、台北等地的地铁、城铁等快速交通系统。晚近中国铁路史的著作对于此一重要人物大多仅略微提及，[2] 尚缺乏专门的研究，收藏于纽约市立图书馆和哥伦比亚大学图书馆的柏生士个人档案仍有待学者去开发利用。

---

[1] 张瑞德：《中国近代铁路事业管理的研究：政治层面的分析（1876—1937）》，台北"中研院"近代史研究所 1991 年版，第 88—89 页；Paul B. Trescott，"Western Economic Advisers in China, 1900-1949"，*Research in the History of Economic Thought and Methodology*, 28-A, 2010, pp.6-7.

[2] 例如朱从兵：《张之洞与粤汉铁路：铁路与近代社会力量的成长》，合肥工业大学出版社 2011 年版，第 93—97 页；Elisabeth Köll, *Railroads and the Transformation of China*, Cambridge, Mass.：Harvard University Press, 2019, p.40。

四、铁路与国族想象

铁路的出现，自然有助于旅行及旅游业的发展。关于近代中国的旅行和旅游业，学者的研究已多，① 晚近有学者开始注意到铁路旅行与国族想象之间的关联。莫亚军、马守芹和李睿的研究，均显示铁路旅行、铁路旅行指南和游记等关于铁路旅行的书写，合力塑造了国民的集体记忆和国族认同。② 董玥的研究则注意到了列强对中国铁路的控制，如在东北地区旅行须受制于日俄两国——如大连至沈阳和长春的火车为日本南满铁道所经营，而由长春往哈尔滨的火车则操于俄人之手，因此乘火车旅行有时颇为复杂。③ 美国学者 Dylan P. Brady 的研究也指出铁路从长期来看固然有助于国族的形塑，但是从短期来看却未必如此。1949年以前，国民政府有效统治的区域有限，列强势力影响大的地区如东北，中长铁路和南满铁路或许激发了东北地区（甚至全国）民众的民族主义，至于各地方军阀在势力范围所掌控的铁路，强化的或许仅是区域内部的治理和区域性的政治意识，各区域的情况可能均不相同，值得作深入的探讨。④ 陈蓓的研究则聚焦于浙江省名胜导游局于1934年所筹划的东南五省交通周览会，发现浙江省政府与企业界和文化界合作，通过国民政府有效管控下的五省交通工具和景点的商品化，一定程度地强化了国人的民族意识。⑤

---

① 苏全有：《对近代中国旅游史研究的回顾与反思》，《河南科技学院学报》2011年第9期；Yajun Mo, "Boundaries and Crossings: Mobility, Travel, and Society in China, 1500-1953 — A Survey of the Field", *Mobility in History*, 6: 2015, pp. 150-157.

② Yajun Mo, "Itineraries for a Republic: Tourism and Travel Culture in Modern China, 1866-1954", unpublished Ph. D. dissertation, University of California, Santa Cruz, 2011；马守芹：《"风景"的发现：近代铁路旅行风潮与国族建构（1923—1937）》，南京大学2013年未刊硕士论文；李睿：《民国铁路旅行指南研究（1912—1937）》，苏州大学2018年未刊硕士论文。

③ Madeleine Yue Dong, "Shanghai's China Traveler", in Madeleine Yue Dong and Joshua Lewis Goldstein, eds., *Studies in Modernity and National Identity: Everyday Modernity in China*, Seattle: University of Washington Press, 2006, pp. 211-219.

④ Dylan P. Brady, "Forging the Nation through Rails: Transportation Infrastructure and the Emergence of Chinese Nationalism", unpublished M. A. thesis, University of Oregon, 2013.

⑤ Pedith Chen, "In Search of the Southeast: Tourism, Nationalism, and Scenic Landscape in Republican China", *Twentieth-Century China*, 43: 3, Oct. 2018, pp. 207-231.

五、技术工人群体

笔者所著《中国近代铁路事业管理的研究：政治层面的分析（1876—1937）》一书曾以两章的篇幅讨论铁路员工群体，包括这批人的培育与训练、组成与任用、待遇与升迁。①

1995 年，澳大利亚学者司马辉（Stephen L. Morgan）撰写民国时期铁路员工生活的博士论文，其特色为强调铁路事业相对优渥的薪资福利制度、重视年资的升迁制度与对纪律的严格要求（有如军队和监狱）。②孙自俭的《民国时期铁路工人群体研究：以国有铁路工人为中心（1912—1937）》（2013）一书，则为目前有关此一问题最为详尽的著作，其中有关铁路工人组织以及铁路工人和政府关系的部分，颇具特色。③

在铁路员工中，笔者以为技术工人特别值得重视，而有继续研究的必要。铁路界的技术工人，最重要的是机械工人，其来源有以下两种：

第一，外资工业。近代机械工人的产生，始于鸦片战后外资工业的雇工，如 1845 年外资开始在广东设立船坞。5 年之后，上海也出现了外资的船坞，所雇用的熟练技工，第一批即来自广东。甲午战后，列强在各通商口岸大量设厂，自行训练了许多粗细工人和工头。

第二，国人自营的公民营工业。1860 年代，清廷开始经营近代军事工业，其中尤以江南制造局、福州船政局和天津制造局三大局最为重要，日后陆续创办的中小型兵工厂，其技术工人即多与此三局有关。

据统计，1894 年时，清政府经营的军事工业和煤铁业雇佣工人人数约为 12,000—13,000 人。至于早期的民营工业，大多集中于各通商口岸，甲午战前民营造船、铁工、机器修理业的雇佣工人人数，则已有 27,000 余人。④

---

① 张瑞德：《中国近代铁路事业管理的研究：政治层面的分析（1876—1937）》第 4—5 章，台北"中研院"近代史研究所 1991 年版。

② Stephen L. Morgan, "Chinese Railway Lives, 1912-1937", unpublished Ph. D dissertation, Australian National University, 1995; Stephen L. Morgan, "Personnel Discipline and Industrial Relations on the Railways of Republican China", *Australian Journal of Politics and History*, 47: 1, 2001, pp. 24-38.

③ 孙自俭：《民国时期铁路工人群体研究：以国有铁路工人为中心（1912—1937）》，郑州大学出版社 2013 年版。

④ 张瑞德：《中国近代铁路事业管理的研究：政治层面的研究（1876—1937）》，台北"中研院"近代史研究所 1991 年版，第 185—189 页。

铁路界机械工人的来源既如此多元，则早期轮船业和兵工业与铁路界之间技术工人的流动情形，甚至整个近代中国的技术工人群体，即成为亟待解决的重大课题。

六、铁路土地取得问题

购地的支出占铁路修筑成本比例甚高，征购的过程也关乎地方社会的稳定，因此成为晚近学者所关注的议题之一。

丁戎研究津浦铁路的购地问题，发现购地过程中购地总局非常注意与地方合作，购地总局将绅士设为购地员司一职，作为沟通路局与民众的桥梁。购地时如遇纠纷，购地总局即会推出购地委员、地方官员、乡绅、地保，经由官员的权威和乡情的软化，每每能将事情解决。① 德国学者柯丽莎（Elisabeth Köll）则利用一些德国档案，指出津浦路公司为了避免引发抗议及冗长的交涉，所提供给地主的每亩价格常高于当地市场价格。许多中介甚至成功地将地主的土地划归为坟地，借以在谈判过程中议得较高的价格。柯丽莎发现除了津浦铁路，其他铁路对于沿线坟地也多有优惠的补偿办法，如中东铁路对迁坟的地主即多给8两补偿金。根据美籍工程师柏生士（William Barclay Parsons）的回忆，此种优厚的补偿方案不仅有助于路方取得土地顺利施工，也造成地方上一些炒地人士每当获知路线图，即接洽沿线坟地所有人，为他们申办8两的迁坟补助，中间人也可从中获取中介费。② 不过沈悦和谭桂恋的研究却指出，中东铁路公司对土地征购及农作物的赔偿，未能给付合理的价格，尤其是在南满支线一带根本无法令居民另谋生路，造成抗拒风潮层出不穷。③

至于中国自办的铁路，曾伟对于萍乡铁路的研究发现，萍乡铁路的土地征购过程为路矿当局、地方政府和沿线世家大族三方面博弈的结果。从征购价格来看，家族势力决定了地价从优，沿线民众也共沾其利；至于征地机构，则由路矿当局联合地方政府，延聘地方士绅组织购地局完成征购。在征购过程中，

---

① 丁戎：《津浦铁路工程时代建设用地购买问题解读》，《兰台世界》2012 年第 4 期。
② Köll, *Railroads and the Transformation of China*, pp.38-40.
③ 沈悦：《东省铁路研究（1897—1913）》，吉林大学 2014 年未刊博士论文；谭桂恋：《中东铁路的修筑与经营（1896—1917）：俄国在华势力的发展》，台北联经出版事业公司 2016 年版，第 154—161 页。

路矿当局遵循民间土地交易习惯,对私用和公用采取灵活变通的交易方式,保持公用的收入和所有权结构不被改变。此外,针对失业业主和佃农,路矿当局与地方政府也予以相当的安置。①

进入民国以后,由于民智渐开,铁路的土地征收问题日益复杂,稍有处置不当,即易引发社会动荡。例如1932年秋至1933年春,上海为兴建京沪、沪杭甬铁路联运总站征地,引发民众的请愿行动,国民政府铁道部等机构,京沪、沪杭甬铁路管理局,上海市政府,被征收区域的基层官民,甚至中共地下党均先后卷入,使一次单纯的土地纷争演变为一场严重的社会风潮。岳钦韬等人对此事件所做研究,认为铁道部暂停联运总站等工程的原因,除了日军入侵热河时局不定外,征收者和被征收者的对抗和土地征收的失败也是关键性的因素。②铁道部采纳了京沪、沪杭甬铁路管理局局长陈兴汉违背上海市政府"大上海计划"理念的规划方案,因此"大上海计划"流产的主因并非如前人所说的战争,③而是与铁路改造规则的中辍密不可分。④

七、铁路对集市的影响

关于铁路出现后对于近代中国城镇体系的影响,近三十年的研究成果丰硕;⑤对于集市的影响研究虽少,但是甚具特色。⑥20世纪的学者如加藤繁和施坚雅(G. William Skinner)均认为,交通的发达将导致基层集市的衰亡。⑦施坚

---

① 曾伟:《近代铁路土地的征购及其实现——以萍乡铁路为例》,《中国社会历史评论》第17卷(下),天津古籍出版社2016年版,第191—205页。
② 岳钦韬:《民国时期的铁路土地征收与社会风潮——以京沪、沪杭甬铁路上海联运总站征地案为例》,《民国档案》2016年第1期。
③ 郑祖安:《国民党政府"大上海计划"始末》,载谯枢铭、杨其民、王鹏程、郑祖安、卢汉超:《上海史研究》,学林出版社1984年版;余子道:《国民政府上海都市发展规则论述》,《上海研究论丛》第9辑,上海社会科学院出版社1993年版;Kerrie L. MacPherson, "Designing China's Urban Culture: The Greater Shanghai Plan, 1927-1937", Planning Perspectives, 5:1, 1990, pp. 39-62;张晓春、常青:《文化适应与中心转移:近现代上海空间变迁的都市人类学研究》,东南大学出版社2006年版;俞世思:《1929年"大上海计划"的特点及其失败原因初探》,《历史教学问题》2014年第3期。
④ 岳钦韬:《土地征收与"大上海计划"之铁路改造规划的中止》,《上海师范大学学报》2016年第4期。
⑤ 参见江沛等:《城市化进程研究》,南京大学出版社2015年版。
⑥ 熊亚平、张利民:《近代华北集市(镇)研究述评》,《河北广播电视大学学报》2013年第12期。
⑦ 加藤繁:《清代における の定期市》,《东洋学报》第23卷第2期,1936年2月,第1—52页;G. William Skinner, "Marketing and Social Structure in Rural China, Part I", Journal of Asian Studies, 24:1, November 1964, pp. 3-43; "Part II", 24:1, February 1965, pp. 185-228; "Part III", 24:3, May 1965, pp. 369-399。

雅在 1985 年的一篇论文中甚至推测，运输条件改善所引发的现代化力量，一方面会使得城镇中的固定商铺成为农民主要的采购地点，另一方面也会使得许多市集在 20 世纪结束前消失。①

进入 21 世纪后，罗斯高（Scott Rozelle）等人的实证研究则指出施坚雅的理论可用于解释清末民国时期的集市，乃毋庸置疑，不过 1949 年以后的情况较为复杂，除了交通运输外，尚需考虑政府的租税、土地和金融政策。② 王庆成有关近代华北集市的研究，也对施坚雅交通现代化使基层集市消亡的说法提出了质疑。他指出，定县在 1850 年时有集市 12 处，至 1920 年代末（即当京汉铁路通车 20 余年后），集市却剧增至 83 处。可能有若干小集市未被列入 19 世纪的数字，但 20 世纪集市数据较 19 世纪为多，殆无疑问。因此交通和商业的发展并不一定导致集市数的锐减。③

奂平清的研究发现，铁路的开通固然是促进了定县（今河北定州）农产的商品化，降低了农民的自给性，使之对商品和市场的依赖性增强，但是定县即使有铁路过境，县内运输仍以人力和畜力为主，最普遍的为骡马拉的大车，每日可行 80 里；另外一种较普遍的运输工具为手推独轮车，每日可行 70 里。直到 1925 年，县里才开始有汽车从事客货运输。在此种运输条件下，农民商品的买卖不可能到较高级的中心地去交易，基层集市也就不可能消亡。④

进入 21 世纪后，定州的交通正高度发展，铁路、高速公路贯穿全境，公路有国道、省道、市级公路和乡、村级公路，几乎所有的村落均有水泥公路，机动车辆在农村十分普及，施坚雅所称市场体系内部的现代交通网络，基本上已具备，但是定州乡村的基层集市未如施坚雅理论所预期的随着交通的发达而走向衰亡，仍有近百处集市按照传统的集期安排在运作，集镇等中间市场也未有较显著的发展，施坚雅所描述的农村市场的等级性并不明显。村集和镇集除了由于地理位置和交通条件不同，集市的规模大小不同外，集市所见货物的种类

---

① G. William Skinner, "Rural Marketing in China: Repression and Revival", *The China Quarterly*, 103: 1985, pp. 393-413.
② Scott Rozell, Jikun Huang and Vincent Benziger, "Continuity and Change in China's Rural Periodic Markets", *The China Journal*, 49: January 2003, pp. 89-115.
③ 王庆成：《晚清华北的集市和集市圈》，《近代史研究》2004 年第 4 期。
④ 奂平清：《施坚雅乡村市场发展模型与华北乡村社会转型的困境——以河北定州为例》，《社会主义研究》2008 年第 4 期。

大同小异，贩卖商品在基本上均为流动商贩，集期也都是每旬两集。镇的店铺数量大多尚未达到每日成市的程度，集镇店铺化、常市化和城镇化的步伐也都很缓慢。①

传统集市依然兴盛的另一个主要原因为农村剩余劳动力过多，在无法顺利向现代化产业部门或城市转移的情况下，利用传统的集市体系从事专职或兼职的商业活动成为他们的一种重要的收入来源。而且，便利的交通体系和交通工具使得这些商贩更容易到达更多、更远的基层集市和庙会进行商业活动，乡村居民也可以就近在集市或庙会购得大部分的日用商品，如此又进一步地维持了传统集市的延续和发展。②郑清坡的研究则更进一步指出，从定县基层集市的演变可以看出，制度、政策等外部因素仍扮演重要的角色，例如政府对农村发展的重视程度，是否有好的制度和政策，以及更多资金和技术的投入。农村本身仍是解决农村问题的主要途径，城市化只是解决农村问题的一种途径，而非根本途径。③

八、超越"现代化"范式

近三十年来，欧美各国由于汽车的大量普及造成了严重的交通阻塞和空气污染，一些国家开始推行摆脱过度依赖汽车的交通政策。在过去制定运输政策时，所有的讨论均集中于如何节省时间和金钱，嗓门最大的永远是工程师和规划师。但是现在不同了，1998年最早推出无人式自行车出租系统的荷兰，在制定运输政策时，即曾邀请历史学者参与，希望能汲取历史的经验，摆脱近代以来"物竞天择，适者生存"的"达尔文式"思考模式（"Darwinist" thinking）。④交通史学者也开始关注一些新的议题，例如李玉一篇题为《从速度的角度观察近代中国——以轮船、火车为例》的论文，即指出近代中国相对于古代，"速度"

---

① 奂平清：《华北乡村集市变迁，社会转型与乡村建设——以定县（州）实地研究为例》，《社会建设》2016年第5期。
② 奂平清：《华北乡村转型的困境与城市化道路》，《中共中央党校学报》2008年第3期。
③ 郑清坡：《从基层集市演变透视农村发展路径——以民国以来定县为例》，《中国经济史研究》2018年第3期。
④ Bert Toussaint, "Using the Usable Past: Reflections and Practices in the Netherlands", in Colin Divall, Julian Hine and Colin Pooley, eds., *Transport Policy: Learning Lessons from History*, Burlington, VT: Ashgate Publishing Company, 2016, pp. 15-30.

不断提升，尤其是在交通运输方面，轮船和火车不仅带给社会"快"的体验和观念冲击，而且也扩大了"快"的经济和社会效应。① 相反地，也有学者开始研究乘客在搭乘交通工具之前的"等待史"（histories of waiting）。②

当代学界对现代化的反省也使得学者重新检视铁路和其他传统运输的关系，例如 Ralf Roth 和 Colin Divall 合编《从铁路到公路再回到铁路？百年运输竞争和依赖》（*From Rail to Road and Back Again ? A Century of Transportation and Interdependency*）③ 即探讨过去一世纪欧洲铁路和公路的关系。铁路的快捷和廉价自然是过去所无法想象的，不过欧洲铁路的优势自20世纪前期起逐渐为公路所取代，直至21世纪才有再度复兴的现象。此书所收集的论文大多认为欧洲近百年铁路和公路之间的关系，并非只是简单的竞争关系，而是相互依赖的关系。根据晚近的研究，西北欧和美国自1700年代起内陆运输曾有所改善，但是在中国、印度和日本等国家，只有到铁路出现后，内陆货运费用和时间才有显著的下降，原因在于这些国家18世纪后期和19世纪初期道路和水运网改善的程度，无法与西北欧和美国相比。④

近代中国由于铁路建设相对落后，因此并未发生铁路为公路所取代的现象，铁路与其他运输工具之间较为复杂的关系，也逐渐成为学者关注的议题。例如张觉见的研究发现山东在没有铁道之前，陆地交通孔道有二：一由历城县经德县河间而通天津、北京，其支路经益都、掖县、蓬莱达于芝罘；一由德县的大路沿大运河东南行，经聊城、泰安、滋阳等县，达江苏铜山，沿途均为康庄大道，是为古时南往北来的要道。此种驿道轨迹随着1904年胶济铁路、1912年津浦铁路的开通运行，以及之后公路建设的起步而终结。原为交通孔道的小清河、大运河、黄河，随着地理环境的变迁，逐渐失去以往的运输功能，同时加上津浦、胶济铁路和各种公路的通车，传统运输在和这些现代运输工具竞争时更显得力不从心。不过铁路本身所能影响的区域有限，仍需要内陆河运及诸多

---

① 李玉：《从速度的角度观察近代中国——以轮船、火车为例》，《暨南学报（哲学社会科学版）》2017年第11期。

② Robin Kellermann, "Waiting for Railways, 1830-1914", in Christopher Singer, Robert Wirth and Olaf Berwald, eds., *Timescapes of Waiting*, Leiden: Brill, 2019, pp.35-57.

③ Burlington, VT: Ashgate Publishing Company, 2015.

④ Dan Bogart, "Clio on Speed: A Survey of Economic History Research on Transport", in Claude Diebolf and Michael Heaper, eds., *Handbook of Cliometrics*, Berlin: Springer, 2016, pp. 4-5.

公路的配合。同时由于民国时期政局动荡，战争频繁，加上各种苛捐，均削弱了铁路的运输功能，使得传统运输方式在特殊时空下仍能与铁路展开竞争。① 郭海成对于陇海铁路的研究也发现，关中自古即因其政治区位的优势而拥有发达的交通网络，后因政治区位优势的丧失而导致交通的衰退。不过关中在进入铁路时代后，局面又开始改变。传统水运、近代公路运输均受冲击，但并未退出运输市场。在此过程中，原有交通体系逐渐重构，最后建立起以铁路为中心、其他运输方式与之既竞争又互补的新的交通体系。② 杨向坤和李玉的论文更进一步指出战前陇海铁路局和招商局以连云港为中心的联运机制，不仅为战前中国运输网的形成做出重大贡献，也促进了中西部地区和东部沿海地区的贸易往来，进而使连云港迅速成为重要的准港口城市。③

九、铁路对环境与疾病的影响

铁路的出现对环境和疾病的影响，也是铁路史研究超越现代化范式后所关注的重要议题。铁路对环境的破坏，最明显的例子即为东北森林资源的大幅减少。根据范立君和曲立超的研究，中东铁路的修筑对松花江流域的森林资源带来了极大的影响。森林的开采促进了采木业和林产业的发展，对北满木材市场的形成奠定了基础，东北的林业工业也随之兴起。不过沙俄在经营铁路的同时，对森林进行了大规模的掠夺和破坏，导致了森林资源的大幅削减，水土流失，水灾不断，以森林为主要活动范围的野生动物逐渐减少，如东北虎、梅花鹿面临灭绝的危机，野猪、黑熊、豹子的数量也大为减少。④

刘振华的博士论文《被边缘化的腹地：近代南阳盆地社会变迁研究（1906—1937）》，也关注到铁路出现后南阳盆地环境的变化。南阳原为河南省一大城市，南通襄阳，北达汝洛，西连关陕，东带江淮，形势重要。近代以来，

---

① 张学见：《青岛港、胶济铁路与沿线经济变迁（1898—1937）——现代交通体系视域下的研究》，南开大学 2012 年未刊博士论文，第 56—69 页。
② 郭海成：《陇海铁路与近代关中交通体系的重构》，《兰州学刊》2013 年第 3 期。
③ 杨向坤、李玉：《联以兴港：水路联运与连云港经济变迁（1933—1937）》，《安徽师范大学学报（人文社会科学版）》2018 年第 5 期。
④ 范立君、曲立超：《中东铁路与近代松花江流域森林资源开发》，《吉林师范大学学报（人文社会科学版）》2009 年第 3 期。

随着南阳盆地水陆交通的衰落，特别是清末京汉铁路的修筑，南阳盆地由此远离交通干道中心，加上荆襄驿道地位下降，因此丧失了水陆交通枢纽的优势。唐河、白河过去在南北交通上曾有一些水陆联运的作用，京汉铁路通车后，船只骤然减少，同样也加速了唐河、白河的淤塞，城内过去凭借水陆交通便利的市镇经济迅速衰退，致使南阳盆地长期陷于停滞不前的状态。①

岳钦韬则以1920年代初沪杭甬铁路所引起的一次群众事件为例，探讨近代铁路建设对太湖流域水文环境的影响。1921年江浙地区发生严重水灾，地方官绅将矛头指向沪杭甬铁路，认为铁路阻碍水流，要求路方拆堤筑桥，恢复原有河道，同时增加沿线涵洞。双方为此在交通部、浙江省长公署等部门间展开了两年多的交涉，最后交通部同意筑桥，事情才圆满落幕。岳钦韬发现铁路的修筑并非导致太湖流域水患的关键性因素，但铁路作为开凿江南运河后最大规模的人造工程，仍然改变了明清以来形成的流域水文环境。②

至于铁路和疾病的关系，John P. Tang的研究发现，长期来看，铁路的发达使得民众更方便接近医疗公卫设施，因此有益于健康；但是短期的影响却不清楚，因为市场整合后潜在患病的机会增加。他发现日本近代铁路的发达使得铁路经过区域的粗死亡率（gross mortality rates）增加了6%，主要原因在于铁路促进了疾病的传染。③在中国史方面，余新忠和杜丽红讨论1910—1911年东三省爆发大规模鼠疫，铁路在其中所扮演的重要角色。自此，铁路的防疫工作逐渐受到重视。④夏茂粹也利用中国第二历史档案馆的防疫档案，对1918年流行的肺鼠疫中的铁路防疫工作进行了探讨。⑤黄华平则针对近代中国铁路卫生制度和铁路卫生体系，发表过多篇论文。⑥

---

① 刘振华：《被边缘的腹地：近代南阳盆地社会变迁研究（1906—1937）》，南京大学2011年未刊博士论文。
② 岳钦韬：《近代铁路建设对太湖流域水利的影响——以1920年代初沪杭甬铁路屠家村港"拆坝筑桥"事件为中心》，《中国历史地理论丛》2013年第1期。
③ John P. Tang, "The Engine and the Reaper: Industrialization and Mortality in Late Nineteenth Century Japan", *Journal of Health Economics*, 56: December 2017, pp. 145-162.
④ 余新忠等：《瘟疫下的社会拯救：中国近世重大疫情与社会反应研究》，中国书店2004年版；杜丽红：《清末东北鼠疫防控与交通遮断》，《历史研究》2014年第2期。
⑤ 夏茂粹：《民国防疫档案与铁路客运防疫》，《北京档案》2004年第4期。
⑥ 黄华平：《1900—1937年中国铁路卫生建制化述论》，《江西社会科学》2011年第11期；黄华平：《国民政府铁道部时期的铁路卫生体系述略》，《南方论丛》2012年第1期；黄华平：《南京国民政府时期铁路卫生保健事业探析》，《江西社会科学》2013年第8期。

十、铁路与日常生活

铁路的出现对于日常生活产生极大的影响。晚近学者尝试从各方面加以研究。如丁贤勇《新式交通与生活中的时间：以近代江南为例》一文指出，轮胎、火车等新式交通工具的出现，使人们开始确立"科学的"时间观念，开始从看天空转变为看钟表来确定时间，标准时间开始出现并逐步取代地方性时间。新式交通工具改变了人们生活中的时间节奏和对时间的感知，也使人们有了"时间就是金钱"等近代观念。[1]

德国学者柯丽莎则认为铁路确实改变了社会精英的时间观念，但是对一般农民是否也是如此，仍有待研究。柯丽莎早年研究大生纱厂，发现一般农民由于无表可用，通常提前甚久抵达工厂。[2] 因此她认为，一般农民在搭火车时通常也会在车站耗费多时候车，在国民政府成立后，仍需在小学教科书再三强调搭火车时应如何守时、排队，即可看出。[3]

在饮食文化方面，根据晚近学者张宁、马义平、毛勇等人的研究，19世纪末20世纪初，在中国的德商引入食物脱水技术，利用长江流域既有的蛋业组织收购鸡蛋制作蛋粉，此项技术迅速为华商吸收，并沿京汉、津浦、陇海等铁路扩散至沿线地区。例如，京汉与道清铁路交会处的新乡，由于交通便利，极早便有洋行来此处收蛋，当地对制蛋技术也掌握得较早，当地绅商不但借此在河南各地开设蛋厂，还扩及邻近的冀、鲁、晋等省。甚至有数据显示，全国各地凡新设蛋厂，每多至新乡雇用技工。[4]

张宁的研究更发现近代中国蛋品工业对中英两国饮食内容的改变与统一。英国的餐饮业受惠于蛋品的物美价廉，得以建立起大量的连锁小吃店，提供廉价的简式午餐，外食人口因此增加；糕饼业由于不再受限于鲜蛋生产的季节性，可以全年烘制松软的蛋糕，下午茶的内容因之改观。更有进者，大量生产蛋糕、

---

[1] 丁贤勇：《新式交通与生活中的时间：以近代江南为例》，《史林》2005年第4期。

[2] Elisabeth Köll, *From Cotton Mill to Business Empire: The Emergence of Regional Enterprises in Modern China*, Cambridge, Mass.: Harvard University Press, 2003, chap. 4.

[3] Köll, *Railroads and the Transformation of China*, pp. 144-147.

[4] 张宁：《技术、组织创新与国际饮食变化：清末民初中国蛋业之发展》，《新史学》第14卷第1期，2003年3月，第12—13页；马义平：《铁路与1912—1937年间的豫北工矿业发展》，《史学月刊》2010年第4期；毛勇：《铁路与新乡城市的兴起（1905—1937）》，郑州大学2010年未刊硕士论文。

饼干的公司也开始在英国出现。清末外商蛋厂为配合欧美国家只食鸡蛋、不食鸭蛋的饮食习惯，采购、加工出口华蛋，在此生产链影响下，中国人日常的饮食习惯也逐渐像欧美一样，以鸡蛋为主，鸭蛋退居微不足道的地位。①

美国学者 Robert M. Schwartz 研究 1840—1914 年的英国渔业，发现英国铁路发展后，鲜鱼成为一般大众的日常消费；另一方面由于低价美国小麦的大量进口，迫使许多农民将种植小麦的耕地改种畜牧业所需要的牧草，转为生产乳品。作者也指出铁路（加上轮船）的发展，使得海洋渔业和渔产加工业的生态基础受到侵蚀，渔民开始关心过度捕捞的问题。②此项研究与张宁的研究颇可相互补充。不过也有学者研究民国时期江浙渔业，发现浙江临海的渔业在当地虽然是最重要的经济活动，但是由于没有铁路和其他县市相连，公路的质量也不佳（路基为泥土），因此渔业市场仍是一个传统的市场体系。③

十一、人事数据的运用

近代中国的铁路事业规模庞大，从业人员众多，大量的人事资料近年为学者所关注，同时开发出来一些新的研究议题，以下试举两个例子加以介绍。

澳洲学者司马辉（Stephen L. Morgan）曾利用铁路员工的体检资料，从事身高史（history of height）的研究。晚近学界对于近代中国经济的看法，已大多放弃传统的悲观论调，而认为 19 世纪末至 20 世纪初的中国经济有持续稳定的成长，不过对于经济成长的果实是否能够平均分配至各地区和各阶层，则仍有争议。传统的研究，大多利用一些零散的工资、粮食、棉布的消费等数据进行分析，司马辉曾利用上万名国营企业及政府机关（主要为国有铁路）员工于 1933—1949 年间所做体检资料进行研究，结果发现 1890 年代至 1920 年代之间中国某些区域民众的身高（即生活水平）确有成长。④

---

① 张宁：《技术、组织创新与国际饮食变化：清末民初中国蛋业之发展》，《新史学》第 14 卷第 1 期，2003 年 3 月，第 40—41 页。

② Robert M. Schwartz, "The Transport Revolution on Land and Sea: Farming, Fishing, and Railways in Great Britain, 1840-1914", *Journal of History of Science and Technology*, 12: 2018, pp. 106-131.

③ 杨金客：《民国时期江浙渔业研究（1912—1937）》，安徽大学 2018 年未刊硕士论文，第 67 页。

④ Stephen L. Morgan, "Economic Growth and the Biological Standard of Living in China, 1880-1930", *Economics and Human Biology*, 2: 2004, pp. 197-218.

经济学者 Noam Yuchtman 等人，则曾利用一份津浦铁路职员录所收录 800 余名员工 1929 年的人事数据（包括年龄、籍贯、学历、经历、到差服务时间、叙薪等级）探讨新式教育和旧式教育对于薪资的影响。作者根据《铁道年鉴》（1932）的数据将叙薪等级转换为具体薪资金额，结果发现教育（不论新式教育或旧式教育）的薪资溢价（salary premiums）确实存在，每年教育的回报约为 9%。① 而受过大学教育的职员，薪资约比仅受过传统教育的职员高出 40%，尤其是工程类大学毕业生的薪资，平均要比拥有科举功名的职员高 100%，而其他法、商科毕业的职员薪资，则比传统教育背景的职员高 40% 左右。此外，仅有传统教育背景的职员大多不在管理及技术部门任职，而只能担任文书部门的基层工作。因此除了受教育的年限长短之外，教育的内容在经济发展的过程中也扮演重要角色。②

十二、结论

最近又有学者试图超越现代化范式，开始关注铁路所带来的负面影响。实则帝国主义对中国铁路的影响也不容忽视，仍有许多问题值得探究。近三十年来的铁路史研究虽然相对于过去有突飞猛进的发展，但也和其他许多专门史一样，均面临严重的低水平重复和日益碎片化的危机。笔者认为，解决之道除了发掘尚未经人利用的中外文档案材料，还在于穿越原有的铁路史边界，和其他专史，甚至其他学科的相关议题进行对话。本文所提及的各种研究成果，作者的出身即涵盖了历史学外的政治学、经济学、地理学、社会学、艺术和文学等各种学科。本文乃就个人阅读兴趣所及，列举一些值得关注的研究成果，并提出一些值得做进一步研究的课题，抛砖引玉，希望能够激发大家的讨论与研究。

（本文为《中国近代铁路事业管理研究——政治层面的分析（1876—1937）》一书的序，中华书局 2020 年版。）

---

① Yuyu Chen, Suresh Naidu, Tinghua Yu, Noam Yuchtman, "Intergenerational Mobility and Institutional Change in 20th Century China", *Explorations in Economic History*, 58: 2015, pp. 44-73.

② Noam Yuchtman, "Teaching to the Tests: An Economic Analysis of Traditional and Modern Education in Late Imperial and Republican China", *Explorations in Economic History*, 63: 2017, pp. 70-90.

抗战前十年的国民政府体制及其运作

北伐完成后,全国形式上统一。1928年10月3日,国民党中央党务委员会通过《中华民国国民政府组织法》,规定由国民政府总揽中华民国立法权,国民政府设立行政、立法、司法、考试、监察五院。由国民政府委员组成国务会议,负责处理国务,并调解五院之关系,由国民政府主席担任会议主席;公布法律、发布命令,经国务会议议决,由国民政府及五院院长署名行之。10月8日,国民党中委会决议,任蒋介石、谭延闿、胡汉民等16人为国民政府委员,并任蒋介石为国民政府主席,谭延闿为行政院长,胡汉民为立法院长,王宠惠为司法院长,戴季陶为考试院长,蔡元培为监察院长。10月22日,国民政府公布《行政院组织法》,行政院内设内政、外交、军政、财政、农矿、工商、教育等10个部,另有建设、蒙藏、侨务、劳工、禁烟等委员会。10月26日,国民政府通过《国民政府训政时期施政宣言》,宣布训政时期开始,由国民党代行政权,而以治权授予国民政府。

一、五院制的中央政府体制

训政时期的《国民政府组织法》,为国民政府组织的基本依据,自1928年公布后,曾历经多次修正。仅于1930年11月至1931年12月的一年多时间内,即曾进行三次修正,对于国民政府的运作确实产生了一定程度的影响。不过不论如何修正,国民政府委员制的政治体制与五院制的政治架构持续维持,所变动者主要为国民政府主席与行政院长的职权。而在修正过程中,不论是蒋介石主导,还是为反对蒋介石而设计,均与蒋有关,因此,"因人修法"可以说是《国民政府组织法》修正过程中一个重要的特征。

而在《国民政府组织法》修正的过程中,国民政府主席由兼任陆海空军总司令,到不具实际政治责任,再到恢复实际政治责任,并为陆海空军大元帅,统帅的归属,实际上显示训政时期军政关系的变化,由初期的军政一元领导,到1932年之后的军政二元领导,再到抗战爆发后的军政一元领导,反映了蒋介石权力的发展过程。①

至于国民政府委员的人数,则屡有变动。兹将1928年至1937年之间的国民政府委员资料列表如下:

表1 国民政府委员出身背景统计(1928—1937年)

时间	人数	平均年龄	籍贯	学历	党内资历	经历
1928.2—1928.10	52	46岁	分布十七省,南部地区较多	大专以上占85%,留学日本者占50%	同盟会时期老党员占65%,其后入党者占35%	曾在北京政府任职者占48%,任职于广州国民政府者占58%,属于各军系者占48%
1930.11—1931.6	18	46岁	分布九省,广东、浙江、东北合占61%	大专以上占89%,留学日本者占33%	同盟会时期老党员占67%,其后入党者占33%	曾任职于北京政府和广州国民政府者均在50%以上,属于各军系者占39%
1931.6—1931.12	42	48岁	分布十七省,中部地区超过南部地区	大专以上占86%,留学日本者占26%	同盟会时期老党员占48%,其后入党者占52%	曾在北京政府任职者占57%,曾任职广州国民政府者占38%,属于各军系者占38%
1931.12—1935.12	47	51岁	分布十七省,中部地区最多	大专以上占81%,留学日本者占38%	同盟会时期老党员占72%,其后入党者占28%	曾任职北京政府者占51%,曾任职广州国民政府者占40%,属于各军系者占32%
1936—1937.7	41	56岁	分布十八省,中部地区最多	大专以上占80%,留学日本者占41%	同盟会时期老党员占76%,其后入党者占24%	曾任职北京政府者占54%,曾任职于广州国民政府者占27%,属于各军系者占24%

资料来源:王正华:《南京时期国民政府的中央政制》,台湾政治大学历史研究所未刊博士论文,1997年,第182—388页。

上表所列国民政府委员基本数据显示,在籍贯方面,1931年6月以前,以华南省份多于华中省份,又以广东籍多于浙江籍;1931年6月以后,则以华中省份多于华南省份,浙江籍超过了广东籍。在教育背景方面,具大专以上程度者居大多数,其中军事出身者所占比例,在1928年10月至1930年11月之间为最高,超过50%,1931年12月以后所占比例下降,显示军事色彩有逐渐淡化的趋势;有留学经验者超过一半以上,其中又以留学日本者为最多。资历方面,同盟会时期入党者所占比例甚高,尤其是1936年以后,有近80%,即使

---

① 刘维开:《训政时期〈国民政府组织法〉制定与修正之探讨》,载吴淑凤、薛月顺、张世瑛编:《近代国家的形塑》,台北"国史馆"2013年版,第516—518页。

是曾任职于北京政府者，也有相当部分是代表革命的势力，在北伐以后才加入国民政府的北洋军政人士，实居少数。

上列国民政府委员，除重复任职者不计外，共96人，主要包括：（1）国民党领导人，如汪精卫、胡汉民、谭延闿、蒋介石等。（2）重要将领，如何应钦、阎锡山、冯玉祥、杨树庄、刘湘、龙云、韩复榘等。（3）曾任国民党要职者，如陈果夫、叶楚伧等。（4）同盟会时期老党员，如黄复生、熊克武等。（5）其他社会名流，如唐绍仪、马良等。① 因此，有些学者认为如果从国民政府委员的人事结构来分析国民党政权的性质，应属于职业政治人物、官僚与军人的结合。②

（一）五院制政府的运作

1929年6月17日国民党三届二中全会所通过的《治权行使之规律案》，对五院的职权曾作清楚的决定：

> 第一，一切法律案（包括条例案及组织法案在内）及有关人民负担之财政案，与国权有关之条约案，或其他国际协议案等，属于立法范围者，非经立法院议决，不得成立。
>
> 第二，人民之生命财产与身体自由，皆受法律之保障，非经合法程序，不得剥夺。
>
> 第三，在考试院成立后，一切公务人员之考试，皆属于考试院；其不经考试院或不遵考试法所特定之办法而行使考试权者，以越权论。
>
> 第四，在监察院成立后，一切公务人员之弹劾权，均属于监察权。凡对于公务人员过失之举发，应呈由监察院处理，非监察院及其所属不得受理。③

从以上的规定看来，国民政府的五院之间平等独立而又相互制衡，不过这些机构在实际运作时，却往往与原来的设计有极大的差距。首先，政随人转的

---

① 王正华：《南京时期国民政府的中央政制（1927—1937）》，台湾政治大学历史研究所1997年博士学位论文，第395、440—441页。
② 张玉法：《中华民国史稿》，台北联经出版事业公司1998年版，第188页。
③ 秦孝仪主编：《革命文献》第79辑，台北中国国民党中央委员会党史委员会，第129—130页。

现象十分普遍。以国民政府主席一职而论，1928 年谭延闿担任国民政府主席时，该职位形同虚设，但蒋介石接任后，其实际权力与总统制国家元首相较，实有过之而无不及；至林森担任国民政府主席时，权力又转至军事委员会委员长蒋介石手中。又如行政院长一职，1928 年 10 月谭延闿担任院长时，实际权力远不能与蒋介石担任此职时的权力相比；至汪精卫任院长时，情形又完全不同。陈公博晚年对此曾有生动的描述：

> 军事、财政、外交，三项重大事件到不了行政院，每次行政院开会都讨论琐碎而又琐碎的问题，加之蒋先生又以"剿匪"为名，请求中央把"剿匪"区域都划给行营，无论军事、财政、司法，以及地方行政，一概由行营办理，因此行政院更是花落空庭、草长深院了。"剿匪"区域，不过是一个名称，蒋先生忽而在牯岭召集全国财政会议，忽而召集全国建设会议，高兴起来，打电话叫南京的关系部院参加，若或忘记了，他让有关系的部院在旁边顶着二门打听消息。牯岭是一个悠闲的避暑胜地，那时已变成南京的太上政府，林主席子超先生自然还谨慎地守着国府的大印，而行政院简直是委员长行营的秘书处，不，秘书处也够不上，是秘书处中一个寻常的文书股罢了。①

首先，在五种治权中，行政权往往凌驾于其他治权之上。尤其是蒋介石兼任行政院院长时，此种趋势尤为明显。其次，依照五院制的原始设计，立法院为最高立法机关，但是在实际上立法院的立法权却是十分有限。《立法程序纲领》中规定，各机关提至立法院的法律案，均需由中央政治会议先行确定立法原则，立法院对于中央政治会议所定原则不能变更；而对立法院通过的法律案，中政会认为有修正必要时，立法院须根据中政会的意见进行修正。立法院的立法权不仅受到中政会的严格限制，同时立法院院长由中央执行委员会选任，立法委员由中政会决定，国防最高会议主席和国防最高委员会委员长对于党政军一切事务，在紧急特殊情况下，又拥有得不依平时程序，以命令为便宜之措施

---

① 汪瑞炯、李锷、赵令扬编注：《苦笑录：陈公博回忆（1925—1936）》，香港大学亚洲研究中心 1980 年版，第 329 页。关于汪精卫任行政院长的经过，详见许育铭：《汪兆铭与国民政府》第 4—5 章，台北"国史馆"1999 年版。

的紧急处置权。由此可见,训政时期立法院的立法权实有其局限性。①

再者,根据《国民政府组织法》的规定,司法院为国民政府最高司法机关和最高审判机关,但是由于各级政府兼理司法的现象十分普遍,加上司法经费掌握于地方财政当局,致使无法做到司法独立。

最后,考试院和监察院的功能也都无法充分发挥。国民政府官员的选拔任用,除了极少部分系经由考试任用外,绝大部分系通过私人举荐。每当某一主管调任他处,往往带走一批官员,当新的主管上任时,也总会接到大量的介绍信。加之政务官的任用不适用于《公务员法》,其任用由单行法规另定,因此《公务员任用法》并不能真正落实。一些官员往往依照亲戚、同乡、同族、师生等关系用人。例如韩复榘任河南省主席时,所用厅级官员均为河南人,他调至山东后,仍用其原班人马;孔祥熙为山西人,任行政院长、财政部长、中央银行总裁期间,各单位中、高级主管即多为山西人。因此虽有官吏需经考试任用的法条,但是实则成为一纸具文。

行政首长既可任意用人,卖官鬻爵之风遂起。例如北伐完成后,缪斌担任江苏省民政厅厅长,即曾出售县长职位。他根据各县经济繁荣程度的不同,定了三类不同的价格,如苏州、无锡、常州为一等县,定价 3,000 元;宜兴、金坛、溧阳、常熟、昆山等苏北各县,定价 2,000 元;如扬州一类的三等小县,定价 1,000 元。其后任赵启禄也曾将县长与公安局长按等论价,依据三类六等九级公开出售:江南为一类,长江以北为二类,黄河以北为三类,在此三类中又按县的大小、土地肥瘦、税收多寡、水路码头等划分六等九级,按类封官、按级论价。一些官员既以行贿手段取得职位,上任后为求收回成本,自易贪赃枉法。以"模范省"浙江为例,仅 1928 年一年,全省县长因贪赃营私被控案件即达 241 件,其他各地可以想见。②

国民政府设有监察机关监察院,并曾颁布大量监察法规,如《弹劾法》《非常时期监察权行使暂行办法》《公务员惩戒法》等,制度好似完备,但是弹劾权与惩戒权分离,使得监察院的功能无法充分发挥。依《弹劾法》的规定,监察

---

① 参阅田湘波:《中国国民党党政体制剖析(1927—1937)》,湖南人民出版社 2006 年版,第 277—306 页。

② 刘灿华:《吏治腐败与南京国民党政权的败亡》,《安徽师范大学学报(人文社会科学版)》2008 年 5 月,第 324—325 页。

委员对于公务员违法或失职的行为，应提出弹劾案，如认为应交付惩戒时，弹劾案成立后以监察院名义交付惩戒机关，如选任政务官移送中国国民党中央监察委员会，一般政务官移送国民政府政务官惩戒委员会，中央所属各机关的事务官和地方荐任职以上公务员移送中央公务员惩戒委员会，地方荐任职以下公务员及其他人员移送各省市地方公务员惩戒委员会等。由于此等惩戒机关往往是被弹劾者的上级或选任机关，案件移送后，常因官官相护而被掩盖搪塞，并不一定惩办。1934年，铁道部长顾孟余因案被监察院弹劾，行政院长汪精卫为维护其爱将，乃于中政会提案修改弹劾办法，决议凡政务官经惩戒机关决定处分后，中央政治会议认为有必要时，得予复核。汪甚至出言恐吓监察委员："今日尚为训政时期，一切权力集中于党，无有一机关能独立于党外，不听从党之指挥监督者。监委虽有保障法，但若为党员，则党之纪律制裁固仍可加诸其身，尚望慎重发言为要。"①

据监察院的统计，自1931年至1936年，移付惩戒的案件占弹劾案的比例有明显上升的现象（见表2），显示监察院尚能善尽其职责。

表2 监察院弹劾案件数、弹劾人数与惩戒案占弹劾案比例

年代	1931	1932	1933	1934	1935	1936
弹劾案件数	110	123	194	128	150	230
弹劾人数	110	123	257	225	230	354
惩戒案占弹劾案的比例	14.55%	13.01%	62.37%	82.03%	62%	66.52%

资料来源：刘云虹：《国民政府监察院弹劾权的绩效分析》，《山东社会科学》2012年第9期，第192页。

不过另一项数据显示，1931—1937年监察院所处理的案件中，涉及的贪官污吏共有69,500人，而该院仅收到其中1,800人的起诉书，这1,800人被起诉后只有268人被法院或其他机关判定有罪，最后在268人中有214人未受到任何惩戒，41人受到轻微的处罚，真正被罢官者仅有13人。②因此，战前监察院的功能十分有限。

---

① 《一周间国内外大事述要》，《国闻周报》第11卷第29期，第13页。关于此一事件的经过，参阅刘维开：《训政前期的党政关系（1928—1937）——以中央政治会议为中心的探讨》，台北《政治大学历史学报》第24期，2005年11月，第106—110页。

② C. M. Chang, "Impeachments of the Control Yuan", *Chinese Social and Political Science Review*, 19:4, January 1936, pp. 524-534.

值得注意的是，在理论上，中央政治会议为全国施行训政的最高指导机关，其职权包括建国纲领、立法原则、施政方针、军事大计、财政规划及政务官任免，范围十分广泛。但是从历次会议的决议案可以发现，在五院中，中央行政会议只有和行政、立法两院的关系密切，和司法、考试、监察三院，大多仅有人事任免与法律制定的关系，其他部分甚少发生关系。训政时期，司法、考试、监察三权，虽须受中央政治会议的限制，因此司法、考试、监察三院无法超出党派，不过国民党却显现出相当程度的自我节制，未作积极的介入。在人事任免方面，政治会议除了条例所列官吏能直接任免外，对于国民政府所提报的人事案只能事后追认，并无事前的同意或不同意。①

（二）组织分工不合理

战前国民政府的组织架构未尽合理，叠床架屋的情况十分严重，各部会业务每相重叠，导致功能无法充分发挥，现以经济治理机构为例予以说明。②

国民政府成立之初的经济治理机构，包括工商部、农矿部、交通部、财政部等。1928年11月增设铁道部；1930年12月，工商部与农矿部合并为实业部，为掌管实业行政事务的最高机关，下设总务、农业、工业、商业、矿业、渔牧、劳工七个司及林垦署，另设有全国度量衡局、工业标准委员会等各种专门委员会和专业局，各省则相应设置实业厅或建设厅。以上各部皆隶属于行政院，另有独立于行政院之外，直属国民政府的一些经济治理机构。建设委员会于1928年2月成立，负经营国营事业及计划建设方案并指导一切建设设施之责，实际上以管理电气、煤矿等事业为主。全国经济委员会于1933年9月成立，为统筹全国经济事业的总机关，内政、铁道、交通、实业、教育各部部长及其他有关经济建设之中央机关主管为当然委员，由3名党政领袖任常务委员，下设公路、工程、卫生实验、农业、水利等处，并设有多个专门委员会。③ 例

---

① 刘维开：《训政前期的党政关系（1928—1937）——以中央政治会议为中心的探讨》，载中国社会科学院近代史研究所、四川师范大学历史文化学院编：《一九三〇年代的中国》下卷，社会科学文献出版社2006年版，第121页。

② 张瑞德：《国民政府与战前十年经济发展》，载吴淑凤、薛月顺、张世瑛编：《近代国家的型塑》，台北"国史馆"2013年版，第307—313页。

③ 徐建生：《民国时期经济政策的沿袭与变异（1912—1937）》，福建人民出版社2006年版，第25—26页；关于全国经济委员会的作为，详见 Margherita Zanasi, *Saving the Nation: Economic Modernity in Republican China*, Chicago: University of Chicago Press, 2006, pp. 81-102。

如棉业统制委员会,对于全国棉业、纺织业有指导、监督及施行统制、奖惩之权,是为中国首度以"统制"冠名的机构。① 最晚成立的是资源委员会。其前身为1932年11月成立的国防设计委员会,1935年4月因适应国防资源的需要而改名为资源委员会,并由隶属于参谋本部改隶于军事委员会。资委会的主要职掌为调查研究并拟定各种建设及动员计划,统制钨、镁、锡等特种矿产品的生产与贸易,并创办重工业厂矿。

以上近十个有关部会的设置,显示出国民政府对于经济建设的高度重视,与清末以来的经济治理制度相较,可谓周密不少,也反映出当时流行的计划经济思潮,形成了一套相当完整的财政、经济管理体系。但是这套体系的内容庞杂、各部会职掌重叠的情况严重,容易造成职责不明、政出多门的弊病。如实业方面,既有实业部,又有全国经济委员会和建设委员会;交通运输方面,既有交通部又有铁道部。部会内部机构的设置,同样追求总揽全局,部下设委员会,部上、部外也有委员会,而委员会内部又设各委员会,其名目之多、级别隶属之繁复参差,充分反映了机构的重叠,势必带来行政的混乱和效率的低落。虽然在人事上,国民政府未像北洋时期财经主管一般频繁异动,但是机构设置在结构上的缺陷,对于经济政策的制定与实施仍为负面的因素。②

1936年10月南开大学经济学院院长何廉出任行政院政务处长,他上任后奉蒋介石之命,对全院各经济建设机构进行研究,发现国民政府在不同时期出自不同需要,建立各种机构。例如张人杰(静江)和李石曾两人均热衷发展工业方面的建设工作,甚至在国民政府尚未进入正轨之前,即在蒋的许可之下创设了全国建设委员会。全国经济委员会则是用1931年长江大水后国民政府获得3,000万美元小麦贷款,将此批小麦发售各省所获款项而创办的。

在这些叠床架屋的机构中,有些机构虽然业已衰败,工作上有气无力,但是仍在苟延残喘,如全国经济委员会虽然机构庞大,但宋子文对该机构已无兴趣,③ 蒋介石则别有所图。全国建设委员会由于经费发生困难,筹措不易,张人

---

① 王树槐:《棉业统制委员会的工作成效》,载台北"中研院"近代史研究所编:《抗战前十年国家建设史研讨会论文集》,1984年,第713—762页。

② 徐建生:《民国时期经济政策的沿袭与变异(1912—1937)》,福建人民出版社2006年版,第26—27页。

③ 宋子文此时的兴趣和活动,主要在金融领域。详见吴景平:《宋子文评传》第6章,福建人民出版社1998年版。

杰已偃旗息鼓，获蒋任命为浙江省政府主席，其后因故引退，于1937年赴美。实业部所面临的困难则特别突出。何廉发现该部对资源委员会无能为力，对全国建设委员会和全国经济委员会也毫无办法，整个机构的功能被其他机构分割殆尽，加以预算有限，工作已陷于瘫痪状态。①

战前国民政府组织架构的另一个问题是行政机构与公营事业的关系未能清楚界定。中国历代均有公营企业，近代尤为发达。不过以一般行政机关去经营复杂的事业，其性质的不同及力量的不足甚为明显。因此清末以后的政府每逢举办一种特殊事业，如河工、水利、厂矿，每多另组一机构，专负其责，相关的行政机构仅依照法规，以为名义上的监督。于是行政机构明显同时兼负两种责任，一是辅助监督私有企业，二是建设管理公营企业。两种责任难以兼全并顾，往往产生问题。

以铁路事业为例，创设初期虽曾设立铁路总公司、铁路总局等机构，但目的仅在于统一向外借款。加以早期铁路多系指定路线借用外债兴筑，因各有其债务束缚，故自始即为分线设局管理，后来路线渐多，遂感各路行程调度不能统一，效率降低；各路收支不统一，财政调度困难；材料的购置与分配手续不一致，使资产易呆滞，主管路政的中央机关仍不得不于制定政策之外，直接处理业务，于行政与业务分离的原则有所违背。铁道部成立后，有鉴于国有铁路系由主管部直接管辖，其组织不免"衙门化"，而未能以企业精神谋求业务的发展，故逐渐于新筑各路采取企业组织方式经营，如浙赣、湘桂、川黔等路，均设铁路公司，使其在法定地位上有自主的营运权，主管不仅主持其政策且监督其业务。各公司以理事会为最高管理机关，下设总经理及工程（或管理）局长。组织虽完善，但是实质上似乎仍未改变，各路虽有公司之名，而实权多仍操之于部，并未取得自主的经营权。②

当公营企业的政策制定和业务执行操控于同一机构时，公众的利益极易被忽略。近代中国的铁路事业，既不能实施企业化的组织与管理，也未将铁路会计及预算脱离一般行政的会计及预算而独立，除了偶尔举行的商运会议，并未在制度上有可代表民众的设计，遑论设立研究发展部门以提高管理效能、改良

---

① 何廉：《何廉回忆录》，中国文史出版社1988年版，第100—106页。
② 凌鸿勋：《中国铁路志》，台北畅流半月刊社1954年版，第34—36页。

营业方法。①

（三）成员组成特征

1. 留用北洋官员多

1927 年 4 月，国民政府成立于南京。由于政权初建，各方需才甚急，南方政府本身人才有限，不得不延纳大批北洋旧官员，其中谭延闿的第一任内阁，阁员留用北洋官员者，竟占 47.6%。北洋官员的政治影响力，直至战后国共内战时期才告衰退。

表3 国民政府历届内阁人事组成（1928—1949 年）

组阁时间	行政院长	阁员平均年龄（岁）	北洋官员留用率（%）	前任阁员留用率（%）
1928.10.8—1930.9.22	谭延闿	45.62	47.6	—
1930.11.18—1931.12.15	蒋介石	45.94	31.3	50
1931.12.28—1932.1.28	孙科	43.13	20	26.7
1932.1.28—1935.1.28	汪精卫	44.8	30	45
1935.12.7—1938.1.1	蒋介石	48.95	36.8	42.1
1938.1.1—1939.11.24	孔祥熙	51.5	41.7	75
1939.11.20—1945.6.4	蒋介石	48.65	18.5	25.9
1945.5.31—1947.3.1	宋子文	52.5	20	60
1947.4.17—1948.5.25	张群	55.48	23.8	61.9
1948.5.25—1948.11.26	翁文灏	56.41	22.7	68.2
1948.11.26—1949.3.12	孙科	52.95	5	40
1949.3.12—1949.6.12	何应钦	55.62	7.69	30.8
1949.6.6—1949.12.31	阎锡山	54.62	7.69	38.5

资料来源：鲁卫东：《新政权与旧官僚：北伐后南京国民政府的人事递嬗》，《湖州师范学院学报》2012 年第 4 期，第 68 页。

除了内阁阁员，南京政府各部会领导阶层中留任北洋官员者也颇多。根据一项统计，在新政府的厅、司、局以上机关中，有超过 520 任原北京政府的高级官员获得留任。留任的人员，大致可分为以下各类：

---

① 张瑞德：《中国近代铁路事业管理的研究——政治层面的分析（1876—1937）》，台北"中研院"近代史研究所 1991 年版，第 82—84 页。

第一，利用其才能或影响力。人才又可分为三类：（1）实业、外交、财政、教育及司法、监察等机构的人员。实业、财政方面，如吴鼎昌曾任北京政府财政部次长、农商部次长，至南京政府任全国经济委员会委员、实业部部长；易培基曾任教育总长，继任农矿部部长、建设委员会委员；叶恭绰曾任交通总长，后任铁道部部长、全国经济委员会委员；刘尚青曾任黑龙江省财政厅厅长、农工总长、奉天省长，后任内政部长、全国经济委员会委员、安徽省政府主席；贾士毅曾任财政部会计司、赋税司司长、参事和江苏省镇江关监督，后任立法院立法委员、财政部赋税司司长、常务次长和江苏省、湖北省财政厅厅长；张轶欧曾任农商部矿政司长、工商部矿务司长、江苏省实业厅厅长，后任工商部商业司司长、实业部商业司司长；李四光曾任湖北省实业司司长，后任中央研究院地质学研究所所长；张寿镛曾任浙江省、湖北省、山东省、江苏省财政厅厅长，后任财政部政务次长和江苏省财政厅厅长等。至于司法、监察人员的大量留任，则反映出南京政府在此方面对北京政府的继承。（2）军政人员。军界拥有实权的人物，如阎锡山、谭延闿、刘镇华、冯玉祥、汤芗铭、刘湘、张学良、蒋作宾等。也有一些政界大员的留任，系为利用其影响力，如熊希龄、顾维钧、王士珍、许世英、章士钊、曹汝霖、伍朝枢、李烈钧等，他们多作为招牌，而王正廷、王宠惠等人则握有实权。（3）议员、参事的留用。如北京政府参议院、众议院议员，各部内参事在相关部门的留任。

第二，对偏远地方势力（如东北、西北、西南等统治势力不及的地区，以及少数民族地区）的迁就和留用。抗战爆发前，全国的统一仅为形式上的，国民政府为了维持现状，必须要对上述地区的军政要员予以承认和留任。

第三，曾经在北京政府任职，后又在广州政府、武汉政府参加国民革命，成为新政权的有功之臣。①

留用北洋官员，导致南京政府也继承了旧有的积习。1933年《大公报》的一篇社论即曾指出国民政府闲散机关之多，各署用人之众，官吏支薪之巨，在在为北方政府所不及。事实上，蒋介石也早已察觉到此一现象，他在1930年2月1日的日记中即曾写道："各部内容腐败，反不如北京政府，殊可伤心，糜费

---

① 徐建生：《民国时期经济政策的沿袭与变异（1912—1937）》，福建人民出版社2006年版，第31—32页。

之多，冗员之繁，为主管者，毫不经意。命令不顾，成绩不考，此革命之所以失败也。"① 对于新政权的弊病，蒋介石虽然有深入的观察，但是似乎未见有效的革除。

2. 教育水平高

曾有学者收集南京国民政府时期国民政府、行政院、立法院、监察院、司法院、考试院、军事委员会、内政部、外交部、财政部、交通部、铁道部、教育部、实业部、军政部、海军部、全国经济委员会等17个重要机构的951名官员资料，并查得其中876人的教育背景资料（占总人数的92.11%），发现876人中拥有新式功名者有834人，占95.21%；拥有旧式功名者有15人，占1.71%；无功名者有27人，占3.08%。在拥有新式功名的834名官员中，不少系曾出国留学者。

表4　行政院各部留学生任职情形者

部门	部门留学生官员人数	部门官员总数	留学生占部门官员总数比例
内政部	27	80	33.75%
外交部	49	67	73.13%
财政部	32	79	40.51%
交通部	25	51	49.02%
铁道部	28	48	58.33%
教育部	26	36	72.22%
实业部	27	49	55.10%
军政部	26	86	30.23%
海军部	4	25	16.00%

资料来源：曹维忠：《南京国民政府中央官僚构成之研究》，上海师范大学2006年硕士学位论文，第21页。

上表显示，在行政院下辖九部中，除海军部、军政部和内政部留学生官员比例较低（分别为16.00%、30.23%和33.75%）外，其余六部留学生均占相当大的比例，其中实业部、铁道部、教育部和外交部四部，留学生出身官员均占

---

① 《蒋介石日记》，1930年2月1日。

各部官员总数的一半以上。尤其是外交部和教育部，甚至占到四分之三。① 这一批人不同于从军政界发迹或是自北洋政府留任的官员，也不同于从实业界、银行界进入政界的官员，他们是作为专家、学者及社会名流而进入政府。以资源委员会为例，其前身国防设计委员会即吸收了大量学者与技术官僚，包括学界的胡适、丁文江、翁文灏、傅斯年、蒋廷黻、何廉、陶孟和、王世杰、周鲠生、钱端升、杨端六、萧纯锦等，科技界的沈怡（水利）、黄伯樵（铁路）、钱昌祚（航空）、俞大维（数学）、王崇植（电机）、吴健（钢铁）、王宠佑（钨锑冶金）、颜任光（电机）、洪中（化学）等。1935 年 12 月，国民政府改组，资委会委员占了许多重要职位，包括行政院秘书长翁文灏、铁道部部长张嘉璈、政务处处长蒋廷黻、外交部部长王世杰、实业部部长吴鼎昌。资委会的前身国防设计委员会对外保密，仅称其地址"南京三元巷 2 号"，因此当时政界有人即称此届内阁为"三元巷内阁"。② 这一批官员的共同特点为不重视政治的意识形态，但是迷信科技，认为科技的力量可以解决一切社会问题。

至于中央部会的一般公务人员，学历也普遍较北洋时期为高。根据铨叙部 1935 年的统计数据，国民政府中央公务员中，受过国外高等教育者，占 13.6%；受过国内高等教育者（含军警高等教育），占 41.8%，两者合计占 55.4%。如从官等区分，在中央选任官（包括五院正、副院长及国民政府委员）、特任官（包括国民政府文官长、主计长，五院各部部长、各委员会委员长等）和简任官中，受过国外高等教育者占 34.3%，受过国内高等教育者占 38.8%，两者合计占 73.1%；在中央荐任官中，受过国外高等教育者占 22.8%，受过国内高等教育者占 53.6%，两者合计占 76.4%。因此，中央选任、特任、简任、荐任、委任公务员中，有 70% 以上的人员受过国内外高等教育。

表 5　国民政府中央公务员教育程度统计（1935 年）

	总计	一般教育				军警教育			特种教育	其他及未详
		高等教育		中等教育	初等教育	高等教育	中等教育	初等教育		
		国外	国内							
选任	47	14	5	—	—	10	—	—	9	9

---

① 曹维忠：《南京国民政府中央官僚构成之研究》，上海师范大学 2006 年硕士学位论文，第 21—22 页。
② 徐建生：《民国时期经济政策的沿袭与变异（1912—1937）》，福建人民出版社 2006 年版，第 29—30 页。

续表

	总计	一般教育				军警教育			特种教育	其他及未详
		高等教育		中等教育	初等教育	高等教育	中等教育	初等教育		
		国外	国内							
特任	88	26	2	—	—	8	—	—	11	41
简任	925	324	254	28	—	132	2	—	44	141
荐任	1,678	383	639	202	—	261	11	2	102	78
委任	5,566	284	1,788	2,261	16	355	106	63	420	273
聘任	862	214	373	43	—	1	—	—	34	197
合计	9,166	1,245	3,061	2,534	16	767	119	65	620	739

资料来源：《铨叙部统计年报》（1941年），转引自王奇生：《革命与反革命》，社会科学文献出版社2010年版，第386页。

在中央各部会中，平均学历最高者或为外交部。1935年时，86名重要外交官与领事官中，国外留学者73人，占总数约84.88%，其中拥有博士学位者约占25.6%，拥有硕士学位者约占14%，国内学校毕业者10人，仅占总数的11.63%，其余不明身份者3人，可能留学与国内学校毕业二者兼而有之。在86名外交官与领事官中，甚至有14人（约占总数的16.3%）系具有国内外大学教授或研究员资历者。至于外交部的一般职员，学历也十分地高。1930年的统计显示，外交部全部职员317人中，留学生占25.6%，受过大学教育者占65.3%，其余9%则多为录事、雇员之类。[①] 根据一位资深外交官的回忆，外交部官员的素质之所以会特别高，或是由于该部对人员资格的审查，采取较严格的标准——一位国内大学毕业生出国，大约只能当甲种学习员或乙种学习员。外国的大学毕业生只能做随员，在外国获得了博士学位并在大学教书多年或当系主任的，可能为三等秘书或二等秘书。李惟果在美国获得博士学位，在中央大学教书兼任政治系主任，派往德国使馆当二等秘书。另一位留美出身的大学教授，拥有8年教授年资，进入外交部仅能做三等秘书。至于日本帝国大学毕业，精通六国外语，仅能担任主事一职，自然也就不足为奇。[②]

除了外交部，资源委员会也是中央部会中素质较高者。根据一项统计，资

---

① 岳谦厚：《民国外交官学历背景之量化分析》，《安徽史学》2005年第1期，第64—67页。
② 何凤山：《外交生涯四十年》，香港中文大学出版社1990年版，第40—42页。北洋时期，即已有博士任外交部科员的例子，如戴恩赛（孙文子婿）为哥伦比亚大学博士，专攻国际法，1918年入外交部时即仅以科员任用。参阅沈云龙访问，谢文孙记录：《傅秉常先生访问记录》，台北"中研院"近代史研究所1993年版，第100页。

源委员会自1935年4月成立至1949年改组止,曾担任委员及专门委员职位者共227人,其中经历可考者共182人。在182人中,具工矿业背景者占84.1%,具经济、统计背景者占7.1%,两者合计已超过90%以上。学历可考者共176人,其中94%具有大学以上学历,有留学经验者高达82.4%,在有留学背景者中,留学美国者又占53.5%,可见该会拥有高级技术人才之多。①

中央部会的一般公务人员,虽然学历普遍较北洋时期为高,但各部会的工作效率如何,尚待深入研究。1936年10月,行政院政务处处长何廉奉蒋介石之命,对行政院各经济建设机构进行研究,他晚年回忆战前工作,曾有以下观察:

> 在我从事经济建设工作的机构里,我也顺便了解其工作人员的素质问题。很快真相大白,原来在政府工作的人员,对经济或经济发展诸事,几乎一窍不通。除了个别例外,绝大部分人为琐事忙忙碌碌,如寻欢作乐、接待来访等。他们极少有时间去钻研问题,即使有时间,也不用在正道上。人们不能不感到吃惊的是,上面的人对下面究竟发生什么竟一无所知;国家的实际情况怎么样亦所知极少,对形成这些状况的理论基础以及处置办法,更是莫名所以。②

不过何廉对资源委员会则是称道有加,认为当时在所有经济建设机构中,唯有此一机构是处于巅峰状态。晚近的一些研究也支持了何廉的观察,发现资委会的历任领导阶层大多留学国外,熟悉资本主义的企业管理模式,拥有强烈的创新意识和实事求是、不讲意识形态的心态,为资委会相关企业经营成功的重要因素。③

1932年1月,日军进攻淞沪,是为"一·二八"事变。国民政府迁都洛阳,并行改组。恢复设置军事委员会,直隶国民政府,为全国最高军事机关,统摄抗日军事,其职掌包括国防绥靖之统率事宜、军事章制、军事教育方针之

---

① 〔日〕石川祯浩:《南京政府时期の技术官僚の形成と发展》,《史林》第74卷第2期,1991年3月,第163—169页。
② 何廉:《何廉回忆录》,中国文史出版社1988年版,第102—103页。
③ 薛毅:《国民政府资源委员会研究》,社会科学文献出版社2005年版,第488—489页。

最高决定，军费支配、军实重要补充之最高审核，军事建设、军队编遣之最高决定，中将及独立任务少将以上任免之审核。3月6日，中央政治会议决议推选蒋介石为军事委员会委员长，冯玉祥、阎锡山、张学良、李宗仁、陈铭枢、李烈钧、陈济棠为军事委员会委员。①7月，军事委员会的组织再作更改，行政院院长不再为该会当然委员，但得出席委员会议。军事委员会设办公厅及第一至第三厅，各厅厅长均为当然委员。国民政府直辖的参谋本部、训练总监部、军事参议院及行政院所辖的军政部、海军部，均受军事委员会的指导。②

军事委员会基于安内攘外政策的需要，其组织也日益扩大，直属机构除原所辖办公厅和第一、二、三厅外，又陆续增设铨叙厅，统管陆、海、空军人事；审计厅，负责全军审计；政治训练处，掌管全军政治训练；航空委员会和防空委员会，掌管空军行政、作战和首都及大、中城市的防空；军医设计监理委员会，掌管军队医务研究和对军队医务的管理；军事长官惩戒委员会，掌管对违法军官的惩戒；资源委员会，掌管全国人才和物质资源的调查、统计与开发。③1936年1月，蒋介石为增强军事委员会的指挥效能，将委员长南昌行营侍从室改组为军事委员会委员长侍从室，下分一、二两处，分掌军事及党政事务，为蒋的重要幕僚机构。④此外，为因应"剿共"的需要，军事委员会曾先后在北平、南昌、广州、武汉、西安、重庆、西昌、成都、天水等地设置委员长行营，作为派出机构。又将全国各地划为若干绥靖区，由军事委员会直接指挥当地军政活动。

国民政府为了因应军事的需要，除了建立起以军事委员会为代表的战时体制，更尝试于战前推行征兵。早在1929年底，国民政府即先试行分区召集志愿兵，以为日后分区征兵做准备。在苏北、皖北、浙东三个试行区内成立召集志愿兵总局，由各该省民政厅长担任总局正局长，其下分局由所属各县县长担任分局长，再各自督导境内士绅组成劝募委员会，以达成三省各召集2,000人

---

① 周美华：《国民政府军政组织史料——军事委员会》，台北"国史馆"1996年版，第6—7页。
② 韩文昌、邵玲主编：《民国时期中央国家机关组织概述》，中国档案出版社1994年版，第476页。
③ 周美华：《国民政府军政组织史料——军事委员会》，台北"国史馆"1996年版，第7页。
④ 张瑞德：《无声的要角——侍从室的幕僚人员（1936—1945）》，《近代中国》第156期，2004年3月，第158—161页；张瑞德：《侍从室与战时中国的党政决策（1933—1945）》，"国共关系与中日战争"国际学术研讨会论文集，2013年11月1—3日；张瑞德：《侍从室与战时国民政府的情报工作（1933—1945）》，全球视野下的中国近代史研究国际学术研讨会论文集，2014年8月11—13日。

的目标。与过去募兵不同之处在于，依据《陆海空军总司令部召集志愿兵条例》规定，必须符合下列所有规定的壮丁，才有资格应召：

① 确系土著向有家族及职业并未充过兵役者。
② 年龄18岁以上25岁以下者。
③ 身高达一米六十（160cm）以上者。
④ 身体强壮五官四肢健全无有暗疾者。
⑤ 粗识文字言语清楚确无嗜好者。
⑥ 有合格之保证人者。
⑦ 未曾犯过刑事罪者。

上列资格的要求显示，此次从严召集志愿兵，不无测试征兵素质的用意。但由志愿兵的名义与实行的方法可知，此次试行征兵，基本上仍是以寓征于募、层层委办的传统方法，试行将军队与专属的补充区结合，而不再招募各方游勇，并未涉及户籍制度及地方兵役机关的素质建设，因此与普通的征兵仍有很大的距离。

依照国民政府自己的规划，1930年为推动征兵的第一年度，先统合各机构，通过与征兵相关的法令与组织条例；1931年，应完成从中央到各征兵区兵役机关的组织设立；1932年，正式开始征兵300,000人；至1933年，第一批征兵入伍，整个征兵制度至此完成。但是1929年之后，由于一连串的内忧外患，除了1931年公布了《户籍法》之外，征兵计划并无任何进度。① 直至1934年"剿共"行动告一段落，征兵工作才真正开始加速推动。1935年11月，军政部于军务司下设兵役科，专管全国征兵事宜。1936年3月1日，公布已久的《兵役法》终于明令施行。5月，国民政府颁布兵役相关动员法规12种，并于南京设立兵役干部训练班，同时苏、浙、皖、赣、豫、鄂六省的12个所管区也跟着成立。至9月，开始实施征兵检查，计合格役男300,000人，预计动员征训50,000人，乃于12月1日征召新兵50,000人入营。② 此是为战前中国实施征兵的起步。

---

① 汪正晟：《以军令兴内政——征兵制与国府"建国"的策略与实际（1928—1945）》，台湾大学文学院2012年版，第75—78页。
② 卓文义：《抗战前中国征兵动员制度的建立》，《近代中国》第25期，1981年，第280页。

此外，国民政府为了因应军费的需要，也积极地从事税制的改革，希望借此能增加政府的财政收入。兹将此一时期主要的改革略述如下：

（1）关税自主

国民政府鉴于协议关税有碍产业的发展及财政的收入，乃于1927年定都南京后，即宣告关税自主，并于北伐军事结束后陆续与美、英、法、德、比、意、挪威、荷兰、瑞士、丹麦、葡萄牙、西班牙、日本等国订立新约，各国均承认中国关税自主。自此进出口税率，可以依国际情势的变化与国内的需要随时更正，对国家产业的发展与财政的收入均有益处。

（2）废除厘金与营业税的筹办

厘金制度有碍国内货物的流通，久已为人诟病，不过民国时期厘金为地方军系的重要财源，自然不易废除。中原大战结束后，地方势力大为削弱，财政部乃于1930年12月14日宣布，自12月31日起全国一律废除厘金，并决定开办特种消费税与营业税作为抵补税源。1931年4月，政府因舆论批评特种消费税有成为厘金之虞，乃下令停办，改办卷烟、水泥、火柴等五种统税，同时准许地方筹办营业税。由于统税兴办成功，课税范围逐渐推广至十余种之多。于是国民政府的裁厘活动，在中央以统税自筹抵补，在各省则征收营业税以济不足。在改革的过程中，虽然出现各种税政苛扰和地方争夺财源的现象，营业税也被视为是转嫁于消费者的贩卖税。但是毕竟在税制设计上，营业税的课征以其现利为客体，直接归诸营利者负担，与厘金制度有本质上的差异。因此，国府裁撤厘金并推动营业税，虽然成效有限，但是在建立现代税制上，具有深远的意义。①

从1929—1937年，国民政府的岁收由334百万元增至870百万元，增加了2.6倍，虽然赤字仍高，但是不可否认国民政府在此方面取得了一定的成效。

表6 国民政府财政收支（1929—1937年） （单位：百万元）

年份	收入	支出	赤字	军费	军费占支出比例
1929	334	434	100	147	48.4%
1930	484	585	101	245	41.9%

---

① 详见林美莉：《西洋税制在近代中国的发展》，台北"中研院"近代研究所2005年版。

续表

年份	收入	支出	赤字	军费	军费占支出比例
1931	558	775	217	312	40.3%
1932	619	749	130	305	40.6%
1933	614	699	86	321	45.9%
1934	689	836	147	373	44.6%
1935	745	941	196	388	41.2%
1936	817	1073	256	390	36.3%
1937	870	1167	297	521	44.6%

资料来源：Arthur N. Young, *China's National-Building Effort, 1927-1937: The Financial and Economic Record,* Stanford: Hoover Institution Press, 1971, p. 438.

虽然如此，战前国民政府所能掌握的资源仍旧过少。如与近代西欧各国政府部门在 GDP 中所占比率作一比较：法国为 19%（1840）、奥地利为 27%（1790）、普鲁士为 35%（1760）、英国为 43%（1810），[1] 而 19 世纪清政府岁入仅占其 GDP 的 6%—7%，中央政府甚至至多仅占 3%。[2] 至国民政府时期，1932—1936 年间中央政府岁入仅占其 GDP 的 4%，即使加上地方政府，1931 年总岁入也仅占其 GDP 的 5%—7%，与清代相差不大。[3] 只有到了中华人民共和国成立后才迅速上升，1952 年至 1977 年间政府收入在 GDP 所占比率，平均都在 25% 以上。[4]

二、地方政制

自秦汉以降，县一直是传统中国最基层的行政单位，县以下不设治，但是历代仍有一些非正式的组织，其功能或重于教，或重于刑，或重于捕盗，或重于户口，或重于课赋，或重于诘奸，或重于劝农，名称虽有异，但其目的均在谋求社

---

[1] Kent Deng, *China's Political Economy in Modern Times: Changes and Economic Consequences, 1800-2000,* London and New York: Routledge, 2012, p. 36.

[2] Albert Feuerwerker, *The Chinese Economy, ca 1870-1911,* Ann Arbor: University of Michigan Press, 1969.

[3] Thomas G. Rawski, Economic Growth in Pre-weu Chian, Berkely and Los Angeles: University of California Press, 1989, pp. 24-26.

[4] Loren Brandt, Debin Ma, Thomas G. Rawski, *From Divergence to Convergence: Re-evaluating the History Behind China's Economic Boom,* LSE Economic History Working Paper, No. 158/12, 2012, p. 76.

会的安定，从而有利于专制制度的巩固。至于乡村的其他事务，如道德教化、文化教育、灾荒救济、公益事业等，则通常由地方士绅、宗族与自发性组织协助官府办理。直至清末推动各项新政，如何将政府权力向下延伸，汲取地方资源，已成为当务之急。同一时期，清政府开始实施地方自治，将府厅州县划为自治单位，不过由于政局长期动荡不安，实际执行的范围十分有限，直至北伐完成，国民政府实施"训政"，积极推动地方自治，并整顿基层行政。后因客观环境受限，乃废止自治，重行保甲，政府权力乃随行政机构的扩大而向下延伸，自治也为官治所取代。

（一）省

国民政府成立前，省的官制大致上沿用省长制，甚少作重大的变革。至国民政府成立，于1925年7月1日公布《省政府组织法》，改省公署为省政府，采用当时流行的委员制，并设省务会议，由各厅厅长联合组成，并举一人为主席。① 省主席的地位各省不一，大致上视中央有效控制的程度，可分为几类：第一类为中央无法掌控的省份，如龙云所掌控的云南、阎锡山所掌控的山西，陈济棠所掌控的广东在某种程度上也可归于此类。第二类为半独立省份，如冯玉祥所掌控的华北省份，李宗仁、白崇禧所掌控的广西，以及蒋介石掌控下的两个省长——湖南的何键与山东的韩复榘。以上各省省长大致上均由军系割据首领任命或兼任，再由中央追认。上述以外各省，蒋可直接任命省主席。②

战前十年各省省主席的教育背景显示，军事色彩依旧持续。战前十年23省的75位省主席中，共有47位曾经受过军事教育，61位在出任省主席前为军人。察哈尔、山西、广东及广西4省各自均只出过1位文人省主席，且任期均十分短暂，显示中央力量未及的省份依旧为军人所支配。其他省的文人省主席虽然略多，但是总共也只有9位，因此也无法说有任命西式教育出身文人为省主席的趋势。事实上，这9位文人省主席均为蒋的亲信，如浙江的朱家骅、江苏的陈果夫，以及湖北的杨永泰等。

省主席的军事色彩也反映出受过大学教育的人数之少。在23省的75位省

---

① 《中华民国史事纪要》，1925年7月1日。
② Hung-mao Tien, *Government and Politics in Kuomintang China, 1927-1937*, Stanford: Stanford University Press, 1972, p.139.

主席中，只有 10 位曾受过大学教育，在 10 位曾受过大学教育的省主席中有 7 位为与红军作战省份的省主席。在 47 位曾受过军事教育的省主席中，有 16 位出身保定军校，10 位曾就读于日本军事学校，其余 21 位则均出身各地的讲武堂或地方军校，无一人出身黄埔军校（河南省长刘峙曾任黄埔教官但本身毕业于保定），显示出黄埔毕业生在省政上的影响力尚十分有限。[①]

表 8 为 1927—1937 年 25 位省主席的年龄及籍贯分布，显示省主席为本省人的比例相对较小，只有 6 个省份（江苏、广西、广东、山西、四川和云南）省主席为本省人出任者超过半数。综观表 7 与表 8，比较省主席及省市领导阶层的籍贯分布，只有云南、山西和湖南三省同时在两张表中显示出强烈的本土倾向。四川、广西和广东三省本省籍省主席的比例极高，但不幸的是这三省 1936 年调查时并未送缴数字。由此三省战前与中央的关系判断，其省市领导阶层出自各自省份的比例也应是偏高。江苏的 4 位省长中有 3 位是本省人，但是其省市领导阶层中的本省人却仅有 42%，其原因或许是 1930 年代的江苏为 CC 系所占，其领袖陈果夫 1933—1937 年间任省长，该省市领导阶层的任用自然受跨省之 CC 系的影响。河北和江西省主席为本省人的比例较低（分别为 1/5 和 1/3），但是省市领导阶层中本省人的比例则偏高（分别为 90% 和 82%）。

表 7　各省、市领导阶层的出身背景（1936 年）

省市	总人次	平均年龄	本省籍所占百分比	教育程度				传统教育	其他
				大学教育		军事教育			
				国内	国外	国内	国外		
安徽	10	50	30	2	4	2	1	—	1
察哈尔	11	49	18	4	1	3	—	—	3
福建	9	47	56	2	2	2	2	—	1
河南	11	47	18	3	4	4	—	—	—
河北	10	54	90	3	3	1	—	1	2
湖南	11	47	82	3	4	2	—	2	—
湖北	10	46	40	2	5	2	1	—	—

---

① Hung-mao Tien, *Government and Politics in Kuomintang China, 1927-1937*, Stanford: Stanford University Press, 1972, p. 141.

续表

省市	总人次	平均年龄	本省籍所占百分比	教育程度					
				大学教育		军事教育		传统教育	其他
				国内	国外	国内	国外		
甘肃	9	46	44	1	3	3	—	2	—
江西	11	46	82	—	8	1	2	—	—
江苏	12	41	42	—	8	2	—	—	2
宁夏	10	41	—	3	—	3	—	—	4
山西	10	49	90	4	4	1	—	1	—
山东	9	46	22	—	3	3	—	—	3
陕西	11	50	27	4	2	2	—	1	2
绥远	8	47	13	3	1	2	—	—	2
青海	9	41	11	3	—	2	—	1	3
云南	10	47	100	2	5	3	—	—	—
南京	6	44	—	—	3	3	—	—	—
北平	7	40	—	2	1	4	—	—	—
天津	7	44	—	3	3	—	—	1	—
威海卫	1	34	—	—	1	—	—	—	—
总数	192	46		47	65	42	7	8	23

资料来源：Hung-mao Tien, *Government and Politics in Kuomintang China, 1927-1937*, Stanford: Stanford University Press, 1972, p. 142.

说明：省级领导阶层包括省主席、厅长、警务处长和秘书长，市级领导阶层包括市长、秘书长与局长。浙江、广西、广东、贵州、新疆与四川六省无资料。

表8　各省省主席年龄与籍贯统计（1927—1937年）

省别	总人次	年龄层				籍贯		
		40以上	40以下	不详	平均	本省籍	外省籍	不详
安徽	8	6	1	1	45.7	2	5	1
察哈尔	5	3	2	—	44.8	—	5	—
浙江	6	4	2	—	46.1	2	4	—
福建	3	3	—	—	47.6	1	2	—
河南	4	2	2	—	43.5	—	4	—
河北	5	3	1	1	41.3	1	4	—
湖南	2	2	—	—	40.5	1	1	—
湖北	6	5	—	1	47.4	3	3	—

续表

省别	总人次	年龄层				籍贯		
		40 以上	40 以下	不详	平均	本省籍	外省籍	不详
甘肃	6	4	—	2	46.7	1	5	—
江西	3	1	2	—	40.0	1	2	—
江苏	4	3	1	—	41.5	3	1	—
广西	5	—	3	2	35.0	4	1	—
广东	3	2	1	—	43.0	2	1	—
贵州	5	2	2	1	41.6	1	2	2
宁夏	2	1	1	—	39.5	—	2	—
山西	4	3	1	—	49.5	3	1	—
山东	3	2	—	1	42.0	—	2	1
陕西	4	4	—	—	46.0	2	2	—
新疆	3	1	—	2	61.0	—	2	1
绥远	3	—	—	—	42.6	—	3	—
四川	2	1	1	—	40.5	2	—	—
青海	3	1	1	1	44.0	—	3	—
云南	1	1	—	—	40.0	1	—	—

资料来源：Hung-mao Tien, *Government and Politics in Kuomintang China, 1927-1937*, Stanford: Stanford University Press, 1972, p. 145.

　　整体而论，云南、山西、四川、广西、广东、湖南、江苏、河北及江西九省，存在一定程度的省籍意识，九省中云南、山西、四川、广西和广东各省的省籍意识与其政治的独立地位有关，但是其余的四省——江苏、湖南、江西和河北并不存在此种半独立地位，事实上，江苏、湖南、江西三省受中央控制较强。因此，即使是在中央直接掌控的省份，省籍意识仍然持续存在，至于那些在政治上与中央保持半独立状态的省份，如贵州、山东、绥远、察哈尔与宁夏等省，本土意识反而较弱。一个可能的原因是这些省份本身缺乏有力的政治势力，而由邻近省份的外人进入掌控。

　　本省籍省主席比例最低的省份为察哈尔、宁夏、绥远、山东、河南、河北、甘肃、青海、新疆、贵州和安徽，前七个省份的情形反映出冯玉祥在华北势力的衰微以及中央势力的渗透。1920 年代，上述七省均为冯玉祥的地盘。当冯势微，他的一些重要干部投向中央后，被分派了一些非其本籍的省主席职位作为酬庸，至于冯玉祥所控制的其他省份，如甘肃和河南，省主席则由中央派任。

在新疆、青海和贵州，本土势力一直较弱，权力真空在传统上一直是由外来者如地方军系或中央所派人员填补，中央有时也会由于交通运输的不便而无法对这些省份施以控制。安徽也同样无法发展出本土的政治势力，掌权者通常为华北或是长江下游的地方实力派。①

国民政府的省政府组织规程曾经多次修订，其中影响较大者为1931年3月23日所公布的《省政府组织法》，此项办法除了与广州国民政府时期的《省政府组织法》相同，实施党治和委员会会议外，还另作了一些新的规定，如省政府委员由国民政府任命，省政府主席由国民政府委员中指定，而不是由委员互选；并规定国民政府任命省政府委员后，各委员将履历送行政院，由行政院审查后决定某一委员兼任某厅厅长，提请国民政府任命。遇有厅长出缺，行政院从不兼厅长的委员或新任之委员中决定某委员继任厅长。《省政府组织法》首次详细列举了省政府委员会和省政府主席的职权，规定下列事项应经省政府委员会议决：对于省行政事项发布省令或制定省单行条例及规程、撤销省政府所属机关发布之违背法令或逾越权限的命令与决定、关于地方行政区划之确定及变更、关于全省预决算、关于咨调省内国军、关于所属全省官吏的任免等。省主席的职权为召集省政府委员会并担任会议主席，代表省政府执行省政府委员会的决议和监督全省行政机关职务。②

省政府委员的任命，从法制上应属于行政院，但是实际上则不然。北伐成功后，国民政府在名义上统一全国，但是实际上许多省份仍无法完全掌握，中央对地方用人，仅能涉及极少省份的上层组织，有一大部分省份对于省政府委员的任命也不能办到，而必须与各地方军系领袖磋商委员人选，得其同意，始可发布命令。当时即有学者指出："这无异是任命各国的使节，需先经各该国政府的同意一样。"③语虽稍过，但是抗战之前若干省份确实如此。

《省政府组织法》于1930年2月3日第5次修订时规定，"现任军职者，不得兼任省政府主席或委员"（第四条第五项），但是事实上省政府委员为现任军

---

① Hung-mao Tien, *Government and Politics in Kuomintang China, 1927-1937*, Stanford: Stanford University Press, 1972, pp. 145-146.
② 徐矛：《中华民国政治制度史》，上海人民出版社1992年版，第388—391页。
③ 施养成：《中国省行政制度》，商务印书馆1946年版，第68—69页。

职者甚多，例如 1932 年云南、四川两省政府各有委员 3 人为在职军人。省政府委员无一定的任期，但是习惯上最大的任期为省政府主席的任期，凡省政府主席免职，全体委员必随之免职，纵有实际连任者，也是免职之后重新任命，常见省政府一委员免除原职与重任原职同日发表。间有主席及少数委员免职而其余委员不免职者，以其稀少，可称例外。省政府委员的主要职务为参加省政府委员会的会议，包括讨论、表决及审查提案，《省政府组织法》对此极为重视，1928 年 4 月 27 日第四次修正时即规定"省政府委员会集会时省政府委员不得派代表出席"（第五条第二项），乃是基于省政府委员如不出席省政府委员会会议，实为严重的失职。不过事实上省政府委员会已成为一形式机关，一切权力集中于主席一人，委员会会议除联络感情外别无作用。因此，委员对于出席会议多不感兴趣，而乐于在主席命令与指示下从事实际行政工作。故从法律的观点来看，省政府委员一职已形同虚设。①

至于省政府委员会会议所讨论的议案，则可反映出省政问题的所在。以安徽为例，该省政府委员会于战前约每月开会 5 次左右，所讨论的议案，以财政问题为最多，在 1927—1934 年之间，约占 44%；民政次之，接近 20%；建设类又次之，不及 15%；教育类最少，只有 8.41%。在当时各级政府普遍面临经费不足的情况下，财政为省政的主要议题自然不难理解；财政业务中，又以预算、决算为最多，约占半数，财务行政问题次之。民政问题中，公安类数量最大，约占民政议案的三分之一左右；吏治问题次之，约占 20%。建设业务中，建设行政所占比例偏高，约为 50%；其他 8 项实际建设性业务（包括电政、路政、航政、水利、农林、工商、矿业、垦务）合计占另外一半的比例。教育类议案中，教育行政比例最高，约占 68%；学校教育类次之，约占 22%。换言之，若以议案数量作为衡量的标准，国民政府时期安徽省政的首要课题为预算、决算及财务行政，也就是经费的筹措与分配运用；建设行政及公安问题，也就是筹划建设及维护治安为省政的次要问题，教育行政、税捐、吏治问题又次之。②

北洋政府时期于省下设厅，有财政、教育、实业、警察等厅，各厅均直属于中央主管部，同时受省长的监督。不过事实上，各厅直属各部只属形式，省

---

① 施养成：《中国省行政制度》，商务印书馆 1946 年版，第 69—70 页。
② 谢国兴：《中国现代化的区域研究：安徽省（1860—1937）》，台北"中研院"近代史研究所 1991 年版，第 149—150 页。

长与各厅厅长均受地方军系领袖的统制。省长所理者,纯为民政事务,与国民政府时期的民政厅长相同,国民政府时期的民政、财政、教育、建设四厅,均胚育于北洋时期。北洋时期,省长及各厅厅长均听命于地方都督或总司令;国民政府时期,各厅厅长则听命于省政府主席,仅为形式上的改变。

1936年内政部曾对192位省级领导阶层(包括省主席、厅长及公安局长及秘书长)与市级领导阶层(包括市长、秘书长及局长)进行调查,结果发现25.5%的人员曾受军事教育,而1927—1937年之间省主席曾受军事教育者则高达62.7%,县长由军人担任者比例更低,1931年仅占11.8%,1932年也仅占16.1%。在192位省、市级领导阶层中,约58.3%的人员曾受大学教育,而1927—1937年之间省主席曾受大学教育者,仅占13.3%,县长曾受大学教育者1931年仅占23.9%,1932年也仅占25.1%。

以上各项统计数字显示,各级领导阶层存在颇大的差异。军人的影响力在省主席一级的影响最大,随着层级的降低而减小,大学学历在省级领导阶层间十分普遍,尤其是厅长,上过大学者甚多。我们似乎可得一结论:省主席一职大多由军人出任,但是他们引用一批受过大学教育的知识分子协助治理省政,并且其中大多是在国外接受了大学教育。①

在年龄方面,现有1931—1932年数据显示,省、市级领导阶层的年龄大多为40—50岁,50岁以上者十分有限,县长的年龄一般较其他官员小。值得注意的是,广西和江西两省的省主席,大多尚不到40岁。原因在于北伐前广西政局造就了一批年轻的军政领袖,如黄绍竑、李宗仁和白崇禧,这批人均出身保定,地方观念强,于战前始终控制广西。②

在籍贯分布上,如前所述,大多数的县长为本省籍,只有华北地区的一些县长例外。省市领导阶层的本土特色较淡,依照1936年内政部的调查,在申报资料的17个省份中,只有6个省份(福建、河北、湖南、江西、山西和云南)的领导阶层本地人占一半以上。

在学历分布上,1936年内政部调查的192位省市领导阶层中,110位曾受过

---

① Hung-mao Tien, *Government and Politics in Kuomintang China, 1927-1937*, Stanford: Stanford University Press, 1972, pp. 141-143.

② Ibid., p. 143.

大学教育，65 位曾出国留学。县长受过大学教育者则较少。①

辛亥革命后，中央无力控制各省省政，导致各省领导阶层的任期差异颇大。表 9 显示 1927—1937 年期间 20 省省主席和民政厅长的平均任期，省主席的平均任期为 26 个月，在安徽、察哈尔、浙江、河北、甘肃、广西、贵州和陕西等九省，省主席的平均任期则少于 2 年，其原因显然与外在的政治变动有关。在此九省中，广西和浙江有较强的地方实力派，广西平均任期的短暂，系由于 1928—1930 年云南和中央部队进入后所产生的政局动荡，浙江虽为蒋介石极为重视的省份，不过由于国内政治形势的变化，蒋对于该省主席的人选在不同时期有不同的考虑，致使人事也不免更动频繁。② 在四川和云南，省主席的平均任期超过 4 年，显示此二省的半独立地位，广东和山东在某种程度上也是如此。

表 9　各省政府主席与民政厅长平均任期统计（1927—1937 年）

省别	省主席平均任期（月）	民政厅长平均任期（月）
安徽	13.0	10.9
察哈尔	21.0	21.0
浙江	19.0	20.0
福建	35.7	15.3
河南	28.5	14.3
河北	18.2	18.2
甘肃	55.0	61.0
江西	19.2	17.1
江苏	13.3	17.1
广西	38.7	26.0
广东	29.0	18.7
贵州	20.3	22.0
宁夏	36.3	13.5
山东	19.4	17.3
陕西	20.3	35.0

---

① Hung-mao Tien, *Government and Politics in Kuomintang China, 1927-1937*, Stanford: Stanford University Press, 1972, p. 144.

② 袁成毅：《地缘纽带中的蒋介石与浙江——以南京国民政府建立前后为时段的考察》，《史林》2011 年第 2 期，第 112—113 页。

续表

省别	省主席平均任期（月）	民政厅长平均任期（月）
新疆	34.4	17.3
绥远	35.0	35.0
四川	52.0	17.3
青海	35.3	21.2
云南	114.0	38.0
总计	26.0	17.5

资料来源：Hung-mao Tien, *Government and Politics in Kuomintang China, 1927-1937*, Stanford: Stanford University Press, 1972, p. 147.

表10　各省政府厅长平均任期统计（1933年—1937年7月）

省别	总人次	平均任期（月）
安徽	10	20.8
察哈尔	14	14.9
浙江	14	14.9
福建	9	23.1
河南	8	26.0
河北	11	18.9
湖南	7	29.7
湖北	9	23.1
甘肃	13	16.0
江西	7	29.7
江苏	8	26.0
广西	12	15.3
广东	13	14.2
贵州	11	18.9
宁夏	11	18.9
山西	9	23.1
山东	4	52.0
陕西	9	23.1
新疆	12	17.3
绥远	7	29.7
四川	12	17.3

续表

省别	总人次	平均任期（月）
青海	7	26.3
云南	6	34.7

资料来源：Hung-mao Tien, *Government and Politics in Kuomintang China, 1927-1937*, Stanford: Stanford University Press, 1972, p. 148.

表 9 显示 1927—1937 年各省民政厅长的平均任期（民政厅长的地位仅次于省主席），表 10 则显示 1933—1937 年各省厅长的平均任期。比较二表数字可以发现，在大多数的省份，省主席的任期均相当于或是长于厅长，显示厅长系随省主席而异动。一般说来，民政厅长的任期最短，或许是由于民政厅常被视为中央与各省权力角逐的场域，例如 CC 系即试图派其成员至各省任民政厅长。[1] 如将参与围剿苏区的省份与未参与围剿苏区的省份民政厅长的任期作一比较，即可发现民政厅长任期最短的 7 个省份均为参与围剿苏区的省份。在 10 个参与围剿苏区的省份（1935 年以前尚包括四川和贵州）的省主席和民政厅长，其任期一般均较未参与围剿苏区的省份为短。表 5 显示，未参与围剿苏区的省份的省主席和民政厅长，其任期平均较参与围剿苏区的省份长约 8 个月。[2]

与北洋时期相比，国民政府时期的厅长任期并不一定较长，各省情况颇不一致。以湖南为例，民政厅长北洋时期 15 年更动 19 次，平均任期 9 月余，国民政府时期 11 年更动 6 次，平均任期 1 年 10 个月；财政厅长北洋时期 15 年更动 24 次，平均任期 7 月余，国民政府时期 11 年更动 6 次，平均任期 1 年 10 个月；建设厅长北洋时期更动 7 次，平均任期 1 年 7 个月；教育厅长北洋时期更动 7 次，平均任期 1 年 11 个月，国民政府时期更动 6 次，平均任期 1 年 9 个月。[3] 至于安徽的情况则有所不同。北洋时期该省民、财两长及国民政府时期

---

[1] 陈立夫、陈果夫二人特别重视各省的民政厅和教育厅，因为民政厅管辖各县，党部即可透过行政部门发挥影响力。至于教育厅，则是管理思想的单位，要推行党化教育，即必须掌握教育厅。因此 CC 系积极向蒋介石推荐其成员至各省担任民政和教育厅长。在民政厅长方面，江苏省 1935 年起均为该系所掌握，陕西的彭昭贤、王德溥，河南的李敬斋等，也都是 CC 成员，不过任期均短。至于教育厅长，以 1935 年为例，江苏的周佛海、浙江的许绍棣、湖北的程其保、山东的何思源、河南的陈访先、陕西的周学昌、宁夏的童耀华，均为 CC 系成员。参阅范小方著：《蒋家天下陈家党》，台北中原出版社 1984 年版，第 31—32 页。

[2] Hung-mao Tien, *Government and Politics in Kuomintang China, 1927-1937*, Stanford: Stanford University Press, 1972, pp. 147-148.

[3] 张朋园：《湖南政局演变与人事递嬗（1912—1937）》，台北"中研院"近代史研究所编：《抗战前十年国家建设史研讨会论文集》，1984 年，第 172—173 页。

民、财、教三长的平均任期均不满 1 年，国民政府时期民、财两长的任期甚至不满 10 个月，如将实际到职、离职的日期列入统计，则平均任期将会更短。不过不论北洋时期或是国民政府时期，民、财、教三长任期在半年以内者，大约均占 50% 左右，显示出人事更动的频繁。① 因湖南与安徽两省的差异所致，或许在于前者的半独立性质，人事较为稳定。

表 11　围剿苏区省份与其他省份省主席与民政厅长任期比较（1927—1937 年）

职别	平均任期（月）	
	10 个围剿苏区省份	其他省份
省主席	22.8	30.5
民政厅长	13.8	22.1

资料来源：Hung-mao Tien, *Government and Politics in Kuomintang China, 1927-1937*, Stanford: Stanford University Press, 1972, p.147.

以上有关省级领导阶层任期的统计数据显示，中央化并未给各省省政带来安定，主要是由于国民党的派系文化和中央与地区之间的微妙关系。CC 系和政学系的竞争常对围剿苏区省份省级官员的任用产生影响。重要省份的关键职位常成为各派系竞争的场域，中央与地方也常因一些重要官员的任用展开拉锯。

中央政府对任用省级人事的影响力仅限于围剿苏区的省份，因这些省份的人事权操于蒋介石所掌控的军事委员会。不过即使在这些省份，任用省、县官员仍需与各派系或地方强人作非正式的讨价还价及竞争。国民党对省级人士的影响力甚小，国民政府对省级人事的介入主要仰赖军事委员会。在围剿苏区省份以外的部分，中央政府的权威十分有限，人事变动或完全由地方实力派所决定（如四川、云南、广东、广西），或由中央与地方军系协商（如华北各省）后决定。② 以西北马家所掌控的宁夏与青海为例，表面上两省的党政机构和军队编制均按中央制度组建，但是实际上中央不仅无法插手诸马部队军官的更换，即使有些由中央派委的党政官员，慑于诸马的权威，最后不是屈服，就是被排

---

① 谢国兴：《中国现代化的区域研究：安徽省（1860—1937）》，台北"中研院"近代史研究所 1991 年版，第 144 页。
② Hung-mao Tien, *Government and Politics in Kuomintang China, 1927-1937*, Stanford: Stanford University Press, 1972, pp. 149-150.

挤出省，诸马以偷梁换柱的方式保持省政府人事的纯粹性。1933年马鸿逵就任宁夏省主席时，除教育厅长系由中央派任外，所有的省府委员及各厅处首长均由马鸿逵提名保荐，请中央任命，而中、下级人员则借调其军中优秀干部充任。而各厅厅长也毫无实权可言，马对中央政府在其他各省从不旁落的司法、民政、教育、党务、税收等重要权力，均由其一人独揽。①

综前所述，对于省县领导阶层出身及任期的研究可以看出，国民党虽然代表一种新兴的整合性力量，但是仍然无法掌控一切，它固然能在围剿苏区省份遂行一些控制，但这绝非一种稳定的力量，并无证据显示国民党和中央政府在抗战爆发前能掌控大多数省、县首长的任命。

国民政府时期各省省长及厅长的任期短暂，自然不利于吏治，不过此一时期地方行政其他方面的进步弥补了任期短暂的缺陷：第一，各地的人治色彩虽仍然浓厚，不过随着中央化的进展，文官人事有逐渐制度化的倾向。第二，各省省长及厅长的素质有逐渐提高的现象。省长为军人出身者虽然多，但是许多军人已具有若干新式概念，与北洋时期的军人颇有不同，例如学者在比较闽、浙两省省政时，即曾指出：由军人陈仪于福建省所推动的各项行政改革可以看出，其思想观念之新，并不亚于浙江的朱家骅等人。② 至于各省厅长及领导阶层的素质则有明显的提升，许多学者专家均曾担任厅长，例如朱家骅、蒋作宾、马叙伦、陈树人曾任民政厅长，贾士毅曾任财政厅长，王世杰、任鸿隽、陈布雷、程天放、何思源、朱经农、周佛海、程其保曾任教育厅长，曾养甫、卢作孚曾任建设厅长，③ 这些厅长中许多人后来均在历史上扮演重要角色。

（二）县

1928年4月内政部成立后，即拟定地方政制改革方案，重点在划一省、市、县制，于是先后颁布市组织法及县组织法，并通令全国于1929年4月以前，改组县政府；1930年4月以前，县下设区，成立区公所；同年10月以前，各区内编制村里闾邻。同时，内政部也厘定各级地方行政人员任用标准，确定

---

① 刘进：《中心与边缘：国民党政权与甘宁青社会》，天津古籍出版社2004年版，第200—201页。
② 李国祁：《闽、浙两省制度行政与人事的革新（1927—1937）》，台北《"中研院"近代史研究所集刊》，1980年，第110页。
③ 刘国铭编：《中华民国国民政府军政职官人物志》，台北春秋出版社1989年版。

地方行政经费。1932年召开第二次全国内政会议，鉴于区、乡（镇）、闾、邻系统缺乏弹性，阻碍颇多，乃决定各省可斟酌情形予以调整，不过最多不能超过四级，最少不得少于二级，而且名称可以自定。次年3月，中央政治会议又加以修正，规定县自治组织为县及乡镇两级，市采一级制。

国民政府时期地方政制在经费与人事上的变革，则为县预算制度的建立与考试用人制度的推行。清末各省即开始推行预算制度，不过县的预算制度并未实施。北伐成功后，由于国民政府重视县政的推行，部分省份开始在各县推行新会计制度，县的预算制度于是逐渐建立。兹以1936年浙江省绍兴、鄞县、临海、寿昌、龙游、义乌、崇德七县为例，观察浙江省经费支出情形：

表12　1936年浙江省绍兴等七县支出总预算分配表

地区	1936年支出经常总预算	卫 公安保卫经费 N%	管 党与自治经费 N%	教 教育文化经费 N%	养 建设经费 N%
绍兴	1,122,199（元）	254,748 22.70%	120,585 10.75%	158,685 14.14%	62,707 5.59%
鄞县	1,464,719（元）	449,769 30.71%	191,809 13.10%	332165 22.68%	67,273 4.59%
临海	241,712（元）	64,924 28.83%	68,421 28.31%	66,071 26.92%	13,374 5.53%
寿昌	71,565（元）	21,973 30.70%	21,305 29.77%	13,899 19.42%	2,680 3.75%
龙游	186,560（元）	69,333 37.16%	38,641 20.71%	33,816 18.13%	6,871 3.68%
义乌	132,478（元）	42,285 31.19%	22,021 16.62%	47,222 36.65%	3,499 2.64%
崇德	304,785（元）	36,196 11.88%	3,494 10.99%	49,890 16.37%	6,088 2.00%

资料来源：李国祁：《地方政治之改革》，载《中华民国建国史》第3编第6章第2节，台北编译馆1989年版，第863页。

上表显示，1936年浙江省县政的预算是以公安保卫经费居首，而建设经费所占比例甚小，反映出当时县政重心所在。①

至于考试用人制度，本为传统中国知县选拔的"正途"，民初袁世凯当政时曾举行县知事考试4次，录取后由内务部分发各省任用。其后由于军系割据，此项考试未再举行。国民政府成立后，内政部于1928年颁布《县长考试暂行条

---

① 李国祁：《地方政治之改革》，载《中华民国建国史》第3编第6章第2节，台北编译馆1989年版，第863页。

例》。1928—1929年间，江苏、浙江、安徽、江西、福建、广东、广西、湖南、湖北、云南、河北、山东、山西等省均先后举行县长考试，少则1次，多则3次，共计录取人员1,300余名。考试院成立后，将内政部所颁布的《县长考试暂行条例》明令废止，但是考试院并未颁发新的条例，县长考试除了在少数省区继续举行一两次外，多数省份未再举行。

依照国民政府的规定，县长的任用资格应符合《现任公务员甄别审查条例》第六条的规定，第六条原文如下："荐任官须有左列资格之一而成绩在乙等以上者合格，丙等降等或降级，丁等者不合格。（1）对党国有勋劳，或致力革命7年以上者；（2）在教育部认可之国内外大学或高等专门学校毕业者；（3）曾在国民政府统治下任荐任官一年以上者；（4）曾在国民政府统治下各地方高等考试及格者。"各省任用县长，应由民政厅依符合上项规定人选提出2—3人，请省政府遴委，各民政厅不得自行任用。1932年7月，国民政府公布《县长任用法》，1933年6月3日国民政府又公布《修正县长任用法》，其要点如下：

> 1.县长非年在三十岁以上具有下列各款资格之一者不得任用：（1）依法受县长考试及格者。（2）高等考试行政人员考试及格并曾任荐任官一年以上者。（3）在依法举行县长考试以前各省考取之县长经考试复核及格并曾任荐任官一年以上者。（4）在教育部认可之国内外大学独立学院或专门学校研究法律、政治、经济、社会各学科，得有毕业证书，并曾任两年以上荐任官，经甄别审查合格，成绩列甲等，得有证者。（5）曾任简任官一年以上，经甄审合格，成绩列甲等，得有证书者。（6）曾任荐任官三年以上经甄审合格，成绩列甲等，得有证书者。（7）现任县长，曾经内政部呈荐，复经铨叙部甄审合格，成绩列甲等，得有证书者。（8）曾任最高级委任官五年以上，经甄审合格，成绩列甲等，得有证书者。2.县长试署期间一年，实授期间以三年为一任。县长之试署及实授，均由省政府咨内政部，转咨铨叙部经审查合格后，由内政部呈请行政院转呈国民政府任命之。①

国民政府对于县长任用资格的规定堪称严密，不过却无法彻底执行。除了

---

① 内政部年鉴编撰委员会编：《内政年鉴·民政篇》，商务印书馆1936年版，第343—344页。

少数是经由考试任用外，大多数的县长均为各省政府（省政府主席或民政厅长）遴选，向内政部"呈荐"，有些县长的资格不够，各省政府遂不将他们"呈荐"至中央，因此有许多县长并未经国民政府任命。由此可见中央政府对于县长的人选尚无法掌控。① 以韩复榘主政下的山东为例，据1933年1月22日公布的《山东省县长任用暂行章程》，县长的任用须具备下列资格之一：（1）中央高等考试及格，以荐任职分发本省任用，及本省考试县长，经中央复核及格，或系本省县长训练班毕业，在省府以下各机关分发实习者。合于本款资格所任用的县长称为"考试班"。（2）本军（指韩复榘的第三路军）各师、旅，或各方推荐，及本省各厅、处，曾经国民政府任命之荐任人员，与曾经出任县缺著有成绩，经本省荐举县长资格审查委员会审查合格，准以县长注册者。合于本款资格所任用的县长称为"审查班"。但有下列情形之一者不得任用为县长：（1）褫夺公权者；（2）亏空公款者；（3）曾因赃私处罚有案者；（4）吸食鸦片或其他代用品者；（5）有精神病者；（6）年力衰弱者。对于县长的任用办法，也有详细的规定：（1）遇有三等县缺出，应就"考试班"及"审查班"人员轮流任用。（2）遇有一、二等县缺出，应就二、三等缺各现任县长择优调任。（3）任用分代理、试署、署理、实授四项，代理3月，试署6月，署理1年，实授3年。初任代理，在代理期内努力本职著有成绩并无过失者改为试署，余类推，其在试署、署理、实授县任期内改调他县者，仍以原职继续任用。1933年9月，山东省政府又拟定《现行县长任用办法》，依照规定，一等县县长出缺，以二等县在任最久之县长升署；二等县县长缺出，以三等县在任最久之县长升署；三等县县长缺出，由行政人员训练所县长班毕业分发实习之候差人员依次委代。②

山东省对于县长的资格与任用虽然均有严密的规定，但是对于中央的人事法规，则多是阳奉阴违。韩复榘规定，凡县级以下的干部均须经过该省地方行政人员干部训练所训练才可任用，凡薪俸在三十元以上者均须经主席召见。他省人员想在山东谋一职位，若无特殊关系几乎是不可能的事。铨叙部曾派了一些铨叙及格的县长至山东，韩则表示无缺可派，开始尚给予候差员的名义等缺

---

① 陈之迈：《中国政府》，商务印书馆1944年版，第123页。
② 张玉法：《国民政府时期山东省的行政人员与行政效率》，载中华民国史专题第一届讨论会秘书处编：《中华民国史专题论文集（第一届讨论会）》，台北"国史馆"1992年版，第810—811页。

候委,久则置而不问,奉派人员见无下文,只好离开另谋出路。① 因此,韩复榘所任用的县长仍大多不合中央的规定,如 1935 年 10 月铨叙部审查各县县长资格,山东 7 人中仅有 1 人合格。除县长外,其他各级公务人员的任用,也有类似的情形。如 1935 年 10 月铨叙部审查公务员资格,山东省政府所属机关只有 13 个委任合格。② 山东的情况在全国各省中并非特例。根据 1930 年代内政、铨叙两部的统计,各省县长系符合法定资格按规定程序任命者尚不及三分之一,大部分的县长均不具法定资格,不符合任用程序。③

北洋时期的县知事,系以科举和捐纳的传统出身为主,北伐以后的县长则绝大多数受过新式教育。据统计,1932 年全国 18 省县长的学历,大学毕业(含考试及格)者占 29.1%,专科(含军警学校)毕业者占 38.7%,两者合计为 67.8%,若与中央荐任级公务员的学历相较,县长的学历一般尚比不上中央荐任级的公务员。1935 年中央荐任级公务员的学历,受过国外高等教育者占 22.8%,受过国内高等教育者占 53.6%,两者合计占 76.4%,④ 显示出人才集中于中央的趋势。

清代的任官规定,外官自督抚司道以下至州县佐杂,均需回避本籍、寄籍、祖籍、原籍距任所在 500 里以内者。民国以后,地方主义兴起,回避制度首先在省一级崩解。在各省自放县长的情势下,县官回避本省和距原籍 500 里的旧规也被打破。不过在北洋时期,县官大致均回避本县。国民政府成立后,省级官职无回避本籍规定,而县长的任用原则上仍要求回避本县。

清代基层地方官不能久任,学者一般认为这是造成清代地方政治不良的主要原因。自嘉庆、道光以后,基层地方官的任期越来越短,到民国以后更是每况愈下。国民政府成立后不仅未能扭转此一趋势,相反,"十年九牧"成为各省各县的普遍现象。每次省主席更调时,民政厅长也随之更换;民政厅长更调时,县长也随之更换;县长更调时,所用人员自秘书以至公役也随之进退。任期短

---

① 纪慧亭:《韩复榘主鲁政闻》,载《山东文史资料选辑》第 14 辑,1983 年,第 170 页。
② 张玉法:《国民政府时期山东省的行政人员与行政效率》,载中华民国史专题第一届讨论会秘书处编:《中华民国史专题论文集(第一届讨论会)》,台北"国史馆"1992 年版,第 811 页。
③ 汪振国:《国民党统治时期的地方政府》,载中国人民政治协商会议全国委员会文史资料委员会编:《文史资料存稿选编(政府·政党)》,中国文史出版社 2002 年版,第 540 页。
④ 王奇生:《革命与反革命:社会文化视野下的民国政治》第十二章"县长:基层地方官的转型",社会科学文献出版社 2010 年版,第 350 页。

暂,严重妨碍县政的推动,令积极有为的县长难以施展,不得已而敷衍应付,下焉者则视官府如传舍,贪污腐化伴随而至。①

至于县长的职责,清代名臣陈宏谋曾将知县职掌罗列近 30 项,其中最重要者,不过刑名、钱谷两项。根据晚近学者的研究,影响清代知县升调和降革的政绩因素中,除钱粮外,吏治、文教和刑名三者的重要性相当,②显示出施政的重点所在。至国民政府成立后,司法独立,由县级地方法院专理。在内政部所颁定的《县长须知》中,规定县长在民政方面要接近民众,宣传政令、防治匪患、严禁烟赌、预防灾害、办理救济、改良恶习、编查户口;在财政方面,要整理田赋、整顿税收、清查官产、办理公债;在建设方面,要保护农工、筹办工厂、维持商业、兴修水利、修筑道路。此外,并要求县长在教育、卫生、司法等方面齐头并举,不可偏废。不过国民政府成立后,中央将田赋划归各省支配,因此善于征税的县长较易引起各省当局的垂青。由于清查田亩与征收田赋紧密相连,故清查田亩也成为战前一些省份考核县长的重点。此外,调查户口、协力围剿红军,则是战前长江中游数省县政的又一重点,反映出政府力量试图加强对基层社会的控制与渗透。③

县长所主管的业务如此庞杂,人力却十分有限。在清代,县衙门的正式官吏虽少,但非正式的幕僚、吏役每县多至百余人甚至数百人。至 1930 年代,一般县政府正式公务员少则 10 余人,多则 20—30 人,另有政务、警察、勤杂人员,人数多寡不等。预算方面,每月行政经费 1,000 元余之,仅够支付职员薪水,对于各项业务,只能敷衍塞责。④一位先后任过七县县长的政界人士即曾表示,在他所经历过的每一个县府内,"都有看到三本糊涂账",意即土地、户口、财政的数字,都是"糊涂账",他虽想厘清,但却无能为力。⑤战前江苏省政府民政厅长余井塘在视察省内各县县政后,对一般的县长有以下的观察:"一

---

① 王奇生:《革命与反革命:社会文化视野下的民国政治》第十二章"县长:基层地方官的转型",社会科学文献出版社 2010 年版,第 351—366 页。
② 李国祁等:《中国地方志研究——清代基层地方官人事嬗递现象之量化分析》第 1 册,台北"行政院国科"1975 年版,第 47—48 页。
③ 王奇生:《革命与反革命:社会文化视野下的民国政治》第十二章"县长:基层地方官的转型",社会科学文献出版社 2010 年版,第 368—372 页。
④ 王奇生:《革命与反革命:社会文化视野下的民国政治》第十二章"县长:基层地方官的转型",社会科学文献出版社 2010 年版,第 378—382 页。
⑤ 吴石仙:《县府内三本糊涂账》,《地方行政》第 2 期,第 359—362 页,转引自魏光奇:《官治与自治:20 世纪上半期的中国县制》,商务印书馆 2004 年版,第 10 页。

是等事干的县长较多，找事干的县长较少；二是说得多的县长较多，做得多的县长较少；三是在城里做县长的较多，在乡下做县长的较少；四是能领导县府职员去干的县长较多，能领导全县民众去干的县长较少；五是大呼困难的县长较多，不唤困难的县长较少。这是许多县长所犯的通病，这种毛病，由于不肯干的原因尚少，由于不会干的原因实多。"① 另一方面，县长的权小、责任重、任期短，且无保障，加上薪水尚不及中央机关的科长，各种应酬和开销又比科长多，自然无法吸引到第一流的人才；相对地，人才集中于中央的情形则日趋严重。

国民政府1928年9月颁布《县组织法》，1929年6月重颁《县组织法》取代前法。依此法，县政府下设公安、财政、建设、教育四局，于必要时得增设卫生、土地、社会、粮食管理等局。各局设局长1人，由县长就考试合格人员中遴选，呈请省政府核准委任。县政府设秘书1人，并依事务的繁简设置1科或2科。各科置科长1人、科员2人或4人，其设科多寡及科员额数，由省政府定，并报内政部备案。上项秘书、科长由县长呈请民政厅委任，科员由县长委任，并报民政厅备案。县政府得雇用事务员及雇员，并得设置警察，其名额由民政厅核定。②1932年以后，国民政府因水灾、日本侵华、"剿共"等原因，地方经费支绌，乃精简人事，各县裁局改科。裁局改科后，县与省各厅的行文均以县政府名义对省政府进行，省各厅与县对口部内（如省教育厅对县教育科）不再直接指挥监督，因此裁局改科提高了县长的地位。③

国民政府时期，如同北洋时代，一般县政府的行政人员，如秘书、科长、局长，大多是随着县长进退，只有"书房"人员得以留任，战前一位学者对此曾有以下生动的描述：

> 过去一般县政府的佐治人员，如秘书、科长或局长甚至于主任、科员，大都是随着县长进退。不管前任的秘书、科长如何，总是照例要更动一番，一若非此就不足以办事；而旧任的秘书、科长或局长每届交替之时，亦总随着旧任县长自动告退，大有"君子见机而作，不俟终日"的态度，好像

---

① 参见程方：《中国县政概论》，商务印书馆1939年版，第131—132页。
② 内政部编：《内政年鉴》，商务印书馆1939年版，第72—73页。
③ 徐矛：《中华民国政治制度史》，上海人民出版社1992年版，第411页。

是对于长官表示其忠诚。至于主任、科员呢，可分为两部分来说：关于会计、庶务及收发一部分的职员，到了县长更替的时候，也多照例去职，因为新任（前任亦复如此）一定带来若干人来代替他们的。故无论谁，一发表县长，总先注意这个人事问题，得要打算一番，新旧相仍，迄未稍改。关于管理卷宗、撰拟文件一部分的职员，大概多可以稳妥地蝉联下去，因为这些事，实有非新手一时所能理得清、办得了的。况且县长履新伊始，人地两皆生疏，似乎亦应借重于他们，权作"识途老马"，此即所谓书房。①

县政府行政人员的人数不一，因为各县有大小、贫富的不同，事务有繁简的区别。有些省政府部有一种标准，规定第一等县多少人、第二等县多少人等等，以为各县用人的限制。"裁局改科"后，冗员散职也大为减少，大县的行政人员不过100人左右，小县甚至只有10余人。②一般的印象为中央及省政府机关的冗员较多，应当裁汰，而县政府的人员较少，应予增加。③事实上，除了冗员问题，人员配置是否妥当，也应重视。例如1928年广东全省86县，各县内的警察区数目差距极大，兹举例如下：

表13 广东各县警力分布（1928年）

县名	区数	警察名额	枪械数量
中山	80	816	508
台山	24	347	216
惠阳	19	176	68
连山	11	73	62
郁南	6	72	41
平远	1	7	16
陵水	1	3	不详

资料来源：闻钧天：《中国保甲制度》，商务印书馆1935年版，第444页。

上表显示，各县警察区的数目差距极大，竟至1∶80，以维持治安的实力论，也

---

① 程方：《中国县政概论》，商务印书馆1939年版，第137—138页。
② 汪振国：《国民党统治时期的地方政府》，载中国人民政治协商会议全国委员会文史资料委员会编：《文史资料存稿选编（政府·政党）》，中国文史出版社2002年版，第541页。
③ 陈之迈：《中国政府》，商务印书馆1944年版，第155页。

几乎为 1∶14，表明愈贫困与边远的县份，维持治安的力量愈薄，而当地居民生命财产的保障也愈差。①

至于县政府行政人员的素质，一般而言，远不如中央与省政府的行政人员，因此地方行政的效率也较低。②以山东昌乐县为例，1934 年昌乐县政府职员共 46 人，依籍贯分，山东 31 人（其中昌乐 17 人），外省 15 人；依出身分，大专学校毕业 4 人，中等学校毕业 27 人（其中习师范者 10 人，习农业、警察、军事者各 3 人，习法政者 1 人，普通中学毕业者 7 人），小学毕业 2 人，训练班毕业 4 人，随营学校毕业 1 人，行伍 4 人，不详 4 人。③

县政府行政人员的俸给待遇一般系以县缺等级为支配标准。若以全国各县平均计算，战前每月经费一等县约 2,000 元，二等县约 1,600 元，三等县约 1,300 元。县长月薪有仅支 200 元者，最多也不过 400 元，而且人数甚少。至于科员、办事员以及书记等，则更少。根据战前学者的观察，此种仅依县缺优劣等级规定俸给的多寡，在财政上立论，以其可由县长私自任意支配总期造报计算，务使收支平衡，几近包办，已非慎重使用公款之道，同时县行政人员俸给多寡不均，往往又不能与其职务的繁简难易相称，也不甚公平。此外，县长因无确实保障、任期短暂，故多存五日京兆之心，既不能详查县务，也无法熟悉民情，因此隔膜之处均得就教"书房"，积习既深，县政实权即落入他们之手，加以一般县长甚少与民众有直接关系，书吏即多利用此一空隙，勾结土豪劣绅，向平民敲剥。④据监察院的一项统计，自 1931 年 4 月至 1933 年 7 月，共有弹劾案 242 件，其中中央政府、省政府、军事机关及司法机关的舞弊案共有 105 件，县政府的弊案则有 137 件，显示出县政府官吏舞弊之多，竟超过其他各级政府机关的总和。⑤

（三）乡镇

战前各地的乡、镇长多为地主和豪绅。据 1933 年江苏无锡六个区的调查，

---

① 闻钧天：《中国保甲制度》，商务印书馆 1935 年版，第 444 页。
② 程方：《中国县政概论》，商务印书馆 1939 年版，第 138 页。
③ 张玉法：《山东省的政治领导阶层（1928—1937）》，台北"中研院"近代史研究所编：《抗战前十年国家建设史研讨会论文集》，1984 年，第 197 页。
④ 程方：《中国县政概论》，商务印书馆 1939 年版，第 139—140 页。
⑤ 程方：《中国县政概论》，商务印书馆 1939 年版，第 129 页。

在235个正、副乡长和镇长中，大、小地主有184人，占78.1%；富农有32人，占13.6%；中农18人，占8.1%。乡、镇长每户平均拥有土地63.1亩，这在地狭人稠、每户平均田产不到5亩的江南来说，已是一个巨大的数字。正、副乡镇长中，并有不少人兼充商人、兼管公产和经营高利贷。另据1935年对江、浙、鲁、豫、陕、滇、粤、闽、鄂、桂、赣11省71乡的81位正、副乡长（71名乡长及10名副乡长）与35名村长的调查，情况也颇类似（见表14）。

表14　十一省七十一乡乡政人员出身背景调查（1935年）

类别		乡长		村长	
		人数	百分比	人数	百分比
所受教育	清生员、秀才、私塾	21	25.9	17	48.6
	未受过教育	9	11.1	5	14.3
	新式教育	51	63.0	13	37.1
年龄分布	20—30岁	15	21.1	4	11.4
	30—60岁	56	78.9	31	88.6
先前工作	农人	11	13.6	8	22.9
	经商	13	16.0	11	31.4
	教员、医生、党委、团总、各局长等	57	70.4	16	45.7
父辈职业	种田	33	41.3	18	51.4
	经商、教员、族长、村董、团总等	47	58.7	17	48.6

资料来源：赵泉民：《"经纪"体制与政府强制性制度变迁绩效——20世纪前半期中国乡村社会权力格局对合作社影响分析》，《江海学刊》2009年第2期，第155页。

说明：（1）新式教育包括中小学堂、师范、法政、武备等学堂。（2）"先前工作"栏中，因乡政人员兼职者甚多，只能粗略加以划分。

上表显示，乡长及村长仍以受私塾教育及未受教育者所占比例最大，从年龄分布上看，乡长及村长年龄以30岁以上者居多，尤其是45岁以上者占40.6%，30岁以下者仅占17.9%。就其先前所从事工作及父辈职业来论，也以商人子弟和商人为多，而且在任职前，绝大多数曾在地方各种机构或组织中任过职，具有一定影响力，真正以种田为业者甚少，更有不少乡长曾经从事诵经、堪舆或放债、贩烟土等职业。在乡政人员产生的方式上，依《县各级组织纲要》规定，乡镇长系由乡镇民代表选举，不过事实上乡长由政府委任者高达67%以上，村长则为 51.4%。显示乡长和村长以上级政府直接委任为主，且以在地方上有一定资历、资产和社会背景的权势人员担任。①

不过在"新县制"推行之前，乡镇长的权力尚有限，因此作恶者尚非普遍。加以乡镇长不仅无报酬，甚至连乡镇公所的笔墨纸张、茶水等费用，也需乡镇长私人补贴。乡镇长业务繁杂，如全心投入，势必影响本身的生计，因此很少有人参选，即使被选上，也有许多人不愿就职，甚至有借口外出经商无力兼顾乡务为由辞职者。②

（四）保甲

保甲制度为传统中国的基层政治组织，办法为十户为甲，甲设甲长，十甲为保，保有保长，功能在于户政与保防合一。此制清末民初一度废止，1930年浙江省在民政厅厅长朱家骅策划下得以恢复，并将保卫团建立于保甲制度基础上，颇具成效。国民政府乃于次年令湘、鄂、豫、皖、赣、闽、浙诸省一律兴办保甲制度，组织民众，成立县保卫团。1934年，因地方警卫重要，国民政府通令全国各省先办保甲，再办地方自治，并纳保甲制度于地方自治组织中，于是邻闾组织遂为保甲制度所取代，而县、市地方自治措施，如参议会的设立，乡、镇、邻、闾长的选举，均延后办理。保甲长的产生方式，依《县各级组织纲要》规定，保甲长分由保民大会、户长会议选举，但是实际上均由乡镇甚至县政府直接任命或圈委。③一些省份并行联保办公处办法，即乡镇编组在五保以上者，设保长联合办公处，由保长互推一人为主任（简称联保主任或保联主任），④报县加委，为义务职，其地位几与乡、镇长相同。联保办公处虽为保的联合体，性质与乡、镇公所不同，但是功能相当于乡、镇公所，代行

---

① 赵泉民：《"经纪"体制与政府强制性制度变迁绩效——20世纪前半期中国乡村社会权力格局对合作社影响分析》，《江海学刊》2009年第2期，第155页。
② 毛独时：《国民党统治时期县的地方制度及其变迁》，载中国人民政治协商会议全国委员会文史资料委员会编：《文史资料存稿选编（政府·政党）》，中国文史出版社2002年版，第556页；王奇生：《革命与反革命：社会文化视野下的民国政治》第十三章"区乡保甲：县衙与村庄之间的政治"，社会科学文献出版社2010年版，第417—418页。
③ 周玉玲：《南京国民政府基层民意机关的选举》，《学海》2010年3月，第188页。
④ 李国祁：《地方政治之改革》，《中华民国建国史》第3编第6章第2节，台北编译馆1989年版，第860—861页。

乡、镇公所的职能，其内部人事也与乡、镇公所差不多。①

保甲制度实施后，各地大多仅具形式，而未曾落实。例如保甲的两大要素——清查户口和联保联坐，在实施过程中即甚少认真执行。虽然如此，各省在推行保甲的过程中，逐渐将保甲变为地方基层的行政组织，抗战爆发后，凡是征兵、征工、征粮、征税，无不赖此管道。

有关战前保长教育程度的统计资料极少，目前所见比较完整者，为1934年安徽省各县的保长统计。是年该省保长教育程度以小学毕业者（含同等学力）居多，占56.6%，其次为中学毕业者（含同等学力），占25.2%，文盲占18.2%。与其他省份作比较，安徽省保长的教育程度或许尚为佳者。如1933年行政院农村复兴委员会在河南农村所做调查显示，保长多数未受正式教育，仅粗通文字而已。又如湖北省政府于1936年呈交内政部的保甲统计报告中，抱怨保甲长的资格原本不高，近年乡村的优秀分子多集中于都市，较为公正的绅士不愿担任，因此一般保甲长的素质每况愈下。由于受教育程度不高，有些保长甚至需要雇请"师爷"撰写报告、填表。

至于保长的经济地位，一般来说以中、小地主和富农居多，但也间或由穷人担任。1933年，行政院农复会在河南农村曾调查过21个保长，其中田产在30—40亩者有8人，50亩以上者有9人，不到10亩者有4人，农复会认为保长多数是殷实的富农。

何以教育程度和社会地位高的人不愿当保长？原因主要有以下几项：

第一，工作繁重但酬劳少。国家的一切政令，大多是要经过县府通过保甲这一层，才传达到人民身上。凡举办理户口异动、征兵、征工、征粮、派款、借物、募债等，均为保长经常性的工作。保长的工作既如此繁重，却是义务职，每个月只有1—2元的办公津贴，因此有的保甲自嘲，"管、教、养、卫四件事，食、衣、住、行一元钱"。此种待遇迫使保甲长从所辖民众身上榨取钱财作为报酬。所以当时也有谚语反讽保长"管、教、养、卫一件办不好，食、衣、住、行四样都满足"。因此社会大众认为，除非别有企图，一般人多不愿意担任保长。

第二，保长的社会地位低微，民国以前，一般社会大众常将"乡约、保正、

---

① 毛独时：《国民党统治时期县的地方制度及其变迁》，载中国人民政治协商会议全国委员会文史资料委员会编：《文史资料存稿选编（政府·政党）》，中国文史出版社2002年版，第573页。

差"比为"蚊虫、跳蚤、虱",至国民政府时期,民众心理上仍以看乡约、保正的态度对待保甲长。在战乱时期,保甲长遭过境军队鞭笞奴隶、凌轹呵叱,乃是司空见惯的事。

至于甲长,虽然常被人们与保长相提并论,但是实际上是个没有多大职权的角色,因此滥用权力的现象也不多见,在许多地方,甲长是由各户轮流担任,其职责不过是为保长跑腿而已。①

（本文原载张宪文、张玉法主编：《中华民国专题史》第11卷《抗日战争与战时体制》，南京大学出版社2015年版。）

---

① 王奇生：《革命与反革命：社会文化视野下的民国政治》第十三章"区乡保甲：县衙与村庄之间的政治",社会科学文献出版社2010年版,第426—438页。

国民革命军的制度与战力

自民国成立后，国民党的行动主要是联军阀以制军阀，以及通过国会的立法与选举，以便取得权力，实践其理想。但是两者均无成效，即便是孙中山一手培植的陈炯明也因理念不合而叛变。孙为使革命能有所发展，乃欲建立自己的武力。

对孙中山而言，多年来他一直以欧美先进国家的民主政治作为中国发展的模式，但是列强却认为中国为落后国家，需要一个稳定的政局，而孙中山所领导的革命运动则将造成中国的动乱，尤其是孙所提倡的民族主义主张废除不平等条约，直接影响到列强的利益。因此，列强对孙的革命活动，不仅不予支持，反而多方地杯葛。1922年陈炯明的叛变（"六一六"事变），则使孙再度思考与俄国合作的可能性。一方面，他认为俄国的计划经济和他的实业计划相似；另一方面，他对苏俄的政党与建军成功的秘诀，甚感兴趣，尤其是红军以粗劣的装备，能打败优势对手，使他甚为羡慕。在现实的利害上，在孙的革命历程中，从来没有一个国家曾经给予巨额的金援，更没有一家愿意帮助他建立一支革命武装并提供大宗的枪炮船舰。而自1919年开始列强对华实施军火禁运，苏俄对孙的军火援助，更如雪中送炭。因此，1923年1月苏俄驻华全权代表越飞至上海与孙谈判合作问题，孙即要求派遣军事人员协助，并由廖仲恺进一步与越飞讨论创办军事学校问题。同年8月，孙中山派蒋介石等赴莫斯科，研究苏俄军事制度、红军的政治训练，以及布尔什维克党的政治委员制度，以为建立革命军队的准备。10月，为配合国共合作政策，中国国民党进行改组。翌年，黄埔军校成立，为民国政局日后的发展投注了决定性的影响。

一、黄埔建军

中国国民党陆军军官学校创立于1924年，因校址在广州黄埔，故又称为黄埔军校。这所学校系孙中山在苏联的协助下建立而成，校长蒋介石，其组织体制系参考苏联红军,对国民革命军的各军事学校,甚至整个军事体系,均有深远的影响。

黄埔军校初期的军事课程由苏联顾问负责指导,采用苏联和当时最新的军事理论、军事技术,并且根据革命的迫切需要,在学习时间无法过长的情况下,制定教学内容,以战场最需要的知识和技能为主。政治教育是黄埔军校不同于过去任何军校之处。具体内容包括三民主义、党史、经济学概论、政治学概论等,1926年改组为国民革命军中央军事政治学校后,则又增加总理学说、宣传技术、各国革命史、工人运动、农民运动、青年运动等课程。[①]

黄埔毕业生于东征、北伐诸役表现优异。1928年3月,军校迁至南京,改名中央陆军军官学校,军事教育逐渐标准化,中央军校成为初级军官的主要制造场所,学生毕业后均分发至各部队。在德国顾问的协助下,这所军校培育出来的学生,一般被认为素质颇高,但是数量过少,1928—1937年,仅毕业10,731人。抗战爆发后,初期基层军官消耗极大,如1937年淞沪战役时,蒋介石将嫡系精锐部队投入战场,与日军激战3个多月,伤亡惨重,在此一役中即丧失初级军官达10,000人,造成了基层干部的断层。由于对干部补充的需求激增,而战时军人待遇不佳,军校招生困难,遂不得不降低报考标准。战前规定高中毕业始得报考,自1937年起即降为初中,以初中肄业程度入学者也不乏其人。中央军校在战前由于军人待遇良好,报名人多,录取颇为不易,如1935年第12期招考新生,录取率仅为7%。抗战爆发后,由于招收人数大增,录取率自然也随之升高。一项资料显示,1940年第六分校招生,录取率即高达87%。为了适应战时的需要,教育期限也被缩短。战时中央军校及各分校,学生在校修业时间,包括入伍训练在内,最长者为19个月,最短的则尚不到9个月。此外,战时由于经费、设备不足,又缺乏严格的淘汰制度,学生的素质自然下降。

黄埔军校师生,在现代中国史上占有重要地位。至1940年代后期,曾在黄埔任职者,许多已出任总司令、省主席、部长等军政要职;中央军中团长以上职务,则几乎全为黄埔毕业生所占,许多甚至担任军、师长以上的重要军职。

[①] 有关黄埔军校史实,详见《黄埔建校六十周年论文集》,台北"国防部"史政编译局编印,1984年;王肇宏《北伐前的黄埔军校》,台北东大图书公司1987年版;黄振凉《黄埔军校之成立其初期发展》,台北正中书局1993年版;李玉贞《孙中山与共产国际》,台北"中研院"近代史研究所1996年版;广州市社会科学院历史研究所主编"黄埔军校史丛书",计划陆续出版。

这些黄埔师生自成一团体，通常被称为"黄埔系"。①

二、军队政治工作

黄埔军校自创办之初，即仿效苏联红军的经验，设立党代表和政治部。1924年9月，蒋介石派总教官何应钦筹组教导团，该团以军校教官和学生为骨干，由从各地招收的青年所组成，组织及训练均采用苏俄新制，是为中国第一支设有党代表的军队。11月，孙中山令将该团改称"党军"，亲任总理，并任黄埔军校校长，蒋介石为军事秘书。1925年4月蒋改任党军司令官。1925年8月，国民政府军事委员会议决定编组国民革命军，党军改编为国民革命军第一军，蒋介石任军长；建国湘军改为第二军，谭延闿任军长；建国滇军改为第三军，朱培德任军长；建国粤军改为第四军，李济深任军长；福军改为第五军，李福林任军长。②从此党军名称不复存在，国民政府统辖下的所有军队，统称为国民革命军。

国民革命军中的党代表，其职责为监察行政、参加部队管理、指导党务和主持政治训练，并保障军事训练及一切战斗任务的完成。军事指挥官的命令，必须有党代表的副署，方能有效。从党中央起至总司令部，各军、师、团、连各级均有党部和派有党代表，通过选举产生执行委员会和督察委员会（连只设执行委员会），政治部则建在团以上单位。北伐开始时，军、师党代表大多由兼有国民党党籍的共产党员担任。③国民党"清党"后，废除党代表制度，军队政治部与党部之间的关系并未有明确的划分，导致纠纷不断。政工的衰落导致军队各级政训部门遭裁撤，政治训练工作由军队党部兼办。战前军队党部因成效不彰被撤销，各军、师、旅、团党部被并入各该部政训处，统称政训处。军中党务工作，由政工人员兼办。④至抗战前夕，军队政治工作由军事委员会

---

① 张瑞德：《抗战时期的国军人事》，台北"中研院"近代史研究所1993年版，第5—31、57—62页；刘维开：《蒋介石军事方面的人际网络》，载吕芳上策划：《蒋介石的亲情、爱情与友情》，台北时报出版公司2011年版，第166—169页。
② 中国第二历史档案馆编：《蒋介石年谱初稿》，档案出版社1992年版，第263、410页。
③ 吕芳上：《近代中国制度的移植与异化——以一九二〇年代国民革命军政工制度为例的讨论》，载《一九二〇年代的中国》，台北中华民国史料研究中心编印，2002年，第137—197页。
④ 孙桂珍：《清党后国民革命军政工与党务关系的演变》，《山西师大学报》2010年第1期，第125—128页。

政治训练处统辖，全国 200 万军队中，政工人员仅有 3,616 人。

抗战全面爆发后，军队政治工作重新受到重视。1938 年 1 月，军事委员会改组，原执掌民众训练的大本营第六部和军委会政训处合并成立政治部，政治部部长的地位与军政、军令、军训三部部长及军事参议院院长平等。抗战期间，先后担任政治部部长的陈诚、张治中，均为蒋介石的爱将，显示蒋对军队政治工作的重视。虽然如此，一般政工人员的升迁和地位，均远逊于同级的带兵官，因此无法吸收人才加入。加以经费不足，蒋介石三令五申要每师配装一个电台、每团装配一部收音机的计划，直至抗战结束仍为画饼。①

自从党代表的制度改为政工制度后，军队政工人员成为部队长的特业幕僚，如其意见与部队主官不合，主官不仅不理，甚至随时依其个人的好恶予以撤换，因此部队中的人事、经理大权，完全由部队主官一人掌握，原有党代表的副署权力不再存在。②军队政工在中央军中的主要工作成为官兵的政治训练和思想教育，旁及官兵文化娱乐、体育活动，不过成效如何，尚值得做进一步的研究。根据 1941 年一项对 147 个部队单位（以师为单位）617 名士兵的调查，仍有 30% 的士兵不知道中国国民党，52% 的士兵不知道三民主义；即使知道中国国民党和三民主义的士兵，也很少有人知道这两个名词以外的内容，显示政训工作似乎并不成功。③国民政府颁布《限制异党活动办法》后，政工人员又在部队中办理五人联保连坐，并秘密设置政工辅导员，暗中监视士兵。至于军队政工在地方部队的工作方式又不完全相同，除了一般思想教育外，主要工作在于掌握部队实际力量，了解部队对蒋介石的真正态度，以及部队内部的人际关系网络。因此政工人员需要与地方部队的军官交往，特别是对营长以上军官，要了解每个人的出身背景、才能、品德、嗜好、政治态度以及属于部队中的何种派系，并以各种方式秘密调查部队官兵确实人数、武器装备、经理状况、官兵关系、军民关系等。对于部队营长以上军官，凡思想倾向中央、年轻有为，或在部队中影响较大者，分别报由上级核定调至各训练班受训，阶级较高的军官，

---

① 仲华：《抗战时期国民党军队政治工作述论》，《南京社会科学》2005 年第 4 期，第 52—56 页。
② 蒋介石：《军事改革之基本精神与要点》（上），载秦孝仪主编：蒋介石《思想言论总集》，第 23 卷，台北中国国民党中央委员会党史委员会 1984 年版，第 40—41 页。
③ 王奇生：《"武主文从"背景下的多重变奏：战时国民党军队的政工与党务》，《抗日战争研究》2007 年第 4 期。

有时会受到蒋介石的接见或是财务上的馈赠。对与蒋介石离心离德的部队，有的是调换部分干部，有的则是将整个部队打散或改编。①

在官兵关系方面，国民革命军创建初期，相当重视下层官兵的参与。邓演达任职黄埔军校时，即曾提倡"三大公开"——人事公开、经济公开与意见公开，严重（严立三）1926 年任国民革命第一军第二十一师师长时也曾实施，后来陈诚（曾任严部团长）将邓、严二人所倡导的"三大公开"在其部队推广实施，获得良好的效果。②不过在实际上，部队普遍仍不让士兵参加会议，不让士兵发表意见，而中共军队除了指挥外，大多数决策须经过士兵的讨论。③因此，国军部队官兵之间的距离之大，无法和中共军队相比较。1946 年东北四平街第二次战役结束后，东北行辕主任熊式辉为了争取在第一时间慰问将士，乃立即飞往四平，再坐汽车驰入市区，当时市区尚未清扫，沿途布满阵亡官兵的尸体，座车从死者身上辗过，熊竟然面不改色。④此一事件或许是极端的例子，但显示了军队官兵之间的隔阂。

国军军队政治工作的重点既在政治训练、防制异党和监视地方部队，对于军民关系的经营，自然较为忽略。一般说来，东征、北伐作战，甚至抗战时期的台儿庄战役、三次长沙会战与滇西战役，军队均能获得民众支持，有助于作战胜利，但是整体而论，其军民关系无法和中共相比。⑤以河南为例，1938 年 6 月至 1944 年 3 月，豫西民众暂时免于日军铁蹄的践踏，但却遭受到"水、旱、黄、汤"四大灾难（指水灾、旱灾、黄泛和汤恩伯）。河南民众对汤恩伯部队的愤恨达于极点。至 1944 年 3 月，日军侵犯豫西，日军以郑州、洛阳为攻击重点，兵力不到 12 万人，汤恩伯和蒋鼎文此时部队则有 50 万人，但已两年多未曾作战，军队松散。自日军发起进攻后，汤部一触即溃，日军迅速攻占郑州、

---

① 彭家贤：《国民党军队政治工作》，载《文史资料存稿选编·军事机构》（下），中国文史出版社 2002 年版，第 84—85 页。
② 《中央陆军军官学校史稿》第 6 编，中央陆军军官学校编印，1936 年，第 4—5 页；邓文仪：《从军报国记》，台北学生书局 1979 年版，第 50 页；宋瑞珂：《陈诚及其军事集团的兴起和没落》，载《文史资料选辑》第 81 辑，中国文史出版社 1982 年版，第 47 页。直至抗战时期，在陈诚的部队中仍可见到将吃空缺军官枪毙的情事。参见廖明哲：《了了人生》，台北文史哲出版社 2002 年版，第 364 页。
③ 蒋介石：《国军如何才能完成剿匪救民的部分》，载秦孝仪主编：蒋介石《思想言论总集》，第 22 卷，第 154 页。
④ 王鼎钧：《关山夺路》，台北尔雅出版社 2005 年版，第 318—319 页。此项资料系陈永发教授所提示，谨此致谢。
⑤ 戚厚杰：《略论抗战中国民党军队与民众的关系》，《民国档案》2010 年第 1 期，第 99—100 页。

洛阳，继而攻占叶县、临汝，汤部最后撤往嵩山山区，在败退途中，扰民如故，激起民众强烈愤怒。此时，豫西"土皇帝"别廷芳所遗留下的地方武力，即以地方自治、守望联防为名，结合地方群众，袭击汤部，使汤部饱受损失，成为惊弓之鸟，甚至一闻枪声即以为是日军，纷纷缴械逃命。据估计，约有汤部队5万人被缴械。沿路均是汤部丢弃的枪支、弹药、骡马、装具、车辆、无线电台甚至高射炮，次日当地百姓纷纷前来"清扫战场"。① 事后检讨，发现中原会战各部队于溃败时所受民众截击的损失，甚至大于作战的损失。② 抗战后期，中国取得世界"五强"的国际地位，"五强"一词遂经常挂在要人的嘴边，嵌在报纸的文字标题中，此时却有民众将军队违纪扰民的行为，包括强买、强卖、强借、强住、强娶五种，称为"五强"作风。③

国军军队和民众的关系，直至国民党在大陆失败，始终未能改善，蒋介石1949年9月曾在一次演讲中指出，此时"军民情感的隔膜，可以说恶劣到了极点。我们革命军，原是以爱国救民为目的，而事实的表现，不仅不能爱民，而且处处是扰民。我们军队每进到一个村庄，这个村庄中较好的房屋就一定被我们的军队占领，而最好的房间，一定是我们的最高的主官住着，借了人民的东西不归还，损坏了人民的器具不赔偿。这样，当然使人民对我们发生反感，而不愿帮助我们"④。而此一时期中共军队的政治工作，则做得十分成功，往往部队未到，宣传队先到，"老大娘""老大爷"叫得亲亲热热，解释部队为什么来；部队离开后，宣传队则挨家检查有没有打扫干净，有没有借了东西没还，有没有打破了碗没赔。有些地区民众冒险断路、埋雷、割线、炸桥，阻止国军军队前进；甚至砸锅、卖铁、拆屋、喂马，支持中共军队作战。⑤ 而国军军队由于与民众关系不佳，不论在后勤补给、医药卫生方面，或是战地情报的搜集上，均无法获得民众的支持。

---

① 蒋介石：《对于整军会议之训示——知耻图强》（1944年7月21日），载秦孝仪主编：蒋介石《思想言论总集》，第20卷，第445—447页；文强编：《我所知道的汤恩伯》，中国文史出版社2004年版，第200—204、217—218页。

② 《第一战区中原会战之检讨》，载中国第二历史档案馆编：《抗日战争正面战场》（下），江苏古籍出版社1987年版，第1253页。

③ 王鼎钧：《关山夺路》，第209页。

④ 蒋介石：《军事改革之基本精神与要点（上）》（1949年10月），载秦孝仪主编：蒋介石《思想言论总集》，第23卷，第42页。

⑤ 王鼎钧：《关山夺路》，台北尔雅出版社2005年版，第310—311页。

三、最高统帅

长期担任国民革命军最高统帅的蒋介石,深受儒家思想影响,重视人际关系,平日至少有三分之一的时间与精力用于干部的训练和与各级干部的互动。其对干部的要求,固忠诚与才能并重,倘若不能兼得,则以忠诚为重。蒋对下属,采家长式领导,表面上威严刚直,对干部的痛责常不假辞色,但是每自我反省惕厉,不过似无向当事人表示歉意的记载。蒋对演讲、书告十分重视,每亲拟提纲,字斟句酌,但发表后并未能追踪考核;平日所思大小事,每多以手令形式交办,但是也大多成为虚文。① 蒋对地方军系,系采取妥协的策略,利用感情的笼络、金钱上的收买和赤裸裸的武力作支撑,最后得以在形式上统一全国,② 并以落后的武器装备抗战八年,以空间换取时间。曾多次反蒋的高级将领张发奎,晚年在回忆抗战时,曾有以下中肯的评论:

大多数海内外同胞认为,我们以劣质装备与粗浅训练,英勇地与武器精良、训练一流的敌军鏖战了八年,最终取得了胜利。然而从一个军人观点,我认为谈不上英雄史诗,我们所做的一切只不过是以空间换取时间。③

抗战胜利后,蒋介石接着挑起与中共的战争。经过八年全面抗战,中共军队的实力和战法均已和过去大为不同,但是蒋介石和国民政府军政领导阶层对于中共仍普遍缺乏深刻认识,并以武器装备作为评估中共军队战力的唯一要素。仅从军事方面讲,军队内部普遍认为,蒋对各地区作战的构想和决策,系根据上层幕僚人员的判断而制定,与战场实况难免隔阂,在研议过程中,经常既不征询下层意见,也不重视战场指挥官的意见具申,加上情报不灵,对中共军队状况无法充分掌握,故所作决策,常与作战部队的实况及能力不相符合,导致战略难以取得战术的充分支持。此外,军队的指挥系统层级过多,不仅信息层转耗时,且易泄密,蒋只得以手令或电话越级指挥。长此以往,下级纵有指挥长才,也无法发挥,

---

① 郝柏村:《郝柏村解读蒋公日记(1945—1949)》,台北天下文化书坊2011年版,第477页;张瑞德:《遥制——蒋介石的手令研究》,《近代史研究》2005年第5期,第27—49页。
② 蒋介石在联系地方军系的过程中,一些"沟通型"幕僚曾扮演重要角色。详见张瑞德:《化干戈为玉帛:沟通型幕僚与民国政治》,《台湾师大历史学报》第40期,2008年,第81—100页。
③ 《蒋介石与我——张发奎上将回忆录》,香港文化艺术出版社2008年版,第398页。

甚至逐渐失去自主及应变能力。① 在 1948—1949 年的三次关键战役中，蒋的作战指导，先是主观武断，继而张皇失措、进退失据，终至束手无策。② 对于国共内战期间的失利，蒋身为最高统帅，应负最大责任，殆无疑问。

四、军事素质

军队成员素质的好坏，和军队战力的高低有直接的关系。一支军队如果成员素质低下，即使部队的人数众多，其战力也不能强大。以下拟将 20 世纪 30—40 年代的国民党军队军官分为高级（将级）军官、中下级（校、尉）军官和士兵三类，对其出身背景和素质分别加以讨论。③

（一）高级军官

1. 出身背景分析

研究全面抗战前后国民革命军将级军官的人事问题，最完整且最权威的原始名册，应为军事委员会铨叙厅编制的《陆海空军军官佐任官名簿》（1936 年出版），收录有 1,247 名陆军将领资料；以及国防部第一厅所编的《现役军官资绩簿》（1947 年出版），收录有陆军将级军官 3,274 人。根据以上两种资料，我们可以为全面抗战前以及抗战后期的将级军官，各画出一幅"素描"。

表 1 陆军将级军官出身背景统计 单位：人（%）

出身	总计	上将	中将	少将
黄埔	92（7.38）	0（—）	17（5.65）	75（8.19）
保定	388（31.11）	8（28.81）	95（31.56）	285（31.15）
留学	159（12.75）	6（19.35）	51（16.94）	102（11.15）
陆大	215（17.24）	2（6.45）	43（14.29）	170（18.58）
地方军校及行伍	393（31.52）	15（48.39）	95（31.56）	283（30.93）
总计	1,247（100.00）	31（100.00）	301（100.00）	915（100.00）

资料来源：根据《陆海空军军官佐任官名簿》第 1 册第 1—138 页相关数据计算得出。

---

① 台湾三军大学编：《国民革命军战役史第五部》第 9 册，台北"国防部"史政编译局 1989 年版，第 70—76，144 页；张瑞德：《遥制——蒋介石手令研究》，《近代史研究》2005 年第 5 期，第 27—49 页。
② 金冲及：《蒋介石是怎样应对三大战略决战的？》，《近代史研究》2010 年第 1 期，第 4—27 页。
③ 以下讨论主要系根据张瑞德：《抗战时期的国军人事》，台北"中研院"近代史研究所 1993 年版，第 5—40 页。

表2　陆军将级军官出身背景统计（1947年）　　　单位：人（%）

出身	总计	上将	中将	少将
黄埔	1,150（35.13）	1（2.70）	76（11.88）	1,073（41.31）
保定	280（8.55）	14（37.84）	97（15.16）	169（6.51）
留学	284（8.67）	10（27.03）	67（10.47）	207（7.97）
陆大	1,197（36.56）	3（8.11）	337（52.65）	857（33.00）
地方军校及行伍	362（11.06）	9（24.32）	63（9.84）	290（11.17）
不详	1（0.03）	0（—）	0（—）	1（0.04）
总计	3,274（100.00）	37（100.00）	640（100.00）	2,597（100.00）

资料来源：根据《现役军官资绩簿》第1—4册相关数据计算得出。

从表1、表2可以发现以下几个现象：

第一，战前陆军的将官出身黄埔者极少，且出身黄埔的比例乃是随着阶级高低成反比。至1947年，将官出身黄埔者已有显著增加，其比例也是随着阶级的高低而成反比，少将出身黄埔者已占多数（出身陆大及外国军校者，也多系黄埔毕业）。

第二，战前陆军的将官出身保定者颇多，约和出身地方军校及行伍者相当；出身保定的将官，以中将和少将较多，上将则较少，原因或许是保定成立较晚。抗战结束后，将官出身保定者，已有显著减少，少将出身保定者尤少，原因为保定军校已于1924年停办。

第三，将官出身陆大及国外军校者，不论是战前或战后，比例均小。

第四，将官出身地方军队及行伍者，在战前约和出身保定者相差无几，上将出身地方军队及行伍者尤多。至抗战结束后，将官出身地方军校及行伍者，已大为减少。

以上是抗战前后将官出身背景的一般趋势。以下拟再就陆军重要军职人员（战前的各路军总司令、军长、师长和战时的战区正副司令长官、集团军的正副长官）的出身背景情况有所分析。

表3　战前陆军重要军职人员出身背景统计　　　单位：人（%）

出身	各路军总司令	军长	师长
黄埔	0（0）	7（10）	20（11）
保定	4（67）	25（35）	36（20）

续表

出身	各路军总司令	军长	师长
留学	0（0）	1（1）	6（3）
陆大	0（0）	2（3）	9（5）
地方军校及行伍	2（33）	35（49）	63（36）
不详	0（0）	1（1）	43（24）
总计	6（100）	71（100）	177（100）

资料来源：根据刘凤翰《战前的陆军整编》（载《抗战前十年国家建设史研讨会论文集》下册，台北"中研院"近代史研究所编印，1984年，第675—695页）、《抗战前国军之扩展与演变（陆军部分：一九三七·七—一九四一·八）》（载《"中华民国建国八十年"学术讨论集》，台北"中华民国建国八十年"学术讨论集编辑委员会编印，1991年）所附名单计算得出。

表4 陆军重要军职人员出身背景统计（1944年） 单位：人（%）

出身	战区正副司令长官	集团军正副总司令	军长	师长
黄埔	1（3）	31（33）	40（36）	132（42）
保定	18（50）	36（35）	37（33）	48（15）
留学	4（11）	5（5）	0（0）	0（0）
地方军校及行伍	13（36）	23（24）	34（31）	101（32）
不详	0（0）	0（0）	0（0）	33（11）
总计	36（100）	95（100）	111（100）	314（100）

资料来源：Hsi-sheng Ch'i, *Nationalist China at War, Military Defeats and Political Collapse, 1937-1945*, Ann Arbor: University of Michigan Press, 1982, p. 230.

注：作者所据资料为《陆军军官佐资绩簿》（1944年），其中军、师长无一人系留学归国者，统计数字疑有误。

从表3、表4可以发现以下几种现象：

第一，战前重要军职人员出身黄埔者极少，各路军总司令中无一人系黄埔毕业，军长、师长中也只有1/10是出身黄埔。至抗战后期，各战区正副司令长官中，虽然仍只有一人是黄埔毕业，但是战区正副司令长官以下的重要军职人员，出身黄埔者已有显著增加，且职务越低的重要军职人员出身黄埔的比例越高，如集团军正、副司令有33%毕业于黄埔，军长和师长中则各有36%和47%出身黄埔。

第二，战前重要军职人员出身保定者颇多，且职务越高者，出身保定者越多，如各路军总司令中出身保定者占2/3，军长中出身保定者占37%，师长中出身保定者占20%，至抗战后期，也有类似的现象。战区正、副司令长官中有50%出身保定，集团军正、副司令中有38%；至军长阶层则只有33%，比不上出身黄埔的多，至师长阶层，更只占 17%。

第三，重要军职人员出身陆大及国外军校者，不论在战前或战时均少。

第四，重要军职人员出身地方军校及行伍者，不论在战前或战时，均在 1/3 以上，显示战时重要军职人员素质的提升有限。

2. 成员素质的分析

综合以上对于抗战前后陆军一般将领及重要军职人员出身背景的分析，可以发现以下几方面的趋势及含义：

第一，抗战前后陆军将领有"黄埔化"的趋势，战前保定所占的重要地位，战时逐渐为黄埔所取代，在直接掌握兵权的军长、师长阶层，这种趋势尤为明显。抗战时期出身黄埔的将领，大多毕业于前几期，当时黄埔的训练相当粗浅，时间也短（仅有 6 个月），所学到的专业技能自然有限。

第二，抗战前后陆军将领（含重要军职人员）出身地方军校及行伍的比例，均有降低的现象，显示战时将领的素质有所提高。在各兵科中，以特种兵将领的素质较差，如主管后勤业务的将领，绝大多数毕业于直隶经理学堂（民国以后改为陆军军需学校），然后在北洋部队任职；骑兵和通信兵的将领，也绝大多数是出身北方部队的旧式军人。这些出身地方军校或是行伍的将领，或许极为勇敢、战场经验丰富，但是对于现代战争的性质，却普遍缺乏认识。

第三，抗战前后陆军将领出身国外军校者甚少，而且多是一次世界大战期间或是一次世界大战前出国留学者，因此对于一次大战以后的军事科技与战略，多未能有深刻的认识。① 虽然如此，出身日本士官学校的将领所受训练，一般来说仍较其他将领扎实。

第四，抗战前后陆军将领出身陆大者也甚少。陆大为军官深造教育的主要机构，但是毕业人数有限。据统计，至抗战结束时，陆大毕业军官在军中共 2,100 人，分布情况如下：（1）中央军事机构约有 600 人，其中以陆大及所属的参谋训练班人数最多。（2）战斗序列各单位共约 1,500 人，其中每一战区司令部约有 10 人，每一集团军总部 3—5 人，每一军司令部 3—5 人，每一师司令部 2—3 人，兵站机关共约 120 人。陆大所学者，以师战术为主，对大军作战的指挥作业磨炼较少，对军事作战以外的政治作战、经济作战、心理作战，

---

① Hsi-sheng Ch'i, *Nationalist China at War: Military Defeats and Political Collapse, 1937-1945*, p.66.

更无暇研究，但是也有若干学生，派赴部队后，接受实际的战场磨炼，而能有优异的表现。至于陆大毕业生担任参谋职务者的表现，一般认为陆大出身的参谋长或参谋处长、主任，指挥多比较得体。

抗战前后的陆军将领，自离开学校后，除了短期的训练班队外，很少有人能够有机会继续接受兵科学校和陆大的正规深造教育。在先进国家的军队中，军校毕业后尚可由机关、学校、部队的轮调中学习新技能，但是中国的军官无此机会。此外，国民革命军自成立以后，由于连年作战，升迁容易，常是一战一升官，也减少历练机会。战前德国顾问对此种快速升迁的方式即引以为忧，曾多次向蒋介石陈述，认为一个军人如果不先任下级军官，遍充排、连、营、团长各职多年，必定不能于短期之内具有高级指挥官的经验，即使是如何勇敢，也无济于事。抗战期间，由于人员伤亡大，加以部队屡次扩编，许多人升至将官时仍很年轻。据统计，1944年时，陆军一般高级将领，年龄大多在50岁以下，有些总司令、军长、师长的年龄，甚至只有三四十岁，而当时日军一般将官的年龄，则大多在50岁以上。① 少年得志，自然容易产生骄傲自满、不求进步的毛病。

中国自辛亥革命以后，即和苏俄立国之初的历史十分类似，但是和中国截然不同的是，苏俄军官的教育程度在革命后大有提升，如一位学者即认为红军军官的军旅生涯中，有一半是在各级军事学校中度过的。而在军事学术快速进步的20世纪，中国军队的高级军官却被迫以20年前所学的知识，和他们范围有限的经历，去应付现代战争的复杂问题，战力无法提升是可以预期的。②

早在1938年的一次会议中，蒋介石即已指出军队将官的学问与技能，远不如同级西方先进国家的军官，也比不上日本的军官，他甚至认为"我们做总司令的，只比得上人家一团长，我们的军长、师长，只当的人家一个营长和连长"③。一般将领也都认为日本高级将领之中，虽然缺乏出色的战略家，但在基

---

① Hsi-sheng Ch'i, *Nationalist China at War: Military Defeats and Political Collapse, 1937-1945*, p.230.
② F. F. Liu, *A Military History of Modern China,1924-1949*, Princeton：Princeton University Press，1956, p.147.
③ 蒋介石：《抗战检讨与必胜要诀》（下），载秦孝仪主编：蒋介石《思想言论总集》，第15卷，第28页。

本战术、战略原则上，均能一丝不乱，绝少发生重大错误；做事也多能脚踏实地，一丝不苟，令人生敬生畏。抗战后期，美国派遣来华的中国战区参谋长史迪威（J. W. Stilwell），对于中国高级军官的素质，即每多表示不满，如他在1942年5月26日呈蒋介石文中曾表示军官的素质和其阶级、职务呈反比："低级军官对于命令，每能迅速执行；营长和团长的素质不一，但是不缺乏优秀之士。在这些阶层要将缺乏效率者淘汰较为容易，擢优弃劣后，对于士气将有好的影响。至于军长和师长，则问题颇大。这些人当中很少是有效率的，他们很少亲临前线，更极少监督命令是否执行。对于来自前线夸大甚至错误的报告，每不经查证即予接受。经常忽略搜索和警戒的重要性，常因而造成大乱。一般的师长，似乎以为只要自距离前线五十里处，发一命令，即已尽到责任。这些军官中，有许多是相当勇敢，但大多数的人均缺乏道德的勇气。"① 接替史迪威职务的魏德迈（A. C. Wedemeyer），对中国较具同情心，但是对高级军官的评价也甚低："在我接触的国军高级军官中，我发现很少能视为是有效率或是受过良好专业训练的。我并不怀疑他们对于委员长的忠诚，但是作为蒋的参谋长，我必须评估他们的作战能力（military capacities）和知识，他们的带兵资格，以及他们配合全盘作战计划、执行命令的意愿。"②

外国人士的坦率批评，往往激起国人的反感，认为是有意丑化政府形象。但是，值得注意的是，蒋介石本人对于这些批评并未否认，而认为本身应加检讨。1944—1948年，蒋在陆军大学开设将官训练班，召集将领，进行补习教育。③ 他曾于一次开学典礼中指责在场的将领：

> 如果我们一般高级将领——军长、师长和参谋长等，都能具备外国军官一样的精神和学问，负责任、守纪律，实事求是，精益求精，那我们军队的力量一定精强，精神就一定振奋……现在反动派到处宣传，说我们士

---

① Charles F. Romanus and Riley Sunderland, *Stilwell's Command Problems*, Washington D.C.: Office of the Chief of Military History, Department of the Army, 1953, p.153. 军界人士指出，抗战中各大、小战役，军、师长所居位置，通常距火线5—6华里，约为敌军野炮的射程之外；集团军总部通常设于距火线19—20华里处；至于战区司令长官部，则通常设于距战场200—300华里的重要城镇。参阅1993年1月7日胡静如先生与笔者私人通信。

② Albert C. Wedemeyer, *Wedemeyer Reports*, New York: Henry Holt & Company, 1958, p.325.

③ 受训学员名册，详见杨学房、朱秉一主编：《中华民国陆军大学沿革史》，台湾三军大学1990年版，第439—457页。

兵是世界上最优秀的士兵，下级军官也很健全，唯有我们一般高级将领人人都是腐败堕落，而且阶级越高，精神越萎靡，行动越腐化，狂嫖烂赌，走私经商，吃部下的空头。不仅反动派如此说法，就是一般外国朋友也是如此看法。这不能怪人家轻视我们，而必须反省我们本身有没有这种缺点。我可以说，我们高级将领虽不是人人如此，至少大部分已经腐败堕落了。且不谈私的生活，你们试一检查自己司令部的内容和业务，就可以知道实在是空虚而泄沓。现在各级司令部的组织庞大散漫，办事没有科学的精神，不知用科学的方法，高级将领管理不力，指挥无方，对于部下工作人员，没有适当的训练和考核，以致人浮于事而事无责成。尤其是命令下达后，可以说根本没有监督它实行。所以部下对于命令是否明了，已否执行，完全不理。如此，任何事情都不能认真实在，那就无怪乎我们军队有名无实，内容空虚了。①

不过参加受训的学员，许多并未体会蒋介石的苦心，带了参谋或秘书，代为做功课，自己则吃喝玩乐，把受训当成休假，因此成效不彰。②

国民党将领的学问和能力不如日军，固属事实，但是我们接下来要检讨的是原因何在？笔者认为，除了前述军事教育质与量不足、升迁过速、未能实施经历调任等原因之外，以下两项因素也不可忽视：

第一，指挥官的分外责任与杂务过多。先进国家部队中的高级军官，平日除了训练及自我充实外，别无所事，原因在于指挥官本身均受完整训练，各级干部素质相称，后勤补给制度健全，物质条件具备，而近代中国的指挥官则无此福气。各部队长每为"开门七件"及其他琐碎事务，终日忙碌，以致无暇专注于教育训练，甚或以交际应酬为能事，以此为猎取功名的快捷方式，而疏忽学术。1943年，军事委员会颁布《军师长亲勤督训办法》，即是对此而发；盟军关于"中国军官地位越高能力越弱"的批评，军界人士也认为是其来有自，不尽为诬。③论者以为，如想排除军队及军官的分外责任，使其专心于部队的

---

① 蒋介石：《整军的目的与高级将领的责任》，载秦孝仪主编：蒋介石《思想言论总集》，第21卷，第288—289页。
② 郝柏村：《郝柏村解读蒋公日记（1945—1949）》，第221页。
③ 蒋介石：《委座手谕》，载《万安军事会议要录》，第三战区司令长官部，第15页；杨安铭：《对步兵教育应有之认识》，《军事杂志》1945年第166期，第2页。

训练及本身学术、技能的充实,应在以下各方面加强。(1)军队任务方面:实施军民分治,部队长不干涉地方政治及民众事务;确立保安制度,由警察及保安部队负责地方保安,军队专行训练,而不驻防。(2)人事制度方面:军官缺员应迅速补充,避免产生干部不足的现象;提高军士待遇,以健全军士阶级;改善兵役,防止逃兵;充实人事职员的权责与业务,使主官除考绩外,无人事烦恼,更不容随意行事。(3)经理制度方面:凡粮饷、被服、阵营等事务,军需人员应切实负起权责,无须军官分心经理。(4)教育训练方面:大量分设或扩充各兵科学校,充实并普及各级军官的兵科学术技能,特别是将官及上校尤为必要,期以充实其本身及对部下教育训练的能力;分区设置军士学校,以提高军士水平;充实器材、场所及设备,以提高教育训练质量。

第二,参谋组织不够健全。将帅如需亲自处理细务,不仅不胜其烦,而且心力分散,对于部队的监督,势必难期周密,故在将帅身边设有幕僚组织。学者指出,近代美军参谋本部的建立,一共花费了14年的时间。中国近代由于政治不安定、军队庞大,因此所需要时间也就更多。北伐成功后,国民政府执政尚不及十年,日本即发动全面侵华,缺乏时间建立完善的参谋制度。直至1937年为止,陆军大学仅训练出不到2,000名的指挥及参谋人才,大多数部队指挥官均未受过陆大参谋作业的训练。① 抗战期间,中国军队的参谋制度才逐步建立,据一项军令部的统计,1940年时全国参谋学资不合者达1/2以上,至1942年减为1/3强。此时参谋的素质,如以司令部的性质加以区分,大致以集团军以上的参谋人事最为健全,军部次之。师则人才缺乏,成绩甚差;兵站总监部与分监部的参谋素质,尤为低劣。军以上的各级参谋长,大多毕业于陆大,能力尚佳,表现也不错,只是资历不免稍差者。师参谋长多为军校出身,长于部队经验,但是缺乏运筹之才,因此师的幕僚业务,不但凌乱欠缺,且较往日低落。至于各级司令部的中、低参谋人员,偶尔也有出身短期训练班的,一般经验尚可,战术修养则不足,差堪推行日常业务,至于自动自发工作与研究发展的精神,则几乎是百无一二。② 苏联驻华军事代总顾问返国时,曾应蒋介石之请,指出中国军队的缺点,认为"营以下的动作,大体可以说是很注意了,但团以上

---

① F. F. Liu, *A Military History of Modern China, 1924-1949*, pp. 150-151.
② 张瑞德:《抗战时期国军的参谋人员》,台北《"中研院"近代史研究所集刊》第24期,1995年,第741—772页。

到军、师为止，各级司令部的业务极不健全。图上作业与沙盘教育可以说是完全没有，指挥所与参谋业务的演习，更是完全忽略，所以中国军队一到作战就莫名其妙。既没有具体的作战计划，也没有完备的作战命令！"造成这种现象的原因，主要是团以上司令部人员，很多不是正式军官，而多是主官的私人幕属，往往很重要的职务，交给一些落伍的军官或不习军事的文人来担任，参谋人员虽然有些是陆大毕业，但大多数都是缺乏实际的经验，在部队里面也没有专门业务的训练，所以人事参谋不知怎样来管人事，补给参谋不知如何来办理补给，至于军需、军械人员，更多是滥竽充数，甚至于管理物品、检查物品的常识都没有！司令部的人员既不健全，司令部的业务自然无法推进。[1]一般来说，随着参谋教育的发展以及军令部人事制度的运作，参谋人员的素质不同于其他一般军官，至抗战后期，有日渐提高的趋势。至1945年时，各战区各集团军上校以上参谋，大多出身正式军校和陆大，中央系部队的参谋，出身陆大者更多。

这些参谋人员经过战火的洗礼，对军事战略与用兵作战，已有较完整的概念，有些参谋人员甚至认为抗战期间中国的武器装备落后，比不上敌人，但是在战术运用方面，陆大的毕业生绝不逊于日军的同级军官。例如中印公路的作战，打通印缅路时，一往直前，后来又在湘西芷江作战时，彻底粉碎敌人的战略攻势，因当时已获得美方的新式武器装备，可和敌人一较长短。[2]不过一些地方部队，直到抗战末期仍未有完善的参谋制度，而以"认识字的作参谋，不识字的作副官"，若干参谋虽然读书识字，但仍不懂如何使用地图。[3]至于日军的参谋，由于陆大教育发达已久，即使是在二次大战期间仍有35%系陆大毕业，[4]素质较中国军队为高。

---

[1] 蒋介石：《对于整军会议各案之指示》，载秦孝仪主编：蒋介石《思想言论总集》，第20卷，第491页。蒋介石对于苏联顾问的批评，曾指示："应该切实接受，应该如何积极反省与改革。以后我们对于团以上司令部的人事和业务，特别要加强、要整顿，图上作业和沙盘作业，以及指挥所演习与勤务演习，一定要切实注重。尤其是陆大，格外要注重实兵指挥实习。这一点，希望军令部和军训部以后要特别注意，督促改进。"见蒋介石：《整军训词》（1948年8月18日），载《蒋"总统"思想言论集》第18册，台北"中央"文物供应社1966年版，第208页。

[2] 张瑞德：《抗战时期的陆军大学——师资与课程的分析》，载中华民国史专题第二届讨论会秘书处编：《中华民国史专题论文集（第二届讨论会）》，台北"国史馆"1994年版，第14页。

[3] 张赣萍：《弹火余生录》第2册，香港文史出版社1968年版，第177页。

[4] Alvin D. Coox, "The Effectiveness of the Japanese Military Establishment in the Second World War", in Alan R. Millett and Williamson Murray eds., *Military Effectiveness*, Vol. 3, *The Second World War*, Boston: Unwin Hyman, 1988, p. 10.

不过，外国人士对于中国军队的批评，似乎较少具备同情之心，甚至带有偏见；蒋介石对军队的批评，则每多出于家长式的求全管教，因此言辞不免激切，且常以偏概全。平心而论，国民党军队将领中也不乏杰出之士，如中央军的罗卓英、孙立人、关麟征、杜聿明等，战时均是日军首要攻击对象。地方部队中，广西的李宗仁、白崇禧、黄绍竑，在抗战爆发后，立即入京参战，整个抗战期间，李、白并且一直负担一方面的重任；西北军系统的部队，如宋哲元所指挥的冯治安、张自忠、刘汝明各部，以及孙连仲、孙桐萱、曹福林所部，均善于打硬仗；粤军的张发奎、薛岳等，也都是抗战的中坚人物。

不过这些于抗战时期表现优异的将领，至国共内战时期的表现，则大多远逊于中共将领。军事方面的原因为国民党军队将领对中共的本质与特性、战术思想与战斗作风，普遍缺乏深刻认识。虽有若干将领具有与中共军队在江西作战的经验，但是国共内战时期中共的军事思想和战法已和江西时期不同，整体形势也和江西时期不同，国民党军队将领仍沿用江西时期的碉堡战法和抗战时期的守势思想，仰赖空中支持，放弃夜间行动；而中共军队则擅用运动战结合游击战，养成机动、攻势的思想，故战场主动常操中共军队之手。虽然国民党军队也间有将炮兵集中运用及主动出击，如1947年5月的运城作战，与关麟征所倡议的三合阵地，但也都是守势思想中的战法，而非攻势的积极作为。整体而论，国民党军队以守城或夺取地形要点是尚，仅重视一城一池的得失，往往因固守点线而分散兵力，被中共军队各个击破，未能以对方有生力量为目标，而中共军队反是。① 加以蒋介石对高级将领指挥作战，每过于干预，而未能充分授权，致使下级纵有指挥长才，也无法发挥，甚至逐渐丧失自主及应变能力。因此国民党军队将领中，甚少有林彪、彭德怀、刘伯承、粟裕之类的统帅型将领。在东北，先是杜聿明，继之陈诚，再则是卫立煌，均不堪重用，徐蚌会战（淮海战役）时蒋介石所用的几位将领依旧不行。蒋长期重用的胡宗南，配备有最佳的美式装备，在关键时刻仍让蒋大失所望。少数统帅型将领（如白崇禧），或未获重用，或彼此之间无法合作，以致未能建立起良好的高级指挥阶层。②

至于国民党军队的一般将领，国防部对于第三厅（主管作战）各级主管及

---

① 台湾三军大学编：《国民革命军战役史第五部》第9册，台北"国防部"史政编译局1989年版，第180、194页。
② 高华：《论国民党大陆失败之主要原因》，《历史教学》2011年第11期，第7—8页。

全国部队各级参谋长的人选,均安排陆军大学或陆军大学研究院毕业的人员担任。①因此,国民党军队将领并非全为愚蠢无能,军事计划和战略也并非全为错误,例如内战初期蒋介石强调,必须将中共军队所占领的重要都市和交通据点一一收复,使中共不能保有任何根据地而成为"流寇",然后再加以"清剿"。又如国民党军队在全面进攻失败后的重点进攻,西面以延安和陕甘宁边区为重点,东面以对南京、上海威胁最大的山东为重点,计划集中优势兵力重点进攻,一则以占领延安摧毁中共党政军神经中枢,动摇其军心,并截断中共东北与关内的联系与补给线;一则从东西两翼挤压中共力量,然后分别进入华北与中共军队决战。再如徐蚌会战中,国民党军队以其精锐80万人的重兵集结,利用徐州有津浦、陇海两条铁路交会便于机动增援的条件,进行徐蚌会战的计划,均为颇具战略意义的军事谋略与计划,只是未能实施而已。一般来说,国共内战期间国民党军队将领的军事理论素养,较中共军队将领为高,无怪中共建政后成立南京军事学院,曾选聘许多前国民党军队将领为中共高级将领授课,以提升理论素养和指挥能力。②不过,国民党军队将领在军事理论素养上的优势,在国共内战中并未发挥多大作用,真正重要的仍是双方军队的整体素质。

(二)中下级军官

1. 供求状况

抗战前,中国陆军部队计有步兵师177师,独立步兵旅60旅,独立步兵团43团,骑兵师9师,骑兵旅5旅,骑兵团3团,炮兵旅4旅,炮兵团18团,炮兵营15营,工兵团2团,交通兵团3团,通讯兵团2团,宪兵团11团3旅,官佐共13.6万余员,士兵189.3万余人,合计202.9万余人。当抗战爆发之初,中国军队中有配备德制武器的一流作战部队8万人,但是淞沪一役,消耗中央的精锐部队已超过3/5,加以士兵程度不佳(虽然在当时已是最好的了),临阵作战,全靠下级军官亲自指挥,因此下级军官伤亡尤大,几达1万名之多。战前十年间所训练的军官,在此一役即丧失10%,造成了基层的断层。根据1938年军政、军令两部的统计,每年需要培养(亦即补充)初级干部人数,约为4.5

---

① 毛鸿藻:《国民政府国防部第一厅内幕片段》,载《文史资料存稿选编·军事机构》(上),中国文史出版社2002年版,第51页。

② 李东朗:《军队素质、战略计划与解放战争的过程》,《中共党史研究》2009年第9期,第65—66页。

万人,其中 3/4 以上是由各军事校班造就,其余则由行伍擢升。

抗战期间,中央军校及分校所培育的学生在 15 万人以上,各机构又召训兵科军官 97,577 人,行伍军官 84,235 人,弥补了基层军官的不足。

2. 出身背景分析

有关国民政府时期军队人事的详细统计资料极为罕见,据笔者尽力收集,仅得两件较为完整的资料。第一份资料为 1936 年 1 月 28 日美国驻华武官关于中国陆军军官出身统计的报告,其中收录以下表 5、表 6。

表 5 陆军军官阶级统计

阶级	人数(人)
上将	124
中将	418
少将	1,240
上校	3,233
中校	4,707
少校	13,178
上尉	39,736
中尉	37,554
少尉	36,284
总计	136,474

资料来源:Report: Statement on Commissioned Personnel Strength and Classification as to Training, January 28, 1936, in *U. S. Military Intelligence Report: China 1911-1941*, Reel V, pp. 521-524.

表 6 陆军军官教育程度统计

种类	人数(人)	百分比(%)
黄埔军校	43,018	31.6
陆军小学校	20,033	14.7
陆军中学堂	11,493	8.4
保定陆军军官学校	6,575	4.8
各种陆军团	5,621	4.1
工兵学校	2,175	1.6
军需学校	2,175	1.6

续表

种类	人数（人）	百分比（%）
外国军事学校	1,922	1.4
军医学校	1,414	1.0
特种兵科学校	1,075	0.8
陆军大学	992	0.7
兵工学校	237	0.2
行伍	39,744	29.1
总计	136,474	100.0

资料来源：Report: Statement on Commissioned Personnel Strength and Classification as to Training, January 28, 1936, in U. S. Military Intelligence Report: China 1911-1941, Reel V, pp. 521-524. 各项百分比系笔者算出。

表5、表6共收录上将以下直至少尉的统计数字，报告中注明各项数字"均是出自一位军政部官员的估计。在这方面，官方从未公布过数字，因此这些数字虽然不可靠，但是在没有更好的数字前，仍有参考价值"。不过，由于所列各级军官总数（136,474），与《抗日战史》一书所称"官佐共一十三万六千余员"几乎完全吻合，因此本项数据的正确性，应是相当高的。此外，根据表5的数字，将官总人数仅占所有军官人数的1.3%，因此表6数字大致也可以反映中、下级军官的状况。

第二份资料为军训部1945年所出版《军事委员会军训部中华民国三十三年（1944）统计年鉴》一书中，所收录的一份统计，见表7。

表7　军训部1944年度调查陆军各部队中下级现役军官素质统计　　　单位：人（%）

程度	总计	步	骑	炮	工	辎	通	机
已受养成教育者	31,724 (27.0)	25,876 (27.3)	227 (33.8)	1,722 (48.4)	780 (29.0)	288 (6.8)	2,198 (21.6)	631 (44.6)
已受召集教育者	44,283 (37.6)	42,322 (44.6)	264 (39.3)	423 (11.9)	499 (18.6)	—	234 (2.3)	443 (31.3)
行伍	38,704 (32.9)	26,662 (28.1)	181 (26.9)	1,410 (39.7)	1,410 (52.4)	967 (22.9)	7,734 (76.1)	340 (24.0)
其他*	2,968 (2.5)	—	—	—	—	2,968 (70.3)	—	—
总计	117,579 (100)	94,860 (100)	672 (100)	3,555 (100)	2,689 (100)	4,223 (100)	10,166 (100)	1,414 (100)

说明：*系指其他非中央军、各分校及各兵科学校出身者。原表数字有误，待考。

由表 7 的分类方式，可以看出这项统计的主要目的，在于宣扬军训部的业绩，不过也透露出了中、下级军官的出身背景。所列数字虽然对养成教育和召集教育的内容均未做细分，似嫌简略，但是对各兵科分别加以统计，极具史料价值。

3. 成员素质

以上两份资料，虽然均存在缺陷，但是在没有更好的全面性统计数字前，似乎仍可用以观察一般的趋势。如将表 6、表 7 作一比较，再辅以其他史料，似乎可以得到以下几点观察：

第一，行伍出身的中、下级军官，比例有增高的趋势。表 6 指出战前军官出身行伍者占 29.1%。表 7 指出至 1944 年时，中、下级军官中，行伍军官所占比例虽仅为 32.9%，但是在"已受召集教育者"栏中，行伍必然也占相当大的比例，抗战后期，军事委员会副委员长冯玉祥甚至宣称有 85% 勇敢善战的军官，均为行伍出身。因此行伍出身的军官比例，在抗战时期有明显升高的趋势，似乎是可以确定的。

一般来说，能升为军官的士兵，每多擅于作战，但是，行伍军官的缺点，则为未入过军校，相对说来，对于军官的要素——指挥，较为缺乏，训练部队也比不上军校出身的军官，加以教育程度较低（根据一项估计，1935 年时，有一半以上的行伍军官完全不识字），[①] 因此在部队中常不被视为正途出身而遭排斥，升迁速度也较慢。不过，也不是没有例外的情形，如战时第二预备师师长陈明仁，虽是黄埔出身，但是不排斥行伍出身的军官，在他手下的各级军官中，行伍出身的约占 1/3，而军校学生约占 2/3。

第二，军校出身的中、下级军官，比例有明显下降的趋势。表 6 指出，战前军校出身军官的比例为 70.9%，但是表 7 指出，1944 年时，中、下级军官中，出身正式军校者所占比例，则降为 27%。至于保定军校和黄埔军校在中、下级军官出身的重要性，和高级军官相同，均有阶级越高，保定出身比例越高；阶级越低，黄埔出身比例越高的现象。如军事委员会铨叙厅所编《第一期第一届陆海空军军官佐任官名簿》第一册，共收录有上校 569 人及中校 1,397 人的资

---

① Report: Statement on Commissioned Personnel Strength and Classification as to Training, January 28, 1936, in *U.S. Military Intelligence Report:China,1911-1941*, Reel Ⅴ, p.524.

料,将其出身背景加以统计即可发现,上校出身保定者占34%(203人),出身黄埔者占4%(74人);中校出身保定者占26%(365人),出身黄埔者占19%(268人)。

北伐完成后,经由中央政府批准,军事教育逐渐标准化,中央军校成为初级军官的主要制造场所,学生毕业后通常均分发至中央政府的部队,例如陈诚的第十八军,从连长、排长至师长,有80%为黄埔出身。在德国顾问的协助下,这些军官的素质,一般认为颇高,但是数量过少。据估计,1928—1937年,中央军校毕业学生仅有10,731人。抗战爆发后,中国和其他国家一样,由于对军官的需求剧增,必须加速训练工作,水平自然因而下降。至于自行伍升上来的军官,虽未接受过特别的军官教育,但是在战场上常被指挥官及官兵视为比仅受过速成教育的军官更值得信赖。

第三,中、下级军官的出身背景,各兵科之间有颇大的差异。从表7可以看出,1944年时各兵科中、下级军官接受养成教育比例,依序为炮(48.4%)、机械(44.6%)、骑(33.8%)、工(29.0%)、步(27.3%)、通讯(21.6%)、辎重(6.8%),显示各兵科中、下级军官素质高低,似乎与该兵科专业化程度(所需专门知识的多寡)相关。至于各兵科中、下级军官出身行伍的比例,则依序为通讯(76.1%)、工(52.4%)、炮(39.7%)、步(28.1%)、骑(26.9%)、机械(24.0%)、辎重(22.9%)。各兵科中、下级军官出身行伍者比例的高低,则似与该兵科召集教育的发达与否相关。

步兵向为中国军队的主力,占中、下级军官人数80%以上,值得做深入的观察。前引《陆海空军军官佐任官名簿》共收录步兵上校1,105人、步兵中校2,159人的资料,兹将其出身背景分别统计如表8。

表8 步兵上校、中校出身背景统计(1936年) 单位:人(%)

阶级	样本数	黄埔	保定	行伍	其他
步兵上校	1,105(100%)	160(14.48%)	294(26.61%)	53(4.79%)	598(54.12%)
步兵中校	2,159(100%)	475(22.00%)	406(18.81%)	135(6.25%)	1,143(52.94%)

资料来源:根据《陆海空军军官佐任官名簿》第1册,第143—259、317—544页所列的数据计算而成。

表8显示,战前步兵校级军官的"黄埔化"已获得一些成果,中校以下军官出

身黄埔者已超过保定，另一方面，抗战时期步兵中、下级军官的素质，也有降低的现象。如表7所示，1944年时，步兵中、下级军官出身正规军校者占27.3%，而出身行伍者增至28.1%。另一项资料则指出，1937年时，在一个普通的步兵营中，军官出身军校者占80%，至抗战后期则降至20%左右。①

抗战时期，中国军队各部队由于背景不一，因此素质与战斗力也不一致。以训练、军官的素质、武器配备及给养而论，由北伐时期国民革命军第一军及黄埔学生所发展的部队，在抗战初期为全国最佳的部队（日人称之为"中央直系军"），然后依次为其他的中央军、广西军队，原来的西北军及东北军、一部分的西北回军、粤军、晋军，再后为云南、四川等其他的省军。②

一般说来，中央军干部素质较佳，虽然至抗战后期时，"各级干部多不是本科出身，学工兵的可以带步兵，老百姓可以当军需，名册上什么都有，实际上都是外行"③，但是仍要较地方部队"识字的作参谋，不识字的作副官"为强，如抗战期间中央军已多能采用疏开队形运动，只有部分地方部队仍用传统的方式训练士兵。台儿庄之役，卢汉的云南部队即因仍用集中队形，伤亡甚大；西北马鸿逵、马步芳的部队，则至抗战后期仍未采用疏开队形。又如孙渡的第五十八军为滇军部队，由于云南民性蛮勇强悍，因此士兵每多善战，但是各级干部的指挥能力和战术修养，能够称职者不多，绝大多数有勇无谋，顾虑欠周。因此整个部队的作战能力，长于攻而不长于守，有冲劲而无耐性；在无后顾之忧的状况下，对单纯的阵地攻防战尚能应付；如要求灵活应用，制敌先机，则难以胜任。

各部队素质和装备好坏，和其战斗力的高低并不完全一致。抗战前期，装备和训练最优良的中央核心部队，在上海会战中表现优异，在其他各战役中，中央军虽有个别单位的英勇事迹，但是整体而论，表现平平。至抗战后期，派遣至印缅战场的远征军由于有最新式的装备、严格的训练及优秀的指挥，因此也有优异的表现。在地方部队中，广西部队及部分西北军部队表现出色，临沂、台儿庄、徐州各战役最为人所知，即使装备简陋的一些地方部队，也曾有良好

---

① F. F. Liu, *A Military History of Modern China,1924-1949*, p.149.
② 徐乃力：《抗战时期国军兵员的补充与素质的变化》，《抗日战争研究》1992年第3期，第53页。
③ 汤恩伯：《部队的缺点在那里》，《汤恩伯先生纪念集》，台湾汤故上将恩伯逝世十周年筹备委员会编印，1964年，第61页。

的表现。可见战斗力并不一定完全取决于武器装备，士兵的爱国情操和指挥官的能力、决心等精神因素也很重要。①

抗战时期，影响中、下级军官（无论是隶属中央或是地方部队）素质最重要的因素，即为所受的教育。如前所述，战时由于受到客观环境影响，教育质量下降，更重要的是，军校所教的，全是现代化、标准化的知识和配备，学生毕业后到部队，却发现军中几乎完全没有现代化、标准化的装备，"许多装备、物品、连防毒面具在内，都好像旧货摊上的杂货，没有两件一模一样"②。因此，在学校所学常感无用武之地，而对实际的问题则毫无准备。

另外，中国军队的中、下级军官，一如高级军官，需花费许多时间和精力于分内以外的工作。以连长为例，在其他先进国家，一个连长仅需负责训练和作战指挥，其他杂事一概不需过问，但是在中国则不同，连长除了训练、指挥士兵作战外，尚需兼管各项杂物，其中最令人烦恼的即为经理、病兵和逃兵。在经理方面，由于补给部门并非独立，连长之下虽有特务长辅佐，但是仍须花费很大的精力去计划柴米油盐、经费、弹药、装备等。病兵和逃兵更是所有下级军官共同的梦魇。战时一位驻扎滇南的十四师排长，曾有以下回忆：

> 我们下级军官最怕士兵生病。一天早上一个士兵眼睛发炎，第二天会有十个发炎。还怕他们偷农夫的玉蜀黍、煮食他们的狗。在当日的情形，实际上之考虑超过道德之上之动机。因此士兵一有机会，必贪吃得生病。在滇南气温昼夜剧变、疟蚊遍处飞的情况下，小病三天，即可以被拖死。而且我们也害怕士兵会携械潜逃。和我们驻地不远山上的土匪，就出价收买我们的步骑枪和机关枪，机关枪每挺七千元，等于我们一个士兵四十年的薪饷。很多部队长即在夜晚将全部军械用链条锁在枪架上。③

除了各种杂务外，令中、下级军官烦恼之处还包括和上级或其他机关打交道，尤其是"对有关之机关，接洽金钱、物品之事务，更是痛苦万端，心如刀割。部门繁多，头头是道，上上下下，左左右右，四面八方，周流六合，均需

---

① 徐乃力：《抗战时期国军兵员的补充与素质的变化》，《抗日战争研究》1992年第3期，第12—13页。
② 黄仁宇：《阙汉骞和他的部下》，《地北天南叙古今》，台北时报文化出版公司1991年版，第130页。
③ 黄仁宇：《阙汉骞和他的部下》，《地北天南叙古今》，台北时报文化出版公司1991年版，第143页。

应付裕如,最低限亦须立侍左右,强颜欢笑,受官腔直如便饭,承官架何啻牛马。对起码科员、收发之类应如此,股长、科长以及一切长更为低下"①。这些人职位虽低,但是也不能得罪,因为他们如果要帮你,可以头头是道;如果要整你,也会花样百出。一位军界人士即有以下生动的描述:

> 盖科员以上的人员,随时均可将急如星火之公文掷入纸篓或厕所中,再不然稍"买账"者,或不谙事实,或不明法理,不辨轻重缓急,一视同仁,沉着应战,此诿彼拖,如由死门入八阵图中。更不然,字里行间,断章取义,稍有不合,即万劫不复。且一事非一机关、一部门所能办了,每一机关、每一部门,类皆如此。②

一个中、下级军官,除了正常的训练、作战外,还有那么多事要操心,怎能一一都照顾到。即使有能力,常常也无从发挥。因此战时一位在华停留多年的美军军官,即曾指出,中国军官"要是在中国行,在外国一定行"③。中央军校出身的史家黄仁宇,也认为当时"如果让我们到英国、法国去带兵,保证个个都是一流的军官"④。

(三) 士兵

战前士兵的教育程度,至今尚未发现较为详尽的统计数字,一般的印象是大多为文盲。社会学家陶孟和曾于1929年调查山西第三编遣区警卫旅的946位士兵,结果发现能自己写信者占13%,其余均未曾识字读书,或曾读书而不能写信。不过1938年8月,冯玉祥在湖南益阳检阅长岳师管区第三补充团,发现新兵不识字者竟达八成。抗战时期,所征兵的质量日益低下。根据一般的观察,士兵不识字者,占90%以上;无科学常识者几为100%。桂南作战之后,一位将领曾于宾阳测验一批从贵州拨补的士兵,结果发现文盲占97%,至于那些2%—3%的识字者,程度也不过文书上士。1941年,据第十四师一位排长的观

---

① 陈贤宗:《服务十周年回忆录》,《军需学校第七期学生班通讯》1947年第9期,第25页。
② 陈贤宗:《服务十周年回忆录》,《军需学校第七期学生班通讯》1947年第9期,第26页。
③ 黄仁宇:《阙汉骞和他的部下》,《地北天南叙古今》,台北时报文化出版公司1991年版,第144页。
④ 黄仁宇:《赫逊河畔谈中国历史》,台北时报文化出版公司1989年版,第320页。

察,"不仅体格屠弱,而且状似白痴,不堪教练。师部的办法即是抽调各营连可堪训练的士兵,组织突击队,集中训练,其他则归各部队看管,也谈不上训练,只希望来日作战时在山上表现人多"[①]。一般的部队对于新兵,一方面要实行军事训练,另一方面则要补行国民教育,如教一普通士兵认阿拉伯数字,需2—3星期,认米突尺需2—3星期,讲弹道抛线也得2—3星期,要教到会射击,则需2—3个月。1940年代,有些部队曾对士兵的教育程度加以统计,但是数字的可信度颇有问题,如以下两种统计中有关文盲的比例,即有相当大的不同(见表9)。

表9　1940年代国民革命军士兵教育程度统计　　（单位:%）

教育程度	陆军第十四军（1945）	陆军荣誉第二师（1946）
文盲	29	5.2
初识字	46	45.0*
小学	22	49.0
初中	3	0.5
高中	0	0.3
总计	100	100

资料来源:《陆军第十四师军务处三十四年度工作报告》,载《陆军第十四军三十四年度工作报告书》,陆军第十四军司令部,1946年,第214页;同仇汇刊社编:《陆军荣誉第二师三周年纪念特刊》,附表,陆军第二师政治部,1946年。

说明:*指能识500单字表者。

表9所举荣誉第二师,是由康复伤兵所组成的部队,其中老兵较多,因此识字者也较多,应是造成文盲比例较十四师为少的原因之一。

1944年,政府号召知识青年从军,经检验合格者,总数达125,500人,唯因战事及交通运输关系,实际报到入营者不及10万人。其学历计专科以上占10%,高中以上占23%,初中60%,小学7%,对于军人形象的提升帮助颇大。

在经济背景方面,由于士兵的社会地位低下,所以战前入伍的当兵者多为贫困人家的子弟,平常人家如有子弟当兵,常会被讥为"没出息",因此许多年轻人从军,事前均不能让家人知道;也有许多人不愿将女儿许配给军人。战前虽然实施普遍的征兵制,但是由于有知识、有钱、有地位者,可以逃避兵役,

---

[①] 黄仁宇:《阙汉骞和他的部下》,《地北天南叙古今》,台北时报文化出版公司1991年版,第141页。

以致各地征送的壮丁多为贫者、愚者和弱者。① 至于士兵家庭的职业，试将搜集所得资料列举如下（见表 10）。

表 10 国民政府时期士兵家庭职业统计　　　　　　　　（单位：%）

职业	第三编遣区警卫（1930 年）	陆军第十四军（1945 年）	陆军荣誉第二师（1946 年）
农	79.8	78.0	66.0
商	9.4	8.0	12.0
工	2.9	6.0	5.0
公	—	1.0	5.0
教	0.1	4.0	3.0
军	—	2.0	3.0
其他	7.7	1.0	6.0
合计	100.0	100.0	100.0

资料来源：陶孟和：《一个军队兵士的调查》，《社会科学杂志》第一卷第二期，1930 年 6 月，第 99 页；《陆军第十四军军务处三十四年度工作报告》，第 214 页；同仇汇刊社：《陆军荣誉第二师三周年纪念特刊》附表。

表 10 所列前两种统计数字颇为一致——出身农家者约占 80%，与整个社会的农业从业人员比例接近。至于荣誉第二师士兵出身农家者较少，或许是原务农的士兵受伤后，离开部队返乡者较多所致。

军界人士多认为出身农家的士兵，具有朴实、勇敢、服从、坚毅，以及吃苦耐劳的各种美德。根据战前一位美国军事观察家的观察，中国人"是作军人的极佳材料，具有无穷的耐性，高度的服从权威，加上一个强壮、不易生病的体格。如能加以适当的训练和配置，让他吃饱穿暖，定期有饷可拿，即使是以我们的标准来看，他也将是个好士兵"②。战时在华外国人士也多有类似的观察，如史迪威 1942 年 5 月 26 日呈蒋介石文中，即指中国"一般士兵温顺，有纪律，惯于吃苦，服从领导"③。7 月 7 日他在对华广播中对中国士兵更是称道有加：

对我而言，中国人的伟大——他们不屈不挠的精神、他们无怨无尤的

---

① 关于国民政府时期的征兵，详见汪正晟：《以军令兴内政——征兵制与"国府建国"之策略与实际》，台湾大学文学院，2007 年。
② *U.S. Military Reports: China,1911-1941*, Reel V, April 30，1928.
③ Charles F. Romanus and Riley Sunderland，*Stilwell's Mission to China*, p.153.

忠诚、他们的认真、他们的艰苦卓绝——由中国士兵身上最可看出。他们备尝艰苦而不掉一滴眼泪；上级带他到哪里，他就跟着去，毫无迟疑；在他简单而率直的心灵中，从未想过他做的不是英雄做的事。他要求的很少，而永远都准备付出所有。①

美军参谋总长马歇尔（G. C. Marshall）也相信，如果中国的士兵能被适当地领导、吃饱、训练、装备，他们的战力将和世界上其他任何国家的士兵一样。

不幸的是，抗战期间军中的生活水平下降，士兵的体格也随之恶化，尤以抗战后期最为严重。如1943年中国派送1,800名新兵至蓝伽（Ramgarh）受训，其中竟有68%因体格不合标准而被拒绝；另一批被指派参与蓝伽计划的200人，先是被中国医官淘汰65人，继而又被美国医官淘汰30人，最后只有105人被录取。士兵体格之差，由此可见一斑。

在年龄方面，根据现有的少数资料，国民政府时期的士兵大多为年富力强的青年。如1932年时，第十九路军教导队士兵的平均年龄为24岁。以下两份较为详细的数字资料则显示，军队士兵中30岁以下者占90%，其中尤以20—25岁者最多（见表11、表12）。

表 11　第三编遣区警卫旅士兵年龄调查（1930 年）

年龄	15—19	20—24	25—29	30—34	35—39	40—44	45—49	总计
人数（人）	144	405	279	74	24	7	9	936
比例（%）	15.4	43.3	29.8	0.9	2.6	0.7	0.3	100

资料来源：陶孟和：《一个军队兵士的调查》，第95—96页。

表 12　第十四军士兵年龄统计（1945 年）

年龄	15—19	20—24	25—29	30—34	35—39	40—44	45—49	总计
人数（人）	3,535	10,925	10,560	2,329	187	64	5	27,605
比例（%）	12.8	39.6	38.3	8.4	6.8	2.3	0.2	100

资料来源：《陆军第十四师军务处三十四年度工作报告》，第215页。

表11、表12显示，士兵固然多为年轻人，但是或多或少也有一些老兵。这些老兵多为战前所招募，当时曾经过一番挑选，部分系久经战役，每能尽忠职守，

---

① Theodore H. White ed., *The Stilwell Papers*, New York: Schocken Books, 1948, p. 130.

即使因为分散配置，为火力占优势的敌人所击溃，数日后，仍能自行前往指定地点集合，各归建制，严整如初，对整体战力毫无损伤。因此各部队的干部，对于老兵多十分重视，如一位炮兵排长即称老兵是"国之瑰宝"[①]，另一位步兵排长则认为"如果作起战来，只有这样的兵才能算数"[②]。对于这些老兵，在战前尚可以用升官加薪的方法施予奖励，但是战时军人真实薪俸下降，1941年少尉月薪42元，下士20元，还要扣除副食费，而在街上吃碗面，即需3元，所以利诱的力量不充分，但是也不能威胁，如果让他们在民众面前下不了台，则会"开小差"投奔其他部队。各部队为了留住这种人才，只得给予特殊待遇，即使是连长，也要对他们客气几分；军校出身的年轻排长，更是要陪他们吃狗肉、讲粗话，有些部队对他们甚至早晚不集合训话，也不出操，尽量让他们轻松愉快，以示优待。

在一些地方部队（如刘汝明、孙连仲和丁治磐的部队），老兵颇多，班长职务多由其担任，很受士兵的敬重，称之为"头目"。由于老兵对于部队战力的发挥十分重要，因此在其他条件相同的情况下，部队的战力高低每与其老兵的多寡成正比。如东北军系统的第五十三军，自七七事变开始，至缅北畹町与驻印军会师，直至1947年调至东北与中共军队作战时，尚有半数以上是老兵，在当时是罕见的情形。

最后，拟再就各阶层军官的素质及行为模式略作比较。1942年5月26日，中国战区参谋长史迪威谒见蒋介石，并提出一份改革中国军队的计划。计划中认为中国军队应精简编制，配赋充分的武器和装备；更换无效率的高级指挥官，并充分授权不加遥制云云。观其内容，实未超出战前德军军事顾问建议。事实上，当时中国部分军队尚存有地方派系色彩，平时淘汰，尚虞酿成风潮，在战时此种断然措施，在政治上自不能立即执行。不过值得注意的是，史迪威在计划中曾对中国军队的各阶层做出了概括性的观察。他指出，中国军队一般士兵温顺、有纪律、能吃苦耐劳、服从领导；低级军官对于命令，每能迅速执行；营、连长个别差异极大，不过也不乏优秀之士。他认为以上各阶层如要汰弱擢强，将不是难事，且可以提高士气。至于师长和军长阶层，则是个大问题。如

[①] 张晴光：《血战余生》，商务印书馆1985年版，第43页。
[②] 黄仁宇：《阙汉骞和他的部下》，《地北天南叙古今》，台北时报文化出版公司1991年版，第142页。

前所述，蒋介石本人也曾多次公开指称军队干部的知识、能力和精神，与其阶级职务的高低成反比。二人的目的虽然均在指责高级将领，但是也可以看出中、下级军官的表现，相对之下要较高级军官为佳。魏德迈则认为战时低级军官的表现比过去进步，主要是由于战前设立的一些兵科学校水平颇高：

> 国军为低级军官设立了许多极佳的（excellent）学校（包括步兵学校、炮兵学校、辎重兵学校、机械化学校），有助于培养较佳的军官。接替Maddocks参谋长职务的McClure将军，曾有报告称低级军官已大有进步，尤其是连长阶层，因此他对我们所计划的战斗行动，抱持着最乐观的态度。——一个好的连长可以带着一个平庸的师长向前推进。①

五、情报

国民政府成立初期，交通部国际电信局局长温毓庆，在财政部长宋子文的财务支持下，进行电讯情报工作，破译了桂系在上海秘密电台的密电。情报为蒋介石所用，后继续扩展及于对冯玉祥、唐生智、石友三等人的情报，对于助蒋赢得中原大战及石友三、唐生智对抗中央诸役，极具贡献。此种密电情报，均由陆海空军总司令部参谋处长林蔚经手，呈转处理，用后即毁，不存盘案，后来侍从室也循此规例办理。②

国民政府另一个重要的军事情报机构，为三民主义力行社的特务处，在闽变及两广事变平定的过程中，曾扮演重要的角色。1933年10月，力行社特务处侦悉，李济深曾密派代表携李、陈铭枢、蒋光鼐、蔡廷锴四人联署函件，与中共商谈合作问题，并签订"抗日作战协议"，同时急电苏俄速运大批枪械弹药，补充江西的红军。这些与苏俄来往的电文，为特务处所截收破译。11月7日，李、陈于福州成立中华共和国人民革命政府。特务处处长戴笠乃赴漳州，

---

① Albert C. Wedemeyer, Wedemeyer Reports, p.325.
② 魏大铭：《评述戴雨农先生的事功》（中），《传记文学》第38卷第3期，1981年，第49页；霍实子、丁绪曾：《国民政府军事委员会密电检译所》，叶钟骅：《密码电报机构内幕》，载《文史资料存稿选编·特工组织》（下），中国文史出版社2002年版，第800、820页。关于林蔚在情报传递过程中所扮演的角色，可参阅周琇环编注：《蒋中正"总统"档案·事略稿本》第8册，台北"国史馆"2003年版，第116页。

说服十九路军六十一师师长毛维寿及六十师师长沈光汉脱离闽方，中央部队得以长驱直入，顺利解决事变。①1936年6月，两广异动，两广势力联络了四川的刘湘、邓锡侯，湖南的何键，云南的龙云及山西的阎锡山，与中央对抗，但陈济棠、何键、龙云之间收发的密电码均为中央所破译，②戴笠乃派郑介民赴香港策划军事策反工作，因有粤空军的全部反正，先发制人，迫使陈济棠自动下野，中央不战而定危局。③

国民政府军事情报的能力虽然较地方军系为强，但是仍然无法和日本相比。直至抗战结束，国民政府各电讯情报机构仅能破译日本的低级外交密码及航空密码，对其陆军密码则始终未能破译。在电讯保密方面，除了少数例外（如军统），一般机关和部队普遍做得不好，④电讯保密工作表现不佳的原因为电报内容有时不免涉及各机关或部队主官、主管的私人事务，因此译电部门的主管均为首长亲信，译电人员也大多为首长亲信，这些人多不了解军电保密的重要性。尤其是地方部队的军电保密，中央更是鞭长莫及，军委会所颁布的军电保密措施无法贯彻。直至抗战末期，仍有军、师长以为电文加密后即是"无字天书"，不存在保密问题，⑤致使整个抗战期间日军破解中国军队密电的能力高达70%—80%，对于其在华战役贡献甚大。⑥英美直至二次大战结束，始终无法推心置腹与中国进行电讯情报的交换，⑦中国方面也未能经由中美合作所或是中英情报合作计划，取得任何英美的电讯情报。更重要的是，同盟国在进行战略及政治上的全面规划时，常基于中国无法保密的理由，不让中国参与，例如1945年2月的雅尔塔会议，对中国至为重要，但是中国被排除在外，对中国造成极大之害。⑧

---

① 《国防部情报局史要汇编》上编，台湾"国防部情报局"编印，1962年，第195—196页。
② 杨肆：《国民党军电保密工作及其内部斗争》，载《上海文史资料存稿汇编》第2册，上海古籍出版社2001年版，第219页。
③ 《国防部情报局史要汇编》上编，台湾"国防部情报局"编印，1962年，第194—197页。
④ 参见张瑞德：《雅德赉（Herbert O. Yardley）与中国——兼论抗战时期的密码战》，《"国史馆"学术集刊》；吴淑凤等编：《不可忽视的战场：抗战时期的军统局》，台北"国史馆"2012年版，第203—236页。
⑤ 杨肆：《国民党军电保密工作及其内部斗争》，载《上海文史资料存稿汇编》第2册，第219—220页。
⑥ Hisashi Takahashi, "A Case Study: Japanese Intelligence Estimates of China and the Chinese, 1931-1945", in Walter T. Hitchcock ed., *The Intelligence Revolution:A Historical Perspective*, Washington D.C.: U.S. Government Printing Office, 1991, p.210.
⑦ Richard J. Aldrich, *Intelligence and the War against Japan:Britain,America and the Politics of Secret Service*, Cambridge: Cambridge University Press, 2008, p.250.
⑧ Maochun Yu, *The Dragon's War:Allied Operations and the Fate of Modern China,1937-1947*, Annapolis: Naval Institute Press, 2006, p.153.

国民党电讯情报的能力固然比不上日本，和中共比较也是居于下风。中共的无线电通讯和密码，在江西时期已与共产国际发生联系，其电讯侦译与保密技术迅速超越国民政府。1930年代，中共已将在苏联和国内培训的电讯情报干部分配至红军，使得国民党在五次"围剿"时期的电报，大多数为红军所破译，破译成功率几达100%。①红军的电讯保密能力，也非国民党军队所能企及。以军统驻西安的电讯情报机构——军事委员会办公厅第二工作队为例，直至1946年，仍仅能研议陕甘宁边区往来的贸易密电，供胡宗南作封锁边区的参考，对中共的军政电报则从未破译过。②因此，国共内战期间，国民党军队仅能仰赖无线电测向和空中侦察，了解中共军队动态。但是无线电测向和空中侦察均有盲点存在：前者可以靠在电台的位置上下功夫来欺敌，如1948年9月中共军队南下攻击锦州，即命令各部队电台留在原驻地继续发报，用以迷惑国民党。在空中侦察方面，中共军队多利用夜暗及能见度不佳天气行动，白昼则彻底隐匿。国民党军队空中侦察受到极大限制，甚至为中共军队佯动所欺骗导致情报判断错误。例如1946年10月国民党军队二十五师在叆阳边门被中共军队包围，主要原因即为保安司令部告知："据空侦报告，'匪军'已被贵师击退，正向东逃窜，希即猛追。"③又因战争情报为中共军队掌握，中共军队利用当地民众组织全面情报网，监侦国民党军队行动，致国民党军队进入中共占据区，如堕五里雾中，往往在敌暗我明状况下行动，即使有机动作战观念，也难以实施。④

在人员情报方面，国民党军队的情报能力也无法和中共相比。在整个抗战期间，国民政府始终未能派人打入中共内部，因此对于八路军、新四军等中共领导的部队，除了军令部派在延安的联络参谋有时能提供一些一般的军事情报外，仅能根据缴获的中共报刊或文件，摘编一些资料提供各单位参考，情报价值不高。⑤至国共内战时期，国民党军队对中共的情报工作依旧无法开展。⑥相

---

① 高旗：《论革命战争时期我军的情报工作》，《军事历史研究》2011年第3期，第98页。
② 张成信：《在军统西安电讯工作队、中央和西安电检科的经历》，载《文史资料存稿选编·特工组织》（下），中国文史出版社2002年版，第497页。
③ 程嘉文：《国共内战中的东北战场》，台湾大学历史研究所1997年硕士学位论文，第96—97页。
④ 台湾三军大学编：《国民革命军战役史第五部》第9册，台北"国防部"史政编译局1989年版，第417页。
⑤ 吴舜法：《国民政府军事情报机关梗概》，载《文史资料存稿选编·特工组织》（下），中国文史出版社2002年版，第770页。
⑥ 沈醉：《国防部保密局内幕》，载《中华文史资料文库》第8册，中国文史出版社1996年版，第516页。

对地，中共军队于抗战及国共内战期间的情报工作，则往往是以特工方式取得相关情报。国民党军队机构和部队组织松散，虽然有政工部门，但是形同虚设，作用十分有限，只要一人在军中任要职，其亲属、同乡、同学均可引入军中，因此中共地下人员渗入极为便利。抗战爆发后，国共合作抗日，中共开始向国民政府党政军系统大规模渗透，在周恩来、董必武、邓颖超、叶剑英等操盘下，将张露萍、熊向晖、王超北、沈安娜等一批情报人员打入国民政府的党政军系统，长期潜伏。至国共内战时期，国防部参谋次长刘斐、第三厅（主管作战）厅长郭汝瑰、东北"剿匪"总司令卫立煌、第四十六军军长韩练成等，均与中共有联络，国民党的军事计划甚至最高指挥官的一举一动，中共往往在战役之前即已知道得一清二楚，而国民党军队对于中共军队的动向却常是一无所知，甚至连林彪率80万大军入关如此重大的战略行动，蒋介石、傅作义均为林部休整假象所迷，判定林部至少需3个月至半年才能入关作战，直到兵临城下，才知上当。至于长期潜伏在国民党军队内部的将领（如张克侠、何基沣、廖运周），则和中共军队里应外合，一到关键时刻，或阵前起义，或诱国民党军队进入中共军队包围圈，国民党军队焉得不败。①

六、部队训练

国民革命军自黄埔建军，始终未能建立健全的部队训练制度。部队训练，一如人事、经理，均由部队长包办。有些部队长重视训练，视部队训练关系全军成败者，也有的部长只重视领导权，虽得兵心，但是对于训练不重视，甚少亲自主持或讲评，② 因此各部队的战斗力强弱不一。一般说来，部队训练存在以下弱点：

其一，训练和人事制度无关联。一个部队的训练成绩，如果可以影响部队长官人事的升降，则部队自然重视训练。例如北洋时期奉系军队的训练不佳，至于极点，因此战斗力低落，后来经过郭松龄的大力整顿，凡是训练成绩不良或是不懂教育的军官，无论其级别是团长或旅长，一律予以撤职，东北军至此

---

① 翟志成：《国民党是怎样丢掉大陆的？》，《当代》1991年第59期；高华：《国民党大陆失败的主要原因》，《历史教学》2011年第11期，第8—10页。
② 郝柏村：《郝柏村解读蒋公日记（1945—1949）》，台北天下文化书坊2011年版，第222页。

逐渐强健。^①蒋介石对于战术、战斗教育,不可谓不重视,曾自编《剿匪手本》等作为教材,但是如欲落实,并非仅靠办军官训练团即可办到,必须通过部队训练,方能收效。自黄埔建军起,部队训练,一如人事、经理,每由部队长包办,因此各部队训练成效落差极大。抗战期间,除驻印军在印度蓝伽依美军制度完成坚实训练外,杜聿明任第五军军长时,曾亲自主持部队训练,其部属戴安澜、邱清泉、廖耀湘,也都是重视训练的将领,故第五军一直为蒋介石手中的"王牌",战斗力强,十八军也是如此。^②不过独木难撑大厦,由于训练和人事升降未发生关联,致使大多数部队不重视训练,常见的现象为第一等人当师长,第二等人当参谋、幕僚,第三等人到教育机关,第四等人当教官。如名将胡宗南对那些无能但是也不好撤差的将领或军官,即常命令其办训练班或当教官。^③

其二,战术思想未统一。由于效法的对象经常改变,部队的战术思想和训练方式也十分复杂。如在广东时期,军人读日本典范令、操俄国操、仿俄国编制;南京时期,中央军校习德式,步兵学校习日式,训练总监颁布部队使用的操典近日式;陆大研究战术,有以战斗纲要为依据者,有以德国军队指挥纲要为依据者。抗战爆发后,部队仍用日本典范令和教程,又混用俄国和美国的战术和编制。战争末期,驻滇及桂林干部训练班又全采美式。军校各期毕业学生,在校时所学者各有不同,在部队所施教育,自然也是各异其趣。^④例如欧美各国在一战之前,由于武器简单,火力稀薄,部队多采密集队形,一战后,由于兵器进步,火力猛烈,为了减少损伤,部队多改采疏散队形。1935年,训练总监所颁布的操典,开始采用战斗群的战斗队形(small group tactics)和疏开作战,^⑤但是采用新式训练方式的部队仍未普遍。至抗战初期,中央军已多能采用疏开队形运动,不过部分地方部队仍用传统方式训练士兵,例如台儿庄之役时,

---

① 白崇禧:《白部长训词(一)》,载《军事教育会议纪录》,军事委员会军训部编印,1939年,第32页。

② 郝柏村:《郝柏村解读蒋公日记(1945—1949)》,台北天下文化书坊2011年版,第222、471—472页。

③ 张朋园、林泉、张俊宏等访问,张俊宏纪录:《于达先生访问纪录》,台北"中研院"近代史研究所1989年版,第99—100页。

④ 张瑞德:《抗战时期陆军的教育与训练》,载台北《中华民国"建国"八十年学术讨论集》第1册,第557页。

⑤ 中国军事史编纂组编:《中国军事史》第1卷,解放军出版社1983年版,第274页。

南方卢汉的部队仍用集中队形（close formation），因此伤亡甚大。①1950年，一位将领甚至认为战术思想的不统一，是国民党在大陆失败的重要原因：

> 今日军事之失败，在将领不在士兵，在全体不在个体。以个体言，匪之师长，不比我师长优秀，匪之团营连长，不比我之团营连长优秀。然匪之所以胜，除组织力外，另有两个法宝，其一为统一之战术思想，其二为统一之战斗作风。以言战术思想，如林彪之一点两面战术，所有共匪各级指挥官以至所有士兵，都能了解，都能奉行，形成一个整套的体系。以言战斗作风，匪则不打则已，一打就猛，一打就狠，一打就硬，而且是歼灭性的。我则应付命令，敷衍任务，投机取巧，避重就轻，而并无战斗意志与战斗目标。但战斗详报，则信口雌黄，乱吹法螺。故今后欲战胜敌人，必须建立统一的战术思想与统一的战斗作风，使其全体化、整套化。②

其三，忽略重点教育。部队训练的成功，有其各种先决条件，如国民教育的普及、兵役制度的健全、军事学术的发展、后勤补给制度的完善等，但是国民政府时期，以上各项条件均尚未具备，加以战事频仍，人力、物力、经费短绌，部队教育训练的质量自然低落。即便是现代化的日军，在二战期间由于兵力消耗过速，训练也无法照平时进度执行。据估计，1945年日军中经过充分训练者，尚不足1/7。③在外部环境不良的情况下，部队训练是否能抓住重点，即成为成败关键。国民党军队各部队在战前即普遍忽视重点教育，至国共内战时期依旧如此。例如在战技方面，士兵射击技术普遍欠佳，命中率低，致弹药耗费大，所携弹药往往在极短时间内告罄，一旦补给中断，即丧失战力，多次战斗均因弹药告罄而失败。部队对于各种火器的使用，如机枪、火箭筒、火焰喷射器、平射及曲射炮，以及炮兵、战车等，多各自为战，而未能相互配合，发

---

① 白崇禧：《白主任委员训词（二）》，载台北"军事委员会"校阅委员会编：《陆海空军校阅手簿》，第61页；贾廷诗等纪录：《白崇禧先生访问纪录》，台北"中研院"近代史研究所1984年版，第535—536页。
② 蒋介石：《今后军事教育的方针——阐明中国军事教育的精神和军事哲学的基础》（1950年1月），载秦孝仪主编：蒋介石《思想言论总集》，第23卷，第99—100页。
③ Alvin D. Coox, "The Effectiveness of the Japanese Military Establishment in the Second World War", in Alan R. Millett and Williamson Murray eds., *Military Effeetiveness*, Vol. 3, *The Second World War*, p.10.

挥统合战力。①国民党部队又普遍缺乏夜战训练,致使行动陷于被动,甚至日间所占领的目标,日落后因恐敌军逆袭,又行放弃。②相对地,同一时期的中共军队,在训练上所面临的恶劣物质环境和国民党军队类似,但是他们采取了简化训练内容的策略,特别强调跑步(目的在增强部队的体力和机动性)和实弹射击两项科目,使得战力所受物质环境的影响得以减小。③

七、武器装备与后勤补给

国民革命军成立之后,学习对象经常改变,造成装备种类的纷杂。国民政府时期,如同过去,既不能自行大量生产武器,也不能向外国大量购买装备,④因此装备极不统一。以时代分,远至几世纪以前的长矛、大刀,近至欧战以后流行的自动步枪、高射炮,无不兼用并备;以制造地分,有日本、德国、法国、奥地利、瑞士、中国等。⑤抗战爆发后,所需军火除靠自己生产外,仍需自国外大量输入,输入国包括德国、苏联、美国、法国和捷克等。各种武器来源不一,弹药、零件的种类繁多且不能互换使用,于是补给的问题大增。例如自抗战后期起,接受美国军事援助,战力得以提升不少。不过至1946年,美国政府不满国民政府坚持"剿共",不肯谈判,乃对华实施武器禁运达10个月之久,致使内战期间美型武器装备的妥善率极低。1947年一位记者采访沈阳部队时发现,一些机械化部队的大批卡车、装甲车和其他车辆,因故障无零件替换,被弃置于各营区内,风吹雨淋,成为废铁。又如东北一炮兵团系使用美制155毫米炮,因弹药不足,又必须消耗大量(经常不足的)汽油,以供应拖曳车辆,操作上反不如配属日制150毫米炮、靠骡马拖曳并且弹药充足的另一炮兵团。⑥除了补给问题,国民党将领对于新式武器的认识不足,例如将坦克及重炮组成

---

① 台湾三军大学编:《国民革命军战役史第五部》第9册,台北"国防部"史政编译局1989年版,第195—200页。

② 刘熙明:《国共内战时期的夜战(1945—1949)——兼论1940年代的现代化武器与战争的关系》,台北《中华军史学会会刊》2005年第10期,第189—231页。

③ 蒋介石:《军官训练团训练之目的与手法》、《军事训练之方针和要旨》,载秦孝仪主编:蒋介石《思想言论总集》,第22卷,第83、391—392页。

④ 何应钦:《军政十五年》,台北"国防部"史政编译局1981年版,第187页。

⑤ 王俊:《国军教育讲演词》,《军事杂志》1932年第47期,第160—161页。

⑥ 程嘉文:《国共内战中的东北战场》,第87—88页。

要塞，固定使用，而未能发挥其机动性，致使新式武器对战力的提升有限。①

国民政府时期的军费开支庞大，但是主要用于人事费用，其他开支甚受挤压。各机关部队经费常自负盈亏，如有结余，多用于对作战有功官兵的奖励及伤病人员的照顾，与经费领入一时未济作为周转之用。如有不足，则以"吃空缺"方式弥补，即遇士兵逃亡，迟日上报，新补士兵，早日上报，余出旷日粮饷，供单位使用或遭贪污中饱。因此，出纳、军需多由主官可靠亲信充任。②由于部队补给工作弊端甚多，直接影响到士气与战力。蒋介石早在1933年的一次演讲中即曾指出，一般部队之所以逃兵多，即为经理不当所致，或是伙食、被服过差，使士兵感到生活痛苦，或是饷项短少迟缓，甚至遭克扣，使士兵灰心。③至抗战中期以后，物价上涨，官兵的真实所得也随之下降。至1943年2月，美国驻华军事武官在一份报告中即曾指出，在通货膨胀前，官兵的月薪，二等兵约为0.3美元，上将为40美元；但是在严重的通货膨胀下，二等兵的薪饷仅有0.075美元，上将则为10美元，这或许是世界上待遇最差的军队。战时官兵的待遇不但偏低，而且时常拖欠。一项资料显示，1944年8月时，部队的军饷，有的欠一两个月未发，有的欠三四个月未发，甚至有拖欠半年之久未发下者。在伙食方面，据估计，二战期间美国陆军战地口粮，每人每月约6磅，日本陆军为4磅，中国陆军最多时也仅约为1.6磅。④1941年以前，物价上涨尚不严重，一般士兵每日三餐，菜虽不多，饭仍可吃饱；1941年以后，普遍的现象是"三餐改为两餐，三菜一汤并为一钵大锅菜，最后只是一钵不见油花的菜叶盐水汤"⑤。军人的真实所得急遽下降，使得从事走私、贪污等不法活动者增加。部队"吃空缺"的情况，在抗战前尚不严重，至抗战第三年起才日形猖獗。大多数的士兵吃不饱、穿不暖，加上没有家庭实际经济利益的驱动（如分配土地），使得农民不愿当兵，征补来的士兵也缺乏士气和战斗力，逃亡现象日益严重。至国共内战期间，国民党军队竟然成为中共部队兵员补充的重要来

---

① 中共军队在利用新式武器时也有类似问题。详见 Victor Shiu Chiang Cheng, "Modern War on an Ancient Battlefield: The Diffusion of American Military Technology and Ideas in the Chinese Civil War, 1946-1949", *Modern China*, 35: 1, January 2009, p.48。

② 文显瑞：《国民党军队经理浅谈》，载《射洪文史资料》第4辑，第22页。

③ 蒋介石：《带兵要领》，载秦孝仪主编：蒋介石《思想言论总集》，第11卷，第155页。

④ 关于抗战前后国军官兵的待遇福利，及其对军队战力的影响，详见张瑞德：《抗战时期的国军人事》，台北"中研院"近代史研究所1993年版，第88—99页。

⑤ 谭继禹：《戎马琐忆》，第61页。

源。据统计，国共内战第二年结束时，国民党军队士兵被俘后加入中共军队者已达80余万人，占当时中共军队总人数（280万人）的28.6%，占中共野战部队总人数（149万人）的53.7%。国民党军队士气的低落，由此可见一斑。① 在医疗方面，由于专业人员和设备的缺乏，病兵的比率及伤兵的死亡率均偏高。根据一项1936年的官方统计，某些部队每年病兵多至10%，死亡率有高达5%者。② 根据日本军方的估计，日军每3名伤兵中有一名死亡，而根据抗战初期一位在华荷兰军官的观察，中国军队每两名伤兵中即有一名死亡。③

至于补给方式，从北伐、与中共红军作战至抗战，部队始终依赖就地筹补，粮秣、副食则发代金券，由各部队就地采购。至国共内战时期，此种补给方式，在失去广大的农村出产的支持后，仅剩消费多于生产的城市，补给自然遭遇困难，于是不得不依赖后方基地运补，当进一步失去补给线时，就地筹补困难，空中补给不易，导致若干大兵团最后战力全失，走上全军覆没的道路。④ 1950年4月，蒋介石在一次演讲中也曾指出："中共军队以劣势的装备，而能持久作战，不虞匮乏的唯一原因，即是在于其后勤业务办得好，平日动员民众组训，一到作战时，即彻底动员，要民众担任军队的补给、运输、救护等工作，因此其后勤补给在战场不发生重大困难。相较之下，我们的后勤，不论是经费、粮秣、枪械弹药、卫生，则没有一件可以适时适地按照要求办妥，均比不上中共军队。"⑤ 例如军事单位在征用民夫时，付给的人力价格经常过低，不足维持民夫的生活及工具成本，致使民众对军运多畏缩不前。在抗战时期，由于民众反日情绪高涨，动员民夫尚且较为容易，至国共内战期间，民众即出现相率逃避，甚至自行毁坏工具的现象。相反，中共军队对于农村民夫的动员却十分成功。据指挥淮海战役的中共将领回忆，中共所以赢得胜利的因素有二，一是农民的小推车，二是大连（名义上归苏联统治）的炮弹。在此次战役中，中共自苏、鲁、豫、皖、冀五省，共征发民工500余万人。这些民工所使用的工具仅有担

---

① 汪朝光：《全面内战初期国民党军事失利原因之辨析》，《民国档案》2005年第1期，第105页。
② 《何应钦将军九五纪事长编》上册，台北黎明文化公司1984年版，第570页。
③ Ger Teitler & Kurt W. Radtke eds., *A Dutch Spy in China:Reports on the First Phase of the Sino-Japanese War,1937-1939*, Leiden: Brill, 1999, p. 147.
④ 《国军后勤史》第5册，台北"国防部"史政编译局编印1991年版，第286—287页。
⑤ 蒋介石：《军事机关部队建立制度改进业务之要点并说明军队科学化的重要》（1950年4月），载秦孝仪主编：蒋介石《思想言论总集》，第23卷，第177页。

架23万副，大、小车80万辆，没有运输工具者则采肩挑人背。他们在两个多月内，共转运伤员11万人，送达前线粮食5.7亿斤，弹药物资330万吨。中共之所以能够自广大的农村动员如此多的民夫，使用最原始的运输工具，供应前方军人粮食和弹药不虞缺乏，主要在于土地革命的配合。①

国民党军队既无力动员民夫，后勤人员势必大幅增加。根据一项统计，抗战时期500万人部队中，有300万后勤人员，加上军医、军需、文书及勤务人员，平时均不注意战斗教练，②颇为影响战力。

蒋介石个性倔强，有忍耐力，长于政治谋略，对于军事，并非高明。论带兵，尚称成功；论练兵与用兵，则难谓一流。蒋早年担任黄埔军校校长，采用苏联红军模式创建国民革命军。这支革命武力在苏联的协助下，不论在军官素质、武器装备，或是部队组织、训练与纪律上，均较地方军系的部队为优异，③加上蒋对地方军系采取软硬兼施的策略，利用情感上的笼络和金钱上的收买，并以武力作支撑，最后得以完成北伐，形式上统一全国。在抗战全面爆发后和强敌日本对抗。

国民党军队在抗战胜利后所面对的中共军队，则是一支性质完全不同的军队，也是中国历史上前所未见的党政军一体化战斗体。毛泽东根本未曾受过正式的军事训练，但是知人善任，并能充分授权，其手下将领得以充分发挥潜能及创造力，独立建立根据地，并灵活指挥作战。和国民党军队不同，中共军队不重视一城一池的得失，也不在乎西方世界舆论的看法。更重要的是中共的党政军指挥统一。在兵力补充上，以广大的民兵作基础，由民兵而军区部队而野战军，属于宝塔式的组织，兵力可以循级升补；④此种循序渐进的"升级制"，同时也缓和了农民进入正规部队之后所产生的不适应，⑤使得逃亡的现象很少，战力也得以保

---

① 陈永发：《共产革命七十年：从革命夺权到告别革命》，台北联经出版事业公司1988年版，第413—414页。

② 《万耀煌将军日记》下册，台北湖北文献社1978年版，第294页。

③ Aleksandr YaKalyagin, *Along Alien Roads*, New York: East Asian Institute, Columbia University, 1983, p.36.

④ 国民政府抗战时期所辖的县、乡自卫队，则虚而不实，省保安队人数不多，正规部队却有多至300余个师，为立锥式的组织，兵力无从升补。参阅戴高翔：《不堪回首话农村》，《高翔文存》，台北川康渝文物馆1983年版，第47—48页。

⑤ Yung-fa Chen, *Making Revolution:The Communist Movement in Eastern and Central China,1937-1945*, Berkeley: University of California Press, 1986, p.386. 国民政府的征兵，则大多采随征随用的方式，常无暇充分训练即赴派战场。

存。经过土改后，中共兵源充足，又收编了大批投诚的伪军，[①]兵力也得以扩充。在人事运用上，由于中共重视任人唯贤，因此可以不顾历史（资历）与情感上的关系。部队各种决策，除了指挥之外，大多需经士兵参与讨论，增加了士兵的向心力。中共干部不准拥有私产，军队也不需要发官兵薪资，只要供给吃穿即可，不如国民党军队需支付巨额军饷。中共军队进入东北后，曾得到苏联的部分所缴获的日军军火、物资援助，并学习到大兵团作战、后勤保障、装甲战术等技能，[②]战力不断提升。相对地，国民党军队则统帅用人不当，对将领未能充分授权，指挥系统层级过多，不仅信息层转耗时，且易泄密，蒋只得以手令或电话越级指挥。长此以往，下级纵有指挥长才，也无法发挥，甚至逐渐丧失自主及应变能力。在几次关键性的战役中，国民党军队的战略失当、战术陈旧、情报与反情报能力俱劣、兵力及火力分散使用、后勤补给无法满足部队需要等缺点充分暴露。国民政府并于战后1946年、1948年召开国民大会，选举"总统"，后来又与中共"和谈"，政策举棋不定，对于军事行动产生掣肘的力量；又无力遏止恶性的通货膨胀，影响士气民心甚巨，最后败于中共乃势所必然。

1949年，国民党政府败退台湾，军心士气不振。蒋介石痛定思痛，积极推动各项改革。在军事上，一方面进行世代交替，重用孙立人等新生代将领，以取代何应钦、顾祝同等老将，并以其长子蒋经国主导军队政工系统的重建；另一方面则延揽日籍军事顾问协助建军备战，加强台湾及外岛防务。1950年6月朝鲜战争爆发，美国宣称"台海中立化"、"台湾地位未定"，第七舰队开始巡弋台湾海峡，并派遣军事顾问团来台，恢复对台军援。[③]

（本文原载王建朗、黄克武主编：《两岸新编中国近代史·民国卷》全二册，社会科学文献出版社2016年版。）

[①] 刘熙明：《伪军——强权竞逐下的卒子（1937—1949）》，台北稻乡出版社1992年版。

[②] Odd Arne Wested, *Decisive Encounters: The Chinese Civil War, 1946-1950*, Stanford: Stanford University Press, 2003, p.120.

[③] 杨维真：《蒋中正与来台初期的军事整备》，载黄克武编：《迁台初期的蒋中正》，台北中正纪念堂2011年版，第513—514页；张淑雅：《韩战救台湾？解读美国对台政策》，台北卫城出版社2011年版，第21页。

附录

张瑞德先生访问记录

访　问：温桢文
记　录：简金生
时　间：2014年9月23日，14:00—17:00
　　　　2014年9月26日，14:08—16:25
地　点：台北"中研院"近代史研究所1613研究室

叛逆少年

我出生于1953年，父亲是公务员，他很重视子女教育。自我们上小学起，就相当要求学校成绩，未达标准时免不了被责罚一顿。放寒暑假时除了学校规定作业外，父亲还要求我们每天要练习书法，并每周撰写作文一篇。不过，我当时未能领略父亲的苦心，都是敷衍了事，所以自己现在无法写得一手像样的字，也算是尝到了苦头。小时候喜欢看武侠小说，不过自己租不起，只能到同学家看别人租的，因此养成一目十行的阅读习惯。此外，家中藏有一本文言《三国演义》，虽然年幼的我理解力有限，但每隔一段时间我都会再拿出来重复阅看，读了几遍之后也渐渐能了解文意。说起来，这些武侠小说与《三国演义》便是我的文史启蒙读物，济弱扶倾也成为我性格中的一部分。

由于自幼记性不好，在"填鸭式"教育的框架下，可以想见我的学业成绩并不特别突出。1965年我考上了万华中学（当时中学的前三志愿：大同、成渊与万华）。高中念师大附中（第二志愿），刚入学时读的是理组班（218班），直到高三时才转到文组班（209班）。中学求学阶段，我最喜爱的科目是国文与英文，这跟父亲送我的两部辞典有密切关系：一是《辞海》（初中）；一是远东书局出版的《英汉大辞典》（高中）。我自中学起即养成课前查阅辞典的习惯，里头的知识往往比教科书还丰富，在预习课文时，我会一一注记相关的生字僻语，有时我自己查得的内容甚至比老师课堂的讲授还精彩多元。正是得利于这两部工具书的妥善运用，使我在国文、英文两科学习上很有成就感，成绩当然也表现出色。相较之下，需要死背硬记的历史、地理科目，对记忆力不佳的我而言，很是痛苦，也提不起任何学习兴趣。

高中时代，文化界盛行存在主义，我也曾随着这一波潮流，跟着看些无病呻吟的著作。不过，当时真正吸引我的知识宝库是南海路上的美国新闻处，我通常利用周末假日跑去该机构的图书馆。美新处是冷战时期美国在台湾的文化宣传机构，分设于台北、台中、高雄三地。美新处的图书馆尽管空间不大，但设备良好，有很舒适的空调系统，为读者提供一处优良的阅读场所。馆中并设有一小型展览室，时常举办画展。更重要的是，它的馆藏期刊和工具书相当丰富，对于那时仍有"文化沙漠"之称的台湾而言，美新处的藏书，宛若沙漠中的一片绿洲。我最常去使用各种外文工具书，例如《大英百科全书》，台湾的其他图书馆因为碍于图书检查，书里与中国有关的文字段落经常被涂黑抹去，而美新处的版本绝不会有此困扰。另外，我也喜欢翻阅一些诸如 TIME（《时代》）、LIFE（《生活》）等外文杂志，偶尔也翻译其中的一些文章投稿，赚一些零用钱。另外还有一份《今日世界》双周刊，是美国新闻处出资在香港兴办的中文期刊。举凡世界局势、科学新知、文艺创作等等，俱网罗其中，是我们了解当时整个世界动态的一个极重要窗口。由于是彩色印刷，图文并茂，介绍美国社会，以及最新的文化趋势报道，颇能满足年轻人对于知识的渴求，是冷战时期美国政府一份成功的宣传刊物。我就是透过《今日世界》的介绍，才知道蕾切尔·卡森（Rachel Carson）《寂静的春天》（Silent Spring）这本环境保护的经典著作，这在当时的台湾还是很新颖的议题。此外，透过这些外文杂志的介绍，我也开始留意中外生活文化上的差异。譬如当时的美国，景观好的房子，价格会比没景观的高出许多，但是当时的台湾，则还没有类似的现象。

说到联考的选择，当时就一般社会风气来说，男生绝大多数选择理工科系就读。像附中那年高三共有二十二班，只有两班是文组班，且大部分选择法、商相关科系。或出于将来出路考虑，抑或是有克绍箕裘的想法，父亲希望我可以去学工程。不过，或许是平日严格的管教型塑出我倔强个性，在其百般劝说无用下，父亲又动员亲朋向我劝诱，不意却更激起我的叛逆心理。选填志愿时，我用的是排除法。虽然国文、英文成绩不错，但自认为这两科是工具，不应拿来主修。当时读了几本中西文化比较的书籍，便侈言将来要研究中西文化问题，既然有志于此，于是历史系雀屏中选。考试结果，我如愿进入历史系，不过是成功大学，而且我的历史科只考了 60 分，为此还被父亲取笑了一阵。但他最后还是陪我搭火车南下，父子俩一人拿着皮箱、一人拎着一只蓝白条纹帆布袋的行李，到台南成大注册，展开我的大学生活。

狼吞虎咽

大一课程中对我影响最大的是陈云卿先生的"国际组织与现势"，那是通识课程。陈老师上课时都会带着一本很厚的《国际法》，作案例讲解。他的考试方式是给两个题目，学生课后自行完成交卷。第一题是关于国际现势，第二题我至今印象深刻，是 balance of power（权力均衡）。由于自幼养成的习惯，我查阅了几种百科全书跟专业工具书，完成一篇小论文规模的答题。为此，老师在课堂上特别称赞我已有研究生的水平。这个勉励对我产生不小影响，使我立下将来从事学术研究的志愿。

同时，我发现自己对各种人文社会科学都感兴趣，开始投入时间大量阅读，内心的喜悦，实在难以笔墨名之；但是学海浩瀚，时间根本不够用，心中又十分惶恐。当时我学到的心理学知识告诉我，应该要找人谈谈，于是我特地向导师吴振芝先生求助。其后，偶然间一次在家里，听妹妹谈起她同学大学联考国、英、数三科分数都比我低，却能上台大，心里颇不是滋味，乃顿生重考的念头。当时我心里盘算着，休学重考，好的结果是考回北部的学校；至差仍可回成大，等于自己多得了读一年书的机会，于是我读了一学期，便毅然决然地办理休学，准备重考。然而，重新准备大学联考的应试生活，我相当不适应。究其因，实是自己已过惯自由自在的大学读书生活，再回头去读高中教科书根本味同嚼蜡，索然无味。结果，重考成绩比一年前还差，于是我又回到成大历史系继续读书。

整个大学时代，深受胡适名言"为学要能广大又能高深"的影响，我要求自己要广泛地累积基础知识，为将来学术之路做准备。那时以为史料是死的，要靠其他辅助学科来协助解释，所以特别注意自修哲学与各门社会科学，甚至认为课堂上获益有限，并未将心力专注在本系老师们的课堂讲演，只要是不点名的课，我就很少去上，深觉自己的课外阅读更有趣味。历史学方面，最喜欢读的是钱穆、萧公权、余英时等人的著作。

此外，文化学方面的著作亦是我个人阅读的重点范畴。影响我最大的是社会学者黄文山《文化学体系》一书，作者很有系统地汇集中外各家关于文化的讨论，可说是很好的入门书。然而，在我的阅读史里却有着矛盾冲突。一方面，我大量阅读新儒家大师的著作，诸如熊十力、唐君毅、牟宗三先生，只是牟先生的著作比较不好懂，所以比较起来，我更喜欢读唐先生的作品，他的著作我几乎全部读过。另一方面，在那年头，我阅读了很多批判传统的现代主义作品。许多1930年代的唯物史观著作我都看过，譬如郭湛波的《近五十年中国思想史》、陶希圣的《中国社会与中国革命》、拉狄克（Karl Radek）的著作等等。不过，阅读后都觉得这些著作过于枯燥、僵硬，反而更喜欢那些现代主义作品，像金耀基《现代人的梦魇》、韦政通《传统与现代之间》、殷海光《中国文化的展望》，以及李亦园、杨国枢合编的《中国人的性格》。那时年轻，只知道狼吞虎咽、拼命地吸收，而没有批判甄别的能力，于是形成很矛盾的情结，一方面将现代与传统完全地对立，认为中国的传统需要批判才能生存；另一方面，又受新儒家影响，对传统抱持着温情与敬意。

我在学的第一年，系主任是吴振芝先生，他是郭廷以先生在台北"中大"任教时的学生，开授西洋通史与中国现代史。他个人有着虔诚的基督教信仰，对学生非常关心，在学生身上耗费极多时间与心力，甚至还有男学生因感情挫折跑去向他"告解"。现在自己身为人师，觉得这才是吴老师了不起的地方。

下一任系主任是陈捷先教授，此前已担任过台大历史系主任，来成大是借调，我们都认为委屈了他。陈老师每周一半时间在台南，开授清史与近代史，我都有选修。陈老师总是西装笔挺，风度翩翩，口才极佳。大二时我担任系学会学术股长，组织读书会，陈先生竟然晚上跑来旁听我们大学生幼稚的读书报告，令我们十分感动，所以他的课我都不好意思缺席。

至于系上其他老师，我记得的有李冕世（上古史、历史地理）、陈良佐（讲授秦汉史、科学史）、石万寿（魏晋南北朝史、隋唐史）、黄敏枝（隋唐史）、金中枢（宋史、近三百年学术史、中国史学史）、洪金富（元史）、刘石吉（明清史）。这样的师资阵容已相当坚强，但当时自己年少轻狂，经常缺课，大多数同学都选修的教育学分，我也不屑一顾，只埋头在自己的阅读世界中。

在所有课程里，我觉得对我日后研究工作最受益的是美籍教师艾文博

（Robert L. Irick）的"汉学书目学"（Chinese Bibliography）。上这门课之前，我已读过图书馆学系"中参"（中文参考书）和"西参"（西文参考书）两门课程的经典教科书。艾先生这门课则是有系统地介绍中国史研究所需要知道的相关工具书。在图书信息尚未数字化的年代，图书馆学对学术研究的重要性比其他任何辅助学科都要来得大，而书目学则指引所有前人已有的研究成果。课堂上，艾文博先生从袁同礼、贺凯（Charles O. Hucker）、洛斯特（John Lust）等几位书目学专家与他们编著的工具书开始介绍，并一一在课堂上传阅，让我们印象深刻。我还记得期末考试其中有一题是："一个要从事十九世纪中美关系研究的学者，有哪些工具书可以使用？"答案是，由他与余英时、刘广京合编的 *American-Chinese Relations, 1784-1941: A Survey of Chinese-Language Materials at Harvard*（《美中关系书目》）。艾文博先生所传授的书目学知识，对我日后的研究工作帮助极大。记得大学毕业那年的暑假，我还和班上同学廖秀真，一起在艾先生所服务的泰湾公司（前身为美国中文资料中心）工读，协助整理《清季外交史料》的引得卡片，我们同时也在那里学会威妥玛式汉语拼音法（Wade-Giles romanization）。

此外，我也曾到中文系选修唐亦男先生的课，她与他的丈夫王淮（中兴大学专任教授，曾在东海、逢甲、成大兼任）都是牟宗三先生的弟子，我从他们所开的中国哲学史、老庄哲学课程里学习到儒家的学问是生命的学问，而不是只有客观的知识。在个人遇到人生挫折、不顺遂时，儒家的信念可以作为精神的寄托与慰藉。

大学时代的生活点滴里，印象深刻的是，那时台湾才刚有复印机，复印一张要新台币二元，索价高昂。当时自助餐一餐六至七元的菜色与分量，已经可以吃得不错。所以只有遇到需使用英文资料时才会忍痛花钱影印，因为英文资料抄起来费事，也容易抄错。例如元史的学期报告，我以萨满教（shamanism）信仰为主题，不只以蒙元为对象，还扩及整个阿尔泰语系的萨满信仰。当然就得使用许多外文资料，逼不得已印了不少《大英百科全书》内容，为求省费还缩小页面影印，但仍花费不少，为此心痛好一阵子。几年之后，整理抽屉时还发现这些影印的资料，由于纸质是感光纸，时间一久，上面原有的英文字已经褪色殆尽，只剩下满纸我用原子笔加上的中文批注。

大四上学期，我在《食货月刊》上发表《测量传统中国社会流动问题方法的检讨》一文，是我生平的第一篇学术论文。这篇论文的刊出对我来说是很大的鼓舞，而且我也因此得到教育部奖助大专青年研究发明的奖项。即便如此，我当时尚未决定要继续攻读更高的历史学学位。当时认为历史学研究过于支离零碎，心中多少看不起这门自以为只需要用到剪刀糨糊的学科。由于我喜欢社会科学学者关于比较文化的研究，甚至一度动念要去考台大人类学研究所，只是考试科目中有一门是体质人类学，我完全没兴趣，因而作罢。最后，由于确定自己对于中西文化比较和中国近代化的问题有浓厚的兴趣，选择了攻读历史学研究所。下一个问题就是要考哪个学校。那时台大与师大的研究所入学考试经常是同一天，考生必须做出抉择。班上要继续深造的同学多选考台大，后来考上的有廖秀真（后任教成大历史系）、眭明光（后任职军事情报局），只有我选考师大。

师大十年

那时台大历史所是由李守孔和王曾才两位先生掌舵，治学偏向政治史与外交史。而师大历史所的师资多来自"中研院"近代史研究所，课程涵盖政治史、外交史、经济社会史、思想文化史，领域宽广。加上自认为自己在社会科学方面已有广泛的涉猎，近代以降的史料丰富，两相配合发挥，最符合自己年少时对学术的浪漫理想。至于政大历史所，由于那时师资以研究国民党史为主，和我当时的研究兴趣不符。师大笔试考完，我自觉考得不错，应可高分录取，就没有参加几天后的政大考试。

师大当时的硕士班入学考试过程，还有口试一关。李国祁先生是口试主考官。那时我不知天高地厚，竟于口试时向他反映自己是外校生，听闻师大学风排外，非本校生考起来比较吃亏。李老师则回复，排外倒是不会，他自己也不喜欢师大出身的学生，因为师大学生多半思想不够活泼，他也希望多收些外校学生。当时我就把《测量传统中国社会流动问题方法的检讨》这篇文章的抽印本送呈指教，出乎意料他说自己已经看过此文，并言文中讨论的社会流动，是当时学界很关心的议题。

同班同学之中，多半是从师大历史系考入，因需要实习，年纪都比我稍大一两岁。学生的研究方向上，台湾史与中国近代、现代史约各占三分之一，其他是古代史。同学中日后在学术界的有吴文星（师大历史系）、蔡渊絜（师大台史所）、颜尚文（中正历史系）、郑亦芳（"中研院"三民主义研究所，后来改名人文社会科学研究中心)。

我是那年第二名录取的学生,自信满满,仍以大学生的课堂标准来衡量研究所的课程,故第一学期选课就全以近史所的老师们开的课为主,不意一开始就被老师们的严格要求吓到。那时感到最可怕的老师就是所长李国祁先生。李老师的期末课堂报告顺序,是按照入学名次,首位报告的同学,就被他批评得体无完肤,全班都感受到强大的震撼教育。接着第二个是我,选的题目是"清末劝学所"。报告结束,李老师只是淡淡地说题目选得不错,实则我心里面早已七上八下。后来我自己也发现,清末地方志的相关材料虽多,但大同小异;在当时还没有数字资料库的时代,这个题目除非能从报刊上挖出更多资料,否则没办法作。李国祁老师书教得好,他课堂上采用的是当时还不甚普遍的专题研讨(seminar)方式运作,逐一专题系统授课,重视课堂发言讨论,偶而也会延请专题学者来讲课。印象最深刻的是,李老师再三告诫我们不要以做细小题目的研究为已足,而应立志写一部"中国通史",或至少也应该写一部断代史。例如萧一山的《清代通史》,直到今天,任何研究清史的人,仍然需读此书。受到李老师的影响,我一直有兴趣写一部"中国现代史",希望退休后能开始进行。

除李老师外,我修过其他师长的课有:王尔敏、王树槐、林明德、张玉法、张朋园等老师。其中我最喜欢上的是张朋园老师的"现代化专题讨论",他也是采 seminar 教学,并介绍不少当时风行的理论,比如罗斯托(Walt Whitman Rostow)的经济成长阶段论,麦克利兰(David McClelland)的成就动机理论等等。由于大学时我已经念过这些理论,上起课来如鱼得水,很有成就感。张玉法老师开的课是"中国现代史"。当时这门课其实是很新的,因为那时学界的研究重点还是近代史,最多下及民国初年,以辛亥革命、民初政党与内阁政治为主。张老师在一年后(1977)所出版的《中国现代史》,影响了日后几代的年轻学子;在他负责近史所所务的六年期间,经由一系列的学术会议,将近史所的研究时段向下延伸,对台湾的现代史研究与教学影响深远。不过,在我上张老师的课时,印象最深的则是他很强调史学研究的独立性,不应成为政治的附庸。而王尔敏老师的"思想史专题",则是南港学派研究思想史的典型。王老师并不是只讨论单一哲学家、思想家的著作。他拿手的是挖掘一整个时代的史料,找出整个时代共同关怀的思想意识,共有的思想语言,推敲时代意识与思想家之间的互动。这种研究方式是历史学家研究思想史的特有方式。王老师有一篇文章，介绍近代思想史仍然值得研究的一些重大问题。文章虽短，但是最可看出他的功力与史识。可惜这样的文章现在已经很少能够看到了。

这些老师们虽然不一定都擅长于教学，但他们都是勤于著述的学者。没多久我就发现，不能再像过去那种广泛涉猎的阅读方式，而必须悬崖勒马，收摄于本科学业，专心准备每一门课的学期报告。也知道自己原来所学远不足够，特别是在中国近代史的部分，自信心受到颇大的冲击。最重要的是，我体会到一直以来特别在意的中西文化比较，并不是历史学家的主要工作。我应该把文化问题"历史化"，转为关注个别具体的历史问题。

硕一的各门学期报告里，花最多时间的是提交给张玉法老师的《蒋梦麟早年心理上的价值冲突与平衡》。这篇文章我尝试将心理学引入历史个案研究，得到张老师的鼓励，发表在《食货月刊》，也是我的第二篇学术论文。接着，我利用暑假的机会，翻译人类学者许烺光先生的《文化人类学新论》一书。翻译此书的缘由，首先是因为我大学时代就相当佩服他的见识，其次该书的篇幅也小，自忖能力可以在暑假期间译完，不致虎头蛇尾，译稿后交由联经公司出版。

进入研究所第二年，应该要决定论文题目。当时老师们多专攻近代史，至多只及民初，北伐以后的题目更是乏人问津，自然研究现代史的学生就比较少。我认为自己应该可以继续往下探讨。其次，学界从事社会经济史研究的风气正盛，特别是近史所正在进行中国现代化与区域研究的大型计划，加上我自认对现代化问题的相关理论都已有一些基础，研究路径和张朋园老师接近。于是，我就向他请教，经他指点清末湖南铁路可以尝试。不过，在查阅二手研究与史料后，我发现史料过少，很难开展；反而在这个过程中发现平汉铁路的资料非常丰富，有相关的铁路调查报告、铁路公报。由于华北是张玉法老师正进行的区域研究范围，张朋园老师便要我去找张玉法老师，最后确定了题目"平汉铁路与华北的经济发展，1905—1937"，并且请他担任我论文的指导教授。

过去国内各图书馆藏书不足，馆藏目录还是查卡片时代，有些甚至没有编目，所以史料收集上颇不方便。但手工时代也有其好处，在搜寻史料的过程中往往有诸多意外收获，有些资料，可能我是台湾第一个挖掘、使用的人。除了《京汉铁路管理局公报》外，我的硕士论文里还利用到几份当时来说算是特别的史料。如"海关报告"，当时虽已渐有学者开始使用，不过用的都是微卷，却居然让我在台大总图找到一些原始纸本；又在"中央图书馆"台湾分馆找到日本

《东亚同文书院大学东亚调查报告书》(这批调查报告是《支那省别全志》、《支那经济全书》这两套重要资料的原始材料来源,目前全球仅存数份);此外还在台北工专图书馆(现为台北科技大学)找到一批1930年代的日文出版物。到了第三年结束,我已经完成论文的基础,但最重要的史料《京汉铁路管理局公报》以及几种中、日文的铁路沿线调查报告还未取得;加上当时母校成大的师长提供机会招募我回系任助教,因此我决定念第四年,一面工作,一面好好完成论文。

回想起来,在师大硕士班时,学生们的士气都很高。因为师资阵容坚强,每一门专史都有专家。受惠于所长张朋园先生与国际学界关系密切,师大历史所当时几乎每年都可邀请到海外学者担任客座教授(我就是因此机缘而修过侯继明教授的课),也借海外学者访问南港时到师大进行专题演讲,学生们因而能接触到海外最新的研究动态。而且,老师们也将学生当成未来的学者来培养,将"中研院"的制度带进师大。最受益的,第一是研究生就可以向系所图开荐购书单,我在师大念书十年就开了十年的书单,包括各门社会科学的专著,使我们在校内就能读到很新颖的原文书,而不假外求。第二,由于图书经费充裕,系所方也能订购各种外文期刊,如 China、Twentieth-Century China(当时还只是一个 Newsletter)、Ch'ing-shih wen-t'i(后来易名 Late Imperial China)、The Journal of Asian Studies、The China Quarterly 等,使学生能掌握国际学界最新的成果,我就是从硕士班开始养成定期阅读这些期刊的习惯。第三,能照拂研究生在研究上的个别需求。当时不像现在有许多重印期刊与全文检索资料库那么方便,那时台湾找不到许多1949年以前的旧期刊书籍与档案材料,馆藏稍丰富的机构只有"中研院"、"中央图书馆"、国民党党史会、"中央图书馆"台湾分馆、台大总图书馆等等。而师大系所方竟愿意为学生采购流通率相对来说比较低的旧期刊与档案,相当难能可贵。以我个人经历来说,所方就特地从美国购入《京汉铁路管理局公报》微卷(美国胡佛研究所藏)与其他数种中、日文的铁路沿线调查报告,供我撰写硕士论文使用。

在成大历史系担任助教一年(1979—1980),又让我继续思考学术生涯的下一步。成大是以理工为主的大学,像历史系这样的人文科系能分配到的经费非常少,研究所需的图书收藏更是少到不可思议。我在大学时代发表的第一篇论文《测量传统中国社会流动问题方法的检讨》,资料来源除了北部学校之外,在南部是靠美国新闻处的图书馆与台南神学院图书馆的收藏。当时的大专教师分为四级：助教、讲师、副教授、教授，我已经站在大专院校教职的起跑点了；当时的就业市场虽然远不如现今时代激烈，但教职的缺额也相当不容易争取，既然我已有这个位置，要就此舍去，着实在心里有一番挣扎。然而，自忖继续留在成大实在很难作研究，所以仍然决定报考博士班。当时师大博士班刚刚成立，所以报考的人非常踊跃。第一届录取了吕芳上、林丽月、林满红三人，均为一时之选。我报考的是第二届，同时有意报考者，其中有所长的学生，也有留校担任助教数年者，所以一开始我觉得胜算不大。有人便建议我应该去跟当时所长张朋园先生谈谈，顺道打探一下。不料张老师说："你的英文好，应该要想办法出国。"对我的探询未置可否。由于我的去意已决，最后仍决定报考博士班，结果以第一名录取。

1980年入学，由于许多课在硕士班时已经修过，博士班念起来比较轻松，部分课程是与硕士生一起修读。学弟妹之中，后来在学术界发展的有黄秀政（中兴历史系），王明珂（"中研院"史语所），黄克武、游鉴明、李宇平（"中研院"近史所），谢国兴（"中研院"台史所），温振华（长荣大学台湾研究所），蔡渊絜、陈惠芬、吴志铿（师大历史系），戴宝村（政大台史所），黄丽生（海洋大学海洋文化研究所），洪德先（铭传大学），潘敏德（纽约州立大学Oswego分校历史系）等人。

由于师大所开近现代史课程，大多已在硕士班修过，博士班所修的近现代史课程其实不多。正好，李云汉老师新开"现代中国内乱史研究"，我自然就选了这门课。原本以为他的课一定是十分八股，没想到却十分令人意外。例如，蒋介石如何借"剿共"机会削弱地方实力派，李老师在课堂上即直言不讳，充分显现他的书生本色。讲起西安事变，则可以将事变前后逐日叙述，如数家珍。有一次，硕士班的潘敏德在课堂上问了一个问题："国民政府的主要决策机构为何？"李老师是如何回答的，我已记不得，不过这个问题却始终留在我的脑海里，成为我日后研究侍从室所希望能够解决的问题。此外，特别令我印象深刻的是汪荣祖老师开授的中国近代思想史。汪先生当时是应所长张朋园先生邀请回台讲学做短期讲座。上课地点是在校方的学人宿舍，全班有学生二三十人，不少是外校生，几乎塞满汪先生的寓所，盛况为我在师大十年所仅见。汪先生口才绝佳，依时序逐一介绍19世纪以降的思想家与时代思潮。我们不仅在课堂上获益匪浅，课堂后师母陆善仪女士有时还会为我们准备茶点，让大家享受闲聊时光。可惜的是，若当时有人录音逐字整理，也不太需要修改，就会是一本出色的近代思想史作品。

考完学科考后，开始构思自己的博士论文。那时题目找了许久，从政治、军事、外交、社会、经济、思想、文化等等，试过数十个课题，都不太顺利。尽管如此，唯在这个过程里，让我掌握各领域的相关二手研究，时间并没有白白浪费掉。最终，还是回到我熟悉的铁路研究课题上，以全国的铁路事业管理为题目，在之前的基础上，继续开发出尚未被利用的史料，比较特别的是各种《铁路月刊》《铁道年鉴》《交通官报》《交通公报》《铁道公报》《交通杂志》以及交通铁道部出版的几套大型史料：《交通史·总务篇》《交通史·路政篇》等。论文口试时，各委员坐成一列，有如开堂会审，空气肃杀，只差一块惊堂木。李国祁老师首先发言，他第一句话就说："张瑞德这篇论文比我那本铁路的书写得好。"李老师一向以严苛著名，他的这句话让我好像吃了一颗"定心丸"，不再担心。果然，在他之后的各委员，大多只是提出一些建议，口试就此顺利过关，也结束了我在师大的十年岁月。博士论文之后在近史所以专刊形式出版后，素未谋面的宾州州立大学孙任以都教授，曾分别在 American Historical Review 和 Journal of Asian Studies 撰写书评谬许，后来到近史所访问时，还问我是否有兴趣和她合作研究清代矿业，让我备感荣幸。或许是由于中国铁路在今日世界的地位重要（电力化铁路里程数及高速铁路里程数均为世界第一），近年，南开大学历史学院师生组成大型团队，研究近代中国以铁路为中心的交通社会史，迄今已完成博硕士论文十余篇，将陆续收入《中国近代交通社会史丛书》，成果丰硕，颇受各界重视。计划主持人江沛教授曾在一次学术会议上对我表示，由于近史所专刊均已上网供下载，我的两本铁路史专刊，他们早已通过网络下载方式取得，让我听了十分高兴。

如鱼得水：进入近史所

博士班课程修完，通过资格考取得博士候选人资格后，我就在1982年11月进入"中研院"近史所服务。当时所长是吕实强先生。硕士班时修过他的"中国社会史"。吕老师给我的言教是，历史学者不需要多有聪明才智，不论质量好坏都要勤于写作与发表，不能惜字如金。同样，也不要对人太苛求，特别是担任主管时。当时年轻,难以体会他这番话,但随着年纪增长,渐能体悟出他这一番话的道理。所以我对自己的要求是八十分,文章只要达到八十分,就大胆拿出去出版。英国著名的理论物理学家希格斯(Peter W. Higgs, 1929—)曾说他最怕学术评鉴,因为每次系上要他填报近年研究成果,他经常填"无"。我很好奇,如果他2013年没有得到诺贝尔奖,他的下场会如何。我也常警告年轻学者,"追求卓越"只能适可而止,千万别为了"追求卓越"而丢掉了饭碗。即使文章写得不好,但借由整理挖掘出来的史料,能成为旁人超越的起点,也是一种贡献。钱锺书通晓多国文字,学问涉猎极广,当代罕见。不过他晚年曾对人说,他一辈子所想要完成的著作,十未成一。如果他能再多写一些,在历史上的地位可能也会大不相同。

初入所时,我的研究室在B栋二楼。同事之中有李孝悌、沈松侨、范毅军、陈永发、罗久蓉等人,中午常一起在院内餐厅用餐,话题多围绕着学术。为了不错过这种学习,往往即使我人在市区,也要设法赶回院内参与。尤其是沈松侨、陈永发两位先生,前者长于理论,后者掌握史料之丰富,都令我特别拜服。除了同事间这种讨论风气之外,工作环境也十分愉快。那时评鉴制度还未建立,研究压力不似后来。吕所长也常来亲近我们这些年轻后辈,询问读书心得与研究近况,类似师生间的督促。对我而言,那段日子很像是研究生身份的延续,只要自己肯花力气作研究,除了部分行政工作外,不会有太多来自外界的干扰。其间,"教育部"召集编修《中华民国建国史》,吕老师一时由于眼疾严重,找我与他合作礼俗与宗教的章节,由我起草初稿,经他修订增补,完成《民初礼俗与宗教》一文。这个写作经验,让我涉猎到过去陌生的领域。查阅相关的方志与调查报告后,我认为近代中国社会在礼俗上发生不小的变化,但至今的研究仍未充分。举例来说,地方官员会利用传统节庆来举办活动,推广新式农业技术和知识,破除过去的迷信,这是一种借着传统仪礼产生的创造性转换。可惜后来没继续深入研究这个重要课题。

入所后,第一次出国参加国际学术研讨会,是1988年在圣地亚哥(San Diego)召开的中国科技史会议,大会公开征求中、英文论文,我投稿的题目是《近代中国的技术转移:以铁路事业为例》。在向所长张玉法先生征询意见时,他表示,院内希望出国参加的会议论文,能以英文撰写为优先,我只好把文章改写成英文,并烦请同事陈永发、陈秋坤诸先生协助修改。之后又经过一番周折,才得以正式刊登。

1982年进入近史所服务时,是以硕士论文提报审查。1986年博士论文完成后,升等为副研究员。接着就办理留职停薪去服兵役。由于在史政局服务的机缘,引发研究军事史的兴趣。退伍之后我就转向军事史研究,读了一些西洋军事史的著作,其中克里韦尔德(Martin van Creveld)的《作战力:二次大战期间德国与美国陆军表现的比较》[*Fzighting Power: German and US Army Performance,1939-1945*(Westport,Conn.: Greenwood Press, 1982)]一书对我的启发最大,觉得中国史的研究还缺乏类似的作品,于是决定探讨国军作战能力,包括人事、情报、后勤、卫生等方面。只是材料的广度与问题的深度大出我意料之外,光是人事方面,就足以撰写成一本专书,我因此就写了《抗战时期的国军人事》一书,并于1992年6月以之升等为研究员。

海外经验

(一)胡佛研究所

1988年5月退伍后,我曾以"抗战时期的陆军志"为研究计划申请"教育部"的补助,赴美国斯坦福大学研究一年。当时年轻学者的一年公费留学办法,与现在的博士后研究制度不同,几乎所有的申请人都已经有工作。英文口试主考官是东吴校长杨其铣先生,专业口试主考官是蒋永敬先生。过关后,就于1989年夏季以访问学者身份赴美。之所以选择斯坦福,是因为胡佛研究所关于现代中国的资料收藏相当丰富。到了之后,也确实惊讶于该所的藏书,特别是政治与军事史方面,甚至比海峡两岸的各机构还多。这是因为过去(即使现在也还是如此)军方出版物并不会主动寄送给各公私立大学,然而军方退役将领与党国元老常将个人藏书捐赠给胡佛研究所,累积起来即相当可观,有不少是各大学未收藏的出版物。其中对我最重要的资料是1929年创刊的《军事杂志》(月刊),几乎整套完整。另一种特藏是日文史料,这是由于战争末期日本经历过美军大轰炸,毁坏许多资料,使得胡佛研究所的现代日文史料收藏也是世界闻名。

为了配合自己的研究,加强史料与理论的联系,我也趁机旁听几门研究所的课,比如"政治发展理论"、"经济发展理论"。印象最深刻的是"政治社会学",这门课的授课内容是发展理论史,学生多来自第三世界;虽然指定阅读材料多，压力不小，但极有收获，成就感也不小。不仅借助课堂来整理、印证自己原先零散没体系的自学，我还能与授课老师讨论课堂上未提到的当时历史社会学里关于国家自主性的最新看法。我感觉到，美国一流大学的授课方式非常有系统，学生修完一门课，就能掌握该领域的学科史与研究现状，这其实是从事学术研究入门时很有效率的快捷方式。

访问期间，东亚研究中心主任范力沛（Lyman P. Van Slyke）先生曾邀宴，并有丁爱博（Albert E. Dien）、康无为（Harold Kahn）两位先生作陪。除了东亚研究中心外，我还拜会了一位经济系教师 Shannon R. Brown，他专攻近代经济史，曾为文探讨对华技术转移的问题。我先前的文章《近代中国的技术转移：以铁路事业为例》投稿上不顺利，一番请教后，他指点我去试英国剑桥大学出版的期刊 Modern Asian Studies，果然一投就中。此外，在"国科会"的赞助下，我借着到东岸参加会议之便，又专程去密西根大学亚洲图书馆收集资料。在中国史相关方面，该馆特色收藏以20世纪后半为主，可能居全美之冠。即便如此，也收藏不少1949年之前的《军事杂志》，可补充胡佛馆藏不足之处。

在斯坦福一年期间，所内同仁吕芳上先生曾来做短期停留，师大同学任弘夫妇、同年录取公费留学的吴鹏翼夫妇、东亚图书馆的董太太（Julia Tung）及其丈夫，对我们照顾有加，周末经常请我们吃饭或出游，让我们在异乡的日子过得多彩多姿。

回想起来，一整年孤悬海外心无旁骛，坐拥书城，自由旁听自己研究所需课程，加上加州气候好，这一年甚为愉快，还让我动念是否应该在美国攻读另一个学位，只是因为手续繁杂，必须频繁进出台湾、美国，以及多种考虑，终究放弃此念。第一次出国，增长许多见识，同样也闹了些笑话。斯坦福大学是贵族学校，校园非常洁净，风光明媚，环境十分舒适。刚到校时，曾在校方安排的志工陪同下参观校区。随走随聊至一角落，环境略显杂乱，甚至有一滩看似藏污纳垢的池塘，实与其他校地环境格格不入，当下不免觉得名门豪校竟也会有此污浊的一面。以此相询，原来此处是湿地生态展示区，故意造景成沼泽环境，我不免心生惭愧，台湾当时哪有这种概念！

（二）费正清东亚研究中心

第二次出国作短期研究是在1994年由所内计划经费补助，目的地是哈佛大学费正清东亚研究中心（Fairbank Center for East Asian Research）。那次能成行特别要感谢柯伟林（William C. Kirby）先生的帮助。在我撰写博士论文的时候，值柯伟林先生到近史所访问，我们经由张玉法所长的介绍而认识。当时他正在研究资源委员会，已有几篇文章发表。而我也曾考虑过以这个题目撰写博士论文，因为延续铁路事业的研究思路，资源委员会正是国民政府在发展统制经济中扮演重要角色的代表性个案。不久发现，除了他之外，美国的程麟荪、日本的久保亨等人也都同时在研究这个问题。柯伟林的中心观点是，资源委员会的案例显示，这批专业技术官僚在国民政府的统治里占有关键地位，若不是1949年国民党败退台湾，国民政府的现代化建设将能取得更好的成绩。证据之一便是，这批技术官僚在日后两岸政权各自的经济建设中发挥着举足轻重的作用。借着交流机会，我以书信方式对其所寄赠的几篇论文提出两点建议。第一，近代中国技术官僚的出现，应追溯至清末。从晚清起，政府为因应新兴情势的需求，开始重视专业人才，给予外务、邮传、度支等部门的官员特别优厚的待遇。民国以后政府又为"技术官"建立特殊的升迁及薪俸制度，对于官僚系统之专业化所作的努力，实为中国历史上前所未有之事。这些变革促使士大夫在科举废除后，转而趋向将子女培养成理工专才，造成整个社会价值的变化。第二，柯伟林的研究预设了对技术官僚角色采乐观的态度。但我认为技术官僚未必都有益于现代化，甚至有其专业的盲点，其他社会科学的相关研究已开始指出这个观点。柯伟林收到我的信之后，曾客气地回信表示，这是他所收到过的最佳意见。不过，有趣的是，日后他的文章仍维持他一贯的论点。最后，我并未以此作为博士论文题目，最重要的原因是资料，台湾所藏资源委员会的公报、期刊与档案并不完整，而是分散在中国台湾、大陆与美国；然而当时我还不能赴中国大陆作研究，根本无法与海外学者竞争。

1993年，柯伟林主持一项大型计划，目的是要将中国大陆所藏抗战时期的图书制成微卷，由美方提供机器制成微卷。事后，除微卷外，连制作微卷的机器也一并送给中方。1980年代，中国大陆的经济状况还不算好，参加这个计划的机构有复旦大学、重庆市图书馆等。我受邀以咨询委员名义加入这个计划，负责协助查询过滤书目。有趣的是，近年重庆地区推动抗战史研究，委托牛津大学等机构，大手笔搜集外文档案史料。二十年间有此巨大的变化，令人印象深刻。

在哈佛访问的那半年，我仍是未旁听中国史相关的课程，而是选择去旁听西洋史和社会科学领域课程，比如"近代国家的兴起"、"品味社会学"、"近代技术与社会"等。只是这一次的经验与前次不一样。"近代国家的兴起"这堂课，我有许多地方听不太懂内容，颇有挫折感。我想这是因为这门课程是历史系所开，授课教师必须交代许多史事细节，而非比较的、宏观的理论层面。而我这一位外国人根本不具有相关西洋史的背景知识，所以才会发生听不懂的窘况。至于"品味社会学"，内容十分有趣，指引学生如何去研究普罗大众的价值观与通俗文化。比方说，当代人的消费行为每多是由社会阶级、身份地位决定。以保龄球为例，在台湾战后初期，要有一定收入者才能玩得起；但在美国，保龄球是蓝领阶层的休闲活动。又譬如说，从美国人如何取名字〔特别是菜市场名字（supermarket name）〕，可以反映每个时代的价值观，以此可推测出你的世代和出身。性别对命名也有影响，女性的取名在世代间变动比较大，也比较活泼可爱，这是因为重男轻女的观念，父母对女儿的期望值相对上低于儿子，反映在取名上就比较不那么慎重，会跟着用些流行时髦的名字。

话说回来，一般而言，像哈佛、斯坦福等大学并不会特别提供访问学者专用的研究室，胡佛研究所只提供一个图书馆阅览室专座给我。但经由柯伟林的斡旋，替我在费正清东亚研究中心争取到与另一位研究员共享一间研究室，方便我将图书资料携回研究室整理。我当时也利用研究室与一位波士顿图书馆馆员做语言交换（我跟他说英文，他跟我讲中文）。哈佛大学的汉学研究执全美牛耳，但哈佛燕京图书馆关于中国近代史研究的相关资料收藏，相对来说比不上胡佛研究所。比较特别的馆藏是海关专题报告、世界博览会中国参展目录以及1949年之前的中文期刊。

由于哈佛是美国东岸的学术重镇，来往的学者甚至较斯坦福大学更多。柯伟林即曾介绍牛大勇、朱莉（Julia C. Strauss）、邝美佳（Megan Greene）等学者给我认识。经由张力兄的介绍，我也认识了一些哈佛的研究生，这些研究生有许多现在已在世界各地大放异彩，例如徐国琦（香港大学）、张隆志（"中研院"）、李永迪（芝加哥大学）、曾蓝璧（南加州大学）、陈时伟（湖林学院）、葛凯（Karl Gerth，加州大学圣地亚哥校区）。

在哈佛访问时，我又联系上时任海军战争学院（Naval War College）的亚太研究专家林蔚（Arthur Waldron）教授。在他引介下，我与所内同仁张力先生得以参加在普林斯顿高等研究所（Princeton Institute for Advanced Study）举行的一次小型闭门研讨会,令我大开眼界。普林斯顿高等研究所是非常特殊而顶尖的研究机构,下分四个所,每个所内正式研究员只有两三人,其下则有许多来自全球各地的访问学人与博士后研究学者,人类学家纪尔兹(Clifford Geertz)那时即在社会科学所任职。该次会议主题是"正义的战争",开会地点在一个环境优美的会议室,落地窗外正对着高尔夫球场,视野极佳。会议文章中只有一两篇论及中国。会议还邀请了在普大任教的余英时教授担任与谈人。余教授之博学,令人赞叹。他不疾不徐地将先秦诸子关于义战的观点娓娓道来,宛如百科全书。这是我首次参加闭门研讨会的经验,认识到这样性质的会议其实才是真正具有学术份量的会议。

在哈佛期间,还曾经参加过一个辅导年轻学者与研究生投稿学术期刊的工作坊。主办单位邀请到一位自然科学领域的老教授,分享他的投稿经验和心得。他说他直到今天仍然经常被退稿,让我听了十分震撼。为此我还特别找来几本相关的书籍来看,发现人文社会科学一流期刊的采用率,一般不到15%。

1998年4月,出席加拿大英属哥伦比亚大学亚洲研究所召开的"战争的伤痕"研讨会,会议首度将中国的战争记忆列入议程

(三) 伦敦大学亚非学院

第三次出国访问是1999年至伦敦大学亚非学院（School of Oriental and African Studies），研究主题是"抗战时期的士农工商阶层"。此次首要目标是拜访英国公共档案馆［Public Record Office，PRO，现改组为英国国家档案馆（National Archives, NA）］，结果发现该处所藏档案资料偏重于19世纪以前，关于民国时期的档案并不多，令我颇为失望。但其中却发现一份相当有趣的档案资料，值得记述于此。我当时找到一份资料记载：1940年代，英国牛津大学曾想颁发荣誉博士学位给蒋介石。根据我所掌握的相关中文档案、日记、回忆录里，我均未看过有类似的记载，实在值得进一步研究。在英国，档案局完全是对社会开放，所以学术界以外的一般市民也常去利用。有不少的使用者是为了调查家族史来申请查阅档案。我在该处阅读档案时，还曾被一位当地老先生拿着19世纪英文手写稿资料来请教。

尽管档案搜集不是那么顺利，但是此次访英也让我有意外的收获。我当时住的是亚非学院研究生宿舍，该处依傍海德公园，邻近大英博物馆，环境极佳。而亚非学院图书馆关于中国的馆藏，除19世纪教会档案外，就以民国初期文学作品和文学期刊为强项。某个周末，我从宿舍到图书馆的路上，遇上一拍卖古董明信片市集，共有十多个摊位。在英国，收集明信片比收集邮票风气更盛，这是因为英国邮政十分便利，在电话不普及的年代，名媛仕女们多是当日上午发出明信片来邀约下午茶聚会，显见明信片在英国社会的物质作用，因此搜集明信片风气也盛。那些古董明信片市集，多按主题的英文字母顺序分类，于是我就专门浏览以中国和亚洲为主题的明信片。不料一看之下，见猎心喜。当时视觉文化研究方兴未艾，正好又涉猎到记忆与认同的理论，一时冲动，引发我研究古董明信片所见中国图像的动机。为强化自己的问题意识，我还依照亚非学院一门旅游人类学的授课书单研读相关理论。外加有些明信片是教会发行，查阅档案可说近水楼台，在天时地利的配合下，念书、查档案都特别兴奋。为了收集图像，我总计大约翻阅过上千张古董明信片。那时不懂人情世故，边看边做笔记而没有购买，此种行为当然引起摊位老板的侧目。一位老板甚至直截了当地说："先生！我是靠卖这个为生的。"让我觉得不好意思，不得已之下，遂忍痛选购几张来消弭老板的抱怨。每张明信片折合台币五百多元，我前后大约买了十张，大部分用在我所写的《想象中国——伦敦所见古董明信片的图像分析》文章上了。那时是心中淌血地买，然而现在则是后悔当时没放手采购。前两年去上海访问时，见到这种以中国为主题的古董明信片的开价已经是台币千元以上。台湾市场稍低，但也价值不菲。在我珍藏中最值得介绍的，乃是一张 19 世纪水印木刻水彩画风的明信片，上头还贴有一枚破损的小龙邮票。

1990 年代开始，基于原本的军事史研究，我继续将视野扩及至战争记忆的议题，便利用机会多去参观军事及战争博物馆。前次在哈佛访问时，我就参观过位于华盛顿特区的美国大屠杀纪念博物馆（United States Holocaust Memorial Museum），能让国家出力设置纪念大屠杀的博物馆，显见美裔犹太人的影响力。该座博物馆自 1993 年开放，平均每日参观人数高达五千人，除了入口处大排长龙之外，还限定每人在馆时间。那次参观，使我体验到博物馆在塑造战争与历史记忆的深远影响力，以及在西方社会中，对于种族灭绝的反省与重视。博物馆并非是无调性地承载客观历史、静态展示物质的场所，而是策展人通过各种视听影音技术来操作阅听者在情绪上产生共鸣，让观众深刻地感受到集中营里灭绝人性的可怕。这也说明，历史记忆并非天生白纸，而是具有强烈的社会建构性，甚至是一定权力脉络下的历史再现。

这次在伦敦，自然不会放过机会，各种大小博物馆都去参观了一些。有一次看到当地报纸的报道，英国一年新成立四百处博物馆。要养活数量这么庞大的单位，博物馆就不能仅局限于教育功能，而是从文化保存的节点走向文化创意产业，与商业活动结合。特别是结合观光效益与剧场效果，强调可与观众做互动的博物馆。比如说布置展馆，重现二战时的防空洞，让观众戴着钢盔等装备入内，辅以视听影音器材，体验轰炸时的场景。军事博物馆之外，我还参观了英国著名的国王学院（King's College London）所设全球顶尖的战争研究系（Department of War Studies）。此系可颁发博士学位，研究生入学后，必须选修战略、军史、军事社会学三个领域的课程。

在个人研究工作之外，还与几位英国的汉学家进行交流。最常见面的是冯客（Frank Dikotter），邀请我每周与他吃一次饭。某次闲谈间，我曾问他，为什么他的写作速度可以这么快，出书频率如此惊人。我请他指点其中诀窍。冯客说他的秘诀在于，其写书习惯不是依序从头到尾一章章写下来，而是同时开展好几章，不因一时的资料不够、缺乏灵光而进度受阻。比较之下，高下立判。我自己常常是眼前进度受阻后，就继续看更多的资料，把问题解决；休息时，则是看完全不相干的新著，或是投入完全不相干的题目，难怪产出有限。

其次是朱莉（Julia C. Strauss），我在去英国之前已认识她，她当时是 China Quarterly 主编，极为忙碌。一次她邀请我到她家（位于伦敦郊区）做客，见到墙上挂着几张画作，颇为不俗。一问之下，竟然是她自己所作的中国水墨画。我当时十分惊讶，一位西方学者，却能如此掌握水墨画技法。其中有些画作虽是以水墨运笔，立体主义的风格却是清晰可见。我立刻请教她是否受到保罗·可利（Paul Klee）的影响。她相当惊喜且回答，其个人非常喜爱保罗·可利的画作。

还有一位是方德万（Hans J. van de Ven）。过去他来台湾访问时我们就认识，此次到英国，他亦邀请我去剑桥大学小住。剑桥大学每个学院都有自己的田产，所以教师待遇与福利也各自有别，有些家业比较好的学院甚至能免费供应食宿，并招待教师亲友去学院住上几天。我当时住在有数百年历史的建筑物里，极似修道院。早上八点，一位老太太径自开门而入，为我打扫房间，后来才知道这是英国古老传统的习惯。打扫房间的人，在剑桥称为 bedder，在牛津则称为 scout。做客期间最特别的活动是晚餐时的用餐仪式：High Table Dinner（有译为"高桌晚餐"者）。时间是在每周的其中一个晚上。

大约是在晚宴前半小时，主客都先在会客室（Common Room）聚会喝餐前酒。本科生的会客室称 Junior Common Room，研究生的称为 Middle Common Room，学院教师的称为 Senior Common Room。到了晚餐时间，待敲钟后，由身着正式袍服的学院院长（Master）带领教师及来宾依序进入餐厅。因方德万是院长，我是他的客人，所以我是跟在他身后的第二名入场者。通常是学院里讲师（tutor）以上的教员与他们所邀请的宾客才有资格上 High Table 用餐，而学生与他们的宾客则在学生长桌区用餐。就像电影《哈利波特》的餐厅场面一样。入座前，院长会先带领大家祷告。坐定后，再由最资浅的教师为全桌宾主斟酒。这种正式餐会，是过去古老贵族传统的延续，现在的目的是为学院的师生们提供正式的社交场合，以便不同学科互相交换研究心得。科际整合就是从这样的日常生活中产生，学院则在物质上提供场地、时间与气氛来酝酿。"中研院"内一直试图推动类似的机制，来促进跨学科的交流。只是现在大家研究压力大，舍不得为了吃饭而花这么多时间。

（四）东京大学

第四次是 2004 年申请到日本交流协会的资助，赴东京大学作了三个月的短期研究。这项奖学金过去仅限于历史学者可申请，之后放宽为人文社会科学学者均可申请。由于所内与庆应义塾大学的山田辰雄教授关系良好，申请上较为顺利。我过去也曾经在山田辰雄先生邀请下，赴日参加一场东方学者会议。这次访期三个月，补助内含机票、生活费、抵达费、离开费等，招待得十分周到。我是以东京大学外国人客员研究员身份前往，接待人是东京大学的村田雄二郎教授，由于他的协助，得以寄寓东大驹场校区学人宿舍，图书馆利用上十分便利。

刚到日本，最不习惯的就是当地的高物价，东西似乎比伦敦还贵。便利商店中的香蕉居然是一根一根包起来卖的，让我觉得十分新鲜。有一次姬田光义教授请我和他的三四个研究生吃饭，吃的还是商业午餐，居然吃掉了约台币七八千块，令人咋舌。后来姬田教授访台，我想回请他一次，不料他说他已退休，此次来台系私人旅游，坚拒我的邀约，让我十分过意不去。

访问期间，松浦正孝和川岛真两位先生皆邀请我到北海道大学演讲，久保亨教授亦前来邀请我至中国现代史研究会作一次专题演讲。此次赴日，对日本学界有比较深入的观察。我的感觉是，日本学者不只勤读史料，也很熟悉中文二手研究，颇重视台湾学者的著作。相较之下，欧美学者则不太注重中文二手研究，也少读中文学报。第二，日本学者的东洋学研究不只深入，而且十分细腻。第三，他们的缺点，题目过于琐碎，缺乏问题意识，这点与台湾学者相同。日本学者自己也体认到这点，过去受到马克思主义的影响，学者们有很鲜明的问题意识，比如地域研究论、村落共同体等课题。但是，在马克思主义退潮后，面临问题意识的匮乏，一部分学者跟着追随西方汉学研究的脚步，另一部分学者则陷入迷惘的困境中。第四，东大的学生程度相当好，反之，台湾留学生的程度则参差不齐。

（五）中国大陆

我在撰写《抗战时期的国军人事》一书时，两岸学术交流才刚起步，方得以前往中国大陆找资料。我当时曾去过南京第二历史档案馆、重庆大学图书馆与重庆市档案馆等机构。

1980年代中期，南京市还很朴素，不太有什么夜生活，天一黑马路上的行人就很稀少。我住在二档馆附近的招待所，得到南京大学历史系张宪文教授的细心接待，生活上安顿不少。此外，还有南京大学历史系的陈谦平、陈红民、申晓云、洪小夏等教授，二档馆的马振犊、戚厚杰、王奇生等教授，以及南京师大的张连红教授，他们都在我去二档馆与南京大学图书馆收集资料时提供热心协助，相当感谢他们。

只是当时二档馆的开放程度有限，我们无法直接查阅所有馆藏目录，而是先提出要寻找的资料范围，再由馆员拿出相应的目录供我们提出调档。即使目录上有登录的档案，也不一定看得到。那过程其实很随机，有时可以调到在我们看来应该是机密档案，有时则相反，性质普通的档案反而不给看。如此一来作研究就很靠运。再者，那时二档馆的收费昂贵。

日后，我又多次去二档馆。其中1988年夏天的一次，我查完档案计划返台，在机场才发现护照、台胞证遗失，只好又返回宾馆与相关单位接洽，又被告知补发需等待一段时日，当时心里焦急如焚，不知如何是好。幸赖陈谦平教授适时伸以援手，委托其在司法单位工作的亲友，帮忙向境管局疏通，才能加速处理流程因而得以及早取得台胞证顺利返台，至今仍十分感谢。

南京之外，我也对重庆留下深刻的印象。第一次到重庆，是在1993年，当时外界造访重庆档案馆的研究者还比较少，因此馆方非常亲切积极，很愿意为我调档案。当地学者也十分友善，帮我很多忙。我至今铭记于心者，重庆大学敖依昌教授得知我正在研究陆军大学，遂引领我去拜访一位陆大的毕业生胡翔将军；在我研究重庆大轰炸时，在西南师范大学潘洵教授的带领下，访问重庆大轰炸的受害家属，更慷慨让我分享他自己所作的口述访问；还有重庆医科大学的张瑾教授，也给我许多协助。最近一次再去重庆开会，遇到这些多年不见的学者，亲切依旧。而重庆这座山城，却感觉变化很大，硬体建设突飞猛进，重庆市在文物保存与资料管理上砸下重金，特别是抗战文物的保护。他们还组成专门团队，收集世界各地与抗战史相关的史料。最近正与英国一些机构合作，委托复制抗战时期史料。

值得一提的是，我第一次到重庆时，曾经在一座公园内看到一群年轻人竟然四人一桌，在作方城之战，放眼望去，共有约十桌，让我十分震惊，觉得这些人年纪轻轻怎么如此不知长进。后来仔细想想，如果他们打的不是麻将而是桥牌，我的反应还会这么强烈吗？我或许还会认为这是可以益智的高尚娱乐呢！这种价值理念的西化，实在值得探讨与反省。

粉墨登场

（一）成大历史系

大学毕业后，我担任的第一个行政工作是成大历史系助教，除了成大老师们的协助，还曾请张玉法老师与张存武先生为我写介绍信，这是因为张存武先生与系主任蔡茂松先生两人均有留韩背景。回成大报到后，遇到时任文学院院长的吴振芝先生，很高兴我有机会回母校服务，还问我是否记得当年大一西洋通史交给他的课堂报告题目。其实我已经忘了，但吴老师竟然还记得我的题目是"工业革命为什么首先发生在英格兰？"，一位老师能如此将学生记在心里，实在令我感动。

当时历史系里的员工编制为两位助教、一位职员、一位工友。其中，另一位助教是刘增贵先生，他刚申请到"国科会"的奖励进修计划，留职留薪去台大念博士班。所以我除了要代理他的工作外，还得兼任夜间部助教的工作，每天忙到晚上九点才下班。此外，我又负责管理系图书室，接听记录系主任办公室电话。一人身兼多职外，期中、期末考试时，助教还得刻试题卷的钢板（油印工作由工友进行，助教需负责监督），特别是全校通识课程的考卷。为了节省物资，常需在一张蜡纸上刻印两班试题。

在这些行政工作中，我最有成就感的是为系图作图书交换。那时系上有三份刊物，第一是《成大历史学报》，第二是台湾史刊物《史迹勘考》，第三是学生刊物《史学》，这些刊物都是陈捷先老师担任系主任时创刊的，我也曾是《史学》的首届主编。我以这三份刊物为基础，向欧美日各地从事亚洲研究与汉学研究的机构和大学图书馆询问能否期刊交换，结果成绩不错。比如：创刊于19世纪末、历史悠久的汉学刊物《通报》（*T'oung Pao*）；芝加哥大学的 *The Journal of Modern History*；ABC-Clio公司的 *Historical Abstracts* 都同意长期交换；此外还换得几所大学图书馆的复本书。蔡茂松主任对我的工作表现十分满意。

在行政工作之外，我还得完成硕士论文，因此常常在系图待到十二点才骑着自行车回单身教职员宿舍。尽管校园环境幽美，有升等的职位，然而助教事务繁多，以及最重要的是人文社科的研究资源不足，所以隔年我考取博士班便离开成大，投身下一步的人生规划。

（二）史政编译局

第二个可算行政工作的是在国防部史政编译局（现改编为史政编译处）担任少尉史政官。博士毕业服兵役时，我的官科是经理预官，在板桥经理学校受训。那年国防部与历史相关的专科预官有三个缺额，史政编译局二名，要求硕士学历以上，正好同梯的历史学博士就是我与另一位郭启瑞先生（文化大学历史学博士）。另一个陆军官校教官缺是由另一位历史学硕士递补。当时史政编译局营区在公馆，其下共有史政组、编译组、忠管组（管理忠烈祠）等部门。我被分派至史政组。组内同时还有三至四位各大学历史研究所毕业的聘雇人员。

当时的史政组组长是容鉴光上校，他虽是军人，但对历史研究有兴趣。由于他常参加"中研院"的学术会议，近史所内大半同仁都认识他，我也是在入伍前就认识他，所以服役期间得他照顾甚多。虽是如此，刚报到时容先生特别磨炼我，要我学习公文写作，以精炼的用语表达业务，往往一件公文被他退回六七次。一周后终于上手，能够独立作业。不久更获得局长张昭然将军的器重，汇整局内中长期计划等重要文件。从器重再变成信任，经常起草张局长的私人信件，也曾为局长草拟致彭孟缉上将祝寿文，甚至进出"总统府"递送重要公文。旁人以为我是局长跟前红人，羡慕不已，实际上局长经常在下班前交办紧急公文，于我根本是苦不堪言。

不过，由于职务之便，我也得以有机会自由进出库房翻阅档案，当时国军的档案多藏在史政编译局，使我大开眼界，接触到甚多珍贵史料，例如1949年以前国军军官佐的《资绩簿》和俞大维英文日记。印象最深刻的一次，是随同事至大直三军大学的库房，参观国防部情报次长室所移存的档案。一般人看到"极机密"级的公文已经是很不得了，我居然有幸看到"绝对机密"等级，是关于台湾海峡的水文资料。可惜的是，后来听说这批情报次长室的档案已全部销毁。缘于这段经历，我开始对军事史研究产生兴趣。

退伍时，张局长为了答谢我对他的帮忙，特别召见我并问我是否需要一些局里的出版物，供日后研究之用。我于是不客气的开了一张清单，列举《抗日战史》(101 册)等二三十种,满载而归。

(三)近史所

进近史所后,当时正值所内执行五年发展计划,包括开始推动台湾史研究。为此,所内同仁分派地区,先至各地公私机构进行书目史料调查。我是1983年2月1日至7日,与张玉法老师等人至台南市、高雄市调查,包括成功大学、台南市政府礼俗文物课、台南市民族文物馆、台南市立图书馆、台湾教会历史资料馆、高雄港务局、高雄市政府档案室、高雄市立图书馆、高雄市文献委员会等单位。由于台南市立图书馆收藏的日治时期图书颇多,张玉法先生还特别要我留在台南,抄录图书馆的卡片,带回所里。同年6月,再访问台南县政府各单位、学甲镇慈清宫、高雄县政府各单位、陆军官校校史馆等。1984年6月7日至8日随黄福庆、魏秀梅、张秋雯诸同仁拜访苗栗县政府、文化中心与各地庙宇史迹。其间发生一件趣事。我们刚到苗栗,拜会当地县政府礼俗文物课,起初得到对方热情的接待,还设宴款待,极为客气。没多久态度突然转变,原来是他们弄清楚"中央研究院"的"中央",并非中央大员的实权单位,是以有此前恭后倨的态度差异。

进近史所后,我的第一个行政工作是验收、出版品交换、发行室业务与《"中央研究院"近代史研究所集刊》(以下简称《集刊》)助理编辑,协助校对工作,也包括之后所内出版的研讨会论文校对。我的前任是陈永发先生;从1984年第13期开始,由罗久蓉女士与我接手。至今,我仍是《集刊》的编辑委员,与这份刊物结缘逾三十年。

第二个所内行政工作,是在陈三井先生所长任内时,担任图书馆主任。从研究生时代,我就与所内图书馆密不可分,也了解过去图书管理上的不足与不便。那时尚未开架及数字化,苏树先生记性惊人,往往不需要调阅单,只凭书名就能调出书。一方面显示管理人对所内藏书极为熟悉,另一方面也凸显早期收藏的有限。加上大三时曾修过"汉学书目学"课程,学到书目学方法,对于出任图书馆主任一职,当然义不容辞。

我个人认为,全院人文社会学科中图书管理制度最好的,是欧美研究所。特别是他们的参考室,基本的工具书配备完整,这与他们创所时图书馆主任具有图书信息学背景有关。对近史所内研究人员而言,最需要的是清末以来直至

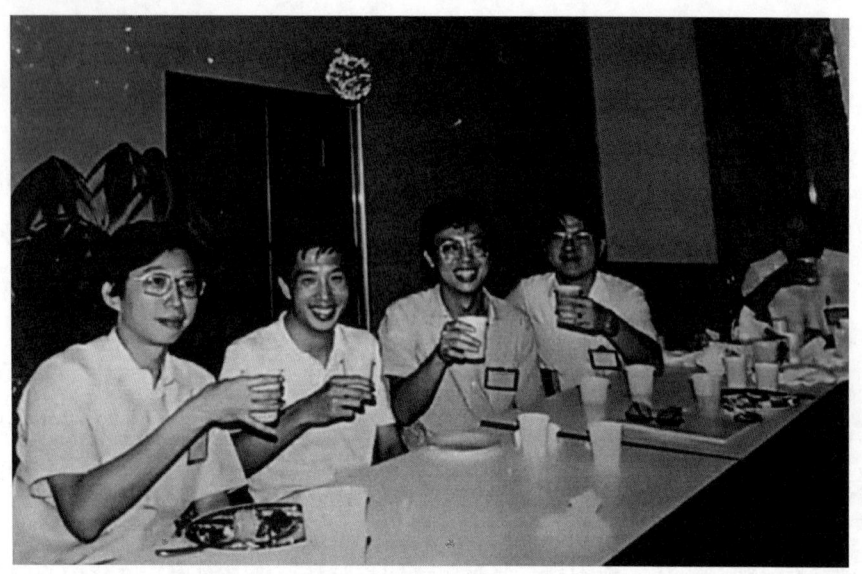

1988年8月,于近史所召开"近代中国初期历史研讨会"。左起:沈松侨、张瑞德、黄克武、张力

大陆改革开放之前的出版物。郭廷以所长任内,就大量充实由欧美日各地搜集来的旧书,然而相关的参考书与工具书则稍嫌欠缺。因此我就任后的首要工作,便是充实海外出版的各语言工具书,尤其是中国大陆在编纂各种工具书及目录索引方面领先台湾甚多。此前,在陈永发先生担任主任时,已经与中国大陆的不少学术机构建立合作关系,例如交换图书、委托代订等。在这基础上,我进一步委托对方复印或采购所内缺乏的工具书,强化参考室的收藏,不足的部分则从美国,特别是从胡佛研究所影印补充,并尽量补齐民国时期期刊的缺漏期号部分。

其次,将原本不开放的特藏室改为开架式。当时特藏室的藏书以中国大陆的出版物为主,管理上严格麻烦,即使所内研究人员要进去也得先向苏树先生拿钥匙。而且我们与警备总部签有协定,在近史所善尽周密管理的条件下,我们才得以建立特藏室。若要开放,是否会违背此协定。然而,1990年代的台湾,一方面已经解严,再者各大学图书馆也开始采购、开放借阅简体字版书籍,书市亦公开引进,没有理由再继续坚持此种不合时宜的管理办法。最后,在一次所务会议上通过提案,将特藏室藏书并入一般藏书全部开放。再向警备总部发文备案。

第三,1992年,所内王树槐先生所推动的"近代中国妇女史研究计划"获得蒋经国国际学术交流基金会赞助。为了扩充资料收藏，开始大量影印海外所藏1949年以前出版的妇女研究的相关旧书籍、期刊，从而成为本所图书馆的特色收藏；编辑工具书，如《海内外图书馆收藏有关妇女研究中文期刊联合目录》、《近代中国妇女史中文资料目录》、《近代中国妇女史日文资料目录》、《近代中国妇女史英文资料目录》等；并发行《近代中国妇女史研究》年刊。

我的第三个所内行政工作，是2002年应所长吕芳上先生之邀出任副所长，另一位副所长则为熊秉真女士。吕所长的行政经验丰富，面对内外各种问题都能举重若轻，轻松应付。跟着他做事，可以学习到不少。副所长任内，印象最深的一件事，即为温哈熊诽谤案。事情是缘于1997年由所内前辈刘凤翰先生为前联勤总司令温哈熊将军进行口述访问后出版了《温哈熊先生访问纪录》一书，其中内容引发蒋孝章与俞扬和夫妇不满，而于2001年控告温将军妨害名誉与毁谤罪。由于媒体的报道，院方要吕所长提出报告，避免日后出版的口述历史再次发生类似纷争。为此，我依据相关法律条文与学术研究旨趣，为吕所长起草报告，指出口述历史对学术研究的必要性，以及日后出版上应如何更加重视隐私权的问题。

然而，时值院内正大力推动评鉴的工作，我虽然不以为然，但是又得扮演"刽子手"的角色；而且我的个性是难以一心二用，无法在行政工作之余还能兼顾学术研究。于是，当来年吕所长因与院方关系不佳而辞去所长职务时，我亦随同进退辞去副所长一职。

陈永发先生继任所长后，他希望我能留任协助他。只是我十分坚持意愿，也是基于我与陈所长私交好，才敢拒绝他。其间副院长朱敬一、院长李远哲先后召见或以电话慰留，希望我打消辞意，我也没同意。最后，是所内同仁杨翠华女士当面力言相劝，要我正因为与陈所长多年私交，更应义不容辞留下帮忙，说到最后，只好再次帮忙。但言明只留任一年。当时另一位副所长是沈松侨先生。沈先生不止学问好，行政能力也强。我们最重要的工作，一是配合院内推动在各所建立评鉴制度，二是编列年度预算。由于沈先生勇于任事，减轻我甚多负担。我个人认为，从事行政工作最理想的境界，是既可胜任又能在工作中满足乐趣；有些人喜欢做行政工作，就算不胜任，也能愉快。而我则是既不胜任又不愉快。有一次，遇见王树槐老师，当面对我说："你怎么会去接那个工作，单纯作研究不是很好吗？"老师愿意直白地向学生说这样的话，让我非常感动,遂更加坚定我只再做一年的决定。

第四个所内行政工作,是组织"战争与社会"研究群。1991年,院方将各所原先以组为单位的研究别改为以群为单位。我看到所内已有的研究群,多半以社会、经济、思想、文化为主题,传统的政治、军事史研究逐渐萎缩,因此提案组织该研究群,推动新军事史(new military history)的研究。不过,在我担任召集人期间,主要工作以学术演讲为主,并没有很积极地主办由研究群召开的学术研讨会。原因是,其一,中华军史学会已有类似的学术活动。该会每年都召开学术研讨会,发行年刊,军事史研究已有固定的发表、交流园地。其二,我身兼副所长的行政事务,希望能避免为自己担任召集人的研究群申请经费,以免瓜田李下之议。所以,研究群只召开过一次小型的研讨会,是2005年12月16—17日召开的"战争与日常生活(1937—1945)"学术研讨会。

除此之外,在2000年时,研究群曾组织"抗战时期国民政府的政策制定与实施"研究计划,得到院方的审核通过与补助。该计划为期两年,参与的研究人员共有吕芳上、胡国台、林美莉及我四人,预期成果是每位参与人各完成一本专著。除我之外,其他人或者是出版专书,或者是研究成果成为专著的一部分;我的子计划是"侍从室与战时中国",但是专书至今尚未完成,进度如此牛步,实在惭愧。

(四)中华军史学会

中华军史学会是在1995年,由当时史政编译局局长傅应川将军发起。傅将军希望透过学会整合军方与民间学者,进行惯常性的交流,并发行《中华军史学会会刊》(年刊)。张昭然将军在创会时担任监事会召集人,由于我曾是他的下属,他便邀请我担任监事,反倒是近史所内几位资深学者只是担任理事,令我觉得不好意思。理事长通常是由退役的高级将领担任,两位副理事长则由军方、民间各出任其一。近史所内担任过副理事长者,先后有张玉法、吕芳上两位先生以及我。我一共出任两任副理事长。由于运作与经费得到国防部的支持,得以每年召开学术研讨会,行政事务亦由史编局处理。之后因立法院要求,政府机关不得从事民间团体的行政事务,故改由学会专责处理。会址设立于史编局,由学会每年编列预算,并支付租金与行政人员津贴给军方。

好为人师

（一）东海与师大历史系

自1990年起，我曾在古鸿廷和郑瑞明两位前辈学者的提携下，先后于东海和师大历史所兼课，曾经开设过的课程包括："中国社会经济史研究"、"中国现代化问题"、"社会科学理论与中国史研究"、"中国现代的战争与社会"、"中国现代的战争、社会与文化"等。十几年前，台大历史系系主任古伟瀛先生曾邀我去开授"后现代历史学"，当时国内这个课题初兴，我没把握自己能讲得好，加上已在师大兼课，从而婉拒。

研究之余，我非常珍视执教鞭的机会。为了教学，得强迫自己去接触与自己研究主题比较无关的领域，跟上最新的学术脉动。特别是"社会科学理论与中国史研究"这门课，每年得花费非常多的时间研读新的论文、专著。类似的课程，我仅知濮德培（Peter C. Perdue）教授任教麻省理工学院时曾开过一两次。

我的开课目的，是希望探讨社会科学理论如何与中国史的研究互动。自1960年代以来，各门社会科学理论对历史学的研究一直有很大的影响，西方汉学研究的趋势也是如此，中国近代史的研究在现代化典范笼罩下达二三十年之久，即为一例。然而，国内的中国史研究，喜欢跟随最新的美国汉学研究的方法与题目，等而下之者直接套搬理论，稍一不慎，很容易造成灾难。在我看来，比较好的方式应该是，若觉得西方汉学研究有值得借镜之处，那么就应该跳过西方汉学的中介。直接接触它所借用、依据的社会科学理论；或是直接阅读顶

2014年1月，于师范大学历史研究所开授"社会科学理论与中国史研究"课程师生合影

尖的欧洲史、美国史的著作，这会比亦步亦趋跟着西方汉学家的脚步还来得有意义。理论可以帮助历史学者发现问题，但要批判性地汲取理论的观点，而非用理论来解决问题。

1990年代以来，西方史学又再度转向，围绕着新文化史而形成新旧史学之争。我并不好陈高义，只认为新旧史学之争并无多大意义，其实史学只有好的史学作品和坏的史学作品之分。即便是高举新文化史者，也会出现任意套用理论、题目过于碎片化而缺乏问题意识的研究。理论只是开发题目与观点的种种手段之一，而并非是唯一的手段。以钱宾四先生为例，其人完全是旧学出身，但是他选择的论题与分析的角度，较诸同代学者，却好像受过社会科学理论的洗礼一般。钱氏的反满立场固然有其时代的限制，对西方文化的理解也十分有限，但他读史料的眼光，无疑是一代宗师。其实真正说起来，依靠社会科学理论与西方世界史的经典著作来寻找新的研究题材，表面上看起来似乎用力更勤；然而也可以说是一种偷懒的举措，呈现缺乏独立开发新议题的能力。

这种趋势在中国近现代史研究方面更为明显。回顾学科史的发展嬗变情形，近三十年来中国近现代史研究的突破，很重要的动力是来自开发新史料带动新议题的研究，以及向下延伸时间的断限，不断地向后推展至民国初年、抗战时期、战后，以至于1950年代。近几年来的研讨会，倚靠新史料来找新议题的趋势更是明显，不少会议主题是围绕着"档案与历史研究"、"日记与历史研究"等等。这些都反映出问题意识匮乏的现象。简言之，即是历史研究工作者无法从既有的旧史料开发出新的研究议题。开发新史料当然是推展研究的重要方式，然而当前的情况显示，我们除了倚靠新史料来找新议题之外，新议题的开拓就难以为继，这种情况我深觉相当值得学界反思。

台湾自从1987年解除戒严后，各种过去被政治压制的声音纷纷出笼，历史学界自然也不例外，许多学者开始套用极权主义模式（totalitarian model）来比附国民党政权，压抑已久的省籍问题也开始浮上台面。大学是社会的一个缩影，自然也无法独立于风潮之外。我在东海大学任教的八年中，即曾有过两次有趣的经验。第一次是有位研究生在图书室问我："老师，你是哪里人？"我答道："我是湖北人。"不料他说："怎么你在台湾这么久了，还是不承认自己是台湾人呢？"我听了之后哑口无言，回家闭门思过。经过一番反省后，决定"改过自新，重新做人"。不料隔了几个月，又有另一位研究生问我："老师，你是哪里人?"这次我可是有备而来,于是挺起胸膛,理直气壮地答道:"我是台湾人。"不料这位学生居然说:"少假仙了!你看起来就不像是台湾人!"我听了这话还是没有发作,原因有三:第一,这两位学生虽然都没有上过我的课,不过仍然是学生,我不应和他们计较(其中一位事后曾向我道歉)。第二,我必须承认我有一些外省人的"原罪观念"。第三,更重要的是,我自1990年代初期开始,接触到记忆与认同理论,了解到各种身份认同有其建构性本质,因此对这两位学生之所以会有这样的言论能够理解。

1990年代中期开始,我接连指导了几篇探讨历史记忆的硕士论文:

1. 柴雅珍:《战后台湾"外省人"的塑造与变迁(1945—1987)》(1996)。
2. 钟荣峰:《文化民族主义与中国现代的历史书写》(1999)。
3. 许淑真:《政治与传记书写:谢雪红形象的变迁》(1999)。

我自己也先后写了三篇论文:

1.《纪念与政治:台海两岸抗战胜利五十周年纪念活动的比较》(1998)。
2.《想象中国:伦敦所见古董明信片的图像分析》(2001)。
3.《战争与工人文化:抗战时期大后方工人的认同问题》(2002)。

在这段期间,院内同仁王明珂自1993年起有关民族史的系列论文和专书;黄克武所主编的《思与言》专号《文化想象与族国建构》(1996);以及沈松侨的相关论著,如:《我以我血荐轩辕——黄帝神话与晚清的国族建构》(1997)、《振大汉之天声——民族英雄系谱与晚清的国族想象》(2000),虽然讨论的主题各有不同,但是都让我获益匪浅。

在课堂上,我也强调各种认同都可增强人与人之间的联系,避免出现"原子化"的个人;但是认同如果太强,则容易造成对立甚至冲突。以台湾日益严重的蓝绿对立为例,我鼓励学生多看与自己不同国族、族群认同者的自传、回忆录,多与自己不同的人交朋友,相互分享对方的成长历程。如此做虽然不一定能够接受对方,但是至少可以理解对方。

(二)文大史学系

2005年,个人遭逢家庭变故,经济上产生危机意识。文化大学史学系主任王纲领先生得知我的情况,乃力邀我去文化大学任教,于是我便在近史所办理退休,转任文大史学系教授。文大因为阳明山限建规定,校园腹地狭小,能够提供给教职员的宿舍名额相当有限（特别是有眷宿舍），按其规定，以归国学人为第一优先入住顺位。我只好一面递出申请等待机会，一面在附近赁屋而居。不久，系上王曾才教授退休搬出宿舍，文学院院长王吉林先生乃当面向张镜湖董事长说项，希望王教授所空出来的宿舍位置能由我递补，后经其首肯，我遂能在到职一年后便解决住房问题，心里实在非常感谢王院长。

文化大学虽然是私立学校，经费上当然不能与"中研院"、公立大学相比。不过，文大办学历史悠久，图书设备极佳，特别是人文社会科学方面，是国内各私校中藏书最多者，即使放到全国图书馆比较，也是名列前茅。校方也重视图书的添购，至少我开列的荐购书单从没被拒绝过。身为一位大学教师，有图书资源可供研究，又有宿舍可以安身立命，这样的环境我已相当满意。尤其令我惊讶的是，文大同事饭局聊天，总是谈及学问、书本之事。不少同仁的学问博雅，与"中研院"的同仁相较，并不逊色。由于各人专长的朝代不同，让我的知识领域扩展不少，也让我体察到近史所研究环境的局限性。

在文大，授课生活与以前不同。由于是专任教授，必须开授一门研究所课程、一门大学部课程，以及两门全校通识课程。这是全新的挑战。我已有在他校研究所十多年的兼课经验，所以硕博士课程的开设尚有十足把握。史学系大学部学生已有历史学的初步理解，专史课程上起来也还能掌握。比较困难的是通识课程。现在的学生，性格与旧年代的学生不同，要花更多心思在课堂上维持他们对授课内容的注意力。为了吸引学生的目光，老师精神与体力的消耗颇大。老师教书有如演员表演，时间一到，就必须披挂上阵，出场后，每次的表现都不一样。表现得好，从学生的眼神即可感受；表现得不好，或是学生的反应不佳，也会让我有挫折感。

韩愈曾有一首诗："岁老岂能充上驷，力微当自慎前程。"意思是说人上了年纪之后，应该要量力而为，对于所踏出的每一步，均需小心谨慎。近年来，深感时间的快速流失，因此只能节约使用。一方面尽量减少外务，一方面节制嗜好，每天不看报纸，只花五分钟浏览网络新闻；不听音乐，以免工作时分心。只希望明年（2015）夏天前能顺利出版《抗日战争与国民政府战时体制》（合著）一书和一本论文集；拖延已久的《侍从室与现代中国》一书，也希望能于2015年写完，2016年修改定稿。此一研究计划，原本是"中研院"的主题计划，为期二年，不料资料越收集越多，不便再以相同题目申请研究经费；可是如果以全新的题目申请经费,这本书恐怕就永远写不完了。于是自从进文化大学以后,就未曾向"国科会"与"科技部"申请新的研究计划,有负系上的期望,一直是我觉得不安的一件事。

蓦然回首

自从踏入史学这个领域,转眼已有四十多年,目睹了学术界所发生的巨大变化。

第一,研究环境的日益改善。我在学生时代影印一张纸要花三分之一个便当的钱,近史所早期一层楼只有一只电话;今天则是各种资料库所收集的资料巨细无遗,网络的发达更是无远弗届。研究环境除了日益现代化外,也日益民主化。所务会议年轻研究人员从不得参加,到得列席,今天则是正式出席。举办学术会议的资格,由所方主办到各研究组、研究群得主办,今天则是个人也可主办。

第二,学术治理的日益专业化与企业化。不论是教学研究人员的新聘、升等、续聘、出版,都日益严谨且制度化;企业化的学术治理,则更"科学化",使得学术生产更有效率。刚进"中研院"时,还听说史语所的老先生要年轻人多读书,不准多写文章,现在的学术界则要求大家整天忙着赶接订单出货,于是学者尽量选择简单的小题目,避免碰大问题,只求迅速累积点数。彼此之间赞美的说辞,也由早期的"某人学问好",演变为今天的"某人产量多"。但是却往往忘记研究成果已和社会脱节,和生命科学的研究走火入魔到研究复制羊、复制牛,似乎并无不同,值得大家深思。

第三,中国的崛起。四十年前史学界的重大问题是"中国为什么那么贫穷落后?"今天史学界的重大问题则成了"中国崛起与其历史文化的关系为何?"我在学生时代,台湾的中国现代史研究尚在起步阶段,研究成果在课堂上也无法和英语系学界相比;经过四十年的发展,台湾的中国现代史研究已是一个高度学术领域,加上大陆史学界自从改革开放以后,讲究实事求是,作品的水平也日益提高,一个相对独立于欧美汉学的中文学术社群业已逐渐成形。

至于我自己,自幼有志于学术工作,以成为能立一家之言的学者自勉。只是志大才疏,兴趣广泛,遂备多力分,成绩有限,值得年轻学者引以为戒。幸运的是,能一直待在学院内与一批优秀的学者成为同事,不断学习与成长。老来发现自己读了一辈子的书,作了一辈子的研究,好像驽钝依旧,并没有因此而变得聪明一些,还是经常会做一些愚蠢的事情。不过可以确定的是,我从教学与研究的过程中获得了许多乐趣,仅此一点,即已不虚此行。

(原刊于台北"中研院"近代史研究所编:《近史所一甲子:同仁忆往录》,下册,台北,编者印行,2015年。)